코기토 총서
세계사상의 고전

세계사상의 고전

신학요강

토마스 아퀴나스 지음 | 박승찬 옮김

도서출판

옮긴이 **박승찬**(朴勝燦)은 1961년 서울에서 태어나 서울대 식품공학과를 졸업했다. 가톨릭대 신학부에서 신학을 공부하던 중에 중세 철학에 관심을 가지게 되었으며, 독일 프라이부르크 대학에서 석사와 박사 학위(중세 철학 전공)를 받았다. 한국중세철학회 회장을 역임했으며, 현재 가톨릭대 철학과 교수로 있다. 그의 '중세 철학사' 강의는 2012년 11월에 SBS와 대학교육협의회에서 공동으로 주관하는 '대학 100대 명강의'로 선정되었다. 또한 SBS-CNBC '인문학 아고라' 「어떻게 살 것인가」, EBS 특별기획 「통찰」 등의 TV 방송 출연, 「한겨레신문」 연재, 다양한 강연 활동을 통해 사람들이 중세에 대해 갖는 편견을 깨고 중세 철학이 지닌 매력과 그 깊이를 알리는 데 주력하고 있다.

저서로 『생각하고 토론하는 서양 철학 이야기 2: 중세 – 신학과의 만남』(책세상, 2006), 『서양 중세의 아리스토텔레스 수용사: 토마스 아퀴나스를 중심으로』(누멘, 2010), 『철학의 멘토, 멘토의 철학』(공저, 가톨릭대학교출판부, 2013), 『알수록 재미있는 그리스도교 이야기』(전2권, 가톨릭출판사, 2015), 『서양고대철학 2』(공저, 도서출판 길, 2016), 『아우구스티누스에게 삶의 길을 묻다』(가톨릭출판사, 2017), 『중세의 재발견: 현대를 비추어 보는 사상과 문화의 거울』(도서출판 길, 2017) 등이 있으며, 역서로는 『모놀로기온/프로슬로기온』(캔터베리의 안셀무스, 아카넷, 2002), 『토마스 아퀴나스의 형이상학』(레오 엘더스, 가톨릭출판사, 2003), 『신학요강』(토마스 아퀴나스, 나남출판, 2008/도서출판 길, 2022), 『대이교도대전 II』(토마스 아퀴나스, 분도출판사, 2015), 『존재자와 본질』(토마스 아퀴나스, 도서출판 길, 2021) 등이 있다.

세계사상의 고전

신학요강

2022년 2월 10일 제1판 제1쇄 인쇄
2022년 2월 20일 제1판 제1쇄 발행

지은이 | 토마스 아퀴나스
옮긴이 | 박승찬
펴낸이 | 박우정

펴낸곳 | 도서출판 길
주소 | 06032 서울 강남구 도산대로 25길 16 우리빌딩 201호
전화 | 02) 595-3153   팩스 | 02) 595-3165
등록 | 1997년 6월 17일 제113호

ⓒ 박승찬, 2022. Printed in Seoul, Korea
ISBN: 978-89-6445-253-0 93100

중세 최대의 사유 체계를 구축한 철학자이자 신학자 토마스 아퀴나스
도미니크 수도회 소속이었던 그는 아리스토텔레스 철학과 그리스도교 신학, 그리고 이슬람 자연철학의
성과들을 창조적으로 종합해 냄으로써 중세 최고의 사상가 반열에 올랐다.

토마스 아퀴나스의 대표작 『신학대전』

『신학대전』은 신 존재 증명과 더불어 인간에 관련된 모든 지식을 총망라해 유기적으로 구성하고 신앙의 빛에 비추어 학문적으로 체계화한 대작(大作)이다. 『신학요강』은 토마스가 『신학대전』의 축약본으로 일반 독자나 학문 초입자들을 위해 쓴 것인데, 미완성본으로 남았다.

아리스토텔레스 책에 대한 토마스 아퀴나스의 주해서(부분)

12세기 들어 아리스토텔레스 철학은 서양 세계에 엄청난 지적 충격 — 인식론적 문제 — 을 주었는데, 특히 신학과 철학의 관계를 비롯해 전통 학문과 새로운 학문의 관계 등 다양한 방면에서 주목할 만한 변화를 가져왔다.

토마스 아퀴나스의 '나무'(1590)

오른쪽 아래에 누워 있는 것이 토마스이며, 오른쪽 중간 부분의 나무 줄기에 못 박혀 있는 것이 예수 그리스도이다. 나무의 가지들은 그의 학문 세계의 방대함을 보여 주는데, 『신학대전』의 세 부분, 즉 '신', '인간', '그리스도'를 의미한다.

토마스 아퀴나스의 유해가 묻혀 있는 프랑스 툴루즈의 자코뱅 수도원 성당 내부
1274년 49세의 나이로 세상을 떠난 그는, 정확히 49년 뒤인 1323년 가톨릭 교회의 성인(聖人)으로 시성(諡聖)
되었으며, 이단으로 단죄되었던 그의 이론과 사상도 복권되었다. 그리고 로마교황청은 1567년 4월 15일 그
를 '교회학자'로 공표했다.

개정판을 내면서

이 책의 초판은 한국연구재단 명저번역사업의 지원을 받아 2008년 나남출판에서 출간되었다. 그 뒤 15년이 지나 개정판을 펴낼 수 있게 되었다. 독일 쾰른의 토마스 연구소에서 소중한 첫 연구년을 보내면서 이 책의 번역을 위해 오랜 시간 고생했던 시간이 떠오른다. 더욱이 지난 수년 동안 책이 절판되고 나서 책의 정가보다 두세 배나 치솟은 중고 서적의 가격을 보면서 마음이 안타까웠기 때문에 개정판 출간 소식이 더욱 반갑게 다가온다.

지난 15년 동안에는 너무도 큰 변화들이 일어났다. 그 중에서 가장 충격적인 변화는 2020년부터 전 세계를 유례없는 혼란에 빠트린 '코로나19'이다. 의료 위기는 정치 위기와 경제 위기로 치달았고, 고강도 사회적 거리두기와 봉쇄 정책은 우리의 일상을 뒤흔들어 놓았다. 코로나19는 근대 이후 오랫동안 지속되어 온 문명과 발전의 이데올로기에 대해 근본적인 의문을 제기했다. 이런 위기와 함께 신자들에게 전적인 믿음을 강요하는 일부 종파들은 우리나라에서 코로나19의 확산에 결정적인 영향을 끼치면서 종교 전반에 대한 불신과 혐오를 불러일으키기도 했다. 전문가들은 코로나19야말로 근대화 이후 인류가 직면한 가장 끔찍한 재난이자, "글로벌 위험사회"(울리히 벡)를 직감적으로 느끼게 해 준 최초의 사건이라고 평가한다. 해외 여행, 집단적인 축제, 대규

모 종교 행사, 시위 및 집회 등이 모두 어려워지면서 기존의 일상을 되돌아보게 된 것이다. 당연하게 여기면서 습관적으로 해 왔던 모든 일이 똑같이 가치 있고 소중한 일이었을까? 새로운 길을 찾기 위해 '뉴 노멀'(New Normal)이라는 말이 회자되었다. 시간이 흘러 '위드 코로나'의 시기에 접어들면서 이후 도래할 새로운 질서에 대한 궁금증과 바람이 커져만 가고 있다. 이 주제를 다루는 〈오늘부터의 세계〉는 다음과 같이 주장한다. "과거로 돌아가는 문은 닫혔다. 오늘부터의 세계는 지금 우리가 내리는 선택과 그 결과에 의해 형성될 것이다."

아직도 많은 현대인은 과학 기술이 모든 문제를 해결해 주리라는 낙관적인 꿈을 꾸면서 인간에게 진정으로 근원적인 질문들에 대해서는 더이상 관심을 두지 않는다. 이렇게 현세적인 행복에 매몰되어 버린 수많은 일상인을 양산하는 현상은 비판적인 성찰의 대상이다. 그럼에도 불구하고 우리는 인간 이성과 이에 근거한 과학 기술을 부정적으로만 보아서는 안 된다. 실제로 전염병의 확산 예방에서부터 치료까지 의료 기술의 발전이 가져온 긍정적인 효과를 정당하게 평가하면서도 그 한계점을 정확히 인지함으로써 위기를 함께 극복하기 위한 합리적 방안을 모색해야 한다. 그렇다면 빠른 속도로 변화하는 현대 과학 및 사상의 발전 앞에서 비판적인 지식인들은 어디서 해결책을 찾아야 할까? 나는 이 문제에 대답해 줄 멘토가 바로 '스콜라 철학의 완성자'라 불리는 토마스 아퀴나스(Thomas Aquinas)라고 생각한다. 그는 서구 사상의 두 가지 뿌리인 그리스 철학과 그리스도교를 성공적으로 종합해 냄으로써 서구 사상 형성에 지대한 영향을 끼친 사상가이다.

코로나19를 통해 팬데믹(Pandemic)의 원인으로 지목된 생태계 파괴를 추동하고 있는 거대한 질서, 신자유주의 체제의 민낯이 그대로 드러났다. 코로나19가 야기한 위기는 사회적 약자들에게 더 큰 피해를 입혔다. 이럴 때일수록 신이 모든 사람을 위해 창조한 재화가 정의에 입각해, 그리고 사랑의 도움으로 실제로 모든 사람에게 전해져야 한다는 아퀴나스의 가르침을 상기할 필요가 있다. 더욱이 토마스는 "인격은 이성적 본성을 지닌 개별적 실체"라는 보에티우스의 정의를 받아들여 인격의 대체 불가능성, 전체성, 관계성, 자기 초월성 등을 포괄하는 놀라울 만큼 풍부한 인격 개념을 선사해 주었다. 그 중에서도 각 인격체가 진정한 고유성을 지니고 있으며, 어떤 것으로도 치환될 수 없는 대체 불가능성을 가지고 있는 존재임을 강조한 부분은 뉴 노멀 시대에도 주목해야 할 가르침이다. 뉴 노멀 시대에는 인간을 중심으로 사고하는 현대의 다양한 철학들이 제기한 문제들을 역동적으로 포괄함으로써, 인간의 영적 본성에 바탕을 두고 인격적 존엄성의 근거를 확립해 나가야 한다.

그렇지만 인격의 존중이 과도한 이기주의를 정당화해서는 안 된다. 우리는 코로나19를 겪으면서 '종교의 자유'를 앞세워 이웃과 사회 전체를 위험에 처하게 만든 종교인들을 자주 만나게 되었다. 그러나 자유를 잘못 사용했을 경우에는 결정을 내린 당사자뿐만 아니라 타인에게까지 엄청난 피해를 야기할 수 있음을 이번 사태를 계기로 사회 전체가 절실히 체험하고 있다. 토마스가 강조한 정의에는, 권위를 지닌 국가가 전체의 공동선을 위해 개인을 규제하는 것이 포함된다는 점을 주목할 필요가 있다. "평화는 정의의 결과이며 사랑의 결실이다."

코로나19가 "자연을 무시해 인간이 자초한 일"이라는 제인 구달(Jane Goodall)의 비판은 인간이 모든 것을 통제할 수 있다는 근대적 망상에서 벗어나야 함을 일깨워 주었다. 바이러스의 변이는 전문가들의 예상보다 훨씬 빠르고 위험하게 일어날 수 있음에도 불구하고, 기존의 추이에만 의존함으로써 자신이 얼마나 '무지'한가를 전혀 알지 못했던 것이다. 마치 자연과학이 모든 인간의 질병을 치유할 수 있다는 식의 과도한 과학주의는 단순히 '신화'에 불과하다는 사실이 분명해졌다. 이러한 태도와 "신앙인은 건방지지 않으며, 오히려 진리는 겸손으로 이끈다"라는 사실을 자신의 전 생애를 걸쳐 보여 준 토마스는 뚜렷한 대조를 이룬다. 그는 평생에 걸쳐 이루어진 토론 중에 항상 평온하고 겸손한 태도를 유지하면서 상대방의 견해를 경청했다. 이런 자세는 심지어 그와 다른 의견을 가졌던 토론자들에게서도 찬탄과 칭송을 받을 정도였다. 더 나아가 그가 정립한 '존재의 철학'의 가장 중요한 가르침은 인간은 결코 '존재 자체'인 절대 필연유(必然有)의 지위에 오를 수 없고, 우연유(偶然有)에 불과하다는 가르침이었다. 인간은 자신이 지닌 지성과 자유 때문에 '신의 모상(模像)'으로서 모든 물질적인 피조물을 능가한다. 그렇지만 인간은 결코 자연 위에 군림해 제멋대로 파괴하고 수탈해도 되는 권한까지 지니고 있지는 않다. 인간의 탐욕이 야기한 기후 변화와 생태계 파괴가 이제 코로나19를 통해 온 인류에게 공포와 두려움을 불러일으킨 것이다. 이제 토마스의 가르침에 따라 인간의 한계를 자각하면서도 창조 질서를 보존하는 책임을 다하는 것이 더욱 절실한 사명으로 다가온다.

이토록 중요한 토마스 아퀴나스의 사상에 대한 관심이 우리나라에서 점점 더 커지는 현상이 특히 지난 10여 년간 뚜렷하게 나타났다. 내가 2012년에 했던 중세철학사 강의가 SBS와 대학교육협의회에서 공동으로 주관하는 '대학 100대 명강의'에 선정되면서 나는 다양한 방송에 출연하기도 했다. 이렇게 기회가 닿는 대로 '중세는 암흑기'라는 편견을 깨뜨리고 토마스의 놀라운 사상 속에 담긴 보화를 알리기 위해 나름 혼신의 힘을 다했다. 한국가톨릭철학회와 한국중세철학회의 동료와 후배들은 훌륭한 저술과 논문을 통해『신학요강』초판이 출간되던 당시와는 비교할 수 없는 풍부한 연구 성과를 축적해 오고 있다. 이 개정판에 새롭게 증보된 참고문헌을 통해 토마스와 관련된 국내의 연구 동향을 충분히 파악할 수 있을 것이다.

더욱 반가운 것은 이재룡 신부께서 설립한 한국성토마스연구소를 기반으로 토마스의『신학대전』(Summa Theologiae)이 빠른 속도로 번역되고 있다는 것이다. 여러 가지 장애 요소가 제거되면서 나 역시 총 72권으로 출간될 예정인 전집의 제31권과 제32권의 번역에 최선을 다하고 있다. 또한 내가 제II권 번역을 맡았던『대(對)이교도대전』(Summa contra Gentiles)도 제III-1권까지 출간되어 나머지 두 권의 출간을 기다리고 있다. 이 놀라운 대작들의 번역과 함께 토마스의 작품을 직접 읽고 이해하기를 원하는 독자들을 위한 보조 수단도 풍부하게 제공되고 있다. 바티스타 몬딘(Battista Mondin)의 『성 토마스 개념사전』(한국성토마스연구소, 2021)이 출간되어 토마스가 사용한 주요 개념을 이해하기 위한 토대가 마련되었고, 토마스의 초기작인 『존재자와 본질』(도서출판 길, 2021)도 새롭게 번역되어 그의 신학 작품들을 제대로 이해하기 위한 철학적 입문서도 제공되었다. 더불어 토마스에 대한 개론서가 여러 권 번역 소개되었고, 그에 대한 다른 많은 저술도 나와 있다. 그렇지만 대부분의 일반 독자는 『신학대전』이나 『대이교도대전』 같은 방대한 작품을 오랜 시간을 들여 통독할 수 없다. 그렇기 때문에 이번에 개정판으로 새로 출간하는 『신학요강』의 중요성은 줄어들기는커녕 더욱 커진 셈이다. 그의 놀라운 체계화의 능력을 다른 학자의 연구 성과나 책의 도움 없이 토마스 스스로 제시한 요약을 통해 체험할 수 있기 때문이다. 더욱이 『존재자와 본질』을 통해 그의 '존재의 철학'의 주요 개념들을 이해한 독자들에게는 『신학대전』을 통해 맛볼 수 있는 스콜라 신학의 정수를 이 책 한 권으로 요약·체험해 볼 수 있는 값진 기회가 될 것이다.

이렇게 소중한 개정판이 출간될 때까지 오랫동안 관심을 가지고 수고해 준 도서출판 길의 이승우 편집장께 특별한 감사를 드린다. 이 편집장의 책에 대한 열정과 전문성은 『중세의 재발견』의 기획 및 출간, 『존재자와 본질』의 편집 작업을 함께하면서 이미 잘 알고 있었지만, 이번 개정판을 통해서도 유감없이 발휘되었다.

『존재자와 본질』을 출간하면서 나도 어느덧 이순(耳順)의 나이를 넘겼다. 『신학요강』 개정판이 출간되는 2022년은 이 책의 초판을 헌정했던 노성숙 교수와 영원한 길벗으로서 함께 걸어온 지 30주년이 되는 해이다. 철학 상담이라는 새로운 길을 개척하면서 얻은 지혜를 아낌없이 나누어 줌으로써 다양한 영감을 주고, 끝없는 신뢰로 연구를 격려해 준 그녀에게 다시 한 번 이 책을 바친다.

2021년 12월
옮긴이 박승찬

옮긴이의 말

이 책은 토마스 아퀴나스(Thomas Aquinas)의 『신학요강』(*Compendium Theologiae*)을 완역한 것이다. 토마스의 이 작품은 그의 다른 유명한 작품인 『신학대전』(*Summa Theologiae*)과 『대(對)이교도대전』(*Summa contra gentiles*)에서 다루었던 내용들 중에서 핵심 내용을 간략하게 압축한 것이다. 유일신의 실존, 삼위일체, 창조, 영혼들, 그리스도론, 최후심판 등의 내용이 앞의 작품들과 유사한 방식으로 제시되어 있다.

내가 이 책을 번역하게 된 직접적인 계기는 "2003년 한국학술진흥재단 동서양학술명저 번역지원"의 지정과제 목록에서 이 책을 발견했기 때문이다. 나는 평소에 철학을 배우기 위해서는 원전을 직접 읽고 공부하는 것이 최상의 방식이라고 확신하면서도 중세 철학, 특히 토마스 아퀴나스의 철학에 대해 강의할 때면 『신학대전』, 『대이교도대전』, 『명제집 주해』 같은 그의 작품들이 워낙 방대하기 때문에 토마스 작품 자체를 읽으면서 그의 사상 전체를 이해하라고 권하는 데 어려움을 느끼고 있었다. 『신학대전』의 일부가 현재 우리말로 번역되고 있고 『대이교도대전』도 국내 연구자들의 공동 작업으로 번역이 시작되었지만, 그 분량의 방대함 때문에라도 이들 작업은 언제 끝날지 모르는 매우 어려운 일이다. 이러한 상황에서 앞서 언급한 세 권의 대작에는 미치지 못하지만, 토마스의 체계적이면서도 종합적인 사고를 맛볼 수 있는 『신학요강』이라도 번역해 그의 사상의 전체 윤곽을 소개하고 싶은 마음에서 번역을 시작했다.

독일에서 10년간에 걸친 토마스 사상에 대한 연구로 박사 학위를 취득했고, 국내에 들어와서도 캔터베리의 안셀무스(Anselmus Cantuariensis)의 『모놀로기온/프로슬로기온』, 레오 엘더스의 『토마스 아퀴나스의 형이상학』 등을 번역한 경험이 있던 나는, 애초에 라틴어 텍스트의 분량만을 보고 이 책의 번역도 큰 어려움이 없으리라 생각했다.

그렇지만 정작 번역에 들어가자 미처 예상하지 못했던 어려움에 부딪혔다. 전임 교수로서 여러 보직을 맡아 내가 감수해야 했던 시간 부족은 논외로 하더라도, 번역 작업 자체가 예상보다 수월하지 않았다. 이전에 번역했던 안셀무스의 『모놀로기온/프로슬로기온』의 경우, 번역되어 나올 때까지만 해도 국내에서 그 분야에 대한 선행 연구가 거의 전무하다시피 했기 때문에 번역 용어를 선정하는 과정에서 내가 심사숙고해 최선의 번역어를 선택하면 되었다. 그렇지만 토마스 작품의 경우에 이미 국내에서 『신학대전』의 일부가 번역되어 있는 상황인 데다가 상당한 분량의 번역서와 저서, 연구 논문 등이 나와 있었기 때문에 번역어의 선정에 신중을 기하지 않으면 불필요한 혼란이 야기될 것이 분명했다.

따라서 나는 『신학요강』을 번역하면서 국내의 기존 번역서나 연구서에서 나오는 라틴어 전문 용어들의 번역어를 정리하는 작업을 병행했다. 이 과정에서 특히 가톨릭대 고전라틴어연구소에서 편찬한 『라틴-한글 사전』, 정의채 신부님의 『신학대전』 번역들, 김태관 신부님의 『라틴어 철학용어집』, 이재룡 신부님의 엄청난 분량의 번역물들, 성염 바티칸 대사님의 다양한 아우구스티누스 번역물들, 한국천주교 주교회의의 「교회용어색인」, 다수 소장학자의 논문 등이 고려 대상이었다. 『신학요강』의 번역 과정에서 새롭게 문제시되는 용어들을 추가해 종합해 보니, 어느덧 7,000개의 항목이 넘는 용어들에서 선행 연구자들의 번역 용어를 일괄해 볼 수 있는 표가 완성되었다. 이 표를 바탕으로 기존의 번역어들 중에서 토마스 사상을 표현하는 데 가장 적합하다고 생각되는 것을 번역어로 선택하고, 기존의 번역어가 없는 경우에는 내가 그 의미를 고려해 용어를 선정했다. 이 용어표의 제작과 이 표에서 적합한 번역어를 찾는 작업은 많은 시간을 필요로 했지만, 내가 3년에 걸친 장기간의 번역기간 동안 동일한 용어를 특별한 이유 없이 다양한 단어로 번역하는 실수를 피하는 데에 도움이 되었다.

이렇게 번역을 진행하면서 2003년에 결성된 한국중세철학회의 동료연구자들과 중세 문헌 번역의 중요성과 어려움에 대해 논의하던 중에, 많은 연구자가 라틴어 번역 용어의 통일이 요구된다는 데에 의견 일치를 보았다. 특히 분도출판사에서 주도하는 '중세철학총서'를 준비하는과정에 함께한 동료 연구자들과 수차례 만나 기본적인 단어들을 선택해동의할 수 있는 용어 초안을 마련했고, 이 초안을 각 연구자의 번역에반영하기로 합의했다. 이 번역 용어 초안을 토대로 이 책의 라틴어 용어들도 전반적으로 수정했다.

『신학요강』의 번역에서 부딪힌 다른 문제점은 각주와 해제를 어떠한방식으로 어느 정도나 부가하는가의 문제였다.『모놀로기온/프로슬로기온』의 경우에는 워낙 국내의 선행 연구가 없는 상황이었기 때문에, 가장 많이 논의되는 존재론적 신존재증명과 두 작품의 성격에 대한 문제를 중심으로 상세한 각주와 해제를 소개했다. 그렇지만 『신학요강』의경우에는 그 주제가 신학에서 논의되는 대부분의 주제를 다룰 정도로방대하고, 이와 관련한 철학적 논의들까지 망라한다면 몇 권의 해설서를 써도 충분하지 못할 정도이다. 그렇지만 내 경험으로는 중세 철학에대한 연구서가 여전히 부족한 우리의 현실에서 단순한 번역만으로는 국내의 독자들이 라틴어 본문의 참뜻을 이해하는 데 큰 어려움을 겪을 것이라고 생각했다. 조금 번잡할지라도 상세한 안내가 번역서의 활용도를높이는 데 큰 도움이 될 것은 분명해 보였다. 따라서 나는 그 분량을 제한하면서도 국내의 독자들이 토마스의 작품을 이해하기 위해 도움이 되는 충분한 정도의 지식을 제공해야 할 필요성을 느꼈다.

내가 선택한 방법은 라틴어 원본, 영어 번역본, 독일어 번역본의 각주들을 철저히 비교해 여기에서 필요한 내용들을 가급적 상세히 제시하는 것이었다. 더 나아가『신학요강』에 대한 보다 상세한 연구를 원하는 독자들을 위해 내가 나름대로 조사한 해당 분야의 국내 저술 및 번역, 논문에 대한 상세한 목록이 제시된 참고문헌을 수록했다. 특히 국내 연구가 축적되어 있는 주제들에 대해서는 각주에서 그 문헌들을 간략하게 축약해 제시함으로써 쉽게 찾아볼 수 있게 했다. 각주의 출처와 인용 방법을 이해하는 데 도움이 되는 내용에 대해서는 '일러두기'에서 상세히 설명했다.

마지막으로 내가 많은 시간과 노력을 기울인 곳은 이 책의 마지막에 있는 '찾아보기'이다. 국내에 있는 동안 여러 업무 관계로 찾아보기 작업을 마무리하지 못하고 연구년을 맞이해서야 할 수 있었기 때문에, 다른 사람들의 기술적인 도움을 받지 못하고 내 스스로 일체의 작업을 마무리해야 했다. 그렇지만 나는 이 작업에서 일반적으로 학술서에 필수적으로 요구되는 간략한 찾아보기를 넘어 방대한 저작 안에서 자신이 찾고자 하는 내용을 찾아볼 수 있도록 주요 주제에 세분된 상세 주제들을 포함한 '사항 찾아보기'(Index rerum)를 첨가했다. 이렇게 완성된 찾아보기에는 내가 사용한 라틴어 번역어를 대조해 볼 수 있도록 주요 주제마다 라틴어를 첨가했다. 이러한 '사항 찾아보기'는 아직까지 훌륭한 중세 철학 관련 용어 사전이 없는 국내의 상황에서 궁금한 용어의 설명을 찾는 데도 도움이 될 것이다. 또한 고전과 관련한 책들에서 앞으로의 연구에 크게 도움이 되는 것은 인용한 구체적 전거들을 모아 놓은 '전거 찾아보기'(Index Locorum)이기 때문에, 단순한 '인명 찾아보기'(Index nominum)에 첨가해 토마스가 인용한 출처들의 찾아보기를 마련했다. 이 찾아보기만 자세히 보아도 토마스가『신학요강』을 저술하면서 어떤 원전에 크게 의존했는가를 볼 수 있는 값진 자료라고 생각한다. 끝으로 토마스의 다른 작품들과는 달리, 특히『신학요강』의 후반부에서 집중적으로 인용되는 성서 구절들을 쉽게 비교해 볼 수 있도록 '성서 찾아보기'를 추가했다. 이들 찾아보기를 통해『신학요강』및 토마스 사상에 대한 전반적인 연구가 활성화되기를 기대해 본다.

번역을 하면서 어려움을 겪던 시간을 떠올리니 감사를 드려야 할 많은 사람의 얼굴이 떠오른다. 박사 학위 논문을 작성하는 바쁜 와중에도 초고(草稿)의 상당 부분을 읽어주고 그 안에서 발견되는 크고 작은 실수와 어색함을 지적해 준 양혜정 씨와 『신학요강』에 대한 세미나에 참여해 내가 미처 생각하지 못했던 다양한 측면을 볼 수 있게 도와 준 학생들에게도 감사의 마음을 전한다. 개인적으로는 일상적인 교육과 연구 작업에서 벗어나 조용하게 번역에 몰두할 장소가 필요할 때마다 경기도 오산의 전원 주택을 환상적인 연구실로 제공해 주신 육동신 원장님과 전말희 사모님께도 감사를 드린다.

또한 이 책의 번역이 시작되는 순간부터 관심을 가지고 지속적인 지원을 아끼지 않은 한국학술진흥재단의 여러 담당자들, 특히 재단에서 요구하는 '동서양학술명저 번역지원'의 심사라는 어려운 과제를 맡아 매우 값진 충고를 통해 이 책의 완성도를 높여 준 익명의 심사위원들께도 감사를 드린다. 이 번역의 출판을 위해 노고를 아끼지 않은 나남출판의 편집부 직원들께도 감사드린다.

끝으로 15년간의 결혼 생활 동안 변함없는 사랑과 지혜로움으로 값진 충고를 아끼지 않고, 여러 업무에 지친 내가 번역 작업을 완수하도록 격려하며 힘을 돋우어 준 아내 노성숙 박사에게 이 책을 바친다.

2007년 9월
독일 쾰른의 토마스 연구소 연구실에서
박승찬

일러두기

『신학요강』은 토마스 아퀴나스 저작의 주요 전집들 중에서 다음과 같은 곳에 수록되어 있다.

1. Opera omnia iussu S. Pii V, 18 vols. in fol. (Rome, 1570~71), vol. XVII.
2. Opera omnia, 25 vols. (Parma, 1852~73). vol. XVI, pp. 1~85.
3. Opera omnia, ed. E. Fretté and P. Maré, 34 vols. (Paris : Vivès, 1871~80). vol. XXVII, pp. 1~127.
4. Opuscula omnia, ed. P. Mandonnet, 5 vols. (Paris Lethielleux, 1927), vol. II.
5. Opuscula theolobica, vol. I (Torino : Marietti, 1954), pp. 1~140.
6. Opera omnia iussu Leonis XIII, P. M. edita, (Roma, 1979), vol. XLII, pp. 1~205.
   Compendium theologiae. Seu breivis compilatio Theologiae ad Fratrem Raynaldum.

옮긴이는 가장 최근에 출판되었고, 학계에서 비판본으로 인정받고 있는 6번 레오니나(Leonina) 판을 번역의 저본으로 삼았다. 현존하는 최상의 비판본인 레오니나 판은 과거의 판본을 지엽적인 단어 차원에서 수정하는 경우도 있지만, 『신학요강』의 경우에 상당히 많은 내용적인 수정을 포함하고 있다. 따라서 이 번역에서는 저본으로 삼은 레오니나 판을 따랐지만, 다른 판본과 비교해 독자들의 오해를 불러일으킬 만큼 큰 경우에는 각주에서 밝혀 이해를 도왔다.

이 책과 관련된 번역서로는,

1. Thomas Aquinas, *Compendium of Theology*, trans. by Cyril Vollert, SJ, St. Louis : Herder, 1948.(영어)
2. Thomas Aquinas, *Compendium Theologiae: Grundriß der Glaubenslehre* (lateinisch-deutsch), Übers. von Hans Louis Fäh, Herausgegeben von Rudolf Tannhof, Heidelberg : F. H. Kerle, 1963.(독일어)
3. Thomas Aquinas, *Compendio di Teologia*, Bologna : Edizioni Studio Domenicano, 1995.(이탈리아어)

등이 있다.

각주의 출처 및 인용 방법

옮긴이는 라틴어 원문을 번역의 대본으로 삼아 초역한 후에, 영어 및 독일어 번역본과 철저히 대조함으로써 번역의 오류를 최대한 줄이기 위해 노력했다. 이 과정에서 옮긴이는 라틴어 원본, 영어 번역본, 독일어 번역본에 나와 있는 각주 내용도 철저히 검토해 우리 실정에 맞는 부분은 취하고, 더불어 옮긴이의 기존 연구를 토대로 필요한 부분을 보충해 가급적 상세한 각주를 제공하려고 노력했다.

라틴어 원본에서는 일차적으로 토마스가 사용한 성서와 기타 문헌의 전거들을 수용했다. 라틴어 원본에 달려 있는 상세한 수사본에 대한 수정 사항은 이해를 위해 반드시 필요한 몇몇 경우를 제외하고는 생략했다.

오히려 각주에서 가장 많은 양을 차지하는 것은 매우 상세한 각주가 제시된 독일어 번역본에서 취해 온 것이다. 방대한 각주 내용의 번역에 본문 번역에 버금가는 시간이 들었지만, 아직까지 충분한 연구서들이 나와 있지 못한 우리의 실정과 독일어에 친숙하지 못한 독자들을 위해 일부 독일어 표현에 관련된 내용과 토마스 문헌의 직접 인용을 제외하고는 대부분을 번역해 소개하고자 했다. 각주의 끝에 '((100))'과 같은 표시가 있는 경우에는 독일어 번역본에 나와 있는 각주를 번역해 첨가한 것이고, '(101) 참조'의 경우에는 독일어 번역본의 각주를 참조했지만 옮긴이가 새로운 내용을 첨가해 편집한 것이다.

영어 번역본의 각주들도 레오니나 판이나 독일어 번역본과 중복되지 않는 내용일 경우에는 대부분 번역해 소개했다. 이 경우에 영어 번역본의 번역자인 키릴 볼렛(Cyrill Vollert)을 줄여 '(CV, p. 9, n. 9)'와 같은 방식으로 표기했다. 별도의 언급이 없는 경우는 다양한 참고 자료를 종합해 옮긴이가 저술한 내용이나 번역어와 관련한 설명들이다.

번역의 초고에는 국내 문헌들이 참고문헌에만 제시되어 있었으나, 완성된 편집본인 이 책에서는 한국학술진흥재단의 '동서양명저번역사업'의 심사를 맡은 심사위원들의 제안에 따라 옮긴이가 직접적으로 연결할 수 있는 한에서 해당 부분에 국내에서 출간한 번역서와 저서 및 논문을 제시했다. 단행본으로 출간된 저서나 번역서의 경우에는 그 중요성과 지속적인 영향을 고려해 각주에도 전체 서지 사항을 제시했으나, 논문의 경우에는 각주의 분량이 지나치게 길어지는 것을 피하고 새로운 자료의 추가를 수월하게 하기 위해 저자명과 출판 연도만 표기했다.

각주에서 직접 인용한 문헌들 중에서 국내에 번역서가 나와 있는 경우(예를 들어 정의채의 『신학대전』과 성염의 아우구스티누스 번역서들 등)에는 이를 참조해 번역문을 제시했고, 이해를 돕기 위해 필요한 경우에는 일부 용어를 수정했다. 국내에 번역서가 없는 경우에는 옮긴이가 독일어 번역본으로부터 직접 번역했다.

성서의 인용 방법

본문에서 사용한 성서 구절들이 주로 '대중 라틴어 성서'(Vulgata)를 따르고 있고(일부 구절에서는 불가타 성서와 차이가 나는 부분들도 있다) 히브리어나 그리스어 원문과는 표현의 차이가 나는 경우가 매우 많기 때문에, 모든 성서의 인용은 기존에 나와 있는 성서를 참고해 옮긴이가 직접 번역했다. 성서의 번역은 민감한 사항이기 때문에 옮긴이의 임의적인 번역이 끼칠 영향을 최소화하기 위해 거의 모든 성서 인용의 라틴어 원문을 각주에 제시했다. 더 나아가 성서 원문과의 대조를 위해 원문을 바탕으로 번역해 한국 천주교 주교회의에서 출간한 『성경』을 사용했다. 천주교에서 사용하는 『성경』이 채택된 이유는 현재 나와 있는 성서 중에서 최근의 연구 성과를 충실히 반영한 최신 번역이고 현대어로 되어 있어 일반 독자들이 이해하기 쉽기 때문이다. 또한 이것이 각주에 삽입된 것은 현대어 성서와 토마스가 사용했던 성서와의 표현적 차이가 내용의 해석에도 영향을 끼친 것을 검토하기 위한 것이기 때문에, 별도로 여러 그리스도교 종파에서 사용하는 성서들을 병행하지는 않았다. 이러한 취지 아래, 중요한 구절에서 본문에 나오는 성서 인용과 『성경』의 표현이 차이가 나는 경우에는 각주를 달아 비교할 수 있도록 했다. 그렇지만 지나치게 많은 각주를 피하기 위해 그 차이를 주목할 필요가 없을 정도로 미미할 경우에는 언급을 생략했다.

병행문헌의 삽입

레오니나 판의 라틴어 원본에는 병행문헌이 나와 있지 않지만, 이것이 병기되어 있는 경우에 연구를 심화시키는 데 큰 도움이 되기 때문에 여러 판본 중에서 가장 풍부하면서도 정확하게 제시하고 있는 독일어 번역본으로부터 옮겨왔다. 독일어 번역본에는 병행문헌이 토마스 연구자들이 사용하는 약어로 표기되어 있지만, 이 약어가 언어권에 따라 차이가 나고 일반 독자들이 일일이 약어표에서 그 부분을 대조해 읽기에는 어려움이 있기 때문에 간략한 형태로 번역해 제시했다.

단락 구분의 변형

옮긴이가 번역의 저본으로 채택한 레오니나 판은 토마스 연구의 기초가 되는 훌륭한 비판본이지만, 몇 가지 단점을 지니고 있다. 그 중 하나가 바로 단락 구분이다. 아마도 원본에 가깝게 하기 위해서라고 추정되지만, 레오니나 판의 단락 구분은 지나치게 길기 때문에 그렇지 않아도 전체적인 윤곽을 파악하기 힘든 독자들에게는 매우 불친절한 셈이다. 따라서 옮긴이는 필요한 경우에 영어 번역본과 독일어 번역본 및 마리에티 판을 참조해 단락을 좀더 상세히 구분했다. 그렇지만 원본의 단락 구분과 구별하기 위해 옮긴이가 별도로 단락을 구분한 경우에는 단락 뒤에 '——'를 두어 레오니나 판 라틴어 원본에서는 서로 연결된 단락임을 알 수 있도록 표시했다.

레오니나 판의 고유한 라틴어 표기법

레오니나 판의 두 번째 단점은 토마스를 직접 전공하지 않은 학계의 전문가들에게 혼란을 일으킬 수 있는 라틴어 표기법이다. 레오니나 판은 토마스가 활동하던 당시인 13세기의 라틴어 표기법을 따르고 있다. 그래서 많은 경우에 고전 라틴어의 표기법과 차이가 있어 흡사 라틴어 오기(誤記)인 듯이 착각할 수 있다. 이에 불필요한 오해를 막기 위해 대략 다음과 같은 방식으로 표기법에 차이가 있음을 미리 밝혀 둔다.

모든 소문자 'v'는 'u'로 표기했다. 대부분의 모음 'æ'는 'e'로, 'ph'는 'f'로 표기했다. 그 밖에도 다음과 같은 예들에 따라 표기법이 변화되었다. 이 번역서에서 괄호 안에 표기되어 있는 라틴어들은 레오니나 판 원본의 표기 형태를 그대로 따랐다.

그러나 고대 철학 및 근대 철학, 또는 중세 철학 내에서도 토마스 이외의 학자를 연구하는 분들과의 교류를 생각하면, 레오니나 판의 표기법을 고수하는 것은 많은 문제점을 야기할 수 있다. 따라서 각주에서 다른 책들이 표기될 때나 '사항 찾아보기' 등에서는 호환성을 고려해 일반적인 고전 라틴어 표기법을 따랐다.

일반 표기법	레오니나 판 표기법	일반 표기법	레오니나 판 표기법
abundare	habundare	hypostasis	ypostasis
adminiculum	amminiculum	identitas	idemptitas
admiratus	ammiratus	Iesus	Ihesus
admixtio	ammixito	imaginativa	ymaginatiua
admonere	ammonere	inhaesio	inhesio
arca	archa	mystice	mistice
coercere	cohercere	nihil	nichil
conditio	condicio	nunquid	numquid
damnatio	dampnatio	obtinere	optinere
definitio	diffinitio	quamdiu	quandiu
eamdem	eandem	quidquid	quicquid
Hieronimus	Ieronimus	somnium	sompnium

사용된 약어

CCL   *Corpus Christianorum*, Series Latina, Turnhout ː Brepols, 1953년
이후.

CSEL   *Corpus Scriptorum Ecclesiasticorum Latinorum*, Wien.

Denz.   H. Denzinger et K. Rahner, *Enchiridion symbolorum, definitionum
et declarationum de rebus fidei et moru*m, Barcelona-Freiburg-
Rom, 311957.

DThA   *Deutsche Thomas -Ausgabe*〔독일어판 토마스 아퀴나스『신학대전』전집〕,
1933년 이후.

PG   J. P. Migne, *Patrologie cursus completus*, series Graeca, Paris,
1857~66.

PL   J. P. Migne, *Patrologie cursus completus*, series Latina, Paris,
1978~90.

차례

개정판을 내면서 9
옮긴이의 말 15
일러두기 21

제I권 † 믿음에 대하여

제1장   우선 작품의 의도가 제시된다   41

|첫 번째 논고| 유일하며 삼위일체인 신과 그 결과들에 대하여

제2장   믿음에 대해 말해야 할 질서   44
제3장   신은 존재한다   45
제4장   신은 부동적(不動的)이다   47
제5장   신은 영원하다   50
제6장   신이 그 자체로 존재함은 필연적이다   50
제7장   신은 영구히 존재한다   52
제8장   신에게는 어떤 연속성이란 없다   53
제9장   신은 단순하다   54
제10장   신은 자신의 본질이다   56

제11장   신의 본질은 그의 존재와 다른 것이 아니다   57

제12장   신은 어떤 유에 속하지 않는다   58

제13장   신은 〔어떤〕 유가 아니다   59

제14장   신은 많은 것에 서술되는 어떤 종이 아니다   60

제15장   신이 하나인 것은 필연적이다   61

제16장   신은 물체일 수 없다   63

제17장   신은 물체의 형상일 수 없다   63

제18장   신은 본질적으로 무한하다   65

제19장   신은 무한한 힘을 가지고 있다   66

제20장   신 안에 있는 무한함은 불완전성을 포함하지 않는다   67

제21장   신 안에는 사물 안에 있는 모든 완전성이
           더욱 탁월한 형태로 존재한다   68

제22장   신 안에서는 모든 완전성이 하나이다   69

제23장   신 안에서는 어떤 우유도 발견되지 않는다   70

제24장   다수의 명칭은 신 안에 있는 단순성을 없애지 않는다   72

제25장   신에 대해 사용되는 명칭이 다양할지라도
           그 명칭들은 동의어가 아니다   73

제26장   이 명칭의 정의를 통해
           신 안에 있는 것이 무엇인지 정의될 수 없다   74

제27장   명칭은 신과 다른 것에 대해
           온전히 일의적으로나 다의적으로 사용되지 않는다   75

제28장   신은 지성적이다   77

제29장   신 안에는 지성이 가능적이거나 습성적이 아니라
           현실적으로 존재한다   78

제30장   신은 다른 상을 통해서가 아니라 자신의 본질을 통해 이해한다   79

제31장   신은 자신의 이해 작용이다   81

제32장   신은 의지적이어야 한다   82

제33장   신의 의지는 자신의 지성과 다른 것이 아니어야 한다   82

제34장   신의 의지는 그의 원함 자체이다   83

제35장   앞에서 언급된 모든 것은 유일한 신앙 조항에 집약되었다   84

제36장   이 모든 것은 철학자들에 의해 상정되었다   85

제37장   신 안에서 말씀은 어떤 위치에 놓이는가   86

제38장   신 안에 있는 말씀은 잉태라고 불린다   87

제39장   말씀은 성부와 어떻게 비교되는가   88

제40장 신 안에서의 산출이 어떻게 이해되는가   89

제41장 성자인 말씀은 성부인 신과
        동일한 존재 그리고 동일한 본질을 가지고 있다   89

제42장 가톨릭 신앙은 이것들을 가르친다   90

제43장 신 안에서는 말씀이
        성부와 시간이나 종이나 본성에 따라 다르지 않다   91

제44장 앞서 말한 것들의 결론   95

제45장 사랑하는 자 안에 사랑받는 것이 존재하듯이
        신은 자기 자신 안에 존재한다   95

제46장 신 안의 사랑은 성령이라고 불린다   96

제47장 신 안에 있는 성령은 거룩하다   98

제48장 신 안에 있는 사랑은 우유를 포함하지 않는다   99

제49장 성령은 성부와 성자로부터 발출된다   99

제50장 신 안에 있는 위격들의 삼위일체가
        본질의 단일성과 상반되지 않는다   101

제51장 어떻게 신 안에 다수를 가정하는 것이
        모순된 것처럼 보이는가   104

제52장 반대 의견에 대한 해답:
        신 안에는 오직 관계에 따른 차이만이 있을 뿐이다   105

제53장 성부와 성자와 성령을 서로 구분되게 만드는 관계들은
        실재적인 것이지 단순히 이성적인 것이 아니다   109

제54장 이런 종류의 관계들은 우유적으로 내재하는 것이 아니다   110

제55장 앞서 말한 신 안에 있는 관계들을 통해
        위격적 구별이 이루어진다   111

제56장 신 안에 셋 이상의 더 많은 위격이 존재하는 것은 불가능하다   111

제57장 신 안에 있는 고유성들이나 특징들에 대하여:
        성부 안에는 수적으로 얼마나 많이 그것들이 존재하는가   114

제58장 성자와 성령의 고유성들,
        그리고 그것들이 무엇이며 얼마나 되는지에 대하여   115

제59장 왜 이 고유성들은 특징들이라고 불리는가   116

제60장 신 안에서 자립하는 관계들이 넷일지라도
        오직 세 위격만이 있을 뿐이다   117

제61장 위격적 고유성들이 지성을 통해 제거된다면,
        자주체들도 남지 않게 된다   120

제62장	위격적 고유성들이 지성을 통해 제거된다면,	
	신적 본질이 어떤 방식으로 남아 있게 될까	121
제63장	위격적 고유성들에 대한 위격적 행위의 질서에 대하여	122
제64장	산출을 성부의 관점에서 그리고 성자의 관점에서	
	어떻게 받아들여야 하는가	123
제65장	어떻게 특징적 행위들이	
	오직 이성에 따라서만 위격으로부터 구별되는가	124
제66장	관계적 고유성들은 신적 본질 자체이다	125
제67장	그 관계들은 포레타누스 학파가 말했던 것처럼	
	외부적으로 덧붙여진 것이 아니다	125
제68장	신성의 결과들에 대하여, 우선 존재에 대하여	127
제69장	신은 사물을 창조하면서 질료를 전제하지 않는다	128
제70장	창조하는 일은 오직 신에게만 적합하다	130
제71장	질료의 다양성은 사물 안에 있는 다양성의 원인이 아니다	131
제72장	사물 안에 있는 다양성의 원인은 무엇이었나	132
제73장	사물의 다양성과 그것들의 등급 그리고 질서에 대하여	133
제74장	어떤 방식으로 몇몇 창조된 사물들은 가능성을 더 많이 가지고	
	현실성은 조금 가지며, 몇몇에서는 그 반대인가	134
제75장	비물질적이라고 불리는 어떤 지성적 실체들이 존재한다	137
제76장	그런 실체들은 어떻게 결정에서 자유로운가	138
제77장	그들〔지성적 실체들〕 안에는 본성의 완전성에 따라	
	질서와 등급이 존재한다	140
제78장	어떻게 그들〔지성적 실체들〕 안에는	
	이해 작용에서 질서와 등급이 존재하는가	141
제79장	그것을 통해 인간이 이해하게 되는 실체는	
	지성적 실체의 유 중에서 최하위의 것이다	141
제80장	이해하는 자 안에 있는 지성의 차이에 대하여	144
제81장	가능 지성은 가지적 형상을 감각적 사물로부터 수용한다	145
제82장	인간은 이해하기 위해 감각 능력을 필요로 한다	146
제83장	능동 지성을 설정해야 함은 필연적이다	147
제84장	인간 영혼은 소멸될 수 없다	150
제85장	모든 이 안에 유일한 가능 지성이 존재하지는 않는다	151
제86장	능동 지성은 모든 이에게 단일한 것이 아니다	160
제87장	가능 지성과 능동 지성은 영혼의 본질에 기초를 두고 있다	162

제88장   어떻게 이 두 능력이 영혼의 유일한 본질에 부합하는가   164

제89장   모든 능력은 영혼의 본질에 뿌리를 두고 있다   166

제90장   하나의 육체 안에는 단일한 영혼이 존재한다   166

제91장   인간 안에 다수의 영혼이 존재한다는 사실을
         증명하는 듯이 보이는 근거들   168

제92장   앞서 다룬 근거들에 대한 해결   170

제93장   전이(轉移)에 기인하지 않는 이성적 영혼의 산출에 대하여   175

제94장   이성적 영혼은 신의 실체로부터 유래하지 않는다   177

제95장   신은 직접적으로 사물을 창조한다   178

제96장   신은 자연적 필연성이 아니라 의지에 따라
         사물을 존재하도록 만든다   179

제97장   신은 자신의 행위 안에서 불변한다   182

제98장   움직임이 영원으로부터 존재했었다고 증명하는
         근거와 그에 대한 해결책   182

제99장   질료가 영원으로부터 세계의 창조에 앞서 존재하는 것이
         필연적이라는 사실을 보여 주어야 하는
         근거들과 그에 대한 해결책   185

제100장 신은 목적 때문에 모든 것을 행위한다   188

제101장 모든 것의 궁극적인 목적은 신의 선성이다   190

제102장 신과의 닮음이 사물 안에 있는 다양성의 원인이다   191

제103장 신의 선성은 사물의 원인일 뿐만 아니라
         모든 운동과 행위의 원인이기도 하다   193

제104장 지성적 피조물의 궁극 목적은 본질에 따라 신을 보는 것이다   196

제105장 지성적 피조물은 어떻게 신의 본질을 볼 수 있는가   198

제106장 지복이 성립되는 본질적 신의 직관으로 인해
         어떻게 자연적 욕구는 멎게 되는가   200

제107장 지복을 성취하기 위한 신으로의 운동은
         자연적 운동과 비슷해진다   201

제108장 피조물 안에 행복을 설정하는 이들의 오류에 대하여   202

제109장 오직 신만이 본질을 통해 선하고
         피조물은 분유를 통해 선하다   203

제110장 신은 자신의 선성을 잃어버릴 수 없다   205

제111장 피조물은 자신의 선성을 결여할 수 있다   205

제112장 피조물이 어떻게 자기의 작용에 따라 선성을 결여하는가   206

제113장   창조된 영적 실체 안에서
         의지적 행위의 결함이 있을 수 있다   207

제114장   사물 안에 있는 선이나 악이라는 명칭으로
         무엇이 이해되는가   208

제115장   악이 어떤 본성이라는 것은 불가능하다   209

제116장   어떻게 선과 악이 존재자의 차이이고 반대이며
         상반되는 것의 유인가   210

제117장   아무것도 본질적으로나 최고로 악일 수는 없고,
         (악이란) 어떤 선의 소멸이다   212

제118장   악은 주체로서의 선 안에 기초를 둔다   213

제119장   악의 두 가지 유에 대하여   215

제120장   행위의 세 가지 종류와 죄악에 대하여   216

제121장   어떤 악은 벌의 의미는 가지지만 죄악의 의미는 가지지 않는다   217

제122장   모든 벌이 동일한 방식으로 의지에 상반되는 것은 아니다   218

제123장   신의 섭리가 모든 것을 다스린다   219

제124장   신은 상위의 피조물을 통해 하위의 것을 다스린다   220

제125장   하위의 지성적 실체는 상위의 것을 통해 다스려진다   222

제126장   천사의 등급과 질서에 대하여   222

제127장   상위의 물체를 통해 하위의 것이 결정되지만,
         인간 지성은 그렇지 않다   227

제128장   어떻게 인간 지성이 간접적으로 천체에 종속되는가   228

제129장   오직 신만이 인간의 의지를 움직이고,
         어떤 창조된 사물도 그렇게 할 수 없다   230

제130장   신은 모든 것 안에서 존재하고, 그의 섭리는 모든 것에 미친다   232

제131장   신은 모든 것을 직접적으로 결정한다   234

제132장   신이 특수한 것에 대한 섭리를
         지니지 못한다는 것을 보여 주는 듯한 근거들   235

제133장   앞에서 언급된 근거들에 대한 해답   236

제134장   오직 신만이 미래의 우연적이고 개별적인 것을 인식한다   239

제135장   신은 모든 것에 능력과 본질, 그리고 현재성을 통해 현존하며,
         모든 것을 직접 결정한다   240

제136장   기적을 행하는 것은 오직 신에게만 적합하다   241

제137장   어떤 것은 우발적이고 예기치 않은 것이라고 불린다   243

제138장   운명은 특정한 본성인가, 그리고 그것은 무엇인가   244

제139장	모든 것이 필연적으로 일어나는 것은 아니다	246
제140장	신의 섭리가 효력을 지속하고 있어도 많은 것이 우연적이다	247
제141장	신의 섭리의 확실성은 사물로부터 악을 배제하지 않는다	248
제142장	악을 허용한다는 것이 신의 선성을 손상하지는 않는다	249
제143장	신은 특별히 은총을 통해 인간을 위해 섭리한다	250
제144장	신은 무상의 선물을 통해 죄를 용서한다	253
제145장	죄는 용서될 수 없는 것이 아니다	254
제146장	오직 신만이 죄를 용서할 수 있다	255
제147장	신의 통치의 결과에 대해 주장된 몇몇 신앙 조항들	256
제148장	모든 것은 인간 때문에 만들어졌다	257
제149장	어떤 것이 인간의 궁극 목적인가	258
제150장	어떻게 인간은 영원성에 도달하는가	259
제151장	이성적 영혼의 완전한 지복을 위해 영혼은 육체와 어떻게 다시 합일해야만 하는가	259
제152장	육체로부터 영혼의 분리가 어떤 방식으로 본성에 따르고, 어떤 방식으로 본성을 거스르는가	261
제153장	영혼은 전적으로 동일한 육체를 다시 취한다	262
제154장	영혼은 수적으로 동일한 육체를 오직 신의 힘에 의해 다시 취한다	263
제155장	인간은 소멸되지 않는 삶의 상태로 부활한다	268
제156장	부활 후에는 음식과 생식의 이용이 사라질 것이다	270
제157장	그럼에도 모든 지체가 부활한다	271
제158장	이들은 어떤 결함을 가지고 부활하지 않는다	272
제159장	오직 본성의 진리에 속하는 것만 부활한다	272
제160장	어떤 것이 물질적으로 모자랐다면 신은 모든 것을 보충할 것이다	273
제161장	반론으로 제기될 수 있는 것들에 대한 해답	274
제162장	죽은 이들의 부활은 신앙 조항에도 표현되어 있다	276
제163장	부활한 이들의 작용은 어떠할 것인가	277
제164장	신은 유사성을 통해서가 아니라 본질을 통해 직관될 것이다	278
제165장	신을 직관하는 것은 최고의 완전성이요 기쁨이다	279
제166장	신을 직관하는 영혼은 견고해진 의지를 자신 안에 가지게 된다	280
제167장	육체는 전적으로 영혼에 순종하게 될 것이다	282

제168장 영광스럽게 된 육체의 지참금에 대하여   283

제169장 물체적 피조물은 상이한 상태를 얻게 될 것이다   284

제170장 어떤 피조물이 새로워지고 어떤 것이 그대로 남는가   285

제171장 천체는 운동을 멈출 것이다   288

제172장 자신의 행위 결과에 따른 인간의 보상 혹은 불행   291

제173장 인간에 대한 보상은 이 세상 삶이 지난 후에 존재하고,
         불행도 마찬가지이다   293

제174장 단죄의 벌이라는 측면에서 인간의 불행은 어디에 존재하는가 294

제175장 죽을죄는 이 세상 삶의 다음에 용서받지 못하지만,
         아마도 경미한 죄는 용서받을 것이다   297

제176장 단죄받은 이의 육체는 고난을 겪을 수 있지만
         그럼에도 전체적이고, 특별한 성향은 없다   298

제177장 단죄받은 이의 육체는 손상될 수 있지만
         소멸될 수는 없는 것이다   299

제178장 부활 전에 어떤 이의 영혼은 행복을 누리고,
         어떤 이의 영혼은 불행 속에 산다   301

제179장 단죄받은 이의 벌은 육체적인 악보다
         영적인 악에 대한 것이다   302

제180장 영혼이 육체적 불에 의해 고난을 겪을 수 있는가   303

제181장 이 세상 삶 다음에는 영원하지 않은
         일종의 정화의 벌이 존재한다   305

제182장 경미한 죄에 대해서도 어떤 정화하는 벌이 있다   306

제183장 죄가 일시적인 것이었기 때문에
         영원한 벌을 받는 것은 신의 정의에 상충되는가   307

제184장 앞서 언급된 것들은 다른 영적 실체에도 해당된다   308

|두 번째 논고|

제185장 그리스도의 인성에 대하여   310

제186장 인간의 최초 상태의 완전성   311

제187장 저 완전한 상태는 원천적 정의라고 불린다   313

제188장 선과 악을 아는 나무와 인간의 첫 번째 계명   314

제189장 하와에 대한 악마의 유혹   314

제190장   여인의 충동 가능성은 무엇이었나   315

제191장   어떻게 해서 죄가 남자에게 도달했는가   316

제192장   하위의 힘의 이성에 대한 반란   317

제193장   죽음을 당할 수 있음과 그 필연성   318

제194장   수반되는 다른 결함들   318

제195장   어떻게 이 결함들이 후손에게 전수되었는가   319

제196장   원천적 정의의 결함이 후손에게서 죄악의 의미를 지니는가   320

제197장   모든 죄가 후손에게 전이되는 것은 아니다   321

제198장   아담의 공로가 후손에게 회복을 위한 도움을 주지 못한다   322

제199장   그리스도를 통한 인간 본성의 회복   323

제200장   오직 강생한 신을 통해서만 본성이 회복되어야 했다   324

제201장   신의 아들의 강생에 대한 다른 이유들   326

제202장   신의 아들의 강생에 대한 포티누스의 오류   327

제203장   강생에 대한 네스토리우스의 오류와 그것의 부인(否認)   330

제204장   강생에 대한 아리우스의 오류와 그것의 부인   332

제205장   강생에 대한 아폴리나리스의 오류와 그것의 부인   336

제206장   본성에서의 합일을 가정하는 에우티케스의 오류   337

제207장   그리스도는 참된 육체가 아니라

         환영적인 육체를 지녔다고 말하는 마니의 오류를 거슬러   339

제208장   발렌티누스를 거슬러,

         그리스도는 하늘로부터 참된 육체를 소유하지 않았다   342

제209장   강생에 대한 신앙의 가르침은 무엇인가   344

제210장   그리스도 안에는 두 기체가 존재하지 않는다   348

제211장   그리스도 안에는 오직 한 기체와 한 인격이 존재한다   350

제212장   그리스도 안에서 하나 또는 다수라고 불리는 것들   355

제213장   그리스도는 은총과 진리의 지혜에서 완전해야만 했다   361

제214장   그리스도의 은총 충만   362

제215장   그리스도 은총의 무한성   369

제216장   그리스도의 지혜 충만   372

제217장   그리스도 육체의 질료   380

제218장   정액으로부터 이루어지지 않은 그리스도 육체의 형성   382

제219장   그리스도 육체 형성의 이유   383

제220장   그리스도의 잉태와 출생에 대해 주장한

         신경의 조항에 관한 설명   384

제221장   그리스도가 동정녀로부터 탄생하셨다는 것은 합당한 것이다   386

제222장   복되신 동정녀가 그리스도의 어머니이다   388

제223장   성령은 그리스도의 아버지가 아니다   390

제224장   그리스도 어머니의 성화(聖化)   392

제225장   그리스도 어머니의 영속적 동정성   397

제226장   그리스도에 의해 취해진 결함들   400

제227장   왜 그리스도는 죽기를 원했는가   405

제228장   십자가의 죽음   408

제229장   그리스도의 죽음   409

제230장   그리스도의 죽음은 자발적인 것이었다   411

제231장   육체와 관련된 그리스도의 수난   412

제232장   그리스도 영혼의 수난 가능성   415

제233장   그리스도의 기도   419

제234장   그리스도의 묻히심   421

제235장   그리스도의 지옥으로 내려감   422

제236장   부활과 그리스도 부활의 시간   423

제237장   부활한 그리스도의 특성   426

제238장   어떻게 그리스도의 부활이 적합한 논증들을 통해
         증명될 수 있는가   427

제239장   주님 부활의 능력   430

제240장   낮춤의 두 가지 공로, 즉 부활과 승천   433

제241장   그리스도는 인간 본성에 따라 심판할 것이다   435

제242장   성부는 심판의 시간을 알고 있는 자기 아들에게
         모든 심판을 맡겼다   438

제243장   모든 이가 심판받을 것인가, 혹은 아닌가   443

제244장   심판의 절차와 장소   447

제245장   성인들은 심판할 것이다   450

제246장   신앙 조항의 구별   452

제II권 † 소망에 대하여

제1장   그리스도교 삶의 완전성을 위해 소망이라는 덕은
       필수적이라는 사실이 밝혀진다   457

제2장   인간에게는 적절하게 신으로부터
       소망하는 것을 얻게 해 주는 기도가 지시되었다.
       그리고 신과 인간에 대한 기도의 다양성에 대하여   458

제3장   소망의 완성을 위해 우리에게 그리스도에 의해
       기도하는 형식이 전수되는 것이 적절했다   460

제4장   우리가 소망하는 것을 기도하면서
       신에게 간청해야만 하는 이유   462

제5장   우리가 기도함으로써 청하는 그 신은
       기도하는 이에 의해 '우리 아버지'라고 불려야지,
       '나의 아버지'라고 불려서는 안 된다   466

제6장   우리가 기도하는 성부가
       소망하는 것을 허용할 수 있는 권한을 가지셨다는 것이
       "당신이 하늘에 계시다"라고 말하는 곳에서 제시된다   469

제7장   신으로부터 소망해야만 하는 것은 어떤 것인가
       그리고 소망의 의미에 대하여   473

제8장   첫 번째 청원: 우리 안에서 시작된 신의 인식이 완성되기를
       추구하라고 우리가 배우며, 이것은 가능한 일이다   475

제9장   두 번째 청원: 신이여 우리를 영광에 참여케 하소서   481

제10장 그 나라를 차지하는 것은 가능하다   499

| 해제 | 토마스 아퀴나스의 종합적인 사고를 엿볼 수 있는 입문서   501
참고문헌   525
찾아보기
  인명 및 전거 찾아보기   547
  사항 찾아보기   560
  성서 찾아보기   587

제I권

믿 음 에   대 하 여

제1장
우선 작품의 의도가 제시된다
Primo ponitur intentio operis

자신의 무한함으로 모든 우주를 포괄하는 영원한 성부(聖父)의 말씀은 죄 때문에 초라하게 타락한 인간들(hominem per peccata minoratum)을 신의 영광이 있는 높은 곳으로 다시 불러들이기 위해 작게 되기를 원하셨다. 그분은 이를 자신의 위대함을 내버림으로써가 아니라 우리의 부족함을 받아들임으로써(nostra breuitate assumpta) 〔그렇게 하셨다.〕 누구도 자신이 천상의 지혜를 파악할 수 없다고 말할 수는 없도록[1] 공부하는 이들을 위해 광범위하고 분명하게 성서의 다양한 책을 통해 전수되었던 것을, 〔말씀은〕 직업을 가진 자들 때문에 인간의 구원을 위한 가르침이 되도록 간략하게 종합해 축약했다. 왜냐하면 인간의 구원은 진리의 인식에 달려 있으므로 인간 지성이 다양한 오류를 통해 아둔하게 되어서는 안 되기 때문이다. 또한 〔인간의 구원은〕 그릇된[2] 목적들에 빠지지 않고 참된 행복이 결여되지 않도록 〔인간이〕 올바른 목적을 지향함에 달려 있고, 다양한 악덕을 통해 더럽혀지지 않도록 정의를 보존함에 달려 있기 때문이다. ──

그런데 〔말씀은〕 인간의 구원을 위해 필수적인 진리에 대한 지식[3]을 짧고 간략한 신앙 조항에 축약했다. 바로 이것이야말로 〔바오로〕 사도가 로마 9,28에서 "신께서는 땅 위에 짧은 말씀을 하시리라"[4]라고 말한 것이

---

1 직역하면 "천상의 말씀에 사로잡힌(capessenda) 가르침으로부터 그 누구도 변명할 수 없기 위해"라고 번역할 수 있지만 이해를 위해 의역했다.

2 직역하면 "빚지지 않은 목적들"(indebitos fines)이다. 다음 문장의 "올바른 목적"은 "빚진 목적들"(in debiti finis)이지만 이해를 위해 의역했다.

3 직역하면 "〔그 말씀은〕 인간 구원의 진리의 필수적인 인식을 …에 축약한다"이지만 이해를 위해 의역했다.

4 "Verbum abbreuiatum faciet Deus super terram" 참조: "Verbum breuiatum faciet

다. 그리고 이것이 바로 우리가 선포하는 믿음의 말씀(uerbum fidei)[5]이다. [말씀(성자)은] 짧은 기도를 통해 인간의 의도를 의롭게 하셨다. 이 기도 안에서 그는 우리에게 기도하는 법을 가르침으로써, 우리의 의도와 소망을 어떤 방식으로 이끌어야 하는가를 보여 주셨다. 그는 법[율법]을 관찰하는 과정에서 이루어지는 인간의 정의를 사랑의 유일한 계명으로 완성했다. "그렇기 때문에 율법의 완성은 사랑입니다"(plenitudo enim legis est dilectio)[로마 13,10]. 그러므로 [바오로] 사도는 1코린 13,13의 믿음, 소망, 사랑 안에서, 마치 우리의 구원을 요약하는 표제어인 양, 그 안에서 현세의 모든 완전성이 이루어져 있다고 가르쳤다. "그러나 이제, 믿음, 소망, 사랑은 [계속해서] 남아 있을 것입니다"(Nunc autem manent fides, spes, caritas). 그러므로 이 세 가지가 복된 아우구스티누스(Augustinus)가 말했던 신을 경배하기 위해 사용되는 것이다.[6]

따라서 나의 사랑하는 아들 레기날두스여, 그리스도교에 대한 이 간략한 가르침을 당신에게 전하노니, 항상 당신 눈앞에 둘지어다. 바로 이 작품 속에서도 이 세 가지에 우리의 모든 주의(tota nostra intentio)를 기울일 것이다. 우리는 첫째, 믿음, 둘째, 소망, 그리고 셋째, 사랑에 대해 다룰 것이다. 바로 이것이 사도가 제시한 순서에 [맞는] 것이고, 올바른 이성이 요구하는 것이다. 왜냐하면 소망의 올바른 목적이 정립되어 있지 못하면 올바른 사랑이란 존재할 수 없고,[7] 진리에 대한 인식이 결여

Dominus super terram"; "주님께서는 말씀을 온전히 또 조속히 세상에 실현시킬 것이다"(『성경』).

5 로마 10,8 참조. 토마스는 신앙에 의해 선포된 말씀과 말씀이신 '성자'(聖者)를 절묘하게 연결해 신앙 조항에 대한 간략한 설명의 필요성을 강조하고 있다.

6 아우구스티누스, 『(라우렌티우스에게 보내는) 믿음, 소망, 사랑의 길잡이』(Enchir.) cap. 3, (PL 40, 232; CCL 46, 49); 아우구스티누스, 『그리스도교 교양』(De doctrina christiana) I, 35(국역본: 아우구스띠누스, 성염 옮김, 『그리스도교 교양』, 분도출판사, 1989) 참조.

7 토마스에 따르면, 신의 사랑은 일방적인 사랑 안에 있는 것이 아니라 옛 사람들이 '우정'이라고 불렀던, 즉 상호 간의 애정 관계, 서로에 대한 애정 교환에 있다는 것

되어 있다면 〔소망의 올바른 정립도〕 불가능하기 때문이다.[8] 그러므로 첫째, 그것을 통해 당신이 진리를 인식할 수 있는 믿음이 필수적이다. 둘째, 그것을 통해 당신의 의도가 올바른 목적으로 집약될 수 있는 소망도 필수적이다. 셋째, 그것을 통해 당신의 정념(affectus)이 전적으로 질서를 유지하게 될 사랑이 필수적이다.

이다(아리스토텔레스, 『니코마코스 윤리학』 VIII, 2, 1155b 28 이하; 1155b 33 이하 참조). 우리는 비로소 미래에, 영원한 삶 안에서 완성되게 될 이러한 우정이 깃든 사랑의 공동체를 우리 편에서 만들어 낼 수는 없다. 그렇기 때문에 이 공동체는 우리가 언젠가 신에 의해 이 공동체 안에 받아들여지리라는 소망 속에서 살게 될 때, 우리 안에서 자각되고 성숙되어 갈 것이다. 이런 의미에서 신의 사랑은 소망이 없이는 불가능하다. 『신학대전』 제II부 제I권 제65문제 제5절; 제II부 제II권 제23문제 제1절 참조(〔2〕).

8 소망은 미래의 선을 향하고 있다. 이 미래의 선은 도달하기 어렵지만 그래도 도달될 수 있는 것이다. 그러므로 소망이 시작될 수 있기 위해서는 그 소망되는 것이 그 좋음과 도달 가능성이란 측면에서 어떤 형태로든 알려져야 한다. 따라서 진리의 인식, 즉 우리가 믿음을 통해 도달해야 할 신과의 애정 공동체에 대한 인식은 소망에 앞선 것이다. 『신학대전』 제II부 제II권 제17문제 제7절 참조(〔3〕).

첫 번째 논고

유일하며 삼위일체인 신과 그 결과들에 대하여

제2장

믿음에 대해 말해야 할 질서

Ordo dicendorum circa Fidem

그런데 믿음은 미래에 우리를 복되게 만들 저 인식을 미리 맛보는 것이다. 그러므로 (바오로) 사도는 (믿음이야말로) "소망해야 할 것의 실체"(substantia sperandarum rerum)[9](히브 11,1)라고 말한다. 이것(믿음)은 마치 소망해야 할 것, 즉 미래의 지복이 일종의 시작의 형태로 우리 안에서 현존하게 만드는 것과 같다. 그런데 주님은 저 복된 인식이, 두 가지 알려진 바, 즉 삼위일체(三位一體)의 신성과 그리스도의 인성(人性)(Diuinitatem Trinitatis et humanitatem Christi)에 관련해 이루어진다고 가르쳤다. 그러므로 그(그리스도)는 성부께 "이것이야말로 영원한 생명입니다. 즉 그것은 참된 신, (당신을 알고, 당신이 보내신 예수 그리스도를 아는 것입니다)"(요한 17,3)[10]라고 말씀하신 것이다.

---

9   "sperandarum substantia rerum"(불가타 역): "믿음은 우리가 바라는 것들의 보증이며"(『성경』).

10 "Hec est uita aeterna, ut cognoscant te uerum Deum, et quem misisti Iesum

44

따라서 믿음의 온전한 인식이 이 두 가지, 즉 삼위일체의 신성과 그리스도의 인성에 관련된다. 이것은 이상한 것이 아닌데, 그리스도의 인성은 신성에 도달하게 하는 길이기 때문이다. 그렇기에 사람들은 길을 가면서(in uia) 목적지로 이끌 수 있는 길을 알아야만 한다. 고향에서는〔천국에 들어갔을 때〕(in patria), 그들을 구원해 준 길에 대한 지식을 가지지 못한다면, 신에게 감사를 드리는 것만으로는 충분하지 못할 것이다. 그러므로 주님께서는 제자들에게 "너희는 내가 어디로 가는지도 알고 그 길도 알고 있다"(요한 14,4)[11]라고 말씀하셨다.

그런데 신성에 대해서는 다음 세 가지를 알아야 한다. 첫째, 본질의 단일성, 둘째, 위격들의 삼위일체성, 셋째, 신성의 결과들을〔알아야 한다〕.

제3장

신은 존재한다

Quod Deus sit

병행문헌:『신학대전』제I부 제2문제 제3절;『명제집 주해』제I권 제3구분 텍스트 분할;『대이교도대전』제I권 제13장, 제15장, 제16장, 제44장; 제II권 제15장; 제III권 제64장;『진리론』제5문제 제2절;『자연학 주해』제VII권 제2강; 제VIII권 제9강;『형이상학 주해』제XII권 제5강 참조.

신적 본질의 단일성에 관련해서는 우선 신이 존재한다는 사실을 믿어야만 하는데, 이것은 이성을 통해 똑똑히 보이는 것이다.[12] 즉 우리는 움

Christum"; "영원한 생명이란 홀로 참 하느님이신 아버지를 알고 아버지께서 보내신 예수 그리스도를 아는 것입니다"(『성경』).

11 "Et quo ego uado scitis, et uiam scitis."

12 토마스에 따르면, "동일한〔사람이 동시에〕알면서 믿는다는 것은 불가능하다". 그러나 "한 사람이 보거나 알고 있는 것을 다른 사람이 증명된 형태로 알지 못하므로 믿는다는 일"은 일어날 수 있다(『신학대전』제II부 제II권 제1문제 제5절 참

직이는 모든 것이 다른 것에 의해 움직여진다는 사실을 보게 된다.[13] 예를 들어 하위의 것은 상위의 것을 통해 〔움직여지고〕, 이것은 천체를 통해 〔지상의〕 요소가 움직여지는 것에서도 마찬가지다. 요소들 중에서는 더 강한 것이 약한 것을 움직이게 한다. 천체들 중에서는 상위의 천체가 하위의 천체를 움직인다.[14] 그런데 이것이 무한 소급되는 것은 불가능

조). 신이 존재한다는 사실과 유일하다는 사실은 "철학자들에 의해 증명된 형태로 제시된 것"(같은 곳, 제3반대 이론)이다. 그럼에도 "그것들은 믿어야만 할 대상에 포함될 수 있다. …… 왜냐하면 그것은 〔그 자체로〕 신앙에 속하고 고유한 의미에서 증명될 수 없는 것들을 믿도록 미리 전제되어야만 하는 것을 위해 요구되기 때문이다"(같은 곳, 제3이론에 대한 해답)(〔4〕).

13 여기서 움직임, 즉 운동이란 단지 장소의 이동이나 물체적 변화만이 아니라 한 상태에서 다른 상태로 넘어가는 변화 자체를 뜻하는 것이다. 제4장에서는 이런 넓은 의미에서의 운동이 신으로부터 배제된다(〔5〕).

14 토마스는 아리스토텔레스(Aristoteles)를 따라 다음과 같이 주장한다. "전체 자연에서 모든 운동은 하나의 움직여지지 않는 것으로부터 나온다. 그러므로 어떤 것이 움직여지지 않으면 않을수록 그만큼 더 많이 움직여지는 것의 원인이다. 그런데 천체는 오직 장소의 이동만을 하기 때문에 모든 물체 중에서 가장 비운동적인 것이다. 그러므로 다양하고 여러 형태의 지상에 있는 물체들의 운동은 그것들의 원인으로서의 천체 운동에 환원된다"(『신학대전』 제I부 제115문제 제3절). ── 아리스토텔레스와 스콜라 철학자들은 네 가지 요소들, 즉 흙, 물, 공기, 불을 가정했다. 이 요소들로부터 월하(月下) 세계 안에서 계층의 이동을 통해 이루어지는 충격을 매개로 이루어진 혼합에 의해 다양하게 합성된 물체들이 생성된다. 이 생성과 소멸이 일어나는 물체-세계는 계층의 형태로 장소적으로 제한되었다. 말하자면 우주는 두 영역으로 구분된다. 첫 번째 영역은 세계의 중심이며, 지구로부터 달 사이에 속하는 모든 것이 존재하고 있는 지구를 포함한 월하 세계이다. 두 번째 영역은 천체 영역으로 여러 동심원 상을 지성 존재에 의해 끊임없이 돌도록 움직여진 천체들로 구성되어 있다(천체들은 개별적인 별들이 아니라 그들이 놓여 있는 영역별로 움직인다). 가장 바깥 계층에는 고정된 항성들이 속하고 그 다음 층에는 토성, 목성, 화성이 속하며, 계속해서 태양의 계층이 이어지고 마침내 태양과 지구 사이에 수성, 금성, 달 등이 놓여 있다. 이 계층들은 월하 세계의 물체들보다 비교할 수 없을 정도로 세밀한 본성으로 이루어져 있다. 지상 물체의 운동과 변화와 비교해 볼 때, 이 계층들은 훨씬 덜 움직이는 것이다. 이 천체들은 오직 가장 완전한 운동, 즉 부단한 원운동만을 하고 있기 때문이다. 이런 상대적인 비운동성 때문에 이 천체들은 움직이고 변화하는 물체들보다 부동(不動)의 원동자(原動者)

하다. 왜냐하면 어떤 것에 의해 움직여진 모든 것은 마치 최초로 움직이는 것〔제1동자(動者)〕에〔의해 움직여진〕일종의 도구나 마찬가지이기 때문이다. 만일 제1동자가 존재하지 않는다면, 움직이는 모든 것은 도구일 것이다. 그런데 만일 움직이는 것과 움직여진 것이 무한히 소급된다고 가정하면, 제1동자는 존재하지 않아야만 한다. 따라서 무수히〔많은〕모든 움직이는 것과 움직여진 것은 도구일 것이다. 그러나 배우지 못한 사람에게서조차도 어떤 근원적인 작용자에 의하지 않고 도구가 움직여진다는 사실을 가정하는 것은 터무니없는 일이다. 왜냐하면 이것은 어떤 이가 상자나 침대를 만들 때 톱이나 도끼가 일하는 목수 없이 작용하는 것을 가정하는 것과 비슷하기 때문이다. 그러므로 모든 것 중에서 최고의 것인 제1동자〔최초로 움직이는 자〕가 존재해야 하며, 우리는 이를 신이라고 부른다.

제4장
신은 부동적(不動的)이다
Quod Deus est immobilis

병행문헌: 『신학대전』 제I부 제9문제 제1절; 『명제집 주해』 제I권 제8구분 제3문제 제1절; 『대이교도대전』 제I권 제13장, 제14장; 제II권 제25장; 『권능론』 제8문제 제1절 제9이론에 대한 해답; 『보에티우스의 '삼위일체론' 주해』 제5문제 제4절 제2이론에 대한 해답 참조.

인 신에 훨씬 더 가깝다. 그렇기 때문에 이 천체들은 물체적 사물들에 상당한 정도로 영향을 끼칠 수 있다. 여기서 이 영향은 에너지의 감소를 수반하지 않는다. — 오늘날의 학문 수준에 따르면, "지상 물체의 모든 운동은 원인의 측면에서 천체 운동에 환원될 수 있다"라고 주장할 수 없다. 우리는 오늘날 넓은 의미에서 천체의 구조화된 영향을 거부해야 한다. 다른 한편으로 천체의 물체 세계에 대한 영향론 안에는 현대 자연과학이 발견·인정하고 있는 참된 핵심이 숨어 있다. 우리는 천체의 우주적인 영향, 특히 달과 태양이 육체적이고 천문학적이며 심리적인 관계에서 많은 영향을 준다는 사실을 알고 있다((6)).

이로부터 '모든 것을 움직이게 하는 신은 부동적이다'라는 사실이 필연적임은 분명하다. 왜냐하면 그는 제1동자이기에, 만일 그가 움직여진다면 필연적으로 자기 자신에 의해서거나 다른 것에 의해 움직여질 것이기 때문이다. 물론, 그는 다른 것에 의해 움직여질 수 없다. 〔만일 그렇다면〕 그보다 앞선 움직이는 어떤 것이 존재해야 하기 때문이다. 이것은 제1동자라는 개념과 모순된다. 그런데 자기 자신에 의해 움직여진다면, 이것은 두 가지 방식으로 가능할 것이다. 곧 동일한 관점에서 움직이게 하는 것이며 움직여진 것일 것이거나, 자기의 어떤 것(일부)에 따라 움직이게 하는 것이며 어떤 것에 따라서는 움직여진 것일 것이다.

이 〔가능성들 중에서〕 첫 번째 것은 불가능하다. 왜냐하면 움직여진 모든 것은 그런 방식인 한(움직여지는 한) 가능태의 상태에 있기 때문이다. 그러나 움직이게 하는 것은 현실태의 상태로 있다. 만일 동일한 관점에서 움직이게 하면서 〔동시에〕 움직여진다고 가정하면, 그것은 동일한 관점에서 가능적이면서 현실적인 것이어야 할 것이다. 〔그러나〕 이것은 불가능하다.

또한 두 번째 것도 불가능하다. 만일 〔그에게 있는〕 어떤 것이 움직이게 하면서 다른 어떤 것이 움직여진다면, 그는 자기 자체로 제1동자인 것이 아니라 움직이게 하는 자신의 부분 때문에 〔제1동자〕일 것이다. 그러나 그 자체로 있는 것이 그 자체로 있지 못한 것보다 더 앞선 것이다.[15] 그러

---

15 자기 자신을 근거로 존재하는 것은 자신의 존재보다 앞선 어떤 것, 예를 들어 그것 밖에 놓여 있으면서 그것을 존재하도록 이끈 어떤 원인 같은 것을 필요로 하지 않는다. 전적으로 자기 자신으로부터 존재하는 것은 자신의 존재 근거를 자기 자신 안에 가지고 있다. 이와는 반대로 자기 자신을 근거로 존재하지 않는 것은 그것보다 앞서 ── 존재론적으로나 시간적으로 ── 존재하며 그것에 작용하는 원인을 가지고 있다. 원인들로 환원하는 것이 무한 소급에 빠질 수는 없기 때문에 모든 선재(先在)하는 원인들과 부분 원인들을 통틀어 자기 자신을 근거로 존재하지 않는 모든 것은 그것을 근거 지우면서 자기 자신 안에 머물고 있는 원초적인 근거인 제1동자, 즉 모든 가능성을 실현하면서도 자신은 어떠한 가능성에도 매어 있지 않은 실제성을 전제한다(〔7〕).

므로 만일 자신의 부분 때문에 그것이 [제1동자]라고 가정하면, 그가 [엄격한 의미에서] 제1동자일 수 없다. 따라서 제1동자는 전적으로 부동적이어야 한다.

또한 움직여지면서 움직이는 것들로부터도 동일한 것을 관찰할 수 있다. 왜냐하면 모든 움직임은 그 움직임과 동일한 종에 따라 움직여지지 않는 어떤 부동의 것에 의해 진행되는 것처럼 보이기(uidetur)[16] 때문이다.[17] 우리가 본 바와 같이, 이 하위의 것에서 이루어지는 변화와 생성과 소멸은 제1동자로 [환원되듯이] 천체로 환원된다. 이 천체는 생성되지 않고 소멸되지도 않으며 불변하기 때문에,[18] 이런 움직임의 종(種)에 따라 움직여지지 않는다. 따라서 모든 움직임의 제1원리인 것은 전적으로 부동적이어야 한다.

---

16 라틴어 동사 '비데리'(uideri)[~처럼 보인다]는 종종 참된 사실에 반대되는 가상을 뜻하지만 항상 그런 것은 아니다. 이와 같은 구절에서는 판단을 내리는 경우에 취하게 되는 특정한 조심스러움을 표현하거나(우리가 모든 운동을 고찰한 것은 아니다) "사람들은 ~한 사실을 본다; 그것은 명백하다"라는 것을 뜻한다([8]).

17 모든 움직임이 동일한 종류로 움직이고 있지 않은 어떤 것으로부터 나온다는 문장은 텍스트에서 제시된 예와는 관계없이 유효하다. 어떤 규정성과 관련해 움직이고 있는 것은 이 규정성을 가질 수도 가지지 않을 수도 있으며, 이 규정성을 자신으로부터 가지고 있는 것이 아니다. 그러므로 그것은 이 규정성을 다른 것, 즉 자기 자신으로부터 그 규정성을 가지고 있고, 따라서 그것과 관련해서는 움직여지지 않는 어떤 것으로부터 받게 된다([9]).

18 스콜라 철학의 용어에 따르면, 생성은 한 존재자가 형상을 취득하는 것이고 소멸은 그 형상을 잃어버리는 것이다. 취득되거나 상실되는 형상이 실체적 형상이라면 그 생성과 소멸은 실체적이 되고, 그 형상이 우유적(偶有的)이라면 우유적인 것이 된다. 후자의 경우에 이루어지는 과정을 변화라고 부른다(CV, p. 10, n. 2).

제5장

신은 영원하다

Quod Deus est eternus

병행문헌: 『신학대전』 제Ⅰ부 제10문제 제2절; 『명제집 주해』 제Ⅰ권 제19구분 제2문제 제1절; 『대이교도대전』 제Ⅰ권 제15장; 『권능론』 제3문제 제17절 제23이론에 대한 해답 참조.

이로부터 더 나아가 신이 영원하다는 사실이 분명해진다. 왜냐하면 존재하기를 시작하거나 멈추는 모든 것은 운동이나 변화를 통해 이루어지기 때문이다. 그러나 '신이 전적으로 부동적이다'라는 사실은 명백하다. 그러므로 신은 영원하다.[19]

제6장

신이 그 자체로 존재함은 필연적이다

Quod Deum esse per se est necessarium

이로부터 신의 존재가 필연적이라는 사실이 밝혀진다. 존재할 수도 존재하지 않을 수도 있는 모든 것은 가변적인 것이기 때문이다. 그러나

---

19 아마도 토마스는 제5장을 『신학요강』의 최종적 형태로 남겨 놓기를 원하지 않았던 것 같다. 이 장은 유별나게 짧고 오직 간략한 논증만을 제공하고 있을 뿐이다. 제5장은 신의 영원성을 그것이 실제적임과 신의 작용에서 시작과 끝을 배제한다는 측면에서 넓은 의미로 증명하고자 한다. 이 논증은 신으로부터 오직 시작과 끝만을 배제하고 있기 때문에 그리 만족스럽지 못하다. 그것은 신의 존재가 지닌 완전한 동시성을 다루지 않는다. 이 동시성이 영원성의 본질적인 특성임에도 말이다. 다른 한편으로 '신의 영구한 실존'을 다루는 제7장과 '신이 지닌 연속성의 부재'를 다루는 제8장을 함께 고려할 때에야 신의 영원성은 설득력을 지닌 방식으로 증명된다. 그러므로 제5장은 토마스가 최종적으로 계획했던 형태에 속하지 않는다는 결론이 필연적일 듯하다(CV, p. 11, n. 3). A. R. Motte, 1939 참조.

밝혀진 바와 같이,[20] 신은 전적으로 불변하다. 그러므로 신은 존재할 수도 존재하지 않을 수도 있는 것이 아니다. 존재하면서 존재하지 않을 수 없는 모든 것은, 그것이 존재함이 필연적이다. 왜냐하면 '필연적으로 존재하는 것'(necesse esse)과 '존재하지 않을 수 없는 것'(non possibile non esse)은 동일한 것을 뜻하기 때문이다. 그러므로 신이 존재함은 필연적이다.

마찬가지로 존재할 수도 존재하지 않을 수도 있는 모든 것은 자신을 존재하게 만드는 다른 어떤 것을 필요로 한다. 그 존재가 그러한 한에서 양쪽(존재와 비존재)과 관계를 맺고 있기 때문이다. 그런데 어떤 것이 존재하도록 만드는 것은 그것보다 앞선 것이다. 그러므로 존재할 수도 존재하지 않을 수도 있는 모든 것에 앞서서 어떤 것이 존재한다. 하지만 신보다 앞선 어떤 것도 존재하지 않는다. 그러므로 신은 존재할 수도 존재하지 않을 수도 있는 것이 아니라 필연적으로 존재하는 것이다. 그리고 필연성의 원인을 가지고 있는 몇몇 필연적인 대상이 존재하고,[21] 이 원인은 그 대상들보다 더 앞서야 하기 때문에도 그러하다. 그런데 모든 것의 첫째인 신은 자신의 필연성의 원인을 가지고 있지 않다. 그러므로 신이 그 자체로 존재함은 필연적이다.

---

20 제4장 참조.
21 제74장 참조. 필연적이라는 것은 아직 원인 없이 존재하는 것이 아니다(『신학대전』 제I부 제44문제 제1절 제2이론에 대한 해답; 제50문제 제5절 제3이론에 대한 해답 참조). 이것은 필연적 원리가 필연적 추론의 원인이 되는 인식의 영역뿐만 아니라 사물의 세계에서도 그렇다. 필연적, 즉 파괴되지 않으면서도 원인 없이 존재하는 것이 아닌 것은 최초의 요소들, 천체들(토마스에 따라) 그리고 지성적인 피조물들, 즉 천사와 인간 영혼 등이다((11)).

제7장
신은 영구히 존재한다
Quod Deus semper est

이로부터 신이 영구히 존재한다는 사실이 명백해진다. 왜냐하면 필연적으로 존재하는 모든 것은 영구히 존재하기 때문이다. '존재하지 않을 수 없는 것'(quod non possibile est non esse)은 존재하지 않는 것이 불가능(impossibile est non esse)하기 때문에, 그것은 어느 순간에도 존재하지 않을 수 없다. 그러나 이미 밝힌 바와 같이,[22] 신이 존재함은 필연적이다. 그러므로 신은 영구히 존재한다.

게다가 존재하기 시작하거나 멈추는 모든 것은 운동이나 변화를 통해서만 그러하다. 그러나 이미 증명된 바와 같이,[23] 신은 전적으로 불변적이다. 따라서 신이 존재하기 시작했다거나 존재하기를 멈춘다는 것은 불가능하다.

마찬가지로 영구히 존재하지 않았던 모든 것은, 만약 존재하기 시작한다면, 그것에 존재의 원인이 되는 어떤 것을 요구한다. 왜냐하면 어떤 것도 자기 자신을 가능태로부터 현실태로, 또는 비존재로부터 존재로 이끌어내지 않기 때문이다. 그러나 신은 제1존재자(primum ens)이기 때문에 어떠한 존재의 원인도 있을 수 없다. 원인은 야기(원인)된 것보다 앞서기 때문이다(causa enim prior causato). 그러므로 신이 영구히 존재한다는 것은 필연적이다.

나아가 어떤 것에 외부적인 어떤 원인으로부터 속하지 않는 것은 그것에 자기 자신을 통해(per se ipsum) 속하는 것이다. 그런데 신에게는 존재가 어떤 외부적인 원인으로부터 속하는 것이 아니다. (그렇게 된다면) 그 원인(외부적 어떤 원인)이 그보다 더 앞선 것이어야 하겠기 때문이다. 그

---

22 제6장 참조.
23 제4장 참조.

러므로 신은 존재를 자기 자신을 통해 가진다. 하지만 그 자체로 존재하는 것은 영구적이고 필연적으로 존재한다. 따라서 신은 영구히 존재한다.

제8장
신에게는 어떤 연속성이란 없다
Quod in Deo non est aliqua successio

병행문헌: 제5장에 제시된 병행문헌 참조.

이로부터 신에게는 어떤 연속성이란 것이 없다는 사실이 명백해진다. 오히려 그의 존재 전체는 동시적(simul)이다. 왜냐하면 연속성이란 오직 어떤 형태로든 운동에 귀속되는 대상들 안에서만 발견되기 때문이다. 운동에서 앞선 것과 뒤에 따라오는 것이 시간의 연속성을 야기한다는 이유에서 그렇다. 그러나 이미 밝혀진 바와 같이,[24] 신은 결코 운동에 귀속되지 않는다. 그러므로 신에게는 어떤 연속성이란 없고, 오히려 그의 존재는 동시적으로 전체이다.

마찬가지로 어떤 것의 존재가 전적으로 동시적이 아니라면, 그것에서 어떤 것이 상실되거나 첨가되는 것이 가능해야만 한다. 왜냐하면 거쳐가는 어떤 것은 상실되는 것이고, 미래에 기대되는 것은 그것에 첨가될 수 있기 때문이다. 그러나 신은 부동적이기 때문에 어떤 것이 상실되지도 더 자라나지도 않는다. 그러므로 그의 존재는 동시적으로 전체이다.

이 두 가지 [사실]로부터 신이 고유한 의미로 영원하다는 사실이 드러난다. 왜냐하면 영구히 존재하면서 그의 존재가 동시적으로 전체인 것은 고유한 의미에서 영원하기 때문이다. 보에티우스[25]가 말한 것에 따르

---

24 제4장 참조.

25 Anicius Manlius Torquatus Severinus Boethius, 470~524: 동고트의 왕 테오도리

면, "영원성은 무한한 생명의 동시적인 전체이며 완전한 소유"[26]이다.

제9장

신은 단순하다

Quod Deus est simplex

병행문헌: 『신학대전』 제1부 제3문제 제7절; 『명제집 주해』 제I권 제8구분 제4문제 제1절; 『대이교도대전』 제I권 제16장, 제18장; 『권능론』 제7문제 제1절; 『원인론 주해』 제21강 참조.

이로부터 제1동자(primum movens)가 단순해야 한다는 사실이 분명해진다. 왜냐하면 모든 합성 안에는 가능태와 현실태 같은 관계를 맺는 두 가지가 서로 존재해야만 하기 때문이다. 그러나 제1동자 안에는, 그것이 온전히 부동적이라면, 가능태가 현실태와 함께 존재하는 일은 불가능하

쿠스(Theodoricus) 밑에서 고위직에 있었으나 잘못된 의심으로 인해 투옥되었으며, 524년경에 파비아에서 처형되었다. 이 때문에 아리스토텔레스와 플라톤(Platon), 신플라톤주의의 서적들을 라틴어로 번역하고 이것들을 서로 조화시키려는 그의 계획은 완성되지 못한 채로 남게 되었다. 고대 사상을 중세에 전달한 공로로 그는 스콜라 철학자들에게 많은 존경을 받았다. 그의 사상을 잘 보여 주는 『철학의 위안』(Consolatio Philosophiae)은 523~24년에 걸쳐 감옥에서 저술되었다([12]). 보에티우스, 정의채 옮김, 『철학의 위안』, 성바오로, ²1993 참조.

26 "aeternitas est interminabilis vitae tota simul et perfecta possessio": 『철학의 위안』 V, 산문 6. — 영원성의 정의가 왜 '생명'과 '완전한'이란 특성들을 포함하는가라는 질문이 제기될 수 있다. 이에 대해 토마스는 다른 곳에서 좀더 명확히 설명한다. "참으로 영원한 것은 (존재하는 것)일 뿐만 아니라 살고 있는 것이다. 또한 사는 것 자체는 어떤 모양으로 작용을 내포하지만 존재는 그렇지 않다. 그런데 지속의 진행은 존재를 따라서라기보다는 오히려 작용을 따라 드러나는 것으로 생각된다. 그러므로 시간도 운동의 수이다"(『신학대전』 제1부 제10문제 제1절 제2이론에 대한 해답). "시간에서는 두 가지가 고찰되어야 한다. 그 하나는 시간 자체인데 그것은 계속적인 것이며, 또 다른 하나는 시간의 지금으로 불완전한 것이다. 그러므로 전체적이란 것은 시간을 배제하기 위한 것이고, 완전한 것이란 시간의 지금을 제외하기 위한 것이다"(같은 곳, 제5이론에 대한 해답)([13]).

다. 왜냐하면 각각의 것은 그것이 가능 상태에 있음으로써 움직일 수 있기 때문이다. 그러므로 제1동자가 합성되어 있다는 것은 불가능하다.

게다가 모든 합성된 것에는 어떤 것이 앞서서 존재한다는 것이 필연적이다. 왜냐하면 합성시키는 것(componentia)은 자연적으로 합성된 것보다 앞서기 때문이다. 그러므로 모든 존재자 중에서 최초의 것은 합성되어 있을 수 없다. 우리는 또한 합성된 사물의 질서 안에서도 더 단순한 것이 앞선 것이라는 사실을 발견한다. 왜냐하면 그 요소들은 혼합된 물체보다 자연적으로 앞서기 때문이다.[27]

마찬가지로 그 요소들 중에서는 가장 단순한 것인 불이 최초의 것이다.[28] 그러나 모든 요소보다도 더 큰 단순성으로 구성되어 있는 천체(corpus celeste)가 더욱 앞선다. (천체는) 모든 상반성에서 벗어나 있기 때문이다. 그러므로 존재자들 중의 최초의 것은 온전히 단순해야만 한다는 사실이 남게 된다.

---

27 아리스토텔레스와 토마스는 일반적인 중세 스콜라 철학자들처럼 엠페도클레스(Empedocles)의 학설을 자신들의 것으로 받아들였다. 엠페도클레스는 물, 불, 공기, 흙 등 네 가지 요소들이 존재한다고 가르쳤다. 그들이 혼합체라고 부르는 모든 합성된 사물은 이 근원적인 요소들의 결합으로부터 생겨난다고 생각했다. 또한 이 철학자들은 각 요소에 상응하는 특별한 위치가 있다고 믿었다. 불과 공기는 자연히 상승하는 경향이 있고, 물과 흙은 아래로 향하는 경향을 지닌다. 아리스토텔레스, 『형이상학』(Metaphysica) I, 8, 998b 32; 『천체론』(De caelo) I, 2, 269a 12-269b 17; I, 3, 270a 12-35. 7 참조. 또한 토마스는 천체가 그 본성과 운동, 불멸성 등의 차원에서 지상의 물체와 완전히 다르다는 아리스토텔레스의 견해를 따랐다(CV, p. 14, n. 9). 『신학대전』 제I부 제66문제 제2절 참조.

28 불은 겉으로 나타나는 바와 같이, 요소들 중에서 가장 강한 작용력을 갖는다(『명제집 주해』 제4권 제47구분 제2절 제1, 2세부질문; 『대이교도대전』 제IV권 제97장; 『이사야서 주해』 10, 17; 『히브리서 주해』 12, 29: lect 5, n. 725 참조). 따라서 불은 존재의 최고 현실성을 전제하고 있다(『천체론 주해』 I, 8, n. 62, 65; 『권능론』 제5문제 제7절 제7이론에 대한 해답 참조). 현실성이나 형상에서의 많음은 가능성과 물질성에서의 적음을 뜻한다. 존재자의 통일성은 그 형상에서, 다수성은 그 질료에서 그 근거를 갖기 때문에 요소들 중에서 불이 지닌 존재의 우월성은 동시에 통일성과 내적인 결집성이란 의미에서 내적인 단순성에서도 우월하다는 것을 뜻한다((14)).

제10장

신은 자신의 본질이다

Quod Deus est sua essentia

병행문헌:『신학대전』제I부 제3문제 제3절;『명제집 주해』제I권 제24구분 제1문제, 제1절;
『대이교도대전』제I권 제21장;『강생한 말씀의 결합』제1절;『영혼에 대한 문제 토론 문제』
제17절 제10이론에 대한 해답;『자유토론 문제집』제II권 제2문제 제2절 참조.

더 나아가 신이 자신의 본질이라는 사실이 귀결된다. 왜냐하면 각 사
물의 본질은 그 정의(定義, diffinitio)가 뜻하는 것이기 때문이다. 그런데
이것은 정의가 속하게 되는 사물과(cum re cuius est diffinitio) 동일한 것
인데, 정의된 것에 그 정의 밖에 있는 어떤 것이 우연히 속하게 되는 경
우처럼 '우유적으로'(per accidens) 〔정의가 그 사물에 속하는 것이〕 아니라
면 말이다. 예를 들어 인간에게는 인간이 이성적이고 사멸하는 동물이
라는 사실 이외에 백색(albedo)이라는 것이 우유적으로 부가될 수 있다.
그러므로 '이성적이고 사멸하는 동물'이라는 것은 '인간'과 동일하지만,
그 인간이 하얗다는 측면에서 '백인'과(homini albo) 동일하지는 않다. 따
라서 무엇이든지 간에 〔그 안에〕 하나는 그 자체로(per se), 그리고 다른
것은 우유적으로 〔속하는〕 두 가지가 발견되지 않는 것 안에서는 그의
본질이 온전히 그 자신과 동일한 것이어야만 한다. 그런데 신은 앞에서
밝혀진 바와 같이,[29] 단순하기 때문에 그 안에서는 그것들 중에 하나는
그 자체로, 그리고 다른 것은 우유적으로 〔신에게 속하는〕 두 가지가 발견
되지 않는다. 그러므로 그의 본질은 온전히 그 자신과 동일해야만 한다.
　마찬가지로 무엇이든지 간에 본질이 그 본질이 속하는 사물과 온전히
동일하지 않은 것 안에서는 어떤 것은 가능태의 방식으로, 다른 것은 현
실태의 방식으로 발견된다. 왜냐하면 본질은 그 본질이 속하는 사물에
대해 인간성이 인간에게 관계하듯이, 형상적으로 관계를 맺기 때문이

29　제9장 참조.

다. 그러나 신 안에서는 가능태와 현실태가 발견되지 않고, 신은 순수 현실태이다. 그러므로 신은 그 자신의 본질(ipse sua essentia)이다.

제11장
신의 본질은 그의 존재와 다른 것이 아니다
Quod Dei essentia non est aliud quam suum esse

병행문헌: 『신학대전』 제I부 제3문제 제4절; 『명제집 주해』 제I권 제8구분 제4문제 제1절; 제5문제 제2절; 제34구분 제1문제 제1절; 제II권 제1구분 제1문제 제1절; 『대이교도대전』 제I권 제22장, 제52장; 『권능론』 제7문제 제2절; 『영적 피조물론』 제1절; 『존재자와 본질』 제5장 참조.

더 나아가 신의 본질이 자신의 존재와 다른 것이 아니라는 사실도 필연적이다. 그것의 본질과 존재가 서로 다른 것 안에서는 '〔그것이〕 존재한다는 사실'(quod sit)과 '〔그것에 의해〕 어떤 것이 존재하게끔 하는 것' (quo aliquid sit)은 서로 달라야 한다. 왜냐하면 그것의 존재를 통해 각각의 것에 대해 그것이 '존재한다는 사실'(quod est)을 말하고, 그것의 본질을 통해서는 '그것이 무엇'(quid sit)이라고 말하기 때문이다. 그러므로 본질을 뜻하는 정의도 한 사물이 무엇인가를 보여 준다. 그러나 신에게는 '존재한다는 사실'과 '어떤 것이 존재하게끔 하는 것'이 다르지 않다. 이미 밝혀진 바와 같이,[30] 그에게는 합성이 없기 때문이다. 그러므로 여기서는 그의 본질이 자신의 존재와 다르지 않다.

마찬가지로 이미 신은 어떤 가능성의 혼합도 없는 순수 현실태라는 사실이 밝혀졌다.[31] 그러므로 그의 본질은 궁극적인 현실태(ultimus actus)여야 한다. 궁극적인 것을 향해 있는 모든 현실태는 궁극적인 현실

---

30 제9장 참조.
31 제4장, 제9장 참조.

태를 위한 가능 상태에 있기 때문이다. 그런데 궁극적인 현실태는 존재 자체(ipsum esse)이다. 모든 운동은 가능태로부터 현실태로 나아가는 것이기 때문에, 그 존재는 모든 운동이 그리로 향하는 궁극적인 현실태여야 한다. 그리고 자연적인 운동[32]은 자연적으로 욕구되는 것으로 향하기 때문에,[33] 이것이 모든 것이 욕구하는 궁극적인 현실태여야 한다. 그런데 이것은 존재이다. 그러므로 순수하고 궁극적인 현실태인 신적 본질은 그 자체 존재여야 할 것이다.[34]

제12장
신은 어떤 유에 속하지 않는다
Quod Deus non est in aliquo genere

병행문헌: 『신학대전』 제1부 제3문제 제5절; 『명제집 주해』 제1권 제8구분 제4문제 제2절; 『대이교도대전』 제1권 제25장; 『권능론』 제7문제 제3절 참조.

이로부터 신은 하나의 종(種, species)으로서 어떤 유(類, genus)에 속하지 않는다는 사실이 분명해진다. 왜냐하면 유에 부가되는 차이(differentia addita generi)[種差]가 종을 구성하므로 각 종의 본질은 유에 부가되는

32　자연적인 운동이란 움직여진 사물의 본성에 따라 나오는 운동, 성장과 회복 그리고 아리스토텔레스적인 세계관에서는 요소들이 우주 안에서 그것들에 속한 장소로 이동하는 것과 같은 것이다((15)).

33　"자연적인 욕구는 욕구됨의 근거를 모두 파악하지는 못할지라도 욕구될 가치를 지닌 대상으로 향하는 것이다. 왜냐하면 자연적인 욕구란 한 사물의 경향 또는 그것에 적합한 것으로의 기울어짐, 예를 들어 돌이 아래로 떨어지려는 경향과 같은 것이기 때문이다"(『진리론』 제25문제 제1절)((16)).

34　오직 신 안에서만 본질과 존재는 실제로 동일하고, 모든 피조물에서는 실제로 상이하다. 토마스의 몇몇 추종자들에 따르면, 이것이야말로 왜 신은 그 자체로 필연적이면서 유일하고 무한하며, 피조물은 필연적이지 못하면서(우연적) 다수이고 유한한가에 대한 가장 중요한 근거이다(제15장, 세 번째 증명 참조)((17)).

어떤 것을 가지고 있기 때문이다. 그러나 신의 본질인 존재 자체는, 다른 것에 부가된 것은 아무것도 자신 안에 포함하고 있지 않다. 그러므로 신은 어떤 유에 속하는 종이 아니다.

마찬가지로 유는 종차를 가능적으로 내포하고 있기 때문에, 유와 종차들로부터 구성된 모든 것 안에는 가능태인 혼합된 현실태(actus permixtus potentie)로 존재한다. 하지만 신은 가능태가 혼합이 없는 순수 현실태라는 사실이 이미 밝혀졌다.[35] 그러므로 그의 본질은 유와 종차로 구성되어 있지 않다. 따라서 그는 유에 속하지 않는다.

제13장

신은 〔어떤〕 유가 아니다

Quod Deus non est genus

더 나아가 신이 유인 것은 불가능하다는 사실도 밝혀져야 한다. 유로부터는 한 사물이 무엇인지가 얻어지지, 그 사물의 존재함이 얻어지지는 않기 때문이다. 한 사물은 종적인 차이〔種差〕를 통해 그 고유한 존재로 구성되기 때문이다.[36] 그러나 신인 바로 그것은 존재 자체이다. 그러므로 신을 유라고 하는 것은 불가능하다.

마찬가지로 모든 유는 어떤 종차를 통해 구분된다. 그러나 존재 자체는 어떤 종차를 받아들이지 않는다. 종차는, 그 종차를 통해 구성된 종이

---

35 제4장, 제9장 참조.
36 아리스토텔레스에 따르면, '동물' 같은 유(類) 개념은 본질을 오직 개념적으로 비규정적 형태로 제시한다. 반면에 유와 종차(예를 들어 이성적)로 구성된 종(種) 개념(인간: 이성적 동물)은 전체적인 본질의 상태를 제공한다. 그러므로 종을 구성하는 차이(differentia specifica)는 비규정적 유 개념을 정확히 제한된(정의된) 종 개념이 되도록 보충한다. 이 종 개념은 그 개념 아래 포착된 존재자를 그 본질적인 존재로 규정한다(〔18〕).

유를 분유(分有)하는 한에서 우유적으로 유를 분유할 뿐이기 때문이다 (differentie enim non participant genus nisi per accidens).[37] 하지만 비존재자 (non ens)는 어떤 것의 종차도 아니기 때문에, 존재를 분유하지 않는 어떤 종차란 존재할 수 없다.[38] 그러므로 신이 많은 종에 대해 서술되는 유라는 것은 불가능하다.

제14장
신은 많은 것에 서술되는 어떤 종이 아니다
Quod Deus non est aliqua species de multis predicata

또한 신은 많은 개체에 서술되는 하나의 종과 같은 것일 수도 없다. 왜냐하면 다양한 개체는 그 종의 단일한 본성 안에서 일치하고, 그 종의 본질 밖에 있는 어떤 것을 통해 구분되기 때문이다. 예를 들어 인간은 인간성 안에서 일치하지만, 인간성이란 개념 밖에 있는 것을 통해 서로

---

37 "분유함(참여함)은 한 부분을 취함과 같은 뜻이다. 그렇기 때문에 어떤 것이 다른 것에 속하는 것을 부분적으로 받아들일 때, 일반적으로 그것에 대해 '그것은 저것을 분유한다'라고 말한다. 사람들이 인간에 대해 '인간은 동물을 분유한다'라고 말하는 것과 마찬가지이다. 인간은 동물의 본질을 그 전체적인 보편성에 따라 소유하지는 않기 때문이다. 같은 이유로 소크라테스는 인간을 분유한다. 마찬가지로 기체(基體)는 우유를, 질료는 형상을 분유한다고도 말한다. 그 자체로 보편적인 실체적 또는 우유적 형상은 이 기체 또는 저 기체로 제한되기 때문이다. 마찬가지로 사람은 결과에 대해, 결과는 원인을 분유한다고 말한다. 주로 결과가 원인의 능력과 동일하지 않을 때 그렇게 말한다. 예를 들어 공기는 태양의 빛을 분유한다고 말할 때가 그렇다. 공기는 광채가 태양 안에 있는 것처럼 저 광채를 받아들이지는 못하기 때문이다"(『보에티우스의 주간론 주해』제2장)([19]).

38 부정적인 종차(예를 들어 무생물적·비감각적·비이성적 등)는 단지 언어적인 임시통일 뿐이다. 토마스에 따르면(제73장 참조), 하나의 유를 구분하는 종차들은 서로 상반 관계에 있다. 두 상반된 것들 중에서 각각은 어떤 긍정적인 것(본성)이다. 그러므로 모든 종은 참으로 긍정적인 종차를 통해 근거를 지니게 된다(제116장 참조)([20]).

구분된다. 그러나 이것은 신에게서 일어날 수 없다. 이미 밝혀진 바와 같이,[39] 신은 그 자신이 자신의 본질이기 때문이다. 그러므로 신이 여러 개체에 서술되는 종이라는 사실은 불가능하다.

마찬가지로 하나의 종에 속하는 다수의 개체는 존재에 따라 구별되지만 그럼에도 하나의 본질 안에서 일치한다. 따라서 다수의 개체가 하나의 종에 속하는 곳에서는 그 존재와 종의 본질은 서로 다른 것이어야 한다. 그러나 이미 밝혀진 바와 같이,[40] 신에게서는 존재와 본질이 일치한다. 그러므로 신이 다양한 것들에 서술되는 어떤 종이라는 사실은 불가능하다.

제15장

신이 하나인 것은 필연적이다

Quod necesse est Deum esse unum

병행문헌: 『신학대전』 제I권 제11문제 제3절; 제103문제 제3절; 『명제집 주해』 제I권 제2구분 제1절; 제II권 제1구분 제1문제 제1절; 『대이교도대전』 제I권 제42장; 『권능론』 제3문제 제6절; 『디오니시우스의 '신명론' 주해』 제13장 제2강, 제3강; 『자연학 주해』 제VIII권 제12강; 『형이상학 주해』 제XII권 제10강 참조.

이로부터 오직 하나의 신만이 존재함이 필연적이라는 사실이 명백해진다. 만일 많은 신이 존재한다고 가정하면, 그들은 다의적으로(equiuoce)나 일의적으로(uniuoce) 〔신들이라고〕 불릴 것이다. 아울러 만일 다의적이라면, 계속되는 토론은 무의미하다.[41] 왜냐하면 다른 이들이 우리가 돌이라고 부르는 것에 대해 신이라고 부르는 것을 막을 수 있는

---

39   제10장 참조.
40   제11장 참조.
41   직역하면 "이것은 의도한 것에 도달하지 못한다"이지만 이해를 위해 의역했다.

것은 아무것도 없기 때문이다. 그러나 만일 일의적이라고 가정하면, 그들은 유(類) 안에서나 종 안에서 서로 일치해야만 한다. 하지만 신은 자신 안에 다수의 것을 포함하는 유나 종일 수 없다는 사실이 이미 밝혀졌다.[42] 그러므로 다수의 신이 존재한다는 사실은 불가능하다.

마찬가지로 그것을 통해 공통 본질이 개체화되는 것〔개체화의 근거가 되는 것〕(Illud quo essentia communis indiuiduatur)은 다수의 것들에서 일치할 수 없다. 그러므로 다수의 인간이 존재한다고 할지라도, '이' 사람은 오직 하나가 있을 뿐이다. 이에 만일 한 본질이 다른 어떤 것을 통해서가 아니라 자기 자신을 통해 개체화된다면, 그것이 다수의 것들에서 일치함은 불가능하다. 그러나 신적 본질은 자기 자신을 통해 개체화된다. 신은 자신의 본질이라는 사실이 밝혀졌으므로, 신 안에서는 본질과 존재한다는 사실이 다르지 않기 때문이다. 그러므로 신은 오직 하나일 수 있을 뿐이다.

마찬가지로 어떤 형상이 다수화될 수 있는 방식은 다음의 두 가지이다. 하나는 보편적인(유적인) 형상(forma generalis)과 같이 종차를 통해 〔다수화될 수 있다〕. 예를 들어 색깔이 색깔의 다양한 종 안에서 〔다수화되는 경우이다.〕 다른 것은 '백색'(白色, albedo)처럼 그 주체를 통해 〔다수화될 수 있다〕.[43] 그러므로 종차를 통해 다수화될 수 없는 모든 형상은, 그것이 주체 안에 실존하는 형상이 아니라면 다수화되는 것이 불가능하다. 이는 '백색'이 주체 없이 자립할 수 있다고 가정하면, 오직 하나일 뿐인 것과 마찬가지이다. 그러나 신적 본질은 존재 자체이고, 이미 밝혀진 바와 같이,[44] 〔이 존재에 대해서는〕 종차를 용납하지 않는다. 따라서 신적 존재 자체는 마치 그 자체로 자립하는 형상과 같기 때문에 — 신은 자신

---

42 제13장, 제14장 참조.

43 백색이 다수의 기체(基體)들, 예를 들어 백조, 하얀 꽃, 눈송이 하나하나 등과 같이, 종적으로는 같지만 그 수에 따라서만 구별되는 방식으로 다수화되는 경우들을 말한다(〔21〕).

44 제11장, 제13장 참조.

의 존재이므로 — 신적 본성은 오직 하나일 수 있을 뿐이다. 그러므로 여러 신이 존재한다는 사실은 불가능하다.

제16장

신은 물체일 수 없다

Quod impossibile est Deum esse corpus

병행문헌: 『신학대전』 제I부 제3문제 제1절; 『대이교도대전』 제I권 제20장; 제II권 제3장 참조.

　더 나아가 신 자체가 물체일 수 없음이 명백하다. 그 이유는 모든 물체 안에서는 어떤 합성이 발견되는데, 모든 물체는 부분을 가지고 있기 때문이다.[45] 그러므로 온전히 단순한 것은 물체일 리가 없다.

　마찬가지로 모든 것을 통해 귀납하는 이들에게는 분명한 것처럼 어떤 물체도 자신이 움직여지게 하는 것을 통해서가 아니라면 움직이지 않는다는 사실이 발견된다. 그러므로 제1동자(primum movens)가 전혀 움직여지지 않는 것이라면 그 자체가 물체일 수는 없다.

제17장

신은 물체의 형상일 수 없다

Quod impossibile est Deum esse formam corporis

　또한 신은 물체의 형상도, 물체 안에 있는 어떤 힘일 수도 없다. 왜냐

45　모든 물체는 양적인 부분을 가지고 있다. 토마스는 또한 본질적인 '부분', 즉 질료와 형상 같은 내적인 원리도 생각하는 것 같다((22)).

하면 모든 물체가 움직일 수 있다는 사실이 발견되므로, 어떤 물체가 움직일 때 물체 안에 있는 것은 적어도 우유적으로(per accidens) 움직여야만 하기 때문이다.[46] 그러나 제1동자는 스스로(per se) 또는 우유적으로 움직여질 수 없다. 이미 밝혀진 바와 같이, 그는〔신은〕전혀 움직여질 수 없는 것이어야만 하기 때문이다. 그러므로 신이 형상이거나 물체 안에 있는 힘이라는 사실은 불가능하다.

마찬가지로 모든 움직이게 하는 것은 움직이도록 하기 위해 움직여지는 사물에 대해 주도권을 쥐고 있어야 한다. 움직이게 하는 것의 힘이 움직여질 수 있는 것의 힘을 더 많이 능가하면 할수록 운동이 그만큼 빨라지기 때문이다. 그러므로 모든 움직이는 것 중에 최초의 것은 모든 움직여진 사물을 최고로 다스려야만 한다. 그러나 이것은 만일 그것〔움직이는 것 중에 최초의 것〕이 움직여질 수 있는 것과 어떤 형태로든 연결되어 있다면 가능하지 않았을 것이다. 그리고 만일 그것이〔움직여진 물체의〕형상이거나 힘이라면, 바로 이러한 경우〔움직이는 것과 움직여지는 것이 연결된 경우〕가 되었을 것이다.

그러므로 제1동자는 물체도 아니고, 사물 안에 있는 힘이나 형상일 수 없다. 이것이야말로 아낙사고라스(Anaxagoras)가, 지성이 명령하고 모든 것을 움직이게 하기 위해서는, 그 지성은 혼합되지 않은 것〔물질로부터 자유로운 것〕이라고 주장했던〔이유〕이다.[47]

---

46 "모든 움직이는 것은 움직임의 두 가지 방식 중의 하나로 움직인다. 그것은 스스로 또는 다른 것에 따라, 다른 말로 하면 우유적으로 움직인다. 스스로〔움직이는 것이란〕배와 같이 그 사물 자체가 움직이고 있을 때이고, 우유적 또는 다른 것에 따라〔움직이는 것이란〕그것 자체가 움직이고 있는 것이 아니라 그것이 들어 있는 것이 움직이고 있을 때를 말한다. 마치 움직이고 있는 배 안에 있는 선원은 그 자신이 움직이고 있기 때문이 아니라 배가 움직이고 있기 때문에 움직이듯이 말이다"(『분석론 전서 주해』제I권 제6강)(〔23〕).

47 아낙사고라스(Anaxagoras), 『단편』(fragment) 12, in: H. Diels, Die Fragmente der Vorsokratiker I, Berlin: Weidemann 1922, p. 404; 아리스토텔레스, 『형이상학』 (Metaphysica) I, 3 & 8, 984b 15-22 & 989b 15; 아리스토텔레스, 『영혼론』(De

제18장

신은 본질적으로 무한하다

Quod Deus est infinitus secundum essentiam

병행문헌: 『신학대전』 제I부 제7문제 제1절; 제10문제 제3절 제1이론에 대한 해답; 『명제집
주해』 제I권 제43구분 제1문제 제1절; 『대이교도대전』 제I권 제43장; 『진리론』 제2문제
제2절 제5이론에 대한 해답; 제29문제 제3절; 『권능론』 제1문제 제2절; 『자유토론 문제집』
제III권 제3절 참조.

바로 이런 점에서 신은 무한하다고 고찰될 수 있다. 그런데 '무한함'
이 양과 관련된 특성(passio quantitatis)이라는 뜻에서, 즉 결핍된 의미로
(priuative) 신이 무한한 것은 아니다. 예를 들어 자신의 유(類) 때문에 한
계를 가지도록 되어 있으나 그 한계를 가지지 않는다는 사실이 무한하
다는 것이다. 그러나 〔신이 무한하다고 고찰될 수 있는 것은〕 부정적인 의미
에서(negatiue)이다. 즉 어떤 방식으로도 제한되지 않는다는 사실이 무한
한 것이라 말해지는 〔경우에 따른다〕. 왜냐하면 어떠한 현실태도 그것을
받아들이는 능력인 가능태를 통해서가 아니라면 제한됨이 발견되지 않
기 때문이다. 우리는 형상이 질료의 가능성에 따라 제한된다는 사실을
발견하기 때문이다. 그러므로 제1동자는 가능성이 혼합되지 않은 현실
태이다. 그것은 어떤 물체의 형상도 아니요, 물체 안에 있는 힘도 아니기
때문에, 그가〔신이〕 무한하다는 것이 필연적이다.

이것은 사물에서 발견되는 질서에서도 증명된다. 왜냐하면 존재자들
중에서 어떤 것이 고귀하면 할수록 그만큼 자신의 방식으로 더 뛰어나다
는 사실이 발견되기 때문이다. 요소들 중에서도 더 상위의 것이 양적으
로도 더 큰 것으로 드러나고, 또한 단순성에서도 〔더 크다〕. 이 사실은 그
들의 발생이 증명하는 것인데, 그 〔관계된 요소들의〕 비례가 증가함으로써

---

anima) III, 1〔7〕, 429a 19(국역본: 유원기 옮김, 『영혼에 관하여』, 궁리출판,
2001) 참조.

불은 공기로부터, 공기는 물로부터, 물은 흙으로부터 생겨나기 때문이다.[48] 그러나 천체가 확실히 요소들의 모든 크기(양)를 능가하는 것은 명백하다. 그러므로 모든 존재자 중에서 최초의 것은 그보다 앞선 다른 것이 존재할 수 없기 때문에, 자신의 방식으로 무한한 크기로 실존한다.

만일 단순하고 물체적인 양을 지니지 않은 것이 무한하고, 또한 모든 물체의 양을 자신의 무량함으로써(sua immensitate) 능가하는 것으로 간주된다고 해도 놀랄 일이 아니다. 왜냐하면 비물질적이고 단순한 우리의 지성이 그 인식 능력 때문에 모든 물체의 양을 능가하고 모든 것을 포함하고 있기 때문이다. 그러므로 모든 것 중에 최초의 것은 모든 것을 포함함으로써 자신의 무량함에서 훨씬 더 우주를 능가한다.

제19장

신은 무한한 힘을 가지고 있다

Quod Deus est infinite uirtutis

병행문헌: 『신학대전』 제I부 제25문제 제2절; 『명제집 주해』 제I권 제43구분 제1문제 제1절; 『대이교도대전』 제I권 제43장; 『권능론』 제1문제 제2절; 『자연학 주해』 제VIII권 제23강; 『형이상학 주해』 제XII권 제8강 참조.

이로부터 또한 신이 무한한 힘을 가지고 있다는 것이 명백하다. 힘은 그 사물의 본질에 따르기 때문이다. 각각의 것은 자신이 존재하고 있는 방식에 따라 작용할 수 있기 때문이다. 그러므로 신이 본질적으로 무한하다면 그의 힘도 무한해야만 한다.

또한 어떤 사람이 사물의 질서를 주의 깊게 통찰한다면 이것은 명백하다. 왜냐하면 가능 상태에 있는 각각의 것은, 이에 따라 수용 능력과 수동 능력(작용을 겪을 수 있는 능력)(uirtutem receptiuam et passiuam)을 가

---

48   제9장 각주 28 참조.

지고 있기 때문이다. 그러나 그것이 현실화된 경우에는 작용할 수 있는 힘을 가진다. 그러므로 제1질료와 같이 오직 가능 상태에만 있는 것은 작용할 수 있는 능력에는 참여하지 못한 채, 수용할 수 있는 무한한 능력을 가지고 있다. 그리고 그 위에서는 어떤 것이 형상적일수록[질료적인 존재자의 경우에는 형상을 많이 지닐수록] 작용 능력이 더욱 풍부해진다. 그렇기 때문에 불은 모든 요소 중에서 가장 능동적이다(maxime actiuus). 그러므로 순수 현실태이며 가능태가 전혀 혼합되어 있지 않은 신은 그 작용 능력에서 다른 것들을 무한히 능가한다.

제20장
신 안에 있는 무한함은 불완전성을 포함하지 않는다
Quod infinitum in Deo non importat imperfectionem

병행문헌: 『신학대전』 제I부 제4문제 제1절; 『대이교도대전』 제I권 제28장; 『진리론』 제2문제 제3절 제13이론에 대한 해답; 『디오니시우스의 '신명론' 주해』 제13장 제1강; 제18장에 제시된 병행문헌도 참조.

비록 양(量) 안에서 발견되는 무한한 것은 불완전한 것일지라도, 신이 무한하다고 말하는 것은 신 안에 있는 최고의 완전성을 지시한다. 왜냐하면 양 안에 있는 무한한 것은 한계가 결핍되어 있다는 뜻에서 질료에 속하기 때문이다. 그런데 불완전함이란 사물에서 [어떤] 결핍 상태에 있는 질료가 발견된다는 점에서 생겨나는 것이다.[49] 반면에 모든 완전성은 형상으로부터 나온다. 그러므로 신은 오직 형상이고 현실태이므로 무한

---

49 토마스에 따르면, 크기나 양은 오직 가능성에 따라서만 무한할 수 있다. 그것들은 참으로 무한한 것, 즉 더 이상 능가될 수 없는 크기나 수에 도달하지 않으면서도 무한히 확대되고 수가 늘어나거나 나누어지기 때문이다. 그러므로 크기나 양의 안에서 발견되는 무한성은 불확정성과 불완전성이며, 한계가 없는 크기나 양은 형상이 없는 질료처럼 불확정적이고 불완전한 것이다([25]).

하며, 어떤 질료나 가능태도 혼합되어 있지 않기 때문에 그의 무한성은 자신의 최고 완전성에 속한다.

또한 이것은 다른 사물로부터도 관찰할 수 있다. 불완전한 것에서 완전한 것으로 나아가는 똑같은 것 안에서는 마치 소년이 성인보다 먼저인 것처럼 불완전한 어떤 것이 완전한 것보다 먼저이다. 그럼에도 모든 불완전한 것은 완전한 것으로부터 유래되어야 한다. 왜냐하면 소년은 성인으로부터가 아니면, 그리고 종자는 동물이나 식물로부터가 아니면 발생할 수 없기 때문이다. 그러므로 본성적으로 모든 것에 앞서고 모든 것을 움직이게 하는 것은 (다른) 모든 것보다 더 완전해야만 한다.

제21장
신 안에는 사물 안에 있는 모든 완전성이
더욱 탁월한 형태로 존재한다

Quod in Deo est omnimoda perfectio que est in rebus, et eminentius

병행문헌: 『신학대전』 제I부 제4문제 제2절; 『명제집 주해』 제I권 제2구분 제2절, 제3절; 『대이교도대전』 제I권 제28장, 제31장; 제II권 제2장; 『진리론』 제2문제 제1절; 『디오니시우스의 '신명론' 주해』 제5장 제1강, 제2강 참조.

그러므로 또한 어떤 사물에서나 발견되는 모든 완전성은 근원적이고 더욱 풍부한 형태로 신 안에 존재한다는 사실이 필연적이다. 어떤 것을 완전성으로 움직이게 하는 모든 것은 자기 자신 안에 그리로 움직이게 하는 완전성을 먼저 가지고 있기 때문이다. 마치 스승이 다른 이들에게 전달하는 학식을 자신 안에 먼저 가지고 있는 경우와 같다. 그러므로 신은 제1동자이고 다른 모든 것을 그들의 완전성으로 움직이게 하기 때문에, 사물의 모든 완전성은 신 안에 더욱 풍부하게 미리 존재(先在)해야만 한다.

마찬가지로 어떤 완전성을 가지고 있는 모든 것은, 만일 다른 완전성이 그에게 결여되어 있다면, 어떤 유(類)나 종에 제한된 것이다. 왜냐하면 한 사물의 완전성인 형상을 통해 각 사물은 종이나 유에 배치되기 때문이다. 그러나 종이나 유 아래 머물러 있는 것은 무한한 본질에 속할 수 없다. 그것을 통해 〔어떤 사물을〕 한 종에 배정하게 되는 최종적인 차이는 그 본질을 한정하기 때문이다. 그렇기에 그 종을 알 수 있게 하는 근거(ratio speciem notificans)는 정의(diffinitio, 경계 지움) 또는 경계(finis)라고 불린다. 그러므로 신적 본질이 무한하다면, 그가 단지 어떤 유나 종의 완전성만을 소유하고 다른 것들이 결핍되어 있다는 것은 불가능하다. 오히려 모든 유나 종의 완전성이 그 안에 실존해야만 한다.

제22장
신 안에서는 모든 완전성이 하나이다
Quod in Deo omnes perfectiones sunt unum

병행문헌: 제21장에 제시된 병행문헌 참조.

앞에서 말한 것들을 종합해 보면, 신 안에서는 모든 완전성이 실제로 (secundum rem) 하나라는 사실이 분명해진다. 이미 앞에서[50] 신이 단순하다는 것이 밝혀졌다. 그런데 단순성이 존재하는 곳에서는 〔그 단순한 것〕 안에 내재하는 것의 상이함이란 존재할 수 없다. 그러므로 신 안에 모든 것의 완전성이 존재한다면, 그것은 신 안에서 다른 것일 수 없다. 따라서 신 안에서는 모든 것이 하나라는 사실만이 남는다.

이것은 인식 능력을 고찰하는 사람에게 명백해진다. 상위의 힘은 하위의 힘이 다양하게 인식하는 모든 것을 하나이고 단일한 방식으로 인식할 수 있기 때문이다. 왜냐하면 시각과 청각 그리고 다른 감각이 지각

---

50 제9장 참조.

하는 모든 것을 지성은 단일하고 단순한 능력으로 판단하기 때문이다.

학문에서도 이와 유사한 것이 나타난다. 하위의 학문이 그것의 의도가 향하는〔그것이 주제로 삼고 있는〕 사물의 다양한 종류에 따라 다수화될지라도, 그 학문들 중에는 하나의 학문이 상위의 것이고 모든 것과 관계를 맺고 있다. 이것이 제1철학(philosophia prima)이라 불리는 학문이다.[51]

같은 것이 권력에서도 나타난다. 왕의 권력 안에는 — 왕의 권력은 하나이므로 — 왕국의 다양한 직책을 통해 배분되어 있는 모든 권력이 포함되어 있기 때문이다. 그러므로 하위의 사물 안에서 사물의 다양성에 따라 다수화되는 완전성도 사물의 정상 자체, 즉 신 안에서는 일치되어야만 한다.

제23장
신 안에서는 어떤 우유도 발견되지 않는다
Quod in Deo nullum accidens inuenitur

병행문헌: 『신학대전』 제I부 제3문제 제6절; 『명제집 주해』 제I권 제8구분 제4문제 제3절; 『대이교도대전』 제I권 제23장; 『권능론』 제7문제 제4절 참조.

따라서 신 안에는 어떤 우유(偶有)도 존재할 수 없다는 사실이 명백하

---

51 아리스토텔레스 이래로 제1철학은 ὄν ῇ ὄν = ens qua ens, 즉 이런저런 성질을 가지고 있는 것으로가 아니라 존재하고 있는 한에서의 존재자에 대해 묻고 있다. 제1철학은 존재론이다. 그것은 어떻게 인간이 존재자를 존재에 관련해 모아 생각하고 말함으로써, 존재자로서의 존재자에 대해 말하는가라는 방법을 묻고 있다. 따라서 "그것이 존재하는 한에서 존재자"란 개별 존재자나 존재자의 개별적인 학문 영역을 말하는 것이 아니다. 또한 이것은 마치 여기서 모든 존재자의 합이 추구된다는 의미에서 "보편적"인 것을 묻지도 않는다. 존재론은 모든 존재자를 넘어서, 존재자의 각 영역을 넘어서 있었던, 그리고 있을 존재자를 넘어서 묻는다. 그것은 자연의 모든 존재자를 넘어서(μετὰ τά φυσικὰ)는 것에 대해 묻는다. 존재론은 형이상학적이고 초월적으로 묻는 것이다(〔26〕).

다. 왜냐하면 만일 신 안에서 모든 완전성이 하나이고, 존재와 가능함, 행위 그리고 이런 종류의 모든 것이 완전성에 속한다면, 신 안에 있는 모든 것은 그의 본질과 동일하다는 사실이 필연적이기 때문이다. 그러므로 그것들 중 어떤 것도 신 안에서는 우유가 아니다.

마찬가지로 그 완전성에 어떤 것이 첨가될 수 있는 것이 완전성의 측면에서 무한할 수는 없다. 그러나 자신의 어떤 완전성에 우유인 어떤 것이 존재한다면, 모든 우유는 본질에 별도로 부가되는 것이기 때문에 그것의 본질에 어떤 완전성이 첨가될 수 있어야 한다. 그러므로 그것의 본질에서는 무한한 완전성이 발견되지 않는다. 하지만 신은 자기 본질에 따라 무한한 완전성을 가지고 있다는 사실이 밝혀졌다.[52] 그러므로 그 안에는 어떠한 우유적인 완전성도 존재할 수 없고, 그 안에 있는 것은 무엇이든지 그의 실체이다.

또한 이것은 그가 지닌 최고의 단순성으로부터, 그리고 순수 현실태라는 사실과 존재자들 중에서 최초의 것이라는 사실로부터 쉽게 귀결된다. 왜냐하면 우유와 그 주체 (사이에는) 일종의 합성이 존재하기 때문이다. 또한 주체인 것은 순수 현실태일 수 없다. 우유는 일종의 주체가 지닌 형상이나 현실태이기 때문이다. 또한 그 자체로 있는 것은 항상 우유적으로 있는 것보다 앞선다. 앞에서 이야기된 모든 것으로부터 얻을 수 있는 사실은 신 안에는 그에 대해 우유적인 방식으로 말할 수 있는 것이라고는 아무것도 존재하지 않는다는 것이다.

---

52 제18장, 제20장 참조.

제24장

다수의 명칭은 신 안에 있는 단순성을 없애지 않는다

Quod plura nomina non tollunt simplicitatem in Deo

이를 통해 신이 그 자체로는 모든 측면에서 단순함에도 불구하고, 신에 대해 사용되는 명칭이 여럿인 이유가 명백해진다. 우리의 지성은 신의 본질을 그 자체로 파악하기에 충분하지 못하므로, 우리에게 있는 사물로부터 〔출발해〕 신에 대한 인식으로 올라가기 때문이다. 그 사물 안에서는 다양한 완전성이 발견되고, 이 모든 완전성의 뿌리와 근원은 이미 밝혀진 바와 같이,[53] 신 안에서 하나이다. 명칭은 지성의 표시이기 때문에〔sunt enim nomina intellectuum signa〕[54] 우리는 오직 우리가 이해한 것에 따라 어떤 것을 명명할 수 있다. 따라서 우리는 신을, 오직 신 안에 근원을 두고 있는 다른 사물 안에서 발견되는 완전성을 통해서만 명명할 수 있다. 이 사물 안에 있는 그 〔완전성〕이 다양하기 때문에 많은 명칭이 신에게 부과되어야만 한다.

그러나 만일 우리가 신의 본질을 그 자체로 바라볼 수 있다고 가정하면, 명칭의 다수성은 필요하지 않고 그의 본질이 단순한 것처럼 그에 대한 〔우리의〕 인식(notitia)도 단순할 것이다. 이것은 즈카 14,9에서 "그 날에는 주님이 한 분뿐이시고 그 이름도 하나뿐일 것이다"라고 말한 것처럼 우리가 자신의 영광의 날에 기대하는 바이다.

---

53 제22장 참조.

54 아리스토텔레스, 『명제론』 I, 16a 3 이하(국역본: 김진성 옮김, 『범주론·명제론』, 이제이북스, 2005) 참조. 토마스는 명칭에 대해 다룰 때 단순히 문법적 형태나 화려한 수사학적 표현보다는 서술의 진리 판별에 중요한 의미론과 논리학의 차원에 더 큰 관심을 둔다. 그는 명칭의 사용에서 항상 "말은 관념의 표시이며, 관념은 사물의 유사(類似)이다"(『신학대전』 제I부 제13문제 제1절)라고 요약될 수 있는 아리스토텔레스의 표징 이론을 전제한다. 따라서 토마스가 신의 명칭을 사용하는 방식을 올바로 이해하려면 신을 인식하는 방법에 대한 지식이 선행되어야 한다. 이에 대한 기본적인 내용은 박승찬, 2000a 참조.

제25장

신에 대해 사용되는 명칭이 다양할지라도
그 명칭들은 동의어가 아니다

Quod licet diuersa nomina dicantur de Deo non tamen sunt synonyma

병행문헌:『신학대전』제I부 제13문제 제4절;『명제집 주해』제I권 제2구분 제3절;『대이교
도대전』제I권 제35장;『권능론』제7문제 제6절 참조.

이로부터 우리는 세 가지를 고찰할 수 있다. 그 중 첫 번째는, 다양한
명칭은 사태에 따라서는 신 안에서 동일한 것을 뜻할지라도 동의어가
아니라는 사실이다. 왜냐하면 어떤 명칭이 동의어이기 위해서는〔그 명
칭이〕동일한 사물을 의미하고 지성의 동일한 개념을 표현해야만 하기
때문이다. 그러나 동일한 사물이 다양한 개념, 즉 그 사물에 대해 지성이
가지고 있는 파악 내용에 따라 의미되는 곳에서는 그 의미가 전적으로
동일하지 않기 때문에 그 명칭들은 동의어가 아니다. 명칭은 직접적으
로는 사물의 유사성인 지성의 개념을 표시하기 때문이다.

그러므로 신에 대해 사용되는 다양한 명칭은 우리 지성이 신에 대해
가지는 다양한 개념을 의미하기 때문에, 그 명칭들은 비록 온전히 동일
한 사물을 뜻할지라도 동의어가 아니다.[55]

---

55 토마스는 신에게 사용되는 모든 명칭이 동의어라는 사실을 그것의 엄청난 파급
효과 때문에라도 받아들일 수 없는데, 만일 그렇다면 신 자신에 대해 서술하려고
하는 모든 종교적인 언어는 공허한 잡담(nugatio)으로 전락해 버릴 것이기 때문
이다. 이에 대한 상세한 분석은 박승찬, 1999b, 192~95쪽 참조.

제26장

이 명칭의 정의를 통해
신 안에 있는 것이 무엇인지 정의될 수 없다

Quod per diffinitiones ipsorum nominumnon
potest definiri id quod est in Deo

두 번째는, 우리 지성은 신에 대해 사용된 명칭이 의미하는 그 개념 중의 어떤 것을 통해서도 신적인 본질을 완벽하게 파악할 수 없기 때문에, 이 명칭의 정의를 통해 신 안에 있는 것이 정의된다는 것은 불가능하다는 사실이다. 마치 지혜의 정의가 신적 권능의 정의인 것이 〔불가능하고〕 다른 경우에도 이와 비슷하다.[56]

이것은 다른 방식으로도 명백해진다. 왜냐하면 모든 정의는 유(類)와 종차로 이루어져 있고, 또한 고유하게 정의되는 것은 바로 종(種)이기 때문이다. 그러나 신적인 본질이 어떤 유나 종에도 속하지 않는다는 사실은 이미 밝혀졌다.[57] 그러므로 그에 대해서는 어떤 정의가 존재할 수 없다.

---

56   지혜의 예에 대해서는 『신학대전』 제I부 제13문제 제5절에 나오는 설명 참조(〔27〕).
57   제12장, 제14장 참조.

제27장

명칭은 신과 다른 것에 대해
온전히 일의적으로나 다의적으로 사용되지 않는다

Quod nomina de Deo et aliis,

non omnino uniuoce nec equiuoce dicuntur

병행문헌:『신학대전』제I부 제13문제 제5절, 제6절;『명제집 주해』제I권 서문 제2절 제2이론에 대한 해답; 제19구분 제5문제 제2절 제1이론에 대한 해답; 제22구분 제2절; 제35구분 제4절;『대이교도대전』제I권 제32장, 제33장, 제34장;『진리론』제2문제 제11절;『권능론』제7문제 제7절;『에페소서 주해』제3장 제4강 참조.

세 번째는, 신과 다른 대상에 대해 〔공통으로〕 사용되는 명칭은 온전히 일의적으로나 다의적으로 사용되지 않는다는 사실이다. 즉 〔그 명칭은〕 일의적으로 사용될 수 없는데, 왜냐하면 피조물에 대해 사용되는 그 명칭의 정의는 신에 대해 사용되는 그것의 정의가 아니기 때문이다. 그러나 일의적으로 사용되는 명칭에는 동일한 정의가 있어야만 한다. ─

이와 유사하게 〔그 명칭은〕 온전히 다의적으로 〔사용되지도 않는다〕. 우연히 다의적으로 사용되는 것 안에서는 동일한 명칭이 한 사물에 부과되고 다른 사물과는 어떠한 관계도 맺지 않는다. 그러므로 하나를 통해 다른 것에 대해 추론할 수 없다. 그러나 신과 다른 사물에 대해 사용되는 이 명칭은 이 사물과 맺고 있는 어떤 질서에 따라 신에게 귀속된다. 이 사물 안에서 지성은 그 〔명칭에 의해〕 표현된 바를 고찰한다. 따라서 우리는 다른 사물을 통해 신에 대해 추론할 수 있다. 그러므로 이것은 신과 다른 사물에 대해 마치 우연한 다의성을 지닌 명칭처럼 온전히 다의적으로 사용되지는 않는다. ─

그러므로 〔그 명칭은〕 유비적으로(secundum analogiam), 즉 하나에 대한 관계에 따라(secundum proportionem ad unum) 사용된다. 다른 사물을 마치 그 최초의 근원으로서의 신과 비교하기 때문에, 우리는 다른 것의 완전성을 의미하는 이런 명칭을 신에게 부여한다. 이로부터 비록 명칭의 부과라는 측면에서는(quantum ad nominis impositionem) 명칭을 부과하는 지성이 피조물로부터 신에게로 올라가기 때문에 이런 명칭이 피조물에 대해 먼저 사용될지라도, 그 명칭을 통해 의미된 사물에 따라서는(secundum rem significatam) 그로부터 완전성이 다른 사물에 하강하는 신에 대해 〔그 명칭이〕 더 먼저 사용된다는 사실이 분명해진다.[58]

---

58 '유비'란 일차적으로 한 단어가 여러 가지 서로 다른 대상에 대해 완전히 똑같은 동일한 말뜻(一義的, univocatio)으로 언표되지 않으며, 명칭만 같고 명칭과 연결되어 있는 뜻이 완전히 다른 방식(多義的, aequivocatio)으로도 사용되지 않는 중간적인 단어의 사용 방식을 의미한다. '유비'의 어원을 이루는 그리스어 'ἀναλογία'는 본래 피타고라스 학파에서 개발되었던 수학적인 개념으로 셋 이상의 수의 관계들(산술적·기하학적·조화적 유비 등)을 표현하기 위해 사용되었다. 유비가 학문적으로 발전하는 데 가장 크게 기여한 학자는 아리스토텔레스이다. 그에게서는 4항을 포함한 유비와 후대에 발전하게 될 다양한 형태의 근원이 발견된다. 그는 『범주론』 첫 머리에서 동명동의어(일의성), 동명이의어(다의성), 파생어 등 다양한 단어의 사용 방식을 설명한다. 또한 『소피스트적 논박』의 한 부분에서는 다의성에 의해 생겨날 수 있는 다양한 오류를 관찰하는 가운데 '의도적인 다의성'(aequivoca a consilio)이라는 개념을 사용한다. 또한 아리스토텔레스는 『형이상학』에서 존재(有)가 일의적이거나 다의적으로 다양한 사물에 사용되지 않고, '하나와 관련된(pros-hen) 진술'을 통해 사용된다고 주장한다. 이 진술의 특징은 한 단어가 어떤 대상에는 선차적으로 사용되고, 다른 것들에는 후차적으로 이 기본 대상(제1유비자)과의 관계성 속에서만 사용된다는 것이다. (즉 '건강'의 경우에 선차적으로 동물이나 인간에게 사용되지만, 이 동물이 건강하다는 표징인 혈색이나 건강하도록 만들어 주는 원인이 되는 음식과 음료 등에도 후차적으로 사용된다.) 또한 아리스토텔레스는 『니코마코스 윤리학』에서 교환 정의와 분배 정의를 설명할 때나 동물들의 관계를 설명할 때, 비례적 유비(a:b ≒ c:d)라는 방식을 사용했다. 아리스토텔레스 자신은 이 마지막의 비례적 유비만을 '아날로기아'(ἀναλογία)라고 불렀지만, 시간의 흐름에 따라 그 의미가 점점 확장되었다. 특히 아리스토텔레스를 서방 세계에 소개해 주었던 아랍 철학자들인 아비첸나(Avicenna, 980~1037), 알 가잘리(Al-Ghazali, 1058~1111), 아베로에스(Averroes, 1126~98) 등에 의해 스콜라 철학자들에게는 그 의미가 매우 넓어진 '유비' 개념이 전수되었다. 중세에는 헤일즈의 알렉산더(Alexander of Hales, 1185?~1245)와 로저 베이컨(Roger Bacon, 1220?~92) 등 다양한 학자가 유비 개념을 사용했지만, 학문적인 특별한 의의를 부여한 학자는 바로 토마스 아퀴나스였다. 토마스는 아랍 철학자들에 의해 확장된 유비 개념, 즉 '하나로의 진술', 비례적 유

제28장

신은 지성적이다

Quod Deus est intelligens

병행문헌:『신학대전』제I부 제3문제 제2절; 제14문제 제1절;『명제집 주해』제I권 제35구분
제1절;『대이교도대전』제I권 제17장, 제45장;『진리론』제2문제 제1절;『형이상학 주해』
제XII권 제8강 참조.

더 나아가 신이 지성적이라는 사실이 밝혀져야 한다. 왜냐하면 그 안
에는 각 존재자의 모든 완전성이 더욱 풍부하게 미리 존재한다는 사실
이 이미 밝혀졌기 때문이다.[59] 존재자의 모든 완전성 중에서 바로 이해
작용이 (다른 것들보다) 더 탁월한 것처럼 보인다. 지성적 사물이 모든 다
른 것보다 우월하기 때문이다. 그러므로 신은 지성적이어야 한다.

마찬가지로 신이 가능태가 혼합되지 않은 순수 현실태라는 사실이 앞
에서 밝혀졌다.[60] 그러나 질료는 가능적인 존재자이다. 그러므로 신은
질료로부터 전적으로 자유로워야 한다. 질료로부터의 자유로움은 지성

비, 의도적인 다의성을 모두 포괄하는 넓은 의미로 유비 개념을 사용했다. 아리스
토텔레스의 전통에 따라 윤리학 분야에서 비례적 유비를 사용하는 것을 제외하
면, 토마스가 유비를 사용한 가장 중요한 분야는 하느님에 대한 진술이 어떻게 가
능하며, 인간의 제한된 인식 능력 때문에 일어날 수 있는 오류를 어떻게 피할 수
있는가라는 질문이었다. 그에 의하면, 피조물에 사용하는 단어와 하느님에게 사용
하는 단어가 일의적이라면 하느님의 초월성이 위협받게 되어 범신론에 빠질 위험
이 있고, 만일 완전히 다의적이라면 하느님에 대해 아무런 진술도 할 수 없는 불
가지론에 빠지게 될 것이라고 지적했다. 토마스는 제3의 길로서 유비적인 방식이
야말로 인간이 하느님에 대해 올바로 진술할 수 있는 유일한 가능성이라고 제시했
다. 토마스는 계속해서 이 유비라는 진술 방식에도 다양한 방식이 있다는 점을 지
적하고 끊임없이 더 적합한 방식을 찾기 위해 노력해야 함을 강조했다. 유비 개념
의 역사와 특성으로서의 선차적-내지-후차적 표시, 유비 개념의 분류 등에 대해
서는 박승찬, 1998, 1999b, 1999c, 2000a, 2005b 등의 논문에서 밝힌 내용 참조.
59 제21장 참조.
60 제4장, 제9장 참조.

성의 원인(causa intellectualitatis)이다. 이런 사실에 대한 표징은 질료적 형상이 질료로부터, 그리고 질료적 조건으로부터 추상된다는 사실을 통해 현실적으로 이해 가능하게 된다는 사실이다. 그러므로 신은 지성적이다.[61]

마찬가지로 신은 제1동자라는 것이 밝혀졌다.[62] 그러나 이것은 지성의 고유함에 속하는 것으로 보인다. 지성은 모든 다른 것을 운동을 위한 도구로 사용하는 것처럼 보이기 때문이다. 그렇기에 인간 또한 자신의 지성을 통해 동물과 식물과 무생물을 마치 도구처럼 사용하는 것이다. 그러므로 제1동자인 신은 지성적이어야 한다.

제29장
신 안에는 지성이 가능적이거나 습성적이 아니라
현실적으로 존재한다

Quod in Deo non est intellectus in potentia nec in habitu sed in actu

병행문헌: 『신학대전』 제I부 제14문제 제7절; 제85문제 제5절; 『대이교도대전』 제I권 제55장, 제57장; 『진리론』 제2문제 제1절 제4, 5이론에 대한 해답; 제3절 제3이론에 대한 해답; 제13절; 『욥기 주해』 제12장 제2강 참조.

이미 밝혀진 바와 같이,[63] 신 안에는 어떤 것도 가능적이 아니라 현실적으로만 존재하기 때문에 신은 가능적이나(in potentia) 습성적(in habitu)이 아니라 오직 현실적으로(actu tantum) 지성적이어야 한다.[64] 이

---

61 질료의 추상을 통한 이해 가능성은 『신학대전』 제I부 제14문제 제1절의 보다 상세한 설명 참조([28]).
62 제3장 참조.
63 제9장 참조.
64 가능적으로 지성적인 것은 어떤 이가 지성의 능력을 소유하고 있는 경우이고, 습

로부터 그는 이해 작용에서 어떤 연속도 용인하지 않는다는 사실이 분명하다. 어떤 지성이 연속적으로 많은 것을 이해할 때, 그는 하나는 현실적으로 이해하고 다른 것은 가능적으로 이해해야 한다. 동시적인 것들 사이에는 아무런 연속도 존재하지 않기 때문이다. 그러므로 만일 신이 아무것도 가능적으로 이해하지 않는다면, 그의 이해 작용은 아무런 연속도 없게 된다. 따라서 그는 자신이 이해하는 모든 것을 동시에 이해한다는 사실이 귀결된다. 또한 그는 어떤 것도 새롭게 이해하지 않는다는 사실도 〔귀결된다〕. 어떤 것을 새롭게 이해하는 지성은 이전에 가능적으로 이해하는 〔지성〕이었던 것이다. 그러므로 또한 그의 지성은 마치 우리의 지성이 심사숙고하면서(ratiocinando) 겪는 것처럼 하나로부터 다른 것의 인식에로 나아가듯이 추론적이지도(discursiuus) 않아야 한다. 왜냐하면 알려진 것으로부터 알려지지 않은 것의 인식으로, 혹은 전에 현실적으로 우리가 고찰하지 못했던 것의 인식으로 나아가는 중에 이런 추론이 지성 속에서 일어나기 때문이다. 이것은 신적인 지성에서는 일어날 수 없는 것이다.

제30장
신은 다른 상을 통해서가 아니라 자신의 본질을 통해 이해한다
Quod Deus non intelligit per aliam speciem quam per essentiam suam

앞서 말했던 것으로부터 신이 다른 상을 통해서가 아니라[65] 자신의 본

성적으로 지성적인 것은 ─ 그가 그것을 타고 났거나, 취득했거나, 신에 의해 주입되었든지 관계없이 ─ 알려지는 것에 대해 직접 생각함이 없이 학문적 지식 같은 지성의 뛰어남을 지니고 있는 경우이며, 그가 실제적으로 지성의 행위를 실행하는 경우에는 현실적으로 지성적이 된다. 제31장 시작 부분과 제83장 끝 부분 참조(〔29〕).

65 모든 이해하는 자는 실제로 이해할 수 있기 위해 이해되어야 하는 대상을 확정적

질을 통해 이해한다는 사실이 분명하다. 왜냐하면 자신과 다른 상을 통해 이해하는 모든 지성은 저 가지상(可知像, species intelligibilis)[66]에 대해 마치 가능태가 현실태에 대해 맺는 것과 같은 관계를 맺기 때문이다. 가지상은 그를 현실적으로 이해할 수 있게 만드는 완전성이다. 그러므로 신이 가능적인 것이라고는 아무것도 가지고 있지 않고 오직 순수 현실태라면, 그는 다른 상을 통해서가 아니라 자신의 본질을 통해 이해해야 한다. 이로부터 신은 직접적이고 가장 중심적으로 자기 자신을 이해한다는 사실이 귀결된다. 왜냐하면 한 사물의 본질은 고유하고 직접적으로 오직 그 본질을 소유하고 있는 어떤 것의 인식으로 이끌기 때문이다. 인간의 정의를 통해 인간이 고유하게 인식되고, 말(馬)의 정의를 통해서는 말이 (고유하게 인식되기 때문이다).

그러므로 신이 자신의 본질을 통해 지성적이라면, 그로부터 직접적이고 가장 중심적으로 이해되는 바 그것은 신 자신이다. 그리고 신이 자신의 본질이기 때문에, 신 안에서 이해하는 것(지성)과 이해하게 하는 것(수단)과 이해된 것은 전적으로 동일하다.

───

으로 가지고 있어야 한다. 인식 능력 안에 있는 인식 대상의 이러한 확정성은 지성상(知性像)이다. 우리에게 알려진 인식 능력들, 즉 감각과 인간의 지성은 자신의 지성상과 일치되는 것이 아니라 그것을 우유적으로 받아들여 각인상(刻印像, species impressae)을 형성한다. 상(species)이란 표현이 오해를 불러일으켜서는 안 된다. 상이란 그것이 취해진 것처럼 인식되는 바로 그것도 아니고, 그 안에서 함께 인식되는 어떤 것이 인식되게 되는 것도 아니라 그 스스로는 알려지지 않지만 그것을 통해 대상이 인식되는 매개이다. ── 표현상에 대해서는 제37장 각주 78 참조((30)).

66 가지상의 인식론적 위치와 13세기 철학 논의에서의 중요성에 대해서는 이상섭, 2003c 참조.

제31장

신은 자신의 이해 작용이다

Quod Deus est suum intelligere

또한 신 자체가 자신의 이해 작용이어야 한다. 이해 작용은 고찰 작용 (considerare)과 같이 제2현실태(actus secundus)이기 때문에(제1현실태란 지성(intellectus)이나 지식(scientia)이다),[67] 자신의 이해 작용이 아닌 모든 지성은 자신을 이해하는 작용에 대해 마치 가능태가 현실태에 대해 맺는 것과 같은 관계를 맺고 있다. 가능태와 현실태의 질서 안에서 선차적인 것은 뒤따라 오는 것과의 관련 속에서는 항상 가능적인 것(potentiale)이고 최후의 것은 완성된 것이다. 비록 서로 다른 것 안에서는 그와 반대일지라도 똑같은 것 안에서 말하자면 그러하다. 움직이게 하는 것과 작용하는 것은 움직여진 것과 작용에 대해 마치 행위자가 가능성에 대해 맺는 것과 같은 관계를 맺기 때문이다.[68] 그러나 신은 순수 현실태이기 때문에 가능태가 현실태에 대해 맺는 것과 같이 다른 어떤 것에 대해 비교되는 어떤 것이란 존재하지 않는다. 그러므로 신 자체는 자신의 이해 작용이어야 한다.

마찬가지로 어떤 방식으로든 지성은 이해 작용에 대해 본질이 존재와 맺는 것과 같은 관계를 맺는다. 그러나 신은 본질적으로 지성적이다. 그런데 그의 본질은 그의 존재이다. 그러므로 그의 지성은 자신의 이해 작용이다. 그리고 신이 지성적이라는 사실을 통해 신 안에 어떤 합성도 전제해서는 안 된다. 신 안에서는 지성, 이해 작용, 가지상이 서로 다르지 않기 때문이다. 그리고 이것들은 그의 본질과 다른 것이 아니다.

---

67 스콜라적인 표현에서 제1현실태(actus primus)는 한 사물의 근본적인 형상이나 (지성이나 의지 같은) 기능 또는 (습성적 지식 같은) 습성을 뜻한다. 제2현실태 (actus secundus)는 행위 또는 작용을 뜻한다. 일반적으로 제1현실태는 존재적으로, 제2현실태는 작용적으로 사용되는 것처럼 보인다(CV, p. 31, n. 28).

68 제69장 각주 142 참조.

제32장

신은 의지적이어야 한다

Quod oportet Deum esse uolentem

더 나아가 신은 필연적으로 의지적임에 틀림없다는 것이 명백해진다. 언급된 바로부터 분명한 것과 같이,[69] 신은 완전한 선인 자기 자신을 이해한다. 그러나 이해된 선은 필연적으로 사랑받게 된다. 그런데 이것(사랑받음)은 의지를 통해 이루어진다. 그러므로 신이 의지적이라는 사실은 필연적이다.

마찬가지로 신이 제1동자라는 사실이 앞에서 밝혀졌다.[70] 그런데 어떻든 지성은 오직 욕구를 매개로 해서만 움직인다. 그런데 지성에 따르는 욕구는 의지이다. 그러므로 신은 의지적이어야 한다.

제33장

신의 의지는 자신의 지성과
다른 것이 아니어야 한다

Quod ipsam Dei uoluntatem oportet

nichil aliud esse quam eius intellectum

신의 의지 자체가 그의 지성과 결코 다른 것이 아니어야 한다는 사실은 명백하다. 왜냐하면 이해된 선은 의지의 대상이므로 그 선은 의지를 움직여 주고, 의지의 현실태이며 완전성이기 때문이다. 그런데 앞에서 명백해진 바와 같이,[71] 신 안에서는 움직이게 하는 것과 움직여진 것, 현

---

69 제20장, 제21장, 제30장 참조.

70 제3장 참조.

71 제4장, 제9장 참조.

실태와 가능태, 완전성과 완성될 수 있는 것이 다르지 않다. 따라서 신적 의지는 이해된 선 자체여야 한다. 그런데 신적 지성과 신적 본질은 동일하다. 그러므로 신의 의지는 신적 지성과 그의 본질과 다르지 않다.

마찬가지로 사물의 저마다 다른 완전성 중에서 지성과 의지는 더 우월한 것이다. 이에 대한 표징은 그것들이 더 고귀한 사물 안에서 발견된다는 사실이다. 그러나 모든 사물의 완전성은 신 안에서 하나이며, 이미 앞에서 밝혀진 바와 같이,[72] 그것(모든 완전성이 그 안에서 하나인 것)이 그의 본질이다. 그러므로 지성과 의지는 신 안에서 그의 본질과 동일한 것이다.

제34장
신의 의지는 그의 원함 자체이다
Quod uoluntas Dei est ipsum eius uelle

이로부터 신적 의지는 신의 원함 자체라는 사실도 명백하다. 신 안에 있는 의지는 그에 의해 원해진 선과 동일한 것이라는 사실이 밝혀졌다.[73] 그러나 이것은 오직 원함과 의지가 동일한 것일 때에만 가능한 일이다. 원함은 원해진 것으로부터 의지 안에 내재하게 되기 때문이다(cum uelle insit uoluntate ex uolito). 그러므로 신의 의지는 자신의 원함이다.

마찬가지로 신의 의지는 그의 지성 그리고 그의 본질과 동일하다. 그런데 신의 지성은 자신의 이해 작용이고, 또한 본질은 자신의 존재이다. 그러므로 〔신의〕 의지는 자신의 원함이어야 한다. 그렇다면 또한 신의 의지가 〔자신의〕 단순성과 상충하지 않는다는 사실이 명백하다.

---

72   제22장, 제23장 참조.
73   제33장 참조.

제35장

앞에서 언급된 모든 것은 유일한 신앙 조항에 집약되었다
Quod omnia supradicta uno fidei articulo comprehenduntur

앞에서 언급된 모든 것으로부터 우리는 신이 유일하고, 단순하고, 완전하고, 무한하고, 지성적이며 의지적이라고 요약할 수 있다. 이 모든 것은 신경(信經, Symbolo fidei) 안에 짧은 조항으로 요약되어 있는데, 우리가 "전능하신, 하나의 신"(in Deum unum omnipotentem)을 믿는다고 고백할 때 그렇다. 즉 '데우스'(神, Deus)란 명칭이 '테오스'(θεός)라는 그리스어에서 나왔고 이 단어(테오스)는 '보다'(uidere) 또는 '고찰하다'(considerare)라는 '테아스테'(theaste, θεᾶσθαι)에서 유래한 것처럼 보이기 때문에,[74] 이 신이라는 명칭 자체로부터 신이 지성적이고 이에 따라 의지적이라는 사실이 명백하다. 우리가 그를 '하나'(unum, 유일함)라고 부르는 것을 통해 신의 다수성과 모든 합성이 배제된다. 하나라는 것은 단적으로 단순한 것이기 때문이다. 또한 우리가 신을 '전능한'(omnipotentem)이라고 부르는 것을 통해 신이 어떤 것도 결여될 수 없는 무한한 힘을 가지고 있다는 사실이 분명해진다. 이 안에는 신이 무한할

---

[74] 우리는 고대 학자들로부터 '데우스'란 단어에 대한 다양한 어원을 발견하게 된다. 이것들은 신학적으로는 옳지만 언어학적으로는 '타당성이 없다'. 요하네스 다마스케누스(Johannes Damascenus,『정통신앙론』(De fide orthodoxa) I, 9 (PG 94, 837 A; E. M. Buytaert, 49))는 'θεός'를 '달리다'를 뜻하는 'θέειν'으로부터〔태양과 달을 포함해 원운동을 하는 별은 신으로 경배되었다〕 또는 '불타다'를 뜻하는 'αἴθειν'으로부터〔사람들은 별 신을 가장 정교한 불로 이루어졌다고 생각했다〕 유래한 것으로 보았다. 신명 5,20 이하에 따르면, 신은 불속에서 말씀하시고, 모든 것을 불을 통해 태우시기 때문이다. 또는 2마카 9,5에 따르면, 신은 모든 것을 보시기 때문에 '고찰하다'를 뜻하는 'θεάσθαι'에서 유래한 것으로도 볼 수 있었다. 토마스는 여기서 이 마지막 어원을 인용한다. 그렇지만『신학대전』제I부 제13문제 제8절에서는 다른 어원들도 언급했다. 세비야의 이시도루스(『어원학』(Etymol.) VII, 1; PL 82, 259 D/260 C)는 '데우스'를 '두려움'을 뜻하는 'δέος'로부터 도출한다. 신은 두렵게 만드는 공포를 일으키는 분이기 때문이다((31)).

뿐만 아니라 완전하다는 것도 내포된다. 왜냐하면 사물의 힘은 본질의 완전성에 따르기 때문이다.

제36장
이 모든 것은 철학자들에 의해 상정되었다
Quod hec omnia a philosophis posita sunt

그러나 앞에서 신에 대해 언급했던 것들은 다수의 이교도 철학자에 의해 정교하게 고찰되었다. 비록 그들 중 몇몇은 앞에서 말한 것과 관련해 오류를 범했더라도 말이다. 그리고 그들 중 참된 것을 말했던 이들은 오랜 시간과 많은 노력이 필요한 연구 이후에 겨우 앞에서 말했던 진리에 도달할 수 있었다. 그러나 우리에게는 그리스도교의 가르침 안에서 신으로부터 전달된 다른 〔내용〕들도 존재한다. 그들〔이교도 철학자들〕은 이것에 도달할 수 없었고, 우리는 이것과 관련해 그리스도교의 믿음에 따라 인간의 감각을 넘어서 배운다. 그런데 이것은 이미 밝혀진 바와 같이,[75] 신이 유일하고 단순할지라도 그는 성부(Deus Pater), 성자(Deus Filius), 성령(Deus Spiritus Sanctus)이며, 이 셋은 세 신이 아니라 하나의 신이라는 것이다.[76] 이것은 우리에게 가능한 한에서 우리가 고찰하고자 하는 것이다.

---

75 제9장, 제15장 참조.
76 토마스에 따르면, "자연적 이성에 의해 하느님의 위격의 삼위성(三位性)에 도달하는 것은 불가능하다"(『신학대전』 제I부 제32문제 제1절). 특히 인간의 이성은 단지 결과로부터 원인에, 따라서 피조물로부터 창조주에 도달할 수 있기 때문이다. "〔신의〕 창조 능력은 〔삼위 전체〕에 공통된 것이다. 따라서 그것은 〔신이 지닌〕 본질의 일성(一性)에 속하는 것이고 위격들의 구별에 속하는 것이 아니다." "그런데 위격(位格)의 삼위성을 자연적 이성으로 증명하고자 노력하는 사람은 신앙을 두 가지 모양으로 손상시킨다. 첫째로는 신앙 자체의 품위에 관한 것인데,

제37장

신 안에서 말씀은 어떤 위치에 놓이는가

Qualiter ponatur Verbum in diuinis

앞에서 언급했던 것들로부터[77] 신이 자기 자신을 이해하고 사랑한다는 사실을 받아들여야만 한다. 마찬가지로 신 안에서 이해 작용과 의지 작용은 그의 존재와 다른 것이 아니라는 사실도 〔받아들여야만 한다〕. 한편, 신이 자기 자신을 이해하고 모든 이해된 것은 이해하는 이 안에 존재하기 때문에, 이해된 것이 이해하는 이 안에 존재하는 것처럼 신도 자기 자신 안에 존재해야 한다. 그런데 이해하는 이 안에 존재하는 이해된 것은 일종의 지성적인 말(uerbum quoddam intellectus)이다. 왜냐하면 우리가 내적으로 지성 안에 포착하는 것을 우리는 외적인 말로(exteriori uerbo) 표현하기 때문이다.[78] 철학자〔아리스토텔레스〕에 따르면, "단어는

신앙의 품위는 신앙이 인간 이성을 초월해 볼 수 없는 사물과 관련하는 것이라는 데 성립된다. …… 둘째로는 다른 사람들을 신앙으로 인도해 가는 유익성에 관한 것이다. 사실 어떤 사람이 신앙을 증명하기 위해 설득력 없는 논거를 도입할 때는 불신자(不信者)들의 조롱거리가 된다. 즉 그들은 우리가 그런 논거에 근거해 또는 그런 논거 때문에 믿는다고 생각하게 된다.
그러므로 신앙에 속하는 것은 그것을 증명하려고 시도되어야 할 것이 아니다. 권위를 받아들이는 사람에게 권위에 근거해 이루어지는 것은 〔별개의 문제이다〕. 그리고 권위를 받아들이지 않는 사람에 대해서는 신앙을 선포하는 것이 〔불가능하지 않다는 사실을〕 옹호하는 것으로 〔충분하다〕"(〔32〕).

77 제30장, 제32장, 제33장 참조.
78 특정하게 창조된 인식 능력, 즉 내적 감각(상상력, 감각적 기억 등)과 이성은 인식함에 있어 인식 행위의 내적인 목표(terminus)를 만들어 낸다. 이 목표는 사물들의 유사성인데, 이 안에서 내적 감각과 이성은 사물을 고찰한다. 이 유사성은 후기 스콜라 철학에서 '표현상'(表現像, species expressa)이라고 불린 것이고, 지성 안에서는 '정신적인 말'(uerbum mentis)이라고도 불렸다. 토마스가 때때로 이성의 표현상을 '이해된 지향'(제52장 각주 112 참조)이라고 부를 때, 이것 스스로가 이성의 직접적인 대상이기 때문이 아니라 한 대상에 대한 모든 이해는 반성을 통해 그 이해를 이해하기 때문이다(〔33〕). 토마스의 인식론에 대한 보다 상세한 설

이해된 것의 표징이다(uoces signa intellectuum)".[79] 따라서 신 안에는 자신의 말씀을 인정해야만 한다.

제38장
신 안에 있는 말씀은 잉태라고 불린다
Quod Verbum in divinis conceptio dicitur

내적인 말(interius uerbum)로 지성 안에 포함되어 있는 것은, 일반적인 언어 사용에 따르면 지성의 잉태(conceptio)[80]라고 불린다. 왜냐하면 육체적으로 어떤 것이 잉태됨이란 살아 있는 동물의 자궁 안에 생명을 부여하는 힘에 따라 형성되는 것을 말하기 때문이다. 이때 남성은 작용하고, 그 안에서 잉태가 이루어지는 여성은 받아들인다.[81] 따라서 잉태된 것 자체는 마치 종에 따라 같은 모습을 취하는(conforme) 것처럼 그 둘의 본성에 속하게 된다. 그러나 지성이 파악하는 것은 지성 안에 형성되는

명은 G. 잠보니, 1996; A. 케니, 1999; 장욱, 2003d; 이재경, 2002; 이상섭, 2005a 등과 그곳에 제시된 참고문헌 참조.

79   아리스토텔레스, 『명제론』(De interpretatione) I, 1, 16a 3; II, 14, 24b 1-2; 제24장 각주 54의 설명도 참조.

80   라틴어 'conceptio'는 잉태라는 의미뿐만 아니라 수용, 개념, 개념 파악 등의 의미를 지니고 있다((34)).

81   옛사람들은 잉태의 순간에 오직 남성의 정자만이 활동하고 여성의 혈액(여성적인 생식 요소로서의 난자는 토마스 시대에 알려져 있지 않았다)은 오직 수동적인 방식으로 질료를 제공해 줄 뿐이다. 이 질료는 일종의 혼(魂)을 지닌 남성의 정자를 통해 형태를 갖추게 된다. 우리는 오늘날 난자가 정자와의 수정에서 정자보다 결코 덜 활동적이지 않다는 사실을 알고 있다. 옛사람들에 의해 받아들여졌던 정자를 통한 여성적 '질료'의 '형상화'는 이제 양측의 능동적인 만남과 정자와 난자 양측의 유기적인 생명력을 지닌 세포들이 결합하는 것으로 이해할 수 있다((35)). 이런 견해가 지닌 문제점과 여성에 대한 폄하와 관련된 현대적 의미는 박승찬, 2005a과 그곳에 제시된 참고문헌 참조.

데, 이때 이해 가능한 것(intelligibili)은 마치 작용자처럼 지성은 마치 수용자 같은 역할을 한다. 지성에 의해 포착되는 것은 지성 안에 존재하면서 자신이 그것을 유사하게 따르는 작용자인 이해 가능한 것과 이해 가능한 존재를 가지고 있는 한에서, 마치 수용자 같은 지성과 동일한 형상을 지닌다. 따라서 지성에 의해 포착되는 것이 지성의 잉태라고 불리는 것은 부당하지 않다.

제39장
말씀은 성부와 어떻게 비교되는가
Quomodo Verbum comparatur ad Patrem

이 안에서 하나의 차이를 주목해야 한다. 왜냐하면 지성에 받아들여지는(잉태되는) 깃은 이해된 사물의 유사싱(similitudo rei)이고 〔이 유사성은 그 사물의〕 상을 표상하므로, 이것은 그 사물의 자녀인 듯이 보이기 때문이다. 따라서 지성이 자기 자신과 다른 것을 이해할 때에, 이해된 사물(res intellecta)은 지성 안에 받아들여진(잉태된) 말의 아버지인 셈이다. 그러나 지성 자체는 그 안에서 잉태가 이루어진다는 사실이 속하는 어머니와 더 큰 유사성을 지니고 있다. 그렇지만 지성이 자기 자신을 이해할 때, 잉태된 말이 이해하는 이와 맺는 관계는 자녀가 아버지와 맺는 관계에 비교된다. 따라서 우리가 신이 자기 자신을 이해한다는 관점에서 '말씀'에 대해 언급할 때, 그 말씀 자체는 그것을 말씀하신 신과 마치 아들이 아버지와 맺는 것과 같은 관계를 지닌다고 할 수 있다.

제40장

신 안에서의 산출이 어떻게 이해되는가

Quomodo intelligitur generatio in diuinis

병행문헌:『신학대전』제I부 제27문제 제2절;『대이교도대전』제IV권 제10장, 제11장;『권능론』제2문제 제1절;『사라센인들, 그리스인들, 아르메니아인들을 대적할 신앙의 근거들』제3장;『콜로새서 주해』제1장 제4강 참조.

바로 이런 점으로부터 가톨릭 신앙의 규준〔신경〕안에서(in regula catholice fidei) "나는 성부이신 신(하느님)과 그의 아들을 믿나이다"(Credo in Deum Patrem et Filium eius)라고 말할 때, 우리는 신 안에서 성부와 성자를 고백하도록 배운다. 그리고 '아버지'와 '아들'이라는 명칭을 듣는 그 누구도 우리에게서 아버지와 아들이라고 불리는 사실에 따라 육체적인 출산을 생각하지 않도록 그에게 천상의 비밀이 계시된[82] 요한 복음사가는 '성자' 대신에 '말씀'이라 한다. 이는 우리가 지성적인 산출을 생각하게 하기 위함이다.

제41장

성자인 말씀은 성부인 신과
동일한 존재 그리고 동일한 본질을 가지고 있다

Quod Verbum quod est Filius idem esse habet cum
Deo Patre et eandem essentiam

그런데 우리 안에서는 자연적인 존재와 이해 작용이 다른 것이기 때문에, 우리 지성 안에 받아들여진(잉태된) 말은 오직 이해 가능한 존재만을 가지고 있고, 이는 자연적인 존재를 가지는 우리 지성과는 다른 본성

---

82 성 요한 사도 축일(12월 27일), 응답송(antiphona ad Benedictus) 참조.

에 속한다. 그러나 신 안에서는 존재와 이해 작용이 동일하다. 따라서 신 안에 있는 신의 말씀은, 말씀이 이해 가능한 존재에 따라 신에게 속하므로 그 말씀이 속하는 신과 동일한 존재를 지닌다. 그리고 이에 따라 [그 말씀은] 신과 동일한 본질과 본성을 지녀야만 하고, 신에 대해 언급되는 모든 것은 무엇이나 신의 말씀에도 부합해야 한다.

제42장
가톨릭 신앙은 이것들을 가르친다
Quod catholica fides hec docet

그러므로 우리는 가톨릭 신앙의 규준[신경] 안에서 성자가 "성부와 동일 실체"(consubstantialem Patri)라고 고백하도록 배운다. 이 고백을 통해 두 가지가 배제된다. 첫째, 성부와 성자를 육적인 출산 관계에 따라 이해하는 것이 [배제된다]. 이런 출생은 아들의 실체가 아버지로부터 분리됨으로써 이루어지고, 그럴 경우에 성자는 성부와 동일 실체일 수 없을 것이다.[83] 둘째, 우리는 성부와 성자를 우리 정신 안에 말이 받아들여지는 것과 같이 지성적인 산출이라는 관점으로 이해해서도 안 된다. [이 경우에는] 말이 지성에 마치 우유적으로 수반되고(accidentaliter superueniens) 그 본질에 속하는 것으로 존재하지 않는다.[84]

---

83 직역하면 "동일 실체가 아니어야 할 것이다".

84 토마스는 우주 세계(특히 태양)가 유기체의 출생과 형태를 갖추는 데 영향을 끼친다는 견해를 아리스토텔레스로부터 받아들였다. 그는 저급한 동물 세계에서는 오직 천체의 힘을 통해 최초의 발생이 이루어진다고 가정했다. (그래서 태양의 힘을 통해 썩고 있는 유기적 재료들, 예를 들어 분뇨 덩어리로부터 벌레나 파리 같은 것들이 생겨나게 된다.) 고등 동물과 인간의 출생에서는 부모의 생식력이 주된 원인이라고 인정했지만 부모의 생식력을, 즉 형태를 만드는 태양 에너지가 돕는다는 것이다. 그러므로 토마스는 천체의 힘이 또한 고등 생물도 출생시킨다는 설을 주장한 아랍 철학자 아비첸나의 견해를 반박했다. 『신학대전』 제I부 제91문제

제43장

신 안에서는 말씀이
성부와 시간이나 종이나 본성에 따라 다르지 않다

Quod in diuinis non est differentia

Verbi a Patre secundum tempus uel speciem uel naturam

병행문헌: 『신학대전』 제I부 제42문제 제2절; 『명제집 주해』 제3권 제11구분 제1문제; 『권능론』 제3문제 제13절; 『요한복음 주해』 제1장 제1강; 제40장의 병행문헌도 참조.

본질적으로 다르지 않은 것들 사이에 종, 시간 및 본성에 따라 차이가 존재하는 일은 불가능하다. 그러므로 말씀은 성부와 동일 실체적(consubstantiale)이기 때문에, 언급했던 어떤 것에 따라서도 성부로부터 구별되지 않는다는 사실은 필연적이다.

더 자세히 말해, 말씀은 시간에 따라서(secundum tempus) 성부와 다를 수 없다. 신이 자신의 가지적인 말씀을 잉태함으로써 자기 자신을 이해함으로 말미암아 이 말씀이 신 안에 받아들여진다. 그렇기 때문에 만일 언젠가 신의 말씀이 존재하지 않았다고 가정한다면, 그때에 신은 자기 자신을 이해하지 못했어야 한다. 그러나 신의 이해 작용은 자신의 존재 작용이기 때문에 신이 존재했을 때는 언제나 자신을 이해하고 있었다. 그러므로 그의 말씀 또한 항상 존재하고 있었다. 따라서 가톨릭 신앙의 규준에서 우리는 "〔말씀은〕 성부로부터 모든 시대에 앞서 낳음을 받았다"(Ex Patre natum ante omnia secula)라고 말한다.

또한 종에 따라서도(secundum speciem) 신의 말씀은 신으로부터 마치 열등한 어떤 것처럼 구별될 수 없다. 신은 자기 자신을 〔실제로〕 있는 것보다 열등하게 이해하지 않기 때문이다. 오히려 말씀이 속해 있는 것〔신〕은 완전하게 이해되기 때문에, 말씀은 완전한 종을 가진다. 그러므

제2절 제2이론에 대한 해답; 『자연학 주해』 제II권 제4강 참조(〔37〕).

로 신의 말씀은 신성(神性)의 종에 따라 온전히 완전해야만 한다. 그러나 다른 것으로부터 발생되는 어떤 대상이 자신이 발생되어 나온 것의 완전한 종에 미치지 못하는 경우가 발견된다. 우선 다의적인 발생에 속하는 것의 경우(in generationes equiuocis)가 그렇다. 즉 태양으로부터 태양이 발생되는 것이 아니라 어떤 동물이 생겨나는 경우이다.[85] 그러므로 이런 불완전함을 신적인 발생으로부터 배제하기 위해 "신으로부터 〔나신〕 신"(Deum de Deo)이라고 고백한다. 다른 방식으로 어떤 것으로부터 발생되는 것이 순수성의 결함 때문에(propter defectum puritatis) 그것〔어떤 것〕과 다른 경우이다. 즉 그 자체로 단순하고 순수한 것으로부터 외부 질료에 의한 적용으로 말미암아 최초의 종에 미치지 못하는(a prima specie deficiens) 어떤 것이 생산되는 경우가 그렇다. 예를 들어 건축가 〔장인〕의 정신 속에 있는 집으로부터 질료를 지닌 집이 생겨난다. 그리고 제한된 물체 안에 수용된 빛으로부터 색깔이 생겨난다. 다른 요소와 결합된 불로부터 혼합체가 생겨나고, 어두운 물체의 대립 때문에 광채에서부터 그림자가 생겨난다. 이것을 신적인 발생으로부터 배제하기 위해 "빛으로부터 〔나신〕 빛"(lumen de lumine)이라는 표현이 첨가되었다. 셋째로 어떤 것으로부터 발생되는 것이 진리의 결여 때문에(propter

---

85 고대와 중세 철학자들은 일반적으로 '다의적 발생'의 가능성을 인정했다. 이에 따르면, 어떤 유기체는 무기 물질, 특히 이전에 생존해 있던 물질로부터 천체의 영향 아래 산출된 것으로 생각되었다. 그들은 천체가 더 탁월한 본성을 지녔다고 믿었다. 그래서 토마스는 『신학대전』 제I부 제71문제 제1절에서 다음과 같이 말한다. "종자로부터 출산되는 동물의 자연적 생성에서는 능동적 원리가 종자 안에 있는 형성의 능력이다. 그러나 부패로부터 발생하는 동물에서는 형성의 능력이 천체의 영향이다." 『신학대전』 제I부 제91문제 제2절 2번째 이론에 대한 해답에서는 다음과 같이 말한다. "천체의 힘은 자연적인 생성의 작업에서 함께 작용한다. 그래서 철학자는 '인간이 질료로부터 인간뿐만 아니라 태양에 의해 출생된다' (아리스토텔레스, 『자연학』 II, 2, 194b 13)라고 말한다. …… 그러나 천체의 힘은 적절하게 마련된 질료로부터 어떤 불완전한 동물을 산출하는 데 충분하다"(CV, p. 39, n. 24).

defectum ueritatis) 그 종에 이르지 못하게 된다. 왜냐하면 그것은 참으로 그것의 본성이 아니라 단지 어떤 유사성만을 수용하기 때문이다. 예를 들어 거울에 비친 상이나 조각품, 또는 지성이나 감각 안에 있는 사물의 유사상(類似像) 같은 경우가 그렇다. 인간의 상은 참된 인간이 아니라 유사상을 말할 뿐이기 때문이다. 또한 철학자(아리스토텔레스)가 말한 것처럼 돌이 아니라 돌의 인식상(認識像, species lapidis)이 영혼 안에 있는 것이다.[86] 그러므로 이러한 것들을 신적인 발생으로부터 배제하기 위해 "참된 신으로부터 (나신) 참된 신"(Deum uerum de Deo uero)이라는 표현이 첨가되었다.

또한 본성에 따라서도 말씀이 신과 구별되는 일은 불가능하다. 자기 자신을 이해하는 것이 신에게는 자연스럽기 때문이다. 마치 우리 지성이 제1원리를 소유하고 있는 것처럼 모든 지성은 자신이 본성적으로 이해하는 어떤 것을 가지고 있다.[87] 그러므로 이해 작용이 자기 자신의 존

---

86 아리스토텔레스, 『영혼론』 III, 7(13), 431b 29 참조.

87 인식 원리들은 우리의 인식에서 최초의 것이고 근본적인 것이다. 선험적인 인식에서 우리에게 드러나는 이러한 최초의 직접적 인식 내용들(예를 들어 모순율, 동일률 등)로부터 추론을 통해 앞으로 나아가는 사고 작용을 시작하게 된다(아리스토텔레스, 『분석론 후서』 참조). ─ 토마스는 이제까지 이 제1원리들에 일종의 '생득적임'을 인정하는 것처럼 보인다. 그는 『진리론』 제1문제 제4절 5번째 이론에 대한 해답에서 다음과 같이 말한다. "신적인 지성의 진리로부터 천사의 지성 안으로 사물의 생득적인 영상(본질상)이 흘러들며, 이로 인해 천사가 모든 것을 알 수 있게 되는 것처럼 신적인 지성으로부터 원형적으로 제1원리들의 진리가 우리 지성 안으로 들어오고 이로써 우리는 모든 것에 대해 판단하게 된다." 또한 『진리론』 제11문제 제3절 본문에서도 다음과 같이 말한다. 신은 "영혼 자체를 정신적인 빛으로 무장시키고, 또한 영혼에 지식의 싹이라 할 수 있는 제1원리들의 인식을 새겨 넣으셨다". 토마스는 이를 『진리론』 제11문제 제1절에서 좀더 상세히 설명했다. "미리 우리 안에는 특정한 지식의 싹들, 즉 제1인식 원리들이 존재하고 있다. 이것들은 바로 감각 사물로부터 추상된 본질 형상의 도움을 바탕으로 능동 지성의 빛을 통해 이해된다. …… 이 보편적인 (제1)원리들 안에 모든 (다른) 원리는 마치 싹 안에 들어 있는 것처럼 포함되어 있다." 『진리론』 제10문제 제6절 본문도 참조. "그래서 우리에게는 또한 능동 지성의 빛 안에서 특정한 방식으로

재 작용인 신은 더더욱 자기 자신을 자연적으로 이해한다. 따라서 그의 말씀은 자연적으로 신 자신으로부터 나오고, 자연적인 근원 없이 생성되는 대상이 아니다. 이렇게 인공적인 사물이 우리로부터 생산되는 경우에 우리는 이것을 만듦(facere)이라고 말한다. 그러나 자식처럼 자연적으로 우리로부터 산출되는 경우에는 낳음(generare)이라고 말한다. 그러므로 신의 말씀이 신으로부터 자연적으로 나온 것이 아니라 신의 의지 능력을 통해 발출되었다고 이해되지 않도록 "만들어진 것이 아니라 낳음을 받았다"(Genitum, non factum)라는 표현이 첨가되었다.

모든 지식이 근원적으로 주입되어 있는데, 특히 보편 개념의 중개를 통해 그러하다. 이 보편 개념은 곧바로 능동 지성의 빛을 통해 이해되고 그것을 통해 우리는 일반적인 원리를 통해서처럼 다른 것에 대해 판단하고, 그 안에서 우리는 이 다른 것을 미리 이해한다." 그러므로 이 제1원리들은 우리에게 엄격한 의미에서 '생득적인 것'이 아니다. "인간 안에서는 [이것들이] 결코 전적으로 본성으로부터 유래하는 자연적인 소유물일 수는 없다. 오히려 천사에게는 이것이 가능한데, 천사는 본성적으로 생득적인 인식상을 소유하고 있기 때문이다. 그러나 이것이 인간 본성에는 속하지 못한다." — 그러나 이것들은 우리 안에서 신적인 정신에 참여를 뜻하는 능동 지성의 빛을 통해 우리에게 직접적으로 인식된다는 측면에서는 '생득적'이라고 할 수 있다. 이 원리들은 근원적으로 신적 정신에 참여하는 정신이 부여하는 개념들 안에서 포착되기 때문에 '생득적'이다. 그러나 그 개념들은 정신으로부터 뿐만 아니라 감각과 상상력을 통해서도 발생한다. 플라톤과 아비첸나에 반대해 토마스는 아리스토텔레스와 함께 제1이념들을 포함해 모든 개념 세계가 감각 세계로부터 유래해 취득된 것이며, 이미 본성적으로 우리 안에 주입된 것이 아니라고 강조한다. 그러나 인식 능력은 능동 지성 안에 생득적인 힘을 소유하고 있으며, 이 힘을 근거로 인식 능력은 실재에 대한 뚜렷한 판단 안에서 최초의, 그리고 (감각적인 것으로부터 추상된) 가장 보편적인 개념들을 얻게 된다. 이런 비유적인 의미에서 제1원리들은 '생득적'이다(『신학대전』 제II부 제I권 제51문제 제1절 참조). 아울러 제1원리들에서 조명되는 존재의 빛 안에서 능동 지성은 (토마스에 의해 존재의 방식으로 이해된) 본질들을 추론해 낼 수 있다. — 제62장 각주 130 참조([39]).

제44장

앞서 말한 것들의 결론

Conclusio ex premissis

앞서 말한 것들[88]에서 분명한 것처럼 신적 생성의 모든 조건은 '성자가 성부와 동일 실체'라는 사실에 귀속된다. 그러므로 모든 것을 말한 후에 마치 전체적인 종합처럼 "성부와 동일 실체"(Consubstantialem Patri)라고 덧붙여진 것이다.

제45장

사랑하는 자 안에 사랑받는 것이 존재하듯이 신은 자기 자신 안에 존재한다

Quod Deus est in se ipso sicut amatum in amante

이해되는 대상이 이해되는 한에서 이해하는 자 안에 존재하는 것처럼 사랑받는 것도 사랑받는 한에서 사랑하는 자 안에 존재해야 마땅하다. 사랑하는 자는 마치 사랑받는 것에 의해 일종의 내적인 운동을 통해 (intrinseca motione) 움직여지기 때문이다. 움직이는 것은 움직여지는 대상에 영향을 주기 때문에, 사랑받는 것은 사랑하는 이에게 내적으로 존재해야 한다. 그런데 신은 자기 자신을 이해하는 것처럼 자기 자신을 사랑한다는 사실이 필연적이다. 이해된 선은 그 자체로 사랑받을 만하기 때문이다. 그러므로 사랑받는 것이 사랑하는 자 안에 존재하는 것처럼 신은 자기 자신 안에 존재한다.

---

88 제41장, 제43장 참조.

제46장

신 안의 사랑은 성령이라고 불린다

Quod amor in Deo dicitur Spiritus

병행문헌: 『신학대전』 제I부 제27문제 제4절; 제30문제 제2절 제2이론에 대한 해답; 『명제집 주해』 제I권 제10구분 제4절; 제13구분 제3절 제3, 4이론에 대한 해답; 『대이교도대전』 제IV권 제19장; 『권능론』 제2문제 제4절 제7이론에 대한 해답; 제10문제 제2절 제22이론에 대한 해답 참조.

그러나 이해된 것이 이해하는 자 안에 존재하고 사랑받는 것도 사랑 하는 자 안에 존재하기 때문에, 어떤 것 안에 존재한다는 사실이 두 경 우에 서로 다른 의미를 지닌다는 점을 고찰해야만 한다. 이해 작용은 이 해된 것과 이해하는 자가 지닌 어떤 동화를(per assimilationem aliquam) 통해 이루어지기 때문에, 이해된 것은 그 유사성이 이해하는 자 안에 서 성립된다는 점에서 필연적으로 그 자 안에 존재한다. 그러나 사랑 함(Amatio)은 사랑받는 것으로부터 사랑하는 자가 어떤 식으로 움직 여지는 것을 통해 이루어진다. 사랑받는 것은 사랑하는 자를 자기 자 신에게로 끌어당기기 때문이다. 그러므로 사랑함은 이해 작용이 이해 된 것의 유사성 안에서 완성되는 것처럼 사랑받는 것의 유사성 안에서 가 아니라 사랑하는 이가 사랑받는 것 자체로의 이끌림 안에서 완성된 다. 주된 유사성의 전수(traductio)는 일의적 발생을 통해(per generationem uniuocam)[89] 이루어진다. 이에 따라 살아 있는 사물 안에서 낳는 자는

---

89 토마스는 『형이상학 주해』(제VII권 제8강)에서 '산출자'와 '산출된 것' 사이의 유 사성을 다음과 같이 세 가지 방식으로 분류한다.
① 인간이 한 인간을 낳는다면 산출자와 자식 사이에는 종적으로 완전히 일치하 는 유사성이 존재한다. 자식의 본질은 동일한 존재 방식에 따라 산출자 안에 미리 존재하고 있으며, 또한 유사한 질료(어머니로부터 받은 살과 피) 안에서 현실화 된다.
② 한 집이 건축된다면 그 집의 본질에 해당하는 계획이 건축가 안에 미리 존재하

'아버지', 낳아진 자는 '아들'이라고 불린다. 또한 동일한 것 안에서 최초의 운동은 종에 따라(secundum speciem) 이루어진다.[90] 따라서 신적인 것 안에서 이해된 것이 이해하는 자 안에 있는 방식으로, 신이 신 안에 있게 되는 그 방식은 우리가 신의 말씀인 성자라고 부르는 것을 통해 표현된다. 이와 마찬가지로 사랑받는 것이 사랑하는 자 안에 있는 방식으로, 신이 신 안에 있게 되는 방식을 우리는 신의 사랑인 성령에 대해 말함으로써 표현한다.[91] 그러므로 가톨릭 신앙의 규준에 따라 우리는 성령을 믿어야만 한다고 명령받는다.

지만 동일한 존재의 방식으로는 아니다. 그 계획은 우선 건축가 안에 물질적인 방식이 아니라 비물질적이고 정신적인 방식으로, 즉 나무와 돌이 아니라 정신적인 방식으로 존재하기 때문이다. 여기서는 산출자와 산출된 것 사이의 유사성이 부분적으로는 종적으로 동일하고(계획이라는 측면), 부분적으로는 종적으로 차이를 지닌다(건축 재료 안에서 계획이 실현된다는 측면).

③ 산출된 것의 온전한 본질이 아니라 그것의 일부만이 산출자 안에 미리 존재한다면, 그 둘 사이에는 전혀 종적인 동일성이 존재하지 않는다. 예를 들어 환자에게 더 편안하기 때문에 약품이 데워진다면, 가열하는 열과 약품 사이에는 아무런 종적인 동일성이 없다.

토마스는 여기서 유사성의 세 가지 방식 중 첫 번째 것에 대해 말하고 있다(〈40〉).

90 피조물에서는 출산을 통한 종의 전달이 각 개체의 고유 행동을 위한 전제 조건이다. 개체가 하는 최초의 고유 행동은 자신의 (전달된) 종의 형태에 도달하는 것이고, 이 형태는 움직여 주는 목적이며 구조를 부여하는 형상이다. 이에 부합하게 인식된 형태 — 자기 인식에 있어서 인식된 고유 형태 — 는 최초의 내적 운동, 즉 사랑을 움직여 주는 목적이며 구조를 부여하는 형상이다. 그러므로 삼위일체의 신에게서 말씀을 통해 이루어지는 자기-스스로-말함은 성령 안에서 이루어지는 자기-자신을-사랑함이란 운동의 전제 조건이다(〈41〉).

91 초기의 토마스는 지성과는 반대로 의지가 자신의 행위만을 산출하지 자기 행위의 내적인 목표(terminus)를 산출하는 것은 아니며(『진리론』 제4문제 제2절 제7이론에 대한 해답), 성령은 의지의 행위처럼 산출한다(『명제집 주해』 제1권 제32구분 제1문제 제1절)라고 가르쳤다. 그러나 나중에 토마스는 의지도 자신의 행위에서 내적인 목표를 산출한다는 의견을 제시했다(『신학대전』 제I부 제37문제 제1절)(〈42〉).

제47장

신 안에 있는 성령은 거룩하다

Quod Spiritus qui est in Deo est sanctus

병행문헌: 『신학대전』 제I부 제36문제 제1절; 『명제집 주해』 제I권 제10구분 제4문제; 『대이교도대전』 제IV권 제19장 참조.

하지만 다음과 같은 사실을 주목해야 한다. 사랑받는 선은 목적이라는 의미를 지니고 있고 의지적인 행위는 목적으로부터 선이나 악이 되기 때문에, 신이라는 최고선(summum bonum)을 사랑하게 만드는 사랑이란 일종의 뛰어난 선성(善性)을 지니게 되고 이 선성은 '거룩함'(sanctitas)이란 명칭을 통해 표현된다. 이것은 신 안에는 모든 결핍으로부터 자유로운 가장 순수한 선성이 존재하고 있기 때문에 그리스어를 따라[92] 마치 '순수함'이란 뜻으로 거룩하다고 불리거나, 신 안에는 불변하는 선성이 존재하기 때문에 라틴어를 따라[93] '군건함'이란 뜻으로 거룩하다고 불린다. 이렇기 때문에 신을 위해 안배되는 모든 것은 그것이 신전이나, 신전의 그릇들이나, 신적인 제례에 사용되도록 규정된 모든 것이나 거룩하다고 불린다. 이에 따라 신이 자신을 사랑하는 데 사용되는 사랑을 우리에게 암시하는 영(靈)은 정당하게 성령(Spiritus sanctus)이라고 명명된다. 그러므로 가톨릭 신앙의 규준도 "나는 성령(거룩한 영)을 믿나이다"(Credo in Spiritum sanctum)라고 말할 때, 앞에서 언급한 영을 거룩하다고 부르는 것이다.

---

92 '하기오스'(Ἅγιος, 두려워함/경배함이라는 뜻의 'ἅξεσται'와 관련됨)는 '거룩함'뿐만 아니라 종교 제례적인 의미와 윤리적인 의미에서 '순수함'을 뜻한다(〔43〕).

93 '상투스'(Sanctus)는 '성화(聖化)된, 손상되지 않는, 파괴되지 않는'의 뜻을 지니고, '상키레'(sancire)라는 동사는 '성화하다, 손상되지 않게 만들다, 확정하다'의 뜻을 지닌다(〔44〕).

제48장

신 안에 있는 사랑은 우유를 포함하지 않는다

Quod amor in diuinis non importat accidens

신의 이해 작용이 자신의 존재인 것과 같이, 그의 사랑도 마찬가지이다. 그러므로 신은 자기 자신을 그의 본질에 수반되는 어떤 것에 따라 (secundum aliquid sue essentie superueniens) 사랑하는 것이 아니라 그의 본질에 따라(secundum suam essentiam) 사랑한다. 따라서 자기 자신을 사랑하는 자 안에 사랑하는 것이 있는 것처럼 신도 자신 안에 있다는 사실에 따라 자기 자신을 사랑하기 때문에, 사랑받는 신은 사랑하는 신 안에 마치 사랑받는 사물이 사랑하는 우리 안에 우유적으로(accidentaliter) 존재하는 것처럼 우유적인 방식으로 존재하는 것이 아니다. 단지 신은 사랑받는 것이 사랑하는 이 안에 실체적으로(substantialiter) 존재하듯이 자기 자신 안에 존재한다. 이에 우리에게 신적인 사랑을 드러내 주는 성령 자체는 신 안에 있는 우유적인 어떤 것이 아니라 성부와 성자처럼 신적 본질 안에 있는 자립적인 대상(res subsistens)이다. 그러므로 가톨릭 신앙의 규준 안에서 그는 성부, 성자와 함께 흠숭(欽崇)받아야 하고 (coadorandus) 동시에 경배받아야(simul glorificandus) 한다고 밝혀져 있다.

제49장

성령은 성부와 성자로부터 발출된다

Quod Spiritus sanctus a Patre Filioque procedit

병행문헌: 『신학대전』제I부 제36문제 제2절; 『명제집 주해』제I권 제11구분 제1절; 『대이교도대전』제IV권 제24장, 제25장; 『권능론』제10문제 제4절, 제5절; 『그리스인들의 오류 논박』제27-32장; 『사라센인들, 그리스인들, 아르메니아인들을 대적할 신앙의 근거들』제4장; 『요한복음 주해』제15장 제6강; 제16장 제4강 참조.

이해 작용 자체는 지성의 능력으로부터 나온다는 사실 또한 주목해야만 한다. 그러나 지성이 현실적으로 이해한다는 점에서 이해되는 것은 그것(지성) 안에 있다. 그러므로 이해된 것은 이해하는 자 안에 존재하고 지성의 이해 능력으로부터(ex uirtute intellectiua) 나온다. 그리고 이것은 앞에서 말한 바와 같이,[94] 그것의 말이다. 이와 유사하게 사랑받는 것도 현실적으로 사랑받는 한에서 사랑하는 자 안에 있다. 그러나 어떤 것이 현실적으로 사랑받는다는 사실은 사랑하는 자의 사랑 능력(ex uirtute amatiua)과 현실적으로 이해된 사랑받을 만한 선으로부터 나온다. 그러므로 사랑받는 것이 사랑하는 자 안에 있다는 사실은 두 가지로부터 나온다. 즉 사랑할 수 있는 원리로부터, 그리고 포착된 이해 가능한 것으로부터 나온다. 후자는 사랑받을 만한 것에 대한 받아들여진(개념화된) 말이다.

그러므로 자기 자신을 이해하고 사랑하는 신 안에서 그 말씀은 성자이지만, 언급된 바로부터 분명하듯이[95] 말씀을 하는 이는 바로 그 말씀의 아버지(성부)이기 때문에, 사랑에 속하는 성령은 사랑받는 것이 사랑하는 자 안에 존재하는 것처럼 신이 자기 자신 안에 존재한다는 점에서 필연적으로 성부와 성자로부터 발출된다. 따라서 신경 안에서도 또한 "성부와 성자로부터 발출되신 분"(Qui ex Patre Filioque procedit)이라는 표현이 나온다.[96]

---

94 제37장 참조.

95 제39장 참조.

96 사도신경과 니케아 신경이 오직 성령에 대한 믿음을 고백하는 반면, 니케아-콘스탄티노플 신경은 "또한 주님이시며 살리시는 분, 성부로부터 발출된 성령을 (믿나이다)"(Et in Spiritum Sanctum, Dominum et vivificantem, ex Patre procedentem)라고 고백한다. 성령이 성부와 성자로부터(Filioque) 발출된다는 사실은 처음으로 스페인에서 첨가되었고, 나중에 프랑스와 독일에서도 첨가되었다. 이것은 이 국가들의 다양한 전례서(典禮書)들에서 드러난다. 교황 레오 3세(Leo III, 795~816)는 이 '필리오케'(Filioque)를 로마 교회의 전례에도 받아들이도록 요청받았다. 그는 교의적인 이유 때문이 아니라 전승된 형식에 어떤 것을 첨가하기

제50장

신 안에 있는 위격들의 삼위일체가
본질의 단일성과 상반되지 않는다

Quod in diuinis Trinitas Personarum non repugnat unitati essentie

병행문헌: 『신학대전』 제I부 제30문제 제1절; 『명제집 주해』 제I권 제4문제; 『권능론』 제9문제
제5절; 『자유토론 문제집』 제VII권 제3문제 제1절 참조.

앞에서 언급된 모든 것으로부터[97] 우리는 신성 안에 어떤 세 가지가
존재한다고 생각하면서도 그것이 〔신적〕 본질의 단일성 및 단순성과 상
반되지 않는다는 결론을 내려야만 한다. 신은 자신의 본성 안에 실존하
면서 자기 자신에 의해 이해되고 사랑받는다는 사실을 인정해야만 하기
때문이다.

그러나 이것은 신과 우리 안에서 다르게 일어난다. 인간은 자신의 본
성 안에서 실체(substantia)이지만, 그의 이해함과 사랑함은 그의 실체
가 아니기 때문이다. 그래서 인간은 그의 본성 안에서 고찰된다는 점
에서는 어떤 자립하는 것이지만, 그가 자신의 지성 안에 있는 한 자립
하는 것이 아니라 자립하는 어떤 것의 지향〔인식상〕(intentio quedam rei
subsistentis)이고, 사랑받는 것이 사랑하는 자 안에 있는 것처럼 자기 자
신 안에 존재한다는 점에서도 그와 마찬가지이다. 그러므로 인간 안에
서는 어떤 세 가지가 관찰될 수 있다. 즉 자기 본성 안에 실존하는 인간,
지성 안에 실존하는 인간, 사랑 안에 실존하는 인간인데, 그럼에도 이 세

를 꺼렸기 때문에 이런 요청을 받아들이지 않았다. 그러나 성(聖) 하인리히 2세
(Heinrich II) 황제가 교황 베네딕투스 8세(Benedictus VIII, 1012~24)에게 니케
아-콘스탄티노플 신경을 로마 전례에 수용하도록 영향력을 끼쳤을 때, 이 '필리
오케'도 함께 수용되었다. 이 '필리오케'가 동방 교회와 서방 교회의 주요 분쟁점
중의 하나였음에도, 제2차 리옹 공의회와 피렌체 공의회에서 라틴 교회뿐만 아니
라 그리스 교회에서도 명시적으로 인정되었다(〔45〕).

97 제37~49장 참조.

가지는 하나가 아니다. 그의 이해함은 그의 존재가 아니고 사랑함도 마찬가지로 〔그의 존재가 아니기〕 때문이다. 이 세 가지 중에서 오직 하나, 즉 자기 본성 안에 실존하는 인간만이 일종의 자립하는 것이다.

그러나 신 안에서는 존재와 이해함 그리고 사랑함이 동일하다. 그러므로 자기 본성의 존재 안에 실존하는 신, 지성 안에 실존하는 신, 자기 사랑 안에 실존하는 신은 하나이다. 그럼에도 이들 각각은 자립한다. 그렇기 때문에 지성적 본성 안에 자립하는 것들을 라틴 사람들은 '페르소나'들(personas), 그리스 사람들은 '휘포스타시스'들(hypostases)[98]이라고

---

98 하나의 '휘포스타시스'(그리스어 ὑπόστασις=그 밑에 서 있는 것, 라틴어 suppositum=그 밑에 놓여 있는 것)는 한 실재의 모든 변화무쌍한 현상 아래 남아 있는 것이고, 완전하게 자립하는 개별 실체이다. 이것은 무엇을 말하는가? 이것은 단순히 사고상의 사물이 아니라 사고로부터 독립적으로 자신의 고유 존재를 가지고 실제적이다. 이것은 다른 존재자의 속성, 존재 규정, 우유 또는 존재 원리가 아니라 그 자체로 그리고 스스로 존재하는 것이다. 이것은 전체적이고 스스로 완결된 실재로서 자립적이며 단순히 일부분이 아니다. 자립하고 있는 이런 존재자로서의 '휘포스타시스'는 단지 '제2'실체, 즉 종이나 유 같은 보편적인 본질이 아니라 '제1'실체, 즉 개별적이고 스스로 현존하는 실재로서 우유적 규정들의 기체(基體)이며 종과 유를 현실화한다.
지성적 본성의 '휘포스타시스'를 다룰 때면 라틴 사람들은 '페르소나'라고 말한다. 이 개념은 삼위일체론과 관련해 테르툴리아누스(Tertullianus)가 신학에 도입했다. 보에티우스(제8장 각주 25 참조)는 페르소나 개념에 고전적인 정의를 부여했다(『그리스도의 두 본성과 한 위격』(De duabus naturis et una persona Christi) c. 3 (PL 64, 1343)). "Persona est nature rationalis individua substantia": "위격(Persona)은 이성적 본성을 지닌 개별적 실체이다". ──
라틴어 '페르소나'(persona)는 어원적으로 에트루리아 민족의 지하 세계의 신(神)인 '페르슈'(Phersū)에서 유래한 듯하다. 페르소나는 제례를 위한 연극에서 이 신의 극적인 모습을 표현하는 가면이었다. 이 단어로부터 일반적 의미인 '가면'이라는 뜻이 유래했다. 이것은 많은 이들이 보에티우스와 함께 페르소나를 페르소나레(personare), 즉 '소리가 울려 퍼지다'에서 이끌어내도록 만들었다. 페르소나는 연극 배우가 쓰고 그것을 통해 그의 말이 울려 퍼지는 가면이다. 페르소나는 각각의 다른 연극 배우들이 상연해야 하면서도 그대로 남아 있는 배역의 유형이었다. 라틴어 '페르소나'에 해당하는 것은 그리스어 '프로소폰'(πρόσωπον)인데, 이 단어는 본래 얼굴을 의미하고 이를 통해 개별 인간을 뜻하게 되었다. 〔페르소나나

102

부르곤 했다. 이 때문에 라틴 사람들은 신 안에 세 '페르소나', 그리스 사람들은 세 '휘포스타시스', 즉 성부와 성자와 성령이 있다고 말한다.

프로소폰이라는 개념을 신에게 적용할 때는 위험이 따른다. 신적인 세 위격들을 단지 유일한 신적 개체의 다양한 발현 방식으로 이해하는 양태론에 빠질 수 있기 때문이다.) ─

'페르소나'는 우리말로 '위격'이나 '인격'으로 번역되고 있지만, 삼위일체론과 관련된 현재 맥락에서는 관습에 따라 주로 '위격'으로 번역하겠다.

토마스에 따르면, 위격 개념은 다음과 같이 규정된다. "아리스토텔레스는 『형이상학』 제V권에서 실체를 두 가지 양태로 말한다. 그 하나의 양태로 실체는 사물의 하성(何性), 즉 통성 원리이다. 정의는 이 하성을 표시한다. 우리는 이것에 근거해 정의는 사물의 실체를 표시한다고 한다. 그리스인들은 이런 실체를 '우시아'라고 불렀다. 우리는 이것을 '본질'이라고 말할 수 있다. 다른 양태로는 '실체 혹은 자주체'라고 불리는데, 이런 자주체는 실체의 유(類) 안에 자립하는 것이다'. 우리는 이것을 공통적으로 받아들임으로써 지향 (개념)을 표시하는 명칭으로도 표시할 수 있으며, 이렇게 해서 자주체라고 불린다. 사물을 표시하는 명칭들에는 세 가지가 있는데, '자연의 사물' 혹은 '본성을 갖는 사물', '자립체' 혹은 '자주체' 등이다. 이것은 실체를 세 가지로 고찰하는 데서 기인한다. 즉 그 자체로 존재하고 다른 것 안에 존재하지 않는 데에 따라서는 '자립체'(Subsistentia)라고 부른다. 사실 우리는 다른 것 안에서가 아니라 그 자체 안에 존재하는 것들을 자립한다고 부른다. 또한 그것이 어떤 자연물을 공통적으로 기초지워 주고 있다는 사실에 따라서는 '본성의 사물' 혹은 '본성을 갖는 사물'(res naturae)이라고 부른다. 예컨대, '이 사람'은 인간 본성의 사물인 것과 같다. 또한 그것이 우유를 밑받침하고 있는 데에 따라서는 '자주체' 혹은 '실체'(hypostasis vel substantia)라고 부른다. 그런데 실체의 전(全) 유(類)에 있어 공통적으로 이 세 명칭이 표시하는 것을 이성적 실체들의 유에 있어서는 위격(persona)이라는 명칭으로 표시된다"(『신학대전』 제I부 제29문제 제1~4절)(〔46〕).

페르소나 개념의 어원과 그것이 지닌 신학적 기원에 대해서는 박승찬, 2007과 그곳에 제시된 참고문헌 참조.

제51장

어떻게 신 안에 다수를 가정하는 것이
모순된 것처럼 보이는가

Quomodo uidetur esse
repugnantia ponendo numerum in diuinis

앞서 언급했던 것들로부터[99] 일종의 모순이 생겨나는 것처럼 보인다. 만일 신 안에 일종의 세 가지를 가정한다면, 모든 숫자는 일종의 분할이 따라오기 때문에 신 안에서 세 가지가 서로 구별되도록 하는 어떤 차이를 가정해야만 할 것이다. 이럴 경우에 신 안에는 최고의 단순성이 존재할 수 없다. 왜냐하면 만일 세 가지가 어떤 면에서는 일치하고 어떤 면에서는 서로 다르다면, 여기에 합성이 존재해야만 하고 이것은 앞에서 말한 것[100]과 모순되기 때문이다.

또한 앞에서 밝혀진 바와 같이,[101] 만일 오직 유일한 신만이 존재해야 하지만 하나인 어떤 사물도 자기 자신으로부터 생겨나거나 발출되지 않는다면, 탄생된 신 또는 발출하는 신이 존재한다는 사실은 불가능해 보인다. 따라서 신 안에 성부와 성자와 발출하는 성령이란 이름을 붙이는 것은 잘못된 일이다.

---

99   제37~50장 참조.
100 제9장 참조.
101 제13~15장 참조.

제52장

반대 의견에 대한 해답:
신 안에는 오직 관계에 따른 차이만이 있을 뿐이다

Solutio rationis:

et quod in diuinis non est distinctio nisi secundum relationes

병행문헌: 『대이교도대전』 제IV권 제11장 참조.

본성의 다양성에 따라 다양한 사물 안에는 어떤 것이 다른 것으로부터 생겨나거나 나오는 다양한 방식이 존재하기 때문에, 바로 그 점으로부터 이 의심을 해결하기 위한 출발점을 취해야만 한다. 생명이 없는 사물은 스스로 움직이지 못하고 오직 외부의 것에 의해 움직여질 수 있을 뿐이기 때문에, 그 안에는 하나가 다른 것으로부터 마치 외부에 의해 바뀌고 변화된 것처럼 발생한다. 이것은 불이 불로부터 발생하거나 공기가 공기로부터 발생하는 것과 마찬가지이다. 그러나 스스로 움직이는 것을 특성으로 하는 살아 있는 사물 안에서는[102] 동물의 어린 것(foetus)이나 식물의 열매처럼 산출하는 자기 자신 안에서 어떤 것이 산출된다. 하지만 동일한 것의 다양한 능력과 과정에 따라 발생의 다양한 방식을 고찰할 수 있다. 이들 중에는 그 행위가 오직 물질적이라는 측면에서 오직 물체에만 끼치는 능력이 있다. 이것은 생장적 영혼의 능력에서 분명히 드러나는데, 이는 영양을 취하고 성장하고 생식할 수 있는 능력이다. 영혼 능력의 이런 종류에 따라서는 오직 물체적인 어떤 것이 생성될 뿐인데, 이것은 물체적으로 구분되지만 살아 있는 생물의 경우에 그것이

---

102 살아 있는 사물의 특성인 자기 운동은 행동 능력의 바깥에 있는 어떤 것에 영향을 끼치는(actiones transeuntes) 식물적인 운동(영양, 성장, 생식)뿐만 아니라 능력의 내부에 남아 있는(actiones immanentes) 인식과 욕구 같은 것도 포괄한다. 이것은 그것이 피조물에서처럼 '속성들'이거나 신에게서처럼 존재나 본질과 일치하든 관계없다. 신 안에서 생명 활동은 당연히 변화를 일으키지 않고 수행된다(〔47〕).

생성되어 나오는 것과 어떤 방식으로 연결되어 있다. 한편, 그 작용이 물체적인 것을 초월하지는 않을지라도, 질료 없이 물체의 종을 받아들임으로써 물체의 종에까지 영향을 끼치는 어떤 능력이 존재한다. 이것은 감각적 영혼의 모든 능력의 경우에 그러하다. 철학자〔아리스토텔레스〕가 말하듯이, "감각은 질료 없이 종을 받아들일 수 있기" 때문이다.[103] 그러나 이런 방식의 능력은 사물의 형상을 어떻게든 비물질적으로 받아들일지라도, 신체적 기관 없이는 이것을 받아들일 수 없다. 그러므로 영혼의 이런 능력 안에서 어떤 발생이 발견된다면, 발생하는 것은 발생되어 나오는 것과 물체적으로 구분되든 아니면 연결되든 관계없이 물체적인 어떤 것이 아니라 비록 전적으로 신체 기관의 도움 없이 발생하지는 못할지라도 어떻든 비신체적이고 비물질적으로 발생된다. 이렇게 동물에서 상상된 사물의 형성이 이루어진다.[104] 그 사물은 상상력 안에 한 물체가 다른 물체 안에 존재하는 것과 같은 방식으로가 아니라 일종의 영적인 방식으로 존재하기 때문이다. 그러므로 아우구스티누스는 상상의 봄(imaginaria uisio)을 영적인 것(spiritualis)이라고 불렀다.[105]

한편, 상상력의 작용에 따라 어떤 것이 물체적이 아닌 방식으로 산출된다면, 이것은 지성적 부분의 작용을 통해서는 더욱 강하게 일어날 수 있다.[106] 이 부분은 자기 작용에서 신체적 기관을 필요로 하지 않을 뿐만

---

103 아리스토텔레스, 『영혼론』 II, 24, 424a 18 참조.

104 "외적 감각의 인식은 감각적 대상에 의해 감각의 단순한 변화가 이루어짐으로써 완성된다. 그래서 외적 감각은 그것에 감각적 대상이 각인시킨 형상을 통해 감각한다. 그러나 외적 감각이 감각적 형상〔즉 각인된 인식상〕을 형성하는 것이 아니라 상상력이 이를 행하는데, 이 능력의 형상은 지성의 말과 어떤 방식으로든 유사하다"(『자유토론 문제집』 제V권 제9문제 제2이론에 대한 해답). — 제37장 각주 78 참조(〔48〕).

105 아우구스티누스, 『창세기 문자적 해설』(Super Genesim ad litteram) XII, c. 6 (PL 34, 458; CSEL 28-1, 388) 참조.

106 영혼의 '부분'은 개별적인 영혼 능력을 말하거나 그 능력의 무리를 의미한다. 이 무리는 동일한 영혼 단계의 모든 능력(식물적·감각적·지성적 '부분') 또는 감각

아니라 그의 작용은 전적으로 비물질적이다. 왜냐하면 〔내적인〕 말은 말하는 자의 지성 자체 안에 실존하는 방식으로 지성의 작용에 따라 발생하기 때문이다. 이것은 마치 공간적으로 그 안에 포함되거나 그것으로부터 물체적으로 분리되는 것이 아니라 그 안에 근원과 같은 형태를 지닐 수 있는 방식으로(secundum ordinem originis)[107] 실존하게 되는 것이다. 그리고 앞에서 말한 바와 같이,[108] 사랑받는 대상이 사랑하는 자 안에 존재하는 경우처럼 의지의 작용에 따라 주목하게 되는 과정에 대해서도 같은 설명을 할 수 있다.

그러나 지성적 능력이나 감각적 능력은 그 고유한 존재 등급에 따라(secundum propriam rationem) 생장적 영혼의 능력보다 더욱 고상하다. 그럼에도 인간이나 다른 동물들에서 동일한 종의 본성 안에서 자립하는 어떤 것은 상상력의 부분이나 감각적 부분에서 발생하지 않는다. 이것은 오직 생장적 영혼의 작용에 따라 일어나는 발생을 통해서만 이루어진다. 그리고 이것은 질료와 형상으로 합성된 모든 것에서 동일한 종에 속하는 개체들의 다수화(muliplicatio)라는 질료의 분리에 따라 일어나기 때문이다. 그러므로 인간과 다른 동물들은 질료와 형상으로 구성되어 있기 때문에, 이들에게서 동일한 종에 속하는 개체들은 육체적 분리에 따라 다수화된다. 이런 분리는 생장적 영혼의 작용에 따라 이루어지는 발생에서 발견되지만, 영혼의 다른 작용들 안에서는 발견되지 않는다. 질료와 형상으로부터 합성되지 않은 사물에서는 오직 형상적 구별(distinctio formalis)만이 발견될 수 있다.[109] 그러나 차이가 근거를 두고

적이든 지성적이든 모든 인식 능력(인식하는 '부분')과 이와 반대로 감각적이든 지성적이든 모든 욕구 능력(욕구하는 '부분')을 포괄한다. 여기서는 나중에도 거의 대부분 그렇듯이, 아마도 '부분'이란 개념으로 동일한 영혼 단계에 능력들의 전체를 의미했을 것이다(〔49〕).

107 직역하면 "근원의 질서에 따라"라고 옮길 수 있다.

108 제46장 각주 91 참조.

109 제15장 각주 43 참조.

있는 형상이 사물의 실체(substantia rei)라면, 이 차이는 일종의 자립하는 사물에 속하는 것이다. 하지만 만일 그 형상이 사물의 실체[110]가 아니라면 그렇지 않다.[111]

그러므로 모든 지성에 다음과 같은 사실은 공통적이다. 언급된 바로부터 분명하듯이, 지성 안에 받아들여진 것은 이해하는 자가 이해하고 있는 한에서 그로부터 어떻게든 발생되어야 한다. 그리고 이것은 자신의 발생을 통해 이해하는 자로부터 어떻게든 구분된다. 이는 마치 이해된 지향(intentio intellecta)[112]이라는 지성의 개념(conceptio intellectus)이 이해하는 지성으로부터 구분되는 것과 마찬가지이다. 그리고 유사하게 사랑받는 것이 사랑하는 자에게 있게 만드는 사랑하는 자의 정념(affectio amantis)도 사랑하는 자가 사랑하는 한에서 그의 의지로부터 발생한다. 그러나 신적 지성은 다음과 같은 특성을 지니고 있다. 즉 그의 이해 작용은 그의 존재이기 때문에 이해된 지향이라는 지성의 개념은 그의 실체여야만 한다. 그리고 사랑하는 신 자신 안에 있는 정념에 대해서도 그와 마찬가지이다. 그러므로 그의 말씀인 신적 지성의 지향은 실체에 따른 존재라는 측면에서 발생하는 자 자신으로부터 차이가 나는 것이 아니라 단지 다른 것으로부터 하나의 발생이라는 의미에 따른 존

---

110 다른 판본에는 '주체'(subiecta)라고 나와 있다.

111 피조물의 이해와 욕구에서 산출하는 것과 산출되는 것의 차이를 규정하는 형상은 산출하는 것의 측면에서는 실체의 또는 행위 능력의 본질이고, 산출되는 것의 측면에서는 이해된 것 내지 욕구되는 것의 본질이다. 그러나 여기서 이것은 피조물에서는 우유적인 존재 방식으로 현존한다. 그러므로 거기서 차이는 자립하는 사물들 사이의 차이가 아니다((50)).

112 '이해된'(intellecta)이란 명칭에 대해서는 제37장 각주 78 참조. 토마스가 여기서 사용하고 있는 'intentio intellecta'라는 표현은 번역하기 어렵지만 그 의미 자체는 알 수 있다. 토마스는 이 개념을『대이교도대전』제IV권 제11장에서 "Dico autem intentionem intellectam id quod intellectus in seipso concipit de re intellecta", 즉 "그러나 나는 **이해된 지향**을 지성이 이해된 것에 대해 자기 자신 안에 파악한(개념화한) 것이라 말한다"라고 설명한다((51)).

재라는 측면에서 차이가 난다. 그리고 성령이 속하게 되는 사랑하는 신 안에 있는 사랑의 정념에 대해서도 그와 마찬가지이다.

그렇다면[113] 성자인 신의 말씀이 성부와 실체에 따라서는(secundum substantiam) 동일함에도 불구하고, 이미 말한 바와 같이,[114] 발생의 관계에 따라(secundum relationem processionis) 그로부터 구별된다는 사실을 아무것도 막지 못한다는 점이 분명하다. 그러므로 또한 동일한 사물이 자기 자신으로부터 나오거나 발생하지 않는다는 사실도 명백하다. 성자는 성부로부터 발생하는 한에서 그로부터 구별되기 때문이다. 그리고 동일한 이유가 성부와 성자와의 비교 관계를 통해 성령에 대해서도 적용될 수 있다.

제53장
성부와 성자와 성령을 서로 구분되게 만드는 관계들은
실재적인 것이지 단순히 이성적인 것이 아니다
Quod relationes quibus Pater et Filius et Spiritus sanctus
distinguuntur sunt reales et non rationis tantum

병행문헌: 『신학대전』 제I부 제28문제 제1절; 『명제집 주해』 제I권 제26구분 제2문제 제1절; 『권능론』 제8문제 제1절; 『요한복음 주해』 제16장 제4강 참조.

그것을 통해 성부와 성자와 성령이 서로 구분되게 하는 이 관계들은 실재적 관계이지 단순히 이성적 관계만이 아니다. 단순히 이성적 관계란 사물의 본성 안에 있는 어떤 것에 따른 것이 아니라 단지 [이성의] 파

---

113 여기서부터 토마스는 제51장에서 제기되었던 반대 의견에 대한 해답을 제시한다 ([52]).
114 제41~44장, 제49장 참조.

악에 속하는 어떤 것에 따른 것이다. 예를 들어 돌과 관련된 오른쪽과 왼쪽은 실재적 관계가 아니라 단지 이성적 관계일 뿐이다. 왜냐하면 이 관계는 실존하고 있는 돌의 어떤 실재적 능력이 아니라 그 돌이 어떤 동물의 왼쪽에 있으므로 그 돌을 왼쪽에 놓여 있는 것으로 파악하는 자의 인식 작용에 따른 것이기 때문이다. 그러나 동물 안에 있는 왼쪽과 오른쪽은 실재적 관계들이다. 이 관계들은 동물의 특정 부분에서 발견되는 어떤 능력에 따른 것이기 때문이다. 그러므로 그것을 통해 성부와 성자와 성령이 구분되게 하는 앞서 언급된 관계들은 신 안에 실재적으로 실존하고 있기 때문에, 실재적 관계이고 단지 이성적 관계인 것은 아니다.

제54장

이런 종류의 관계들은 우유적으로 내재하는 것이 아니다

Quod huiusmodi relationes non sunt accidentaliter inherentes

병행문헌: 『신학대전』 제I부 제28문제 제2절; 『명제집 주해』 제I권 제33구분 제1문제; 『권능론』 제8문제 제2절; 『자유토론 문제집』 제IV권 제1문제 참조.

〔이 관계들이〕 우유적으로 내재하는 것은 가능하지 않다. 이는 그 관계들이 직접적으로 따르는 작용이 바로 신의 실체이기 때문일 뿐만 아니라 앞에서 밝혀진 바와 같이,[115] 신 안에는 어떤 우유도 존재할 수 없기 때문이다. 그러므로 앞에서 언급된 관계들이 신 안에 실재적으로 존재한다면, 그 관계들은 우유적으로 내재하는 것이 아니라 자립하는 것이어야만 한다. 다른 사물 안에서 우유적인 것이 어떻게 신 안에서는 실체적으로 존재할 수 있는가는 앞에서 다루었던 것들로부터 명백하다.[116]

---

115 제23장 참조.
116 제4장, 제6장, 제9~11장, 제21~23장 참조.

제55장

앞서 말한 신 안에 있는 관계들을 통해
위격적 구별이 이루어진다

Quod per predictas relationes in
Deo personalis distinctio constituitur

병행문헌: 제50장의 병행문헌 참조.

그러므로 신 안에 있는 구분은 우유적인 것이 아니라 자립적인 관계
로 인해 있고, 어떤 지성적인 본성 안에서 자립하는 사물에는 위격적 구
별(distinctio personalis)이 속하기 때문에, 앞서 말한 신 안에 있는 관계
들을 통해 위격적인 구별이 이루어진다는 사실은 필연적이다. 그렇기
에 성부와 성자와 성령은 세 위격이고, 마찬가지로 세 '자주체'(自主體,
hypostasis)[117]이기도 하다. '자주체'란 자립하는 완결된 어떤 것(aliquid
subsistens completum)을 뜻하기 때문이다.[118]

제56장

신 안에 셋 이상의 더 많은 위격이 존재하는 것은 불가능하다

Quod impossibile est plures personas esse in diuinis quam tres

병행문헌:『신학대전』제Ⅰ부 제30문제 제2절;『대이교도대전』제Ⅳ권 제26문제;『권능론』
제9문제 제9절 참조.

---

117 앞의 제50장에서는 '휘포스타시스'의 라틴어 표현을 강조하기 위해 번역하지 않
고 그대로 두었지만, 앞으로 'hypostasis'가 등장할 경우에는 '자주체'(自主體)라고
번역하겠다.
118 제50장 각주 98 참조((54)).

그러나 신 안에 세 위격보다 더 많은 위격이 존재하는 것은 불가능하다. 왜냐하면 신적인 위격들은 실체의 분할을 통해서(per substantie diuisionem)가 아니라 오직 어떤 발생〔발출〕의 관계를 통해서만(per alicuius processionis relationem) 다수화되기 때문이다. 특히 어떤 임의의 발생 관계가 아니라 오직 외부적인 어떤 것으로 끝나지 않는 관계를 통해서만 〔다수화된다〕. 만일 외부적인 어떤 것으로 끝난다고 가정하면, 그것은 신적인 본성을 갖지 못할 것이고, 그래서 그것은 신적인 위격이나 자주체일 수 없을 것이기 때문이다. 그러나 신 안에 있는 발출이 외부에서 끝나지 않는다는 것은 오직 말씀이 발출하는 경우와 같이 지성의 행위에 따라서나, 앞에서 말한 것으로부터 분명해진 바와 같이,[119] 사랑이 발생하는 경우와 같이 의지의 작용에 따라 이해될 수 있다. 그러므로 우리가 성자라고 부르는 말씀처럼 발출하거나, 우리가 성령이라고 부르는 사랑처럼 발출하는 신적인 위격만이 존재할 수 있을 뿐이다.

또한 신은 그의 지성을 통해 한 번 직관함으로써 모든 것을 파악하고 이와 비슷하게 의지의 한 행위로 모든 것을 사랑하기 때문에, 신 안에 여러 말씀과 사랑이 존재하는 것은 불가능하다. 그러므로 성자가 말씀으로써 발출되고 성령이 사랑으로 발출된다면, 신 안에 여러 아들이나 성령(거룩한 영)이 존재한다는 것은 불가능하다.

마찬가지로 그것 이외에 아무것도 없는 것은 완전하다. 따라서 자기 이외에 자기 종에 속하는 어떤 것을 용인하는 것은 단적으로 완전한 것이 아니다. 그렇기 때문에 자기 본성으로써 단적으로 완전한 것도 또한 수적으로 다수화되지 않는데, 예를 들어 신, 태양, 달과 같은 것들이 그렇다.[120] 그러나 성자뿐만 아니라 성령도 단적으로 완전해야만 한다. 그

---

119 제52장 참조.
120 토마스와 당대의 스콜라 철학자들은 별이 소멸되지 않고 지상 물체의 질료와는 본질적으로 다른 질료로 이루어졌다고 생각했다. 결과적으로 태양과 달과 모든 별은 지상의 물질적 대상보다 우월한 것으로 간주되었다.

들 각각은 이미 밝혀진 바와 같이,[121] 신이기 때문이다. 그러므로 여러 아들이나 성령(거룩한 영)이 존재하는 것은 불가능하다.

그 밖에도 그것을 통해 자립하는 어떤 것이 이 어떤 것(hoc aliquid)이 되고 다른 것들로부터 구별되게 하는 그것은 수적으로 다수화될 수 없다. 개체는 다수에 대해 서술될 수 없기 때문이다. 그러나 '성자임'(filiatio)을 통해 성자는 그 자체로 자립하며 다른 것들로부터 구별되는 이 신적인 위격이다. 마치 개체화의 원리를 통해 소크라테스(Socrates)가 이 인간적인 인격인 것과 같다. 그것을 통해 소크라테스가 이 인간이 되는 개체화의 원리가 오직 하나에게만 부합할 수 있는 것처럼 신 안에 있는 '아들임'도 오직 하나에게만 부합할 수 있다. 성부와 성령의 관계도 이와 비슷하다. 그러므로 신 안에 여러 아버지나 아들이나 성령(거룩한 영)이 존재하는 것은 불가능하다.

게다가 형상에 따라 하나인 것은 오직 질료를 통해서만 수적으로 다수화된다. 마치 '백색'(白色, albedo)이 여러 주체 안에 존재한다는 사실을 통해 다수화되듯이 말이다. 그러나 신 안에는 질료가 없다. 그렇기에 신 안에서 종과 형상에 따라 하나인 모든 것이 수에 따라 다수화된다는 사실은 불가능하다. 아버지임, 아들임과 성령의 발출도 이와 같은 방식이다. 그러므로 신 안에 여러 아버지, 여러 아들, 여러 성령(거룩한 영)이 존재하는 것은 불가능하다.

---

121 제41장, 제48장 참조.

제57장

신 안에 있는 고유성들이나 특징들에 대하여:
성부 안에는 수적으로 얼마나 많이 그것들이 존재하는가

De proprietatibus seu notionibus in diuinis et quot sunt numero in Patre

병행문헌: 『신학대전』 제I부 제32문제 제3절; 『명제집 주해』 제I권 제26구분 제2문제 제3절; 제28구분 제1문제 제1절; 『권능론』 제9문제 제9절 제21, 27이론에 대한 해답; 제10문제 제5절 제12이론에 대한 해답 참조.

신 안에 있는 위격의 수가 이런 방식으로 존재하기 때문에, 위격을 서로 구별해 주는 고유성들[122]은 일정한 수만큼 존재해야 한다. 그 고유성들 중에서 세 가지가 성부와 부합해야만 한다. 첫째로 성부를 오직 성자로부터 구분해 주는 것인데, 이것은 '아버지임'(父性, paternitas)이다. 다른 하나는 두 위격, 즉 성자와 성령으로부터 성부를 구분해 주는 다른 것인데, 이것은 '비출산성'(非出産性, 낳아지지 않음, innascibilitas)이다. 성부는 다른 이로부터 발생되는 신이 아니지만, 성자와 성령은 다른 이로부터 발생되기 때문이다. 셋째로 성자와 함께 성부를 성령으로부터 구분하는 것인데, 이것은 '공통적인 내쉼'(communis spiratio)이다. 그러나 성부를 오직 성령으로부터만 구분해 주는 고유성은 별도로 언급되지 않는다. 이미 밝혀진 바와 같이,[123] 성부와 성자는 성령의 단일한 원리이기 때문이다.

---

122 토마스가 여기서 '고유성들'(proprietates)이라고 부르는 것을 어떻게 이해하는지는 『신학대전』 제I부 제32문제 제2절에서 설명하고 있다. "우리는 성부와 성자와 성령이 하나인 하느님이며 세 위격들이라고 고백하는 경우에, '무엇에 의해 그들이 하나인 하느님인가'도 '무엇에 의해 그들은 세 위격들인가'라고 질문하는 자들에게 '그들은 본질에 의해 혹은 신성(神性)으로 하나이다'라고 대답되는 것과 마찬가지로 그런 것들로 말미암아 위격들이 구별된다고 대답할 수 있는 어떤 추상적 명사들이 있어야 했다. 어떤 명사들은 '아버지임'(父性) 혹은 '아들임'(子性)과 같이 추상적으로 표시되는 고유성들이거나 인식적 표징들이다. 그러므로 하느님 안에서 본질은 '무엇'으로 표시되고, 위격은 '누구'로 표시되며, 고유성은 '무엇

제58장

성자와 성령의 고유성들,
그리고 그것들이 무엇이며 얼마나 되는지에 대하여
De proprietatibus Filii et Spiritus sancti que et quot sunt

그러나 성자에게는 두 가지 [고유성]이 부합해야만 한다. 하나는 [성자를] 성부로부터 구분해 주는 것인데, 이것은 '아들임'(子性, filiatio)이다. 다른 하나는 [성자를] 성부와 더불어 성령으로부터 구분해 주는 것으로, 그것은 '공통적인 내쉼'이다. 하지만 [성자를] 오직 성령으로부터만 구분해 주는 고유성은 별도로 언급하지 않는다. 이미 말한 바와 같이, 성부와 성자는 성령의 단일한 원리이기 때문이다. 이와 유사하게 성령과 성자를 동시에 성부로부터 구분해 주는 고유성도 별도로 언급하지 않는다. 성부는 이들로부터 오직 하나의 고유성, 즉 그가 발생되지 않는다는 측면에서 '비출산성'을 통해 구분되기 때문이다. 하지만 성자와 성령이 오직 하나의 발생 과정이 아니라 여러 발생 과정을 통해 발생되기 때문에, 이들은 성부로부터 두 가지 고유성을 통해 구분된다. 그러나 성령은 성부와 성자로부터 자신을 구분해 주는 오직 하나의 고유성을 가지고 있으며, 이를 '발출'(發出, processio)이라고 부른다. 이미 말한 바로부터 분명하듯이,[124] 성령을 성자로부터만 또는 성부로부터만 구분해 주는 어떤 고유성은 존재할 수 없다. 그러므로 위격들에 부여되는 다섯 가지가 있다. 즉 비출산성, 아버지임, 아들임, 내쉼과 발출이 그것이다.

으로부터'로 표시된다"([55]).
123 제49장 참조.
124 제57장, 제58장 참조.

제59장

왜 이 고유성들은 특징들이라고 불리는가
Quare ille proprietates dicantur notiones

이 다섯 가지는 위격들의 특징들이라고 불릴 수 있는데, 이는 그것들을 통해 우리에게 신의 위격적 차이가 알려지기 때문이다. 그럼에도 만일 고유성이란〔본래〕의미로(in proprietatis ratione) 이것이 고려된다면, 고유함(proprium esse)이란 오직 하나에만 속하는 것을 뜻하므로 이 다섯 가지는 고유성이라고 불릴 수 없다. '공통적인 내쉼'이 성부와 성자에 부합하기 때문이다. 그러나 다른 것에 대한 관점에서 어떤 것이 어떤 것들의 고유함이라 불리는 방식에 따르자면, 예를 들어 '네 발 달린〔짐승〕'(quadrupedia)에 대한 관점에서 '두 발 달린'(bipes)이란 표현이 인간과 새에게 고유함이라고 불리는 방식에 따르자면, '공통적 내쉼'도 또한 고유성이라고 불리는 것을 아무것도 막지 못한다. 하지만 신 안에 있는 위격들이 오직 관계들을 통해서만 구별되고 신적 위격들의 구분이 알려지게 하는 것은 특징들이기 때문에, 특징들은 어떤 방식으로든 관계들에 속해야 함이 필연적이다. 그들 중에 네 가지는 참된 관계들이고 이 관계들을 통해 신적인 위격들이 서로 관련된다. 그렇지만 다섯 번째 특징, 즉 비출산성(innascibilitas, 낳아지지 않음)은 관계의 부정과 같이(sicut relationis negatio) 관계에 속하게 된다. 부정은 긍정의 유(類)에(ad genus affirmationem) 환원되고, 결핍은 습성의 유에(ad genus habituum) 속하기 때문이다. 이는 마치 '인간이-아닌-것'은 인간의 유에, '희지-않은-것'은 백색의 유에 속하는 것과 마찬가지이다.

그럼에도 위격들을 서로 관련되게 해 주는 관계들 중에 몇몇, 즉 '아버지임'과 '아들임' 같이 고유하게 관계를 뜻하는 특징들은 명명되어 있는(nominate) 반면에, 성부와 성자가 성령에 관련을 맺게 하거나 성령이 이들에 대해 관련을 맺게 하는 그것들〔특징〕은 명명되어 있지 않다는 사실을 알아야만 한다.〔이럴 경우에〕우리는 관계 대신에 근원의 명칭(nominibus originum)을 사용한다. '공통적 내쉼'과 '발출'은 그 근원을 뜻하지, 그 근원에 따라오는 관계를 뜻하는 것이 아니라는 사실이 명백하기 때문이다. 이것은 아버지와 아들의 관계를 근거로 고려될 수 있다. '낳음'(generatio)[125]은 능동적 근원을 뜻하는 것으로 이에는 '아버지임'의 관계가 따라오나, '출생'(natiuitas)이란 아들의 수동적 〔근원〕을 뜻하는 것으로 이에는 '아들임'의 관계가 따라온다. 그러므로 이와 유사하게 '공통적 내쉼'에 어떤 관계가 따라오고, 또한 '발출'에서도 그렇다. 그러나 그 관계들이 명명되어 있지 않기 때문에, 우리는 관계의 명칭 대신에 행위의 명칭(nominibus actuum)을 사용하는 것이다.[126]

제60장
신 안에서 자립하는 관계들이 넷일지라도
오직 세 위격만이 있을 뿐이다
Quod licet relationes in diuinis subsistentes sint quatuor,
tamen non sunt nisi tres persone

신 안에서 자립하는 관계들이, 앞에서 말한 바와 같이,[127] 그 신적인 위격들일지라도, 관계의 숫자에 따라 다섯이나 네 위격이 존재해야만 하는 것은 아니라는 사실에 주목해야 한다.[128] 수는 어떤 구별에 따른 것

---

125 라틴어 'generatio'는 앞에서 일반적으로 '산출'로 번역했지만, 여기서는 수동적 산출인 '출생'과 구별되는 의미로 사용되기 때문에 '낳음'이라고 번역했다. 두 가지 산출 방식의 구별에 대해서는 제65장도 참조.

126 위격적인 또는 특정적인 행위들(actus personales seu notionales)이란 신적 위격들의 능동적이고 수동적인 발출 행위들, 즉 낳음과 출생, 공통적인 내쉼과 성령의 발출이다(〔56〕).

127 제54장 참조.

128 순수하게 형식적으로만 생각하면, 다섯 가지 고유성들(비출산성, 아버지임, 아들임, 공통적 내쉼, 발출)에 따라 다섯 위격이 있거나 네 가지 관계(낳음, 출생, 숨

이기 때문이다. 그런데 하나가 분할 불가능하거나 분할되지 않은 것처럼 다수는 분할 가능하거나 분할된 것이다. 위격의 다수성을 위해서는 관계들이 대립을 근거로 해서(ratione oppositionis) 구분되는 힘을 가지고 있다는 사실이 요구된다. 형상적 구별은 오직 대립을 통해서만 존재하기 때문이다. 앞서 언급되었던 관계들을 고찰해 본다면, '아버지임'과 '아들임'은 서로 관계의 대립(oppositionem 〔……〕 relatiuam)을 지니고 있고, 따라서 그들은 동일한 기체(基體, suppositum)¹²⁹ 안에서 함께 부합될 수 없다. 그렇기 때문에 '아버지임'과 '아들임'은 자립하는 두 위격이다. 그러나 '비출산성'은 '아들임'과는 대립되지만 '아버지임'과는 대립되지 않는다. 따라서 '아버지임'과 '비출산성'은 똑같은 위격에 부합할 수 있다. 이와 유사하게 '공통적인 내쉼'은 '아버지임'과도 '아들임'과도 또한 '비출산성'과도 대립되지 않는다. 따라서 아무것도 '공통적인 내쉼'이 성부의 위격과 성자의 위격에 내재하는 것을 방해하지 않는다. 그렇기 때문에 '공통적인 내쉼'은 성부와 성자의 위격으로부터 따로 떨어져 자립하는 위격이 아니다. 그러나 발출은 '공통적인 내쉼'과 관계의

쉼, 발출함)에 따라 네 위격이 있다고 생각할 수도 있을 것이다(〔57〕).

129 이 번역에서는 라틴어 '수포지툼'(suppositum)의 번역어로 '기체'(基體)를 선택했다. 'suppositum'은 어원상 '어떤 것의 밑에 놓여 있는 것'으로 그리스어의 'hypokeimenon'이나 'hypostasis', 라틴어의 'subiectum' 등과 유사한 의미를 지니고 있다. 스콜라 철학에서는 주로 실체적 본성이나 다른 여러 우유적 성질을 지니고 있는 담지자를 뜻한다. 이것에서 발전되어 중세의 언어철학에서는 한 명칭이 지칭하고 있는 대상을 실체나 본성이나 우유적인 성질을 떠나 일반적으로 'suppositum'이라고 불렀다. 12세기부터 재현된 그리스도론 논쟁에서는 일부 학자들이 'persona'라고 번역된 '인격'과 구별되는 'hypostasis'라는 그리스어를 대체하기 위해 'suppositum'이란 단어를 주로 사용한 것으로 추정된다. 일부 번역에서는 '자주체'란 단어로 번역되기도 하지만 이 번역에서는 'hypostasis'의 번역어로 '자주체'를 사용했으며, 토마스는 아래의 여러 구절에서 두 단어를 병행해 사용했기 때문에 '기체'라는 단어를 택했다. '주체'라는 번역도 의미상으로 가능하지만 'subiectum'의 번역어로 학계에서 통용되고 그 활용 영역이 다르기 때문에 이를 피했다.

대립을 가지고 있다. 따라서 '공통적인 내쉼'은 성부와 성자에 부합하기 때문에, 발출은 성부와 성자의 위격과는 다른 위격이어야만 한다.

이로부터 왜 신은 다섯 가지 특징들의 수 때문에 오위일체(quinus)라고 불리지 않고 세 위격 때문에 '삼위일체'(trinus)라고 불리는지가 분명해진다. 다섯 가지 특징들은 다섯의 자립하는 실재가 아니지만, 세 위격은 자립하는 세 실재이기 때문이다. 그러나 한 위격에 여러 특징이나 특성이 부합할지라도, 그 중에서 오직 하나만이 그 위격을 구성하는 것이다. 위격은 마치 여럿으로 구성된 것과 같이 고유성들을 통해 구성되는 것이 아니라 그 관계적인 고유성 자체가 자립하는 위격이라는 사실을 통해 구성되기 때문이다. 그러므로 여러 고유성을 따로따로 그 자체 자립하는 것으로서 이해한다고 가정하면, 하나의 위격이 아니라 이미 여러 위격이 존재하게 될 것이다. 따라서 유일한 위격에 부합하는 여러 고유성이나 특징 중에서 자연의 질서에 따라 발생되는 그것이 위격을 구성하게 된다는 사실을 이해해야만 한다. 반면에 다른 것들은 이미 구성된 위격들 안에 내재하는 것으로 이해된다. 그러나 '비출산성'은 성부의 위격을 구성하는 그 첫째 특징(prima notio)일 수 없다는 사실이 분명하다. 아무것도 부정을 통해 구성되지 않기 때문에도 그렇고, 자연적으로 긍정이 부정에 선행하기 때문에도 그렇다. 하지만 '공통적인 내쉼'은 자연의 질서에 따라 '아버지임'과 '아들임'을 전제한다. 이는 마치 사랑의 발출이 말씀의 발출을 전제하는 것과 같다. 따라서 '공통적인 내쉼'은 성부의 첫째 특징이 될 수도 없고 성자의 [첫째 특징]이 될 수도 없다. 그러므로 성부의 첫째 특징은 '아버지임', 성자의 첫째 특징은 '아들임', 성령의 첫째 특징은 오직 '발출'이라는 사실이 남게 된다. 이에 위격들을 구성하는 특징들은 '아버지임', '아들임', '발출'의 셋이라는 사실이 남게 된다. 그리고 이 특징들은 필연적으로 고유성들이어야 한다. 위격을 구성하는 것은 오직 그 위격에만 부합해야 하기 때문이다. 즉 개체화의 원리는 다수의 것들에 부합할 수 없다. 그러므로 앞서 언급한 세 특징들은 위격적인 고유성들(personales proprietates)이라고 불리는데, 이들이 마치 앞서 언급한 방식으로 세 위격을 구성하기 때문이다. 그러나 위격들의 다른 고유성들이나 특징들은 위격을 구성하지는 않기 때문에 위격적인 것이 아니다.

제61장
위격적 고유성들이 지성을 통해 제거된다면, 자주체들도 남지 않게 된다
Quod remotis per intellectum proprietatibus personalibus
non remanent hypostases

병행문헌: 『신학대전』 제I부 제40문제 제3절; 『명제집 주해』 제I권 제26구분; 『권능론』
제8문제 제4절 참조.

이로부터 위격적 고유성들이 지성을 통해 제거된다면, 자주체들도 남지 않게 된다는 사실이 분명해진다. 지성을 통해 일어나는 분해 안에서 (in resolutione) 형상이 제거된다면 그 형상의 주체가 남게 되기 때문이다. 이것은 마치 백색의 성질이 제거되면 표면이 남게 되고, 이것(표면)이 제거되면 실체가 남게 되며, 이것의 형상이 제거되면 제1질료가 남게 되는 것과 마찬가지이다. 그러나 주체가 제거된다면 아무것도 남지 않게 된다. 그런데 위격적 고유성들은 자립하는 위격들 자체이며, 그것들은 마치 미리 존재하고 있던 기체(주체)들에 첨가되는 방식으로 위격들을 구성하는 것이 아니다. 신 안에서는 절대적이라고 말해질 수 있는 어떤 것도 구분될 수 없고 오직 상대적인 것만이 구분될 수 있기 때문이다. 그러므로 위격적 고유성들이 지성을 통해 제거된다면 어떠한 구분된 자주체들도 남지 않게 된다. 그러나 위격적이 아닌 특징들이 제거된다면 (remotis notionibus non personalibus) 구분된 자주체들이 남아 있게 된다.

제62장
위격적 고유성들이 지성을 통해 제거된다면,
신적 본질이 어떤 방식으로 남아 있게 될까

Quomodo remotis per intellectum
proprietatibus personalibus remaneat essentia diuina

병행문헌: 『신학대전』 제I부 제40문제 제4절; 『명제집 주해』 제I권 제27구분 제1문제 제2절; 『권능론』 제8문제 제3절 제7이론에 대한 해답; 제10문제 제3절 참조.

하지만 만일 누군가가 "위격적 본성이 지성을 통해 제거된다면 신적인 본질이 남아 있게 될까"라고 묻는다면, 그것은 한편으로는 남아 있고 다른 한편으로는 그렇지 않다고 말해야 한다. 지성을 통해 일어나는 분해(resolutio)에는 두 가지가 있기 때문이다. 하나는 질료로부터 형상을 추상함에 따르는 것(secundum abstractionem forme a materia)으로 여기서는 더 형상적인 것에서 더 질료적인 것으로 나아간다. 왜냐하면 최초의 주체인 것〔처음에 밑에 놓여 있던 것〕은 마지막까지 남아 있는 반면, 마지막 형상은 최초로 제거되기 때문이다. 그러나 다른 분해는 개별자로부터 보편자를 추상하는 것에 따르는(secundum abstractionem uniuersalis a particulari) 것으로 〔앞의 것과는〕 어떤 식이든지 반대되는 순서로 진행된다. 왜냐하면 공통적인 것을 파악하기 위해 먼저 개별적인 질료적 조건들이 제거되기 때문이다.[130] 하지만 신 안에는 질료와 형상, 보편적인 것

---

130 스콜라 철학은 추상의 두 가지 종류를 알고 있다. 형상적 추상(abstractio formalis)은 존재자로부터 존재 규정을 분리해 낸다(예를 들면 흰 벽으로부터 '흼'을, 움직이는 물체로부터 '움직임'을 분리해 내는 것이다. 제61장 참조). 반면에 전체적 추상(abstractio totalis)은 개별자로부터 보편적인 것을 추상해 낸다. 여기서는 추상 후에도 하나의 전체(totum)가 남아 있게 된다. 이 전체는 주체와 하나의 형상으로 합성된 것이다(예를 들어 내가 '소크라테스'에게서 개체화하는 질료를 추상하면 '인간'(=이성적 동물)이 남게 되고, 인간으로부터 종차인 '이성적'을 추상해 내

과 개별적인 것이 존재하지 않을지라도 적어도 공통적인 것과 고유한 것, 그리고 공통적 본성의 기체는 존재한다. 위격들이 본질에 대해 맺고 있는 관계는, 이해 작용의 양태에 따르면(secundum modum intelligendi), 고유한 기체들이 공통적인 본성과 맺고 있는 관계와 같다. 그러므로 지성을 통해 일어나는 분해의 첫째 방식에 따르면, 자립하는 위격들 자체인 위격적 고유성들이 제거되는 경우에 공통적 본성도 남지 않게 된다. 그러나 둘째 방식으로는 남아 있게 된다.

제63장
위격적 고유성들에 대한 위격적 행위의 질서에 대하여
De ordine actuum personalium ad proprietates personales

앞서 언급된 바로부터 위격적 고유성들에 대해 위격적 행위가 지성에 따라 맺고 있는 질서(ordo secundum intellectum actuum personalium ad proprietates personales)가 어떤 것인지가 분명해질 수 있다. 위격적 고유성들이란 자립적인 위격들이기 때문이다. 그러나 어떠한 본성 안에 자립하고 있는 위격은 자신의 본성을 그 본성의 힘으로 공유함으로써 행위한다. 종의 형상이란 그 종에 따라 유사한 것을 산출해 내는 원리이기 때문이다. 그러므로 위격적 행위는 신적 본성의 교류에 속하기 때문에,

---

면, '동물'이 남게 된다). —— 추상에서 의심의 여지없이 발생하는 내용의 빈약화는 인식이 더욱 깊어지는 것을 통해 상쇄된다. 추상 과정에서 본질적인 것은 가시화되고 구체적인 것으로부터 구별되어 나온다. 스콜라 철학의 이론에 따르면, 본질이 비춰지게 되는 것은 '능동 지성'(intellectus agens; 제43장 각주 87 참조)을 통해 감각상이 '조명되었기' 때문이다. 반면에 본질 자체가 포착되는 것은 '수동 지성'(intellectus possibilis, 가능적 지성)에 속한다((58)). 토마스의 추상 이론에 대한 보다 자세한 설명은 신창석, 1995a; 이재룡, 1999a과 그곳에 제시된 참고문헌 참조.

자립적 위격은 그 본성의 힘으로써 공통적인 본성을 공유해야만 한다.

그리고 이로부터 두 가지 결론이 도출된다. 그중 하나는 성부 안에 있는 산출하는 능력은 신적 본성 그 자체라는 사실이다. 왜냐하면 어떤 것이든 행하는 능력은 그 힘으로써 어떤 것을 행하는 원리이기 때문이다. 다른 하나는 위격적 행위, 즉 산출이 이해 작용의 양태에 따라 신적인 본성과 성부의 위격적 고유성 — 이것은 성부의 자주체 자체이다 — 을 전제하고 있다는 사실이다. 이런 종류의 고유성은 그것이 관계인 한, 행위에 따르게 될지라도 말이다. 그러므로 성부 안에서 그가 자립적인 위격이라는 사실을 주목하게 되면 "그가 성부이기 때문에 낳는다"라고 말할 수 있다. 그러나 관계에 속하는 것을 주목하게 되면 반대로 "그가 낳기 때문에 성부이다"라고 말해야만 한다.

제64장
산출을 성부의 관점에서 그리고 성자의 관점에서 어떻게 받아들여야 하는가
Quomodo oportet accipere generationem respectu Patris et respectu Filii

그럼에도 다음과 같은 사실을 알아야만 한다. 능동적 산출(generatio actiua)이 '아버지임'에 대해 맺고 있는 질서와 수동적 산출(generatio passiua), 즉 출생(natiuitas)이 '아들임'에 대해 맺고 있는 질서는 서로 다른 방식으로 인식되어야 한다. 능동적 산출은 본성의 질서에 따라 산출하는 위격을 전제하고 있지만, 수동적 산출 또는 출생은 본성의 질서에 따라 산출된 위격을 앞서가기 때문이다. 산출된 위격은 자신의 출생에 의해 존재하게 되었기 때문이다. 그러므로 능동적 산출은 이해 작용의 양태에 따라 그것이 성부의 위격을 구성하는 요소(constitutiua)라는 측면에서 '아버지임'을 전제하고 있다. 그러나 출생은 그것이 성자의 위격을 구성하는 요소라는 측면에서 '아들임'을 전제하는 것이 아니라 이해 작용의 양태에 따라 성자임을 두 가지 방식으로, 즉 그것이 위격의 구성 요소라는 측면에서 그리고 그것이 관계라는 측면에서 앞서간다. 그리고 성령의 발출에 속하는 것들에 대해서도 이와 유사하게 이해되어야 한다.

제65장
어떻게 특징적 행위들이
오직 이성에 따라서만 위격으로부터 구별되는가
Quomodo actus notionales a personis non

differunt nisi secundum rationem

우리는 특징적인 행위들과 특징적 고유성들 사이에 부여된 질서로부터 "특징적 행위들이 실재상으로(secundum rem) 위격적 고유성들로부터 구분되는 것이 아니라 오직 이해 작용의 양태에 따라(secundum modum intelligendi) 구분된다"라고 주장하려는 것은 아니다. 말하자면 신의 이해 작용이 이해하는 신 자신인 것처럼 성부의 산출은 산출하는 성부 자신이다. 비록 그것들은 다른 방식으로 표현될지라도 말이다. 마찬가지로 한 위격이 여러 특징을 가지고 있을지라도, 그것(위격) 안에는 어떤 합성이 존재하지 않는다. '비출산성'은 부정적인 고유성이므로 어떤 합성도 만들어 낼 수 없기 때문이다. 그러나 성부의 위격 안에 있는 두 관계들, 즉 '아버지임'과 '공통적인 내쉼'은 그것들이 성부의 위격과 비교된다는 측면에서는 실재상으로 동일한 것이다. 즉 '아버지임'이 성부인 것처럼 성부 안에 있는 '공통적 내쉼'도 성부이고, 성자 안에 있는 '공통적인 내쉼'도 성자이다. 그러나 그것들은 관계를 맺고 있는 대상에 따라 서로 다르다. 즉 '아버지임'을 통해 성부는 성자와 관계를 맺고 '공통적인 내쉼'을 통해서는 성령과 관계를 맺는다. 마찬가지로 성자는 '성자임'을 통해 성부와 관계를 맺지만 '공통적인 내쉼'을 통해서는 성령과 관계를 맺는다.

제66장

관계적 고유성들은 신적 본질 자체이다

Quod proprietates relatiue sunt ipsa diuina essentia

병행문헌: 제54장의 병행문헌 참조.

바로 이 관계적 고유성들이 신적 본질 자체여야 한다. 관계적 고유성들은 자립하는 위격들 자체이기 때문이다. 그런데 신 안에서 자립하는 위격은 신적 본질과 다른 것일 수 없다. 신적 본질은, 앞에서 밝혀진 바와 같이,[131] 신 자체이다. 그러므로 관계적 고유성들은 실재상으로 신적 본질과 동일하다는 사실이 남게 된다.

마찬가지로 그의 본질 이외에 어떤 것 안에 있는 모든 것은 그에게 우유적인 방식으로 내재하는 것이다. 그러나 신 안에는, 앞에서 밝혀진 바와 같이,[132] 어떤 우유도 존재할 수 없다. 그러므로 관계적 고유성들은 실재상으로 신적인 본질과 다른 것이 아니다.

제67장

그 관계들은 포레타누스 학파가 말했던 것처럼
외부적으로 덧붙여진 것이 아니다

Quod relationes non sunt exterius affixe ut Porretani dixerunt

병행문헌:『신학대전』제I부 제40문제 제1절;『명제집 주해』제I권 제26구분 제2문제 제1절; 제33구분 제2문제; 제54장의 병행문헌도 참조.

앞서 언급한 고유성들이 포레타누스 학파[133]가 말했던 것처럼 위격들

---

131 제10장 참조.
132 제23장 참조.

안에 있는 것이 아니라 외부적으로 그것들[위격들]과 관계를 맺고 있는 것이라고 말할 수 없다. 실재적인 관계들(relationes reales)은 관계된 사물들 안에 존재해야만 하고, 이는 피조물들 안에서 분명하게 드러나기 때문이다. 즉 실재적 관계들은 우유들이 주체들 안에 있는 것처럼 그들 안에 존재한다. 그런데 신 안에서 위격들이 구분되게끔 하는 이 관계들은, 앞에서 언급한 바와 같이,[134] 실재적 관계들이다. 그러므로 그것들은 신적 위격 안에서는 물론 우유들과 같이 존재해서는 안 된다. 피조물들 안에서 우유인 다른 것들도 또한 신에게 전용되었을 때 그 우유적인 성격들을 잃어버리기 때문이다. 앞에서 밝혀진 바와 같이,[135] 지혜와 정의 그리고 이런 종류의 다른 것들이 그러하다.

그 밖에도 신 안에는 오직 관계를 통해서만 구분이 존재할 수 있다. 절대적으로 언급되는 것은 무엇이나 공통적인 것(communia)이다. 그러므로 관계들이 외부적으로 위격들과 관련된다고 가정하면, 그 위격들 안에는 아무런 구분도 남아 있지 않게 될 것이다. 따라서 관계적 고유성들은 위격들 안에 존재한다. 그럼에도 그들은 위격들 자체이고 또한 신적 본질 자체이다. 앞에서 밝혀진 바와 같이,[136] 지혜와 선성이 신 안에 존재하고 신 자체이며, 신적 본질이라고 말하는 것과 같다.

---

133 포레타누스 학파란 길베르투스 포레타누스(Gilbertus Porretanus, 1076?~1154)를 따르는 이들을 말한다. 길베르투스 포레타누스, 『보에티우스의 '삼위일체론' 주해』(In Boethii De Trinitate) I, 5, n. 43 (ed. N. M. Häring, Toronto 1966, p. 148) 참조.
  포레타누스는 샤르트르 대학의 총장을 역임했으며, 1141년 이후 파리에서 가르쳤다. 1142년부터 푸아티에의 주교였다. 다른 무엇보다도 그는 자신의 견해와 반대되는 신앙고백을 결정했던 랭(Reims)의 공의회(1148)에서 신적 본질과 신 사이를 분리하는 신성(divinitas)과 신(deus)의 구분, 삼위일체 안에 있는 고유성들과 위격들 사이의 구분에 대해 철회해야만 했다. 이에 대해 토마스는 『신학대전』 제I부 제28문제 제2절의 답변에서 철저하게 다룬다((59)).
134 제53장 참조.
135 제23장 참조.
136 제22장, 제23장 참조.

제68장

신성의 결과들에 대하여, 우선 존재에 대하여

De effectibus Diuinitatis, et primo de esse

병행문헌: 『신학대전』 제I부 제44문제 제1절; 『대이교도대전』 제II권 제15장; 『권능론』
제3문제 제5절; 『분리된 실체론』 제9장; 『신명론』 제5장 제1강 참조.

신적 본질의 단일성과 위격들의 삼위일체에 속하는 것을 고찰한 다음
에는 삼위일체의 결과들에 대해 고찰하는 일이 남아 있다. 그런데 사물
안에 있는 신의 첫 번째 결과는 존재 자체(ipsum esse)이다. 모든 다른 결
과는 이것을 전제하고 있으며, 기초로 삼고 있다. 어떤 방식으로든 존재
하는 모든 것은 신으로부터 존재한다는 사실이 필연적이다. 모든 질서
잡힌 것 안에서는 공통적으로 어떤 질서에서 제일의 것이며 가장 완전
한 것이, 이 질서에서 나중에 오는 것들의 원인이라는 사실이 발견된다.
예를 들어 가장 뜨거운 불은 나머지 뜨거운 물체들 안에 있는 열의 원인
이다. 종자(種子)가 동물이나 식물로부터 [유래하는 것과] 마찬가지로 불
완전한 것은 항상 완전한 것으로부터 유래한다는 사실이 발견되기 때
문이다. 그런데 앞에서 신이 제일의 것이자 가장 완전한 존재(primum et
perfectissimum ens)라는 사실이 밝혀졌다.[137] 그러므로 그는 존재를 가지
고 있는 모든 것에 존재의 원인이어야 한다.

게다가 어떤 것을 분유를 통해(per participationem)[138] 가지는 모든 것은
그것을 본질적으로(per essentiam) 가지고 있는 것, 즉 원리와 원인으로(in
principium et causam) 환원된다. 이것은 마치 불타는 쇠(ferrum ignitum)가
그 본질을 통해 불인 것으로부터 불의 성질(火性)을 분유하는 것과 같
다. 그런데 신은 자신의 존재 자체이며, 그에게는 존재가 자신의 본질을
통해 부합하지만 다른 모든 것에는 분유를 통해 부합한다는 사실이 앞

---

137 제3장, 제18장, 제20장, 제21장 참조.
138 제13장 각주 37 참조([60]).

에서 밝혀졌다.[139] 즉 어떤 다른 본질도 자기 존재가 아니다. 앞에서 밝혀진 바와 같이,[140] 절대적이고 그 자체로 자립하는 존재는 오직 하나만 존재할 수 있기 때문이다. 그러므로 신은 존재하는 모든 것에 실존의 원인 (causam existendi)이어야 한다.

제69장
신은 사물을 창조하면서 질료를 전제하지 않는다
Quod Deus in creando res non presupponit materiam

병행문헌:『신학대전』제I부 제44문제 제2절;『권능론』제3문제 제5절;『자연학 주해』제VIII권 제2강;『명제집 주해』제2권 제1구분 제1문제 제2절;『권능론』제3문제 제1절 참조.

　그런데 이것은 신이 사물을 창조하면서 자신이 작용할 수 있는 근거로서 질료를 미리 요구하지 않는다는 사실을 보여 준다. 왜냐하면 어떤 작용자도 자신의 행위를 통해 산출되는 것을 자기 행위를 위해 미리 요구하지 않고 자신의 행위로 산출할 수 없는 것만을 미리 요구하기 때문이다. 즉 건축가는 자신의 행위를 위해 돌과 나무를 미리 요구한다. 그는 이것들을 자신의 행위를 통해 산출할 수 없기 때문이다. 그러나 그는 작용하면서 집을 생산할 뿐, 이 집을 전제하지는 않는다. 그런데 신의 작용을 통해 질료가 산출된다는 사실은 필연적이다. 어떤 형태로든 존재하는 모든 것은 신을 실존의 원인으로 가지고 있다는 사실이 밝혀졌기 때문이다.[141] 따라서 신은 작용하면서 질료를 전제하지 않는다는 사실이 남게 된다.

139　제11장 참조.
140　제15장 참조.
141　제68장 참조.

게다가 현실태는 본성적으로 가능태보다 앞선다.[142] 그러므로 또한 〔현실태가〕 더 우선적으로〔선차적으로〕(per prius) 원리라는 개념에 적합하다. 그러나 창조하면서 다른 원리를 전제하는 모든 원리는 후차적으로(per posterius) 원리라는 개념을 가지게 된다. 그러므로 신은 제1현실 태처럼 사물의 원리이지만 질료는 가능 상태의 존재라는 의미에서(sicut ens in potentia) 그렇기 때문에, 신이 작용하면서 질료를 전제한다는 사실은 적절하지 못하다.

마찬가지로 어떤 원인이 더 보편적일수록 그만큼 그 결과도 더욱 보편적이다. 왜냐하면 특수한 원인은 특정한 어떤 것에 대해 보편적인 원인의 결과를 자기 것으로 하기 때문이다. 일종의 이런 한정(determinatio)이 보편적인 결과와, 그리고 현실태가 가능태와 맺는 관계와 유사한 관계를 맺는다. 그러므로 어떤 것이 현실화되도록 만드는 모든 원인은 그런 현실태로의 가능성을 지닌 것을 전제하고 있고, 이 모든 원인은 어떤 보편적인 원인과의 관련 속에서 특수한 원인이다. 그러나 이런 일은 신에게 적합하지 않다. 그는 앞에서 밝혀진 바와 같이, 제1원인이기 때문이다.[143] 그러므로 그는 자신의 행위를 위해 질료를 미리 요구하지 않는다. 따라서 사물을 무(無)로부터 존재하도록 만드는 일(producere res in esse ex nichilo), 즉 창조하는 일이 그에게 〔적합한〕 것이다.[144] 이 때문에 가톨릭 신앙은 그를 창조주라고 고백하는 것이다.

---

142 현실태는 가능태보다 앞선다.
　① 개념에 따라; 현실태로부터 가능태가 개념적으로 규정되기 때문이다(봄으로부터 보는 능력이 규정된다).
　② 본성과 원인성 그리고 마침내 시간에 따라; 남성이라는 측면에서 소년은 우선 '가능적인' 남성이고, 성인으로서야 비로소 '현실적인' 남성이다. 그러나 남성이라는 가능성에 도달하기 위해서는 '현실적인' 남성에 의해 낳아져야만 했다.
　③ 완전성에 따라; 현실적인 것 안에서 그 가능성이 실현되면 될수록 그만큼 더 완전해진다.
　아리스토텔레스, 『형이상학』 VIII, 8-10, 1049b 4-1052a 11 참조((61)).
143 제3장, 제68장 참조.

제70장

창조하는 일은 오직 신에게만 적합하다

Quod creare soli Deo conuenit

병행문헌: 『신학대전』 제I부 제45문제 제5절; 제65문제 제3절; 『명제집 주해』 제2권 제1구분 제1문제 제3절; 제4권 제5구분 제1문제 제3절 제3세부질문; 『대이교도대전』 제II권 제20장, 제21장; 『진리론』 제5문제 제9절; 『권능론』 제3문제 제4절; 『자유토론 문제집』 제III권 제3문제 제1절; 『분리된 실체론』 제10장 참조.

오직 신에게만 창조주라는 사실이 적합하다는 점도 분명하다. 왜냐하면 앞서의 언급에서 분명해진 것과 같이,[145] '창조함'(creare)은 더 보편적인 원인을 전제하지 않는 그 원인에만 적합하기 때문이다. 그런데 이것은 오직 신에게만 적합하다. 그러므로 오직 신만이 창조주이다.

마찬가지로 가능태가 현실태로부터 더욱 멀리 떨어져 있을수록 그만큼 그것을 현실화시키는(현실태로 환원하는) 더욱 큰 힘이 있어야만 한다. 가능태로부터 현실태까지의 거리가 아무리 크다고 할지라도, 그 가능성 자체가 제거되어버린다면 항상 더 큰 거리가 남아 있게 될 것이다. 그러므로 '무로부터 어떤 것을 창조하는 일'(creare aliquid ex nichilo)은 무한한 힘을 필요로 한다. 그러나 신은 무한한 본질이기 때문에 오직 신만이 무한한 힘을 가지고 있다. 그러므로 오직 신만이 창조할 수 있다.[146]

---

144 『대이교도대전』 제II권 제16장 참조([62]).

145 제69장 참조.

146 토마스는 자신의 『명제집 주해』(제II권 제1구분 제1문제 제3절)에서 아비첸나의 『원인론』과 페트루스 롬바르두스(Petrus Lombardus)를 따라 "창조물이 적어도 신의 도구로서 창조적이 될 수 있다"라는 조심스러운 견해를 밝혔다. 그러나 『신학대전』(제I부 제45문제 제5절)에서 토마스는 피조물이 도구적으로 창조적이 되는 것을 불가능한 일로 여긴다([63]).

제71장

질료의 다양성은 사물 안에 있는 다양성의 원인이 아니다

Quod materie diuersitas non est causa diuersitatis in rebus

병행문헌: 『신학대전』 제I부 제47문제 제1절; 『대이교도대전』 제II권 제29-45장; 『권능론』 제3문제 제1절 제9이론에 대한 해답; 제3문제 제16절; 『형이상학 주해』 제XII권 제2강; 『원인론 주해』 제24강 참조.

앞에서 이미 밝혀진 바로부터 사물 안에 있는 다양성의 원인[147]이 질료의 다양성이 아니라는 사실이 분명하다. 질료가 사물을 존재하도록 만드는 신의 행위에 전제되는 것이 아니라는 사실이 밝혀졌기 때문이다.[148] 그러나 사물의 다양성의 원인이 질료로 말미암는 것은 오직 질료가 사물의 산출에 앞서서 요구되는 경우에 따라서만 그렇다. 즉 질료의 다양성에 따라 다양한 형상이 도입되는 경우가 그러하다. 그러므로 신에 의해 만들어진 사물 안의 다양성의 원인은 질료가 아니다.

게다가 사물이 존재를 가지고 있는 것처럼 그렇게 그 사물은 다양성과 단일성을 가진다. 또한 각각의 것은 존재하고 있다는 점에서 하나이기 때문이다.[149] 그러나 질료 때문에 형상이 존재를 가지는 것이 아니라

---

147 더 정확하게 말하자면, 본질적인 다양성의 '첫 번째' 원인이라고 해야 한다(『대이교도대전』 제II권 제40장 처음; 제73장 각주 152 참조). 토마스는 여기서 소아시아의 자연철학자인 클라조메나이의 아낙사고라스(Anaxagoras, 기원전 499?~기원전 428)를 반박한다. 아낙사고라스는 질료 안에 있는 다양성이 원질료(Homöomerien)의 무한한 다양성에 기인한다고 생각했다. 원질료는 그 자체로는 같은 종이지만 질적으로는 서로 상이하다는 것이다. 이 무수한 원질료가 '누우스'(νοῦς=우주에 있는 가장 섬세한 요소로서의 작용력)를 통해 합쳐지고 흩어짐으로써 개별적인 사물들의 발생과 소멸이 일어난다는 것이다. 아낙사고라스에 따르면, 우주 전체에 걸쳐 가장 섬세하게 퍼져 있는 원질료들이 영원·불변하고 창조되지 않았으며, '누우스'의 작용을 통해 움직여진 것으로 간주되었다((64)).

148 제69장 참조.

149 그의 유명한 초월 범주에 대한 설명(『진리론』 제1문제 제1절)에서 토마스는 '존재자'와 '하나(일성)'의 동일성과 치환성을 각 존재자에게 절대적으로 속하는 부

오히려 질료가 형상 때문에 〔존재를 가진다〕. 현실태가 가능태보다 더 좋으면 '그것 때문에 어떤 것이 존재하는 것'(id propter quod aliquid est)이 더 좋아야 하기 때문이다. 그러므로 형상이 다양한 질료에 부합하기 위해 다양한 것이 결코 아니라 질료가 다양한 형상에 부합하기 위해 다양한 것이다.

제72장

사물 안에 있는 다양성의 원인은 무엇이었나

Que fuit causa diuersitatis in rebus

병행문헌: 제71장의 병행문헌 참조.

그런데 사물이 존재와 관계를 맺는 것과 같은 그 방식으로 단일성과 다수성에 대해서도 관계를 맺고, 이미 밝혀진 바와 같이,[150] 사물의 전 (全) 존재가 신에게 종속된다면 사물의 다양성은 신에게서 야기된 것이어야 한다. 어떻게 이런 일이 이루어지는가를 고찰해야만 한다.

모든 작용자는 가능한 한, 자신과 유사하게 작용한다는 사실이 필연적이다. 그러나 신에 의해 만들어진 사물이 신적인 선성과 유사함을 신 안에서 발견되는 단순성과 같이 도달하게 되는 일은 불가능했다. 그러므로 하나이고 단순한 것(id quod est unum et simplex)이 창조된 사물 안

정을 통해, 즉 비분할성(indiuisio)을 통해 규정했다. 각 존재자는 그 자체로 닫혀 있고 그 자체로 분할되지 않으며, 따라서 모든 다른 존재자로부터 떨어져 있는 개별자이다. 각 존재자는 바로 하나여서 '하나임'이라는 규정성은, 모든 존재자를 초월하고 존재 자체의 고유성을 설명해 준다. 그래서 '존재'와 '하나임'은 동일한 것이다. 한 존재자가 '하나임'을 분유하는 것('하나임'에 참여하는 것)을 잃어버리면 그것은 자신의 존재를 잃어버리고 무화(無化)된다((65)).

150 제68장, 제69장 참조.

에서는 다양한 방식으로 유사하지 않게(diuersimode et dissimiliter) 재현되었어야 했다. 이에 사물의 다양성이 신적인 완전성을 자기의 방식에 따라 모방하도록 신에 의해 창조된 사물 안에는 다양함이 존재했어야 함이 필연적이다.

마찬가지로 야기된 각각의 모든 것은 유한한 것이다. 앞에서 밝혀진 바와 같이,[151] 오직 신의 본질만이 무한하기 때문이다. 그런데 모든 유한한 것은 다른 것의 첨가를 통해 더 커진다. 그러므로 그렇게 많은 선이 존재하도록 창조된 사물 안에 다양성이 존재했던 것이, 사물의 오직 한 종류가 신에 의해 창조된 것보다 더 좋은 일이었을 것이다. 그러나 최상의 것에는 최상의 것을 이끌어내는 일이 속한다. 그러므로 신에게는 사물 안에서 다양성을 산출하는 일이 적합했다.

제73장

사물의 다양성과 그것들의 등급 그리고 질서에 대하여

De diuersitate rerum et earum gradu et ordine

병행문헌:『신학대전』제I부 제47문제 제2절;『대이교도대전』제II권 제44문제, 제45문제; 제III권 제97문제;『권능론』제3문제 제16절;『영혼론』제7절;『신명론』제4장 제16강 참조.

사물 안에 있는 다양성은 어떤 질서에 따라, 즉 어떤 것이 다른 것보다 더 탁월하다라는 질서에 따라 구성되어야 했다. 말하자면 신이 자신의 선성과 유사함을 야기된 사물에 가능한 한 전달하는 것은 신적 선성의 풍부함에 속한다. 그런데 신은 그 자체로 선할 뿐만 아니라 선성에서 다른 것을 능가하고 그것을 선성으로 이끈다. 그러므로 창조된 사물의 신에 대한 유사성이 더욱 완전해지기 위해 어떤 사물은 다른 것보다 더 좋게 구성되고, 그 다른 것을 완전성으로 이끌도록 작용하는 일이 필연적

---

151 제18장 참조.

이었다. 그런데 사물의 첫 번째 다양성[152]은 주로(principaliter)[153] 형상의 다양성으로 이루어진다. 하지만 형상적 다양성은 상반됨에 따른 것이다 (secundum contrarietatem est). 유(類)는 상반된 종차에 따라 다양한 종으로 구분되기 때문이다. 그런데 상반성 안에서는 항상 상반된 것 중 하나가 다른 것보다 더 완전하기 때문에 질서가 존재한다는 사실이 필연적이다. 그러므로 사물의 다양성은 신에 의해 특정한 질서에 따라, 즉 어떤 것이 다른 것보다 더 탁월하다는 질서에 따라 구성되어야 한다.

제74장
어떤 방식으로 몇몇 창조된 사물들은 가능성을 더 많이 가지고 현실성은 조금 가지며, 몇몇에서는 그 반대인가
Quomodo res create quedam plus habent de potentia et minus de actu, quedam e conuerso

병행문헌: 『신학대전』 제I부 제50문제 제2절, 제5절; 『명제집 주해』 제2권 제3구분 제1문제 제1절; 『대이교도대전』 제II권 제50문제, 제51문제, 제55문제; 『권능론』 제5문제 제3절; 『영적 피조물론』 제1장; 『자유토론 문제집』 제III권 제8문제; 제IX권 제4문제 제1절; 『분리된 실체론』 제5-8장; 『존재자와 본질』 제5장 참조.

---

152 이것은 본질적인 다양성을 뜻한다. 토마스는 사물을 구별하는 두 가지 방식을 구분했다. "그 하나는 형상적 구별인데, 이것은 종(種)적으로 구별되는 것들 사이에 있는 구별이고, 다른 하나는 질료적 구별인데 이 구별은 수(數)적으로만 구별되는 사물들 안에 있는 구별이다. 그런데 질료는 형상(形相)을 위해 존재하기 때문에 질료적 구별은 형상적 구별을 위해 존재한다. …… 이와는 달리, 생성·소멸할 수 있는 것의 경우에는 종의 보존을 위해 하나의 종에 많은 개체가 속해 있는 것을 우리는 본다. 이런 것에서 형상적 구별이 질료적 구별보다 더 근원적이라는 것이 명백해진다"(『신학대전』 제I부 제47문제 제2절; 제71장 각주 147 참조)((66)).
153 물질적 사물들 사이의 형상과 관련된 다양성은 다양한 형상을 받아들이는 질료의 다양성도 요구한다((67)).

각각의 [사물은] 신과의 유사함에 도달한 만큼 고상하고 완전한 것인 반면에, 신은 가능태가 혼합되지 않은 순수 현실태이다. 그렇기 때문에 존재자들 중에서 가장 상위의 것은 더욱 현실적이고 가능성은 조금 가지며, 더 하위의 것은 가능성을 더 많이 가지고 있다. 어째서 그러한지 [이제] 고찰해야만 한다.

신은 자신의 존재에서 항구(恒久)하고(sempiternus) 불변하기(incommutabilis) 때문에, 신과의 유사성을 덜 가지고 있는 가장 하위의 사물은 생성과 소멸을 겪게 되고 어떤 때는 존재하고 어떤 때는 존재하지 않는다. 그리고 존재는 사물의 형상을 따르기 때문에 그것이 형상을 가지고 있을 때는 그런 종류의 [사물]이 되고 형상을 빼앗길 때는 존재하기를 멈춘다. 그러므로 그들 안에는 어떤 때는 형상을 가지나 어떤 때는 형상을 잃어버리는 어떤 것이 있어야 하는데, 우리는 이것을 '질료'(materia)라고 부른다.[154] 따라서 사물들 중에 가장 하위에 속하는 이런 종류의 것들은 질료와 형상의 합성체(ex materia et forma composita)여야 한다. 그러나 창조된 존재자들 중에서 가장 상위의 것은 신의 유사함에 가장 많이 도달한 것이고, 존재하거나 존재하지 않는 가능성을 가지지 않고, 신으로부터의 창조를 통해 영구함을 부여받았다. 질료는 존재하는 바로 자신이라는 측면에서 형상을 통해 있게 되는 존재에 대한 가능성이기 때

---

154 '질료'(materia)는 토마스에게서 일반적으로 구체적인 물체적 사물이라는 뜻으로, 오늘날 사용되는 재료가 아니라 각 물체적 사물을 함께 구성하는 (실체적 또는 우유적) 변화의 실재적 원리를 뜻한다. 여기서 언급된 맥락에서 토마스의 '질료'라는 단어는 더 정확하게 말해 '제1질료'(materia prima)를 의미한다. 그에 따르면, 제1질료는 구체적인 물체적 사물이 자신의 실체적 본질과 관련해 가지게 되는 변화 가능성의 실재 원리이다. 실체적 본질은 실체적인 규정성(실체적 형상, forma substantialis)이라는 실재 원리와 실체적 변화 가능성의 원리(제1질료)로 구성되어 있다. 제1질료의 과제는 오직 실체적으로 규정된 것이 변화 가능한 것이라는 사실을 밝히는 데 있다. 실체적 규정성에 대한 이런 개방성 때문에 제1질료 자체는 순수하게 규정되지 않은 것이어야 한다. 이 두 실재 원리는 다른 것들과의 본질적 일체성 안에서만, 오직 구성된 것 안에서만 실재성을 가진다([68]).

문에, 그 안에 존재하거나 존재하지 않을 가능성을 가지고 있지 않는 그러한 존재자는 질료와 형상으로 합성된 것이 아니라 다만 신으로부터 받은 자기 존재 안에 자립하는 형상이다. 그런데 이런 종류의 실체들은 소멸될 수 없다는 사실이 필연적이다. 모든 소멸될 수 있는 것 안에는 존재하지 않을 가능성(potentia ad non esse)이 있다. 하지만 앞에서 말한 것처럼 이것들[형상으로만 이루어진 존재자들] 안에는 [그럴 가능성이] 없다. 그러므로 이것들은 소멸될 수 없다.

마찬가지로 어떤 것도 자신으로부터 형상이 분리되지 않으면 소멸되지 않는다. 존재는 항상 형상을 따르기 때문이다. 그러나 이런 종류의 실체는 자립하는 형상이기 때문에 자신의 형상으로부터 분리될 수 없고, 따라서 존재를 잃어버릴 수 없다.[155] 그러므로 이런 [실체]는 소멸할 수 없다.

앞서 이야기했던 것들 사이에 어떤 중간의 것이 존재한다. 그들 안에는 비록 존재하거나 존재하지 않을 가능성이 없지만 어딘가를 향할 가능성(potentia ad ubi)은 있다. 이런 종류의 것들은 천체들로서 생성과 소멸을 겪지 않는다. 이들 안에서는 상반되는 것들(contrarietates)이 발견되지 않기 때문이다. 그럼에도 그들은 장소라는 측면에서는 변화 가능하다. 그래서 어떤 것들 안에는 운동과 같이 질료도 발견된다. "운동이란 가능 상태에 있는 것의 현실화이기 때문이다"(est enim motus actus existentis in potentia).[156] 그러므로 이런 종류의 물체들은 생성과 소멸을 겪지는 않고 오직 장소의 변화만이 가능한 질료를 갖는다.[157]

---

155 이 장의 각주 157 참조((69)).
156 토마스는 여기서 아리스토텔레스를 인용한다(『자연학』 III, 1, 201a 10-15): "가능성에 따라 존재하는 것 자체가 현실화되는 것은 의심의 여지없이 운동이다. 따라서 변화 가능한 것으로서의 변화 가능한 것이 [현실화됨]은 변화와 성장이며, 축소될 수 있는 한에서 존재자의 변화는 성장과 축소(애석하게도 공통으로 사용될 명칭이 없다), 생성하고 소멸할 수 있는 존재자의 변화는 생성과 소멸, 장소에 따라 변화할 수 있는 존재자의 변화는 장소 이동이다"((70)).

제75장

비물질적이라고 불리는 어떤 지성적 실체들이 존재한다

Quod quedam sunt substantie intellectuales que immateriales dicuntur

우리가 비물질적이라고 불렀던, 앞서 말한 실체들은 또한 필연적으로 지성적이다. 즉 어떤 것은 질료로부터 자유로워짐을 통해 지성적인 것이 되고,[158] 이것은 곧 이해 작용의 양태 자체로부터 지각될 수 있다는 사실이다. 현실화된 가지적인 것과 현실화된 지성은 하나이기 때문이다 (Intelligibile enim in actu et intellectus in actu sunt unum). 그런데 어떤 것이 질료로부터 분리됨을 통해 현실적으로 가지적이라는 사실은 명백하다. 물질적 사물에 대해 우리는 오직 물질로부터의 추상을 통해서만 지성적 인식을 얻을 수 있기 때문이다. 그러므로 지성에 대해서도 동일한 판단, 즉 비물질적인 것은 지성적인 것이라는 판단이 내려져야 한다.

마찬가지로 비물질적 실체들은 존재자들 중에서 제일의 것이고 최고의 것들이다. 현실태는 본성적으로 가능태보다 앞서기 때문이다(actus naturaliter est prior potentia).[159] 그런데 지성이 모든 사물보다 우월하다는 것은 분명하다. 지성은 물체를 마치 도구처럼 사용하기 때문이다. 그러

---

157 이렇게 토마스는 천체나 비물질적인 실체들(천사와 인간의 영혼)이 본성적으로 소멸되지 않는다고 보았다. 그럼에도 그것들은 신처럼 그 본질에 따라 현존하는 것은 아니다. 신은 그것들을 창조하거나 창조하지 않을 자유를 가지고 있고 (제96장; 『신학대전』 제I부 제19문제 제3절 참조) 그것들을 다시 무화시킬 수 있는 자유도 가진다. 신이 그것들에게서 항상 필요로 하는 보존의 힘을 거두어들이면 그들은 무화된다(『신학대전』 제I부 제104문제 제3절 참조). 그럼에도 신은 사실상 소멸될 수 없는 사물을 무화시키지 않는다. 그 사물이 본성적으로 소멸될 수 없기 때문에 사물의 자연적인 과정에 따라서도 무화시키지 않고, 기적을 통해서도 무화시키지 않는다. 기적은 신적인 힘과 선성을 알리는 데 기여해야 하는데, 신의 선성은 파괴 안에서가 아니라 오히려 사물을 보존하는 데서 드러나기 때문이다(『신학대전』 제I부 제104문제 제4절 참조)([71]).

158 제28장 각주 61 참조.

159 제69장 각주 142 참조([72]).

므로 비물질적 실체들은 지성적이어야 한다.

게다가 존재자들 중에서 어떤 사물이 우월하면 할수록 그 사물은 그만큼 신적인 유사성에 더 가까이 다가간다. 우리는 다음과 같은 사실을 본다. 무생물 같이 가장 열등한 등급의 몇몇 사물들은 오직 존재에 관련해서만 신적인 유사성에 참여할 뿐이다. 어떤 것들은 식물처럼 존재함과 살아 있음에 관련해 참여하고, 어떤 것들은 동물들처럼 감각함에 관련해 참여한다. 그러나 최고의 방식은 신에게 가장 부합하면서 지성을 통해 참여하는 방식이다. 그러므로 최고의 피조물은 지성적인 것이다. 그리고 그것이 그 밖의 피조물들보다 신의 유사성에 더욱 가까이 다가가기 때문에 바로 신의 모상에 따라 만들어졌다고 말하는 것이다.[160]

제76장
그런 실체들은 어떻게 결정에서 자유로운가
Quomodo tales substantie sunt arbitrio libere

병행문헌: 『신학대전』 제1부 제59문제 제3절; 『명제집 주해』 제2권 제23구분 제1문제 제1절; 『대이교도대전』 제II권 제48문제; 『진리론』 제23문제 제1절; 『악론』 제16문제 제5절 참조.

이를 통해 [그 비물질적 실체들이] 결정에서 자유롭다는 사실이 분명해진다. 지성은 무생물처럼 판단 없이 행위하고 욕구하는 것이 아니며, 지성의 판단도 짐승처럼 자연적 충동으로 인하지 않고 다만 자신의 고유한 파악으로 이루어진다. 지성은 목적뿐만 아니라 그 목적과 관련되어 있는 것, 그리고 하나와 다른 것의 관계(habitudo unius ad alterum)도 인식한다. 그렇기 때문에 그 지성 자체가 자기 판단의 원인일 수 있고, 이를 통해 목적 때문에 어떤 것을 욕구하고 행위한다. 그런데 우리는 자기 자

---

160 창세 1,26 이하 참조.

신의 원인인 것(quod sui causa est)을 자유로운 것이라고 한다.[161] 그러므로 지성은 자유로운 판단에 따라 욕구하고 행위한다. 즉 〔지성은〕 결정에서 자유롭다. 그러므로 최고의 실체는 결정에서 자유롭다.

게다가 자유로움은 유일하게 규정된 어떤 것에 구속되지 않는 것이

---

161 토마스는 여기서 아리스토텔레스(『형이상학』 I, 2, 982b 25 이하)를 인용하고 있다. "우리는 다른 이 때문이 아니라 자기 자신 때문에 〔행위하는 사람을〕 '자유로운 사람'이라고 부른다." 그가 사용한 라틴어 번역본은 그리스어 '호 하우투 헤네카'(ὁ αὑτοῦ ἕνεκα)를 불분명하게 'sui causa'라고 번역한다. 그런데 이 표현은 'causa'가 전치사 또는 명사로 이해됨에 따라 '자기 자신 때문에'와 '자기 자신의 원인'이라고 번역될 수 있다. 토마스는 이 'causa'를 종종 명사적으로 이해했고, 이 자유로움(『대이교도대전』 제II권 제48장)을 행위와 관련해 설명한다. 즉 전혀 움직이지 않는 것이나 다른 것에 의해 움직여질 때만 움직이는 것은 자기 스스로 움직이는 것이 아니고 자신의 고유한 행위의 원인일 수도 없다. 오직 스스로 움직이는 것 — 이것은 자신의 인식을 어떤 판단을 향해 움직이는 정신적인 것이다 — 만이 자기 자신으로부터 자기 행위를 이끌어내고 행위에서의 자유를 가지게 된다. 이런 의미에서 자유는 비록 의지적인 행위에 의해 이루어질지라도, 더 깊게는 지성 안에 뿌리를 두고 있다(『신학대전』 제II부 제1권 제17문제, 제1절과 제2절 참조). 왜냐하면 인식하는 판단 안에서 인식자가 사태에 대한 출구를 거쳐 자기 자신의 본성으로 되돌아오는 자발적 운동이 이루어지기 때문이다(『진리론』 제1문제 제9절 참조). 자발적 운동 안에서 인간은 강요와 억압으로부터 자유로워지고, 다른 것 때문에 행위하는 것이 아니라 자기 자신을 규정한다. 자기-자신을-규정하는-자로서 인간은 자신의 현존하는 모습을 기획한다. 이는 그가 어떤 목적을 결정하고 이런 의미에서 자기의 특정한 존재 실현의 원인이라는 것을 통해 이루어진다. 그러므로 인간이 결코 실존에 따라 그리고 인간으로서 자기 본질이라는 관점에서 자기 자신의 원인이 아니라면(그의 존재는 그에게 선물로 주어진 것이고, 그의 본질은 이미 주어져 있는 것이기 때문이다), 그럼에도 그는 (그가 자기 행위 지평의 이미 이루어진 자유로운 선택 안에 근거를 지닌 행위를 결정한다는 측면에서) 주어져 있는 것으로서의 자기 본질을 꾸밈으로써 그의 인격적인 본질 형태를 기획하고 포착하게 된다(『신학대전』 제II부 제1권 제12문제 참조). 토마스의 자유 이론을 이렇게 해석함으로써 장-폴 사르트르(Jean-Paul Sartres)의 '기획'(projet)의 정당한 측면이 수용될 수 있다. 그러나 동시에 (전반적으로 과제로서 이해되어야 할) 인간 본성의 원칙은 보존된다(〔73〕). 토마스의 자유 이론이 지니고 있는 내용과 의미에 대해서는 이재룡, 1995b, 2000a; 이경재, 2003a; 신창석, 2004b; 김율, 2005a, 2005c 등 참조.

다. 그런데 지성적 실체의 욕구는 유일하게 규정된 어떤 선에 구속되지 않는다. 그것〔지성적 실체의 욕구〕은 선에 대한 보편적인 지성의 파악을 따르기 때문이다. 그러므로 지성적 실체의 욕구는 각각의 선들과 공통적으로 관계를 맺고 있기 때문에 자유롭다.

제77장
그들〔지성적 실체들〕 안에는 본성의 완전성에 따라
질서와 등급이 존재한다

Quod in eis est ordo et gradus secundum perfectionem nature

이 지성적 실체들이 특정한 등급에 따라 다른 실체들보다 앞서는 것처럼 이 실체들 자체를 어떤 등급에 따라 서로 구별하는 것도 필연적이다. 즉 그들은 질료를 가지고 있지 않기 때문에 서로 질료적 차이에 따라 구별될 수는 없다. 따라서 그들 안에 다수성(pluralitas)이 존재한다면 그것은 형상적 구별을 통해 생겨난 것임에 틀림없고, 이 차이는 종의 다양성을 이루는 것이다.[162] 종의 다양성을 받아들이는 것은 무엇이나 필연적으로 그 안에서 어떤 등급과 질서를 고려해야 한다. 그 이유는 수에서 한 단위의 더하기와 빼기가 그 종을 변화시키는 것처럼 〔종적〕 차이의 더하기와 빼기를 통해 자연적 사물이 종적으로 서로 다른 것으로 발견되기 때문이다. 마치 오직 생명만을 지닌 것이 생명을 지니고 감각할 수 있는 것과 다르고, 생명을 지니고 감각할 수만 있는 것이 생명을 지니고 감각할 수 있으며 이성적인 것과 다르듯이 말이다. 따라서 앞서 말한 비물질적 실체들은 특정한 등급과 질서에 따라 서로 다르다는 것이 필연적이다.

---

162 제15장 참조. "그러므로 천사가 질료와 형상으로 합성되지 않았다면, ······ 그것은 한 종에 두 천사가 존재할 수 없다는 사실이 귀결된다"(『신학대전』 제I부 제50문제 제4절)(〔74〕).

제78장

어떻게 그들(지성적 실체들) 안에는
이해 작용에서 질서와 등급이 존재하는가

Qualiter est in eis ordo et gradus in intelligendo

한 사물의 실체가 지닌 (존재) 방식에 따라 그 행위 방식이 (성립되기) 때문에, 그들 중 더 상위의 것은 더 고상하게 이해하는 것이 필연적이다. 그들이 더욱 보편적이고 더욱 단일성을 지닌 가지적 형상과 능력을 가지고 있기 때문이다. 그러나 더 하위의 것은 이해 작용에서 더 취약하며, 더 다수화되고 덜 보편적인 형상을 가지기 때문이다.[163]

제79장

그것을 통해 인간이 이해하게 되는 실체는
지성적 실체의 유 중에서 최하위의 것이다

Quod substantia per quam homo intelligit

est infima in genere substantiarum intellectualium

사물에는 무한 소급이라는 것이 없기 때문에 앞서 말한 실체들에서 최고의 것, 즉 신에게 가장 가까이 가는 것이 발견되는 것처럼 물체적 질료에 가장 가까이 가는 최하위의 것이 발견되는 것은 필연적이다. 이 것은 다음과 같은 식으로 분명해질 수 있다. 말하자면 이해 작용은 다른 동물들을 능가하는 인간에게 부합한다. 인간만이 오직 이해 작용만으로 포착되는 보편적인 것과 사물의 관련성과 비물질적 사물을 고찰한다는

---

163 가지적 형상은 '인식상'이다(제30장 각주 65 참조). 신은 순수한 영에는 그것을 주입했는데, 특히 그들 중 더 상위의 것에는 더 포괄적이고 덜 다수화된 것을 주입했다(제81장 각주 169 참조)((75)).

사실이 명백하기 때문이다. 그러나 〔사물을〕봄이 눈을 통해 수행되는 것처럼 이해 작용이 신체적 기관을 통해 이루어지는 행위일 수는 없다. 인식하는 능력의 모든 도구는 그 자체를 통해 인식되는 사물의 그 유(類)를 필연적으로 결여하고 있어야 하기 때문이다. 마치 눈동자가 본성적으로 색깔을 결여하고 있듯이 말이다. 색깔의 종(種)이 눈동자에 수용되는 한에서 색깔이 인식되는 것처럼 수용하는 것은 수용되는 것으로부터 완전히 벗어나 있어야만 한다.[164] 그러나 지성은 모든 감각적 본성을 인식하는 능력을 지니고 있다. 그러므로 그것이 만일 신체적 기관을 통해 인식한다고 가정하면, 그 기관은 모든 감각적 본성으로부터 벗어나 있어야만 할 것이다. 그러나 이것은 불가능하다.

마찬가지로 모든 인식 능력을 지닌 이성[165]은 인식상(species cogniti)이 자기 자신 안에 존재하는 방식으로 인식하게 된다. 이것〔인식상〕이 그것의 인식함의 원리이기 때문이다. 그런데 지성은 대상을 비물질적으로 인식하고, 본성적으로 물질적인 것도 마찬가지로 개체화하는 물질적 조

---

164 다른 곳에서 토마스는 이 법칙을 더 자세히 설명하고 있다. "한 능력이 자기 대상의 종으로부터 완전히 벗어나 있다는 사실은 감각적인 능력에서 항상 진실인 것은 아니다. 즉 이것은 일반적 대상을 가지고 있는 능력에서는 부합하지 않는다. 예를 들어 〔한 사물의〕본질을 대상으로 삼는 지성은 하나의 본질을 소유하고 있다. 그러나 그는 자신이 받아들이는 특정한 형상으로부터는 벗어나 있어야만 한다. 또한 이것은 촉각에서도 부합하지 않는다. 그것이 특별한 대상을 가지고 있다면, 그 대상은 동물의 필수적인 상태에 속하기 때문이다. 따라서 그 신체는 전적으로 따뜻함과 차가움 없이 존재할 수 없다. 그럼에도 그것은 중간 정도의 상태를 가지고 있다는 측면에서 어느 정도 따뜻함과 차가움의 바깥에 놓여 있다. 그러나 그 중간 것은 양극단의 어디에도 속하지 않는다"(『진리론』제22문제 제1절 제8이론에 대한 해답) (〔76〕).

165 '이성'(ratio)이란 단어는 여기서 전체적인 인식 능력, 즉 감각적 인식 능력뿐만 아니라 지성적 인식 능력까지 포괄한다. 우리는 이미 감각 영역에서도 전이된 의미에서 '이성'에 대해 말할 수 있다. 감각적 판단 능력이 감각적으로 주어진 복잡한 사태에 대해 해당 동물에게 도움이 되거나 해가 될 것으로 판단하는 경우가 그러하다(〔77〕).

건으로부터 보편적인 형상을 추상해 냄으로써 인식한다. 그러므로 인식된 사물의 종이 지성 안에 물질적으로 존재하는 것은 불가능하다. 따라서 그것은 신체적 기관 안에 받아들여지지 않는다. 모든 신체적 기관은 물질적이기 때문이다.

같은 내용이 너무 강한 감각적인 대상에 의해 감각이 약화되거나 파괴된다는 사실에서도 명백해진다. 큰 소리에 의해 청각이, 너무 밝은 사물에 의해 시각이 그렇게 되는 것처럼 말이다. 이런 일이 벌어지는 것은 신체의 조화가 해체되어버리기 때문이다. 그러나 지성은 가지적 대상의 탁월함에 의해 더욱 강화된다. 왜냐하면 더 높은 가지적 대상을 인식한 이는 다른 것을 더 못하게 인식하는 것이 아니라 더 잘 인식할 수 있기 때문이다. 따라서 인간은 이해하고 있고 인간의 이해 작용이 신체적 기관을 통해 이루어지는 것이 아니라면, 그것을 통해 인간이 이해하게 되는 어떤 비물체적 실체(substantia incorporea)가 존재해야만 한다.[166] 또한 그 자체로 육체 없이 행위할 수 있는 것은 그의 실체도 육체에 의존하지 않기 때문이다. 육체 없이 그 자체로 자립할 수 없는 능력이나 형상은 육체 없이는 작용을 할 수 없다. 예를 들어 열은 그 자체로 뜨거워지는 것이 아니라 열을 통해 한 물체가 뜨거워지는 것이다. 그러므로 그것을 통해 인간이 이해하는 이러한 비물체적 실체는 지성적 실체의 유(類) 중에서 최하위의 것이고 가장 질료에 가까운 것이다.

---

166 우리는 차라리 영혼이나 '지성'이 이해한다라고 말하기보다 그 '인간'이 이해한다고 말하는 것이 나을 것이다. 그 행위는 전적으로 자립적인 존재자에게 속하기 때문이다(actiones sunt suppositorum). 한 인간의 모든 행위에서는 그 인간 전체가 작용하고 있다((78)).

제80장

이해하는 자 안에 있는 지성의 차이에 대하여

De differentia intellectuum in intelligendo

지성이 감각보다 위에 있는 것처럼 지성적 존재는 감각적 존재보다 위에 있으며, 존재자들 중에서 열등한 것은 그들이 할 수 있는 한 우월한 것을 모방한다. 생성 가능하고 소멸 가능한 물체가 어떤 방식으로 천체의 순환을 모방하듯이 말이다.[167] 그렇기 때문에 감각적인 것이 지성적인 것과 자신의 방식으로 같게 되는 것은 필연적이다. 그래서 우리는 감각적인 것의 유사성으로부터 어떻든 지성적인 것의 지식으로 나아갈 수 있다. 그러나 감각적인 것들 중에서 마치 최고의 어떤 것은 현실태인 것, 즉 형상이고, 최하위의 어떤 것은 오직 가능태인 것, 즉 질료이며, 중간적인 어떤 것은 질료와 형상으로 합성된 것이다. 마찬가지로 지성적인 존재에서도 이렇게 고찰되어야 한다. 말하자면 최고로 지성적인 것, 즉 신은 순수 현실태이다. 그러나 다른 지성적 실체는 지성적 존재에 따라 어떤 것을 현실태와 가능태로부터 가지는 것이다. 지성적 실체들 중에서 최하위의 것, 즉 그것을 통해 인간이 이해하는 것은 마치 지성적 존재 안에서 단지 가능태로 있는 것과 같은 것이다. 또한 인간은 처음에는 가

---

167 아리스토텔레스에 따르면, '월하(月下) 세계'(제3장 각주 14 참조)의 영역에서 '불완전한' 운동에 의해 서로 변환되는 모든 것은 천체의 완전한 원운동을 모방한다. 생성과 소멸의 법칙에 따르는 월하 세계는 네 요소로 구성되어 있다. 흙, 물, 불, 공기라는 네 요소는 서로 변환되며 동시에 서로 결합되고, 그래서 '혼합된' 결합체를 만들기도 한다. 그 요소들의 다소간의 조화로운 혼합의 결과로 합성된 실체는 천체로부터 지상으로 쏟아지는 특정한 영향을 체험할 수 있게 된다. "이제 물로부터 공기가 공기로부터 불이 발생하고, 다시 불로부터 공기가 공기로부터 물이 발생한다면, 우리는 이런 생성 과정이 원형을 이루게 되었다고 말한다. 그 과정은 다시 자신의 출발점으로 되돌아갔기 때문이다"(『생성소멸론』 II, 10, 〔337a 1-6〕). 천체로부터 영향을 받은 이러한 생성과 소멸의 원운동은 천계(天界)의 동심 운동을 모방한다(〔79〕).

능태로만 이해하는 것으로 드러나고 나중에 점차적으로 현실태로 환원된다는 사실도 이를 증명한다. 따라서 그것을 통해 인간이 이해하는 것을 '가능 지성'(intellectus possibilis)이라고 부른다.

제81장
가능 지성은 가지적 형상을
감각적 사물로부터 수용한다
Quod intellectus possibilis accipit formas
intelligibiles a rebus sensibilibus

병행문헌:『신학대전』제I부 제84문제 제6절;『진리론』제10문제 제6절; 제19문제 제1절;『영혼론』제15절;『자유토론 문제집』제VIII권 제2문제 제1절 참조.

이미 언급한 바와 같이,[168] 지성적 실체가 상위의 것일수록 그만큼 더 보편적인 가지적 형상을 가지기 때문에, 우리가 가능적이라고 말했던 인간의 지성은 다른 지성적 실체에 비해 덜 보편적인 형상을 가질 것이라는 결론이 나온다.[169] 이런 까닭에 〔인간의 지성은〕 가지적 형상을 감각적 사물로부터 수용한다는 사실이 귀결된다.

또한 이것은 다른 방식으로 고찰하는 것에서도 분명해질 수 있다. 즉 형상은 수용할 수 있는 것에 비례해야만 한다. 그러므로 인간의 가능 지

---

168 제76장 참조.

169 "창조된 지성이 상위의 것일수록 그는 무수한 사물의 인식을 위해 필요한 형상을 적게 필요로 한다. …… 심지어 가장 하위의 천사들에게서조차 그들이 유일한 형상을 통해 한 종의 모든 개체를 인식할 수 있다는 의미에서 보편적인 형상이 발견된다. 그래서 그 천사가 각 개체를 다양하게 바라보는 것에 부합해 각 인식상은 개별 사물 각각에 고유한 것이다. 마찬가지로 신적 본질은 다양한 관점에 따라 개별 사물의 고유한 원형이 된다"(〔80〕).

성이 모든 지성적 실체 중에서 물체적 질료에 더 가까운 것으로 나타나는 것처럼 그것의 가지적 형상도 물질적 사물에 가장 가깝다는 사실은 필연적이다.

제82장
인간은 이해하기 위해 감각 능력을 필요로 한다
Quod homo indiget potentiis sensitiuis ad intelligendum

병행문헌: 제81장의 병행문헌 참조.

물체적 사물 안에 있는 형상은 개별적인 것이고 질료적 존재(materiale esse)를 지닌 것이라는 사실에 주목해야 한다. 반면에 지성 안에 있는 (형상은) 보편적인 것이고 비물질적인 것이다. 이해 작용의 양태가 이런 사실을 증명한다. 우리는 보편적이고 비물질적으로 인식하기 때문이다. 그러나 이해 작용의 양태는 그것을 통해 우리가 인식하는 가지상에 필연적으로 부합해야만 한다. 그러므로 한 끝에서 다른 끝으로는 오직 중간(매개체, medium)을 통해서만 도달할 수 있기 때문에, 형상은 물체적 사물로부터 지성까지 어떤 매개체를 통해 도달하게 된다. 이런 종류의 (매개체는) 감각적 능력인데, 이 능력이 질료적 사물의 형상을 질료 없이 수용하게 된다. 눈 속에 돌의 상이 형성되지만 그 질료가 (형성되는 것은) 아니다. 그럼에도 감각적 능력 안에 사물의 형상은 개별적 형태로 수용되는데, 우리는 감각적 능력을 통해 오직 개별적인 것만을 인식하기 때문이다. 그러므로 인간은 이해하는 바에 대해서는 또한 감각도 가지고 있어야 한다.

이런 사실에 대한 증거는, 하나의 감각이 결여된 사람에게는 그 감각으로 파악되는 감각적인 것에 대한 지식이 결여된다는 사실이다. 마치 장님으로 태어난 사람은 색깔에 대한 지식을 가질 수 없는 것처럼 말이다.

제83장

능동 지성을 설정해야 함은 필연적이다

Quod necesse est ponere intellectum agentem

병행문헌: 『신학대전』제I부 제79문제 제3절; 제54문제 제4절; 『대이교도대전』제II권 제77장; 『영혼론』제4절; 『영혼론 주해』제III권 제10강 참조.

이로부터 우리 지성 안에 있는 사물의 지식은 플라톤주의자들이나 그들을 따르는 특정한 다른 이들이 가정했던 것처럼[170] 현실적으로 가지적이고, 그 자체로 자립하는 형상의 분유나 영향을 통해 야기되는 것이 아니라 지성이 감각적 사물로부터 감각의 매개를 통해 그것을 얻게 된다는 사실이 명백해진다. 그러나 이미 언급한 바와 같이,[171] 감각적 능력 안

---

170 아리스토텔레스와는 반대로 플라톤은 자연 사물의 형상을 이데아로서 그 자체로 자립적이고 질료로부터 독립적으로 존재할 수 있다고 가르쳤다(질료적인 것 안에 이데아가 실현되는 것은 임시적인 것이고 그 존재의 충만함을 제한하는 이데아의 포기이다). 또한 그는 형상을 부여하는 이데아를 '인식상'으로 파악했으며, 이데아에 대한 참여를 통해 한편으로 질료는 개별 사물이 되고, 다른 한편으로 우리의 지성 능력은 개별 사물을 인식하기 위해 그들의 종과 유로 형성된다고 가르쳤다. ─ 이와 반대로 토마스는 아리스토텔레스를 따라 다음과 같이 가르쳤다. 이데아는 질료 없이는 현존할 수 없기 때문에 질료 안에 실현된 형상 또한 완성된 형태로 이해 가능하지 못하다. 그럼에도 인식할 수 있게 하기 위해 지성에 실제적으로 작용하는 힘은 물질적인 사물로부터 그 형상을 '인식상'으로서 분리해 내야 한다. 토마스는 아리스토텔레스와 함께 각 개별 인간의 영혼 안에 있는 이 능동 지성을 그들의 고유한 능력으로 간주했다. 그럼으로써 그는 자기 스승과 함께 플라톤처럼 그러한 지성적 능력을 가정하지 않고도 우리의 지성적 인식을 설명할 수 있으리라고 믿었던 사람들뿐만 아니라 다음과 같은 사람들에 대해서도 반대했다. 즉 창조되고 개별 인간에 속하는 능력은 무시한 채 신적 지성 자체를(아우구스티누스), 혹은 어떠한 그 자체로 현존하는 공통적인 지성적 존재를 능동 지성으로 간주하거나(아비첸나) 또는 가능 지성과 능동 지성 모두를 의미하는 것으로(아베로에스) 간주하는 이들에 대해서도 반대했다((81)).

171 제82장 참조.

에 있는 사물의 형상은 개별적인 것이기 때문에, 현실적으로 가지적인 것이 아니라 오직 가능태로만 [가지적이다].[172] 지성은 오직 보편적인 것만을 인식하기 때문이다. 그러나 가능 상태에 있는 것은 오직 어떤 작용자에 의해서만 현실태로 환원된다. 그러므로 감각적 능력 안에 실존하는 종은 현실적으로 가지적인 것으로 만드는 어떤 작용자가 존재해야만 한다. 그러나 가능 지성이 이것을 행할 수는 없다. 가능 지성은 가지적인 것에 능동적으로 작용하기보다는 오히려 가지적인 것에 대해 가능 상태에 있기 때문이다. 그러므로 가능 상태에 있는 가지상을 현실적으로 가지적인 것으로 만들어 주는 다른 지성을 가정하는 것이 필연적이다. 마치 빛이 가능적으로 가시적인 색깔을 현실적으로 가시적인 것으로 만드는 것처럼 말이다. 우리는 이것을 '능동 지성'(intellectus agens)이라 부른다. 만일 플라톤주의자들이 주장했던 것처럼 사물의 형상이 현실적으로 가지적인 것이라고 가정한다면, 이를 가정할 필요는 없었을 것이다.

그러므로 첫째로 이해하기 위해 우리에게 가지상의 수용자인 가능 지성이 더욱 필수적이다. 둘째로는 가지적인 것을 현실화시키는 능동 지성이 필수적이다.[173] 그러나 가능 지성이 가지상을 통해 완성되었을 때

---

172 감각 안에 있는 형상은 본래 그 개별성(특수성) 때문이 아니라 질료 안에 매어 있음 때문에 오직 가능 상태로만 이해 가능하다. 그 불완전성 때문에 협소함과 어두움의 원인인 질료는 그 자체로 자신의 질서에서 무제한적이고 이해 가능할 수 있는 형상을 이러한 개별자로 만들고 그 이해 가능성을 방해한다. 감각은 사물의 형상을 아마도 질료 없이 받아들일지라도, 개별 사물의 질료적인 조건은 포함한 채 받아들인다. 그렇기 때문에 감각은 보편적인 것이 아니라 개별적인 것을 인식한다. 이런 조건들로부터 해방됨(추상함)으로써 형상은 완성된 형태로 인식 가능해질 뿐만 아니라 보편적이 된다((82)).

173 요약해 보자. 지성의 인식은 본질적으로 (외적이고 내적인) 감각의 인식과 구별된다(제79장 시작 부분 참조). 다른 한편으로 인간의 지성은 그에게 주입된 인식상을 본성적으로 가지고 있는 것은 아니다(제80장 끝 부분 참조). 그것은 인식상을 자립하고 이해 가능한 형상으로부터 얻는 것이 아니라(제83장 시작 부분 참조) 감각으로부터, 직접적으로는 표상력으로부터 얻는다(이마누엘 칸트의 구상력 [Einbildungskraft]의 역할과 비교해 볼 것). 그러나 이제 그 표현상은 질료적 능력

는 습성(소유) 상태의 지성(intellectus in habitu)이라고 불린다. 이것은 가지상을 이미 그가 원할 때 사용할 수 있도록, 즉 순수한 가능태와 완성된 현실태의 중간과 같은 방식으로 소유하고 있기 때문이다. 그러나 그것이 앞서 말한 상을 완성된 현실태의 형태로 소유하고 있을 때는 현실화된 지성(intellectus in actu)이라고 불린다. 〔그 지성은〕, 사물의 상이 가능 지성의 형상이 되었을 때, 그 사물을 현실적으로 이해하기 때문이다. 이 때문에 현실화된 지성은 현실적으로 이해된 것(intellectus in actu est intellectum in actu)[174]이라고 말한다.

의 행위가 추구하는 목표(terminus)이고 개별적인 질료적 조건에 매여 있다. 그러므로 그것은 질료적이기 때문에 비물질적인 가능 지성을 규정할 수 없다. 행위하는 것은 행위를 겪는 것보다 탁월해야 하기 때문이다. 그러므로 가능 지성 이외에 다른 비물질적 능력이 존재해야 한다. 그리고 이 능력은 표현상을 가지고 가능 지성에 지성적인 인식상을 각인시키기 위해 표현상을 도구로 사용한다. 이 능력이 바로 능동 지성이다.

오해에 빠지지 않기 위해 다음과 같은 사실에 주의해야 한다. 능동 지성은 본래적인 의미에서 지성이 아니다. 그것은 인식 능력이 아니라 인식을 규정하는 능력이다(제86장 참조). ─ 그것에 의해 완수된 추상은 여러 사물이나 개념을 서로 비교하고 공통적인 것을 추출해 냄으로써 이루어지는 것이 아니다. 오히려 그것은 이해 작용을 선행하고 있다. ─ 가능 지성은 그 이름이 추정하게 만드는 바와 같이, 모든 관점에서 단순히 받아들이거나 겪는 역할만을 하는 것은 아니다. 실제로 그것은 능동 지성으로부터 각인된 인식상을 받아들이지만, 그것을 통해 현실화되고 마치 작용하는 원인처럼 인식 행위와 그 행위의 내적인 목표, 즉 정신적인 말을 만들어 낸다(제38장 각주 81 참조)(〔83〕).

174 아리스토텔레스, 『영혼론』 III, 4〔10〕, 430a 3 이하.

제84장

인간 영혼은 소멸될 수 없다

Quod anima humana est incorruptibilis

병행문헌: 『신학대전』 제I부 제75문제 제6절; 『명제집 주해』 제2권 제19구분 제1문제; 제4권 제50구분 제1문제 제1절; 『대이교도대전』 제II권 제79장 이하; 『영혼론』 제14절; 『자유토론 문제집』 제X권 제3문제 제2절 참조.

앞에서 다루었던 것에 따라 인간으로 하여금 이해하도록 하는 지성 (intellectu〔s〕 quo homo intelligit)은 소멸되지 않는다는 것이 필연적이다. 각각의 것은 존재를 가지고 있는 것에 따라 그렇게 작용하기 때문이 다. 그런데 지성은 이미 밝혀진 바와 같이,[175] 육체가 자신과 관계를 맺 지 않는 방식으로 작용한다. 이로부터 지성은 스스로 작용하고 있다는 사실이 분명해진다. 그러므로 지성은 자신의 존재 안에 자립하는 실체 (substantia subsistens in suo esse)이다. 그런데 앞에서[176] 지성적 실체는 소 멸될 수 없다는 사실이 밝혀졌다. 그것을 통해 인간이 이해하는 지성은 소멸될 수 없다.

게다가 생성과 소멸의 고유한 주체는 질료이다. 따라서 각각의 것은 질료에서 멀어지는 그만큼 소멸에서도 멀어진다. 질료와 형상으로 합 성된 것은 그 자체로 소멸 가능한 것이기 때문이다. 그런데 질료적 형상 들(forme materiales)은 그 자체로가 아니라 우유적으로 소멸 가능한 것이 다.[177] 질료와의 연관 관계(materie proportionem)를 뛰어넘는 비물질적인 형상은 전적으로 소멸될 수 없는 것이다. 지성은 자기 본성상 질료를 넘

---

175 제79장 참조.

176 제74장 참조.

177 그 자체로 생성과 소멸 가능한 것은 그것이 본래적으로 속하는 것, 즉 질료와 형상 으로 합성된 것이다. 형상은 본래 존재하는 어떤 것이라기보다 그것을 통해 합성 체가 존재하는 것이다. 그러므로 형상은 그 자체로 소멸되지 않고 합성체가 소멸 될 때 우유적으로 소멸될 뿐이다(〔84〕).

어서 상승하는데, 이는 그 작용이 드러내는 바이다. 우리는 오직 어떤 것을 질료로부터 분리함을 통해서만 이해하기 때문이다. 그러므로 그 본성상 지성은 소멸될 수 없다.

마찬가지로 소멸은 상반됨(contrarietas)이 없이는 있을 수 없다. 아무 것도 자기와 상반된 것에 의해서가 아니라면 소멸되지 않기 때문이다. 그러므로 그 안에 상반됨이 없는 천체는 소멸될 수 없다.[178] 그러나 상반됨은 지성의 본성과는 거리가 먼데, 자체로 상반된 것도 지성 안에서는 상반되지 않는다는 측면에서 그렇다. 상반된 것의 가지적 개념 (contrariorum ratio intelligibilis)은, 〔그 상반된 것 중의〕 하나를 통해 다른 것을 알게 되므로, 하나이기 때문이다. 그러므로 지성이 소멸 가능하다는 사실은 불가능하다.[179]

제85장
모든 이 안에 유일한 가능 지성이 존재하지는 않는다
Quod non est unus intellecuts possibilis im omnibus

병행문헌: 『신학대전』 제I부 제76문제 제2절; 『명제집 주해』 제1권 제8구분 제5문제 제2절; 제2권 제17구분 제2문제 제1절; 『대이교도대전』 제II권 제73장, 제75장; 『진리론』 제10문제 제9절; 『영적 피조물론』 제9절; 『영혼론』 제3절; 『단일지성론』; 『영혼론 주해』 제III권 제8강 참조.

아마도 어떤 사람은 지성이 소멸될 수 없지만 모든 인간에게서 하나

---

178 제74장 각주 156 참조.
179 토마스의 『신학대전』(제I부 제75문제 제6절)에 따르면, 두 번째 증명과는 반대로 이 세 번째 증명은 사람들이〔파리의 초기 프란치스코 학파, 즉 헤일즈의 알렉산 더와 그의 위대한 제자 보나벤투라(Bonaventura, 1217~74), 그리고 그 제자들과 함께〕 창조된 정신적인 실체는 형상과 비물체적 질료로 합성되었다고 가정할 때에만 유효하게 남아 있을 수 있다(〔85〕).

이고, 따라서 모든 인간이 소멸한 후에도 남아 있는 것이라고는 오직 그 것 하나뿐이라고 말할 수도 있을 것이다.[180] 그런데 모든 이에게 단 하

---

180 이 의견은 아랍 철학자 아베로에스(아랍어 이름으로는 이븐 루시드Ibn Rushd)가 주장했다. 그는 코르도바에서 법관과 의사로 활동했는데, 자기 시대의 모든 지식 을 섭렵하고 있었고 수많은 의학, 천문학, 철학 작품을 저술했다. 그의 아리스토 텔레스 주해서들을 통해 그는 자신이 특히 신플라톤주의적인 사상들로 확장한 아 리스토텔레스 철학이 아랍인들에게 수용되는 데에 결정적으로 기여했다. 이 주해 서들은 아비첸나의 의역 주해를 몰아냈고 1230년경에 라틴어로 번역되었다(이것 들을 프리드리히 2세의 궁정 천문학자였던 미카엘 스코투스(Michael Scotus)가 팔레르모에 있는 황제의 궁전으로 가져왔고 그의 지휘 아래 번역가들이 번역했 다). 이 주해서들은 스콜라 철학의 '아리스토텔레스주의' 발전에 엄청난 규모로 영향을 끼쳤고, 이후 사람들은 (아리스토텔레스를 '철학자'라고 부르듯이) 아베 로에스를 간단히 '주해가'라고 불렀다. ─

아베로에스는 모든 인간의 지성 능력, 가능 지성과 능동 지성으로서의 지성은 오 직 유일한 것이고 개별적인 인간 영혼으로부터 분리된 실체라는 사실을 아리스 토텔레스에게서 뽑아낼 수 있다고 믿었다(일종의 단일지성론). 이에 따르면, 인 간 영혼은 사멸 가능하다 ─ 불멸하는 것은 단일하고 분리된 지성적 영혼(anima intellectiva) 뿐이다. ─ 〔아베로에스의 전체 체계가 아니라 ─ 가끔 오늘날까지 그릇된 방식으로 추정되는 바와 같이 ─ 체계로서의 '아베로에스주의'란 아마도 14세기에서야 비로소 존재했다.〕

이 학설은 13세기의 브라방의 시제(Siger de Brabant)와 극단적인 아리스토텔레 스주의자들에 의해 수용되었다. 브라방의 시제와 그의 추종자들은 이러한 학설 이나 다른 그리스도교 신앙이 수용할 수 없는 학설들을(예를 들어 세계의 영원성 등)을 단순히 아베로에스를 맹목적으로 추종하기 위해 수용했던 것이 아니다. 그 들은 그들의 스승인 아리스토텔레스의 '영혼에 대한'(περὶ ψυχῆς) 학설을 가능 한 한 충실하게 설명하려는 의도를 가지고 있었다. 이 과정에서 그들은 자기들과 마찬가지로 아리스토텔레스의 학설을 철학적 탐구의 기반으로 삼고자 했던 토마 스를 다음과 같이 비판했다. 즉 토마스는 계시신학적 해석을 통해 아리스토텔레 스를 위조하고 '그리스도교화'했다는 것이다. '이교도' 아리스토텔레스가 어떻 게 '그리스도교적인' 사상가에 의해 해석되어야 하는가라는 질문에 직면해 토마 스는 두 가지 극단 사이에서 중간을 유지했다. 그는 '아우구스티누스주의자' 보 나벤투라(무엇보다도 그의 초기 작품들에서 아리스토텔레스에게 열광하는 추 종자였던 그는 나중에 브라방의 시제의 극단적인 아리스토텔레스주의라는 급박 한 위험에 직면해 날카롭게 '철학자들'에 대해 비판하는 입장을 취했다)에 의해 "진지하게 제안을 받았다. 즉 그의 커다란 영향력 때문에 아리스토텔레스가 가

르쳤다고 하는 거짓들에 대해 침묵해야 한다고 ……" 말이다. 이와 반대로 브라 방의 시제는 토마스로 하여금 아리스토텔레스를 더 정확하게 따르도록 요구했 다. "사람들은 진리보다도 철학자의 의견을 전달할 궁리만 해야 한다"(J. Pieper, *Hinführung zu Thomas von Aquin*, München 1958, S. 79(국역본: 요셉 피퍼, 신창 석 옮김, 『토마스 아퀴나스: 그는 누구인가』, 분도출판사, 2005)).

이 두 입장을 거슬러 토마스에게서 철학 연구에서 결정적인 것은 과거의 철학자 들이 생각했던 것을 발견해 내는 것이 아니라 사물의 진리가 어떤 관계를 맺고 있는가를 탐구해 내는 것이다(『천체론 주해』 I, 22 참조). 이러한 진리 탐구에서 그는 아리스토텔레스가 생각했던 것들이 진리와 모순될 때 그것을 감추려고 하 지 않았다. 토마스에게서는 그것이 신앙의 가르침과 무슨 상관이 있는가와 그 철 학자의 문장들을 어떻게 해석해야 하는가가 분명하지 않았다(『피에르 타랭테즈 (Pier Tarentaise)의 작품들에서 뽑아낸 108문항 회신』 제42항 참조). 그러므로 브 라방의 시제가 아리스토텔레스를 아리스토텔레스 '자체'로서 파악하고자 했다 면 토마스는 아리스토텔레스로부터 이 진리에 대해 질문하기를 원했으며, 그 과 정에서 무엇보다 신앙의 가르침을 이끌려 했다.

이와는 반대로 브라방의 시제로 대표되는 파리 대학 교수진은 아리스토텔레스를 다음과 같이 이해하고 선포했다. 여기서 그리스도교 계시의 진리는 전혀 상관 없 다는 것이 원칙으로서 강조되어야 한다는 것이다. ── 그들의 '아리스토텔레스에 대한 충성심'에도 불구하고 13세기 단일영혼론의 대변자들은 '아베로에스주의 자'라고 불렸다. 토마스는 브라방의 시제에 대한 자신의 중요한 반박서를 『아베 로에스주의자들을 거스르는 단일지성론』(*De unitate intellectus contra Averroistas*, 약칭 '단일지성론')이라고 명명했다. '철학자' 아리스토텔레스를 높게 평가한다 는 점에서 '아베로에스주의자들'과 토마스는 의견이 일치했다. 그래서 그들은 전 통적인 '아우구스티누스주의자들'에 의해 공격을 받았다. 토마스는 브라방의 시 제를 거슬러 격렬하게 공격했고 '아우구스티누스주의자'은 이교도 철학자들 의 오류를 거슬러 싸움을 벌였다.

결국 대학 총장이자 파리의 주교였던 스테파누스 텅피에(Stephanus Tempier)는 1270년 12월 10일에 13개의 '아베로에스주의적인' 명제와 동시에 토마스의 2개 의 명제를 단죄했다. 1277년 3월 7일에 텅피에는 더 확장된 '아베로에스주의자들' 의 210개 명제와 토마스의 9개 명제를 단죄했다. (마찬가지로 11일 후에 캔터베리 의 대주교 로베르투스 킬워드비(Robertus Kilwardby)는 30개의 명제를 단죄했고, 그 중에는 토마스의 명제들도 포함되었다). 이와 관련해 브라방의 시제는 1277년 11월 23일에 발의 시몬(Simon du Val)이라는 종교재판관에 의해 소환되자, 교 황의 궁정이 있는 오르비에토로 도망가서 연금 상태에 놓여 있다가 교황 마르티 누스 4세(Martinus IV) 때인 1282년경 자기 비서에 의해 살해되었다. 1270년과 1277년에 단죄되었던 토마스의 명제들은 그가 성인품에 오른 후에 단죄 목록에

나의 지성만이 존재한다는 사실은 다양한 방식으로 설명될 수 있다. 첫째, 가지적인 〔대상의〕 측면에서 그렇다. 내 안에 있는 지성과 당신 안에 있는 지성이 다르다면, 내 안에 있는 가지상과 당신 안에 있는 가지상이 달라야만 하고, 결과적으로 내가 이해한 인식 내용과 당신이 인식한 내용이 다를 것이다. 그러므로 이해된 지향(인식상)은 개인의 수에 따라 다수화될 것이고, 그렇게 되면 그것은 보편적인 것이 아니라 개별적인 것이 될 것이다. 이로부터 그것은 현실적으로 이해된 것이 아니라 오직 가능 상태로만 이해된 것이라는 결론이 내려질 것처럼 보인다. 개별적인 지향(인식상)은 현실적으로가 아니라 오직 가능 상태로만 가지적인 것이기 때문이다. 그 다음으로는, 지성은 자기 존재 안에서 자립하는 실체라는 사실이 밝혀졌지만,[181] 역시 이미 앞에서 밝혀진 바와 같이,[182] 지성적 실체는 하나의 종 안에서 수적으로 다수가 아니기 때문에 내 안에 있는 지성과 당신 안에 있는 지성이 수적으로 다른 것이라면, 결국 그것은

서 제외되었다.

그러나 브라방의 시제가 중세 때에 얼마나 높이 평가되었는가는(그의 놀라운 재능이 아직 충분이 무르익지 않고 펼쳐지지도 못했을 때, 참된 신앙에 대한 염려와 시기 때문에 1277년 침묵하도록 강제되었지만), 단테(Dante)가 그를 천국에 있는 현자들의 무리 안에서 토마스 옆에 앉혀 놓은 것에서도 엿볼 수 있다. 거기서 토마스는 브라방의 시제에 대해 다음과 같이 말한다. "그런데 그대 시선이 내게로 돌아오기 전에 하나 남겨져 있는 빛은 심각한 사색 속에서 죽음이 더디 온다는 것을 느낀 영혼의 빛이다. 그것은 〔시제〕의 영원한 빛이다. 그는 〔잡풀 거리〕에서 강의하면서 삼단논법으로 진리를 밝히다가 미움을 샀다"(단테, 『신곡』「천국편」, 제10곡). 〔잡풀 거리(Vico degli strami)는 파리에 있는 'Rue du Fouarre' 거리로서 그곳에 철학 학교들이 모여 있었다〕(〔86〕). 인간의 지성과 관련된 브라방의 시제와 토마스 사이의 논쟁에 대해서는 이재경, 『토마스 아퀴나스와 13세기 심리철학』, 대구가톨릭대학교출판부, 2002 및 논문들(2001, 2002b, 2002c) 참조. 라틴 아베로에스주의자들과 보수적 아우구스티누스주의자들 및 토마스 사이의 논쟁 일반에 대해서는 F. 방 스텐베르겐, 이재룡 옮김, 『토마스 아퀴나스와 급진적 아리스토텔레스주의』, 성바오로출판사, 2000 및 그곳에 제시된 참고문헌 참조.

181 제74장, 제79장 참조.
182 제77장 참조.

종적으로 다른 것이고 나와 당신은 동일한 종에 속하지 않는다는 결론이 나온다. 마찬가지로 모든 개체는 종의 본성에서 공통적이기 때문에 개체들이 서로 구분된다는 점에 따라 종의 본성 이외의 어떤 것이 〔있음을〕 가정해야만 한다. 그러므로 모든 인간에게 종적으로 하나의 지성이 있으나 수적으로 다수의 지성이 존재한다면, 하나의 지성을 다른 지성으로부터 수적으로 구분되게 하는 어떤 것을 가정해야만 한다. 그러나 지성은 질료와 형상의 합성체가 아니기 때문에, 이것은 지성의 실체에 속하는 어떤 것일 수는 없다. 이로부터 지성의 실체에 속하는 것이라는 점에 따라 받아들여질 수 있을 모든 차이는 형상적인 차이일 것이고, 아울러 종을 구별하는 것일 것이라는 사실이 귀결된다. 이에 따라 만일 육체의 차이 때문이 아니라면, 한 인간의 지성이 다른 이의 지성과 수적으로 다른 것일 수 없다는 사실이 남게 된다. 그러므로 서로 다른 육체가 소멸하게 되면 다수의 지성이 아니라 오직 하나의 지성만이 남게 될 것처럼 보인다.

이것이 불가능하다는 사실은 분명하게 밝혀진다. 이 사실을 밝히기 위해서는 원리를 부정하는 이들에 반대해 논증하는 방식으로 해야 한다. 그래서 우리는 전적으로 부정할 수 없는 어떤 것을 가정하게 되는 셈이다.[183] 그러므로 우리는 이 사람, 예를 들어 소크라테스나 플라톤이 이해한다는 사실을 가정해 보자. 그가 그것이 부정되어야만 한다는 것을 이해하지 못한다고 가정하면, 상대방은 그 사실을 부인할 수 없을 것이다. 따라서 그는 부정함을 통해 인정하고 있는 셈이다. 긍정함과 부

---

183 기본 원리(예를 들어 모순율 같은 것)를 부정하는 자는 본래적인 의미에서 반박될 수 없다. 그를 거스르는 증명이 근거로 삼아야만 하는 것을 부정하는 것이기 때문이다. 이런 경우에는 그 반대자가 그것을 그 자체를 통해 받아들이지 않고서는 부정할 수 없는 어떤 것을 제시하는 길밖에 남지 않는다. 토마스는 아베로에스주의자들이 제1원리들을 부정했다고 말하는 것이 아니라 그들을 거슬러 기본 원리를 부정하는 자들을 거슬러 행하는 바와 같이 행동할 수 있다는 것을 말하고 있다(〔87〕).

정함은 이해하는 자에 속하기 때문이다.[184] 그런데 이 사람이 이해한다면, 그것을 통해 형상적으로 이해하는 것은 자신의 형상이어야 한다. 어떤 것도 현실적인 것이 아니라면 작용하지 않기 때문이다. 작용자가 그것을 통해 작용하는 것은 그의 현실태이다. 마치 그것을 통해 따뜻한 것이 따뜻하게 되도록 만드는 열은 그것의 현실태이듯이 말이다. 그러므로 인간이 그것을 통해 이해하는 지성은 그 인간의 형상이고, 마찬가지 이유로 저 사람의 형상이다. 그러나 수적으로 동일한 형상이 수적으로 다른 형상에 속할 수는 없다. 수적으로 다른 것들은 동일한 존재를 가지지 않기 때문이다. 하지만 각각의 것은 존재를 자기 형상을 통해 갖는다. 그러므로 인간이 그것을 통해 이해하는 지성이 모든 이에게 유일하다는 것은 불가능하다.

이러한 근거의 어려움(중요성)을 인식한 몇몇 사람들[185]은 피할 수 있는 길을 찾으려 노력한다. 즉 그들은 앞에서 다루어졌던[186] 가능 지성이 자신을 현실화되도록 만들어 주는 가지상을 받아들인다고 주장한다. 그런데 가지상은 어떤 방식으로 감각상 안에 존재한다. 따라서 가지상이 가능 지성 안에 있고 또 우리 안의 감각상 안에 있는 그만큼, 가능 지성은 우리와 연결되어 있고 일치하고 있다. 따라서 우리는 그 가능 지성을 통해 이해할 수 있다는 것이다.

하지만 이런 대답은 전혀 소용이 없는 것이다. 첫째, 가지상은 감각상 안에 있는 한에서 오직 가능적으로만 이해된 것이나, 그것이 가능 지

---

184 그가 어떤 사람이 이해하고 있다는 것을 부인함을 통해 그는 한 사람이, 즉 자기 자신이 이해하고 있다는 사실을 인정하는 셈이다. 왜냐하면 부인할 수 있기 위해 그는 자신이 부인하고자 하는 것이 무엇인지와 부인한다는 것이 무엇인지를 이해하고 있어야만 하기 때문이다([88]).

185 아베로에스주의자들을 말한다. 아베로에스, 『영혼론 주해』(*In De anima*) III, comm. 5 (ed. Crawford, lin. 376-394); 토마스 아퀴나스, 『단일지성론』(*De unitate intellectus contra Averroistas*) 제III장 참조.

186 제81장 참조.

성 안에 있는 한에서는 현실적으로 이해된 것이기 때문이다.[187] 따라서 가지상이 가능 지성 안에 있는 한 그것은 감각상 안에 있는 것이 아니라 오히려 감각상으로부터 추상된 것이다. 그러므로 우리와 가능 지성의 어떠한 결합도 남지 않는다. 그 다음으로(둘째) 어떠한 결합이 남아 있다고 가정한다 할지라도, 그것은 우리가 이해하는 자가 되도록 만드는 데는 충분하지 못할 것이다. 어떤 것의 상이 지성 안에 있다는 사실을 통해 어떤 것 자신이 이해한다는 사실이 아니라 그것(어떤 것)이 이해된다는 사실이 귀결되기 때문이다. 즉 돌의 상이 가능 지성 안에 있다고 할지라도 돌은 이해하지 않는다. 따라서 우리 안에 있는 감각상이 가능 지성 안에 있다는 사실을 통해 우리가 인식하는 자라는 사실이 귀결되는 것이 아니라 우리가 인식된 것이라는 사실이나 오히려 우리 안에 존재하고 있는 감각상이 인식된 것이라는 사실이 귀결된다.

이것은 누군가가 아리스토텔레스가 『영혼론』 제III권〔제7장〕[188]에서 제시하는 비교, 즉 "지성이 감각상에 대해 맺는 관계는 시각이 색깔에 대해 맺는 관계와 같다"라는 주장을 고찰한다면 더욱 명백하게 밝혀진다. 그런데 벽에 있는 색깔의 상이 시각 안에 있다는 사실로 말미암아 벽은 보는 것이 아니라 오히려 보여지는 것일 뿐이다. 마찬가지로 우리 안에 있는 표상상의 형상(species fantasmatum)이 지성 안에 발생한다는 사실로부터 우리가 이해한다는 사실이 아니라 우리가 이해된다는 사실이 귀결된다.

나아가 우리가 지성을 통해 형상적으로 이해한다면, 지성의 이해 작용 자체는 그 인간의 이해 작용이어야만 한다. 불의 가열함이 열의 가열함과 동일한 것처럼 말이다. 그러므로 내 안에 있는 지성과 당신 안에

---

187 "현실적으로 이해된 것"(intellecta in actu)이라는 표현에 대해서는 제29장 각주 64, 제83장 172 참조〔(89)〕.

188 의미에 따라 아리스토텔레스, 『영혼론』 III, 1〔7〕, 429a 16-18; 4〔10〕, 403a 15-16 참조.

있는 지성이 동일한 것이라고 가정하면, 즉 동시에 동일한 것을 우리가 이해한다면, 필연적으로 동일한 가지적인 것의 관점에서는 나의 이해 작용과 당신의 이해 작용은 동일한 것이 될 것이다. 그러나 이것은 불가 능하다. 상이한 작용자에 수적으로 똑같은 작용이 속할 수는 없기 때문이다. 따라서 모든 이에게 유일한 지성이 존재한다는 것은 불가능하다. 그러므로 앞에서 밝혀진 바와 같이,[189] 지성이 소멸될 수 없다면 육체가 파괴된 후에도 사람의 수에 따라 다양한 지성이 남아 있을 것이라는 사실이 귀결된다.

이에 반대해 제기되는 견해들은 쉽게 해결된다. 왜냐하면 첫 번째 근거는 다양한 결함을 지니고 있기 때문이다. 첫째, 우리는 모든 사람에 의해 이해된 것이 동일하다는 사실을 인정한다. 그러나 나는 이해된 것(intellectum)이 지성의 대상(intellectus obiectum)이라 말한다. 그런데 지성의 대상은 가지상(species intelligibilis)이 아니라[190] 사물의 무엇임 (quidditas rei, 何性)이다. 왜냐하면 지성적 지식은 모두 가지상에 대한 것이 아니라 사물의 본성에 대한 것이기 때문이다. 마치 시각의 대상은 눈 안에 있는 색깔의 상이 아니라 색깔인 것처럼 말이다. 그러므로 다양한 사람의 다양한 지성이 존재할지라도, 모든 이에게서 오직 단 하나의 이해된 것만이 존재한다. 다양한 관찰자에 의해 보여진 것이 하나의 색깔인 것처럼 말이다.

둘째, 어떤 것이 개체라면 그것이 곧 가능 상태로만 이해된 것이지 현실적으로 이해된 것이 아니라는 사실이 필연적인 것은 아니다. 이 사실은 오직 질료를 통해 개체화된 것에서만 참일 뿐이다. 현실적으로 이해된 것은 비물질적인 것이어야만 하기 때문이다. 그러므로 비물질적 실

---

189 제84장 참조.
190 이해된 인식상에 대해서는 그것이 인간 영혼과 육체의 실체적 형상에 우유로서 부가되기 때문에 자연철학이 다루고, 그것이 안에 있는 인간 영혼이 비물질적 실체이기 때문에는 형이상학이 다루며(『영혼론』 제2문제 제5이론에 대한 해답 참조), 논리학도 이를 다룬다(『영혼론 주해』 제III권 제8강 참조)([90]).

체는 그것이 그 자체로 실존하는 어떤 개체라 할지라도, 현실적으로 이해된 것이다.[191] 따라서 비물질적인 가지상은 그것이 내 안에서와 당신 안에서 수적으로 다른 것일지라도, 이 때문에 그것이 현실적으로 이해될 수 있다는 사실이 중지되는 것은 아니다. 그것을 통해 자기 대상을 이해하는 지성은 자기가 이해한다는 사실을 이해하고 그것을 통해 이해하게 되는 상(인식상)도 이해함으로써 자기 자신을 넘어서 반성한다.

그 다음에 모든 인간이 유일한 지성을 가지고 있다고 가정하면, 여전히 동일한 어려움이 존재한다는 사실에 주목해야 한다. 왜냐하면 분리된 다수의 지성적 실체가 존재하므로[192] 여전히 지성의 다수성은 남아 있기 때문이다. 그것의 근거로부터 다음과 같은 사실, 즉 이해된 것은 수적으로 상이한 것이고 결과적으로 개별적인 것이므로 제1현실태의 상태로 이해된 것이 아니라는(non intellecta in actu primo) 사실이 귀결된다. 따라서 전제된 근거(첫 번째 근거)가 어떠한 필연성을 갖게 된다고 가정하면 인간 안에 있는 지성의 다수성만이 아니라 단적인 의미에서 지성의 다수성을 상실할 것이라는 사실은 분명하다. 그러므로 이런 결론은 거짓이기 때문에 앞의 근거는 필연적으로 결론을 이끌어내는 것이 아니라는 사실이 분명해졌다.

두 번째 근거는 누군가 지성적 영혼과 분리된 실체의 차이를 주목한다면 쉽게 해결된다. 지성적 영혼은 자기 종의 본성으로부터 어떤 육체와 형상으로서 결합하는 고유성을 가지고 있기 때문이다. 그래서 영혼의 정의에는 육체가 들어가게 된다.[193] 그렇기 때문에 상이한 육체에 대

---

191 "현실적으로 이해된"이란 표현에 대해서는 제29장 각주 64, 제83장 각주 172 참조.
192 '분리된'(separate)이란 '질료로부터 자유로운'이란 뜻이다. 분리된 영혼, 즉 죽은 인간에게서 계속해 존재하는 영혼처럼 질료와의 결합이 앞서 있었는지 또는 신이나 천사처럼 분리된 실체에서와 같이 그렇지 않은지를 이 표현은 열어 둔다. 또한 아베로에스는 신과 가능 지성 이외에 여러 비물질적인 실체를 가정했다((92)).
193 "그렇기 때문에 영혼은 '생명을 잠재적으로 가지는 자연적 육체'의 제1현실태이다. 그리고 이런 종류의 것은 '기관들을 가지는'〔육체〕이다"(아리스토텔레스,

한 관계에 따라 영혼은 수적으로 다수화된다. 그러나 분리된 실체에서는 그렇지 않다.

이로부터 어떻게 세 번째 근거가 해결될 수 있는지가 분명해진다. 지성적 영혼은 자기 종의 본성으로부터 육체를 자신의 일부로 가지고 있는 것이 아니라 육체와 결합할 수 있는 능력을 가지고 있다. 그러므로 상이한 육체와 결합될 수 있는 능력(unibilis diuersis corporibus)을 지닌다는 사실로부터 〔그 영혼은〕 수적으로 다수화된다. 이런 사실은 육체가 파괴된 다음에도 영혼에 남아 있다. 그들은 현실적으로 결합되어 있지 않을지라도 상이한 육체와 결합될 수 있는 능력을 지니고 있기 때문이다.

제86장

능동 지성은 모든 이에게 단일한 것이 아니다

Quod intellectus agens non est unus in omnibus

병행문헌: 『신학대전』 제I부 제79문제 제4절, 제5절; 『명제집 주해』 제2권 제17구분 제2문제 제1절; 『대이교도대전』 제II권 제76장, 제78장; 『영적 피조물론』 제10절; 『영혼론』 제5절; 『영혼론 주해』 제III권 제10강 참조.

가능 지성이 사람들에게서 다수화된다는 사실을 인정할지라도, 능동 지성은 모든 이에 관련해 유일한 것이라고 주장하는 몇몇 사람들이 있었다.[194] 비록 이런 의견이 앞서 다룬 것보다 더 용인할 만한 것일지라도

『영혼론』 II, 1, 412a 27-412b 1). "만약 모든 영혼에 대한 어떤 공통된 정의를 반드시 내려야 한다면, '기관들을 가지는 자연적 육체의 제1현실태'라고 할 수 있을 것이다"(같은 책, 412b 4 이하). 제1현실태란 제2현실태라고 할 수 있는 생명 활동의 실행과 구별해 영혼을 칭하는 말이다((93)).

194 아베로에스, 『영혼론 주해』 III, comm. 18 (VI, 169v); comm. 19 (VI, 170r); 아비첸나, 『영혼론』(De anima) V, 5 (25rb); 『형이상학』(Metaph.) IX, 3 (104rb). 아베로에스가 모든 인간에게 유일한 가능 지성과 능동 지성을 가정했다면(제85장

유사한 근거들을 통해 반박될 수 있다. 가능 지성의 행위는 이해된 것을 수용하는 것이고 그것을 이해하는 일이다. 그러나 능동 지성의 행위는 이해된 것을 추상함으로써 현실적으로 이해된 것으로 만들어 내는 일이다. 그런데 이 둘 각각은 바로 '이' 사람(개별적인 사람)에게 부합한다. 왜냐하면 이 사람, 예를 들어 소크라테스나 플라톤은 이해된 것을 수용하고, 그것을 추상하고, 추상된 내용을 이해한다. 따라서 가능 지성뿐만 아니라 능동 지성도 형상으로서 이 사람과 일치되어야만 한다. 그래서 그둘 각각은 사람의 수에 따라 수적으로 다수화되어야만 한다.

마찬가지로 작용자와 수용자는 서로 비례 관계에 있어야 한다. 그 예는 질료와 형상이다. 왜냐하면 질료는 한 작용자에 의해 현실적으로 형성되기 때문이다. 이렇게 해서 수동적 가능성 각각에 자기 유의 능동적 가능성이 상응하는 것이다. 현실태와 가능태는 동일한 유에 속한다. 그

각주 180 참조), 아프로디시아스의 알렉산드로스(Alexander of Aphrodisias, 기원후 200년경)와 아비첸나는 "가능 지성은 각 인간에게 상이하지만 능동 지성은 이와 반대로 모든 인간에게 동일하다"라고 가르쳤다. ― 아프로디시아스의 알렉산드로스는 셉티무스 세베루스(Septimus Severus)로부터 소요학파 철학의 교수직을 넘겨받았다. 그의 아리스토텔레스 주해서들과 아리스토텔레스 철학에 대한 저서들은 그를 황제 시대 초기에 '대표적인' 아리스토텔레스-주해가로 만들었다. 우리의 맥락에서는 특히 『영혼론』에서 이루어진 지성(νοῦς) 개념을 체계적으로 설명하려는 시도를 특별히 언급할 가치가 있다. ― 아비첸나는 페르시아의 의사요 정부 관리로서 이스파한(Ispahan) 철학과 의학 분야를 오가며 가르쳤고, 아리스토텔레스가 다루었던 거의 모든 주제에 대해 160여 권의 책을 아랍어로 저술했다. 그는 이슬람에서 최초의 철학자로서 완성된 체계를 남겨 놓았다. 그는 이 체계 안에서 알 파라비(Al-Farabi, 878?~950?)의 주해를 통해 바르게 이해했다고 믿은 아리스토텔레스의 철학에 대한 설명에 자신의 고유한 생각들을 삽입했다. 그는 아리스토텔레스와 알 파라비 다음의 '제3의 스승'이라고 불렸다. 서구 세계의 스콜라 철학에 대한 영향력은 이슬람 신학에 대한 영향력보다 훨씬 컸다. 그의 철학적 주요 작품인 『치유의 서(書)』는 18권 분량으로 논리학, 자연학, 수학과 형이상학을 포괄했다. 그의 의학적 주요 작품인 『의학정전』(Canon medicinae)은 12세기에 라틴어로 번역되었고 수세기에 걸쳐 서구 세계에서 의학 연구의 주된 기초를 이루었다((94)).

런데 앞에서 말한 것으로부터 분명한 것처럼[195] 능동 지성은 가능 지성에 대해, 마치 능동적 가능성이 수동적 가능성에 대한 것처럼 관계를 맺는다. 따라서 그 둘 각각은 동일한 유에 속한 것이어야만 한다. 그러므로 가능 지성은 존재적으로 우리로부터 분리되어 있는 것이 아니라 형상으로서 우리와 일치를 이루며, 앞에서 밝혀진 바와 같이,[196] 사람의 다수에 따라 다수화된다. 그렇기 때문에 마찬가지로 능동 지성도 우리와 형상적으로 일치하는 어떤 것이고 사람의 수에 따라 다수화된다는 사실이 필연적이다.[197]

제87장
가능 지성과 능동 지성은 영혼의 본질에 기초를 두고 있다
Quod intellectus possibilis et agens fundantur in essentia anime

능동 지성과 가능 지성은 형상적으로 우리에게 합일되기 때문에, 그것들은 영혼의 동일한 본질에 부합한다고 하는 것이 필연적이다. 어떤 것과 형상적으로 합일되는 모든 것은 실체적 형상의 방식을 통해서나 (per modum forme substantialis) 우유적 형상의 방식을 통해(per modum

---

195 특히 제83장 참조.
196 제85장 참조.
197 "제1질료가 영혼의 밖에 존재하는 자연적인 형상을 통해 완성되는 것처럼 가능 지성은 실제로 이해된 형상을 통해 완성된다. 그러나 자연적인 형상은 어떤 분리된 실체의 행위를 통해서만 제1질료에 수용되는 것이 아니라 질료 안에 있는 동일한 유(類)의 형상의 행위를 통해 수용된다. 아리스토텔레스가 증명했듯이(『형이상학』 VI, 8, 1034a 2-8 참조), 이 육체가 이 살과 이 뼈 안에 있는 형상을 통해 생성되는 것처럼 말이다. 그러므로 이미 증명된 바와 같이(『대이교도대전』 제II권 제59장 참조), 가능 지성이 영혼의 일부분이고 분리된 실체가 아니라면, 그 작용을 통해 인식상을 그 안에서 이해될 수 있도록 만드는 능동 지성은 어떤 분리된 실체가 아니라 영혼의 능동적인 힘이다"(『대이교도대전』 제II권 제76장)(〔95〕).

forme accidentalis) 그와 합일된다. 그러므로 하나의 사물에는 오직 하나의 실체적 형상만이 존재하기 때문에,[198] 가능 지성과 능동 지성이 실체적 형상의 방식을 통해 인간과 합일된다면 가능 지성과 능동 지성은 영혼이라는 형상의 유일한 본질에 부합한다고 필연적으로 말해야 한다. 그러나 그것들이 우유적 형상의 방식을 통해 인간과 합일된다면, 그것들 중의 어떤 것도 육체의 우유일 수는 없다는 사실은 분명하다. 앞에서 밝혀진 바와 같이,[199] 그것들의 작용이 신체적 기관 없이 이루어진다는 사실로부터 그 둘 각각이 영혼의 우유(accidens anime)라는 사실이 귀결된다. 그러나 하나의 인간 안에는 하나의 영혼만이 존재한다. 그러므로 능동 지성과 가능 지성은 영혼의 유일한 본질에 부합해야 한다.[200]

마찬가지로 어떤 종의 고유한 행위는 모두 그 종을 부여하는 형상을 따르는 원리로부터 존재한다. 그러나 이해 작용은 인간 종의 고유한 작용이다. 그러므로 이미 밝혀진 바와 같이,[201] 이 작용의 원리인 능동 지성과 가능 지성은 인간 영혼을 따르게 되고, 이 영혼으로부터 인간은 종을 가지게 된다. 이미 밝혀진 바와 같이,[202] 앞서 말했던 작용은 신체적 기관 없이 이루어지기 때문에, 그것들이 영혼을 마치 그것으로부터 나와서 육체로 나아가는 것처럼 그렇게 따르는 것은 아니다.[203] 그 능력이 속하

---

198 각 사물 안에 있는 실체적 형상의 유일성에 대한 증명은 제90장에서 제시된다 (〔96〕).

199 제79장 참조.

200 토마스가 여기서 열어 놓는 것을 그는 다른 곳에서 결정한다. 피조물의 어떠한 행위도 그의 실체는 아니고 다른 한편으로 가능태와 현실태는 동일한 질서에 속해야만 하기 때문에, 어떠한 창조된 행위 능력도 그 실체와 동일하지 않고, 그 실체에 필연적으로 부가되는 우유이다(『신학대전』 제I부 제54문제 제3절; 제77문제 제1절; 제79문제 제1절; 제154장 참조)(〔97〕).

201 제79장, 제83장 참조.

202 제79장 참조.

203 생장 능력과 감각 능력이 그러한 능력들이다. 이 능력들은 그 원리가 영혼이지만, 그 담지자는 영혼과 육체로부터 현존하는 동물 전체이다(〔98〕).

는 것에 곧 그 작용이 속한다. 그러므로 가능 지성과 능동 지성은 영혼의 유일한 본질에 부합한다는 사실이 남는다.

제88장
어떻게 이 두 능력이 영혼의 유일한 본질에 부합하는가
Qualiter iste due potentie conueniant in una essentia anime

이것이 어떻게 가능한가에 대해 고찰해야만 할 것이 남아 있다. 이에 대해 어떤 특정한 어려움이 발생하는 것처럼 보이기 때문이다. 가능 지성은 모든 가지적인 대상에 대해 가능 상태에 있다. 하지만 능동 지성은 가능 상태의 가지적인 대상을 현실적으로 가지적인 대상으로 만들어 준다. 그래서 능동 지성은 그것에 대해 현실태가 가능태에 대해 맺는 관계처럼 비교되어야 한다. 그러나 동일한 것이 동일한 관점에서 가능 상태에 있으면서 현실화된 상태에 있는 것은 불가능하다. 그러므로 가능 지성과 능동 지성이 영혼의 유일한 실체에 부합하는 것은 불가능한 것처럼 보인다.[204]

이런 의심은, 누군가 어떻게 가능 지성은 가지적인 대상에 관련해 가능 상태에 있고, 어떻게 능동 지성은 그것을 현실화된 상태로 만드는가를 고려한다면 쉽게 해결될 수 있다. 가능 지성은 가지적 대상에 대해 자기 본성 안에 감각적 사물의 어떤 한정적 형상을 가지고 있지 않다는 점에서 가능 상태에 있다. 눈동자가 모든 색깔에 대해 가능 상태에 있는 것처럼 말이다. 그러므로 감각적 사물로부터 추상된 표상상(fantasmata)이 한정된 감각적 사물의 유사상인 한에서, 그것은 가능 지성에 대해 현

---

204 어려움은 그 두 능력을 영혼과 동일시하는 경우에 드러난다. 더불어 이러한 어려움은 그 둘이 영혼의 두 우유인 경우에도 존재한다. 그럴 경우에 동일한 원리로부터 상반된 것이 나오기 때문이다(〔99〕).

실태가 가능태에 대해 맺는 관계처럼 비교된다. 그럼에도 감각상은 지성적 영혼이 현실적으로 갖고 있는 어떤 것, 말하자면 물질적 조건으로부터 추상된 존재에 대해서는 가능 상태에 있다. 이와 관련해 지성적 영혼은 그것에 대해 현실태가 가능태에 대해 맺는 관계처럼 비교된다. 그러나 어떤 것이 동일한 것과 관련해 한 관점에 따라 현실화된 상태에 있으면서 다른 관점에 따라 가능 상태에 있는 것은 불합리한 것이 아니다. 그렇기 때문에 자연적인 물체들은 서로 작용하면서 작용을 받고 있다. 그 둘 다 상대와 관련해 가능 상태에 있기 때문이다. 그러므로 동일한 지성적 영혼이 그 안에 가능 지성이 놓여 있음으로 해서 모든 가지적 대상과 관련해 가능 상태에 있으며, 그 안에 능동 지성이 있음으로 해서 그것에 대해 현실태로서 관계를 맺는다는 사실은 불합리한 것이 아니다.

그리고 이것은 지성이 가지적 대상을 현실태로 만드는 방식에서 더욱 명백하게 드러날 것이다. 즉 능동 지성은 마치 자기 자신으로부터 가능 지성으로 흘러나오는 것과 같이 가지적 대상을 현실적으로 만드는 것은 아니다. 만일 그렇다면 우리는 이해하기 위해 감각상이나 감각을 필요로 하지 않을 것이다. 오히려 능동 지성은 감각상으로부터 가지적 대상을 추상해 냄으로써 그것을 현실적으로 만든다. 이는 마치 빛이 자기 자신 안에 색깔을 가지고 있는 것이 아니라 색깔에 어느 정도 가시성을 부여하는 한에서 그것을 현실적으로 만드는 것과 마찬가지이다.

그러므로 감각적 사물의 본성을 결여하고 있으며 그것을 가지적 방식을 통해 수용할 수 있는 유일한 지성적 영혼이 있다고 인정해야만 한다. 이것〔지성적 영혼〕은 감각상으로부터 가지상을 추상해 냄으로써 그것을 현실적으로 가지적인 대상으로 만든다. 그것에 따라 지성적 영혼이 가지상의 수용자가 되는 그의 능력은 가능 지성이라고 불린다. 그러나 감각상으로부터 가지상을 추상하도록 만드는 그의 능력은 능동 지성이라고 불린다. 능동 지성은 마치 일종의 가지적 빛과 같은 것으로, 그것은 지성적 영혼이 더 상위의 지성적 실체를 모방함에 의거해 분유하는 것이다.[205]

제89장

모든 능력은 영혼의 본질에 뿌리를 두고 있다

Quod omnes potentie in essentia anime radicantur

병행문헌: 『신학대전』 제I부 제77문제 제5절; 『영적 피조물론』 제4절 제3이론에 대한 해답 참조.

능동 지성과 가능 지성만이 인간 영혼의 유일한 본질에 부합하는 것이 아니라 영혼의 작용 원리인 다른 모든 능력도 그렇다. 모든 이런 종류의 능력은 어떻든 영혼에 뿌리를 두고 있다. 생장적 부분과 감각적 부분의 능력 같은 몇몇 능력들은 영혼 안에서는 원리 안에 있듯이 있으나, 결합체[206] 안에서는 주체 안에 있듯이 있다. 그것들의 작용은 영혼에만 속하는 것이 아니라 결합체에도 속하기 때문이다. 즉 작용이 속하는 것에 그것의 능력도 속한다. 그러나 몇몇 [능력들]은 영혼 안에 원리 안에서와 주체 안에서 있듯이 있다. 그들의 작용은 신체적 기관이 없이 영혼에만 속하기 때문이다. 이런 종류의 것들은 지성적 부분의 능력들이다. 그런데 인간 안에 다수의 영혼이 존재할 수는 없다. 그러므로 영혼의 모든 능력은 동일한 영혼에 속해야만 한다.

제90장

하나의 육체 안에는 단일한 영혼이 존재한다

Quod unica est anima in uno corpore

병행문헌: 『신학대전』 제I부 제76문제 제3절, 제4절; 『명제집 주해』 제4권 제44구분 제1문제 제1절 제1세부질문 제4이론에 대한 해답; 『대이교도대전』 제II권 제58장; 제IV권 제81장; 『영적 피조물론』 제3절; 『영혼론』 제9절, 제11절; 『자유토론 문제집』 제I권 제4문제 제1절; 제XI권 제5문제 참조.

---

205 '분유'(participatio, 참여) 개념에 대해서는 제13장 각주 37 참조((100)).
206 '결합체'란 형상(영혼)과 질료 전체를 포괄하는 인간을 뜻한다((101)).

하나의 육체 안에 다수의 영혼이 존재하는 것이 불가능하다는 사실[207]
은 다음과 같이 증명된다. 영혼은, 그 영혼을 소유하고 있는 것의 실체
적 형상이라는 사실은 명백하다. 영혼을 통해 살아 있는 것(animatum)은
유와 종을 얻게 되기 때문이다. 그러나 다수의 실체적 형상은 동일한 사
물에 속할 수 없다. 실체적 형상은 다음과 같은 측면에서 우유적 형상과
다르기 때문이다. 실체적 형상은 단순하게 '이 어떤 것'(hoc aliquid)을
존재하게 만들지만, 우유적 형상은 이미 '이 어떤 것'인 그것에 부가되
고 또한 그것이 어떻고 얼마나 크고 어떤 관계를 맺고 있는지를 결정한
다. 그러므로 다수의 실체적 형상이 똑같은 사물에 속하게 된다면, 그들
중에 첫째 것은 '이 어떤 것'을 만들거나 그렇지 않다. 그것이 이 어떤
것을 만들지 않는다면 그것은 실체적 형상이 아닌 것이다. 그러나 '이

---

207 『신학대전』(제I부 제76문제 제3절)에서 토마스는 다음과 같이 말한다. "플라톤
은 하나의 육체 안에 기관에 따라 각기 구별되는 가지가지의 혼이 존재한다고 생
각해 삶의 각기 다른 작용을 이런 혼들에 귀속시켰다. 즉 그는 영양 섭취적 힘은
간장에 있고, 정욕적 힘은 심장에 있으며, 인식적 힘은 뇌에 있다고 했다. ─ 아
리스토텔레스는 이런 견해를 『영혼론』에서 그 작용에 있어 신체적 기관을 사용
하는 영혼의 부분에 관한 한 다음과 같은 이유에서 비난한다. …… 그런데 지성적
부분에 대해서는 그것이 혼의 다른 부분들에서 분리된 것이 '다만 개념적으로만
그런 것인지 혹은 장소적으로도 그런 것인지'에 대해 그는 의문으로 남겨 놓은 것
으로 생각된다." ─ 아리스토텔레스는 토마스가 이용한 이 견해에 대해 거부하면
서 플라톤의 이름을 언급하지 않고(『영혼론』 II, 2, 413b 16 이하). 오직 "…한 사
람들은"(같은 책, I, 5, 411b 5)이라고 말할 뿐이다. 플라톤이 세 영혼을 사태상으
로 서로 구분되는 실체로 보았는지, 그 영혼들을 능력에 따라 서로 구분되는 것으
로 보았는지는 불분명하다. 몇몇 영지주의자들과 중세의 신플라톤주의자들은 인
간 안에 서로 다른 세 영혼을 가정했다. 많은 영지주의자와 마니교도는 인간 안
에서 육신, 좋은 영혼, 악한 영혼이라는 세 가지 본질적 근거를 구별했다(三分論,
Trichotomismus). 아폴리나리스(Apollinaris, 310?~390?), 윌리엄 오컴(William
Ockham, 1280~1349), 안톤 귄터(Anton Günter, 1783~1863) 등은 인간 안에
사태상으로 다른 두 가지 영혼, 즉 지성적 영혼과 감각적 영혼에 대해 말했다. 이
와 반대로 토마스는 인간은 단 하나의 생명체일 뿐이라는 사실을 근거로 삼았다
(〔102〕).

어떤 것'을 만든다면, 결국 따라오는 〔다른〕 모든 형상은 이미 '이 어떤
것'인 것에 부가된 것이다. 이에 따라오는 형상들 중의 그 어떤 것도 실
체적 형상이 아니라 우유적 형상일 것이다. 그러므로 다수의 실체적 형
상이 똑같은 사물에 속한다는 사실이 불가능하다는 점은 명백하다. 따
라서 결코 다수의 영혼이 똑같은 것 안에 존재할 수 없다.

　게다가 인간은 생장적 영혼을 가지고 있는 한에서 살아 있다고 언급
되고, 감각적 영혼을 가지고 있는 한에서 동물이라고 불리며, 지성적 영
혼을 가지고 있는 한에서 인간이라고 불린다는 사실은 분명하다. 그러
므로 인간 안에 세 영혼이 존재한다면, 즉 생장적·감각적·이성적 영혼
이 존재한다면, 인간은 하나의 영혼에 따라서는 어떤 유(類)에 속하고
다른 영혼에 따라서는 어떤 종을 얻게 되는 결론이 나올 것이다. 그러
나 이것은 불가능하다. 그렇게 되면 유와 종차로부터 단순하게 하나가
되는 것이 아니라 우유적으로 하나이거나 마치 음악적임과 백색임 같
이 흡사 집합체와 같이 될 것이다. 이것은 단순하게 하나인 존재가 아니
다.[208] 그러므로 인간 안에 오직 하나의 영혼이 존재한다는 사실이 필연
적이다.

제91장
인간 안에 다수의 영혼이 존재한다는 사실을
증명하는 듯이 보이는 근거들
Rationes que uidentur probare quod in homine sunt plures anime

병행문헌: 제90장의 병행문헌 참조.

---

[208] 유와 종차는 단 하나의 본성과 단 하나의 사물의 근거가 된다. 이와는 달리, '음악
　　적임'과 '백색임'은 동일한 기체에 관련되는 한에서 오직 부차적으로만 하나인 상
　　이한 존재 방식을 뜻한다(〔103〕).

몇몇 근거들이 이런 주장에 반대하는 것처럼 보인다. (1) 종차가 유에 대해 맺는 관계는 형상이 질료에 대해 맺는 관계와 비교될 수 있기 때문이다. 그런데 동물은 인간의 유이고, '이성적'은 인간의 구성적인 차이(differentia constitutiua)이다. 그러므로 동물은 감각적 영혼에 의해 생명을 지니게 된 물체(corpus animatum anima sensitiua)이기 때문에, 감각적 영혼에 의해 생명을 지니게 된 물체는 이성적 영혼의 관점에서 보면 여전히 가능 상태에 있는 것처럼 보인다. 그래서 이성적 영혼이란 감각적 영혼과는 다른 영혼인 듯하다.

(2) 마찬가지로 지성은 신체적 기관을 가지지 않는다. 그러나 감각적 능력과 영양 섭취적 능력은 신체적 기관을 가지고 있다. 그러므로 분리된 것과 분리되지 않은 것이 같을 수는 없기 때문에, 동일한 영혼이 지성적 영혼이면서 감각적 영혼이라는 사실은 불가능한 것처럼 보인다.

(3) 게다가 앞에서 밝혀진 바와 같이,[209] 이성적 영혼은 소멸될 수 없다. 그러나 생장적 영혼과 감각적 영혼은 소멸될 수 있는 기관들의 행위이기 때문에 소멸될 수 있다. 그러므로 소멸 가능한 것과 소멸될 수 없는 것이 동일함은 불가능하기 때문에, 생장적 영혼과 감각적 영혼과 이성적 영혼은 동일하지 않다.

(4) 그 외에도 인간의 출생에서 생장적 영혼을 통해 이루어지는 생명은, 잉태된 것이 동물이라는 사실이 감각과 운동을 통해 드러나기 전에 나타난다. 그리고 그것이 지성을 가진다는 것보다 운동과 감각을 통해 동물이라는 사실이 먼저 증명된다. 그러므로 만일 잉태된 것이 첫째로 식물적 삶을, 둘째로 동물적 삶을, 셋째로 인간의 삶을 살게 하는 영혼이 동일한 것이라 한다면, 생장적·감각적·이성적 영혼은 외부적 원리로부터 유래하거나 지성적 영혼도 그 씨앗 안에 있는 능력으로부터 유래한다는 결론이 나올 듯하다. 그러나 이들 두 견해 모두 부적합한 것처럼 보인다. 왜냐하면 생장적 영혼과 감각적 영혼의 작용은 육체 없이는

---

209 제84장 참조.

있을 수 없으므로 그들의 원리도 육체 없이는 존재할 수 없기 때문이다. 하지만 지성적 영혼의 작용은 육체 없이 존재한다. 그렇다면 육체 안에 있는 어떤 능력이 그것의 원인일 수 없는 것처럼 보인다. 그러므로 동일한 영혼이 생장적·감각적·이성적이라는 사실은 불가능한 것처럼 보인다.

제92장
앞서 다룬 근거들에 대한 해결
Solutio rationum premissarum

병행문헌: 제89장의 병행문헌 참조.

이런 종류의 의심들을 제거하기 위해서는 다음과 같은 사실을 고찰해야 한다. 즉 수(數)에서 종이 종들 중의 하나를 다른 종에 덧붙임을 통해 서로 구분되는 것과 같이, 물질적 사물 안에서도 하나의 종은 다른 종을 그 완전성에서 능가한다. 식물은 생명을 지니지 않은 물체 안에 있는 완전성은 무엇이든지 다 가지고 있을 뿐만 아니라 더 보충해 지니고 있다. 그리고 동물은 식물이 가지고 있는 것을 가지고 있을 뿐만 아니라 그 이상의 어떤 것도 가지고 있다. 이렇게 해서 인간에게까지 도달하게 되는데, 인간은 물질적 피조물들 중에서 가장 완전한 것이다. 그런데 불완전한 모든 것은 더 완전한 것과의 관계에서 질료처럼 관계를 맺게 된다.

그리고 이것은 다양한 것들 안에서 명백하다. 말하자면 요소는 유사한 부분들로 이루어진 물체의 질료(materia corporum similium partium)이다.[210] 그리고 다시 유사한 부분들로 이루어진 물체는 동물의 관점에서

---

210 유사한 부분들로 이루어진 물체는 혼합된 또는 광물성 물체(제80장 각주 167 참조)이고, 이것은 그 부분들이 서로 다른 생물체의 육체와 대비된다(제85장

질료이다. 이것은 똑같은 것 안에서도 유사하게 고찰되어야 한다. 자연 사물들 중에서 완전성의 더 높은 수준에 도달하는 것은 자기의 형상을 통해 더 낮은 본성에 속하는 완전성을 무엇이든지 소유하고 있고, 또한 동일한 형상을 통해 완전성 중에서 그것에 더 부가되는 것도 가지게 된다. 마치 식물이 자기 영혼을 통해 실체임과 물질임이라는 (완전성을) 가지고 더 나아가 생명을 지닌 물체라는 (성질도) 가지듯이 말이다. 그런데 동물은 자기 영혼을 통해 이 모든 것을 가지고 더 나아가 감각함이라는 것도 가진다. 인간은 이 모든 것에 덧붙여 자기 영혼을 통해 이해 작용 이라는 것을 가진다.

만일 어떤 사물 안에서 더 낮은 수준의 완전성에 속하는 것이 고찰된다면, 그것은 더 높은 수준의 완전성에 속하는 것과 관련해 질료적일 것이다. 예를 들어 동물 안에서 식물의 생명을 가지고 있다는 사실이 고찰된다면, 이것은 동물의 고유한 특성인 감각적 생명에 속하는 것과 관련해 어떤 의미에서는 질료적인 것이다. 그러나 유(類)는 질료가 아니다. 즉 유는 전체에 대해 서술되는 것이 아니라 질료로부터 취해진 어떤 것이다. 자신 안에 있는 질료적인 것으로 인해 한 사물이 명명된 것이 그것의 유이기 때문이다. 그리고 동일한 방식으로 종차는 형상으로부터 취해진다. 그렇기 때문에 살아 있거나 생명을 지니는 물체는 동물의 유이지만, '감각적'은 그것의 구성적인 차이이다. 이와 유사하게 동물은 인간의 유이고, '이성적'은 그것의 구성적인 차이이다.

더 높은 수준의 형상은 자신 안에 더 낮은 수준의 완전성을 모두 가지고 있기 때문에, 그로부터 유가 취해지는 형상과 종차가 취해지는 형상이 실제로 다른 형상은 아니다. 오히려 동일한 형상으로부터 그것이 더 낮은 수준의 완전성을 가지고 있다는 점에서 유가 취해지고, 더 높은 수준의 완전성을 가지고 있다는 점에서 종차가 취해지는 것이다.

그래서 동물이 인간의 유이고 '이성적'이 그 구성적 차이일지라도, 첫

각주 193 참조)((104)).

번째 근거[211]가 제기하는 반론처럼 인간 안에 있는 감각적 영혼과 지성적 영혼이 서로 달라야만 하는 것은 아니다.

동일한 것을 통해 두 번째 근거[212]가 〔제기하는 반론〕에 대한 해결책도 분명하다. 더 높은 종의 형상이 자체 안에 더 낮은 수준의 완전성을 모두 포함한다는 사실을 말했기 때문이다. 그러나 물질적 종이 높으면 높을수록 그만큼 덜 질료에 종속된다는 사실을 고찰해야만 한다. 그래서 어떤 형상이 고상하면 할수록 그만큼 더 질료를 넘어서 상승되어야만 한다. 그러므로 물질적 형상들 중에서 가장 고상한 인간의 영혼은 상승의 최고 수준에까지 도달하게 된다. 따라서 물질적 질료와 관계를 맺지 않고도 작용할 수 있게 된다. 그렇지만 동일한 영혼이 더 낮은 수준의 완전성도 포함하고 있기 때문에 물질적 질료와 관계를 맺는 작용도 하게 된다. 그러나 작용이 한 사물로부터 그 능력에 따라 나오게 된다는 사실은 명백하다. 그러므로 인간 영혼은 육체를 통해 수행되는 작용의 원리인 어떤 힘이나 능력을 가지고 있어야만 한다. 그리고 이 작용은 육체의 어떤 부분의 작용이어야만 한다. 이런 종류의 것은 생장적 부분과 감각적 부분의 능력들이다. 인간 영혼은 또한 육체 없이도 수행되는 작용의 원리인 어떤 능력도 가지고 있다. 이런 종류의 것은 지성적 부분의 능력이고, 이는 어떤 신체 기관의 작용이 아니다. 그러므로 가능 지성이든 능동 지성이든 간에, 시각이나 청각과 같이 그 작용이 귀속되는 기관을 가지고 있지 않기 때문에 '분리된 것'이라고 불리고, 육체의 형상인 영혼 안에만 존재한다. 지성이 분리된 것이라고 불리고 신체 기관을 결여하고 있으나, 감각은 그렇지 않다는 사실 때문에, 인간 안에서 지성적 영혼과 감각적 영혼이 서로 달라야만 하는 것은 아니다. 이로부터 다른 〔세 번째〕 근거[213]가 〔제기하는 반론〕이 제시하는 바와 같이, 감각적 영혼

---

211 제91장 참조(〔1〕).
212 제91장 참조(〔2〕).
213 제91장 참조(〔3〕).

이 소멸될 수 있고 지성적 영혼은 소멸될 수 없다는 이유로, 인간 안에서 지성적 영혼과 감각적 영혼이 서로 다르다는 것을 가정하도록 강요되는 것은 아니라는 사실이 분명하다. 즉 지성적 부분이 분리되어 있는한, 그 부분은 소멸될 수 없다. 그러므로 앞에서 말한 바와 같이,[214] 영혼의 동일한 본질에 분리된 능력과 분리되지 않은 능력이 기초를 두고 있는 것처럼 아무것도 영혼의 능력들 중에서 어떤 것은 육체와 동시에 사라지고,[215] 어떤 것은 소멸될 수 없다는 사실을 막지 않는다.

앞서 말한 것들에 따라 네 번째 근거[216]가 〔제기하는 반론〕에 대한 해결책도 분명하다. 즉 모든 자연적 운동은 조금씩 불완전한 것으로부터 완전한 것으로 나아간다. 그렇지만 이것은 변화(alteratio)와 생성(generatio)에서는 다르게 일어난다. 동일한 성질은 많음과 적음(magis et minus)을 받아들인다. 그러므로 성질 안에서의 운동인 변화는 하나이며, 연속적인 것이 존재하면서 가능태로부터 현실태로, 불완전한 것에서 완전한것으로 나아간다. 그러나 실체적 형상은 많음과 적음을 받아들이는 것이 아니다. 실체적인 존재는 각각의 것에 분할될 수 없게 관계를 맺고있기 때문이다.[217] 그렇기에 자연적 출생은 많은 수단을 통해 불완전한

---

214 제89장 참조.
215 "감각적 부분의 능력들이 그 기체로서의 합성체 안에 존재하지만, 그 원리로서 영혼으로부터 기인한다는 사실은 명백하다. 그러므로 육체가 소멸된다면 감각적 능력들은 파괴되지만 그것들은 원리로서의 영혼 안에 남아 있게 된다"(『영혼론』 제19절). ─ "이런 종류의 능력들에 대해서는 다음과 같은 사실이 언급된다. 그 능력들은 뿌리로서의 분리된 영혼 안에 남아 있다. 그 영혼 안에 현실태로 있기 때문이 아니라 분리된 영혼이 〔부활하는 경우에〕 육체와 결합하게 될 때 육체 안에 이 능력들과 생명을 다시 야기할 수 있는 힘을 가지고 있기 때문이다"(같은 곳, 제2이론에 대한 해답)(〔105〕).
216 제91장 참조(〔4〕).
217 "실체는 그러나 많음과 적음을 받아들이지 않는 것처럼 보인다. 그러나 나는 어떤 실체에 대해서도 바로 그것인 바를 더 높은 정도나 낮은 정도로 서술할 수 없다고 말한다. 이 실체가 인간이라면 그 실체는 그가 자기 자신보다, 또는 한 인간이 다른 인간보다 더 또는 덜 인간인 것이 아니다. 즉 한 인간은 다른 인간보다, 하얀 것

것에서 완전한 것으로 연속적으로 나아가는 것이 아니며, 완전성의 개별적 수준에 대해 새로운 생성과 소멸이 존재해야 한다. 그러므로 인간의 출생에서 잉태된 것은 우선 생장적 영혼을 통해 식물의 생명을 산다. 그리고 나서 이 형상이 소멸됨을 통해 제거되면 다른 출생을 통해 감각적 영혼을 획득하고 동물적 생명을 산다. 그 다음에 소멸됨을 통해 이 영혼이 제거되면 궁극적이고 완전한 형상, 즉 이성적 영혼이 도입된다. 이 영혼은 앞선 형상들 안에 존재했던 완전성이 무엇이든지 간에 자신 안에 내포되어 있다.[218]

이 다른 것보다 더 또는 덜 하얗고, 아름다운 것이 다른 것보다 더 또는 덜 아름다운 것처럼 더 인간인 것은 아니다. 같은 대상에 대해 사람들은 자기 자신보다 더 높은 정도나 낮은 정도로 어떻다고 말한다. 마치 하얀 육체에 대해 그것이 이제 전보다 더 하얗다고 말하는 경우처럼 말이다. 그리고 따뜻한 것은 더 또는 덜 따뜻하다고 언급된다. 그러나 실체에 대해서는 아무것도 더 높은 또는 낮은 정도로 서술되지 않는다. 즉 인간은 이제 전보다 더 인간이지 않다. 다른 사물들 중에 하나라도 실체가 존재하는 한 마찬가지이다. 그러므로 실체는 많음과 적음을 받아들이지 않는 듯하다"(아리스토텔레스, 『범주론』(*Categoriae*) V, 3b 33-4a 9)(〔106〕).

218 아리스토텔레스와 옛 스콜라 철학자들은 수태에서 우선 순수하게 식물적인 기관과 생명, 그리고 이에 부합하는 식물적 또는 생장적 영혼이 발생한다고 믿었다. 배아의 계속적인 발전을 통해 이 영혼은 소멸하고 상응하는 기관과 상응하는 삶과 함께 순수 감각적인 영혼이 생겨나고, 수태된 지 40일 후에 신에 의해 창조된 인간 영혼에 의해 대체된다고 생각했던 것이다. 이와는 달리, 오늘날의 생물학과 인간학에 의존해 현대 학자들은 인간의 수태에서 이미 여성의 난자가 수정되는 순간 지성적 영혼이 신에 의해 새로운 인간 배아에 창조된다고 가정한다. 따라서 과거의 영혼 능력들이 소멸되지 않고 한 영혼의 불가결한 부분으로 함께 현존한다(〔107〕).

제93장

전이(轉移)에 기인하지 않는 이성적 영혼의 산출에 대하여

De productione anime rationalis quod non sit ex traduce

병행문헌: 『신학대전』제I부 제90문제 제2절; 제118문제 제2절; 『명제집 주해』제2권 제1구분 제1문제 제4절; 제18구분 제2문제 제1절; 『대이교도대전』제II권 제86장, 제87장, 제88장, 제89장; 『진리론』제27문제 제3절 제9이론에 대한 해답; 『권능론』제3문제 제9절; 『영적 피조물론』제2절 제8이론에 대한 해답; 『자유토론 문제집』제IX권 제5문제 제1절; 제XI권 제5문제 제1절 제1, 4이론에 대한 해답; 『로마서 주해』제5장 제3강 참조.

이 궁극적이고 완성된 형상, 즉 이성적 영혼은 종자 안에 있는 능력으로부터가 아니라 더 상위의 작용자로부터 존재로 이끌려지는 것이다. 왜냐하면 종자 안에 있는 능력은 일종의 육체적 능력이기 때문이다. 그러나 이성적 영혼은 육체의 모든 본성과 능력을 넘어선다. 어떠한 육체도 그 영혼의 지성적 행위에 다다를 수는 없기 때문이다. 따라서 작용자는 그 작용을 겪는 자보다 더 고상하고, 산출자는 만들어진 것보다 더 고상하므로 아무것도 자기 종을 넘어서 작용할 수는 없다. 그렇기 때문에 어떤 육체의 능력이 이성적 영혼을 산출한다는 사실은 불가능하다. 따라서 종자 안에 있는 능력도 〔이성적 영혼을〕 산출할 수 없다.

게다가 각각의 것들이 새롭게 존재를 가진다는 사실에 따라 그렇게 그것들에는 새롭게 되는 것이 어울린다. 만들어짐이 속하는 것에 또한 존재가 속하기 때문이다. 즉 이에 의거해 존재하기 위해 어떤 것이 만들어지는 것이다(eius est fieri cuius est et esse, ad hoc enim aliquid fit ut sit). 따라서 자립하는 실재들처럼 스스로 존재를 가지는 것들에는 그 자체로 만들어지는 것이 어울린다. 하지만 우유적인 것이나 물질적 형상처럼[219] 그 자체로 존재를 가지지 못하는 것에는 그 자체로 〔만들어지는〕 것이 어울리지 않는다. 그런데 이미 말한 것에서 분명한 바와 같이,[220] 이성적 영

---

219 제84장 각주 177 참조.

혼은 그 스스로 작용을 소유하기 때문에 존재를 가진다. 그러므로 이성적 영혼에는 스스로 만들어짐이 어울린다. 따라서 앞에서 밝혀진 바와 같이,[221] (이성적 영혼은) 질료와 형상으로 합성된 것이 아니기 때문에 오직 창조를 통해서만 존재로 이끌려질 수 있다는 결론이 나온다. 그러나 앞에서 밝혀진 바와 같이,[222] 창조함은 오직 신에게만 속하는 일이다. 따라서 오직 신에 의해 이성적 영혼은 존재하도록 산출되었다.

이것은 이성적으로 타당해 보인다. 우리는 서로 질서 있게 연결된 기술들 안에서 최고의 기술은 최후의 형상을 도입하지만, 하위의 기술은 그 최후의 형상을 위한 질료를 준비한다는 사실을 보기 때문이다.[223] 그러나 이성적 영혼이 생성 가능하고 소멸 가능한 것의 질료가 이를 수 있는 궁극적이고 가장 완전한 형상이라는 사실은 명백하다. 따라서 합당하게도 더 하위에 속하는 자연적인 작용자는 예비적인 준비 상태와 형상을 야기한다. 그러나 최상의 작용자, 즉 신은 이성적 영혼이라는 최후의 형상을 야기한다.

---

220 제84장 참조.
221 제84장 참조.
222 제70장 참조.
223 아리스토텔레스의 『형이상학』(I, 1)에 대한 자신의 주해에서 토마스는 배를 건조하는 예를 통해 이 사실을 좀더 상세하게 설명한다. "더 우수한 기술은 더 우수한 작용을 하는 기술을 말한다. 인공적으로 이루어진 작용은 다음과 같은 방식으로 구분된다. 몇몇은 (나중에 이루어질) 작품의 재료를 준비하기 위해 존재한다. 마치 목수가 톱과 대패를 가지고 나무에서 배의 형상을 위한 재료를 준비하듯이 말이다. 다른 행위는 마치 (배를 건조하는 장인이) 마련되고 준비된 들보와 나무판으로부터 배를 조립하듯이, 형상을 도입하는 데 기여한다. 다른 행위는 이미 완성된 사물을 사용하는 데 기여한다. 이것이 가장 우수한 행위이다. 그러나 첫 번째 행위는 두 번째 행위가 세 번째 행위를 지향하듯이, 최초의 것으로서 두 번째 행위를 지향하기 때문에 가장 하위의 것이다"((108)).

제94장

이성적 영혼은 신의 실체로부터 유래하지 않는다
Quod anima rationalis non est de substantia Dei

병행문헌: 『신학대전』 제I부 제90문제 제1절; 『명제집 주해』 제2권 제17구분 제1문제 제1절; 『대이교도대전』 제II권 제85장 참조.

그럼에도 몇몇 사람들의 오류에 따라[224] 이성적 영혼이 신의 실체로부터 유래한다고 믿어서는 안 된다. 신이 단순하고 분할될 수 없다는 사실이 앞에서 밝혀졌기 때문이다.[225] 그러므로 그는 이성적 영혼을 마치 자신의 실체로부터 분리해 육체와 결합하는 것이 아니다.

마찬가지로 앞에서 신이 어떤 물체의 형상일 수 없다는 사실이 밝혀졌다.[226] 그러나 이성적 영혼은 형상으로서 육체와 결합된다. 그러므로 〔이성적 영혼은〕 신의 실체로부터 유래하지 않는다.

게다가 앞에서 신은 그 자체로도, 또는 우유적으로도 움직여지지 않는다는 사실이 밝혀졌다.[227] 이와는 상반되는 것이 이성적 영혼에서 드러난다. 그 영혼은 무지로부터 지식으로, 악덕으로부터 덕으로 변화되기 때문이다. 따라서 그것은 신의 실체로부터 유래하지 않는다.

---

224 여기서는 모든 범신론자를 생각하고 있다. 토마스는 명시적으로 소크라테스 이전의 철학자들, 마니교도들, 단일지성론자들을 언급한다(『신학대전』 제I부 제90문제 제1절; 『대이교도대전』 제II권 제85장 참조)(〔109〕). 아우구스티누스에 따르면, 특히 마르쿠스 테렌티우스 바로(Marcus Terentius Varro)가 이렇게 주장했다(『창세기 문자적 해설』 VII, 2 (PL 34, 356-357; CSEL 28-1, 201-202);『신국론』(De civitate Dei) VII, 6 (PL 41, 199); 마크로비우스(Macrobius), 『스키피오의 꿈에 대한 주해』(In Somnium Scipionis) I, 14 참조).

225 제9장 참조.

226 제17장 참조.

227 제4장, 제17장 참조.

제95장

신은 직접적으로 사물을 창조한다
Quod Deus immediate creat res

앞에서 밝혀진 것들로부터[228] "오직 창조를 통해서만 존재하도록 산출될 수 있는 것은 직접 신으로부터 존재한다"라는 사실이 필연적으로 귀결된다. 그런데 천체가 오직 창조를 통해서만 존재하도록 산출될 수 있다는 사실은 명백하다. 그것이 미리 현존하고 있던 질료로부터 만들어졌다고 말할 수는 없기 때문이다. 만일 그렇다면 그것은 생성 가능하고 소멸 가능하며 상반된 것에 종속될 수밖에 없을 것이기 때문이다. 그러나 이런 사실은 천체의 운동이 명시하듯이 천체에 적합하지 않다. 왜냐하면 천체는 원의 형태로 움직여지고, 원운동이란 상반된 것을 가지고 있지 않기 때문이다. 그러므로 천체는 직접 신에 의해 존재하도록 산출되었다는 사실만이 남게 된다.

마찬가지로 요소 또한 그 자체로 전체적인 측면에서 먼저 놓여 있는 어떤 질료로부터 존재하지 않는다. 먼저 있는 그것은 어떤 형상을 가져야 했을 것이기 때문이다. 만일 그렇다면 요소가 아닌 어떤 물체가 질료인의 질서 안에서 그 요소보다 먼저 존재해야 했을 것이다.[229] 그럼에도 만일 요소보다 먼저 있는 질료가 다른 형상을 가졌더라면, 그들 중에 하나가 같은 질서 안에서 다른 것들보다 앞선 것이어야 했을 것이다. 요소의 형상보다 앞서는 질료가 다른 형상을 가졌다면 말이다. 그러므로 요소 자체 또한 직접 신에 의해 산출된 것이어야 한다.

---

228 제74장 참조.

229 이것은 불가능한데, 만일 그렇다면 요소는 더 이상 요소가 아닐 것이기 때문이다. "그러므로 물체의 한 요소는 그것으로 다른 물체가 나누어지는 것이어야 할 것이다. 그러나 그 자체는 종에 따라 다른 것으로 나누어질 수 없는 것이다"(아리스토텔레스, 『천체론』 III, 3, 302a 15-18). 같은 이유로 어떤 요소도 질료인의 질서에서 다른 요소보다 더 앞선 것일 수 없다((110)).

따라서 비물체적이고 비가시적인 실체가 다른 어떤 것에 의해 창조된다는 것은 더더욱 불가능하다. 모든 이런 종류의 실체는 비물질적이기 때문이다. 질료는 오직 질료가 구분되도록 하는 그 차원에 종속될 수밖에 없다. 그래서 그것들[이런 종류의 실체들]은 유일한 질료로부터 생겨날 수밖에 없을 것이다.[230] 그러므로 결코 그것들이 먼저 놓여 있는 질료로부터 생겨날 수는 없다. 따라서 그것들은 창조를 통해 오직 신에 의해 존재하도록 산출되었다는 사실만이 남는다. 그렇기 때문에 가톨릭 신앙은 신이 "하늘과 땅의 창조주요 모든 보이는 것과"(creatorem celi et terre, et omnium uisibilium) 또한 "보이지 않는 것의 창조주"(inuisibilium)라고 고백한다.

제96장
신은 자연적 필연성이 아니라 의지에 따라 사물을 존재하도록 만든다
Quod Deus res in esse producit non naturali necessitate sed uoluntate

병행문헌: 『천체론 주해』 제III부 제8강 참조.

이로부터 신이 사물을 자연적 필연성에 따라서가 아니라 의지에 따라 존재하도록 산출해 냈다는 사실이 밝혀진다. 단 하나의 자연적인 작용자로부터는 직접적으로 오직 하나만이 존재한다. 그러나 의지에 따라 작용하는 자(agens uoluntarium)는 여러 가지를 산출해 낼 수 있다. 그 이

---

230 비물질적(비물체적)이라는 것과 비질료적이라는 것은 완전히 같은 것을 의미하는 것이 아니다. 비물질적인 것은 삼차원의 연장을 지닌 물체가 아닌 것이고, 비질료적인 것은 변화의 원리인 질료로부터 자유로운 것이다(제74장 각주 154 참조). 보나벤투라와 다른 스콜라 철학자들에 따르면, 정신적 피조물은 비록 비물질적이지만 형상과 비물질적인 질료로 구성되어 있다([111]).

유는 모든 작용자는 자기 형상을 통해 작용하기 때문이다. 그런데 그것을 통해 어떤 것이 자연적으로 작용하는 자연적인 형상은 각 작용자마다 하나일 뿐이다. 그러나 그것을 통해 어떤 것이 의지적으로 작용하는 지성적 형상은 다수이다.[231] 그러므로 이미 밝혀진 바와 같이,[232] 다수의 것들이 직접 신에 의해 존재하도록 산출되었기 때문에, 신이 자연적 필연성에 따라서가 아니라 의지에 따라 사물이 존재하도록 산출했다는 사실은 명백하다.

게다가 지성과 의지를 통한 작용자는 작용자들의 질서에서 자연의 필연성을 통한 작용자보다 앞선다. 왜냐하면 의지를 통한 작용자는 그것 때문에 작용하게 되는 목적을 자신에 앞서 지정하지만, 자연적인 작용자는 다른 것에 의해 자기에게 미리 지정된 목적 때문에 작용하기 때문이다.[233] 그러나 앞서 다룬 것들로부터[234] 신이 제1작용자(primum agens)

---

231 이것은 곧 '이념'(idea)이다. "이념이란 단어가 의미하는 것은 곧 어떤 작용자에 의해 이해된 형상이고, 이것과의 유사성에 따라 그는 외부의 작품을 생산하려고 하는 것이다. 마치 건축가가 질료 안에서 이루어져야 할 집의 이념과 같은 집의 형상을 자기 정신 안에 미리 포착하듯이 말이다"(『자유토론 문제집』 제IV권 제1문제)((112)).

232 제72장, 제95장 참조.

233 "모든 작용자는 필연적으로 목적 때문에 작용해야 한다. …… 특정의 결과를 내기 위해서는 목적의 성격을 갖는 어떤 한정적인 것으로 필연적으로 결정되어 있어야 한다. 이런 결정은 이성적 본성에 있어서는 의지라고 하는 이성적 욕구에 의해 이루어지며, 이와 마찬가지로 그 외의 다른 것들에서는 자연적 욕구라고 하는 자연 본성적 경향(제11장 각주 33 참조)에 의해 이루어진다." 목적에 대한 추구는 자신의 행동을 통해서나 (인간) 타자의 작용, 움직여짐을 통해(활에서 발사된 화살) 이루어진다. "따라서 이성을 갖는 것들은 자기 자체를 목적을 향해 움직여 간다. 그것은 '의지와 이성의 능력'인 자유 의지에 의해 자기 행위에 대한 지배력을 갖고 있기 때문이다. 그러나 이성이 없는 것들은 자기 자신에 의해서가 아니라 타자에 의해 움직여지는 것으로서 자연 본성적 경향에 의해 목적으로 향한다. 그것은 이런 것들이 목적의 의미를 모르기 때문이다. 따라서 이런 것들은 그 어떤 것도 목적을 향해 질서 지어질 수 없으며 오로지 타자에 의해 목적을 향해 질서 지어질 뿐이다. …… 그러므로 목적으로 자기를 작용시키거나 이끌어가는 식

라는 사실이 명백하다. 그러므로 신은 자연의 필연성을 통한 작용자가 아니라 의지를 통한 작용자이다.

마찬가지로 더 앞에서 다루었던 것들에서[235] 신은 무한한 힘을 가지고 있다는 사실이 밝혀졌다. 그러므로 신은 이 결과나 저 결과로 한정되어 있는 것이 아니라 모든 결과와 무한정적인 관계를 맺는다. 그러나 다양한 결과와 무한정적인 관계를 맺는 것은 욕구를 통해서나 의지의 결정을 통해 산출되어야 할 하나로 한정된다. 마치 걸을 수도 있고 걷지 않을 수도 있는 인간이 원할 때 걷듯이 말이다. 그렇기에 결과는 의지의 결정을 통해 신으로부터 나와야만 한다. 또한 그 신은 자연의 필연성을 통해서가 아니라 의지를 통해 작용한다. 그러므로 가톨릭 신앙은 전능한 신을 창조주라고 부를 뿐만 아니라 '만드신 분'(factorem)이라고도 부른다. 만듦(facere)은 본래 의지를 통해 작용하는 제작자의 일이기 때문이다.[236] 그리고 앞에서 밝혀진 바와 같이,[237] 의지에 따른 모든 작용자는 그의 말이라고 불리는 자기 지성의 개념을 통해 작용하고, 신의 말씀은 성자이기 때문에 가톨릭 신앙은 성자에 대해 그를 통해 "모든 것이 만들어졌다"(omnia facta sunt)라고 고백한다.

으로 목적을 향하는 것은 이성적 본성에 고유한 것이다. 그러나 이와는 달리 비이성적 본성에는 타자에 의해 작용되거나 인도되는 것으로서 목적을 향하는 것이 고유한 것이다. 이때 목적은 비이성적 동물의 경우처럼 지각되는 데 그치거나 전혀 인식을 갖지 못하는 경우처럼 지각되지 않는 경우도 있다"(『신학대전』 제II부 제I권 제1문제 제2절)(〔113〕).

234 제3장 참조.
235 제19장 참조.
236 제43장의 마지막 부분 참조.
237 제38장 참조.

제97장

신은 자신의 행위 안에서 불변한다

Quod Deus in sua actione est immutabilis

신이 의지에 따라 사물이 존재하도록 산출한다는 사실로부터, 즉 그가 자신의 변화 없이 사물이 존재하도록 새롭게 산출할 수 있다는 사실이 명백하다. 말하자면 이것이 자연적 작용자와 의지적 작용자의 차이이다. 자연적 작용자는 동일한 방식으로 관계를 맺고 있는 한에서 동일한 방식으로 작용한다. 즉 자기가 존재하는 방식대로 그렇게 작용한다. 그러나 의지적 작용자는 자신이 원하는 방식으로 작용한다. 그런데 자신의 변화 없이 전에는 행하기를 원하지 않고 지금은 행하기를 원한다는 사실이 일어날 수 있다. 왜냐하면 아무것도 어떤 사람이 작용하지 않을 때에도 자신의 변화 없이 나중에 작용하려는 의지가 그에게 갖추어져 있는 것을 막지 못하기 때문이다. 그처럼 신이 영원할지라도 신이 사물을 존재하도록 영원으로부터 산출하지 않았을 수 있다는 사실이 신의 변화 없이 일어날 수 있는 것이다.

제98장

움직임이 영원으로부터 존재했었다고 증명하는
근거와 그에 대한 해결책

Ratio probans motum ab eterno fuisse et solutio eius

병행문헌: 『신학대전』 제I부 제46문제 제1절; 『명제집 주해』 제2권 제1구분 제1문제 제5절; 『대이교도대전』 제II권 제31장 이하; 『권능론』 제3문제 제17절; 『형이상학 주해』 제XII권 제5강; 『자연학 주해』 제VIII권 제2강; 『천체론 주해』 제I권 제6강, 제29강 참조.

신이 영원하고 불변하는 의지에 따라 새로운 결과를 산출해 낼 수 있을지라도, 어떤 운동이 새로운 결과에 앞서가야만 하는 것처럼 보인다.

왜냐하면 우리는 오직 지금 있지만 나중에 멈출 것, 또는 [지금] 존재하지 않지만 미래에 기대되는 어떤 것 때문에만 의지가 행하기를 원하는 것을 뒤로 미룬다는 사실을 보기 때문이다. 마치 한 사람이 여름에 어떤 의복을 입으려는 의지를 가지고 있지만, 현재가 아니라 미래에 입으려고 하듯이 말이다. 지금은 더위가 있지만, 그 더위는 나중에 추위가 다가오면 멈출 것이기 때문이다. 그러므로 신이 영원으로부터 어떤 결과를 산출하기를 원하지만 그러지 않았다면, 그가 아직 존재하지 않았던 것을 미래에 기대했거나 당시 존재했던 다른 것이 사라져 버렸어야만 하는 것처럼 보인다. 그 둘 중에 어떤 것도 운동 없이는 일어날 수 없다. 그러므로 어떤 운동이 앞서가지 않는다면, 어떤 결과도 앞서가는 의지에 의해 산출될 수 없는 것처럼 보인다. 그래서 사물을 산출해 내려는 신의 의지가 영원으로부터 존재했고, 그 사물이 영원으로부터 산출되지 않았다면, 한 운동이 사물의 산출에 앞서가야 하고 결과적으로 움직일 수 있는 것(mobilia)이 앞서가야만 한다. 그리고 이 움직일 수 있는 것이 영원으로부터가 아니라 신에 의해 산출된 것이라면, 또다시 무한히 소급될 때까지 다른 운동과 움직일 수 있는 것이 먼저 있어야만 한다.

이 반론에 대한 해결은 누군가가 보편적 작용자와 특수한 작용자의 차이를 고찰한다면 쉽게 생각할 수 있다. 특수한 작용자(agens particualre)는 보편적 작용자(agens uniuersale)가 앞서 지정한 규칙과 척도에 비례하는 행위들을 가지고 있다. 이것은 시민 생활에서도 드러난다. 법의 제정자는 마치 규칙이나 척도와 같이 법을 제정하고, 어떤 개별적인 재판관은 이에 따라 재판해야만 하기 때문이다. 그런데 시간은 시간 안에서 일어나는 행위들의 척도이다. 말하자면 특수한 작용자는 시간과 연관 있는 행위를 가진다. 즉 어떤 한정된 이유 때문에 이전이 아니라 지금 작용하는 것처럼 말이다.

그러나 신이라는 보편적 작용자는 시간이라는 이런 종류의 척도를 그의 의지에 따라 정했다. 그러므로 신에 의해 산출된 사물들 중에는 또한 시간도 존재한다. 신이 부여하기를 원한 그런 종류의 것이 각각의 사물에 속하는 성질과 척도인 것처럼 시간의 양(길이)도 신이 주기를 원하는 그런 종류의 것이다. 따라서 시간과 시간 안에 있는 것은, 신이 그것이 존재하기를 원했을 때 존재하기 시작했던 것이다.

앞서 다룬 반론은 시간을 전제하고 시간 안에서 작용하나 시간을 정하지는 않았던 작용자에 대해 논증하고 있다. 그러므로 "왜 영원한 의지가 결과를 더 먼저가 아니라 지금 산출하는가"를 묻는 질문은 이미 있는 시간을 전제하고 있다. 지금과 먼저(nunc et prius)는 시간의 부분들이기 때문이다. 그러므로 그 안에서 시간 또한 고려되고 있는 사물의 보편적 산출에 관련해서는 "왜 더 먼저가 아니라 지금인가"라고 묻는 것이 아니라 "왜 신은 그것이 이 시간의 척도이기를 원했는가"라고 물어보아야만 한다. 그것은 신의 의지에 종속되는데, 그 의지에는 시간에 이런 양을 부여하든지 다른 양을 부여하든지 상관이 없다.

이것은 또한 세계의 차원적인(공간적인) 양에 관련해서도 고찰될 수 있다. "왜 신이 물체적인 세계를 〔지금 있는 위치보다〕 더 위나 더 밑, 또는 다른 위치가 아니라 이런 위치에 설립하셨는가"라고 묻지 않는다. 세계 밖에는 아무런 장소도 없고, 그 어느 것도 이 위치 이외에 어떠한 다른 위치에 존재할 수 없도록 물체적 세계에 그러한 양을 부여했다는 것은 바로 신의 의지로부터 나온 것이기 때문이다.

그러나 세계 이전에는 시간이 존재하지 않았고 세계 밖에는 장소가 없을지라도, 우리는 다음과 같은 방식으로 말하곤 한다. 즉 만일 "세계가 존재하기 이전에 신 이외에는 아무것도 없었다" 그리고 "세상 밖에는 어떠한 물체도 존재하지 않는다"라고 말한다면, 여기서 '이전'(ante)과 '밖'(extra)이라는 표현을 통해 시간과 장소는 오직 상상에 따라서만 이해하는 것이다.

제99장

질료가 영원으로부터 세계의 창조에 앞서 존재하는 것이 필연적이라는 사실을 보여 주어야 하는 근거들과 그에 대한 해결책

Rationes ostendentes quod est necessarium

materiam ab eterno creationem mundi precessisse, et solutiones earum

완전한 사물의 산출이 영원으로부터 이루어지지 않았을지라도, 그 질료는 영원으로부터 필연적으로 존재했어야만 하는 것처럼 보인다.[238] 존재하지 않다가 존재를 가지게 된 모든 것은 비존재로부터 존재로 변화된 것이다. 그러므로 하늘과 땅 그리고 다른 이런 종류의 것들인 창조된 사물들이 영원으로부터 존재하지 않았고 존재하지 않았다가 뒤에 존재하기 시작했다면, 그것들은 비존재로부터 존재로 변화되었다고 말하는 것이 필연적이다. 그런데 모든 변화와 운동은 어떤 주체를 가진다. 운동은 가능 상태로 존재하는 것의 현실화이지만, 그것을 통해 어떤 사물이 존재하도록 산출되는 변화의 주체는 산출된 사물 자체가 아니다. 말하자면 이것은 운동의 목표(terminus motus)이다. 그러나 운동의 목표와 주체는 동일한 것이 아니다. 오히려 앞서 말한 운동의 주체는 그것에 의해 사물이 산출되는 것, 즉 질료라고 불리는 것이다. 그러므로 만일 존재하지 않았다가 나중에 존재하도록 산출된 사물이 존재한다면, 질료가 그것보다 앞서 있어야만 하는 것처럼 보인다. 만일 이것〔질료〕이 존재하지 않았다가 후에 다시금 산출되었다면, 그것은 그보다 앞선 다른 질료를 가졌어야만 한다. 그러나 무한히 소급될 수는 없다. 따라서 존재하지 않은 후에 산출되지 않는 어떤 영원한 질료에 도달해야만 한다는 사실이 남게 된다.

---

238 질료가 영원으로부터 존재하고 있었고 신이 그것으로부터 특정한 시점에 세계를 형성했다라는 사실은 플라톤이 『티마이오스』에서 가르쳤던 것으로서, 중세 때 알려져 있었다((114)).

마찬가지로 만일 세계가 존재하지 않았다가 후에 존재하기 시작했다면, 세계가 존재하기 전에 세계가 존재함 또는 만들어짐(fieri)이 가능했거나 가능하지 않았을 것이다. 그러나 만일 세계가 존재함 또는 만들어짐이 가능하지 않았다면, 등가의 문장으로부터(ab equipollenti) 〔추론하건대〕 세계가 존재하거나 만들어진다는 것이 불가능했을 것이다. 만들어짐이 불가능한 것은 필연적으로 만들어지지 않는 것이다. 그러므로 세상이 만들어지지 않았다는 것은 필연적이다. 이것은 분명하게 거짓이기 때문에, 다음과 같이 말하는 것이 필연적이다. 즉 만일 세상이 존재하지 않았다가 후에 존재하기 시작했다면, 존재했기 이전에 그것이 존재함이나 만들어짐이 가능했다. 그러므로 어떤 것이 세상의 만들어짐과 존재함에 대한 가능 상태에 있었던 것이다. 그러나 어떤 것의 만들어짐과 존재함에 대해 가능 상태에 있는 것은 그것의 질료이다. 마치 나무가 벤치에 대해 그런 관계이듯이 말이다. 그러므로 세계가 항상 존재하지 않았을지라도, 질료가 항상 존재했다는 사실은 필연적인 듯하다.

앞에서 질료 또한 오직 신에 의해서만 존재한다는 사실이 밝혀졌기 때문에,[239] 같은 이유로 가톨릭 신앙은 질료가 영원하지 않다는 것과 마찬가지로 세계도 영원하지 않다는 것을 고백한다. "신에 의해 산출된 사물은 존재하지 않았다가 후에 존재하기 시작했다"라는 그런 방식으로 사물 자체 안에 신적인 원인성이 표현되어 있어야만 한다. 이것은 분명하고 명백하게 사물이 그 자체로부터 존재하는 것이 아니라 영원한 창조주로부터 존재한다는 사실을 보여 준다.

앞서 다룬 근거들이 질료의 영원함을 가정하도록 우리를 제한하지는 않는다. 사물의 보편적인 산출은 고유하게 변화(mutatio)라고 불릴 수는 없기 때문이다. 앞에서 말한 바와 같이,[240] 변화의 주체와 목표가 동일할 수 없으므로 어떤 변화에서도 변화의 주체가 변화를 통해 산출되지

---

239 제69장 참조.
240 제99장의 전반부 참조.

는 않기 때문이다. 그러므로 창조라고 불리는 신에 의한 사물의 보편적 산출[241]은 사물 안에 있는 모든 것에까지 미치기 때문에, 비록 창조된 사물이 존재하지 않았다가 후에 존재하도록 산출되었다고 할지라도 이런 방식의 산출은 고유하게 변화라는 의미를 지닐 수 없다. 왜냐하면 존재하지 않았다가 뒤에 존재함(esse post non esse)은, 오직 주체가 결여 상태에 놓여 있다가 지금은 형상 아래 놓이게 된 경우를 가정할 때에만 변화의 참된 의미를 충족하기 때문이다. 그러므로 저것이다가 뒤에 이것이 되는 경우들 가운데 고유하게 운동이나 변화라는 의미가 존재하지 않는 경우들도 있다. 마치 "낮으로부터 밤이 온다"라고 말하듯이 말이다. 따라서 세계가 존재하지 않았다가 후에 존재하기 시작했다고 한다면, 이것은 어떤 변화를 통해 만들어진 것이 아니라 창조를 통해 만들어졌어야 한다. 이 창조란 실제로 변화가 아니라 자기 존재적으로 의존하는 창조주에 의해 창조된 사물이 순서상 앞서 있는 비존재에 대해 맺는 특정한 관계이다. 모든 변화 안에는 이렇게 그리고 저렇게 관련되는 동일한 어떤 것이 존재해야만 한다. 가령 이것은, 지금은 한 극단 아래 놓여 있고 나중에는 다른 극단 아래 놓여 있는 경우이다. 이것은 창조에서는 사태의 진리에 따라 발견되지 않고 오직 상상에 따라서만 발견된다. 즉 우리는 똑같은 사물이 이전에는 존재하지 않았다가 나중에 존재한다고 상상하는 것이다. 그래서 창조는 일종의 유사성에 따라 변화라고 불릴 수 있다.

유사하게 두 번째 〔근거가 제시하는〕 반론도 받아들여야만 하는 것은 아니다. 비록 "세계가 존재하기 이전에 세계가 존재함 또는 만들어짐이 가능했다"라고 말하는 것은 참일지라도, 이것이 어떤 능력이라는 의미

---

241 창조가 보편적 산출인 이유는 단지 그것이 모든 사물에 영향을 끼치기 때문이 아니라 무엇보다도 그것이 개별적 사물 안에 있는 모든 것에까지 (영향을) 끼치기 때문이다. 창조를 통해 한 사물은 바로 '존재'하도록 산출되는 것이다(제69장 각주 144 참조)(〔115〕).

로(secundum aliquam potentiam) 언급되어야 하는 것은 아니다. 명제들 안에서(in enuntiabilibus) 진리의 어떤 양태를 의미하는 것, 즉 필연적인 것도 아니고 불가능한 것도 아닌 것이 '가능한'(possibile)이라고 불리기 때문이다. 그러므로 이런 종류의 '가능한'은 철학자〔아리스토텔레스〕가 『형이상학』 제VII권에서 가르치고 있는 것처럼[242] 어떤 능력이라는 의미로 언급되는 것은 아니다. 그러나 만일 어떤 능력에 따라 "이 세계가 존재함은 가능하다"라고 말한다면, 이것은 수동적 능력에 따른 것이 아니라 능동적 능력에 따라 말하는 것이 필연적이다. 그래서 "세계는 존재하기 이전에 존재함이 가능했다"라고 말하는 것과 같이, "신이 세계를 산출하기 이전에 그것이 존재하도록 산출할 수 있었다"라는 의미로 이해된다. 이에 우리는 질료가 세계보다 먼저 존재했었다고 꼭 주장해야만 하는 것은 아니다. 그러므로 가톨릭 신앙은 아무것도 신과 함께 영원하다라고 주장하지 않으며, 그렇기 때문에 "모든 보이는 것과 보이지 않는 것의 창조주요 만드신 분"(creatorem et factorem omnium uisibilium et inuisibilium)이라고 고백하는 것이다.

제100장
신은 목적 때문에 모든 것을 행위한다
Quod Deus operatur omnia propter finem

병행문헌: 『신학대전』 제I부 제44문제 제4절; 제65문제 제2절; 제103문제 제2절; 『명제집 주해』 제2권 제1구분 제2문제 제1절, 제2절; 『대이교도대전』 제III권 제17장, 제18장 참조.

앞에서[243] 신은 자연의 필연성을 통해서가 아니라 지성과 의지를 통해

---

242 실제로는 아리스토텔레스, 『형이상학』 V, 14, 1019b 21-23 참조.
243 제96장 참조.

사물이 존재하도록 산출했다는 사실이 밝혀졌다. 그런데 모든 이런 작용자는 목적 때문에 작용한다. 행위하는 지성에는 목적이 원리이기 때문이다.[244] 그러므로 신에 의해 만들어진 모든 것은 필연적으로 목적 때문에 존재한다.

게다가 신에 의한 사물의 산출은 가장 좋게 만들어졌다. 각각의 것을 가장 좋게 만드는 것은 가장 좋은 이에게 속하는 일이기 때문이다. 그런데 어떤 것이 목적 때문에 만들어지는 것은 목적에 대한 의도 없이 만들어지는 것보다 더 좋다. 만들어진 것 안에 있는 선(善)이라는 개념(ratio boni)은 목적에서 기인하기 때문이다. 그러므로 사물은 신에 의해 목적 때문에 만들어졌다.

또한 이에 대한 표징은 어떤 것도 헛되게 존재하지 않고, 각각이 목적 때문에 존재하고 있는 자연으로부터 작용된 것들 안에서 드러난다.[245] 그런데 자연에 의해 만들어진 것들이 제1작용자에 의한 자연의 체계 자체보다도 더욱 질서 잡혀 있다고 말하는 것은 불합리하다. 자연의 모든 질서는 후자로부터 유래하기 때문이다. 그러므로 사물은 목적 때문에 신에 의해 산출되었다는 것이 명백하다.

---

244 "실천적 지성과 사변적 지성은 각기 다른 능력이 아니다. …… 사변적 지성은 그 것이 파악하는 것을 행동으로 질서 지어주지 않고 다만 진리의 고찰로만 질서 지 어주는데, 실천적 지성은 파악한 것을 행동으로 질서 지어주는 지성이다"(『신학 대전』 제I부 제79문제 제11절). 지성은 목적으로부터 수단들을 판단하기 때문에 실천적 지성의 대상들 중에서 목적이 원리이다. 사변적 지성의 대상들 중에서는 이에 상응하는 지위를 기본 공리들이 차지하는데, 지성은 이들 덕분에 추론들을 인식하기 때문이다(〔116〕).

245 제96장 각주 233 참조. 자연이 각각의 경우에 목적을 지니고 작용한다는 사실을 토마스는 아리스토텔레스(『자연학』 II, 8, 198b 10-199b 33)와 함께 자연이 항상 또는 대개 좋게 작용한다는 사실과 더 나아가 자연적 작용과 인간의 기술 사이의 유 사성, 동물의 행동과 식물의 성장에서 추론해 낸다(『자연학 주해』 제II권 제12강 참조)(〔117〕).

제101장

모든 것의 궁극적인 목적은 신의 선성이다

Quod ultimus finis omnium est divina bonitas

병행문헌: 제100장의 병행문헌 참조.

사물의 궁극적인 목적은 신의 선성이어야 한다. 어떤 작용자에 의해 의지를 통해 만들어진 사물의 궁극적인 목적은 그 작용자에 의해 우선적이고 그 자체로 원해진 것이다. 그리고 이것 때문에 작용자는 자신이 행하는 모든 것을 행하는 것이다. 그러나 더 앞에서 분명해진 바와 같이,[246] 신적 의지의 최초의 의지 대상(primum volitum, 최초로 원해진 것)은 그의 선성이다. 그러므로 신에 의해 만들어진 모든 사물의 궁극적인 목적은 필연적으로 신의 선성이어야 한다.

마찬가지로 발생된 각각의 사물이 발생하는 목적은 바로 그것들의 형상이다. 이것이 취해졌을 때 발생은 멈추기 때문이다. 기술을 통해서든지 자연을 통해서든지 간에, 발생된 각각의 것은 자기 형상에 따라 어떤 방식으로든 작용자와 유사해진다. 모든 작용자는 어떻게든 자기 자신과 유사하게 작용하기 때문이다(omne agens agit aliqualiter sibi simile). 질료로 이루어진 집은 제작자의 정신 안에 있는 집으로부터 생겨난다. 또한 자연적인 것들에서도 인간이 인간을 낳는다. 그리고 만일 낳는 자와 종적으로 유사하지 않은 어떤 것이 자연에 의해 낳아지거나 만들어진다고 할지라도, 그것은 불완전한 것이 완전한 것에 대해 그렇듯이 자기의 작용자와 유사해진다. 출생된 것이 출생시키는 자와 종적으로 유사하지 않는 일이 일어날 수 있는 이유는 그것이 출생시키는 자와 완전한 유사성에 도달할 수 없고, 어떻든 그것을 불완전하게 분유하기 때문이다. 이는 마치 태양의 힘으로부터 출생되는 동물이나 식물과 같다. 그러므로

---

246 제32장, 제33장 참조.

만들어진 모든 것에서 출생과 완전성의 목적은 행위하는 자 또는 출생시키는 자의 형상이며, 그것들은 바로 그 형상의 유사성에 도달하게 된다. 그러나 제1작용자, 즉 신의 형상은 그의 선성 이외에 다른 것이 아니다. 그러므로 모든 것은 신의 선성과 닮기 위해서라는 그 이유 때문에 만들어졌다.

제102장
신과의 닮음이 사물 안에 있는 다양성의 원인이다
Quod divina assimilatio est causa diversitatis in rebus

병행문헌: 『신학대전』 제I부 제47문제 제1절, 제2절; 『대이교도대전』 제II권 제39-45장; 『권능론』 제3문제 제1절 제1이론에 대한 해답; 제3문제 제16절; 『영혼론』 제7절; 『디오니시우스의 '신명론' 주해』 제4장 제16강; 『형이상학 주해』 제XII권 제2강; 『원인론 주해』 제24강 참조.

이로부터 사물 안에 있는 다양성과 구별의 근거가 포착되어야 한다. 각각의 피조물이 지닌 신으로부터의 거리 때문에 신의 선성이 완전하게 재현되는 것이 불가능했으므로, 하나로부터 결여된 것이 다른 것으로부터 보충되기 위해 신의 선성은 필연적으로 많은 것을 통해 재현되어야 했다. 삼단논법의 결론에서도 하나의 매(media) 개념을 통해 결론이 충분히 증명되지 않을 경우에는, 변증적인 삼단논법에서 일어나듯이, 결론의 명확성을 위해 매 개념이 다수화되어야 한다. 그렇지만 피조물의 우주 전체도 신의 선성을 완전히 동등한 수준으로 재현하지 못한다. 다만 피조물의 가능한 완전성에 따라 재현할 뿐이다.

마찬가지로 보편적인 원인 안에 단순하고 단일하게 존재하는 것은 결과 안에 다양하게 구별되어 있다. 원인 안에 있는 어떤 것은 결과 안에 있는 것보다 더 고귀한 것이기 때문이다. 또한 하나이고 단순한 신적 선성은 피조물 안에 있는 선성 전체의 원리이며 뿌리이다. 그러므로 많고 구별되는 것(multa et distincta)이 하나이고 단순한 것을 닮아가듯이, 피조물도 신의 선성과 닮아가는 것이 필연적이다. 이렇듯이 다수성과 구별은 사물 안에서 우연히 또는 예기치 않게 등장하는 것이 아니다. 마치 사물의 산출이 우연으로부터 또는 운수로부터가 아니라 목적 때문에 이루어지듯이 말이다. 즉 사물 안에 있는 존재함과 단일성과 다수성(esse et unitas et multitudo)은 동일한 원리로부터 기인한다.

그런데 사물의 구별은 결코 질료로부터 야기되지 않는다. 사물이 최초로 설정되는 것은 창조를 통한 것이고, 창조는 질료를 필요로 하지 않기 때문이다. 유사하게, 오직 질료의 필연성으로부터 기인하는 것은 우연적인 것처럼 보인다. 또한 유사하게, 사물 안에 있는 다수가 중간적인 작용자의 질서 때문에 야기되는 것도 아니다. 예를 들어 하나이고 최초인 단순한 것으로부터 직접적으로는 오직 하나만이 생겨날 수 있는데, 〔이 생겨난 하나는〕 단순성에서 최초의 것과 거리가 있다. 그래서 어떤 이들이 생각했던 것처럼[247] 이것으로부터 이미 다수가 나올 수 있고, 그렇다면 그 다음에 최초의 단순한 것으로부터 물러나면 물러날수록 그만큼 더 수적으로 다수가 된다. 앞에서 밝혀진 바와 같이,[248] 오직 신에게만 속한 창조를 통해 존재로 나아갈 수 있는 다수의 것들이 있다는 사실이 이미 밝혀졌기 때문이다.[249] 그러므로 신 자신으로부터 다수의 것들이 직접적으로 창조되었다는 사실이 남게 된다.

또한 이런 입장을 따르자면, 사물의 다수성과 구별은 제1작용자에 의해 의도되지 않은 것처럼 우연적인 것이 되리라는 사실이 분명해질 것이다. 사물의 다수성과 구별은 신적 지성에 의해 충분히 고안된 것이고, 다양한 방식으로 신적 선성이 창조된 사물에 의해 재현되도록 그리고 다양한 사물이 다양한 등급에 따라 그 선성을 분유하도록 사물 안에 설

---

247 즉 신플라톤주의자들과 그들의 영향을 받은 아랍 철학자들을 말한다. 아비첸나, 『형이상학』 IX, 4 (104va) 참조. 비교는 『대이교도대전』 제II권 제42장((118)).
248 제70장 참조.
249 제95장 참조.

정된 것이다. 그래서 이로부터 다양한 사물의 질서에 따라 사물 안에 신적 지혜를 생각하게 해 줄 어떤 아름다움이 그 결과로 생겨나게 된다.

제103장

신의 선성은 사물의 원인일 뿐만 아니라
모든 운동과 행위의 원인이기도 하다

Quod non solum divina bonitas est causa rerum,

sed etiam omnis motus et operationis

신의 선성은 사물의 설정 목적(institutionis rerum finis)일 뿐만 아니라 여하한 피조물의 모든 행위와 운동을 위해서도 필연적으로 목적이어야만 한다. 각각의 것은 그것이 존재하는 것과 같이 그렇게 작용하기 때문이다. 마치 뜨거운 것이 뜨겁게 만들 듯이 말이다. 그런데 이미 밝혀진 바와 같이,[250] 어떤 것이든지 창조된 사물은 자기의 형상에 따라 신적 선성의 어떠한 유사성을 분유한다. 그러므로 여하한 피조물의 모든 작용과 운동은 신의 선성을 목적으로 삼도록 질서가 부여되어 있다.

그 밖에도 여하한 사물의 모든 운동과 행위는 완전한 어떤 것(aliquid perfectum)을 향하는 것처럼 보인다. 그런데 여하한 사물의 완전성은 그것의 선성이기 때문에, 완전한 것은 선의 근거를 가지고 있다. 따라서 여하한 사물의 모든 운동과 작용은 선으로 향한다. 그러나 어떤 존재자이든 제1존재자와 유사한 것처럼 어떤 선이든 최고선과 유사한 어떤 것이다. 그러므로 여하한 사물의 운동과 작용은 신적 선성과의 닮음을 추구한다.

그 밖에도 만일 많은 작용자가 질서를 가지고 있는 것이라면, 모든 작용자의 행위와 운동은 제1작용자의 선성을 최종적인 목적으로 삼도록

---

250 제101장 참조.

질서가 부여되어 있어야만 한다. 하위의 작용자는 상위의 작용자에 의해 움직여지고, 모든 작용자는 고유한 목적을 향해 움직이기 때문에 하위의 작용자의 작용과 운동은 제1작용자의 목적으로 향한다. 마치 군대 안에서 모든 부대의 행위가 최종적인 목적으로서 장군의 목적인 승리를 위해 편성되는 것과 같다. 그런데 제1운동자와 작용자는 신이라는 사실이 앞에서 이미 밝혀졌다.[251] 또한 앞에서 밝혀진 바와 같이,[252] 그의 목적은 바로 그의 선성이다. 그러므로 어떠한 것이든지 피조물의 모든 작용과 운동은 신의 선성 때문에 존재하는데, 특히 그것을 야기하거나 증가시키기 위해서가 아니라 그 선성의 어떤 유사성을 분유함으로써 그것을 자기 방식대로 획득하기 위해 그렇게 한다는 사실이 필연적이다.

창조된 사물은 신적 선성의 유사성을 행위를 통해 다양한 방식으로 성취하는데, 이는 마치 자기의 존재에 따라 다양한 방식으로 그것을 재현하는 것과 같다. 즉 각각의 것은 존재하는 대로 작용하기 때문이다. 그러므로 모든 피조물에서 그것이 존재하는 한 신의 선성을 재현한다는 사실이 공통적이기 때문에, 자기 존재를 보존하고 타자와 나누는 데 있어 그의 행위를 통해 신의 선성을 재현한다는 것은 모든 것에 공통적이다.

각각의 피조물은 그것의 행위 안에서 일차적으로 가능한 한 완전한 존재 상태로 자신을 보존하려고 노력하는데, 이 안에서 각 피조물은 자기 방식으로 신적 영구성과 유사함을 추구한다. 한편, 두 번째로는 각각의 피조물은 행위를 통해 자신의 완전한 존재를 다른 것에 자기 방식에 따라 전달하려 힘쓰고, 이를 통해 신적 원인성과 유사함을 추구한다.

그러나 이성적 피조물은 자신의 행위를 통해 그 밖의 것들에 앞서 유일무이한 방식으로 신과의 유사함을 추구한다. 마치 그것이 그 밖의 피조물들에 앞서 더욱 고상한 존재를 가지고 있듯이 말이다. 그 밖의 피조

---

251 제3장 참조.
252 제32장 참조.

물들의 존재는 질료를 통해 제한되므로 유한하기 때문에 그것은 현실적으로 뿐만 아니라 가능적으로도 무한함을 소유하고 있지 않다. 그러나 모든 이성적 본성은 지성이 자신 안에 가지적인 대상을 내포하고 있다는 사실에 의거해 현실적으로나 가능적으로나 무한성을 지니고 있다.

그러므로 우리 안에 있는 지성적 본성은, 그의 최초 존재를 고려할 때, 자기의 가지적인 대상에 대해 가능 상태에 있다. 이 가지적인 대상은 무한하기 때문에 지성적 본성은 가능적 측면에서 어떤 무한함을 지니고 있다.[253] 이에 지성은 돌과 같이 오직 하나에 한정된 종을 가지고 있는 것이 아니라 모든 종을 포용할 수 있는 종을 가지고 있기 때문에 종들의 종(species specierum)이다.[254] 한편, 신 안에 있는 지성적 본성은, 앞에서 밝혀진 바와 같이,[255] 모든 존재자의 완전성을 자신 안에 앞서 소유하고 있는 한 현실적으로 무한하다. 다른 한편, 다른 지성적 피조물은 가능태와 현실태 사이에 중간의 방식을 취하고 있다. 따라서 지성적 피조물은 자기 행위를 통해 신적 유사성을 추구하는데, 오직 자신을 존재하도록 보존하는 것이나 자신의 존재를 어떤 방식으로든 나누면서 다양화할 뿐만 아니라 본성적으로 가능 상태로 가지고 있는 것을 자신 안에 현실적으로 가지게 하는 것이다. 그러므로 지성적 피조물이 자기 행위를 통해 성취하는 목적은, 그의 지성이 가능 상태에 있는 모든 가지적인 대상에 따라 절대적으로 현실적이 되게끔 하는 것이다. 이런 측면에서 그것은 최고로 신과 유사할 것이다.

---

253 영혼과 육체가 결합되어 있는 동안에 인간 지성에 적합한 대상은 물질적인 사물의 (실체적이고 우유적인) 본질이다. 이것은 수적으로 뿐만 아니라 종에 따라서도 가능적인 측면에서 무한하다(인간은 수, 관계, 모양에 대해 생각한다)((119)).

254 라틴어 '스페키에스'(species)는 바라봄을 뜻하고, 철학적으로는 종의 형상뿐만 아니라 인식상도 뜻한다((120)).

255 제18장, 제21장 참조.

제104장

지성적 피조물의 궁극 목적은 본질에 따라 신을 보는 것이다
Quod finis ultimus intellectualis creature est uidere Deum per essentiam

병행문헌: 『신학대전』 제I부 제12문제 제1절, 제4절 제3이론에 대한 해답; 제II부 제I권 제3문제 제6절, 제8절; 보충부 제92문제 제1절; 『명제집 주해』 제4권 제49구분 제2문제 제1절; 『대이교도대전』 제III권 제48장, 제51장, 제54장, 제57장; 『진리론』 제8문제 제1절; 『자유토론 문제집』 제VII권 제1문제 제1절; 제X권 제8문제; 『마태오복음 주해』 제5장; 『요한 복음 주해』 제1장 제11강 참조.

어떤 것은 두 가지 방식으로 가능 상태에 있다. 한 방식은 자연적으로, 즉 공통 본성적 작용자(agens connaturale)를 통해 현실태로 환원될 수 있는 것의 관점에서 그러하다. 다른 방식은 공통 본성적인 작용자를 통해서가 아니라 어떤 다른 작용자(aliquod aliud agens)를 통해 현실태로 환원될 수 있다는 관점에서 그러하다. 이런 것은 물체적인 사물에서 분명하다. 예를 들면 소년에서 성인이 되는 것이나 씨앗(배종)으로부터 동물이 되는 것은 자연적인 가능 상태에(in potentia naturali) 있는 것이다. 그러나 나무로부터 의자가 되거나 맹인으로부터 볼 수 있는 자가 되는 것은 자연적인 가능 상태에 있는 것이 아니다. 그런데 이러한 일이 우리의 지성에 대해서도 일어난다. 왜냐하면 우리의 지성은 능동 지성을 통해 현실태로 환원될 수 있는 어떤 가지적인 것과 관련해 자연적인 가능 상태에 있기 때문이다. 이 능동 지성은 우리가 현실적으로 이해하는 자가 되도록 하기 위해 우리에게 생득적으로 주어진 원리이다. 그러나 우리 지성이 이렇게 현실태로 환원되는 방식으로 우리가 궁극 목적에 도달하는 것은 불가능하다. 저 앞에서 명백해진 바와 같이,[256] 능동 지성의 능력은 가능 상태에 있는 가지적인 것인 표상상(fantasmata)을 현실적으로 가지적인 것으로 만들어 주는 것이다. 그런데 표상상은 감각을 통해

---

256 제83장 참조.

받아들여진다. 능동 지성을 통해 우리 지성은 오직 우리가 감각적인 것을 통해 그 인식에 도달할 수 있는 그런 가지적인 것과 관련해서만 현실태로 환원된다. 그러나 인간의 궁극 목적이 그런 인식으로 이루어진다는 것은 불가능하다. 궁극 목적이 도달되었을 때, 자연적 욕구(desiderium naturale)가 멎게 되기 때문이다. 앞에서 말했던 것처럼 우리가 감각으로부터 지식을 얻는 인식 방식으로 어떤 이가 이해 작용에서 대단히 많은 발전을 이룬다고 할지라도, 계속해서 다른 것을 더 알려고 하는 자연적 욕구는 남아 있다. 왜냐하면 감각이 도달할 수 없고, 또한 감각적인 것을 통해 오직 얼마 안 되는 지식밖에는 얻지 못하는 많은 것이 있기 때문이다. 혹시라도 우리가 그것이 존재한다는 사실을 알게 될지라도 그것이 무엇인지는 알지 못한다. 그 이유는 비물질적인 실체의 무엇임은 감각적인 사물의 무엇임과 다른 유에 속하고 마치 비교할 수 없을 정도로 초월하는 것(improportionabiliter transcendentes)이기 때문이다. 감각 아래 속하는 것에 대해서도 그 〔본질〕 개념을 확실하게 인식할 수 없는 많은 것이 존재한다. 그런데 그것들 중의 몇몇은 전혀 인식하지 못하고, 몇몇은 약하게 인식할 뿐이다. 그러므로 더 나은 인식이라는 관점에서 자연적 욕구는 항상 남아 있다.

오히려 자연적 욕구는 공허한(uanum) 것일 수 없다. 우리 지성이 우리와 공통 본성적인 작용자보다 더 고귀한 작용자에 의해 현실태가 됨에 따라 우리는 궁극 목적에 도달하게 된다. 이것이 본성적으로 알려고 하는 우리 안에 있는 욕구를 멎게 하는 것이다. 그러나 우리가 결과를 알게 되었을 때 원인도 알려고 하는 것과 같은 그러한 것은 우리 안에 있는 지적인 욕구이다. 그리고 주변 조건이 알려진 어떤 사물에 대해 우리의 욕구는 그 본질을 알게 될 때까지 잠잠해지지 않는다. 그러므로 알려고 하는 자연적 욕구는 우리가 제1원인을 임의의 방식이 아니라 그 본질을 통해 알게 될 때까지 잠잠해질 수 없다. 그런데 앞에서 명백해진 바와 같이,[257] 제1원인은 신이다. 그러므로 지성적 피조물의 궁극 목적은 본질에 따라 신을 보는 것이다.[258]

제105장

지성적 피조물은 어떻게 신의 본질을 볼 수 있는가

Quomodo intellectus creatus diuinam essentiam uidere possit

병행문헌:『신학대전』제I부 제12문제 제2절, 제5절;『명제집 주해』제3권 제14구분 제1문제 제3세부문제; 제4권 제49구분 제2문제 제1절, 제6절;『대이교도대전』제III권 제49장, 제51장, 제53장, 제54장; 제IV권 제7장;『진리론』제8문제 제1절, 제3절; 제10문제 제11절; 제18문제 제1절 제1이론에 대한 해답; 제20문제 제2절;『자유토론 문제집』제VII권 제1문제 제1절;『요한복음 주해』제1장 제11강; 제14장 제2강;『코린토전서 주해』제13장 제4강;『디오니시우스의 '신명론' 주해』제1장 제1강;『보에티우스의 '삼위일체론' 주해』제1문제 제2절 참조.

이것[본질에 따라 신을 보는 것]이 어떻게 가능한가를 고찰해야만 한다. 우리 지성은 그것의 어떤 [가지]상을 통해서가 아니라면 아무것도 인식하지 못하기 때문에, 한 사물의 [가지]상을 통해 다른 것의 본질을 이해하는 것은 불가능하다는 것이 명백하다. 그리고 지성이 그것을 통해 알게 되는 상이 인식된 사물로부터 멀면 멀수록 우리의 지성은 그 사물의 본질에 대해 그만큼 불완전한 지식을 가지게 된다. 예를 들어 만일 당나귀의 상을 통해 소를 인식하게 된다고 가정하면, 그 본질을 불완전하게, 즉 오직 유(類)와 관련해서만 인식하게 될 것이다. 만일 돌을 통해 인식한다고 가정하면, 더욱 먼 유를 통해 인식하게 될 것이기 때문에 더더욱 불완전하게 [인식하게 될 것이다]. 그러나 만일 유적 측면에서 소와 아무런 공통성이 없는 어떤 사물의 상을 통해 인식하게 된다고 가정하면, 소

---

257 제3장, 제68장 참조.

258 토마스는 종종 지성적 피조물에 본질에 따라 신을 보는 것이 적합하다는 것을 매우 강하게 강조해 그것이 마치 본성적으로 이에 대한 권한을 지닌 듯한 인상을 줄 수도 있다. 그러나 이와는 달리 토마스는 이렇게 주장한다. "처음으로 설정되는 순간부터 인간의 본성은 지복의 목적을 향해 질서 지어졌다. [이 목적은] 마치 인간에게 그 본성에 따라 마땅히 있어야 할 목적이 아니라 오직 신의 자유로움으로부터 유래한 것이다"(『진리론』제14문제 제10절 제2이론에 대한 해답)([121]).

의 본질에 대해서는 결코 인식하지 못할 것이다. 하지만 앞에서 다룬 것으로부터[259] 창조된 어떤 것도 신과 유적 측면에서 공통적이지 않다는 사실은 명백하다. 따라서 감각적인 것이든 지성적인 것이든 간에, 관계 없이 어떤 창조된 상을 통해 신이 본질에 따라 인식되는 것은 불가능하다. 그러므로 신 자체가 본질에 따라 인식되기 위해서는 그를 인식하는 지성의 형상이 되어야만 한다. 그리고 하나의 본성을 구성하는 방식이 아니라 가지상이 이해하는 자와 결합하는 것과 같은 방식으로 그와 결합해야만 한다. 왜냐하면 신은 그 자신이 그의 존재인 것처럼 마찬가지로 지성의 형상인 그의 진리이기 때문이다.

그런데 어떤 형상을 성취하는 모든 것은 그 형상을 위한 어떤 성향을 성취해야 하는 것이 필연적이다. 그러나 우리 지성은 자기 본성 자체로부터 진리인 그 형상의 관점에서 실존하는 최종적 성향을 가지지 못한다. [만일 가졌다면] 처음부터 그것에 도달했을 것이기 때문이다. 그러므로 그것[진리인 신적 형상]을 성취할 때, 새롭게 첨가된 어떤 성향에 의해 상승되어야 한다. 이 성향을 우리는 영광의 빛(gloriae lumen)이라고 부른다. 이 빛을 통해 우리 지성은 신에 의해 완성되는데, 이 신만이 자기 본성상 이 고유한 형상을 가지고 있다.[260] 이는 마치 불의 형상을 향한 열이라는 성향은 오직 불로부터 생기는 것과 같다. 그리고 이 빛에 대해 시편에서는 "당신의 빛 안에서 우리는 빛을 봅니다"[261]라고 말한다.[262]

---

259 제12장, 제13장, 제14장 참조.
260 '영광의 빛'은 창조된 어떤 것이며, 지성이 신을 직접적으로 보면서 일치되기에 적합하도록 만들어 주는 초자연적 상태이다((122)).
261 시편 36(35),10 참조.
262 창조된 어떤 것도 신을 그 본질에 따라 묘사할 수 없기 때문에, 창조된 지성은 신을 보면서 그에 대한 아무런 인식상도 만들지 못한다. 전체 장에 대해 제164장 및 제II권 제9장과 비교((123)).

제106장

지복이 성립되는 본질적 신의 직관으로 인해
어떻게 자연적 욕구는 멎게 되는가

Quomodo naturale desiderium quiescit ex diuina uisione per essentiam,

in qua beatitudo consistit

병행문헌: 『신학대전』 제I부 제12문제 제7절; 제II부 제I권 제3문제 제8절; 『명제집 주해』 제3권 제14구분 제2문제 제1세부문제; 제27구분 제3문제 제2절; 제4권 제49구분 제2문제 제3절; 『대이교도대전』 제I권 제3장; 제III권 제55장; 『진리론』 제2문제 제1절 제3이론에 대한 해답; 제2절 제5이론에 대한 해답; 제8문제 제1절, 제2절; 제20문제 제5절; 『덕론』 제2문제 제10절 제5이론에 대한 해답; 『마태오복음 주해』 제5장; 『요한복음 주해』 제1장 제11강; 『에페소서 주해』 제5장 제3강 참조.

이 목적에 도달하게 되면 자연적 욕구가 잠잠해지는 것은 필연적이다. 앞에서 언급된 방식으로[263] 신을 바라보는 자의 지성에 결합되는 신의 본질은 모든 것을 인식하기 위해 충분한 원칙이고 모든 선성의 원천이기 때문이다. 그래서 아무것도 더 추구해야 할 것으로 남아 있을 수 없다. 이것은 또한 신과의 유사함을 성취할 수 있는(diuinam similitudinem consequendi) 가장 완전한 방식이다. 우리는 신이 자기 자신을 인식하는 방식으로, 즉 그의 본질에 따라 그를 인식하게 되기 때문이다. 비록 신이 자신을 파악하는 것과 같이 우리가 그를 파악하지는 못할지라도 말이다. 신이 부분을 가지고 있지 않기 때문에, 우리가 신의 어떤 부분을 모르는 것은 아니다. 다만 인식될 수 있는 것처럼 완전하게 신을 인식하지 못하기 때문이다. 이해하는 자 안에 있는 우리 지성의 능력은 신을 인식 가능하도록 해 주는 진리 자체에 부합하게 될 수 없기 때문이다. 그의 밝음이나 진리는 무한하지만, 우리의 지성은 유한하기 때문에 그렇다. 그러나 그의 지성은 무한하고 진리도 마찬가지이므로, 신만이 인식할 수 있는 만큼 자신을 인식한다. 이는 마치 증명 가능한 결론은

---

263 제105장 참조.

증명을 통해 이를 인식하는 자가 파악할 수 있는 것이지 불완전한 방식으로, 즉 개연적인 근거를 통해 이를 인식하는 자는 이를 [파악하지 못하는 것과 같다]. 우리는 인간의 궁극 목적을 지복(至福)이라고 부르기 때문에, 인간의 행복(hominis felicitas) 또는 지복(beatitudo)은 본질에 따라 신을 보는 것이다. 비록 인간이 지복의 완전성에서 신으로부터 멀리 떨어져 있을지라도 말이다. 신은 자기 본성상 지복을 가지고 있지만 인간은 반대로 앞에서 말한 바와 같이,[264] 신적 빛의 분유를 통해서만 이를 성취하기 때문이다.

제107장
지복을 성취하기 위한 신으로의 운동은
자연적 운동과 비슷해진다
Quod motus in Deum ad beatitudinem
consequendam assimilatur motui naturali

병행문헌: 『신학대전』 제I부 제26문제 제2절 제2이론에 대한 해답; 제II부 제I권 제3문제 제4절; 『명제집 주해』 제2권 제38구분 제2문제; 제4권 제49구분 제1문제 제1절 제2세부문제; 제3문제 제4절 제3세부문제; 『대이교도대전』 제III권 제26장; 『자유토론 문제집』 제VIII권 제9문제 제1절; 『윤리학 주해』 제X권 제6강 참조.

그런데 가능태에서 현실태로 나아가는 것은 운동이거나 운동과 비슷한 것이기 때문에, 이 지복을 성취하는 과정은 자연적 운동이나 변화에서와 비슷한 관계를 지닌다. 자연적 운동에서는, 첫째로 움직이는 것을 이러저러한 목표와 관계를 맺게 하거나 그리로 기울게 하는 어떤 특성(aliqua proprietas per quam proportionatur uel inclinatur mobile ad talem finem)이 고찰된다. 이는 마치 아래로 떨어지는 것과 관련된 땅에 있는 중력과

---

264 제105장 참조.

같은 것이다. 어떤 것이 자연적으로 특정한 목적으로 움직여지는 것은 오직 그것이 저 목적과 비례 관계를 지니고 있는 경우에만 그렇기 때문이다. 둘째로 저 목적으로의 운동 자체(ipse motus ad finem)가 고찰된다. 셋째로 저 형상이나 장소(ipsa forma uel locus)가 〔고찰된다〕. 그리고 넷째로 형상이나 장소 안에서의 정지(quies in forma uel in loco)가 〔고찰된다〕. 그러므로 목적으로의 지성적 운동에서도 그러하다. 첫째로 목적으로 기울어지는 사랑이 있고, 둘째로 목적으로의 운동과 같은 욕구와 그 욕구로부터 이루어지는 작용이 있고, 셋째로 지성이 성취하는 저 형상이 있고, 넷째로 따라오는 기쁨(delectatio consequens)이 있는데, 이는 취득된 목적에서 의지가 정지함과 같다. 그러므로 자연적 생성의 목적은 형상이고 장소적 이동〔의 목적〕은 장소이며, 형상이나 장소 안에서의 정지는 목적이 아니라 오히려 목적에 따라오는 것이다. 운동이나 목적에의 비례(proportio ad finem)는 더더욱 목적이 아니다. 이와 마찬가지로 지성적 피조물의 궁극 목적은 신을 보는 것이지 신을 사랑하는 것이 아니다. 오히려 이 사랑하는 것은 목적을 따르는 것이며, 마치 이를 완성하는 것과 같다. 그리고 욕구나 사랑은 목적 이전에도 가질 수 있는 것이기 때문에 더더욱 궁극 목적일 수 없다.

제108장
피조물 안에 행복을 설정하는 이들의 오류에 대하여
De errore ponentium felicitatem in creaturis

병행문헌:『신학대전』제I부 제12문제 제1절; 제II부 제I권 제2문제 제8절;『대이교도대전』제IV권 제54장;『제후통치론』제1권 제8장;『시편 주해』제32장 참조.

그러므로 행복이란 어떤 이들이 신 이외의 여하한 것에서 이를 추구하는 경우에 잘못 추구되는 것이라는 사실은 명백하다. 〔행복이란〕 육체적 쾌락에서 [찾을 수 없다]. 이는 동물도 공통적으로 지니고 있는 것이다. 또한 부(富)에서도 찾을 수 없는데, 이는 본래 소유하는 이들의 보존을 위해 주어진 것이다. [자기 보존]이란 모든 창조된 존재자의 공통적인 목적이다. 권력에서도 [찾을 수 없는데], 이는 자신의 완전성을 다른 이들에게 전달하기 위해 주어진 것이다. 우리는 이것도 또한 모든 것에 공통적인 것이라고 말했다.[265] 또한 명예와 명성에서도 [찾을 수 없는데], 이는 이미 목적을 가지고 있는 한이나 목적을 위해 잘 준비된 경우에 한해 어떤 이에게 적합한 것이다. 그러나 인간 위에 실존하는 여하한 사물의 인식에서도 [찾을 수 없다].[266] 왜냐하면 오직 신에 대한 인식 안에서만 인간의 욕구는 잠잠해지기 때문이다.

제109장
오직 신만이 본질을 통해 선하고
피조물은 분유를 통해 선하다
Quod solus Deus est bonus per essentiam
creature uero per participationem

병행문헌: 『신학대전』 제I부 제6문제 제3절; 『대이교도대전』 제I권 38장; 제III권 제20장; 『진리론』 제21문제 제1절 제1이론에 대한 해답; 『디오니시우스의 '신명론' 주해』 제4장 제1강; 『보에티우스의 '주간론' 주해』 제3강, 제4강 참조.

---

265 제103장 참조.
266 토마스는 그리스의 아리스토텔레스 주석가인 아프로디시아스의 알렉산드로스 (제86장 각주 194 참조)와 테미스티우스(Themistius, 317~88?), 아랍 철학자인 아벰파케(Avempace, 1085?~1138)와 아베로에스(제85장 각주 180 참조)의 이론을 고려하고 있다. 이에 따르면, 인간의 복됨이란 신의 고찰에 있는 것이 아니라 다른 정신적 실체에 대한 고찰에 있다는 것이다(『대이교도대전』 제III권 제41~45장 참조)([124]).

앞서 다룬 것들로부터 신과 피조물이 선성에 대해 피조물 안에서 고찰될 수 있는 선성의 두 가지 방식에 따라 서로 다르게 관계를 맺는다는 사실이 분명해진다. 선이란 완전성과 목적의 의미를(rationem perfectionis et finis) 가지므로 피조물의 이중적 완전성과 목적에 따라 그의 두 가지 선성이 주목되기 때문이다. 즉 피조물의 어떤 완전성은 그것이 자기 본성 안에 계속해서 남아 있는 한(secundum quod in sua natura persistit) 주목되고, 이 완전성은 자신의 생성과 만들어짐의 목적이다. 그러나 그것의 다른 완전성이 주목되는데, 이는 그것의 운동이나 작용을 통해(per suum motum uel operationem) 성취되는 것이다. 그리고 이 완전성이 그것의 운동과 작용의 목적이다. 하지만 이 두 완전성 각각에 따라 피조물은 신적 선성을 결여하고 있다. 그 이유는 다음과 같다. 사물의 형상과 존재는 그것들이 자기 본성 안에서 고찰되는 한에서의 자기의 선과 완전성이기 때문에, 합성된 실체는 결코 자기의 형상도 존재도 아니다. 창조된 단순한 실체는 비록 그것이 자기의 형상일지라도, 자기의 존재는 아니다. 그러나 신은 앞에서 고찰한 바와 같이,[267] 자신의 본질이요 존재이다. 또한 이와 유사하게 모든 피조물은 완전한 선성을 외부적인 목적으로부터 성취한다. 선성의 완전성은 궁극 목적의 획득으로 이루어지기 때문이다. 하지만 모든 피조물의 궁극 목적은 자신의 바깥에 있고, 이것은 더 상위의 목적을 목표로 하지 않는 신적 선성이다. 그러므로 신은 모든 방식에 따라 자신의 선성이고 본질적으로 선하다는 사실이 남게 된다. 그러나 단순한 피조물은 그렇지 않은데, 이는 그것이 자기의 존재가 아니고 궁극 목적과 같은 외부적인 어떤 것을 목표로 하고 있기 때문이다. 한편, 합성된 실체의 경우에 그것은 결코 자기의 선성이 아니라는 사실이 명백하다. 그러므로 오직 신만이 자신의 선성이고 본질적으로 선하다. 그러나 다른 것들은 신을 어떻게든 분유함으로써 선하다고 불린다.

---

267 제10장, 제11장 참조.

제110장

신은 자신의 선성을 잃어버릴 수 없다

Quod Deus non potest suam bonitatem amittere

이로부터 신이 결코 선성을 결여할 수 없다는 사실이 분명해진다. 어떤 것에 본질적으로 내재하는 것은 그것에 부재할 수 없기 때문이다. 예를 들어 동물(이라는 본성)은 인간으로부터 제거될 수 없다. 그러므로 신이 선하지 않다는 것은 결코 가능하지 않다. 보다 더 적당한 예를 사용해 보자면, 인간이 인간이 아닐 수 없는 것과 마찬가지로 신이 완벽하게 선하지 않다는 것은 가능하지 않다.

제111장

피조물은 자신의 선성을 결여할 수 있다

Quod creatura possit deficere a sua bonitate

피조물에게서 "어떻게 선성이 결여될 수 있는가"(qualiter possit esse bonitatis defectus)가 고찰되어야 한다.[268] 그러나 어떤 (선성이) 두 가지 방식으로 분리될 수 없게 피조물에 내재한다는 사실은 명백하다. 첫째 방식은 그것의 선성이 자기 본질에 속한다는 사실(quod ipsa bonitas est de essentia eius)로부터 그렇다. 다른 방식은 (그 선성이) 단 하나의 것으로 규정되었다는 사실(quod est determinata ad unum)로부터 그렇다. 그러므로 첫째 방식으로 단순한 실체의 경우에 형상인 그의 선성은 분리될 수 없

---

268 이 장(章)과 이어지는 장들은 특정한 사물이 본성적으로 나쁘다고 보고 선한 것들이 최초의 선한 원리에 환원되듯이, 이를 최초의 독립적인 악한 원리로 환원하는 세계관(선악이원론)에 반대하려고 작성한 것이다. 토마스는 마니교를 의식하고 있는 듯하다(『분리된 실체론』제15장 참조)((125)).

게 자신과 관계를 맺고 있다. 왜냐하면 단순한 실체 자체가 본질적으로 형상이기 때문이다. 그러나 둘째 방식으로 단순한 실체는 존재인 선을 잃어버릴 수 없다. 왜냐하면 형상은 존재나 비존재와 〔무관하게〕 관계를 맺고 있는 질료와 같지 않기 때문이다. 오히려 비록 형상이 존재 자체는 아닐지라도, 형상은 존재를 따른다. 이로부터 단순한 실체는 그 안에 그것들이 자립하고 있는 본성의 선을 잃어버릴 수 없고, 그것과 불변하는 방식으로 관계를 맺는다는 사실이 분명하다. 그러나 합성된 실체는 자신의 형상도 존재도 아니기 때문에, 본성의 선을 잃어버릴 수 있는 방식으로 가지고 있다. 그것들의 경우에 예외적인 것은 그 질료의 가능성이 다양한 형상과 존재나 비존재와 〔무관하게〕 관계를 맺는 것이 아닌 것들인데, 이는 천체에서 분명해진다.[269]

제112장
피조물이 어떻게 자기의 작용에 따라 선성을 결여하는가
Quomodo deficiunt a bonitate secundum suas operationes

그리고 피조물의 선성은 그 본성 안에 자립하는 한에서만 고찰되는 것이 아니라 그 선성의 완전성이 목적으로 질서 지어져 있고, 그 목적으로 자신의 작용을 통해 질서 지어진다는 사실 안에서도 고찰된다. 그렇기 때문에 피조물이 어떻게 목적으로 질서 지우는 자기 작용에 따라 자기의 선성을 결여하게 되는가를 고찰하는 일이 남아 있다. 여기서 우선 자연적인 작용에 대해 그 원리인 본성에 대한 판단과 동일한 판단이 〔유효하다〕는 점을 고찰해야만 한다. 그러므로 그 본성이 결함을 겪을 수 없는 것(quorum natura defectum pati non potest)은 그것의 자연적 작용 안에서 결함이 일어날 수 없다. 그러나 그 본성이 결함을 겪을 수 있는 것은

---

269 제74장 및 제3장 각주 14, 제74장 각주 157 참조.

그것의 작용에서 또한 결여가 발생할 수 있다. 그렇기에 소멸되지 않는 실체 안에서는, 그것이 비물체적인 것이든지 물체적인 것이든지 관계 없이 자연적 행위의 어떠한 결함도 발생할 수 없다. 천사 안에는 자기의 작용을 수행해야 하는 것을 가능하게 하는 자연적 능력이 항상 남아 있다. 이와 비슷하게 천체의 운동이 궤도를 이탈하는 일은 결코 발견되지 않는다. 그러나 하위의 물체 안에서는 파괴와 그 본성 안에서 벌어지는 결함 때문에 자연적 행위의 많은 결함이 발생한다. 자연적 원리의 어떤 결함으로부터 식물이 결실을 맺지 못함, 동물의 출생에서 기형의 생김, 그리고 이런 종류의 다른 무질서들이 발생한다.

제113장
창조된 영적 실체 안에서 의지적 행위의 결함이 있을 수 있다
In substantiis spiritualibus creatis potest esse defectus uolutarie actionis

그런데 그 원리가 본성이 아니라 의지인 행위가 있다. 의지의 대상은 선인데 일차적으로는 목적이 선이고, 이차적으로는 목적으로 이끄는 것도 선이다. 그러므로 자연적 작용이 한 사물이 작용하도록 만드는 형상과 관련되는 것처럼 의지적 작용도 그렇게 선과 관계를 맺는다. 따라서 자기의 형상에 따라 결함을 겪을 수 없는 것 안에서는 자연적 행위의 결함이 일어날 수 없고, 오직 그것의 형상이 결여될 수 있는 소멸 가능한 것 안에서만 결함이 일어난다. 이와 마찬가지로 의지적 행위도 의지가 목적을 결여할 수 있는 것 안에서 결여가 일어날 수 있다. 그러나 만일 어느 곳에서 의지가 목적을 결여할 수 없다면, 의지적 행위의 결함이 있을 수 없다는 것은 명백하다. 의지는 의지하는 이의 본성인 선과 관련해서는(respectu boni quod est ipsius uolentis natura) 결여될 수 없다. 어떠한 사물이든지 그것이 어떠한 종류의 선이든지 간에, 자신의 완전한 존재를 자기 방식으로 추구하기 때문이다. 그러나 외부적인 선과 관련해서는(respectu boni exterioris) 〔각 사물이〕 자기에게 공통 본성적인 선에 만족함에 있어 결여가 일어날 수 있다. 그러므로 의지하는 이의 본성이 그의지의 궁극 목적인 경우에는 의지적 작용의 결함이 발생할 수 없다. 그러나 이것은 오직 신의 경우에만 그렇다. 사물의 궁극 목적인 그의 선성이 신의 본성이기 때문이다. 하지만 다른 의지하는 이의 본성은 그의 의지의 궁극 목적이 아니다. 따라서 그의 안에서는 의지가 자기에게 고유한 선에 고착된 채 머무르고, 그것을 넘어 궁극 목적인 최고선을 지향하지 않음으로써 의지적 행위의 결함이 일어날 수 있다. 그러므로 모든 창조된 지성적 실체 안에서는 의지적 행위의 결함이 일어날 수 있다.

제114장
사물 안에 있는 선이나 악이라는 명칭으로
무엇이 이해되는가
Quid nomine boni uel mali intelligatur in rebus

그러므로 선이라는 명칭으로 완전한 존재가 이해되는 것처럼 악이라는 명칭으로는 그 완전한 존재의 결핍(privatio esse perfecti)이 이해될 뿐이라는 사실에 주목해야 한다. 그러나 결핍을 고유한 의미로 이해하자면, 소유함이 본성적으로 적합한 것을 언제 소유하고, 어떻게 소유함이 적합한가와 관련해 결핍되어 있다는 것이다.[270] 그렇기 때문에 이로부터 어떤 것을 소유해야만 하는 완전성이 결여되어 있는 어떤 것을 악이라고 부른다는 사실이 명백해진다. 그러므로 인간이 시각을 결여하고 있다면 그에게 나쁜 것(악)이지만, 〔시각의 결여가〕 돌에게는 나쁘지 않다. 돌은 시각을 가지는 것이 본성적으로 적합하지 않기 때문이다.

---

270 『형이상학 주해』 제IX권 제1강 참조((126)).

제115장

악이 어떤 본성이라는 것은 불가능하다

Quod impossibile est malum esse aliquam naturam

병행문헌: 『신학대전』 제I부 제48문제 제1절; 『명제집 주해』 제2권 제34구분 제2문제; 『대이교도대전』 제III권 제7장 이하; 『악론』 제1문제 제1절; 『디오니시우스의 '신명론' 주해』 제4장 제14강 참조.

악이 어떤 본성이라는 것은 불가능하다. 왜냐하면 모든 본성은 현실태이거나 가능태이거나 이 둘의 합성체이기 때문이다. 그런데 가능 상태에 있는 것은 본성적으로 현실적이기를 추구하기 때문에, 현실태인 것은 완전성이고 선이라는 개념을 획득한다. 선이란 모든 것이 추구하는 것이다. 그러므로 또한 현실태와 가능태의 합성체도 그것이 현실태를 분유하는 한에서 선성을 분유한다. 그러나 가능태는 그것이 현실태로 질서 지어져 있는 한에서 선성을 가진다. 이것의 증거는 가능태가 현실태와 완전성으로의 능력이 크면 클수록 그만큼 더 칭찬을 받는다는 사실이다. 그러므로 어떤 본성도 그 자체로 악이 아니라는 사실이 남게 된다.

마찬가지로 어떠한 것이든지 간에, 현실태가 됨으로써 완성된다. 현실태는 사물의 완전성이기 때문이다. 그러나 대립되는 것들 중의 어느 것도 다른 것의 혼합을 통해 완성되지 않고 오히려 파괴되거나 감소된다. 그래서 악도 선의 분유를 통해 완성되지 않는다. 그러나 모든 본성은 현실적인 존재를 소유함을 통해 완성된다. 그리고 선은 모든 것에 의해 욕구될 만한 것이기 때문에, 모든 본성은 선의 분유를 통해 완성된다. 그러므로 어떤 본성도 악이 아니다.

게다가 여하한 본성도 자기 존재의 보존을 추구하고 가능한 한 파괴를 피한다. 그러므로 선은 모든 것이 추구하는 것이고,[271] 이와는 반대로

---

271 아리스토텔레스, 『니코마코스 윤리학』 I, 1, 1094a 2 이하 참조.

악은 모든 것이 피하는 것이기 때문에, 필연적으로 각각의 본성은 그 자체로 선한 것이고 악이 아니라고 말해야 한다. 그러나 악함은 선이 아니고 오히려 악하지 않음이 선이라는 개념에 포착된다. 그러므로 어떤 본성도 악이 아니다.

제116장

어떻게 선과 악이 존재자의 차이이고 반대이며 상반되는 것의 유인가

Qualiter bonum et malum sunt differentie entis
et contraria et genera contrariorum

어떤 방식으로 선과 악이 반대(contraria), 그리고 상반되는 것들의 유(contrariorum genera), 그리고 어떤 종, 즉 윤리적인 습성태(habitus morales)를 구성하는 차이라고 불리는지를 고찰해야 하는 일이 남아 있다.[272] 두 상반되는 것 각각은 어떤 본성이기 때문이다. 사실 비존재자(non ens)는 유일 수도 없고 차이일 수도 없다. 그 이유는, 유는 사물에 대해 그것이 무엇인지에 관해 서술하고, 차이는 그것이 어떠한 무엇인지에 관해 서술하기 때문이다.

그러므로 자연적인 것이 형상으로부터 종을 얻게 되는 것처럼 윤리적인 것은 의지의 대상이며, 그것에 모든 윤리적인 것이 종속되는 목적으로부터 종을 얻게 된다는 사실을 알아야 한다. 그러나 자연적인 것의 경우에는 한 형상과 다른 형상의 결핍이 결부되어 있다. 예를 들어 불의

---

272 '반대적인 것'(contraria)은 동일한 유(類) 안에서 가장 멀리 떨어져 있는 것이고, 동일한 담지자로부터 상반되게 드러나는 것이다(아리스토텔레스, 『형이상학』 V, 10, 1018a 25 이하 참조). 예를 들어 단맛-쓴맛, 낭비함-인색함 등이 그런 것이다. 두 반대되는 것들 중에서 각각은 부정과 결핍만이 아니라 어떤 긍정적인 것(하나의 '본성')이다((127)).

형상은 공기 및 나무의 형상이 결핍된 것과 〔결부되어 있다〕. 이와 마찬가지로 윤리적인 것에서는 한 목적과 다른 목적의 결핍이 결부되어 있다. 그러므로 자연적인 것에서 마땅히 있어야 할 완전성의 결핍이 악이기 때문에, 마땅히 있어야 할 형상의 결핍과 결부된 형상을 수용함은 악이다. 이는 형상 때문이 아니라 그 형상과 결부된 결핍 때문에 그렇다. 마치 불탐이 목재에 악인 것처럼 말이다. 또한 윤리적인 것에서도 마땅한 목적의 결핍과 결부된 목적에의 집착은 악인데, 이것도 목적 때문이 아니라 결부된 결핍 때문에 그렇다. 그래서 상반되는 목적에 질서 지어진 두 가지 윤리적 행위가 선과 악에 따라 구별된다. 결과적으로 반대되는 습성태도 선과 악에 따라 구별되는데, 선과 악은 마치 차이처럼 현존하고 서로에 대해 상반됨을 지닌다. 이는 그에 따라 악이라고 불리는 결핍 때문이 아니라 결핍과 결부된 형상 때문에 그렇다.

또한 어떤 이들은 아리스토텔레스가 말했던 "선과 악은 반대의 유(類), 즉 윤리적인 것의 유이다"[273]라는 것도 이런 방식으로 이해한다.[274] 그러나 정확하게 주목해 본다면, 윤리적인 것의 유 안에서 선과 악은 종이라기보다 차이〔種差〕이다.[275] 그러므로 모든 것을 마치 제1유처럼 선과 악으로 환원했던 피타고라스의 견해에 따라[276] "선과 악이 유라고 불린다"라고 말해야 하는 것이 더 좋아 보인다. 이 견해는 모든 상반되는 것 중에서 하나는 완전하고 다른 하나는 감소된 것이란 측면에서 진리의 어떤 부분을 가지고 있다. 이는 하양과 검정, 단맛과 쓴맛, 다른 이런 것들의 경우에 분명하다. 그런데 항상 완전한 것은 선이라는 본질 규정에 속하고, 감소된 것은 악이라는 본질 규정에 속한다.

---

273 아리스토텔레스, 『범주론』 XI, 14a 23-25.
274 보나벤투라, 『명제집 주해』(*Super Sent.*) II, d. 41, a. 1, q. 1, fund. 1 참조.
275 선과 악은 덜 보편적인 개념과 관련해 '유'(genus)라고도 불린다. 여기서는 윤리적인 것의 공통적인 유와 관련해 '종'(species)이라고 불리는 것이다(〔128〕).
276 아리스토텔레스, 『형이상학』 I, 5, 986a 22-986b 2 참조.

제117장

아무것도 본질적으로나 최고로 악일 수는 없고, 〔악이란〕 어떤 선의 소멸이다

Quod nichil potest esse essentialiter malum uel summe, sed est corruptio alicuius boni

병행문헌: 『신학대전』 제I부 제49문제 제3절; 『명제집 주해』 제2권 제1구분 제1문제 제1절 제1이론에 대한 해답; 제34구분 제1문제 제4이론에 대한 해답; 『대이교도대전』 제II권 제41장; 제III권 제15장; 『권능론』 제3문제 제6절; 『분리된 실체론』 제16장; 『디오니시우스의 '신명론' 주해』 제4장 제22강 참조.

악이 마땅히 있어야 할 완전성의 결핍이라는 사실을 토대로,[277] 이미 악이 선의 결핍이라는 측면에서 선을 어떻게 파괴하는가라는 것은 명백해졌다. 〔악이 선을 파괴함이란〕 맹목이 시각의 결핍이기 때문에 시각을 파괴함이라고 불리는 것과 마찬가지이다. 그럼에도 악은 선 전체를 파괴하지는 않는다. 앞에서[278] 형상만이 선이 아니라 형상으로서의 가능태도 선이라고 말했기 때문이다. 그리고 이 가능태는 형상의 주체인 것처럼 결핍의 주체이기도 하다. 그러므로 악의 주체는 선이어야 하는데, 〔이 선은〕 악에 반대되는 어떤 것이 아니라 악으로의 가능태인 어떤 것이다.

또한 이로부터 각각의 모든 선이 악의 주체일 수 있는 것이 아니라 오직 결핍될 수 있는 어떤 완전성과 관련해 가능 상태에 있는 선만이 악의 주체가 될 수 있다는 사실도 분명해진다. 그러므로 오직 현실태이기만 한 것들이나[279] 〔그 현실태가〕 가능태로부터 분리될 수 없는 것들 안에서

---

277 제114장 참조.

278 제115장 참조.

279 즉 신을 말한다. 토마스가 복수로 말하는 것은 여기서 존재론적 구조를 서술하고 있기 때문이다. 그러나 그는 아마도 창조된 분리된 실체의 본질도 생각하고 있는 듯하다. 이 본질은 자신의 존재와 가능태가 현실태와 맺는 관계를 가지고 있다. 그러나 그 자체는 가능태와 현실태, 즉 질료와 형상으로 이루어진 것이 아니라 자립

는,[280] 이런 관점에서 악이 존재할 수 없다.

또한 이로부터 본질적으로 악인 어떤 것이 존재할 수 없다는 사실이 분명하다. 왜냐하면 악은 항상 다른 선한 주체 안에 근거를 지녀야만 하기 때문이다. 이를 통해 마치 본질적으로 선인 최고선이 존재하는 것처럼 어떤 것이 최고악일 수는 없다.

동일한 사실에 따라 악이 욕구될 수 없다는 사실과 결부된 선의 능력 때문이 아니라면 어떤 것도 행할 수 없다는 사실도 분명해진다. 사실 욕구될 수 있는 것은 완전성과 목적이다. 행위의 원리는 형상이다. 그러나 하나의 완전성과 형상은 다른 완전성과 형상의 결핍과 결부되어 있기 때문에, 우유적으로는 결핍이나 악이 욕구되고 어떤 행위의 원리가 되는 일이 생긴다. 〔그렇지만 이는〕 그것이 악인 한에서가 아니라 결부된 선 때문에 〔생기는 것이다.〕 음악가가 자신이 음악가인 한에서가 아니라 건축가인 한에서 건축하듯이 말이다.

이로부터 또한 악이 제1원리인 것은 불가능하다는 점이 분명하다. 우유적인 원리는 그 자체로 원리인 것보다 후차적인 것이기 때문이다.

제118장
악은 주체로서의 선 안에 기초를 둔다
Quod malum fundatur in bono sicut in subiecto

병행문헌: 『신학대전』 제I부 제17문제 제4절 제2이론에 대한 해답; 제48문제 제3절; 『명제집 주해』 제2권 제34구분 제1문제 제4절; 『대이교도대전』 제III권 제11장; 『악론』 제1문제 제2절 참조.

하는 형상일 뿐이다(〔129〕).

280 필연적인 우유가 실체로부터, 존재가 필연적으로 현존하는 피조물(그것의 창조는 전제되어 있다!)의 본질로부터 분리될 수 없는 것처럼 아리스토텔레스의 이론에 따르면, 천체에서는 형상이 질료로부터 분리될 수 없다(〔130〕).

그러나 어떤 이는 앞에서 말했던 것[281]에 반대해 "선은 악의 주체일 수 없다"(bonum non potest esse subiectum mali)라고 반박하려 한다. 대립되는 것 중의 하나(unum oppositorum)가 다른 것의 주체일 수 없고, 〔대립되는 것이〕 동시에 존재하는 일은 다른 대립되는 것 안에서는 결코 발견되지 못한다는 것이다.[282] 〔이렇게 말하는 이가 있다면〕 그는 다른 대립되는 것은 특정한 어떤 유에 속하지만(alia opposita sunt alicuius generis determinati),[283] 선과 악은 공통적이라는 것(bonum autem et malum communia)[284]을 고찰해야만 한다. 왜냐하면 모든 존재자는 그 자체로서 선이지만, 모든 결핍은 그 자체로서 악이기 때문이다. 그러므로 결핍의 주체가 존재자여야만 하는 것처럼 마찬가지로 선이기도 해야 한다. 그러나 결핍의 주체가 흰 것, 단 것, 보는 것은 아니다. 왜냐하면 이것들은 그 자체로서 존재자에 대해 언급되는 것이 아니기 때문이다. 그러므로

---

281 제117장 참조.
282 대립되는 것에는 반대되는 것(하양-검정, 달다-쓰다 등) 이외에도 모순적인 것(인간-비인간, 하양-하양지 않음), 소유와 결핍으로 대립되는 것(시력-맹목), 관계적으로 대립되는 것(주인-종)들도 포괄한다. 대립되는 것 중의 하나는 다른 것의 담지자가 아니다. 그러므로 검정은 결코 하얗지 않고, 인간은 비인간이 아니며, 시력은 맹목이 아니고, 아버지는 결코 자기가 아버지가 되는 이의 아들이 아니다. 선과 악 이외의 다른 대립되는 것은 결코 동일한 담지자 안에 존재하지 못한다. 한 물체는 결코 동시에 희면서 검지 않고, 희면서 희지 않고, 볼 수 있는 능력을 지니면서 눈이 먼 인간일 수 없고, 아버지이면서 동일한 사람의 아들일 수 없다(〔131〕).
283 대립되는 것은 그들의 종으로서 특정한 유에 속할 수 있다. 하양과 검정은 색깔의 유에 속하고, 마찬가지로 관계적으로 대립된 것도 그렇다. 모순되는 것에서 부정은 긍정의 종으로 환원된다(비인간은 인간의 종에 환원된다). 소유와 결핍으로 대립되는 것에서 결핍은 소유의 종으로 환원된다(맹목은 시력의 종으로 환원된다)(〔132〕).
284 각 존재자는 그 자체로 선하다. 이와 반대로 악은, 마치 모든 존재자가 악인 듯이, 그런 의미로 공통적인 것이 아니라 악이 다양한 유 안에서 등장할 수 있기 때문에 공통적이다. 그러나 악은 항상 한 존재자=선한 것 안에서 그 존재=선함이 결핍된 것이다(〔133〕).

검은 것은 흰 것 안에 존재하지 않고, 맹목은 보는 것 안에 존재하지 않는다. 그러나 악은 선 안에 존재하는데, 이는 마치 맹목이 시각의 주체 안에 있는 것과 같다. 하지만 시각의 주체는 '보는 것'(uidens)이라고 불리지 않는데, 이는 보는 것이 모든 존재자에 공통적인 것은 아니기 때문이다.

제119장

악의 두 가지 유에 대하여

De duplici genere mali

그러므로 악은 결핍(priuatio)과 결함(defectus)이다. 그러나 앞에서 말한 것에서 분명한 바와 같이,[285] 결함은 어떤 사물 안에서 그 사물이 본성적으로 고찰되는 경우에 한해서가 아니라 그것이 행위를 통해 목적으로 질서 지어지는 경우에도 발생할 수 있다. 그렇기 때문에 악도 두 가지 방식으로 언급될 수 있다는 결론이 나온다. 즉 [우선] 그 사물 자체 안에 있는 결함에 따라 [언급된다]. 예를 들어 맹목이 동물의 어떤 악인 경우가 그렇다. 또한 행위에서의 결함에 따라 언급된다. 예를 들어 절뚝거림이 결함을 지닌 행위를 의미하는 경우가 그렇다. 그러므로 마땅히 그러해야 하는 방식으로 주어진 것이 아닌 어떤 목적으로 질서지어진 행위의 악은 의지적인 것뿐만 아니라 자연적인 것에서도 잘못(peccatum)이라고 불린다. 말하자면 의사는 건강에 적합하게 작용하지 않는 중에 그의 행위에서 잘못을 저지르는 것이다. 또한 자연 안에서 기형이 발생하는 경우처럼 자연도 생성되는 사물을 마땅히 있어야 할 성향과 형상으로 이끌지 않는 중에 잘못을 저지르는 것이다.

---

285 제111장, 제112장 참조.

제120장

행위의 세 가지 종류와 죄악[286]에 대하여
De triplici genere actionis et de malo culpe

때때로 행위는 행위자의 권한 안에 있는데, 모든 의지적 행위(omnes uoluntarie actiones)가 그런 것이다. 나는 행위의 원리가 행위를 구성하고 있는 요소를 알고 있는 행위자 안에 있는 경우를 의지적 행위라고 부른다. 그러나 때때로 행위는 의지적이 아니다. 이런 종류에는 그 원리가 밖에 있는 폭력적 행위들(actiones uiolente, quarum principium est extra), 본성적 행위들(actiones naturales), 무지를 통해 수행되는 행위들(que per ignorantiam aguntur)이 속한다. 이것들은 인식적인 원리로부터 나오지 못하기 때문이다. 그러므로 목적에로 질서 지어진 비의지적 행위 안에서 결함이 발생한다면, 이를 단지 잘못(peccatum tantum)이라고 부른다. 그러나 의지적 행위 안에서 [결함이 발생한다면], 이를 잘못이라고 부를 뿐만 아니라 '죄악'(culpa)이라고 부른다. 의지적 행위자는 자기 행위의 주인이기 때문에 비난과 벌을 받아 마땅하기 때문이다. 그러나 의지적인 어떤 것과 비의지적인 어떤 것을 가짐으로써 행위가 혼합된 경우, 비의지적인 부분이 더 많이 혼합되었을수록 그만큼 죄악이 감소된다.

하지만 본성적 행위는 사물의 본성에 따르기 때문에, 그 본성이 변이할 수 없는 소멸되지 않는 사물 안에서는 본성적 행위의 잘못이 발생할 수 없다. 그러나 앞에서 분명해진 바와 같이,[287] 지성적 피조물의 의지는

---

286 토마스는 죄와 관련해 여러 용어를 사용한다. 이 책에서는 용어 통일을 위해 일반적으로 계명을 어기는 행위나 잘못을 의미하는 'peccatum'은 '죄'와 '잘못'으로 옮겼으며, 의지와의 관련성에서 살펴 보는 'culpa'는 '죄악'으로 옮겼다. 이 의도에 따르면, 토마스가 강조하는 표현인 'malum culpe'는 ' '죄악의 악'이라는 어색한 표현이 되기 때문에, 의미를 전달하기 위해 원어를 보충한 채 그냥 '죄악'이라고 옮겼다.

287 제113장 참조.

의지적 행위 안에서 결함을 겪을 수 있다. 그러므로 본성적 악을 결여함 (carere malo nature)은 모든 소멸되지 않는 것에 공통적일지라도, 오직 지성적 본성만이 저지를 수 있는 죄악(malo culpe)을 그 본성의 필연성으로부터 결여함은 오직 신에게 고유한 것이라는 사실이 귀결된다.

제121장
어떤 악은 벌의 의미는 가지지만 죄악의 의미는 가지지 않는다
Quod aliquod malum habet rationem pene, et non culpe

의지적 행위의 결함이 잘못의 의미와 죄악의 의미를 구성하는 것처럼 (constituit rationem) 그의 의지를 거슬러 그에게 가해진 죄악으로 인해 초래된 여하한 선의 결함은 벌이라는 의미를 획득한다. 벌(pena)은 죄악의 치료제(medicina culpe)요, 그것을 질서 있게 하는 것(ordinatiua)으로 가해지기 때문이다. 자기 의지에 반대되는 것을 겪지 않기 위해 자기 의지에 기쁨을 줄 수도 있을 무질서한 행위를 하는 것을 포기할 때, 인간이 벌 때문에 죄악으로부터 떠나게 되는 한에서〔벌은〕어떤 치료제인 셈이다. 또한 죄악을 질서 잡아 주는 것이기도 하다. 죄악을 통해 인간은 마땅히 해야만 하는 것보다 더 많은 것을 자신의 의지에 부여함으로써 자연적 질서의 한계를 넘어선다. 따라서 의지의 어떤 것이 감소되도록 해 주는 벌을 통해 정의의 질서로 환원되는 일이 벌어진다. 그러므로 오직 그에게 죄악에 마음이 쏠리는 것보다 벌이 의지에 상반됨이 더 강할 때에만 적당한 벌이 죄악에 합당한 것이 됨은 분명하다.

제122장

모든 벌이 동일한 방식으로 의지에 상반되는 것은 아니다

Quod non eodem modo omnis pena contrariatur uoluntati

그러나 모든 벌이 동일한 방식으로 의지를 거스르는 것은 아니다. 사실 어떤 벌은 인간이 실제로 원하는 것을 거스른다. 이 벌은 가장 크게 느껴진다. 그러나 어떤 벌은 현실적으로가 아니라 성품적으로(in habitu) 지닌 의지에 상반되는 것이다. 마치 어떤 이가 어떤 사물, 예를 들어 아들이나 재산을 빼앗기고도 알지 못하는 경우가 그렇다. 그러므로 이를 통해 어떤 것이 그의 의지를 거슬러 실제로 작용하지는 않는다. 그러나 그가 (그 사실을) 알게 된다면, 그의 의지를 거스르게 될 것이다. 하지만 때때로 벌은 그 능력의 본성에 따라 의지에 반대되기도 한다. 의지는 본성적으로 선을 목표로 하고 있기 때문이다. 그러므로 어떤 이가 덕을 잃어버리게 된다면 때때로 이것은, 만일 그가 덕을 멸시하고 있다면, 그의 실제적인 의지를 거스르지 않는다. 또한 만일 그가 덕에 반대되는 것을 원하는 성품에 따르는 소질이 있다면, 그의 성품적 의지를 거스르지도 않는다. 그럼에도 인간이 본성적으로 덕을 욕구하게 하는 의지의 자연적인 올바름은 거스르는 것이다.

또한 이로부터 벌의 정도(gradus penarum)가 두 가지로 측정될 수 있다는 사실이 분명해진다. 한 방식으로 (벌의 정도는) 그 벌을 통해 빼앗기는 선의 양에 따라 (측정된다). 다른 방식으로는 의지를 거스르는 것이 많거나 적음에 따라 (측정된다). 작은 선을 빼앗기는 것보다 더 큰 선을 빼앗기는 것이 때때로 의지를 더 적게 거스르기도 하기 때문이다.[288]

---

[288] "quandoque enim minus est contrarium uoluntati maiori bono priuari quam priuari minori." 마리에티 판 등의 이전 판본과 이를 따르는 영어와 독일어 번역본에는 "작은 선을 빼앗기는 것보다 더 큰 선을 빼앗기는 것이 의지를 더 크게 거스르기 때문이다"(est enim magis contrarium uoluntati maiori bono priuari quam priuari minori)라고 나와 있다. 그러나 이것은 첫 번째 구분과의 경계를 모호하게

제123장

신의 섭리가 모든 것을 다스린다

Quod omnia reguntur diuina prouidentia

병행문헌: 『신학대전』제Ⅰ부 제22문제 제2절; 제103문제 제5절; 『명제집 주해』제1권
제39구분 제2문제 제2절; 『대이교도대전』제Ⅲ권 제1장, 제64장, 제94장, 제113장; 『진리론』
제5문제 제2절 이하; 『분리된 실체론』제13장, 제14장, 제15장; 『디오니시우스의 '신명론' 주해』
제3장 제1강 참조.

앞에서 말한 바로부터 신의 섭리가 모든 것을 통치한다는 사실이 명
백해질 수 있다. 어떤 행위자의 목적에 질서 지어진 것은 무엇이든지, 그
행위자에 의해 목적을 향해 배열된다. 군대에 있는 모든 이는 지휘관의
목적, 즉 승리로 질서 지어져 있고, 그(지휘관)에 의해 그 목적을 향해 배
치된다. 그러나 앞에서[289] 모든 것은 자기 행위를 통해 신의 선성이 지닌
목적을 지향한다는 사실이 분명해졌다. 그러므로 이 목적이 그에게 고
유한 신 자신에 의해 모든 것은 그 목적으로 향하게 된다. 그런데 이것
은 어떤 이의 섭리에 의해 다스려지고 통치됨을 뜻한다. 그러므로 신의
섭리가 모든 것을 다스린다.

게다가 결핍될 수 있고 항상 동일한 방식으로 있지 않는 것은 항상 동
일한 방식으로 있는 것에 의해 질서 지어진다는 사실이 발견된다. 이는
마치 결핍될 수 있는 하위의 물체의 모든 운동이 천체의 불변적 운동에
따라 질서를 지니게 되는 것과 마찬가지이다. 그러나 모든 피조물은 변
화할 수 있고 결핍될 수 있다. 지성적 피조물의 경우에 그의 본성으로
인한 한에서(quantum ex eorum natura est)[290] 의지적 행동의 결함이 발견

한다. 따라서 두 가지 방식의 차이를 적절하게 부각하는 레오니나 판의 수정이 정
　당해 보인다.
289 제103장 참조.
290 이는 지성적 피조물이 초자연적 방식으로 그런 잘못으로부터 보호되지 않는 경우
　를 뜻한다((134)).

될 수 있다. 그러나 다른 피조물들은 생성과 소멸에 따른 운동 또는 단순히 장소에 따른 운동을 분유한다. 하지만 오직 신만은 어떠한 결함에도 빠지지 않을 수 있다. 그러므로 다른 모든 것이 그에 의해 질서 지어진다는 사실이 남게 된다.

마찬가지로 분유를 통해 존재하는 것은[291] 마치 그 원인과 같은, 즉 본질을 통해 존재하는 것으로 환원된다. 사실 모든 불에 타는 것은 그 불탐을 위해 어떤 방식으로든 불을 원인으로 가진다. 그러므로 오직 신만이 본질에 의한 선이고 다른 모든 것은 어떤 분유를 통해 선성의 완결성(complementum bonitatis)을 획득하기 때문에, 모든 것은 신에 의해 선성의 완결성으로 인도된다. 그런데 이것은 다스려지고 통치됨(regi et gubernari)을 뜻한다. 어떤 것이 선의 질서 안에 정립됨으로써 통치되고 다스려지기 때문이다. 그러므로 신이 모든 것을 통치하고 다스린다.

제124장
신은 상위의 피조물을 통해 하위의 것을 다스린다
Quod Deus per superiores creaturas regit inferiores

이에 따라 신은 하위의 피조물을 상위의 〔피조물〕을 통해 다스려야 한다. 사실 어떤 피조물은 선성에 있어 더 완전함으로 인해 상위의 것(superiores)이라고 불린다. 그런데 피조물은 신에 의해 다스려짐으로써 신으로부터 선의 질서를 성취한다. 따라서 상위의 피조물은 하위의 피조물보다 신적 통치의 질서를 더 많이 분유하게 된다. 그러나 어떤 완전성을 더 많이 분유하는 것은 더 적게 분유하는 것에 대해 현실태가 가능태에, 능동자가 피동자에 대해서와 같은 관계를 맺는다. 그러므로 상위

---

291 분유 개념에 대해서는 제13장 각주 37 참조. 아울러 이 사실에 대한 증명은 제68장의 두 번째 증명과 제109장 참조(〔135〕).

의 피조물을 통해 하위의 것이 통치된다.

마찬가지로 신의 선성에는 그와의 유사성을 피조물에 나누어 주는 것이 속해 있다. 앞에서 말한 바로부터 분명해진 것과 같이,[292] "신은 모든 것을 자신의 선성 때문에 만드셨다"라고 말하는 것이다. 신적 선성의 완전성에는 신이 그 자체로 선하심(quod in se bonus sit)과 다른 것들을 선함으로 환원하심(quod alia ad bonitatem reducat)이 속한다. 그러므로 신은 피조물에 그 자체로 선하다는 것과 하나가 다른 것을 선으로 이끈다는 두 가지 사실을 나누어 준다. 그러므로 신은 어떤 피조물을 통해 다른 피조물을 선으로 이끈다. 이것(이끄는 피조물)은 상위의 피조물이어야 한다. 어떤 행위자로부터 형상 및 행위의 유사성을 분유받은 것이 형상의 유사성은 받았지만 행위의 유사성은 분유받지 못한 것보다 더 완전하기 때문이다. 이는 마치 달이 비추임만을 받는 것이 아니라 조명하기도 하기 때문에, 조명되기만 하고 조명하지는 못하는 불투명한 물체보다 태양으로부터 빛을 더 완전하게 수용하는 것과 같다. 그러므로 신은 더 상위의 피조물을 통해 하위의 것을 통치한다.

게다가 많은 것의 선이 단 하나의 선보다 더 좋고, 결과적으로 전체 우주의 선인 신의 선성을 더 잘 표현해 주는 것(magis diuine bonitatis representatiuum)이다. 하지만 만일 신으로부터 더 충만한 선성을 분유받은 상위의 피조물이 하위의 피조물의 선을 위해 협력하지 않는다고 가정하면, 선의 이런 충만함은 단 하나의 소유가 되어버릴 것이다. 그러나 많은 것의 선에 협력함을 통해 (그 충만함은) 많은 것에 공통적이 된다. 그러므로 신이 상위의 피조물을 통해 하위의 것을 다스리는 것은 신의 선성에 속한다.

---

292 제101장 참조.

제125장
하위의 지성적 실체는 상위의 것을 통해 다스려진다
Quod inferiores substantie intellectuales reguntur per superiores

앞에서 다룬 것에서 분명한 바와 같이,[293] 지성적 피조물은 다른 피조물보다 상위의 것이기 때문에 신이 지성적 피조물을 통해 다른 피조물을 통치한다는 것은 분명하다.

마찬가지로 지성적 피조물 중에서 어떤 것은 다른 것보다 상위의 것이기 때문에 신은 상위의 것을 통해 하위의 것을 다스린다. 그러므로 지성적 실체 중에서 본성의 질서에 따라 최하의 위치를 차지하는 인간은 상위의 영을 통해 통치되는 일이 일어난다. 이 영은 인간에게 신적인 것을 알려 주기 때문에 '천사'(angeli), 즉 '소식 전달자'(nuntii)라고 불린다. 이 천사들 중에서도 하위의 것은 상위의 것을 통해 다스려진다. 이들 안에서 다양한 위계들(ierarchie), 즉 거룩한 지배권들(sacri principatus)이 구별되고 각각의 위계 안에서는 다양한 질서가 구별됨으로써 그러하다.

제126장
천사의 등급과 질서에 대하여
De gradu et ordine Angelorum

병행문헌: 『신학대전』 제I부 제106문제 제1절; 제108문제 제5절, 제6절; 제111문제 제1절; 『명제집 주해』 제2권 제9구분 제2문제, 제3문제, 제4문제; 제11구분 제2부 제1문제, 제2문제; 『대이교도대전』 제III권 제80장; 『진리론』 제9문제 제1절, 제5절; 『에페소서 주해』 제1장 제7강; 『콜로새서 주해』 제1장 제4강 참조.

모든 지성적 실체의 작용은 그런 종류인 한에서 지성으로부터 생겨

---

293 제74장, 제75장 참조.

나기 때문에, 지성의 다양한 종류에 따라 지성적 실체 안에서 작용과 우선성과 질서의 다양성이 발견되어야만 한다. 그런데 지성이 더 고귀하고 우위에 있을수록 그만큼 더 그 지성은 더 높고 보편적인 원인 안에서 결과의 이유들을 고찰할 수 있다.[294] 또한 더 상위의 지성은 더 보편적인 가지상을 지닌다는 것이 앞에서[295] 언급되었다. 그러므로 지성적 실체에 적합한 첫 번째 이해 작용의 양태(primus intelligendi modus)는 제1원인, 즉 신 안에서 결과의 이유들, 그리고 결론적으로 그들 작품의 이유들을 분유하는 것이다. 신은 이것들을 통해 하위의 결과를 마련하기 때문이다. 그리고 이것은 첫째 위계의 고유한 것이다. 이 첫째 위계는 각각의 작용적 기술 안에서 고찰되는 세 가지에 따라 세 서열로 구분된다. 그 세 가지 중에서 첫째는 작용의 이유가 취해지는 목적이고, 둘째는 제작자의 정신 안에 실존하는 작품의 이유이고, 셋째는 결과에 작품을 적용하는 것이다. ─

첫째 서열에는 그 최고선 안에서, 그것이 사물의 궁극 목적인 한에서 결과에 대해 철저히 배우는 것이 속한다. 그러므로 사랑의 정열로부터 마치 '불타는 자', '불붙는 자'라는 뜻의 '세라핌'(Seraphim)이라고 불리는데, 사랑의 대상은 선이기 때문이다. 둘째 서열에는 신의 결과를 신 안

---

294 천사는 서로에 대한 영향에 부합해 위계와 서열로 구분된다. 서열은 천사의 초자연적인 재능의 정도에 따르고, 이 재능은 인간에게서와는 달리 자연적 재능에 따른다. 성서는 세라핌에 대해 이사 6,2-7, 케루빔에 대해 창세 3,24와 에제 1,5-25; 10,1-22, 왕좌, 주품 천사, 권품 천사, 능품 천사에 대해 콜로 1,16, 이것들과 권능 천사에 대해 에페 1,21, 대천사에 대해 1테살 4,15, 천사에 대해 마태 18,10; 요한 5,4; 로마 8,38 등에서 언급한다. 스콜라 철학자들은 천사의 위계와 서열에 대해 대(大)그레고리우스(Gregorius Magnus, 540~604)와 '디오니시우스 아레오파기타'(Dionysius Areopagita)라는 이름으로 불렸던 500년경의 신플라톤주의적인 그리스도인의 견해를 따랐다. 디오니시우스는 중세 때 사도행전(17,34)에서 언급된 바오로의 제자로 간주되었기 때문에 매우 큰 존경을 받고 강한 영향력을 지녔다((136)).

295 제78장 참조.

에 있는 대로 그의 가지적 근거 안에서 명상하는 것이 속한다. 그러므로 지식의 풍부함으로 말미암아 '케루빔'(Cherubim)이라고 불린다. 셋째 서열에는 신 자체 안에서 어떻게 피조물이 결과에 적용된 가지적 이유를 통해 신을 분유하는가를 고찰하는 것이 속한다. 그러므로 자신 안에 자리 잡고 있는 신을 소유하고 있기 때문에 '좌품 천사'(Throni)라고 불린다.

두 번째 이해 작용의 양태는 결과의 이유들을 보편적 원인 안에 있는 대로 고찰하는 것이다. 이것은 두 번째 위계의 고유한 것이다. 이것 또한 보편적 원인, 그리고 최고도로 지성에 따라 작용하는 원인에 속하는 세 가지에 의해 세 가지 서열로 구분된다. 이들 중의 첫째는 행해져야 할 것을 미리 정하는 것이다. 그러므로 기술들 중에서 정상의 기술은 건축술이라고 불리는 명령하는 기술이다. 그리고 이로부터 이 위계의 첫째 서열은 '주품(主品) 천사'(Dominationes)라고 불린다. 명령하고 미리 정하는 것은 주인의 일이기 때문이다. 보편적인 원인 안에서 발견되는 두 번째 것은 작품으로 처음 움직이는 어떤 것이며, 이것은 마치 실현의 지배권을 가지고 있다. 그리고 이로부터 이 위계의 둘째 서열은, 그레고리우스에 따르면 '권품(權品) 천사'(Principatus)라고 불리고,[296] 디오니시우스에 따르면 '능품(能品) 천사'(Virtutes)라고 불린다.[297] 최초로 작용하는 것이 가장 힘 있는 것이기 때문에 능품 천사라고 이해된다. 그러나 보편적 원인 안에서 발견되는 세 번째 것은 실현에 장애가 되는 어떤 것을 제거하는 것이다. 그러므로 이 위계의 셋째 서열은 '권능(權能) 천사'(Potestatum)인데, 이들의 업무는 신의 명령이 실현되는 것을 방해할 수 있는 모든 것을 제지하는 것이다. 그러므로 이들은 악령을 막는 자라고

---

296 대(大)그레고리우스, 『복음서 주해』(*In Evangelia*) II, hom. 34, n. 7 (PL 76, 1249 D) 참조.

297 디오니시우스 아레오파기타, 『천계위계론』(*De caelesti hierarchia*) VIII, 1 (PG 3, 237 D; Dionysiaca 873) 참조.

도 불린다.

세 번째 이해 작용의 양태는 결과의 이유들을 결과 자체 안에서 고찰하는 것이다. 이것은 결과로부터 그 결과 자체에 대한 인식을 획득하는 우리를 직접적으로 지휘하도록 주어진 세 번째 위계에 고유한 것이다. 이것 또한 세 가지 서열을 가지고 있다. 그들 중에서 가장 낮은 것은 '천사'(Angeli)라고 불린다. 이들이 자신의 통치에 속하는 것을 인간에게 알리기 때문이다. 그래서 이들은 인간의 수호자라고 불린다. 이 위에는 '대천사'(Archangelorum)의 서열이 있다. 이들을 통해 인간에게 이성을 넘어서는 것, 즉 신앙의 신비가 알려진다. 그러나 그레고리우스에 따르면 이 위계의 가장 높은 서열은 '능품 천사'라고 불린다.[298] 능품 천사는 우리에게 이성을 넘어서서 알려진 것을 증명하기 위해 〔자연〕 본성을 넘어서는 것을 행하기 때문이다. 그러므로 능품 천사에게는 기적을 행하는 것이 속한다고 말한다. 그러나 디오니시우스에 따르면 이 위계의 가장 높은 서열은 '권품 천사'라고 불린다.[299] 여기서 우리는 '군주'(Princeps)라는 말에서 각 민족을 지휘하는 자를 이해하며, 천사란 말에서는 각각의 인간을 지휘하는 자를, 대천사라는 말에서는 인간에게 공통적인 구원에 속하는 것을 알려 주는 자를 생각한다.

하위의 능력은 상위의 것의 힘 안에서 작용하고, 하위의 서열은 상위의 것에 속하는 것을 그의 힘에 의해 작용하는 한 실행한다. 그런데 상위의 것은 하위의 것에 고유한 것을 더 탁월한 방식으로 가지고 있다. 그러므로 그들 안에서는 모든 것이 어느 정도 공통적인 것이다. 그럼에도 그들은 각각 그 자체로 적합한 것에 따라 고유한 명칭으로 나누어진다. 그러나 가장 하위의 서열〔천사〕은 마치 모든 것의 힘으로 작용하는 셈이므로 공통적인 명칭을 스스로 보유했다.

---

298 대(大)그레고리우스, 『복음서 주해』 II, hom. 34, n. 7 (PL 76, 1249 D) 참조.
299 디오니시우스 아레오파기타, 『천계위계론』 IX, 1 (PG 3, 257 B; Dionysiaca 893) 참조.

그리고 하위의 것에 작용하는 것이 상위의 것에 속하고 지성적인 행위는 교육하고 가르치는 것이기 때문에, 상위의 천사가 하위의 것을 교육하는 한에서 정화하고 조명하고 완성한다고 말한다. 상위의 천사가 무지를 제거하는 한에서 정화하는 것(purgare)이다. 또한 상위의 천사가 자기의 빛으로 하위의 천사의 지성을 더 높은 어떤 것을 포착하도록 튼튼하게 하는 한에서 조명하는 것(illuminare)이다. 또 하위의 천사를 상위 지식의 완전성으로 이끄는 한에서 완성하는 것(perficere)이다. 디오니시우스가 말한 것처럼 이 세 가지는 지식의 취득에 속하는 것이기 때문이다.[300] 그럼에도 이를 통해 모든 천사, 즉 가장 낮은 천사들 또한 신의 본질을 바라본다는 사실에서 배제되지는 않는다. 사실 복된 영들 각각은 본질에 따라 신을 볼지라도, 앞에서 명백해진 것처럼[301] 하나가 다른 것보다 더 완전하게 신을 보는 것이다. 어떤 원인이 더 완전하게 인식되면 될수록 그만큼 더 그 결과는 풍부하게 그 안에서 인식되는 것이다. 따라서 상위의 천사가 다른 것에 앞서 신 안에서 인식한 신의 결과에 대해 하위 천사를 교육하지만, 그들 모두가 직접적으로 보는 신의 본질에 대해서는 교육하지 않는다.

---

300 디오니시우스 아레오파기타, 『천계위계론』 VII, 3 (PG 3, 209 C; Dionysiaca 858) 참조.
301 제106장 참조.

제127장

상위의 물체를 통해 하위의 것이 결정되지만, 인간 지성은 그렇지 않다

Quod per superiora corpora,
inferiora, non autem intellectus humanus, disponuntur

병행문헌:『신학대전』제Ⅰ부 제115문제 제3절, 제4절; 제Ⅱ부 제Ⅱ권 제95문제 제5절;『명제집 주해』제2권 제15구분 제1문제 제2절, 제3절; 제25구분 제2문제 제5이론에 대한 해답;『대이교도대전』제Ⅲ권 제82장, 제84장, 제85장, 제87장;『진리론』제5문제 제9절, 제10절;『명제론 주해』제1권 제14강;『영혼론 주해』제3권 제4강;『형이상학 주해』제6권 제3강;『윤리학 주해』제3권 제13강;『마태오복음 주해』제2장 참조.

    지성적 실체 중의 하나가 다른 것을 통해, 즉 하위의 것이 상위의 것을 통해 신의 뜻에 의해 통치되는 것처럼 하위의 물체도 상위의 것을 통해 신의 뜻에 의해 결정된다. 그러므로 하위의 것의 모든 운동은 천체의 운동에 의해 야기되고, 천체의 힘으로부터 이 하위의 것은 형상과 종을 부여받게 된다. 이와 마찬가지로 가지적 사물의 이유들(rationes rerum intelligibiles)은 하위의 영에게 상위의 영을 통해 도달한다. 그러나 지성적 실체는 사물의 질서에서 모든 물체보다 더 낮게 여겨지기 때문에, 여하한 지성적 실체가 어떤 물체적 실체를 통해 신에 의해 다스려진다는 것은 앞서 언급된 섭리의 질서에 따라 적합하지 못하다. 그러므로 인간 영혼은 지성적 실체이기 때문에, 이해하고 원하는 한에서 천체의 운동에 따라 결정되는 것은 불가능하다.[302] 천체는 결코 인간 지성이나 의지에 직접적으로 작용하거나 영향을 줄 수 없다.

---

302 그러나 토마스에 따르면, 아마도 인간 영혼은 감각적이고 생장적인 측면에서는 천체의 영향을 받을 것이다(제128장 참조). 이 우주적인 영향은 간접적으로 인간의 '운명'에 영향을 끼치지만, 자기 삶을 규정할 자유를 빼앗지는 않을 것이다 ((137)).

마찬가지로 어떤 물체도 운동을 통해서가 아니면 작용할 수 없다. 그러므로 어떤 물체에 의해 영향을 받는 모든 것은 그것에 의해 움직여진다. 그러나 인간 영혼이, 의지가 그 안에 들어 있는 지성적 부분에 따라서는, 육체적 운동에 의해 움직여지는 것은 불가능하다. 지성은 어떤 신체 기관의 운동이 아니기 때문이다. 그러므로 인간 영혼이 지성과 의지에 따라 천체에 의해 어떤 것을 겪는다는 것은 불가능하다.

게다가 천체의 영향으로부터 이 하위의 것 안에서 나타나는 것은 자연적인 것이다. 그러므로 지성과 의지의 작용이 천체의 영향으로부터 이루진다고 가정하면, 이 작용은 자연적 본능으로부터 발생하는 셈이 될 것이다. 그렇다면 인간은 그의 행위에 있어 자연적 본능에 의해 그의 행위로 이행되는 다른 동물과 차이가 없게 될 것이다. 또한 그렇게 되면 자유 의지(liberum arbitrium)와 숙고(consilium)와 선택(electio) 및 인간이 다른 동물에 앞서 가지고 있는 이런 종류의 모든 것이 사라져 버릴 것이다.

제128장
어떻게 인간 지성이 간접적으로 천체에 종속되는가
Quomodo intellectus humanus indirecte subditur corporibus celestibus

병행문헌: 『신학대전』 제I부 제115문제 제4절; 제II부 제II권 제95문제 제5절; 『명제집 주해』 제2권 제15구분 제1문제 제3절; 제25구분 제2문제 제5이론에 대한 해답; 『대이교도대전』 제III권 제84장, 제85장, 제87장; 『진리론』 제5문제 제10절; 『명제론 주해』 제1권 제14강; 『영혼론 주해』 제3권 제4강; 『형이상학 주해』 제6권 제3강; 『윤리학 주해』 제3권 제13강; 『마태오복음 주해』 제2장 참조.

그러나 인간 지성은 감각적 능력으로부터 그의 인식의 원천을 수용한다는 사실을 고찰해야만 한다. 그러므로 영혼의 공상적 및 상상적이거나 기억적인 부분들(fantastica et ymaginatiua uel memoratiua parte anime)[303]이 혼란스럽게 되면, 지성의 인식도 혼란스럽게 된다. 그리고 앞에서 말한 능력이 올바른 상태에 있게 되면, 지성의 수용은 더욱 적합하게 이루어진다. 또한 이와 비슷하게 감각적 욕구의 변화는 지성적 욕구인 의지가 변화하도록 어느 정도 작용한다. 포착된 선이 의지의 대상이라는 측면에서 그렇다. 즉 우리는 정욕, 분노, 두려움과 다른 감정들에 따라 다양한 방식으로 결정되어 있기 때문에, 우리에게는 어떤 것이 다양한 방식으로 선이나 악인 것처럼 보인다.

　감각적 부분의 모든 능력은, 그것이 파악적인 것(apprehensiue)이거나 욕구적인 것(appetitiue)이거나 상관없이 어떤 육체적 부분의 현실태이다. 이것〔육체적 부분〕이 변화된다면 또한 우유적으로 그 능력이 변화된다는 것은 필연적이다. 따라서 하위의 물체의 변화는 하늘의 운동에 종속되기 때문에, 또한 감각적 능력의 행위도 비록 우유적일지라도 같은 〔하늘의〕 운동에 종속된다. 그러므로 의지가 감정을 통해 어떤 것으로 기울어진다는 점에서, 천체의 운동은 인간 지성과 의지의 행위에 간접적으로 작용한다. 그러나 의지는 감정에 마치 그 충동(impetum)에 필연적으로 따라야 하는 것처럼 종속되는 것이 아니라 오히려 이성의 판단을 통해 감정을 억누를 수 있는 능력을 지니고 있다. 결과적으로 인간 의지는 또한 천체의 영향에 종속되는 것이 아니라 그것을 따르거나 거부할 수 있는 자유로운 판단력을 지니고 있다. 그것이 상책인 것처럼 보일 때, 이를 거부하는 것은 오직 지혜로운 이들만의 일이다. 그러나 육체적 감정이나 경향에 따르는 것은 지혜와 덕이 결여되어 있는 많은 이에게 해당된다.

---

303 '부분들'이란 표현으로 여기서는 영혼의 능력 각각을 의미한다(제52장 각주 106 참조)(〔138〕).

제129장

오직 신만이 인간의 의지를 움직이고,
어떤 창조된 사물도 그렇게 할 수 없다

Quod solus Deus mouet uoluntatem hominis non res creata

병행문헌: 『신학대전』제I부 제105문제 제3절, 제4절; 제106문제 제2절; 제115문제 제4절; 제II부 제I권 제9문제 제6절; 제109문제 제1절; 제II부 제II권 제95문제 제5절; 『명제집 주해』제2권 제15구분 제1문제 제3절; 『대이교도대전』제III권 제85장, 제87장, 제88장, 제89장, 제91장; 『진리론』제5문제 제10절; 제22문제 제8절; 『악론』제3문제 제3절; 제6문제; 『명제론 주해』제1권 제14강; 『영혼론 주해』제3권 제4강; 『윤리학 주해』제3권 제13강; 『마태오복음 주해』제2장 참조.

모든 가변적이고 다양한 형상을 지닌 것은, 마치 원인과 같은 어떤 제1의 불변적이고 단일한 것으로 환원된다.[304] 그런데 인간 지성과 의지는 가변적이고 다양한 형상을 지닌 것이 분명하기 때문에, 그것들이 불변하고 단일한 형상을 지닌 어떤 상위의 원인으로 환원된다는 것은 필연적이다. 그리고 〔인간 지성과 의지는〕, 앞에서 밝혀진 바와 같이,[305] 원인처럼 천체로 환원되지 않기 때문에 더 높은 원인으로 환원되어야만 한다. ─

그러나 그것〔더 높은 원인〕은 지성과 의지에 대해 다르게 관계를 맺는다. 왜냐하면 지성은 이해된 사물이 지성 안에 있는 한 현실화되고, 의지는 원해진 사물(res volitas)로 의지가 기울어짐에 따라 현실태가 되기 때문이다. 따라서 지성은 자신을 마치 가능태처럼 대하는 외부의 어떤 것으로부터 완성되는 것이다. 그러므로 인간은 가지적 존재라는 점에서 더 완전한 어떠한 외부의 것으로부터도 지성의 현실화를 위해 도움을 받을 수 있다. 신뿐만 아니라 천사로부터, 또한 더 많은 교육을 받은 인간으로부터도 〔도움을 받을 수 있는데〕, 그럼에도 각각 다른 방식으로 〔받

---

304 제4장, 제123장 및 제4장 각주 17 참조.
305 제127장 참조.

는다). ──

    즉 인간은 인간에 의해, 즉 그들 중의 하나가 다른 이가 미처 고찰하지 못했던 가지적인 것을 그에게 제시함으로써 이해하는 데에 도움을 받는다. 그렇다고 하더라도 한 인간의 지성의 빛이 다른 인간에 의해 완성되는 것은 아니다. 그들 둘의 본성적 빛은 하나의 종에 속하기 때문이다. 그러나 천사의 본성적 빛이 인간의 본성적 빛보다 더 고귀하기 때문에, 인간은 천사에 의해 그에게 제시된 대상의 측면에서만이 아니라 천사의 빛을 통해 강화된 빛의 측면에서도 이해에 도움을 받을 수 있다. 그럼에도 인간의 본성적 빛은 천사로부터 유래한 것이 아니다. 창조를 통해 존재를 받은 이성적 영혼의 본성은 오직 신에 의해서만 형성될 수 있기 때문이다. 그러나 신이 이해하도록 인간을 도울 수 있는 것은, 인간에게 신에 의해 제시된 대상의 측면이나 빛의 부가를 통해서 뿐만 아니라 그것으로 인해 지성적이 되는 인간의 본성적 빛이 신으로부터 유래한다는 사실을 통해서도 그러하다. 또한 신 자신이 그로부터 모든 다른 진리가 확실성을 지니게 되는 제1진리이기 때문에, 마치 증명적인 삼단논법 안에서 이차적 명제가 제1명제로부터 확실성을 얻듯이, 여하한 것도 신적 힘에 의해서가 아니면 지성에 확실해질 수 없기 때문에도〔신이 인간을 도울 수 있다〕. 이는 마치 학문에서 제1원리의 힘에 따라서가 아니라면 결론이 확실해질 수 없는 것과 마찬가지이다.

    그러나 의지의 행위는 내부적인 것으로부터 외부적인 것으로 나아가는 일종의 경향이고, 이는 자연적 경향과 비교된다. 그렇기 때문에 자연적 사물에 자연적 경향이 그 본성의 원인으로부터 존재하는 것처럼 의지의 행위도 의지를 지닌 이성적 본성의 유일한 원인인 신에 의해서만 존재한다. 그러므로 신이 인간의 의지를 움직인다면, 이것은 결정의 자유를 거스르는 것이 아니라는 점은 분명하다. 마치 신이 자연적 사물 안에서 작용하는 것이 자연에 거스르는 것이 아니며, 오히려 자연적 경향뿐만 아니라 의지적 경향도 신으로부터 오는 것과 같다. 즉 그 두 경향이 어떤 사물의 조건에 따라 나타나면서 말이다. 이렇게 해서 신은 사물을 그 본성에 부합하도록 움직이는 것이다.

앞에서 말한 것으로부터[306] 천체가 인간의 육체와 그 육체적 능력에 영향을 줄 수 있다는 사실은 분명하다. 그것은 또한 다른 물체들에도 마찬가지이지만 지성에는 그렇지 않다(영향을 줄 수 없다). 그러나 이것(지성에 영향을 주는 것)은 지성적 피조물이 할 수 있는 것이다. 그러나 오직 신만이 의지에 영향을 줄 수 있다.

제130장
신은 모든 것 안에서 존재하고, 그의 섭리는 모든 것에 미친다
Quod Deus est in omnibus et prouidentia eius se extendit ad omnia

병행문헌:『신학대전』제I부 제22문제 제2절, 제3절; 제103문제 제5절, 제6절; 제116문제 제2절;『명제집 주해』제1권 제39구분 제2문제 제2절;『대이교도대전』제III권 제1장, 제64장, 제75장, 제76장, 제77장, 제83장, 제94장;『분리된 실체론』제13장, 제14장, 제15장; 『진리론』제5문제 제2절 이하;『디오니시우스의 '신명론' 주해』제3장 제1강 참조.

제2원인은, 마치 도구가 기술의 지도를 통해서만 작용하듯이, 오직 제1원인의 힘으로만 움직인다. 그렇기 때문에 신이 그것을 통해 자기 통치의 질서를 실현하는 모든 다른 작용자는 그 신의 힘에 의해 작용한다. 따라서 이들 각각의 작용함은 신에 의해 야기되는데, 이는 마치 움직일 수 있는 것의 운동이 움직이게 하는 자의 움직임에 의한 것과 같다. 그런데 움직이게 하는 자와 움직여지는 것은 동시에 존재해야만 한다. 따라서 신은 임의의 작용자에게 내적으로 현존해야만 하는데, 이는 흡사 그 작용자가 작용하도록 움직이게 하는 동안 그 작용자 안에 현존하는 것과 같다.

게다가 앞에서 분명해진 바와 같이,[307] 제2작용자의 작용만이 아니라

---

306 제127장, 제128장, 제129장 참조.

그 존재 자체도 신에 의해 야기된다. 그러나 그 사물의 존재가 신에 의해 원인되는 것이, 마치 집의 존재가 건축가에 의해 야기되는 것과 같은 것으로 이해되어서는 안 된다. 이 건축가 없이도 집의 존재는 여전히 남아 있기 때문이다. 건축가는 오직 집의 존재로 움직이는 한에서 집의 존재를 야기하기 때문이다. 그리고 이 움직임이 집의 만듦이다. 그러므로 그는 직접적으로 이 집의 생성의 원인이다. 이것은 건축가가 없다면 멈추게 되는 것이다. 그러나 신은 그 자체로 직접적으로 자기 존재의 원인이다. 마치 태양이 공기와 태양에 의해 조명되는 다른 것에 빛을 나누어 주는 것처럼 신은 존재를 모든 사물에 나누어 준다. 그리고 공기 안에 빛을 보존하기 위해서는 태양의 지속적인 조명이 요구된다. 이와 같이 사물이 존재 안에 보존되기 위해서는 신이 사물에 존재를 끊임없이 주는 것이 요구된다. 그리고 이렇게 모든 것은 존재를 시작하는 경우만이 아니라 존재 안에 보존되는 경우에도 마치 제작된 것이 제작자와 관계하는 것처럼 신과 관계를 맺는다. 제작자와 제작된 것은 움직이게 하는 자와 움직여진 것처럼 동시적이어야 한다. 그러므로 모든 사물이 존재를 가지고 있는 한, 신은 그것들에 현존해야만 한다. 그러나 존재는 모든 사물에 가장 내밀하게 현존하는 것이다. 따라서 신은 모든 것 안에 존재해야 한다.

마찬가지로 자기 섭리의 질서를 어떤 중간 원인을 통해 실현하는 모든 이는 필연적으로 그 중간 원인의 결과를 인식하고 질서를 부여해야 한다. 그렇지 않으면 그것들은 저 섭리의 질서로부터 떨어져 나오게 될 것이다. 그리고 그 통치하는 자의 섭리가 더 완전하면 완전할수록 그만큼 그의 인식과 질서 부여는 개별적인 것에까지 더 많이 하강하게 된다. 왜냐하면 만일 개별 사물 중에 어떤 것이 통치하는 자의 인식으로부터 빠져나간다면, 그 개별자의 결정은 그의 섭리로부터 벗어날 것이기 때문이다. 그러나 모든 것은 신의 섭리에 종속되는 것이 필연적이라는 사

---

307 제68장 참조.

실이 앞에서 밝혀졌다.[308] 그리고 신의 섭리가 가장 완전한 것이라는 사실은 분명하다. 무엇이든지 신에 대해 서술되는 것은 최고로 신에게 부합하는 것이기 때문이다. 따라서 신의 섭리를 통한 질서 부여는 가장 작은 결과에까지 펼쳐져야만 한다.

제131장
신은 모든 것을 직접적으로 결정한다
Quod Deus omnia disponit immediate

병행문헌: 『신학대전』 제I부 제22문제 제3절: 『대이교도대전』 제III권 제76장, 제77장, 제83장, 제94장: 『분리된 실체론』 제14장 참조.

이에 따라 비록 섭리의 실행에 속하는 것과 관련해서는 사물의 통치가 신에 의해 제2원인을 매개로 이루어질지라도, 신의 섭리의 결정이나 질서 부여는 직접적으로 모든 것에 펼쳐진다. 그〔신〕는 최초의 것과 보편적인 것을, 마치 최종적이고 개별적인 것은 다른 이들에게 결정하도록 맡겨 놓듯이, 질서를 부여하지는 않기 때문이다. 〔이런 경우는〕 인간에게서 여러 가지에 동시에 전념할 수 없는 자기 인식의 약함으로 말미암아 빚어진다. 그러므로 상위의 통치자는 큰 것에 대해 결정하고, 매우 작은 것은 다른 이들에게 결정하도록 맡겨 놓는 것이다. 그러나 신은, 앞에서 밝혀진 바와 같이, 동시에 많은 것을 알 수 있다. 그러므로 신은 매우 작은 것을 관리함으로써 가장 큰 것의 질서 부여를 그만두지는 않는다.

---

308 제123장 참조.

제132장

신이 특수한 것에 대한 섭리를
지니지 못한다는 것을 보여 주는 듯한 근거들

Rationes que uidentur ostendere quod
Deus non habet prouidentiam de particularibus

병행문헌:『신학대전』제1부 제14문제 제11절; 제22문제 제2절, 제3절; 제103문제 제5절;
『명제집 주해』제1권 제36구분 제2문제 제2절; 제2권 제3구분 제2문제 제3절;『대이교도
대전』제Ⅲ권 제1장, 제50장, 제63장, 제64장, 제65장, 제75장, 제94장;『진리론』제2문제
제5절; 제5문제 제2절 이하;『영혼론 주해』제20장;『분리된 실체론』제13장, 제14장,
제15장;『디오니시우스의 '신명론' 주해』제3장 제1강;『명제론 주해』제1권 제14강 참조.

그럼에도 어떤 이에게는 개별적인 것(singularia)이 신에 의해 결정되
지 않는 것처럼 보일 수 있다. 아무도 자기가 그것을 알고 있지 못한다면
그의 섭리를 통해 결정하지는 못하기 때문이다. 그러나 신에게는 개별적
인 것에 대한 지식이 존재하지 않는 것처럼 보인다. 개별적인 것은 지성에
의해서가 아니라 감각에 의해 인식되기 때문이다.[309] 그러나 전적으로 비
물체적인 신 안에는 감각적 인식이란 존재할 수 없고 오직 지성적 인식
만이 존재할 수 있다. 따라서 어떤 이에게는, 이로부터 개별적인 것은 신
의 섭리에 의해 질서 지어지지 않는 것처럼 보일 수 있다.

마찬가지로 개별적인 것은 무한하고, 무한한 것에 대해서는 인식이 존
재할 수 없다. 무한한 것 그 자체는 알 수 없는 것이기 때문이다.[310] 그렇
기 때문에 개별적인 것은 신의 인식과 섭리를 벗어나는 것처럼 보인다.

---

309 인간의 지성은 직접적으로 사물의 보편적인 '무엇임'을 인식한다(제83장 각주
172 참조). 물질적 사물을 세부적으로 아는 것은 감각상에 의존함으로써 오직 간
접적으로만 이루어진다. 이는 감각상으로부터 추상이 시작되고(제83장 각주 173
참조), 이것은 지성적 인식에 항상 동반한다(『신학대전』제Ⅰ부 제84문제 제7절;
제86문제 제1절 참조)((141)).

310 제133장 참조.

게다가 개별적인 것 중의 많은 것은 우연적(contigentia)이다. 그러나 이것(우연적인 것)에 대해서는 확실한 지식이 존재할 수 없다.[311] 따라서 신의 지식은 가장 확실해야만 하기 때문에, 개별적인 것은 신에 의해 인식되지도 결정되지도 않는 것처럼 보인다.

이 밖에도 개별적인 것은 모두 동시에 존재하지는 않는다. 어떤 것이 뒤따라 나타날 때, 다른 것들은 파괴되기 때문이다. 그러나 존재하지 않는 것에 대해서는 지식이 존재할 수 없다. 따라서 만일 신이 개별적인 것에 대해 지식을 가지고 있다면, 신이 어떤 것을 알기 시작하거나 멈춘다는 사실이 귀결되고 이로부터 신은 가변적이라는 결론이 나온다. 이에 신은 개별적인 것의 인식자나 결정자(cognitor et dispositor)인 것처럼 보이지 않는다.

제133장
앞에서 언급된 근거들에 대한 해답
Solutio predictarum rationum

병행문헌: 『신학대전』 제I부 제14문제 제11절, 제12절, 제13절; 제57문제 제3절; 제II부 제II권 제95문제 제1절; 제172문제 제1절; 『명제집 주해』 제1권 제36구분 제1문제 제1절; 제38구분 제5문제; 제39구분 제1문제 제3절; 제2권 제3구분 제2문제 제3절; 『대이교도대전』 제I권 제50문제, 제63문제, 제65문제, 제67문제, 제69문제; 제III권 제154장; 『영혼론 주해』 제20장; 『진리론』 제2문제 제5절, 제9절, 제12절; 제8문제 제12절; 제20문제 제4절 제1이론에 대한 해답; 『악론』 제16문제 제7절; 『자유토론 문제집』 제III권 제2문제 제1절; 제XI권 제3문제; 『사라센인들, 그리스인들, 아르메니아인들을 대적할 신앙의 근거들』 제10장; 『명제론 주해』 제1권 제14강; 『이사야서 주해』 제3장 참조.

---

311 어려움은 필연적이지 않는 미래의 것에 대한 인식과 관련된다. 이것은 아직 존재하지 않기 때문에 그 자체로 인식될 수 없고, 원인 안에서 확실성을 가지고 인식될 수도 없다. 만일 그것이 발생한다는 사실이 확실하다고 가정한다면, 그것은 필연적인 것이 될 것이기 때문이다((142)).

이런 〔반론〕들은, 만일 어떤 이가 사물의 진리를 고찰한다면, 쉽게 해결될 수 있다. 즉 신은 자기 자신을 완벽하게 인식하기 때문에, 어떤 방식으로든 자신 안에 있는 모든 것을 인식해야만 한다. 그러나 창조된 존재자의 모든 본질과 능력이 신으로부터 유래하기 때문에, 신이 자기 자신을 인식함으로써 창조된 존재자의 본질과 그 안에 잠세적으로(潛勢的, uirtute) 존재하는 모든 것을 인식한다는 사실은 필연적이다. 그리고 신은 잠세적으로 자신 안이나 자신의 다른 원인 안에 있는 모든 개별적인 것을 이렇게 인식한다.

신의 지성에 의한 인식은 우리 지성에 의한 인식과 비슷하지 않은데, 첫 번째 주장은 마치 〔이런 것을 전제로〕 진행되는 듯하다. 왜냐하면 우리 지성은 추상된 상을 통해 사물에 대한 인식을 취하게 되기 때문이다. 그런데 이 상은 형상의 유사성(similitudines formarum)이지 개체화의 원리(indiuiduationis principia)인 질료나 질료적 소질의 유사성은 아니다. 그러므로 우리 지성은 개별적인 것을 인식할 수 없고, 오직 보편적인 것만 인식할 수 있다. 그러나 신의 지성은 그 본질을 통해 사물을 인식하는데, 그 본질 안에는 마치 제1원리처럼 형상뿐만 아니라 질료 또한 잠세적으로 포함되어 있다. 그렇기 때문에 신은 보편적인 것의 인식자일 뿐만 아니라 개별적인 것의 인식자이기도 하다.

유사하게 비록 우리 지성은 무한한 것을 인식할 수 없을지라도, 신이 무한한 것을 인식하는 것은 부적절하지 않다. 사실 우리 지성은 동시에 다수의 것을 현실적으로 고찰할 수 없기 때문이다. 그래서 만일 우리 지성이 무한한 것을 고찰함으로써 그것을 인식한다고 가정하면, 무한한 것을 하나하나 세어야만 할 것이다. 〔그러나〕 이것은 무한한 것이라는 개념을 거스르는 것이다. 그러나 잠세적으로 그리고 가능적으로 (uirtute et potentia) 우리 지성은 무한한 것들, 예를 들어 숫자들이나 관계들의 모든 종류를 인식할 수 있다. 모든 것을 인식하기에 충분한 원리를 소유하고 있는 한에서 말이다.[312] 하지만 앞에서 밝혀진 바와 같이,[313] 신은 동시에 많은 것을 인식할 수 있다. 그리고 신이 그것을 통해 모든 것을 인식하는 것, 즉 그의 본질은 존재하고 있는 것뿐만 아니라 존재할 수 있는 모든 것까지를 인식하기에 충분한 원리이다. 따라서 우리 지성이 그것들을 인식할 수 있는 원리를 가지고 있는 무한한 것을 가능적이고 잠세적으로 인식하는 것처럼 신은 모든 무한한 것을 현실적으로 고찰한다.

또한 개별적인 것, 물체적인 것, 시간적인 것이 동시적이 아닐지라도, 신이 그것들의 인식을 동시적으로 소유하고 있다는 사실도 명백하다. 왜냐하면 신은 〔시간의〕 연속 없이 영원한 자기 존재의 방식에 따라 그것들을 인식하기 때문이다. 따라서 신은 물질적인 것을 비물질적으로, 많은 것을 하나를 통해 인식하는 것처럼 그렇게 동시적이지 않은 것들을 하나의 직관으로 통찰한다. 그리고 개별적인 것을 인식함을 통해 그의 인식에 어떤 것이 더해지거나 삭감되는 것은 아니다.

이로부터 또한 신이 우연적인 것에 대해서도 확실한 인식을 가질 수 있다는 사실이 명백해진다. 또한 그것이 일어나기 전에도 신은 자기 존재 안에 현실적으로 존재하는 대로 그것을 직관한다. 신은 단지 그것이 미래적이고 그 원인 안에서 잠세적으로 존재하는 대로만 직관하는 것은 아니다. 이렇게는 우리도 어떤 미래의 일을 인식할 수 있다. 그러나 우연적인 것이 그 원인 안에 잠세적이고 미래적인 것으로 실존하는 한에서는, 그것에 대해 확실한 인식을 소유할 수 있게끔 하나로 확정되어 있지 않다.[314] 그럼에도 그것이 자기 존재 안에 현실적으로 존재하는 한에서는, 이미 하나로 확정되어 있고 그것에 대해 확실한 인식을 가질 수 있다. 왜냐하면 우리는 "소크라테스가 앉아 있는 동안, 그가 앉아 있다"라

---

312 능동 지성은 모든 감각적인 것을 이해 가능하도록 만들 수 있기 때문에, 가능 지성은 지성적인 방식으로 모든 것이 될 수 있다. 숫자들 또한 우선 감각적인 것으로부터 얻어진다(〔143〕).

313 제29장, 제96장 참조.

314 우연적인 미래 사건은 그 원인 안에서 아직도 존재 또는 비존재, 이러함이나 저러함으로 확정되어 있지 않다(〔144〕).

는 것을 직관의 확실성을 통해(per certitudinem uisionis) 인식할 수 있기 때문이다. 그리고 유사하게 시간의 전체적인 경과를 통해 일어나는 것이 무엇이든지, 신은 모든 것을 자신의 영원 속에서 확실하게 인식한다. 그의 영원성은 현존하는 방식으로 시간의 전체적인 경과에 관계되고 이것을 넘어서 초월한다. 그래서 우리는 마치 망대의 높이에 위치한 어떤 이가 여행자들의 지나감 전체를 동시에 직관하는 것처럼 신이 자신의 영원성에서 시간의 흐름을 인식하는 것을 고찰한다.

제134장
오직 신만이 미래의 우연적이고 개별적인 것을 인식한다
Quod Deus solus cognoscit singularia futura contingentia

병행문헌: 『신학대전』 제I부 제57문제 제3절; 제II부 제II권 제95문제 제1절; 제172문제 제1절; 『명제집 주해』 제1권 제38구분 제5문제; 제2권 제3구분 제2문제 제3절 제4이론에 대한 해답; 『대이교도대전』 제III권 제154장; 『진리론』 제8문제 제12절; 『악론』 제16문제 제7절; 『영적 피조물론』 제5문제 제7절; 『영혼론 주해』 제20장 제4이론에 대한 해답; 『이사야서 주해』 제3장 참조.

이런 방식으로, 곧 자기 존재 안에 현실적으로 있는 대로 미래의 우연적인 것을 인식함, 즉 그것에 대해 확실성을 소유함은 오직 신에게만 고유한 것이다. 이 신에게야말로 고유하고 참되게 영원성이 부합한다. 그러므로 미래의 것에 대한 확실한 예언은 신성의 상징이라고 간주된다. 이사 41,23에서도 "미래를 선포하시오, 그러면 우리가 당신들이 신이라고 말할 것입니다"(Futura quoque nuncietis et dicemus quia dii estis uos)[315]

---

315 "너희가 신이라는 것을 우리가 알 수 있도록 다가올 일들을 알려 보아라"(『성경』). 마리에티 판: "미래에 올 일을 선포하라, 그러면 우리는 당신들이 신이라는 것을 알게 될 것이다"(annuntiate que uentura sunt in futurum, et sciemus quia dii

라고 말한다. 하지만 미래의 것을 그 원인 안에서 인식함은 다른 것에도 부합할 수 있다. 그러나 이 인식은 확실한 것이 아니라서 그 원인으로부터 필연적으로 도출되는 결과에 대한 것이 아니라면, 오히려 추측적인 것(coniecturalis)이다. 이 방식으로 의사가 미래의 질병을, 그리고 선원이 폭풍우를 예언하는 것이다.

제135장
신은 모든 것에 능력과 본질, 그리고 현재성을 통해 현존하며, 모든 것을 직접 결정한다

Quod Deus omnibus adest per potentiam,

essentiam et presentiam, et omnia immediate disponit

병행문헌: 『신학대전』 제I부 제8문제 제3절; 제105문제 제5절; 『명제집 주해』 제2권 제1구분 제1문제 제4절; 『대이교도대전』 제III권 제67장; 『권능론』 제3문제 제7절 참조.

이렇게 신이 개별적인 것의 결과에 대한 인식을 가진다는 점이나 비록 중간 원인을 통해 실행한다고 할지라도, 자기 자신을 통해 그것에 직접적으로 질서를 부여하는 것을 아무것도 방해하지 못한다. 그러나 모든 중간 원인이 제1원인의 힘 안에서 작용한다는 측면에서, 신은 또한 그 실행에서도 모든 결과와 어떤 의미에서 직접적으로 관계를 맺는다. 이렇게 신 자신은 어떤 의미에서 모든 것 안에서 작용하는 것처럼 보이고, 제2원인의 모든 작품은 신에게 귀속될 수 있다. 이는 마치 제작자에게 도구로 만들어진 작품이 귀속되는 것과 마찬가지이다. "제작자가 주머니칼을 만든다"라고 말하는 것이 "망치가 〔주머니칼을 만든다〕"라고 말하는 것보다 더 적절하기 때문이다. 또한 신 자신이 그 자체로 존재의

---

estis uos).

원인(causa essendi)이고[316] 모든 것이 신에 의해 존재하도록 유지되는 한에서, 신은 직접적으로 모든 결과와 관계를 맺는다. 그리고 이 세 가지의 직접적인 방식에 따라 신이 본질과 능력과 현재성을 통해 모든 것 안에 존재한다고 말한다. 어떠한 존재이든지 신의 존재를 분유하는 것이고, 이렇게 신의 본질이 실존하는 어떠한 것이든지 그 안에 현존하는 한에서, 〔신은〕 본질적으로(per essentiam) 〔존재한다고 말한다.〕 마치 원인이 고유한 결과 안에 존재하듯이 〔그 실존하는 것이〕 존재를 가지고 있는 한, 〔그 안에 신은 존재한다〕. 또한 모든 것이 신의 힘 안에서 작용하는 한, 능력을 통해(per potentiam) 〔존재한다고 말한다〕. 그러나 신이 직접적으로 모든 것을 질서 지우고 결정하는 한에서, 현재성을 통해(per presentiam) 〔존재한다고 말한다〕.

제136장
기적을 행하는 것은 오직 신에게만 적합하다
Quod soli deo conuenit miracula facere

병행문헌: 『신학대전』 제I부 제105문제 제6절; 제106문제 제3절; 제110문제 제4절; 『대이교도대전』 제III권 제98장, 제99장, 제102장, 제103장; 『권능론』 제6문제 제1절, 제3절, 제4절; 『피에르 타렝테즈의 작품들에서 뽑아낸 108문항 회신』 제36항 제15절, 제16절, 제18절; 『요한복음 주해』 제10장 제5강 참조.

따라서 제2원인의 전체 질서와 그것의 힘은 신으로부터 유래한 것이지만, 앞에서 밝혀진 바와 같이,[317] 신 자신은 그 결과를 필연성을 통해서가 아니라 자유로운 의지에 따라 산출한다. 그렇기 때문에 신이 제2원인의 질서를 벗어나 작용할 수 있다는 사실은 명백하다. 예를 들어 그가

---

316 제130장 참조.
317 제96장 참조.

자연의 작용에 따라서는 치유될 수 없는 이들을 치유하거나, 자연적인 원인의 질서에 따르지 않으나 그럼에도 이런 종류의 어떤 것을 행한다는 것과 같이 말이다. 왜냐하면 신의 섭리의 질서에 따라 때때로 자연적 원인의 질서를 벗어나 이루어지는 이 일 자체가 신에 의해 어떤 목적 때문에 결정되었기 때문이다. 이처럼 제2원인의 질서를 벗어나는 이런 종류의 어떤 것이 신의 힘에 의해 이루어질 때, 이런 사실을 기적(miracula)이라고 부른다. 왜냐하면 결과가 나타날 때, 그 원인을 알지 못할 경우에 기묘한 것(mirum)이 되기 때문이다. 따라서 신이 우리에게 단순히 감춰져 있고, 어떤 것이 우리에게 알려진 제2원인의 질서에서 벗어날 때, 이를 단적으로 기적이라고 부른다. 그러나 어떤 것이 이 사람이나 저 사람에게 감추어진 다른 어떤 원인에 의해 이루어질 때는, 단적으로 기적이라고 불리는 것이 아니라 그 원인을 모르는 이들에게만 [기적이라 불린다]. 그러므로 한 사람에게 기묘한 것으로 나타나는 어떤 것이, 그 원인을 알고 있는 다른 이에게는 기묘하지 않은 것이 된다.

그러나 이렇게 제2원인의 질서를 벗어나 작용하는 것은 오직 그 질서의 제정자(huius ordinis institutor)이며, 이 질서에 얽매이지 않는 신에게만 속한다. 다른 모든 것은 이 질서에 종속된다. 그러므로 시편 작가의 "홀로 커다란 기적을 행하시는 분"(qui facit mirabilia magna solus)[318]이란 말에 따르면, 기적을 행하는 것은 오직 신에게만 속하는 것이다. 따라서 어떤 피조물이 기적을 행하는 것처럼 보일 때는, 한편으로 우리에게 감추어져 있을지라도 자연적인 사물의 어떤 능력을 통해 그 일이 이루어지기 때문에 참된 기적이 아니다. 마치 마술적인 기술에 의해 발생하는 악마의 기적이 그런 경우이다. 다른 한편으로 참된 기적이 존재한다면, [그것은] 말하자면 그런 일이 일어나도록 어떤 이가 간청해 신으로부터 성취해 낸 경우이다. 그러므로 이런 종류의 기적은 오직 신의 힘에 의해 이루어지기 때문에, 오직 신에게만 의지하는 신앙의 증거(argumentum

---

318 시편 72(71),18 참조.

fidei)로 적절하게 받아들여진다. 한 인간이 이야기한 어떤 것이 신의 권위에 의해 언급된 것이라는 사실은 오직 신만이 행할 수 있는 작업을 통해 가장 적절하게 표현되는 것이기 때문이다.

그러나 이런 종류의 기적은, 비록 제2원인의 질서를 벗어나 이루어질지라도, 단적으로 자연(본성)을 거스른다고 말할 수 없다. 왜냐하면 자연적 질서는 하위의 것이 상위의 것의 작용에 종속된다는 사실 자체를 포함하고 있기 때문이다. 그러므로 하위의 물체 안에서 천체의 영향으로부터 이루어지는 일은 단적으로 자연을 거스르는 것이라고 말해서는 안 된다. 말하자면 달의 작용에 의해 일어나는 바다의 밀물과 썰물에서 물이 하는 운동으로부터 분명해지는 것처럼 비록 때때로 이 사물이나 저 사물의 특수한 본성을 거스르는 경우가 있을지라도 말이다. 따라서 이렇게 신의 작용에 의해 피조물 안에서 일어나는 일은, 비록 제2원인의 특수한 질서에 거스르는 것처럼 보일지라도, 보편적 본성의 질서에 따르는 것(secundum ordinem uniuersalem nature)이다. 그러므로 기적은 자연(본성)을 거스르는 것이 아니다.

제137장
어떤 것은 우발적이고 예기치 않은 것이라고 불린다
Quod dicantur esse aliqua casualia et fortuita

앞에서 밝혀진 바와 같이,[319] 비록 모든 것이나 가장 작은 것조차도 신의 힘에 의해 관리될지라도, 아무것도 어떤 것이 우발적이고 예기치 않게 일어나는 것을 막지는 않는다. 어떤 것이 그것을 행하려는 의도 없이 이루어질 때, 하위 원인의 관점에서는 예기치 않은 것이고 우발적으로 생기는 셈이다. 그러나 이것은 상위 원인의 관점에서는 예기치 않거

---

319 제123장, 제130장, 제131장, 제133장, 제134장, 제135장 참조.

나 우발적인 것이 아니라 그것의 의도에 의해 이루어진다. 이는 마치 두 종을 동일한 장소로 보낸 주인의 경우에서 드러나는 것과 같다. 여기서 하나의 종은 다른 종을 알지 못한다. 따라서 이들의 만남은 그 두 종의 입장에서는 우발적인 것이지만 주인의 입장에서는 그렇지 않다. 이렇게 어떤 것이 제2원인의 의도 없이 일어날 때, 이 원인의 관점에서는 예기치 않은 것이고 우발적인 것으로 여겨지고, 이들은 단적으로 우발적인 것(simpliciter casualia)이라고 불릴 수 있다. 결과는 단적으로 가장 가까운 원인의 조건에 따라 명칭이 부여되기 때문이다. 그러나 그것이 신의 관점에서 생각된다면, 예기치 않은 것(fortuita)이 아니라 예견된 것(prouisa)이다.

제138장
운명은 특정한 본성인가, 그리고 그것은 무엇인가
Vtrum fatum sit aliqua natura et quid sit

병행문헌: 『신학대전』 제1부 제116문제 제1절, 제2절; 『명제집 주해』 제1권 제39구분 제2문제 제1절 제5이론에 대한 해답; 『대이교도대전』 제III권 제93장; 『진리론』 제5문제 제1절 제1이론에 대한 해답; 『자유토론 문제집』 제XII권 제3문제 제2절; 『형이상학 주해』 제VI권 제3강; 『명제론 주해』 제I권 제14강; 『마태오복음 주해』 제2장 참조.

이로부터 운명의 의미는 어떠한 것인지가 분명해진다. 즉 제2원인의 고찰에 따라 많은 결과가 우발적으로 일어난다는 것이 발견되기 때문에, 어떤 이들은 이런 종류의 결과를 그것에 질서를 부여하는 어떠한 상위의 원인으로도 환원하기를 원하지 않는다. 이들이 절대적으로 운명을 거부하는 것은 필연적이다.[320] 하지만 어떤 이들은 우발적이고 예기치

---

320 에피쿠로스 학파와 로마의 연설가이자 철학자인 마르쿠스 툴리우스 키케로(Marcus Tullius Cicero, 기원전 106~기원전 43)는 운명을 거부했다. 토마스는 『신학대

않은 것처럼 보이는 이 결과를 그것에 질서를 부여하는 어떤 상위의 원인으로 환원하려 한다. 그러나 물체적인 질서를 초월하지 못하는 이들은 이 질서 부여를 제1물체, 즉 천체에 귀속시킨다. 이들은 운명이란 성좌(星座) 위치에 있는 힘(fatum esse uim positionis siderum)이고, 이로부터 그런 종류의 결과가 발생한다고 말했던 것이다.[321] 하지만 인간 행위의 고유한 원리인 지성과 의지가 천체에 종속되지 않는다는 사실이 밝혀졌기 때문에,[322] 인간적인 사태에서 우발적이고 예기치 않게 발생하는 것처럼 보이는 것을 마치 질서를 부여하는 원인 같은 천체에 환원된다고 말할 수 없다. 그러나 운명은 오직 운(運)이 존재하는 인간적인 사태에 대해서만 존재하는 것처럼 보인다. 즉 어떤 이들은 미래를 인식하기를 원할 때 이것에 대해 묻고, 예언하는 이들로부터 이것에 대해 답을 얻었던 것이다. 그러므로 운명(fatum)은 말함(fando[323])으로부터 명명되었기에, 이런 의미에서 운명을 받아들이는 것은 신앙과는 어울리지 않는 것이다.

그러나 자연적 사물만이 아니라 인간적인 사태도 신의 섭리에 종속되기 때문에, 인간적인 사태 안에서 우발적으로 일어나는 것처럼 보이는 이런 종류의 것은 신의 섭리에 의한 질서 부여로 환원되어야만 한다. 이런 의미에서 모든 것이 신의 섭리에 종속된다는 것을 받아들이는 이들에게 운명을 받아들이는 것은 필연적이며, 이렇게 수용된 운명은 신의 섭리에 대해 마치 그의 고유한 결과처럼 관계를 맺는다. 즉 이것은 사물에 적용된 신적 섭리의 전개이다. 이에 따라 보에티우스는 운명이

전』 제I부 제116문제 제1절에서 "아우구스티누스는 툴리우스를 『신국론』 제V권(제9장)에서 인용한다"라고 말한다((145)).

321 스토아 학파 철학자들은 운명에 대한 이론을 정립했고 점성술적인 표상과 연결했다. 아우구스티누스는 포시도니우스 스토이쿠스(Possidonius Stoicus)를 『신국론』 제V권 제2장에서 인용한다(PL 41,142; CCL 47, 129)((146)).

322 제127~29장 참조.

323 'fari'(말하다)의 현재분사형이다.

란 "움직일 수 있는 사물에 내재하는 부동적인 결정, 즉 질서 부여이다"(dispositio, id est ordinatio, immobilis rebus mobilibus inherens)[324]라고 말했다. 그러나 이해하지 못하는 이들에게 오류의 기회가 주어질 수 없도록 우리에게 가능한 한 불신자와는 단어조차 공유하지 않아야 하기 때문에, 운명이란 단어를 말하지 않는 것이 신앙인에게는 더 신중한 것이다. 왜냐하면 운명은 더 일반적으로 첫째 해석에 따라 받아들여지기 때문이다. 그러므로 아우구스티누스는 『신국론』 제V권에서 만일 누군가가 두 번째 방식으로 운명이 존재한다고 믿는다면, "그 의견은 유지하되, 언어는 교정해야 한다"(sententiam teneat et linguam corrigat)[325]라고 말했다.

제139장
모든 것이 필연적으로 일어나는 것은 아니다
Quod non omnia sunt ex necessitate

병행문헌: 『신학대전』 제I부 제22문제 제4절; 『명제집 주해』 제1권 제39구분 제2문제 제2절; 『대이교도대전』 제III권 제72장, 제94장; 『악론』 제16문제 제7절 제15이론에 대한 해답; 『분리된 실체론』 제15장; 『형이상학 주해』 제VI권 제3강; 『명제론 주해』 제I권 제1강 참조.

사물에 적용된 신의 섭리의 질서가 확실하고 이를 근거로 보에티우스가 운명은 "움직일 수 있는 사물에 내재하는 부동적인 결정"이라고 말했을지라도, 이것 때문에 모든 것이 필연적으로 일어난다는 결론이 나오지는 않는다. 왜냐하면 필연적이거나 우연적인 결과는 가장 가까운 원인의 조건에 따라 언급되기 때문이다. 즉 만일 제1원인이 필연적이고 제2원인이 우연적이라고 가정하면, 그 원인은 우연적이라는 사실이 명백하다. 말하자면 하위의 물체적 사물에서 생성의 제1원인은 천체의 운

---

324 보에티우스, 『철학의 위안』 IV, 산문 6 (PL 63, 815 A; CSEL 67, 96).
325 아우구스티누스, 『신국론』 V, 1 (PL 41, 141; CCL 47, 128).

동이고 이 운동이 필연적으로 일어날지라도, 저 하위의 것에서 생성과 소멸은 우연적이다. 왜냐하면 하위의 원인은 우연적이고 결핍될 수 있기 때문이다. 그런데 신은 하위의 원인을 통해 자기 섭리의 질서를 실현한다는 사실이 밝혀졌다.[326] 따라서 신의 섭리의 어떤 결과는 하위 원인의 조건에 따라 우연적이다.

제140장
신의 섭리가 효력을 지속하고 있어도 많은 것이 우연적이다
Quod diuina prouidentia manente multa sunt contingentia

병행문헌: 제139장의 병행문헌 참조.

그럼에도 결과나 원인의 우연성이 섭리의 확실성을 결코 어지럽게 할 수 없다. 즉 섭리에 확실성을 보장해 주는 것처럼 보이는 세 가지가 있다. 신의 예지의 무오류성(無誤謬性, infallibilitas)과 신의 의지의 효과 (efficacia), 그리고 결과에 도달하기에 충분한 길을 발견하는 신의 결정의 지혜(sapientia)가 〔그것들이다〕. 이들 중에 어느 것도 사물의 우연성과 상충하지 않는다. 왜냐하면 신의 무오류적인 예지는 또한 미래의 우연적인 것에도 해당되기 때문이다. 앞에서 설명된 바와 같이,[327] 신이 미래의 것을 자신의 존재 안에 현실적으로 존재하는 대로, 자신의 영원성 안에서 직관하는 한에서 말이다. 신의 의지 또한 그것이 사물의 보편적 원인이기 때문에, 어떤 것이 이루어진다는 '사실' 자체에 대해서만이 아니라 그것이 '그렇게' 이루어진다는 것에도 〔관련된다〕. 따라서 신이 이루어지기를 '원하는 것'이 이루어진다는 사실만이 아니라 그것이 이루어

---

326 제124~30장 참조.
327 제133장 참조.

지기를 신이 원하는 '바로 그 방식으로' 이루어진다는 사실도 신의 의지의 효과에 속한다. 그런데 신은 어떤 것은 필연적으로, 어떤 것은 우연적으로 이루어지기를 원한다. 왜냐하면 이 둘 모두가 우주의 완성을 위해 요구되기 때문이다. 따라서 사물이 두 가지 방식으로 이루어지기 위해 신은 어떤 것은 필연적인 원인에 맞추고, 어떤 것은 우연적인 원인에 맞추었다. 이렇게 어떤 것은 필연적으로 어떤 것은 우연적으로 이루어짐으로써 신의 의지가 효과적으로 실현되기에 이른다. 또한 신의 결정의 지혜를 통해 사물의 우연성은 남아 있는 채, 섭리가 확실하게 유지되는 것이 명백하다. 그 이유는 다음과 같다. 결과로부터 멀어질 수 있는 원인이 때때로 실수 없이 결과에 도달하도록 도움을 주는 일은 인간의 사려를 통해서도 이루어질 수 있다. 병을 치료하는 의사나, 포도나무가 결실하지 못하는 것을 막기 위해 치료제를 사용하는 포도원의 경작자에게서 명백한 사실인 것과 같이 말이다. 만일 그렇다면 더더욱 이것은 신의 결정의 지혜로부터 생겨난다. 비록 우연적인 원인은 자신에게 달려 있는 한 결과로부터 멀어질 수 있을지라도, 어떤 보조제를 사용함으로써 실수 없이 결과에 도달할 수 있고, 이것이 그것의 우연성을 제거하지는 않는다. 따라서 이렇게 사물의 우연성은 신의 섭리의 확실성을 배제하지 않는다는 사실이 명백해진다.

제141장
신의 섭리의 확실성은 사물로부터 악을 배제하지 않는다
Quod diuine prouidentie certitudo non excludit mala a rebus

병행문헌: 『신학대전』 제I부 제48문제 제6절; 제49문제 제2절; 『명제집 주해』 제2권 제32구분 제2문제 제1절; 제34구분 제3절; 제37구분 제3문제 제1절; 『대이교도대전』 제II권 제41장; 제III권 제71장; 『악론』 제1문제 제5절; 『요한복음 주해』 제9장 제1강; 『로마서 주해』 제1장 제7강 참조.

또한 같은 방식으로 신의 섭리가 효력을 지속하고 있는 중에도, 제2원인의 결함 때문에 세상 안에 있는 악이 일어날 수 있다는 사실을 통찰할 수 있다. 즉 우리는 질서를 지닌 원인 안에서 제2원인의 결함으로부터 결과 안에 악이 발생하는 것을 본다. 여기서 이 결함은 결코 제1원인에 의해 야기되지 않는다. 마치 절뚝거림이라는 악이 영혼의 운동 능력으로부터가 아니라 다리의 구부러짐으로부터 기인하는 것처럼 말이다. 따라서 절뚝거림에서 운동과 관련된 모든 것은 마치 원인과도 같은 그 운동 능력과 관계된다. 그러나 비뚤어짐과 관계되는 곳에서는 운동 능력이 아니라 다리의 구부러짐이 그 원인이다. 따라서 사물 안에서 악을 발생시키는 것은 무엇이든지 그것이 존재 또는 어떤 종이나 본성을 소유하고 있는 한, 마치 원인처럼 신에게 환원된다. 앞에서 밝혀진 바와 같이,[328] 악은 오직 선 안에서만 존재할 수 있기 때문이다. 그러나 결함을 지니고 있는 것인 한, 그것은 결함을 지닐 수 있는 하위의 원인에 환원된다. 그렇다면 신이 모든 것의 보편적인 원인일지라도 그것이 악인 한, 신은 악의 원인이 아니다. 오히려 그것과 선을 결부시키는 것은 무엇이나 신으로부터 야기된다.

제142장
악을 허용한다는 것이 신의 선성을 손상하지는 않는다
Quod non derogat bonitati dei quod mala permittat

병행문헌: 『신학대전』 제I부 제22문제 제2절 제2이론에 대한 해답; 제48문제 제2절; 『명제집 주해』 제1권 제46구분 제3문제; 제2권 제34구분 제1문제; 『대이교도대전』 제III권 제71장; 『권능론』 제3문제 제6절 제4이론에 대한 해답; 『디오니시우스의 '신명론' 주해』 제4장 제16강 참조.

---

328 제118장 참조.

그럼에도 신이 자신에 의해 통치되는 사물 안에 악이 존재하는 것을 허용한다는 사실이 신의 이 선성에 상충되는 것은 아니다. 첫째, 섭리에는 통치되는 것의 본성을 파괴하는 것이 아니라 구원하는 것이 속하기 때문이다. 그런데 우주의 완전성은 그 안에서 악이 생겨날 수 없는 어떤 것과 그 본성상 악의 결함을 겪을 수 있는 어떤 것이 존재하는 것을 요구한다. 따라서 만일 악이 신의 섭리를 통해 사물로부터 절대적으로 배제되었다고 가정하면, 그 사물은 자기 본성에 따라 다스려지지 못할 것이고, 이것은 제거될 개별적인 결함보다 더 큰 결함이 될 것이다. 둘째, 하나의 선은 때때로 다른 것의 악이 없이는 생겨날 수 없기 때문이다. 마치 우리가 하나의 생성이 다른 것의 소멸이 없이는 존재하지 않고, 사자의 먹이는 다른 동물의 살상 없이는 생기지 않고, 의로운 이의 인내는 불의한 자의 박해 없이는 존재하지 못하는 것을 보는 것과 같다. 따라서 만일 악이 사물로부터 절대적으로 배제된다고 가정하면, 많은 선도 제거되어버리는 결과를 낳을 것이다. 이에 따라 악을 사물로부터 절대적으로 배제하는 것이 아니라 이루어지는 악을 어떤 선으로 질서 지우는 것은 신의 섭리에 속하는 일이다. 셋째, 비교하건대 특수한 악으로 말미암아 선은 더욱 칭찬할 만한 것이 되기 때문이다. 마치 검은 색의 어두움이 흰색의 밝음을 똑똑히 드러나게 하듯이 말이다. 그리고 이렇게 악이 세계 안에 존재함을 허용함으로써 신의 선성은 선 안에서, 지혜는 악을 선으로 질서 지어줌 안에서 더 명확히 드러난다.

제143장
신은 특별히 은총을 통해 인간을 위해 섭리한다
Quod Deus specialiter homini prouidet per gratiam

　그러므로 신은 개별적인 사물을 위해 그것의 방식에 맞게 섭리하고, 이성적 피조물은 자유 의지로 인해 여타의 피조물에 앞서 자기 행위의 주인(domina sui actus)이 된다. 그렇기 때문에 또한 〔신이〕 그 피조물을 위해 특수한 방식으로 두 가지 측면에서 섭리하는 것은 필연적이다. 첫째, 신에 의해 그에게 주어지는 작업의 도움이라는 측면에서 그렇다. 둘째, 그의 작업에 따라 그에게 이루어지는 바의 측면에서 그렇다. 즉 비이성적 피조물에는 그것에 의해 그들이 본성적으로 작용하도록 움직여 주는 그런 도움만이 신의 힘에 의해 작용을 위해 부여된다. 그러나 이성적 피조물에게는 삶을 위한 교훈과 계명(documenta et precepta uiuendi)이 부여된다. 말하자면 계명은 오직 자기 행위의 주인인 자에게만 주어지는 것이 적합하다. 그렇지만 시편에 따르면, 비이성적 피조물에도 어떤 유사성을 통해 신이 계명을 준다. "그(신)는 계명을 규정했고 그냥 넘어가지 않을 것이다"(preceptum posuit et non preteribit).[329] 그런데 이 계명은 자연적인 사물을 그것의 고유한 행위로 움직여 주는 신의 섭리의 결정 이외에 다른 것이 아니다.

또한 이와 유사하게 이성적 피조물의 행위도 그가 자기 행위의 주권을 가지고 있기 때문에 그에게 죄과와 칭찬이 돌아간다. 이것은 주재(主宰)하는 사람에 의해서만이 아니라 신에 의해서도 인간에게 〔돌아간다〕. 인간은 인간에 의해서만이 아니라 신에 의해서도 다스려지기 때문이다. 각 개인이 칭찬받을 만하게 혹은 비난받도록 행위했는가는, 그를 다스릴 권한을 지니고 있는 이에게 달려 있다. 그리고 앞에서 언급한 바와 같이,[330] 선한 행위에는 포상이, 그러나 죄악에는 벌이 주어지는 것이 마땅하기 때문에 이성적 피조물은 신의 섭리의 정의에 따라 악행에 대해 처벌되고 선행에 대해 포상을 받는다. 그러나 비이성적 피조물은 벌이나 포상을 받을 위치에 있지 않기 때문에, 마찬가지로 비난이나 칭찬도 받지 않는다.

---

329 "(그분께서 저들을 세세에 영원히 세워 놓으시고) 법칙을 주시니 아무도 벗어나지 않는다"(『성경』, 시편 148,6).
330 제121장 참조.

그러나 이성적 피조물의 궁극 목적은 자기 본성의 기능을 넘어선다. 목적을 향해 있는 것은 섭리의 올바른 질서에 따라 그 목적에 비례해야만 한다. 그렇기 때문에 이성적 피조물에게는 또한 본성에 비례되는 것만이 아니라 그 본성의 기능을 넘어서는 도움이 주어진다는 결론이 나온다. 그러므로 이성의 본성적 기능을 넘어서 인간에게 은총의 빛(lumen gratie)이 신의 힘에 의해 부과되고, 이 빛을 통해 인간은 내면적으로 덕을 이루도록 완성된다. 이것은 한편으로 인식의 측면에서 인간의 정신이 그런 종류의 빛을 통해 이성을 넘어서는 것에 대한 인식으로 고양되는 경우에 그렇다. 다른 한편으로는 행위와 정감(情感)의 측면에서, 즉 그런 종류의 빛을 통해 인간의 정념이 창조된 모든 것을 넘어서 신을 사랑하고 그를 소망하도록, 그리고 그런 사랑이 요구하는 것을 행하도록 고양되는 경우에 그렇다.

그러나 인간에게 초자연적으로 주어진 이런 종류의 도움은 두 가지 이유로 '무상(無償)의 것'(gratuita)이라고 불린다. 첫째, 이 〔도움이〕무상으로(gratis) 주어지기 때문이다. 즉 이것이 인간 본성의 기능을 넘어서기 때문에, 이런 도움을 매우 마땅하게 요구할 만한 것은 아무것도 인간 안에서 발견될 수 없다. 그러나 둘째, 인간은 이런 종류의 선물을 통해 특별한 어떤 방식으로 신의 마음에 들기(gratus) 때문이다.[331] 신의 애정은 우리의 애정이 그러하듯이, 앞서 존재하는 선성에 의해 불러 일으켜진 것이 아닌 사물 안에 있는 선성의 원인이기 때문에, 선성의 어떤 특별한 결과를 희사받은 자와 관련해서는 신의 애정의 특별한 이유가 고찰되어야 한다. 그러므로 신은 선성의 그런 결과가 희사된 그런 자를 가장 최고로, 그리고 단적인 의미에서 사랑한다고 일컬어진다. 이런 결과들을 통해 그들은 궁극 목적, 즉 선성의 원천인 신 자신에게 도달하게 된다.

---

331 라틴어 단어들의 밀접한 관련성, 즉 'gratia'(은총), 'gratuitus'(무상의), 'gratis'(무상으로), 'gratus'(마음에 드는)는 다른 언어들로 표현하기 매우 어렵다(〔147〕).

제144장

신은 무상의 선물을 통해 죄를 용서한다

Quod Deus per dona gratuita remittit peccata

죄는 행위가 목적을 향한 올바른 질서로부터 벗어남으로써 생긴다. 그러나 인간은 자연적인 도움을 통해서만이 아니라 무상의 [도움을] 통해 목적으로 질서 지어져 있다. 그렇기 때문에 인간의 죄는 자연적인 도움만이 아니라 무상의 도움에도 상반된다. 상반되는 것은 서로를 쫓아낸다(Contraria autem se inuicem expellunt).[332] 그러므로 마치 죄를 통해 이런 종류의 무상의 도움이 인간으로부터 상실되듯이, 그렇게 무상의 선물을 통해 인간의 죄는 용서받는다. 그렇지 않다면 죄를 지음에 있어 인간의 사악함(malitia hominis)이 은총을 제거하면서, 은총의 선물을 통해 죄를 제거하는 신의 선성보다 더 많은 능력을 지닌 셈이 될 것이다.

마찬가지로 신은 사물을 그것의 방식에 따라 섭리한다. 그러나 상반되는 것이 그것 안에서 번갈아 나타날 수 있는 것이 가변적인 사물의 방식이다. 마치 물체적인 질료 안에서 생성과 소멸이, 색깔 있는 물체 안에서 흰색과 검은 색이 번갈아 나타나듯이 말이다. 그러나 인간은 이 세상에서 살고 있는 동안 의지에 따라 가변적이다. 따라서 이렇게 신의 힘에 의해 무상으로 주어진 선물은 죄를 통해 잃어버릴 수 있는 방식으로 인간에게 주어져 있다. 그리고 인간은 무상의 선물을 통해 죄를 용서받을 수 있는 방식으로 죄를 범한다.

게다가 자연[본성]을 넘어서 작용되는 것에서는 '가능함'과 '불가능함'이 자연적 능력에 따라서가 아니라 신의 능력에 따라서 주목된다. 소경이 빛을 볼 수 있게 되거나 죽은 이가 부활하는 것은 자연적인 능력이 아니라 신의 능력에 속하는 것이다. 그러나 무상의 선물은 초자연적인 것이다. 따라서 어떤 이가 그것을 성취할 수 있는 것은 신의 능력에 속

---

332 제116장 각주 272, 제118장 각주 282 참조.

한다. 그러므로 어떤 이가 죄를 지은 후에 무상의 은총을 성취할 수 없다고 말하는 것은 신의 능력을 손상하는 것이다. 그러나 무상의 선물은 죄와 동시에 존재할 수 없다. 인간은 죄를 통해 떠나가게 되는 목적으로 무상의 선물을 통해 질서 지어지기 때문이다. 따라서 죄가 용서받을 수 없다고 말하는 것은 신의 전능에 상반되는 것이다.

제145장
죄는 용서될 수 없는 것이 아니다
Quod peccata non sunt irremissibilia

만일 어떤 이가 죄는 용서될 수 없는 것인데, 이는 신의 무능력 때문이 아니라 은총으로부터 떨어져 나온 어떤 이가 더 이상 은총으로 돌아갈 수 없는 것이 신의 정의에 속하는 것이기 때문이라고 말한다면, 이것은 잘못된 것이 분명하다. 즉 신적 정의의 질서는, 어떤 이가 길을 가고 있는 동안 그에게 길의 종점에 해당하는(ad terminum uie) 것이 주어짐을 요구하지는 않는다. 선에 있어서나 악에 있어서나 부동적으로 관계를 맺는 것이 길의 종점에 속하는 것이다. 부동성(immobilitas)과 정지(quies)는 운동의 종점에 속하기 때문이다. 현재의 삶 전체는 과정의 상태(status uie)이고, 이는 육체적 측면이나 영혼적 측면에서 인간의 가변성이 증명해 준다. 따라서 인간이 죄를 지은 다음에 그 죄 안에 부동적으로 머물러 있어야 한다는 것은 신의 정의에 속하지 않는다.

게다가 신의 은혜로부터 인간에게 위험이 부과되지는 않는데, 특히 가장 큰 은혜로부터 [부과되지는 않는다]. 그러나 가변적인 삶을 살아가는 인간에게 만일 은총이 있은 후에도 죄를 지을 수 있지만 다시 은총으로 되돌아올 수 없다고 가정한다면, 은총을 수용하는 것은 위험한 일이 될 것이다. 특히 은총에 앞선 죄가 은총을 통해 용서되었고, 그리고 이 것은 은총을 받은 다음에 인간이 저지른 죄보다 때때로 더 큰 것이라 할 때는 말이다. 따라서 인간의 죄가 은총을 받기 전에, 혹은 후에 저질러졌는지에 상관없이 용서될 수 없다고 말해서는 안 된다.

제146장
오직 신만이 죄를 용서할 수 있다
Quod solus Deus potest remittere peccata

그러나 오직 신만이 죄를 용서할 수 있다. 어떤 이를 거슬러 저질러진 죄는 그를 거슬러 그 죄가 저질러진 이만이 용서할 수 있기 때문이다. 그런데 앞에서 말한 바와 같이,[333] 죄는 오직 인간에 의해서만이 아니라 신에 의해서도 인간에게 죄악으로서 판정될 수 있다. 지금 우리는 신에 의해 인간에게 판정된 방식으로 죄에 대해 다루고 있다. 그러므로 오직 신만이 죄를 용서할 수 있다.

게다가 인간은 죄를 통해 궁극 목적으로부터 떠나가게 되기 때문에, 인간이 그 목적으로 다시 질서 지어지지 않는다면 용서받을 수 없다. 그러나 이것은 본성의 기능을 넘어서기 때문에 오직 신으로부터 오는 무상의 선물을 통해서만 이루어진다. 따라서 오직 신만이 죄를 용서할 수 있다.

마찬가지로 죄는 그것이 의지에 속한다는 측면에서 인간에게 죄악으로서 판정된다. 그러나 오직 신만이 의지를 변경할 수 있다. 따라서 오직 신 자신만이 죄를 용서할 수 있다.[334]

---

333 제143장 참조.
334 『신학대전』 제III부 제84문제 제3절 제3이론에 대한 해답 참조.

제147장

신의 통치의 결과에 대해 주장된 몇몇 신앙 조항들
De quibusdam articulis fidei qui sumuntur penes effectus
diuine gubernationis

따라서 이것은 신의 두 번째 결과, 즉 사물의 통치, 특별히 이성적 피조물의 통치이다. 신은 이 피조물에 은총을 주고 죄를 용서해 준다. 그리고 이 결과가 신경(信經)에서 〔다음과 같은 방식으로〕 다루어진다. 우선 모든 것이 신의 선성으로 질서 지어져 있다는 측면에서, 우리가 성령을 '주님'(Dominum)이라고 고백함으로써 〔다루어진다〕. 왜냐하면 자기 아랫사람을 목적으로 질서 지어주는 것은 주인의 역할이기 때문이다. 다른 한편으로 그가 모든 것을 움직여 준다는 측면에서, '생명을 주시는' (Et uiuificantem)이라고 말함으로써 〔다루어진다〕. 즉 마치 영혼으로부터 육체에 이르는 운동은 육체의 생명인 것처럼 그것을 통해 우주가 신에 의해 움직여지는 운동은 흡사 우주의 어떤 생명과 같다. 그리고 신의 통치를 설명하는 모든 근거는 신의 선성으로부터 취해지고,[335] 그 선성은 사랑으로 발출하는 성령에 고유한 것으로 귀속된다. 그렇기 때문에 신의 섭리의 결과는 적합하게 성령이라는 위격에 속한 것으로 규정된다. 〔또한〕 신이 인간 안에 있는 신앙을 통해 만드는 초자연적 인식의 결과라는 측면에서 '거룩하고 보편된 교회'(Sanctam Ecclesiam catholicam)라고 말한다. 교회는 신앙인들의 모임이기 때문이다. 그러나 신이 인간에게 전달하는 은총이라는 측면에서는 '성인들의 통공(通功)을 〔믿으며〕' (Sanctorum communionem)라고 말하고, 죄의 용서라는 측면에서는 '죄 〔들〕의 용서를 〔믿으며〕'(Peccatorum remissionem)라고 말한다.

---

335 제100~03장 참조.

제148장

모든 것은 인간 때문에 만들어졌다
Quod omnia sunt facta propter hominem

앞에서 밝혀진 바와 같이,[336] 모든 것은 마치 목적처럼 신의 선성으로 질서 지어져 있고 이 목적으로 질서 지어져 있는 것들 중에 어떤 것, 즉 신의 선성을 더 충만하게 분유하는 것은 다른 것보다 이 목적에 더 가깝다. 그렇기 때문에 창조된 사물 중에서 하위의 것, 즉 신의 선성을 덜 분유하고 있는 것은 마치 목적과 같은 상위의 존재자에게 어떤 방식으로든 질서 지어져 있다는 결론이 나온다. 즉 목적의 모든 질서에서 궁극 목적에 더 가까운 것은 또한 [그 목적에] 더 멀리 떨어져 있는 것의 목적이기도 하다. 마치 약을 마시는 것은 [장을] 청소하기 위함이며, 장 청소는 체중 감량 때문이며, 체중 감량은 건강 때문이다. 이렇게 체중 감량은 어떤 의미에서 장 청소의 목적인데, 마치 장 청소가 [약을] 마심의 목적이듯이 말이다. 이것이 일어나는 것은 합리적인 일이다. 즉 능동인의 질서 안에서 제1작용자의 힘은 중간 원인을 통해 최종 결과에 도달되는 것처럼 그렇게 목적의 질서에서도 목적으로부터 더 멀리 떨어져 있는 것은 궁극 목적에 더 가까이 있는 것의 중개를 통해 그 궁극 목적에 다다른다. 마치 [약을] 마심은 오직 장 청소를 통해 건강에 이르도록 질서 지어져 있듯이 말이다. 그러므로 또한 우주의 질서에서도 하위의 것은 무엇보다도 상위의 것에 의해 질서 지어져 있는 한에서 궁극 목적에 도달한다.

또한 이것은 사물의 질서 자체를 고찰하는 이들에게도 명백하게 드러난다. 즉 자연적으로 생겨나는 것은 본래 작용되기에 적합하게 그렇게 작용되는 것이기 때문에, 우리는 덜 완전한 것이 더 고귀한 것을 위해 사용되는 경우를 보게 된다. 예를 들어 식물은 땅으로부터 양분을 얻고 동물은 식물로부터 먹이를 취하며, 이것[동물]은 인간을 위해 사용된

---

336 제101장 참조.

다. 결론적으로 혼이 없는 것은 혼이 있는 것〔생명체〕때문에, 식물은 동물 때문에, 동물은 인간 때문에 존재한다. 그러나 지성적 본성이 물체적 본성보다 상위의 것이라는 사실이 밝혀졌으므로,[337] 물체적 본성 전체는 지성적〔본성〕으로 질서 지어져 있다는 결론이 나온다. 그런데 지성적 본성 중에서 물체에 가장 가까운 것은 인간의 영혼인 이성적 영혼이다. 따라서 어떤 의미에서 물체적 본성 전체가 인간이 이성적 동물인 한에서 인간 때문에 존재하는 것처럼 보인다. 이에 어떤 의미에서 물체적 피조물 전체의 완성(consummatio)이 인간의 완성에 종속된다.

제149장
어떤 것이 인간의 궁극 목적인가
Quis est ultimus finis hominis

그러나 인간의 완성은 궁극 목적의 획득 안에 있는데, 그 궁극 목적이란 앞에서 분명해진 바와 같이,[338] 신의 직관으로 이루어진 완전한 지복(至福)이나 행복이다. 그런데 지성의 불변성과 의지의 불변성이 신의 직관에 따라온다. 지성의〔불변성이 뒤따르는 것은〕, 지성이 그 안에서 모든 것이 인식될 수 있는 제1원인에 도달되었을 때, 지성의 탐구가 멈추기 때문이다. 의지의 가동성(mobilitas)은 선성 전체의 충만함이 존재하는 궁극 목적이 획득되었을 때, 추구되어야만 할 아무것도 남지 않게 되기 때문에 멈추게 된다. 즉 의지가 아직 가지고 있지 못한 어떤 것을 욕구하기 때문에 의지는 변화하는 것이다. 따라서 인간의 궁극적 완성은 지성이라는 측면에서도 의지라는 측면에서도 완전한 중지 또는 부동성 속에서 성립된다는 사실이 명백해진다.

---

337 제74장 참조.
338 제105장, 제107장 참조.

제150장

어떻게 인간은 영원성에 도달하는가

Quomodo homo ad eternitatem peruenit

앞에서 다루어진 것들에서[339] 영원성이라는 개념이 부동성으로부터 나왔다는 것이 밝혀졌다. 즉 마치 선차적이고 후차적인 것(prius et posterius)이 그 안에서 발견되는 시간이 운동으로부터 원인된 것처럼 그렇게 운동이 제거되면 선차적이고 후차적인 것도 멈추어야만 한다. 그렇게 되면 전체적으로 동시적인 영원성이라는 개념만이 남게 된다. 따라서 그의 궁극적인 완성 안에서 인간은 생명의 영원성을 성취하게 되는데, 이는 단지 영혼에 따라 소멸되지 않도록 산다는 측면에서만 그런 것은 아니다. 이것은 앞에서 밝혀진 바와 같이, 이성적 영혼이 자기의 본성으로부터 가지고 있는 것이다. 오히려 완전한 부동성에 다다른다는 측면에서도 그런 것이다.[340]

제151장

이성적 영혼의 완전한 지복을 위해
영혼은 육체와 어떻게 다시 합일해야만 하는가

Quomodo ad perfectam beatitudinem anime rationalis oportet

eam corpori reuniri

병행문헌: 『신학대전』 제II부 제I권 제4문제 제5절; 보충부 제75문제 제1절; 『대이교도대전』 제IV권 제79장, 제91장; 『권능론』 제5문제 제10절; 『코린토전서 주해』 제15장 제2강 참조.

그러나 오직 자연적 욕구가 충족될 때만 의지의 부동성은 전폭적일

---

339 제5장, 제8장 참조.
340 『대이교도대전』 제III권 제61장 참조(〔150〕).

수 있다는 사실을 고찰해야만 한다. 자기 본성에 따라 합일되도록 생겨난 것은 무엇이나 본성적으로 자신과 합일되기를 욕구한다. 즉 각각의 것은 자기 본성에 따라 자기에게 적합한 것을 욕구한다. 따라서 앞에서 밝혀진 바와 같이,[341] 인간 영혼은 본성적으로 육체와 합일되기 때문에, 육체와의 합일에 대한 자연적 욕구가 그 안에 내재하고 있다. 따라서 오직 영혼이 육체와 다시 결합할 때만 의지의 완전한 휴식(perfecta quietatio uoluntatis)이 가능할 수 있을 것이다. 이것은 인간이 죽음으로부터 부활하는 것이다.

마찬가지로 최종적인 완전성(finalis perfectio)은 제1완전성을 요구한다. 그러나 각 사물의 제1완전성(prima perfectio)은 그 본성 안에서 완전한 상태로 있는 것이지만, 최종적인 완전성은 궁극 목적의 실현으로 이루어진다. 따라서 인간 영혼이 그 목적에서 전폭적으로 완성되기 위해서는 그것이 자기 본성에서 완전해야 한다는 사실이 필연적이다. 이것은 오직 육체와 합일되었을 때만 가능한 일이다. 즉 영혼의 본성은 형상으로서 인간의 일부(pars hominis ut forma)라는 것이다. 그러나 어떤 부분도 자기의 전체 안에 있지 않을 때는 자기 본성에서 완전하지 못하다. 따라서 인간의 궁극적인 지복에 [도달하기 위해서는] 영혼이 다시 육체와 합일되는 것이 요구된다.

게다가 우유적이고 본성을 거슬러 존재하는 것은 영구적일 수 없다. 그러나 만일 영혼이 육체와 합일된다는 것이 영혼에 그 자체로 그리고 본성적으로 내재해 있다면, 영혼이 육체로부터 분리되어 있다는 것은 우유적이고 본성을 거스르는 것이라는 사실이 필연적이다. 따라서 영혼은 영속적으로 육체로부터 분리될 수 없다. 그러므로 영혼의 실체는 앞에서 밝혀진 바와 같이,[342] 소멸되지 않기 때문에 영혼이 다시 육체와 합일해야만 한다는 결론이 나온다.[343]

---

341 제85장 참조.
342 제84장 참조.

제152장

육체로부터 영혼의 분리가 어떤 방식으로 본성에 따르고,
어떤 방식으로 본성을 거스르는가

Quomodo separatio anime a corpore sit secundum naturam
et quomodo contra naturam

병행문헌: 『신학대전』 제I부 제76문제 제5절 제1이론에 대한 해답; 제97문제 제1절; 『명제집
주해』 제2권 제19구분 제2문제 제4절; 제4권 제44구분 제3문제 제1절 제2세부문제; 『진리론』
제24문제 제9절; 『악론』 제5문제 제5절; 『로마서 주해』 제5장 제3강 참조.

영혼이 육체로부터 분리됨은 우유적인 것이 아니라 본성에 따르는 것
처럼 보인다. 즉 인간의 육체는 상반되는 것들로 합성되어 있다. 그러나
이런 종류의 모든 것은 본성적으로 소멸 가능하다. 따라서 인간의 육체
는 본성적으로 소멸 가능하다. 그러나 앞에서 밝혀진 바와 같이,[344] 영혼
이 소멸되지 않는다면 육체가 소멸되었을 때 분리된 영혼이 남아 있는
것은 필연적이다. 따라서 영혼이 육체로부터 분리됨은 본성에 따르는
것처럼 보인다. 이것〔영혼이 육체로부터 분리됨〕이 어떤 방식으로 본성에
따르고, 어떤 방식으로 본성을 거스르는가를 고찰해야만 한다. 즉 이성
적 영혼이 다른 형상의 방식을 넘어 물체적인 질료 전체의 능력을 넘어
선다는 사실이 앞에서 밝혀졌다.[345] 이것은 그 영혼이 육체 없이 소유하
고 있는 지성적 작용이 증명한다.

---

343 신을 얼굴을 맞대고 직관하는 것처럼 육체의 부활도 인간의 자연적 조건을 초월한
다. 그렇기 때문에 이성은 그 사실의 필연성이 아니라 적절성만을 증명할 수 있을
뿐이다. 이 장에서와 부활에 대한 유사한 근거를 도입하고 있는 『대이교도대전』
(제IV권 제79장)에서 토마스는 다음과 같이 명시적으로 말한다. "셋째로 이성을
넘어서 인간의 최종적인 목적에서 기대되는 것, 즉 육체의 부활과 영광, 영혼의 영
속적인 복됨과 이와 관련된 것들은 〔마지막 책에서 다루어지게 될 것이다〕"(〔151〕).

344 제84장 참조.

345 제79장, 제92장 참조.

따라서 물체적 질료가 영혼에 적절하게 맞추어질 수 있기 위해 질료로 하여금 그런 형상에 적절하게 되도록 하는 어떤 성향이 인간 육체에 첨가되었어야 한다는 사실은 필연적이다. 그리고 마치 이런 형상이 오직 신으로부터 창조를 통해 존재하는 것처럼 육체적 본성을 넘어서는 이런 성향은 오직 신에 의해 인간 육체에 부여되었다. 이 성향은 물론 영혼의 영속성에 부합하도록 소멸되지 않는 육체 자체를 유지해 왔다. 그리고 이 성향은, 인간의 영혼이 신에게 머물러 있던 동안에는, 인간의 육체 안에 남아 있었다. 그러나 인간 영혼이 죄를 통해 신으로부터 떠나간 다음에, 이에 적합하게 인간 육체는 부동적으로 영혼에 종속하게끔 해 주던 저 초자연적인 성향을 잃어버렸다. 그리고 인간은 이렇게 해서 죽어야만 하는 필연성을 초래했다.[346] 따라서 만일 육체의 본성을 고려한다면, 죽음은 자연스러운 것이다. 그러나 만일 영혼의 본성과 영혼 때문에 태초부터 인간 육체에 초자연적으로 주어진 성향을 고려한다면, 죽음은 우유적이고 본성을 거스르는 것이다. 왜냐하면 영혼이 육체와 합일되는 것은 자연스러운 것이기 때문이다.

제153장
영혼은 전적으로 동일한 육체를 다시 취한다
Quod anima omnino idem corpus resumet

병행문헌: 『신학대전』 보충부 제79문제 제1절; 『대이교도대전』 제IV권 제80장, 제81장; 『자유토론 문제집』 제XI권 제6절; 『욥기 주해』 제19장 제2강; 『코린토전서 주해』 제15장 제5강, 제9강 참조.

영혼은 형상으로서 육체와 합일되고 각각의 형상에는 고유한 질료가 상응하기 때문에, 영혼이 다시 합일되는 그 육체는 영혼이 죽음을 통

---

346 제186장, 제193장 참조.

해 벗어 놓았던 육체와 동일한 본질과 종에 속한다. 따라서 영혼은 부활 때에, 몇몇이 꾸며낸 이야기를 하듯이, 천상의 물체나 공기로 된 물체나[347] 어떤 다른 동물의 육체를[348] 다시 취하는 것이 아니라 살과 뼈로 합성되고, 현재 구성되어 있는 동일한 기관들이 조직화된 인간 육체를 다시 취한다.

또한 마치 종적으로(secundum speciem) 동일한 형상에 종적으로 동일한 질료가 부여되는 것처럼 수에 따라(secundum numerum) 동일한 형상에도 수에 따라 동일한 질료가 부여된다. 즉 소의 영혼이 말의 육체의 영혼일 수 없는 것처럼 그렇게 이 소의 영혼은 다른 소의 육체의 영혼일 수 없다. 따라서 이성적 영혼은 수적으로 동일하게 남아 있기 때문에, 그 영혼은 부활 때에 수적으로 동일한 육체와 다시 합일되어야만 한다.

제154장
영혼은 수적으로 동일한 육체를
오직 신의 힘에 의해 다시 취한다
Quod resumet idem numero corpus sola dei uirtute

병행문헌: 『신학대전』 보충부 제75문제 제3절; 제79문제 제2절; 제91문제 제2절; 『대이교도대전』 제IV권 제80장, 제81장; 『욥기 주해』 제19장 제2강; 『로마서 주해』 제11장 제3강; 『코린토전서 주해』 제15장 제9강 참조.

그러나 실체적으로 소멸되는 것은 자연의 작용에 따라 수적으로

---

347 이런 오류는 6세기에 콘스탄티노플의 총대주교였던 에우티키우스(Eutychius)가 가르쳤지만 나중에 취소되었다. 그에 대해 그레고리우스가 언급하고 있다. 대(大)그레고리우스, 『욥기의 도덕』(*Moralia in Iob*) XIV c. 56 (PL 75-76, 1077 D) ((152)).

348 토마스는 영혼 윤회를 생각하고 있고, 이 이론을 『신학대전』 보충부(제79문제 제1절)에서 철저하게 반박하고 있다((153)).

(numero) 동일한 것이 반복될 수 없고 오직 종적으로만 반복될 뿐이다. 즉 비를 생겨나게 하는 구름과 내리고 다시 증발된 물로부터 생겨나는 구름은 수적으로 동일한 것이 아니다. 따라서 인간의 육체는 죽음을 통해 실체적으로 소멸되기 때문에, 자연의 작용에 의해 수적으로 동일한 것이 재생될 수 없다. 그러므로 앞에서 밝혀진 바와 같이,[349] 부활이란 개념이 이것을 요청하기 때문에 인간의 부활은 몇몇 사람들이 가정했던 것처럼 자연의 작용을 통해 일어나는 것이 아니라는 결론이 나온다. 그들은 많은 해가 경과된 다음에 천체들이 동일한 위치에 되돌아온 후, 수적으로 동일한 인간이 다시 온다고 가정했다.[350] 그러나 부활한 이의 재생은 오직 신의 힘에 의해서만 이루어진다.

마찬가지로 잃어버린 감각이나 오직 출생을 통해서만 받을 수 있는 어떤 것은 자연의 작용을 통해 회복될 수 없다는 사실이 명백하다. 수적으로 동일한 것이 여러 번 출생된다는 것은 불가능하기 때문이다. 그러나 만일 이런 종류의 어떤 것이, 예를 들어 뽑아낸 눈이나 잘려진 손이 누군가에게 회복되었다면, 이것은 자연의 질서를 넘어서 작용되는 신의 힘에 의해 이루어질 것이다. 따라서 죽음을 통해 모든 감각과 지체(肢體)가 없어지기 때문에 죽은 인간을 다시 살도록 재생하는 것은 신의 작용이 아니면 불가능하다.

우리가 장차 있을 부활이 신의 힘에 의해 일어날 것으로 가정한다는 사실로부터 어떻게 수적으로 동일한 육체가 재생되는가를 쉽게 관찰할 수 있다. 앞에서 밝혀진 바와 같이,[351] 모든 것은 가장 작은 것까지 신의

---

349 제153장 참조.

350 엠페도클레스, in: H. Diels, *Die Fragmente der Vorsokratiker*, no. 126 (I, 270); 히폴리투스(Hyppolitus), 『모든 이단에 대한 논박』(*Philosophumena*; Pseudo-Origenes, *Contra haeresis*) I, 3 (PG 16, 3028). *DThA*, vol. 35, p. 518 이하; 아우구스티누스, 『신국론』 XII, 13; 『신학대전』 보충부 제91문제 제2절 제8이론에 대한 해답(CV, p. 163, n. 156((154)).

351 제123장, 제130장, 제131장, 제133장, 제135장 참조.

섭리 아래 포함되기 때문에, '이' 인간 육체의 질료도 그것이 인간의 죽음 이후에 어떤 형상을 수용하든지 상관없이 결코 신의 힘이나 인식으로부터 벗어날 수 없다는 것이 분명하다. 그리고 이 질료는 수적으로 동일한 것으로 남아 있는데, 그것이 〔양적〕 차원으로 실존한다는 측면에서 그렇다. 이것을 통해 그것은 '이' 질료라고 불릴 수 있고 개체화의 원리(indiuiduationis principium)이다.[352] 따라서 이 질료가 동일하게 남아 있고 그것으로부터 인간의 육체가 신의 힘에 의해 재생되며, 또한 소멸되지 않기 때문에 동일한 것으로 남아 있는 이성적 영혼이 동일한 육체와 결합된다면, 인간은 수적으로 동일한 것으로 재생된다는 결론이 나온다.

수에 따른 동일성은 몇몇 사람들이 반박하는 것처럼 인간성이 수적으로 동일한 것이 아니라는 사실을 통해 방해받지 않는다. 왜냐하면 전체의 형상(forma totius)이라고 불리는 인간성은, 몇몇 사람에 따르면 영혼이라는 부분의 형상(forma partis) 이외에 아무것도 아니기 때문이다. 이 영혼은 육체에 생명을 부여한다는 측면에서는 육체의 형상(forma corporis)이라고 불리지만, 전체에 종을 부여한다는 측면에서는 전체의 형상이라고 불린다.[353] 그리고 이것이 참이라면 이성적 영혼이 수적으로 동일한 것으로 남아 있기 때문에 인간성도 수적으로 동일하게 남아 있다는 것은 분명하다. 마치 어떠한 사물의 본질은 그 정의가 의미하는 바이듯이, 인간성은 인간의 정의가 의미하는 바이다. 그러나 자연적 사물의 정의에는 질료도 포함되는 것이 필연적이기 때문에, 인간의 정의는 형상뿐만 아니라 질료도 의미한다. 그렇기 때문에 다른 사람들에 따

---

352 개체화의 원리는 아무런 규정성이 없는 제1질료가 아니다. 제1질료는 모든 개별적 사물에 무차별적 관계를 갖기 때문이다. 오히려 질료가 이 특정한 양에 관련되고 다른 양에 관련되지 않는다는 측면에서 개체화의 원리가 된다(〔155〕). 중세의 매우 복잡한 개체화의 원리에 대한 논쟁에 대해서는 조지 그라시아, 이재룡·이재경 옮김, 『스콜라철학에서의 개체화』, 가톨릭출판사, 2003 참조.

353 아베로에스, 『형이상학 주해』(In Metaph.) VII, comm. 21; comm. 34 (VIII, 80v; 87r); 토마스 아퀴나스, 『형이상학 주해』 제VII권, 제9강 참조.

라 인간성의 개념에는 영혼뿐만 아니라 육체도 내포되는데,[354] 그럼에도 이것은 인간의 정의와는 다른 방식으로 포함된다고 말하는 것이 더 적합하다. 왜냐하면 인간성의 개념에는 다른 것을 잘라버린 채 오직 인간의 본질적 원리만을 내포하기 때문이다. 즉 그것을 통해 인간이 인간으로 되는 것이 '인간성'(humanitas)이라고 불리기 때문에, 그것에 의해 인간이 인간으로 된다고 참으로 말할 수 없는 모든 것은 인간성으로부터 잘려 나간다는 사실은 분명하다. 그러나 인간성을 가지고 있는 것이 '인간'(homo)이라고 불리지만, 인간성을 가지고 있다는 사실을 통해 다른 것들, 예를 들어 '하얀 피부를 지님(백색성)' 또는 이런 종류의 다른 것들을 가진다는 것이 배제되지 않는다. 단, 다른 것들은 그의 개념 안에 현실적으로가 아니라 단지 가능적으로만 포함될 뿐이다. 따라서 '인간'은 전체의 양태로 의미되지만 '인간성'은 부분의 양태로 의미되며, 인간에 대해서는 서술되지 못한다. 그러나 소크라테스와 플라톤 안에는 이 질료와 형상이 내포되어 있다. 마치 인간의 개념이 육체와 영혼으로 합성되어 있다는 사실로부터 유래하는 것처럼 만일 소크라테스가 정의될 수 있다고 가정하면, 그의 개념은 그가 이 살과 이 뼈와 이 영혼의 복합체라는 사실일 것이다. 따라서 인간성은 영혼과 육체 이외에 어떤 다른 형상이 아니고 이 둘로부터 합성된 어떤 것이기 때문에, 동일한 육체가 재생되고 동일한 영혼이 남아 있다면 수적으로 동일한 인간성이 존재할 것이라는 점은 명백하다.

앞서 말한 수에 따른 동일성은, 또한 육체성이 육체가 소멸될 때 소멸되므로 수적으로 동일하게 되돌아오지 않는다는 사실로 인해서도 방해받지 않는다. 왜냐하면 만일 '육체성'을 실체적 형상(forma substantialis)을 뜻하는 것으로 이해하고 하나의 것에는 오직 하나의 실체적 형상만이 존재하기 때문에 그 실체적 형상을 통해 어떤 것이 물질적 실체라는 유에 속하게 된다면, 그런 육체성이란 영혼과 다른 것이 아니기 때문이

---

354 아비첸나, 『형이상학』 V, 5 (89va). 또한 토마스 아퀴나스의 같은 곳 주해도 참조.

다. 왜냐하면 이 동물은 이 영혼을 통해 동물(animal)일 뿐만 아니라 영혼을 지닌 물체(animatum corpus)이며, 또한 물체(corpus)이기도 하고, 더 나아가 실존하는 실체의 유에 속하는 '이 어떤 것'(hoc aliquid in genere substantie existens)이기도 하기 때문이다. 그렇지 않으면 영혼은 현실태의 상태로 실존하는 육체에 〔뜻하지 않게〕 나타나는 것이며, 그래서 우유적 형상(forma accidentalis)이 될 것이다. 왜냐하면 실체적 형상의 주체는 현실적으로 '이 어떤 것'(hoc aliquid)이 아니라 단지 가능태인 것이 될 것이기 때문이다. 그러므로 〔그 주체가〕 실체적 형상을 수용할 때, 마치 우유적 형상을 말하는 것처럼 단지 '이것' 또는 '저것'이 생성된다고 말하지 않고 오히려 단적으로 생성된다고 말하는 것이다. 흡사 그것이 단적으로 존재를 수용하는 것처럼 말이다. 그리고 이렇게 받아들여진 육체성은 이성적 영혼이 소멸되지 않는 것으로 실존하고 있을 때 수적으로 동일하게 남아 있다. 그러나 만일 '육체성'이란 단어로 양의 유에 속하는 물체(corpus quod ponitur in genere quantitatis)를 명명하기 위해 사용하는 어떤 형상을 의미한다고 이해한다면, 그것은 일종의 우유적 형상이다. 왜냐하면 그것은 3차원 이외에 다른 아무것도 의미하지 않기 때문이다. 그러므로 〔그런 육체성이〕 수적으로 동일하게 되돌아오지 않을지라도, 본질적 원리의 단일성을 〔유지하기에〕 충분한 주체의 동일성을 방해하지는 않는다. 그리고 동일한 설명이 다른 모든 우유에 대해서도 적용될 수 있는데, 이들의 다양성이 수에 따른 동일성을 없애지 않는다. 그러므로 일치(unio)는 일종의 관계이고 이 때문에 그것은 일종의 우유인 셈이므로, 수에 따른 그것의 다양성이 주체의 동일성을 없애지는 않는다.[355] 이와 유사하게 감각적 영혼과 생장적 영혼의 능력들의 수에 따른 다양성도 〔주체의 동일성을 없애지는 않는다.〕 만일 그들이 소멸된다고 가정할지라도 말이다.[356] 결합체에 실존하는 자연적 능력들[357]은 우유들

---

355 우유는 실체의 동일성이나 다양성을 야기하지 않고 오히려 이를 전제한다((156)).
356 제92장 각주 215 참조((157)).

의 유에 속하기 때문이다. '감각적인 〔것〕'은 그것이 동물의 구성적 차이인 한에서 '감각'으로부터(a sensu) 취해진 것이 아니라 인간에게서 이성적 영혼과 실체에 따라 동일한 감각적 영혼의 실체 자체로부터(ab ipsa substantia anime sensitiue) 취해진 것이다.[358]

제155장
인간은 소멸되지 않는 삶의 상태로 부활한다
Quod homines resurgent ad statum incorruptibilis uite

인간이 수적으로 동일하게 부활할지라도, 그는 동일한 삶의 양태를 가지지는 않을 것이다. 즉 지금 그는 소멸 가능한 생명을 가지고 있지만, 그때는 소멸되지 않는 생명을 가질 것이다. 만일 자연이 인간의 출생에서 영속적 존재(perpetuum esse)를 지향한다면, 신은 인간의 재생에서 더욱 그러할 것이다. 자연이 영속적 존재를 의도한다는 사실은 그것이 신에 의해 움직여졌다는 사실에서 유래했기 때문이다. 그러나 부활하는 인간의 재생의 경우에 종의 영속적 존재가 지향되는 것은 아니다. 이것은 지속적인 출생을 통해서도 획득될 수 있을 것이기 때문이다. 따라서 〔각〕 개인의 영속적 존재가 지향된다는 사실만이 남게 된다. 그러므로 부활한 인간은 영속적으로 산다.

---

357 이것은 영혼만이 아니라 육체와 영혼이 결합되어 존재하는 전체에 속하는 능력들을 말한다((158)).

358 행위 능력들은 우유들이다. 그러므로 그 능력들이 현세와 부활 후에 서로 다르다 해도, 이것은 인간의 동일성을 방해하지 않는다. 우유는 이미 규정되고 개체화된 실체를 전제하기 때문이다. 물론, 종차로서의 '감각적인 〔것〕'(sensibile)이 부활 후에 달라졌다고 가정하면, 그 실체는 다른 것이 될 것이다. 유와 종차는 그 종적인 본질을 규정하기 때문이다. 그러나 여기서 '감각적인'이란 차이는 감각으로부터 취해진 것이 아니라 감각적 영혼의 실체로부터 취해진 것이고, 이것은 인간에게서 이성혼과 동일하며 따라서 소멸되지 않는 것이다((159)).

그 밖에도 만일 부활한 인간이 죽는다면, 육체로부터 분리된 영혼이 육체 없이 영속적으로 남아 있지는 않을 것이다. 앞에서 말한 바와 같이,[359] 이것은 영혼의 본성을 거스르는 것이기 때문이다. 이에 따라 인간은 다시금 부활해야만 할 것이고, 만일 두 번째 부활 이후에 다시 죽는다면 동일한 일이 발생할 것이다. 따라서 삶과 죽음이 무한하고 순환적으로 동일한 인간에게 반복될 것이다. 이것은 공허한 것처럼 보인다. 그러므로 첫 번째에 머물러 있는 것, 즉 첫 번째 부활 안에서 소멸되지 않는 인간이 부활하는 것이 더 합당하다.

그럼에도 사멸성의 격리가 종에 따른 차이나 수에 따른 차이를 이끌어 들이지는 않는다. '사멸적'(mortale)은 일종의 속성을 지시하기 때문에 고유한 의미에 따라 인간의 종차일 수 없다. 오히려 인간의 종차의 자리에 '사멸적'이라고 말함을 통해 상반되는 것들로 합성된 인간의 질료[본성]를 지시한다는 사실이 놓이게 된다. 마치 '이성적'(rationale)이라고 말함을 통해 그의 고유한 형상을 지시하듯이 말이다. 사실 자연적 사물은 질료 없이는 정의될 수 없다. 그런데 사멸성은 고유한 질료의 제거로 인해 없어지는 것이 아니다. 왜냐하면 앞에서 설명된 바와 같이,[360] 영혼은 천상의 물체나 공기의 물체를 취하지 않고 상반된 것들로 합성된 인간 육체를 취하기 때문이다. 그럼에도 불멸성은 신의 힘으로부터 도래한다. 신의 힘을 통해 영혼은 육체가 소멸될 수 없게 되기까지 그것 위에서 지배할 것이다. 형상이 질료 위에서 지배하는 그만큼, 한 사물은 존재를 보존하기 때문이다.

---

359 제151장, 제152장 참조.
360 제153장 참조.

제156장

부활 후에는 음식과 생식의 이용이 사라질 것이다

Quod post resurrectionem usus cibi et generationis cessabunt

병행문헌: 『신학대전』 제1부 제97문제 제3절; 보충부 제81문제 제4절; 『대이교도대전』 제IV권 제83장; 『욥기 주해』 제19장 제2강; 『마태오복음』 제22장; 『코린토전서 주해』 제6장 제2강; 제13장 제5강 참조.

그러나 목적이 없어져 버린 후에는 그것과 관련된 것도 제거되어야 하기 때문에, 부활한 이로부터 사멸성이 제거된 후에 또한 사멸하는 삶의 상태와 연관된 것도 없어져야 한다.[361] 그런데 이런 종류의 것들이란 음식과 음료이다. 이것들은 사멸하는 삶을 유지하기 위해 필수적인 것들이다. 자연적인 열을 통해 분해되는 것을 음식을 통해 다시 보충함으로써 삶을 유지하는 것이다. 이와 유사하게 의복도 〔필요가 없는데〕, 의복이란 육체가 외부적인 것으로부터 열과 냉기를 통해 소멸되지 않도록 하기 위해 인간에게 필수적인 것이기 때문이다. 이와 유사하게 또한 성관계도 멈추는 것이 필연적이다. 성관계는 동물의 생식을 목표로 하고 있기 때문이다. 그러나 생식은 개체에 따라 보존될 수 없는 것을 적어도 종의 차원에서 유지함으로써 사멸하는 삶에 기여한다. 따라서 인간이 수적으로 동일하게 영속적으로 보존될 것이기 때문에 그에게는 생식이 자리를 차지하지 못할 것이고, 따라서 성관계의 사용도 없을 것이다.

또한 정액(semen)은 영양이 지나쳐 남은 것이기 때문에, 음식의 이용을 멈춘다면 성관계도 멈추는 것이 필연적이다. 그런데 오직 쾌락 때문에 음식과 음료의 이용이나 성관계가 남아 있을 것이라고 말하는 것은 합당하지 못하다. 무질서한 것은 아무것도 저 최종적인 상태에 존재하지 않을 것이다. 왜냐하면 그때에는 모든 것이 자기 방식으로 완전성

---

361 이 장은 특정한 후기 유대교적(마태 22,28 이하 참조)·천년설적·이슬람교적 내세관에 반대해 작성된 것이다((160)).

을 얻게 될 것이기 때문이다. 그런데 무질서함은 완전성에 반대된다. 또한 부활을 통한 인간의 재생은 직접적으로 신으로부터 유래하기 때문에 저 상태에서는 어떤 무질서함이 존재할 수 없다. 로마 13,1에서 말하는 것처럼 "신으로부터 유래하는 것들은 질서 잡힌 것이기"(que a Deo sunt ordinata sunt) 때문이다. 음식과 음료의 이용이나 성관계를 오직 쾌락 때문에 추구하는 것은 무질서한 것이다. 그러므로 현세에서도 이것은 인간에게 악덕으로 간주되는 것이다. 따라서 부활한 인간에게서 음식과 음료의 이용이나 성관계가 오직 쾌락 때문에 존재할 수는 없을 것이다.

제157장
그럼에도 모든 지체가 부활한다
Quod tamen omnia membra resurgent

병행문헌: 『신학대전』 보충부 제80문제 제1절; 『권능론』 제5문제 제10절 제9이론에 대한 해답; 『자유토론 문제집』 제VII권 제5문제 제2절 참조.

그런 사물들(음식, 음료, 성)의 이용이 부활한 인간에게 없을지라도, 그런 이용을 목표로 하는 지체가 없어지는 것은 아니다. 왜냐하면 이것이 없이는 부활한 인간의 육체가 온전할 수 없기 때문이다. 완전하게 작용하는 신으로부터 직접적으로 비롯될 부활하는 인간의 재생의 경우, 본성은 완전히 재생될 것이다. 따라서 이런 종류의 지체는 부활한 인간에게 현세에서 그것을 이용해야 하는 행위 때문이 아니라 본성의 완전성을 보존하기 위해 존재할 것이다.

마찬가지로 나중에 분명하게 될 것이지만,[362] 만일 저 상태에서 인간이 현세에서 행하는 행위를 근거로 벌이나 포상을 받게 된다면, 인간이

---

362 제172장, 제173장 참조.

죄를 짓거나 공적이 있는 경우에 처벌받거나 포상받게 하기 위해 그가 현세의 삶에서 벌이나 정의에 기여하게 하는 동일한 지체를 소유하는 것은 마땅하다.

제158장

이들은 어떤 결함을 가지고 부활하지 않는다

Quod non resurgent cum aliquo defectu

그러나 이와 유사하게 모든 자연적인 결함은 부활하는 인간의 육체로부터 없어질 것이다. 모든 이런 종류의 결함을 통해 본성의 완전성이 손상되기 때문이다. 따라서 부활할 때 인간 본성이 신에 의해 온전하게 재생되는 것이 합당하다면, 이런 종류의 결함도 제거될 것이라는 결론이 나온다.

그 밖에도 이런 종류의 결함은 인간 생식의 원리였던 자연적 힘의 결함으로부터 생겨난다. 그러나 부활할 때 작용하는 힘은 오직 신의 힘뿐일 것이고 그 힘에는 결함의 여지가 없다. 따라서 출생된 인간 안에 있었던 이런 종류의 결함은 부활을 통해 재생된 인간 안에는 존재하지 않을 것이다.

제159장

오직 본성의 진리에 속하는 것만 부활한다

Quod resurgent solum que sunt de ueritate nature

그런데 부활하는 인간의 완전성에 대해 이야기되었던 것은 인간 본성의 진리에 속하는 것에도 연관되어야만 한다. 인간 본성의 진리에 속하지 않는 것은 부활하는 인간 안에 다시 취해지지 않기 때문이다. 그렇지 않다면 음식으로부터 취해져 살과 피로 바뀌었던 모든 것이 부활하는 인간 안에 다시 취해진다고 가정할 때, 부활한 인간의 크기가 지나치게 커져야만 할 것이다. 그러나 어떠한 본성의 진리도 그 종과 형상에 따라 고려된다. 따라서 종에 따르는 인간의 부분은 모두 온전하게 부활하는 인간 안에 존재할 것이다. 즉 신체 기관의 부분뿐만 아니라 이와 유사한 부분들, 예를 들어 살과 신경 그리고 신체 기관을 구성하는 이런 종류의 것들도 [존재할 것이다]. 그러나 이 부분들 속에 물질적으로 존재했던 것들 전체가 다시 취해지는 것이 아니라 회복된 부분의 성향에 충분할 정도로 [그렇게 될 것이다]. 그럼에도 이로 인해 물질적으로 그 인간 안에 있었던 것들 전체가 부활하지 않았다고 해서 이 사람이 수적으로 동일하지 않거나 온전하지 못한 것은 아닐 것이다. 이 세상 삶의 상태에서 한 인간이 시작부터 마지막까지 수적으로 동일하게 남아 있는 것은 명백하기 때문이다. 그럼에도 그 인간 안에 부분들을 이루면서 물질적으로 있는 것은 동일하게 남아 있는 것이 아니라 부분적으로 유동적이다. 마치 나무가 연소되고 그 위에 다시 첨가되면서도 [타고 있는] 불이 동일하게 보존되듯이 말이다. 따라서 종과 그 종이 필요로 하는 크기가 유지될 때에 인간은 온전한 것이다.

제160장
어떤 것이 물질적으로 모자랐다면 신은 모든 것을 보충할 것이다
Quod Deus omnia supplebit si quid materialiter defuit

그러나 신이 인간의 육체 안에 물질적으로 존재했던 것들 전체를 부활하는 이의 육체의 재생에 다시 취하지 않는 것처럼 신이 물질적으로 모자랐던 것을 보충할 때도 그렇게 할 것이다. 즉 이것은 자연의 기능에 따라서도 일어날 수 있다. 예를 들어 마땅한 신체 크기를 가지지 못한 아이는 외부 물질로부터 음식과 음료를 섭취함으로써 완전한 신체 크기를 가지기에 충분할 정도로 자랄 수 있다. 그렇지만 이것 때문에 과거의 그 아이가 수적으로 동일함을 잃어버리지는 않는다. 만일 [자연의 기능에 따라 이런 일이 일어날 수 있다면], 이것은 신의 힘에 의해 더욱 잘 이루어질 수 있다. 즉 이 세상의 삶 동안에 자연적인 지체나 필요로 하는 신체 크기의 완전성에 모자랐던 것이 덜 가지고 있는 이에게 외부적인 물질로부터 보충될 수 있다. 몇몇 인간들이 이 세상의 삶에서 어떤 지체를 결여하거나 아직 완전한 신체 크기에 도달하지 못했을지라도 — 얼마나 작은 크기로 그가 죽었던지 상관없이 — , 그들은 부활할 때에 신의 힘에 의해 지체와 신체 크기가 필요로 하는 완전성을 얻게 될 것이다.

제161장
반론으로 제기될 수 있는 것들에 대한 해답
Solutio ad quedam que obiici possunt

병행문헌: 『신학대전』 보충부 제80문제 제4절; 『대이교도대전』 제IV권 제81장 참조.

이로부터 몇몇 사람들에 의해 부활을 거슬러 반대하는 의견들이 제기될 수 있다.[363] 즉 그들은 어떤 사람이 인간의 살을 먹고 더 나아가 그것을 영양분으로 삼아 비슷한 음식을 먹는 아들을 낳을 수 있다고 말한다. 따라서 그 영양분이 살의 실체로 바뀌게 된다면, 한 사람의 살이 다른 사람의 살로 바뀌었기 때문에 그 둘이 온전하게 부활하는 것은 불가능해 보인다. 그리고 더 어려워 보이는 것은 다음과 같은 상황이다. 만일 철학자[아리스토텔레스]가 가르친 것처럼 정액의 영양분이 지나쳐 남은 것으로부터 생긴다면,[364] 아들이 탄생하도록 만드는 정액은 다른 이

---

363 여기서는 아우구스티누스가 보고한 바 있는 고대의 이교인들을 말하는 것 같다 (『신국론』 XXII, 20) ([161]).

의 살로부터 취해진 것이라는 결론이 나온다. 그래서 만일 아버지와 아들이 그의 살을 먹었던 그 사람들이 온전하게 부활한다고 가정하면, 그런 정액으로부터 출생된 아이가 부활하는 것은 불가능해 보인다.

그러나 이것이 일반적인 부활을 반박하는 것은 아니다. 어떤 인간 안에 물질적으로 있었던 모든 것이 그 부활하는 이에게 다시 취해지는 것이 아니라 단지 필요로 하는 신체 크기를 유지하기에 충분할 정도만 [다시 취한다고] 앞에서 언급되었다.[365] 또한 만일 어떤 이에게 완전한 신체 크기에 도달하기 위한 질료에서 어떤 것이 모자랐다면, 신의 힘에 의해 보충될 것이라는 사실도 언급되었다.[366] 이것을 넘어서 인간의 육체 안에 물질적으로 존재하는 어떤 것도 다양한 정도에 따라 인간 본성의 진리에 속한다는 사실을 고찰해야만 한다. 즉 일차적이고 근원적으로 부모로부터 취해진 것이 인간 종의 진리의 영역에서 가장 순수한 것으로서 형성하는 힘에 의해(ex uirtute formatiua)[367] 완성된다. 그러나 이차적으로 음식으로부터 생겨나는 것은 지체가 필요로 하는 크기에 필수적인 것이다. 외부적인 것의 혼합은 항상 그 사물의 힘을 약화시키기 때문이다. 그러므로 최종적으로는 성장이 멈추고 육체가 노화하며 분해되어버리는 것이 필연적이다. 마치 포도주가 물이 혼합됨으로써 결국 물을 탄 [포도주가] 되어버리듯이 말이다. 그러나 더 나아가 음식으로부터 인간의 육체 안에 어떤 여분이 생겨날 수 있다. 이들 중에 어떤 것은 정액이 출산을 위해, 머리털이 [머리의] 덮개와 장식물로서 사용되듯이, 특정한 사용을 위해 필수적이다. 그러나 어떤 것들은 전적으로 아무데도 쓸 수가 없는데, 예를 들어 땀과 다양한 분비물을 통해 배출되는 것들이나 본성의 불편함을 일으키며 [육체의] 내부에 남아 있는 것들이 그렇다. ─

---

364 아리스토텔레스, 『동물발생론』(*De generatione animalium*) I, 18, 725a 11 참조.
365 제159장 참조.
366 제160장 참조.
367 이것은 정액의 형성하는 힘을 뜻한다(『신학대전』 제I부 제71문제 제1절 제1이론에 대한 해답 참조)([162]).

따라서 일반적인 부활에서 신의 섭리에 따라 다음과 같은 사실이 주목된다. 만일 수적으로 동일한 것이 다양한 인간 안에 물질적으로 존재했다면, 그 안에서 그것이 더 주된 정도를 차지하고 있는 인간 안에서 부활한다. 그러나 그것이 똑같은 정도로 두 인간 안에 존재했다면, 그것이 우선적으로 존재했던 인간 안에서 부활하고, 다른 인간 안에서는 신의 힘에 의해 보충될 것이다. 그래서 어떤 인간에 의해 먹혀진 인간의 육체는 그 먹는 자 안에서 부활하는 것이 아니라 그 육체가 먼저 존재하고 있었던 자 안에서 부활하게 된다는 사실이 명백하다. 그럼에도 그러한 정액으로부터 출생된 사람 안에서는, 그 육체가 영양적인 습기[368]로서(de humido nutrimentali) 존재했던 것과 관련된다는 측면에 한해 부활하게 된다. 그러나 다른 것은 첫 사람에게서 부활하고, 이때 신은 각각의 사람에게 모자라는 것을 보충해 준다.

제162장
죽은 이들의 부활은 신앙 조항에도 표현되어 있다
Quod resurrectio mortuorum in articulis fidei exprimitur

부활에 대한 이런 믿음을 고백하기 위해 사도신경 안에는 "육신의 부활을 믿으며"(Carnis resurrectionem)라고 적혀 있다. '육신의'(carnis)란 표현은 이유 없이 첨가된 것이 아니다. 사도들의 시대에도 또한 육신의 부활을 부정하고 오직 영적인 부활만을 믿었던 몇몇 사람들이 있었기 때

---

368 영양적인 습기에 대해서는 "영양적인 습기는 종적인 본성을 완전히 받아들이는 데 도달하지 못하고 그 과정에 있는 것, 즉 피나 그런 종류의 것들이다"(『신학대전』 제I부 제119문제 제1절 제3이론에 대한 해답 참조)((163)). 또한 같은 곳 제2절의 "영양적인 힘은 출산의 힘에 기여한다고 말해진다. 영양적인 힘에 의해 변형되는 것은 출산의 힘에 의해 정액으로서 받아들여지기 때문이다"(CV, p. 173, n. 168) 참조.

문이다. 영적인 부활을 통해 인간은 죄의 죽음으로부터 부활하는 것이다. 그러므로 사도는 2티모 2,18에서 몇몇 사람들에 대해 〔그들은〕 부활이 이미 일어났다"라고 말하며, 또한 "많은 이의 신앙을 전복시켰습니다"[369]라고 말한다. 그들의 오류를 제거하고 미래의 부활을 믿도록 하기 위해 교부들의 신경에서는 "죽은 이들의 부활을 기다리나이다"(Exspecto resurrectionem mortuorum)라고 말한다.

제163장
부활한 이들의 작용은 어떠할 것인가
Qualis erit resurgentium operatio

더 나아가 부활한 이들의 작용이 어떠한가에 대해 고찰해야만 한다. 즉 각각의 살아 있는 사람에게 무엇보다도 먼저 의도하는 어떤 작용이 존재하는 것이 필연적이다. 그리고 그의 삶이 이것으로 구성되어 있다고 말한다. 예를 들어 무엇보다도 먼저 쾌락에 전념하는 이는 쾌락적인 삶을 살아간다고 말하고, 명상에 〔전념하는〕 이는 명상적인 삶을, 사회를 통치하는 일에 〔전념하는〕 이는 정치적인 〔삶을 살아간다고 말한다〕. 그러나 부활한 이들에게는 모든 육체적 실천(corporalia exercitia)이 목표로 하고 있는 것처럼 보이는 음식의 이용이나 성관계가 현존하지 않는다.[370] 육체적 실천이 없어진 후에도 우리가 인간의 궁극 목적을 이룬다고 말했던[371] 영적인 작용들(spirituales operationes)은 남아 있다. 밝혀진 바와 같이,[372] 소멸과 가변성의 상태로부터 자유로워진 부활한 이들에게는

---

369 "이자들은 (진리에서 빗나가) 부활이 이미 일어났다고 말하면서 몇몇 사람의 믿음을 망쳐 놓고 있습니다"(『성경』).

370 제156장 참조.

371 제104~07장 참조.

372 제155장 참조.

이 목적을 얻는 것이 부합한다. 그러나 앞에서 밝혀진 바와 같이,[373] 인간의 궁극 목적은 임의의 영적 행위가 아니라 본질에 따라 신을 직관하는 것으로 이루어진다. 그런데 신은 영원하다. 그러므로 신과 결합된 지성은 영원성과도 결합되어 있어야만 한다. 따라서 쾌락에 전념하는 이는 쾌락적인 삶을 산다고 말하는 것처럼 신의 직관을 누리는 이는, 요한 17,3에 따르면 영원한 생명을 얻는다. "참된 신을 인식하는 것이 영원한 생명이다"(Hec est uita eterna, ut cognoscant Deum uerum).[374]

제164장

신은 유사성을 통해서가 아니라 본질을 통해 직관될 것이다

Quod Deus per essentiam uidebitur, non per similitudinem

그러나 신은 창조된 지성에 의해 그와의 어떤 유사성을 통해서가 아니라 본질을 통해 직관된다. 이 유사성을 통해 지성 안에 현존하더라도 이해된 사물(res intellecta)은 떨어져 있을 수 있다. 마치 돌이 그 유사성을 통해서는 눈에 현존할지라도 실체를 통해서는 부재하듯이 말이다. 그러나 앞에서 밝혀진 바와 같이,[375] 신의 본질 자체가 창조된 지성에 어떤 의미에서는 신이 본질을 통해 직관될 수 있도록 결합되어 있다. 따라서 마치 저 궁극 목적에서 전에 신에 대해 믿었던 것이 직관될 수 있는 것처럼 멀리서 소망했던 것을 현재 있는 것으로 잡을 수 있을 것이다. 그리고 이것은 (바오로) 사도가 필리 3,12에서 (말한 것에) 따르면 '파악'(comprehensio)[376]이라고 불린다. "그러나 어떤 방식으로든 파악한다면,

---

373 제104~07장 참조.

374 "영원한 생명이란 (홀로) 참하느님이신 아버지를 (알고 아버지께서 보내신 예수 그리스도를) 아는 것입니다"(『성경』).

375 제105장 참조.

376 이 장과 다음 장에서 토마스는 복된 영혼이 받을 지참금에 대해 말하고 있다. 이

나는 따릅니다."[377] 그런데 이 파악은 〔제한적인〕 포함(inclusio)을 내포하는 의미가 아니라 파악된다고 사람들이 말하는 것의 어떤 현재성과 붙잡음(presentialitatem et tentionem quandam)을 내포하는 의미로 이해되어야만 한다.

제165장
신을 직관하는 것은 최고의 완전성이요 기쁨이다
Quod uidere Deum est summa perfectio et delectatio

병행문헌: 『신학대전』 제II부 제I권 제3문제 제4절; 제4문제 제1절; 제35문제 제5절; 제III부 제46문제 제7절 제4이론에 대한 해답; 보충부 제90문제 제3절; 『명제집 주해』 제2권 제38구분 제2문제; 제3권 제15구분 제2문제 제3절 제2세부문제 제3이론에 대한 해답; 제26구분 제1문제 제5절 제5이론에 대한 해답; 제4권 제49구분 제1문제 제1절 제2세부문제; 제3문제 제3절 제2세부문제; 제4절 제3세부문제; 『진리론』 제26문제 제3절 제6이론에 대한 해답; 제9절 제8이론에 대한 해답; 『윤리학 주해』 제X권 제6강 참조.

또한 적합한 것의 포착으로부터 즐거움이 생겨난다는 사실을 고찰해야만 한다. 마치 눈은 아름다운 색깔에서, 미각은 단맛에서 즐거움을 느끼듯이 말이다. 그러나 감각에서의 이 즐거움은 신체 기관의 잘못된 상태 때문에 방해받을 수 있다. "맑은 눈에는 사랑스러운 빛이라도 병든 눈에는 불쾌하기"(oculis egris odiosa est lux, que puris est amabilis)[378] 때문이다. 그러나 지성은 신체 기관을 통해 이해하지 않기 때문에, 진리의 고찰 안에 있는 즐거움에는 어떤 슬픔도 상반되지 않는다. 그럼에도 우유적

것은 믿음에 부합하는 직관, 소망에 부합하는 파악, 사랑에 부합하는 즐거움이다. 제168장에서는 영광된 육체의 네 가지 지참금에 대해 다루고 있다. 토마스는 이 선물에 대한 정의를 중세의 학자들로부터 넘겨받아 해설하고 있다. 『명제집 주해』 제4권 제49구분 제4문제 제1절; 『신학대전』 보충부 제95문제 제1절 참조(〔164〕).
377 "그것을 차지하려고 달려갈 따름입니다"(『성경』).
378 아우구스티누스, 『고백록』(*Confessiones*) VII, 16 참조.

으로는 지성의 인식으로부터 슬픔이 따라올 수 있다. 이해된 것이 해로운 것으로 파악되는 경우가 바로 그런 경우이다. 그렇게 되면 진리의 인식에 대해서는 지성에 즐거움이 현존하지만, 의지 안에서는 인식된 사물에 대해 슬픔이 따라온다. 그것이 인식되었다는 점에서가 아니라 그의 행위가 해롭다는 점에서 (슬픔이 따라오는 것이다). 그런데 신은 그가 존재한다는 사실 자체를 통해 진리이다. 따라서 신을 직관하는 지성은 그의 직관 안에서 즐거움을 느끼지 않을 수 없다.

마찬가지로 신은 즐거움의 근거(ratio dilectionis)인 선성 자체(ipsa bonitas)이다. 그러므로 그 선성이 그것을 포착하는 모든 이로부터 사랑받는 것은 필연적이다. 즉 선한 것이 사랑받지 못하거나 오히려 미움을 받을 수 있다고 가정할지라도, 이것은 선으로 파악되었다는 측면에서가 아니라 해로운 것으로 파악되었다는 측면에서 그럴 것이다. 따라서 선성과 진리 자체인 신의 직관에서의 파악처럼 애정이나 즐거움을 주는 향유(sicut comprehensionem ita dilectionem seu delectabilem fruitionem)가 현존해야만 한다. 이사 66,14에도 "너희들은 보게 될 것이고, 너희 심장이 기뻐할 것이다"(Videbitis, et gaudebit cor uestrum)라고 나와 있다.

제166장
신을 직관하는 영혼은 견고해진 의지를 자신 안에 가지게 된다
Quod anima videns Deum habet uoluntatem confirmatam in ipso

병행문헌: 『신학대전』 제I부 제64문제 제2절; 제II부 제I권 제4문제 제4절; 제5문제 제4절, 제7절; 『명제집 주해』 제1권 제8구분 제3문제 제2절; 제4권 제49구분 제1문제 제1절 제4세부문제; 『대이교도대전』 제III권 제62문제; 『요한복음 주해』 제10장 제5강 참조.

이로부터 신을 직관하는 영혼이나 여하한 다른 영적인 피조물은 그밖에 상반되는 것들로 돌아서지 않도록 자신 안에 견고해진 의지를 가진다는 것이 분명하다. 즉 의지의 대상은 선이기 때문에, 의지는 오직 선의 어떤 개념을 가진 경우에만 어떤 것으로 기울어질 수 있다. 그러나 특수한 각각의 선의 경우에는 어떤 것이 결여되어 있을 수 있는데, 그것을 인식한 사람에게는 다른 것 안에서 그것을 찾아야 하는 일이 남아 있다. 그러므로 임의의 특수한 선(quodcumque bonum particulare)을 보는 이의 의지가 그 질서 밖으로 벗어나지 않도록 오직 그 선만을 고수해야 하는 것은 아니다. 하지만 보편적인 선(bonum universale)이요 선성 자체인 신 안에는, 앞에서 밝혀진 바와 같이,[379] 다른 곳에서 추구될 수 있을 어떠한 선도 결여되어 있지 않다. 따라서 [신의] 본질을 직관한 이는 누구든지 [자신의] 의지를 그로부터 벗어나게 할 수 없고, 오히려 모든 것을 그의 개념에 따라(secundum rationem ipsius) 지향하게 될 것이다.[380]

또한 가지적인 것의 영역에 있는 유사한 것을 통해 이런 사실을 보게 된다. 즉 우리 지성은, 지성이 필연적으로 견고해지는 제1원리[381]에 도달할 때까지 의심하면서 이리로 또는 저리로 이탈할 수 있다. 따라서 욕구될 만한 것의 영역에서는 목적이 가지적인 것의 영역에서의 원리와 같기 때문에, 의지는 실로 자신이 필연적으로 견고해지는 궁극 목적의 향유에 도달할 때까지 상반되는 것들로 돌아설 수 있다. 또한 만일 인간이 상반되는 것으로 바뀔 수 있다고 가정하면, 그것은 완전한 행복의 개념에 거스르는 것일 것이다. 즉 [만일 그렇다면] 그것을 잃어버릴 것에 대한 두려움을 절대적으로 배제하지 못할 것이고, 그래서 그 욕구가 절대적으로 쉬게 되지 못할 것이다. 따라서 묵시 3,12에서는 복된 이에 대해 "그는 더 이상 밖으로 나가지 않을 것이다"(foras non egredietur amplius)라고 말한다.

---

379 제21장, 제106장 참조.

380 독일어 번역본에서는 'quin'을 접속사로 보고 이유접속사 'cum'(때문에)으로 바꾸어 놓고자 한다. 그렇게 되면 "그가 그와 관련해 모든 것을 추구하기 때문에"라고 해석할 수 있다. 그러나 여기서는 앞의 내용을 강화하는 부사로 보아 "오히려, 도리어" 정도의 의미로 해석하는 것이 더 무난해 보인다((165)).

381 제43장 각주 87 참조((166)).

제167장

육체는 전적으로 영혼에 순종하게 될 것이다

Quod corpora erunt omnino obedientia anime

질료가 형상 때문에 그리고 도구가 제작자 때문에 존재하는 것처럼 육체는 영혼 때문에 존재한다. 그렇기 때문에 앞서 말한 삶을 획득한 영혼에는 신의 힘에 의한 부활 때에, 영혼의 지복에 부합하는 그런 육체가 결합하게 될 것이다. 목적 때문에 존재하는 것은 목적의 요청에 따라 규정되어 있어야만 한다. 그러나 지성적 작용의 최고 단계에 도달한 영혼에는 어떤 방식으로든 방해하고 지연시키는 작용을 하는 육체를 갖는 것이 적합하지 않다. 하지만 인간의 육체는 그 소멸 가능성을 이유로 영혼을 방해하고 지연시켜 지속적으로 명상에 머물러 있지 못하도록 하거나 최고의 명상에 도달하지 못하도록 만든다.[382] 그러므로 감각적 육체로부터 추상됨으로써 인간은 어떤 신적인 것을 포착하기에 적합하게 된다. 왜냐하면 예언적인 계시는 잠자고 있는 이나 어떤 정신의 이탈 상태에 있는 이에게 드러나기 때문이다.[383] 민수 12,6에 따르면, "너희들 가운데 어떤 이가 주님의 예언자라면, 나는 꿈을 통해서나 현시 안에서 그에게 말할 것이다"(Si quis fuerit inter uos propheta domini, per sompnium aut in uisione loquar ad eum). 따라서 부활하는 복된 이의 육체는 소멸 가능하지 않고 지금처럼 영혼을 지연시키지도 않으며, 오히려 더욱 소멸되지 않고 절대적으로 영혼에 순종해 결코 영혼에 저항하지 않을 것이다.

---

382 즉 비물질적인 피조물이나 신을 고찰하는 것을 뜻한다. 『진리론』 제10문제 제11절 참조([167]).

383 욥기 33,8.

제168장

영광스럽게 된 육체의 지참금[384]에 대하여

De dotibus corporum glorificatorum

병행문헌: 『신학대전』 제I부 제97문제 제3절; 제III부 제57문제 제3절; 보충부 제82문제
제1절; 제83문제 제1절; 제84문제 제1절; 제85문제 제1절; 『명제집 주해』 제4권 제49구분
제4문제 제5절 제3세부문제; 『대이교도대전』 제IV권 제86장; 『코린토전서 주해』 제15장
제6강 참조.

이로부터 복된 이의 육체의 성향이 어떠한지가 자세히 관찰될 수 있
다. 영혼은 육체의 형상이며 움직이는 자(motor)이다. 그러나 그것이 형
상인 한에서, 실체적인 존재(esse substantiale)라는 측면에서만이 아니라
형상과 질료의 결합으로부터 주체 안에 야기되는 고유한 우유(propria
accidentia)라는 측면에서도 육체의 원리이다. 하지만 형상이 강하면 강
할수록 질료에 대한 형상의 영향은 어떠한 외부적 작용자로부터 방해를
그만큼 덜 받을 수 있다. 이것은 불의 경우에도 명백하다. 즉 불의 형상
이 기초적 형상 중에서 가장 고상한 것이기 때문에, 그 형상은 어떤 작
용자로부터 영향을 받아 자기의 본성적인 소질로부터 쉽게 변화하지 않
는다는 점을 불에 부여한다.[385] ——

따라서 복된 영혼은 사물의 제1원리와 결합되어 있기 때문에 최고도
로 고상한 능력을 지니게 될 것이다. 그렇기 때문에 신의 힘에 의해 그
영혼과 합일된 육체에 우선 가장 고상한 방식으로 실체적 존재가 부여
된다. (이것은 영혼이) 절대적으로 육체를 자신 아래 유지함으로써 이루
어지는데, 따라서 (그 영혼은) 섬세하거나 영적일 것이다. 또한 그에게
가장 고상한 성질, 즉 찬란함의 영광이 주어질 것이다. 그리고 영혼의 능
력 때문에 여하한 작용자에 의해서도 그의 소질로부터 변화될 수 없는

---

384 제164장 각주 376 참조((168)).
385 제9장 각주 28 참조.

데, 이것은 그가 손상될 수 없음을 뜻한다. 도구가 움직이는 자에게 그러하듯이, 육체는 영혼에 절대적으로 순종하기 때문에 민첩하게 된다. 따라서 복된 이의 네 가지 조건, 즉 섬세함(subtilitas), 찬란함(claritas), 손상될 수 없음(impassibilitas), 민첩성(agilitas)이 존재할 것이다. 그러므로 사도〔바오로〕는 1코린 15,42-44에서 다음과 같이 말한다. 육체는 죽음을 통해 손상될 수 없음이란 측면에서 "소멸하도록 묻히지만, 불멸하도록 다시 살아난다". 민첩성의 측면에서 "약한 자로 묻히지만, 강한 자로 다시 살아난다". 찬란함의 측면에서 "천한 것으로 묻히지만, 영광스러운 것으로 다시 살아난다". 섬세함의 측면에서 "동물의 육체로 묻히지만, 영적인 육체로 다시 살아난다".[386]

제169장

물체적 피조물은 상이한 상태를 얻게 될 것이다

Quod creatura corporalis diuersum statum accipiet

병행문헌: 『신학대전』 보충부 제74문제 제1절; 제91문제 제1절; 『대이교도대전』 제IV권 제97장 참조.

목적을 지향하는 것이 목적의 요청에 따라 마련되어야 한다는 것은 명백하다. 그러므로 그것 때문에 어떤 다른 것이 존재하게 되는 바 그것이 완전함이나 불완전함에 따라 차이가 난다면, 그것에 질서 지어져 있는 것은 양편의 상태에 따라 그것에 기여하도록 서로 다른 방식으로 마련되어야만 한다. 즉 음식과 의복은 아이와 어른에게 다르게 준비된

---

386 "죽은 이들의 부활도 이와 같습니다. 썩어 없어질 것으로 묻히지만 썩지 않는 것으로 되살아납니다. 비천한 것으로 묻히지만 영광스러운 것으로 되살아납니다. 약한 것으로 묻히지만 강한 것으로 되살아납니다. 물질적인 몸으로 묻히지만 영적인 몸으로 되살아납니다"(『성경』).

다. 그런데 물체적 피조물이 마치 목적처럼 이성적 본성으로 질서 지어져 있다는 사실은 앞에서 분명해졌다.[387] 따라서 인간이 부활을 통해 궁극적 완성을 얻게 된 다음에 물체적 피조물은 상이한 상태를 얻게 된다. 그리고 이에 따라 사람이 부활한 후에는 세상이 새롭게 된다고 말한다. 묵시 21,1에 따르면, "나는 새 하늘과 새 땅을 보았다"(Vidi celum nouum et terram nouam), 그리고 이사 65,17에 따르면, "보아라, 내가 새 하늘과 새 땅을 창조한다"(Ecce ego creo celos nouos et terram nouam)라고 한다.

제170장
어떤 피조물이 새로워지고 어떤 것이 그대로 남는가
Que creature innouabuntur, et que manebunt

병행문헌: 『신학대전』 보충부 제74문제 제1절; 제91문제 제1절; 『대이교도대전』 제IV권 제97장 참조.

그럼에도 물체적 피조물의 다양한 종류는 다양한 이유에 따라 인간을 목표로 하고 있다는 사실을 고찰해야 한다. 즉 식물과 동물이 인간에게 그들의 허약함을 도움으로써 기여한다는 것은 명백하다. 인간이 그것들로부터 식량, 의복, 수레와 인간의 허약함을 억제하도록 하는 이런 종류의 다른 것들을 얻게 되는 중에는 그러하다. 그러나 부활을 거쳐 도달하게 되는 최종적인 상태에서는 인간으로부터 모든 그러한 허약함이 사라진다. 즉 앞에서 밝혀진 바와 같이,[388] 인간은 소멸되지 않을 것이기 때문에 먹고 살기 위해 더 이상 음식을 필요로 하지 않을 것이다. 또한 영광의 찬란함을 입은 자로서 [인간은 몸을] 가리기 위해 의복을 [필요로 하지 않을 것이다]. 민첩성을 지닐 인간에게는 운반 기구용 동물도 [필요 없을

---

387 제148장 참조.
388 제155장 참조.

것이다). 또한 손상될 수 없는 자로서 인간은 건강을 보존하기 위한 어떤 치료약도 (필요로 하지 않을 것이다). 따라서 이런 종류의 물체적 피조물들, 즉 식물과 동물과 이런 종류의 다른 혼합된 물체들은 인간의 최종적인 완성 상태에서 남아 있지 않는 것이 합당하다.

그러나 네 요소들, 즉 불, 공기, 물, 흙은 소멸 가능한 삶에서의 사용이라는 측면에서만이 아니라 그 육체를 구성한다는 측면에서도 인간을 위해 질서 지어져 있다. 왜냐하면 인간의 육체는 요소들로 구성되어 있기 때문이다. 따라서 요소들은 인간의 육체와 본질적인 질서 관계를 맺고 있다. 그러므로 육체와 영혼으로 완성된 인간에게는 요소들 또한 남아 있는 것이 적합한 일이지만, 더 좋은 상태로 변형된 채로 (남아 있을 것이다).

그러나 천체는 자기 실체라는 측면에서 인간에 의해 소멸 가능한 삶에서의 사용을 위해 취해지는 것도 아니고, 인간 육체의 실체 안으로 들어오지도 않는다. 그럼에도 그것의 아름다움과 거대함으로써 창조주의 탁월성을 증명한다는 측면에서 인간에게 기여한다. 그러므로 성서에서는 자주 인간이 천체로 말미암아 신에 대한 존경으로 이끌려지기 위해 그것을 관찰하도록 이끈다. 이것은 이사 40,26에서도 분명한데, 거기서는 "너희들의 눈을 저 높은 곳으로 들어 올려라, 그리고 누가 이것을 창조했는가를 보라"[389]라고 말한다. 저 완전성의 상태에서는 인간이 신을 그 자체로 보기 때문에, 감각적인 피조물로부터 신의 인식에 이르지 않는다. 그렇지만 또한 원인을 인식하는 자에게는 결과 안에 그의 유사성이 어떻게 반사되어 빛나고 있는가를 고찰하는 것이 즐겁고 유쾌한 일이다. 그러므로 성인에게는 물체 안에서, 특히 다른 것을 능가하는 것처럼 보이는 천체 안에서 신의 선성이 지닌 광채를 고찰하는 일이 기쁨이 된다. 또한 천체는 인간의 육체에 대해 어떻게 보면 작용인의 의미에 따

---

389 "Leuate in excelsum oculos uestros, et uidete quis creauit hec"; "너희는 눈을 높이 들고 보아라. 누가 저 별들을 창조하였느냐?"(『성경』)

라 본질적인 질서 관계를 맺고 있다. 마치 요소들이 질료인의 의미에 따라 그렇게 하듯이 말이다. "즉 인간은 인간을 낳고 태양도 〔마찬가지이다〕"(Homo enim generat hominem et sol).[390] 그러므로 또한 이런 이유로 천체는 남아 있는 것이 합당하다.

인간과의 비교에서 뿐만 아니라 앞서 말한 물체적 피조물의 본성으로부터도 같은 사실이 드러난다. 즉 어떠한 측면에서도 소멸되지 않음이 자기에게 속해 있지 않은 것은 저 소멸되지 않는 상태에 남아 있어서는 안 된다. 천체는 전체와 부분에 따라 소멸되지 않는다. 그러나 요소들은 전체에 따라서는 소멸되지 않지만 부분에 따라서는 그렇지 않다. 인간은 부분에 따라서는, 즉 이성적 동물이라는 측면에서는 소멸되지 않지만[391] 죽음을 통해 합성체[392]가 해체되기 때문에 전체에 따라서는 그렇지 않다〔소멸된다〕. 그러나 다른 동물과 식물 그리고 모든 혼합된 물체는 전체에 따라서나 부분에 따라서나 소멸 불가능한 것이 아니다. 따라서 저 궁극적인 불멸성의 상태에서는 인간과 요소들과 천체는 남아 있을 것이지만, 다른 동물이나 식물이나 혼합된 물체는 남아 있지 못함이 마땅하다.

동일한 것이 또한 우주의 개념으로부터(ex ratione uniuersi)도 합리적이라는 것이 드러난다. 즉 인간은 물체적 우주의 어떤 부분이기 때문에, 인간의 궁극적인 완성에서 물체적 우주가 남아 있는 것이 필연적이다. 전체 없이 부분이 존재한다고 가정하면, 그 부분은 완전한 것처럼 보이지 않기 때문이다. 물체적 우주는 오직 그것의 본질적 부분들이 남아 있을

---

390 아리스토텔레스, 『자연학』 II, 4, 194b 13 참조.
391 '전체'(totum)란 물체 세계 전체의 네 가지 질적인 기본 구조(합성체 상태)를 뜻한다. '부분'(pars)이란 이 기본 구조들에 섞이지 않고 포함되어 있는 구체적인 물체들, 즉 기초 물체들을 말한다(『신학대전』 보충부 제74문제 제1절; 제5절 이하 참조). 현재의 세계 맥락에서는 그것들이 항상 상반되는 것들의 영향 아래 놓여 있기 때문에 소멸 가능하다(같은 곳, 제74문제 제1절 제3이론에 대한 해답; 『대이교도대전』 제II권 제90장 참조)(〔169〕).
392 여기서는 육체와 영혼으로 합성된 인간 실체를 뜻한다(〔170〕).

때만 남아 있을 수 있다. 그런데 그 본질적 부분들이란 천체와 요소들이다. 우주라는 기계 전체가 그것들로 구성되어 있는 것이다. 그러나 그 밖의 것들은 물체적 우주의 완전성에 속하는 것이 아니라 오히려 일종의 그것의 꾸밈과 장식에 속하는 것처럼 보인다. 작용자로서의 천체와 질료로서의 요소들로부터 동물과 식물과 광물체가 생겨난다는 측면에서 이런 것은 가변적 상태에 적합한 것이다. 그러나 궁극적 완성의 상태에서는 불멸의 상태에 어울리는 다른 꾸며 주는 요소들이 첨가될 것이다.[393] 따라서 저 상태에서는 인간과 요소들과 천체가 남아 있을 것이고 동물과 식물과 광물체는 남아 있지 않을 것이다.

제171장

천체는 운동을 멈출 것이다

Quod corpora celestia cessabunt a motu

병행문헌: 『신학대전』 보충부 제74문제 제4절; 제91문제 제2절; 『명제집 주해』 제4권 제43구분 제3문제 제1소질문; 『대이교도대전』 제IV권 제97장; 『권능론』 제5문제 제5절; 『요한복음 주해』 제6문제 제5강; 『히브리서 주해』 제1장 제5강 참조.

천체가 계속해서 움직이는 것처럼 보이기 때문에 만일 그것의 실체가 남아 있게 된다면, 또한 저 완성의 상태에서도 〔계속해서〕 움직이리라고 생각하는 사람이 있을 수 있다. 그리고 만일 운동이 요소들 안에 존재하는 이유로 천체 안에 존재할 것으로 가정하면, 그런 말은 일리가 있을 법하다. 운동은 무겁고 가벼운 요소들에 그들의 완전성을 완성하기 위해 존재하기 때문이다. 즉 그것들은 자연적인 운동을 통해 고유한 상태, 다시 말해 그 상태에 있는 것이 그것들에 더 좋은 상태를 추구한다.[394]

---

393 토마스는 요소들의 특수한 광채와 투명성을 생각하고 있다(『대이교도대전』 제IV권 제43장; 『신학대전』 보충부 제91문제 제4절 이하 참조)(〔171〕).

따라서 저 최종적인 완성의 상태에서는 각각의 요소와 그 임의의 부분이 자기들의 고유한 상태에 있게 될 것이다. 그러나 천체의 운동에 대해서는 이렇게 말할 수 없다. 천체는 어떤 장소에 도달함으로써 멈추는 것이 아니라 자연적으로 그곳이 어디든지 움직여 가듯이 자연적으로 그곳으로부터 멀어지기 때문이다. 그러므로 천체로부터 운동이 사라진다고 가정해도 그것으로부터는 아무것도 없어지지 않는다. 운동은 천체가 완성되기 위해 그것 안에 내재하는 것이 아니기 때문이다. ──

그러나 가벼운 물체가 자기 본성을 통해 위로 움직여지는 것처럼 천체가 마치 능동적인 원리를 통해서와 같이 자기 본성을 통해 원형으로 움직여진다고 말하는 것은 우스운 일이다. 왜냐하면 본성은 항상 하나를 지향한다는 사실이 명백하며, 따라서 근본적으로 단일성에 상충하는 어떤 것은 그 본성의 궁극 목적일 수 없기 때문이다. 그러나 움직여지는 어떤 것이 움직이는 동안 계속해서 다른 방식으로 관계를 맺는다는 측면에서 운동은 단일성에 상충된다. 따라서 본성은 운동 자체 때문에 운동을 만드는 것이 아니라 운동의 종점에 도달하기 위해 운동을 야기한다. 가벼운 본성이 상승 작용에서 더 높은 위치를 추구하듯이 말이다. 그리고 다른 것들에서도 이런 〔현상이 나타난다〕. 따라서 천체의 원운동은 어떤 특정한 장소를 향한 것이 아니기 때문에, 가벼운 것과 무거운 것의 운동 원리가 본성이듯이 천체의 원운동의 능동적 원리가 본성이라고 말할 수는 없다. 그러므로 천체의 본성이 동일하게 남아 있을지라도, 아무것도 천체가 멈춘다는 사실을 금지하지는 않는다. 비록 불에는 그것의 동일한 본성이 남아 있는 동안에 고유한 장소 바깥에 존재하면서 멈추는 것이 불가능할지라도 말이다. 그럼에도 천체의 운동은 운동의 능동적 원리 때문에 본성적이라고 불리는 것이 아니라 그렇게 움직여지기에 적합한 성격을 지니고 있는 그 움직여질 수 있는 것〔可動體〕 자체 때문에 그렇게 불린다. 〔따라서〕 천체의 운동은 어떤 지성에 의한 것이라는

---

394 제11장 각주 32 이하 참조(〔172〕).

사실이 귀결된다.

그러나 지성은 오직 목표를 지향하는 경우에만 움직이기 때문에, 천체 운동의 목적이 무엇(누구)인지를 고찰해야만 한다. 그런데 그 운동 자체가 목적이라고 말할 수는 없다. 운동은 완전성을 향한 길이므로 목적이라는 의미보다는 목적을 향하고 있는 어떤 것이라는 의미를 더 많이 가지고 있다. 이와 마찬가지로 상태의 쇄신(renouatio situum)도 천체 운동의 목적이라고 말할 수 없다. 천체는 〔아직〕 가능 상태에 있는 모든 장소에 현실적으로 도달하기 위해 움직여진다. 그런데 〔이 장소들은〕 무한하고, 무한한 것은 목적의 의미에 상충되기 때문이다.[395] ─

따라서 천체 운동의 목적을 다음과 같은 측면에서 고찰해야만 한다. 즉 지성에 의해 움직여지는 모든 물체는 그것〔지성〕의 도구라는 사실이 명백하다. 도구 운동의 목적은 근원적 작용자에 의해 파악된 형상[396]이고, 이 형상은 도구의 운동을 통해 현실화되도록 이끌어진다. 신이 천체 운동을 통해 완성하는 신적 지성의 형상은 생성과 소멸의 길을 통한 사물의 완전성이다. 그러나 생성과 소멸의 궁극 목적은 인간의 영혼이라는 가장 고귀한 형상이며, 앞에서 밝혀진 바와 같이,[397] 인간 영혼의 궁극 목적은 영원한 생명이다. 따라서 천체 운동의 궁극 목적은 영원한 생명

---

395 라틴어에서는 그 모순이 분명히 드러난다. Infinitum autem repugnat rationi finis. '피니스'(finis)는 끝뿐만 아니라 목적도 의미한다. ─ 무한히 많은 '장소(어디)'가 존재한다. 그러나 무한한 것은 모두 지나가는 것을 허용하지 않는다. 따라서 결코 모든 '장소'에 도달할 수는 없다. 그러나 도달할 수 없는 것은 끝이나 목적일 수 없다. ─ 또는 각각의 크기와 양을 지닌 것은, 토마스에 따르면 단지 가능태에 따라 무한한 수, 즉 끝없이 나누어지거나 확대되거나 확장될 수 있을 뿐이다. 그렇다고 이를 통해 정말로 무한한 것, 더 이상 능가할 수 없는 크기나 양에 도달할 수 있는 것은 아니다. 따라서 크기나 양에 따라 무한한 것은 비규정적인 것이다. 그러나 오직 특정한 것만이 목적일 수 있다(아래에서 "각 지성의 의도는 어떤 한정적인 것에 머문다" 참조)(〔173〕).
396 제96장 각주 231 참조(〔174〕).
397 제104장, 제105장 참조.

으로 인도되어야 하는 인간의 다수화이다. 그러나 이 다수성은 무한한 것일 수 없다. 왜냐하면 각각의 지성의 지향은 어떤 한정된 것에 머물기 때문이다. 따라서 영원한 생명으로 인도되어야 하는 인간의 수가 완성되고 그들이 영원한 생명 안에 살 수 있게 된 후에는 천체 운동도 멈출 것이다. 이는 마치 임의의 도구 운동이 그 작업이 완성된 다음에 멈추는 것과 같다. 그러나 천체 운동이 멈추게 된다면 결과적으로 하위의 물체 안에 있는 모든 운동도 멈출 것이다.[398] 단지 인간 안에 있는 영혼에 의해 일어날 운동만이 제외될 뿐이다. 그리고 이 모든 물체적 우주는 "이 세상의 형태는 사라진다"라는 저 사도의 말(1코린 7,31)에 따라 다른 성향과 형상을 지니게 될 것이다.

제172장
자신의 행위 결과에 따른 인간의 보상 혹은 불행
De premio hominis secundum eius opera, uel miseria

병행문헌: 『신학대전』 제I부 제62문제 제4절; 제II부 제I권 제5문제 제7절 참조.

만일 어떤 목적에 도달하는 특정한 길이 있다면, 반대되는 길을 통해서 걷거나 올바른 길로부터 벗어나는 이는 그 목적에 다다를 수 없다는 사실을 고찰해야만 한다. 즉 의사가 금지하는 반대되는 것을 사용한다면, 우연히 일어나는 경우를 제외하고는 병자는 치료되지 못한다. 그러나 행복에 도달하는 특정한 길, 즉 덕을 통한 길이 존재한다.[399] 만일 자

---

398 "이 하위 사물 안에 있는 능동적인 힘은 도구적이다. 그리고 도구가 주된 운동자와 작용자에 의해 움직여지는 한에서 움직이는 것과 같이, 이 하위의 능동적인 힘도 천체에 의해 움직여지는 한에서 움직일 수 있다"(『진리론』 제5문제 제9절 제3 이론에 대한 해답 참조)([175]).

399 라틴어 '비르투스'(virtus)는 그리스어 '아레테'(ἀρετή)와 마찬가지로 〔윤리적인

신에게 고유한 것을 바르게 수행하지 않는다면, 자신의 어떤 목적을 성취할 수 없기 때문이다. 즉 만일 식물이 자기 안에 본성적 작용의 방식을 보존하지 못한다고 가정하면, 그 식물은 열매를 맺지 못할 것이다. 마찬가지로 경주자가 우승에, 군인이 〔승리의〕 월계관에 도달하는 것은 오직 자신들의 과업에 따라 올바르게 행동했을 경우뿐이다.[400] 그런데 인간이 고유한 작용을 올바르게 수행한다는 것은 그것을 덕에 따라 수행한다는 것이다. 왜냐하면 각 사물의 덕이란 "그것을 소유하고 있는 이를 선하게 만들고 그 행위 결과를 좋게 하는 것"[401](uirtus uniuscuiusque rei est que bonum facit habentem, et opus eius bonum reddit)이기 때문이다. 따라서 인간의 궁극 목적은 이미 언급했던 바와 같이[402] 영원한 생명이기 때문에, 모든 이가 아니라 오직 덕에 따라 행동하는 이들만이 그것에 도달하게 된다.

그 밖에도 자연적인 일뿐만 아니라 인간의 사태도 신의 섭리 아래 놓여 있고, 보편적 측면뿐만 아니라 개별적 측면에서도 그러하다는 사실이 앞에서 밝혀진 바 있다.[403] 개별적인 인간을 돌보는 이에게는, 즉 덕을 지닌 이에게는 상이 주어지고 죄인에게는 벌하는 일이 속한다. 앞에서 밝혀진 바와 같이,[404] 벌은 죄의 치료제이며 그것에 다시 질서를 부여하는 것이기 때문이다. 덕에 대한 보상은 신의 선성으로부터 인간에게 부여되는 행복이다. 그러므로 신에게는 덕을 거슬러 행위하는 이들에게 행복이 아니라 그 반대되는 벌인 극도의 불행을 부여하는 일이 속한다.

의미를 지닌〕 '덕'이라는 단어보다 좀더 넓은 의미를 지닌다. 이 단어는 적절성, 적합함, 능력, 힘 등의 뜻도 지닌다(〔176〕).

400 이 비유는 성서에서 유래하는 것이다. 1코린 9,24-27; 2티모 2,4 이하(〔177〕).

401 아리스토텔레스, 『니코마코스 윤리학』 II, 6, 1106a 15 참조.

402 제104~07장, 제149장, 제150장 참조.

403 제123~35장 참조.

404 제121장 참조.

292

제173장

인간에 대한 보상은 이 세상 삶이 지난 후에 존재하고, 불행도 마찬가지이다

Quod premium hominis est post hanc uitam, et similiter miseria

반대되는 것에는 반대되는 결과가 존재한다는 사실에 주목해야 한다. 덕에 따른 작용에 반대되는 것은 악덕에 따른 작용이다. 따라서 악덕의 작용을 통해 도달하게 되는 불행은 덕의 작용이 마땅히 받게 되는 행복에 반대되는 것임에 틀림없다. 그러나 반대되는 것들은 하나의 유(類)에 속한다.[405] 따라서 덕의 작용을 통해 도달하게 되는 궁극적인 행복은, 앞에서 언급한 것으로부터 분명해진 것과 같이,[406] 이 세상 삶에 속하는 어떤 선이 아니라 이 세상 삶 다음에 속하는 [어떤 선]이다. 그렇기 때문에 악덕이 인도하는 궁극적인 불행 또한 이 세상 삶 다음에 속하는 어떤 악이다.

그 밖에도 이 세상 삶의 모든 선이나 악은 다른 것에 질서 지어져 있다는 사실을 발견하게 된다. 외적인 선이나 육체적인 선 또한 덕에 유기적으로 기여하게 된다. 이 덕은 앞에서 언급한 사물들을 잘 이용하는 이에게는 지복에 도달하게 해 주는 직접적인 길이다. 마찬가지로 이것들은 잘못 사용하는 이에게는 불행에 도달하도록 만드는 악덕의 도구이다. 그리고 이와 유사하게 이런 것들에 대립되는 악들, 예를 들어 질병과 가난 그리고 이런 종류의 것들은 인간이 그것들을 서로 다른 방식으로 사용하는 것에 따라 어떤 이들에게는 덕의 진보를 위해, 어떤 이들에게는 악덕의 증가를 위해 있다. 그러나 다른 것에 질서 지어져 있는 것은 궁극적인 보상이나 벌이 아니다. 따라서 궁극적인 행복이나 불행도 결코 이 세상 삶의 선이나 악으로 구성되는 것이 아니다.

---

405 제118장 각주 283 참조([178]).
406 제108장 참조.

제174장

단죄의 벌이라는 측면에서 인간의 불행은 어디에 존재하는가

In quo est miseria hominis quantum ad penam dampni

병행문헌:『신학대전』제II부 제I권 제85문제 제2절 제3이론에 대한 해답; 보충부 제98문제 제1절;『명제집 주해』제2권 제7구분 제1문제 제2절;『대이교도대전』제IV권 제93장;『영혼론 주해』제17문제 제7이론에 대한 해답 참조.

따라서 악덕이 이끌어가는 불행이란 덕이 이끌어가는 행복에 반대되는 것이기 때문에, 불행에 속하는 것은 행복에 대해 언급되는 것의 반대로서 이해되어야만 한다. 그러나 앞에서[407] 인간의 궁극적인 행복은 지성의 측면에서는 신을 충만하게 직관하는 것에서 이루어지지만, 정념의 측면에서는 인간의 의지가 제1선성 안에 부동적으로 굳세게 머문다는 사실에서 이루어진다고 말했다. 따라서 인간의 극단적인 불행은 지성이 신의 빛을 전적으로 빼앗기고 정념이 신의 선성으로부터 완강하게 등을 돌리는 데에 있을 것이다. 그리고 이것이야말로 단죄받은 자의 으뜸가는 불행이고 단죄의 벌(pena dampni)이라고 불린다.

그럼에도 앞에서 밝혀진 바와 같이,[408] 악은 전적으로 선을 배제할 수 없다. 왜냐하면 모든 악은 어떤 선에 근거하고 있기 때문이다. 따라서 불행이 모든 악을 면한 행복에 대립될지라도 본성적인 선에 근거하고 있어야만 한다. 하지만 지성적 본성의 선이란 지성이 참된 것을 성찰하고, 의지가 선을 지향한다는 사실에서 이루어진다. 그러나 모든 진리와 선은 신이라는 제1진리와 제1선으로부터 유래한다. 그러므로 극단적인 불행에 빠진 인간의 지성조차도 신에 대한 일종의 인식과 사랑을 소유하고 있음에 틀림없다. 신이 자연적인 사랑이라는, 즉 자연적인 완전성의 원리라는 측면에서 그러하다. 그러나 신 그 자체라는 측면에서나 신

---

407 제104~07장, 제149장, 제164~66장 참조.
408 제118장 참조.

이 덕과 은총의 원리, 그리고 덕과 영광에 대한 사랑[409]이라는 지성적 본성이 그에 의해 완성되도록 하는 어떤 종류의 선의 원리라는 측면에서는 그렇지 않다.

그럼에도 비록 저런 불행에 빠진 인간이 자신의 의지를 부동적으로 굳세게 악에 머물게 할지라도, 자유로운 결정을 못하는 것은 아니다. 마치 복된 인간도 자신의 의지를 선에 굳게 머물게 할지라도 [자유로운 결정을 못하지 않는] 것과 마찬가지이다. 즉 결정의 자유(libertas arbitrii)는 고유한 의미에서 선택을 향한 것이지만, 선택은 목적에 이르게 하는 것과 관련된다. 그런데 궁극 목적은 각각의 사람에 의해 본성적으로 추구된다. 그러므로 모든 인간은 그들이 지성적이란 이유로 본성적으로 궁극 목적으로서의 행복을 추구한다. 더욱이 아무도 불행하게 되기를 바랄 수 없도록 부동적으로 [행복을 추구한다.] 이것이 자유로운 결정과 상충되는 것은 아니다. 자유로운 결정은 오직 목적에 이르게 하는 것에 관계되기 때문이다. ─

그러나 이 사람은 이 특별한 [선]에 자신의 궁극적인 행복을 두고 저 사람은 저 [특별한 선에 궁극적인 행복을] 둔다는 사실은, 이 사람에게나 저 사람에게나 그가 사람이라는 측면에서 해당되는 것은 아니다. 왜냐하면 인간은 그런 가치 평가나 욕구에서 서로 다르기 때문이다. 오히려 이런 사실은 각각의 사람에게 그가 어떠한 이라는 측면에서(secundum quod est aliqualis) 부합하는 것이다. 그런데 나는 어떤 정념이나 습성에 따라 '어떠한 이'(aliqualis)라고 말한다. 그러므로 그가 변형된다면 다른 것이 그에게 최상인 것처럼 보일 것이다. 그리고 이것은 어떤 정념에 의해 어떤 것을 최상의 것으로서 욕구하는 이에게서 가장 명백하게 드러난다. 그러나 분노나 정욕 같은 정념이 멈추게 된 후에, 그는 더 이상 과거와 같이 저 선에 대해 비슷하게 판단하지는 않는다. 하지만 습성이란

---

409 다른 수사본들에는 'delectatio'(즐거움, C1,Tt)나 'perfectio'(완전성, N1, ß)란 단어가 사용되었다.

더 지속적인 것이므로, 사람은 그들이 습성으로부터 추구하는 것에 대해서는 더 굳세게 고집한다. 그럼에도 습성도 변할 수 있는 한에서는 그 사람의 궁극 목적에 대한 가치 평가와 욕구도 변하게 된다.

　그러나 이것은 오직 가변성의 상태에 있는, 이 세상에 살고 있는 사람들에게만 해당된다. 즉 영혼은 이 세상 삶이 끝난 후에는 [질적인] 변화에 따라 변형될 수 없다. 이런 종류의 변형은 오직 육체와 관련해 일어나는 어떤 변형에 따라 우유적으로 그것(영혼)에 일어나기 때문이다. 그러나 육체를 다시 취한 뒤에는 영혼이 육체의 변화에만 따르는 것이 아니라 오히려 그 반대이다. 왜냐하면 지금은(이 세상 삶에서는) 영혼이 생식된 육체에 주입되었고, 따라서 적절한 방식으로 육체의 변형에 따르게 되기 때문이다. 그러나 저 때에는 육체가 미리 존재하고 있는 영혼에 결합되는 것이고, 따라서 전적으로 영혼의 조건에 따르게 된다. 그러므로 영혼은 죽음의 상태에서 궁극 목적으로 미리 정한 것이 무엇이든지 간에, 즉 그것이 선한 것이든지 악한 것이든지 관계없이 그것을 최상의 것으로 욕구하면서 그 목적에 계속해서 머물러 있게 될 것이다. 이는 코헬 11,3에서 나무가 잘리게 되면 "쓰러진 곳이 어디든지, 그곳에 있게 된다"[410]라고 말하는 것에 따르는 것이다. 따라서 이 세상 삶이 끝난 후에 죽음의 상태에서 선한 상태에 있는 이들은 계속해서 선을 향한 굳센 의지를 지니게 될 것이다. 그러나 그때에 악한 상태에 있는 이들은 계속해서 악을 고집하게 될 것이다.

410　마리에티 판에서는 "나무가 남쪽이나 북쪽으로 쓰러진다면, 그가 쓰러진 곳이 어디든지, 그곳에 머물러 있게 될 것이다"(si ceciderit lignum ad Austrum, aut ad Aquilonem, in quocumque loco ceciderit, ibi erit)라고 성서를 인용한다.

제175장

죽을죄는 이 세상 삶의 다음에 용서받지 못하지만,
아마도 경미한 죄는 용서받을 것이다

Quod peccata mortalia non dimittuntur post hanc

uitam sed bene uenialia

병행문헌: 『신학대전』 제II부 제II권 제13문제 제4절; 제III부 제86문제 제1절; 보충부 제98문제
제2절; 『명제집 주해』 제4권 제14구분 제1문제 제3절 제4소질문; 『히브리서 주해』 제12장
제3강 참조.

이것으로부터 죽을죄(死罪, peccata mortalia)는 이 세상 삶의 다음에 용
서받지 못하지만, 경미한 [죄는] 용서받을 수 있다는 사실을 고찰할 수
있다. 왜냐하면 죽을죄는 [앞에서] 말한 바와 같이,[411] 인간이 죽은 후에
부동적으로 고수하게 되는 궁극 목적으로부터 떠나감을 통해 생겨나기
때문이다. 그러나 경미한 죄는 궁극 목적이 아니라 궁극 목적에 이르는
길과 상관 있는 것이다.[412] 악한 이의 의지가 죽은 후에 악에 완고하고
굳세게 머물게 된다면, 그는 항상 과거에 욕구했던 것을 최상의 것으로
욕구하게 될 것이다. 그러므로 자신이 죄를 지은 것에 대해 괴로워하지
않을 것이다. 누구도 자신이 최상의 것이라 가치 평가하는 것에 도달했
다는 사실에 대해 괴로워하지는 않기 때문이다.

그러나 궁극적인 불행으로 단죄된 이는 그가 최상의 것으로 욕구했던
것을 죽은 후에는 가질 수 없다는 사실을 알아야만 한다. 즉 거기서는
사치하는 이에게 사치할 수 있는 능력이 주어지지 않고, 분노하거나 시
기하는 이에게는 다른 이를 공격하거나 방해할 수 있는 능력이 주어지
지 않을 것이며, 다른 각각의 악덕에 대해서도 이와 같을 것이다. 그러나
그는 덕에 따라 살았던 이가 최상의 것으로 욕구했던 것을 소유하게 된

---

411 제166장, 제177장 참조.
412 『신학대전』 제II부 제I권 제88문제 제1절 참조((179)).

다는 사실을 알게 된다. 그러므로 그는 죄를 저질렀다는 사실에 대해 괴로워하는데, 이는 그가 죄를 싫어하기 때문이 아니다. 저 때(단죄받은 시기)에조차도 그에게 능력이 주어진다면 신을 소유하기보다 죄를 저지르는 것을 더 좋아할 것이기 때문이다. 오히려 그는 그가 선택한 것을 가지지 못하고 배척하는 것만을 가질 수 있기 때문에 [괴로워할 것이다]. 따라서 그의 의지는 계속해서 악을 고집하면서 머물러 있을 것이다. 그럼에도 그는 자신이 저지른 죄와 잃어버린 영광에 대해 극도로 괴로워할 것이다. 이 고통을 양심의 가책(remorsus conscientie)이라고 부르는데, 성서에서는 비유적으로 벌레라고 한다. 이사 66,24에 따르면, "그들의 벌레(vermis)는 죽지 않을 것이다".

제176장
단죄받은 이의 육체는 고난을 겪을 수 있지만 그럼에도 전체적이고, 특별한 성향은 없다
Quod corpora dampnatorum erunt passibilia et tamen integra, et sine dotibus[413]

병행문헌: 『신학대전』 제II부 제II권 제13문제 제4절; 제III부 제86문제 제1절; 보충부 제98문제 제2절; 『명제집 주해』 제4권 제14구분 제1문제 제3절 제4소질문; 『히브리서 주해』 제12장 제3강 참조.

앞에서 말한 바와 같이,[414] 거룩한 이에게서 영혼의 복됨이 어떤 방식으로 육체에까지 전해지는 것처럼, 또한 영혼의 불행도 단죄받은 이의 육체에 전해지게 될 것이다. 그럼에도 불행이 본성의 선을 영혼으로부터 배제하지 않는 것처럼, 또한 육체로부터도 배제하지 않는다는 사실

---

413 제164장 각주 376 참조.
414 제168장 참조.

이 주시된다. 따라서 단죄받은 이의 육체는 그 본성의 측면에서 전체적이지만, 그럼에도 그것은 복된 이의 영광에 속하는 저 조건들을 소유하지는 못할 것이다. 즉 그것(단죄받은 이의 육체)은 민첩할 수도 손상되지 않을 수도 없고 오히려 그의 조야(粗野)함과 손상될 수 있는 성질은 그대로 남아 있거나, 또는 (이런 성질들은) 그것들 안에서 더욱 자라날 것이다. 그것들은 활동적이지 못하고 영혼에 의해 간신히 움직여질 수 있을 것이다. 그는 찬란하지 못하고 어두워서 영혼의 어두움이 육체 안에서 드러날 것이다. 이는 이사 13,8의 "그들의 용모는 화상을 입은 얼굴이다"[415]라는 말씀에 따른 것이다.

제177장
단죄받은 이의 육체는 손상될 수 있지만
소멸될 수는 없는 것이다
Quod corpora dampnatorum,
licet passibilia erunt tamen incorruptibilia

병행문헌: 『신학대전』 보충부 제86문제 제2절, 제3절; 『명제집 주해』 제2권 제33구분 제2문제 제1절 제3, 5이론에 대한 해답; 제4권 제50구분 제2문제 제3절 제1소질문 제3이론에 대한 해답; 『42문항 회신』 25.26; 『36문항 회신』 20.21; 『자유토론 문제집』 제VII권 제5문제, 제1절; 제VIII권 제8문제 참조.

그럼에도 비록 단죄받은 이의 육체가 손상될 수 있음에도 불구하고 소멸되지 않는다는 사실을 알아야만 한다. 그렇지만 (이 사실은) 우리가 지금 경험하는 것의 이성적 근거에 위배되는 것처럼 보인다. "점점 더 가해진 고난은 실체로부터 벗어나게 하기"(passio magis facta abiicit a substantia)[416] 때문이다. 하지만 이때 계속해서 영원히 가해지는 고난이

---

415 "그들의 얼굴은 불처럼 달아오르리라"(『성경』).

어떻게 해서 손상될 수 있는 육체를 소멸시키지 않는지에 대한 두 가지 이유가 있을 것이다. ─

첫 번째 이유는 앞에서 말한 바와 같이,[417] 천체 운동이 멈추게 되면 자연(본성)의 모든 변화(mutatio)도 필연적으로 멈추게 되기 때문이다. 따라서 어떤 것은 자연(본성)의 변화(alteratio nature)에 의해서가 아니라 오직 영혼의 변화에 의해 변화될 수 있다. 그런데 나는 어떤 것이 뜨거운 상태로부터 차갑게 되거나, 어떻게든지 본성적으로 지닌 성질에 따라 변하게 된 경우를 자연(본성)의 변화라고 부른다. 하지만 나는 어떤 것이 한 성질의 자연적인 존재에 따라서가 아니라 그것의 영적인 존재에 따라 성질을 받아들이게 되는 경우를 영혼의 변화라고 부른다. 이는 마치 눈동자가 색깔의 형상을 그것이 색깔을 지니고 있는 것과 같이 받아들이는 것이 아니라 색깔을 감각하는 것 같이 받아들이는 것과 같다. 따라서 단죄받은 이의 육체도 불이나 어떤 다른 육체로부터 고난을 겪는데, 그 육체는 불의 종이나 성질로 변하게 되는 것이 아니라 그 성질을 지닌 것의 우월함을 느낌으로써 그렇게 된다. 그리고 이것은 비참한 일이 될 터인데, 그것은 이런 종류의 우월함이 그 안에서 감각이 구성되고 즐거움을 느끼는 조화와 반대된다는 측면에서 그렇다. 그럼에도 소멸시킬 수 있는 것은 아닐텐데, 영적인 수용은 육체의 형상의 본성을 변형시키지 않기 때문이다. 설령 바꿀지라도 우유적으로 그렇게 할 뿐이다.[418]

두 번째 이유는 영혼의 부분으로부터 나올 것인데, 육체가 그 영혼의 항구성으로 신적인 힘에 의해 이끌릴 것이기 때문이다. 그러므로 단죄받은 이의 영혼은 그것이 육체의 형상이자 본성이라는 측면에서, 그것(육체)에 항구적인 존재를 부여할 것이다. 그럼에도 그 영혼은 자신의

---

416 아리스토텔레스, 『변증론』(Topica) VI, 6, 145a 3 이하; 『대이교도대전』 제IV권 제89장 참조([180]).

417 제171장 참조.

418 『신학대전』 제II부 제I권 제22문제 제2절 제3이론에 대한 해답 참조([181]).

불완전성 때문에 육체에 고난을 겪을 수 없을 정도로 〔항구적인 존재를〕부여할 수는 없을 것이다. 따라서 육체는 이렇게 항상 고난을 겪지만 소멸되지는 않는다.

제178장

부활 전에 어떤 이의 영혼은 행복을 누리고, 어떤 이의 영혼은 불행 속에 산다

Quod ante resurrectionem anime quorundam felicitate

potiuntur quorundam in miseria uiuent

앞에서 언급된 것들에 따라 행복뿐만 아니라 불행도 근원적으로 영혼 안에서 이루어지고, 이차적으로나 일종의 파생을 통해 육체 안에서도 이루어진다는 사실이 분명하다. 따라서 영혼의 행복이나 불행이 육체의 행복이나 불행에 종속되는 것이 아니라 오히려 그 반대이다. 그러므로 죽은 후에 영혼은 육체의 부활 이전에 ── 〔그 가운데〕 일부는 지복의 상을 받으며(cum merito beatitudinis), 일부는 불행의 벌을 받으며(cum merito miserie) ── 남아 있기 때문에, 어떤 이의 영혼은 부활 이전에도 앞에서 언급했던 행복을 누린다는 것이 분명하다. 이에 대해 사도〔바오로〕는 2코린 5,1[419]에 나오는 "이 세상에서 살고 있는 우리의 집이 사라진다면, 〔사람의〕 손으로 만들어진 것이 아니라 신에 의해 저 천상에 보존되어 있는 집을 가지게 될 것이라는 것을 알고 있다"(Scimus quoniam si terrestris domus nostra huius habitationis dissoluatur, domum habemus a Deo[420] non manufactam, conseruatam in celis[421])라고 말한다. 그리고 더 밑에서는

---

419 "우리의 이 지상 천막집이 허물어지면 하느님께서 마련하신 건물, 곧 사람 손으로 짓지 않은 영원한 집을 하늘에서 얻는다는 사실을 압니다"(『성경』).
420 불가타 성경에는 "quod edificationem ex Deo habemus domum"이라고 나와 있다.

"우리는 용기를 내고, 육체로부터 벗어나 주님의 집에 존재하리라는 선한 의지를 가지고 있습니다"[422]라고 말한다. 그러나 어떤 이의 영혼은 불행 속에 살고 있는데, 이는 루카 16,22의 "그는 부유한 이로 죽어 지옥에 묻혔다"(Mortuus est diues et sepultus est in inferno)라는 말씀에 따른 것이다.

제179장
단죄받은 이의 벌은 육체적인 악보다
영적인 악에 대한 것이다
Quod pena dampnatorum est in malis tam
spiritualibus quam corporalibus

그럼에도 거룩한 영혼의 행복은 영적인 선 안에만 존재할 것이지만, 단죄받은 영혼의 벌은 어떤 사람들이 생각하는 것처럼[423] 부활 이전에 단지 영적인 악 안에만 존재하게 되는 것이 아니라, 그것은 또한 육체적인 벌도 견뎌내야 할 것이다. 이런 차이의 이유는 다음과 같다. 거룩한

---

421 1베드 1,4 참조.

422 "Audemus et bonam uoluntatem habemus peregrinari a corpore, et presentes esse Domino"; "우리는 확신에 차 있습니다. 그리고 이 몸을 떠나 주님 곁에 사는 것이 낫다고 생각합니다"(『성경』, 2코린 5,8).

423 오리게네스, 『원리론』(Peri archon) II, 10 (PG 11, 236); 테오필락투스(Theophylactus), 『마르코복음 주해』(In Evangelium Marci) cap. IX, vers. 42-49 (PG 123, 593) (CV, p. 195, n. 191) 참조. 토마스는 또한 아비첸나(『형이상학』 IX, 7 (106vb))를 기억하고 있다. 『명제집 주해』 제4권 제44구분 제3문제 제2절 제1소질문 참조. 『대이교도대전』 제III권 제145장에서는 알 가잘리를 생각하고 있다. "죄인에게는 단지 영원한 목적을 상실했기 때문에 슬퍼하는 벌만이 부과되었다고 생각했던 알 가잘리의 견해 ……." — 알 가잘리는 호라산(Khorasan) 투스 태생의 이슬람 철학자로서 이슬람 정통 교리의 열렬한 옹호자요 전파자였다((182)).

이의 영혼은 이 세상에서 육체와 결합되어 있는 동안에 자기 질서를 지켰고 육체적인 일에가 아니라 오직 신에게만 자신을 복종시켰다. 그의 행복 전체는 어떤 육체적인 선이 아니라 신을 향유하는 것으로 이루어진다. 그러나 악한 이의 영혼은 본성의 질서가 지켜지지 않았기에, 신적인 것과 영적인 것을 무시한 채 자신을 정념으로써 육체적인 사물에 종속시켰다. 따라서 결론적으로 그는 영적인 선을 상실함으로써 뿐만 아니라 육체적인 선에 종속됨으로 인해 벌을 받게 될 것이다. 그러므로 성서에서 거룩한 영혼에 육체적인 선의 보답을 약속하는 (구절들이) 발견된다면, 그것들은 신비적으로(mistice) 해석되어야만 한다. 성서 중 앞서 말한 것 안에서 육체적인 것의 유사성을 통해 영적인 것이 지시되곤 한다는 측면에서 그러하다. 하지만 "그들은 지옥의 불로 몹시 괴롭혀질 것"이라는 (구절과 같이) 단죄받은 이의 영혼에는 육체적인 벌이 예언되었다는 것이 문자 그대로 이해되어야만 한다.

제180장
영혼이 육체적 불에 의해 고난을 겪을 수 있는가
Utrum anima possit pati ab igne corporeo

병행문헌: 『신학대전』 제I부 제64문제 제4절 제1이론에 대한 해답; 보충부 제70문제 제3절; 『대이교도대전』 제IV권 제90장; 『영혼론』 제6절 제7이론에 대한 해답; 『영적 피조물론』 제1문제 제20이론에 대한 해답; 『자유토론 문제집』 제II권 제7문제 제1절; 제III권 제10문제 제1절; 제VII권 제5문제 제3절 참조.

어떤 이에게 육체로부터 분리된 영혼이 육체적 불에 의해 고난을 겪는다는 사실이 불합리하게 보이지 않도록 하기 위해서는 육체와 결합된다는 것이 영적 실체의 본성을 거스르는 것이 아니라는 사실을 고찰해야만 한다. 이것은 영혼과 육체의 합일에서 분명한 바와 같이, 본성을 통해 이루어질 뿐만 아니라 어떤 영을 그림이나 반지나 이런 종류의 어떤 것들에 결박하는 마술을 통해서도 이루어진다. 따라서 신의 힘으로부터 어떤 영적인 실체가 비록 그 본성에 따라서는 모든 육체적인 것을 능가한다 할지라도, 어떤 물체에 예를 들어 지옥의 불과 같은 것에 결박되는 일이 일어날 수 있다. 그런 것처럼 〔그것(영적 실체)이〕 그 물체에 생명을 부여하는 것이 아니라 어떤 방식으로 그것에 묶여 있는 것이다. 즉 가장 최하의 사물에 어떤 방식으로든 종속된다는 사실 자체가 영적 실체로부터 고찰되어야 한다는 것은 그에게 비참한 것이다.

따라서 이런 종류의 고찰이 영적 실체에 비참한 것인 한에서 "자신이 불타고 있는 것을 봄으로써 영혼은 불타 버린다"라는 말과, 또한 "저 불은 영적인 것이다"라고 말하는 것은 진리로서 드러난다. 직접적으로 비참하게 하는 것은 결박하는 것으로서 파악되는 불이기 때문이다. 그러나 〔그것과〕 결박되는 불이 육체적인 것인 한에서는, 그레고리우스가 "영혼은 불을 보는 것만이 아니라 경험함으로도 고난을 겪는다"[424]라고 말한 것이 진리로서 드러난다. 그리고 저 불은 그 본성에 의해서가 아니라 신의 힘에 의해 영적인 실체를 결박할 수 있게 되기 때문에, 어떤 이들[425]은 "저 불은 복수하는 신의 정의의 도구로 작용한다"라고 적절하게 말하는 것이다. 〔그 불은〕 영적 실체 안에서 마치 물체 안에서 뜨겁게 만들고, 건조시키고, 녹이는 것처럼 작용하는 것이 아니라 앞에서 말한 바와 같이 결박하는 것으로 작용한다. 그리고 영적 실체에 가장 가까운 비참함이란 벌 안에서 결박하는 불을 파악하는 것이기 때문에, 그 비참함이란 비록 배정된 시간 동안 영적 실체가 불에 묶여 있지 않게 된다고 할지라도 멈추지 않는다는 사실을 명백하게 숙고할 수 있다. 이는 마치 영속적으로 사슬에 묶여 있도록 단죄받은 어떤 이가 비록 순간적으

---

424 대(大)그레고리우스, 『대화』(*Dialogi*) IV, 29 (PL, 77, 368) (CV, p. 196, n. 192) 참조.

425 아우구스티누스, 『신국론』 XXI, 10; 톨레도의 율리아누스(Julian of Toledo), *Prognosticon* II, 17 (PL 96, 482) (CV, p. 196, n. 194); 대(大)알베르투스, 『부활론』(*De resurrectione*) tr. II, a. 5 (Ed. Colon. XXVI, p. 295) 참조.

로 사슬로부터 풀려난다고 할지라도, 지속적인 비참함을 느끼는 것과
같다.

제181장
이 세상 삶 다음에는 영원하지 않은
일종의 정화의 벌이 존재한다
Quod post hanc uitam sunt quedam purgatorie pene non eterne

병행문헌: 『신학대전』 제I부 제64문제 제4절 제1이론에 대한 해답; 보충부 제70문제 제3절;
『대이교도대전』 제IV권 제90장; 『영혼론』 제6절 제7이론에 대한 해답; 『영적 피조물론』
제1문제 제20이론에 대한 해답; 『자유토론 문제집』 제II권 제7문제 제1절; 제III권 제10문제
제1절; 제VII권 제5문제 제3절 참조.

비록 어떤 영혼은 앞에서 말한 바와 같이,[426] 육체로부터 벗어나자마
자 즉시 영원한 지복을 얻을지라도, 어떤 이는 이것을 얻는 것으로부터
일정 기간 동안 지연된다. 때때로 어떤 이는 저질러진 죄에 대해 이 세
상 삶 안에서 참회를 충족하지 못해 최종적으로 뉘우치는 경우가 발생
하기 때문이다. 그리고 신적 정의의 질서는 죄악에 대해 벌이 돌아가게
하는 것이기 때문에, 이 세상에서 값을 치르지 못한 영혼의 벌을 이 세
상 삶이 끝난 다음에 치른다고 말해야만 한다. 그러나 그가 단죄받은 이
의 극단적인 불행에 이르게 되는 것은 아니다. 왜냐하면 참회를 통해 애
덕의 상태로 되돌아왔고, 애덕을 통해 궁극 목적으로서의 신 안에 머물
러 있음으로 인해 영원한 생명을 얻었기 때문이다. 그러므로 이 세상 삶
다음에 정화하는 어떤 벌이 존재하고 그 벌을 통해 아직 충족되지 못한
참회가 완성된다는 결론이 나온다.

---

426 제178장 참조.

제182장

경미한 죄에 대해서도 어떤 정화하는 벌이 있다

Quod sunt alique pene purgatorie etiam uenialium

병행문헌: 『신학대전』제II부 제I권 제87문제 제5절; 제III부 제86문제 제4절; 『명제집 주해』제2권 제42구분 제1문제 제5절; 제4권 제16구분 제2문제 제2절 제2소질문; 제46구분 제1문제 제3절; 『대이교도대전』제III권 제143장; 제IV권 제91장; 『악론』제7문제 제1절 제24이론에 대한 해답; 제7문제 제10절, 제11절; 『신앙의 근거』제9문제; 『마태오복음 강해』제12장 참조.

동시에 어떤 이가 죽을죄는 없지만 궁극 목적으로부터 벗어나지 않는 경미한 죄를 지닌 채, 이 세상 삶으로부터 사라지는 경우가 발생한다. 비록 목적에 이르게 하는 것에 대해 부당하게 집착함으로써 죄를 지었을지라도 말이다.[427] 이 죄는 일부 완전한 이들의 경우에는 애덕의 열정을 통해(ex feruore caritatis) 정화된다. 그러나 다른 이들의 경우에는 어떤 벌을 통해 이런 종류의 죄가 정화되어야만 한다. 오직 모든 죄와 결함으로부터 면제된 사람만이 영원한 생명에 도달하도록 인도되기 때문이다. 따라서 이 세상 삶 다음에 정화하는 벌이 부과되어야만 한다. ──

그러나 이런 종류의 벌이 정화하는 기능을 하는 것은 그것을 겪고 있는 이의 조건에 달려 있다. 그의 안에는 자신의 의지를 신의 의지에 합치시키는 애덕이 존재한다. 이 애덕의 힘으로 말미암아 그가 겪는 벌은 정화되는 데 유익하다. 그러므로 이와 같이 단죄를 받았지만 애덕을 지니지 못한 이에게서는 벌은 정화하지 못하고, 죄의 오염(infectio peccati)은 항상 남아 있게 된다. 따라서 벌은 항상 지속된다.

---

427 제175장 참조.

제183장

죄가 일시적인 것이었기 때문에
영원한 벌을 받는 것은 신의 정의에 상충되는가
Utrum eternam penam pati repugnet
iustitie diuine cum culpa fuerit temporalis

병행문헌: 『신학대전』제II부 제I권 제87문제 제3절; 보충부 제99문제 제1절; 『명제집 주해』
제2권 제42구분 제1문제 제5절; 제4권 제21구분 제1문제 제2절 제3소질문; 『대이교도대전』
제III권 제143장, 제144장; 『악론』 제7문제 제10절; 『마태오복음 강해』 제25장; 『로마서 주해』
제2장 제2강 참조.

어떤 이가 영속적인 벌을 받게 된다고 할지라도, 이것이 신의 정의라
는 개념을 거스르는 것은 아니다. 왜냐하면 죄가 저질러진 시간에 맞추
어 벌이 결정되는 것은 인간의 법에서도 요청되지 않기 때문이다. 짧은
시간 안에 저질러진 간통이나 살인 같은 죄에 대해, 인간의 법은 때때로
어떤 이를 시민 사회로부터 영구적으로 배제하는 추방이나 사형까지 부
과하기 때문이다. 추방이 영구적으로 지속되지 않는 것은 인간의 생명
이 영구적이지 않기 때문에 부차적으로 그렇게 되는 것이다. 그러나 재
판관의 의도는 그를 가능한 한 영구히 처벌하기 위한 것처럼 보인다. 그
러므로 순식간의 일시적인 죄에 대해 신이 영원한 벌을 부과한다고 해
서 그것이 불의한 것은 아니다.

또한 동시에 죄에 대해 뉘우치지 않고 그렇게 그〔죄〕 안에서 죽을 때
까지 계속 머물러 있는 죄인에게 영원한 벌이 부과된다는 사실도 고찰
해야만 한다. 그는 자신의 영원함 안에서 죄를 짓고 있기 때문에 신에
의해 합리적으로 영원히 처벌받게 된다. ──

또한 신을 거슬러 저질러진 죄는 어떤 것이든지, 그를 거슬러 저질러
진 신의 측면에서 보자면, 일종의 무한성을 지니고 있다. 왜냐하면 신
을 거슬러 죄를 저지른 이가 위대하면 위대할수록 그만큼 죄는 더 무거
워진다는 사실이 명백하기 때문이다. 예를 들어 기사(군인)의 뺨을 때린

것은 농부의 뺨을 때린 것보다 더 무거운 죄를 범한 것으로 취급된다. 만일 제후나 왕의 〔뺨을 때렸다면〕, 그것은 더더욱 무거운 죄로 〔취급될 것이다〕. 이렇듯이 신은 무한히 위대하기 때문에 그를 거슬러 저질러진 공격은 어떤 의미에서 무한한 것이다. 그러므로 어떤 식으로든지 간에, 그에게는 무한한 벌이 부여될 것이다. 그러나 창조된 어떤 것도 그렇게 무한할 수 없기 때문에 영원한 벌이 철저하게 있을 수는 없다. 그러므로 죽을죄에 대해서는 지속적으로 영원한 벌이 부여되리라는 사실이 귀결된다.

마찬가지로 교정될 수 있는 이에게는 그의 교정이나 정화를 위해 일시적인 벌이 부과된다. 따라서 어떤 이가 죄로부터 교정될 수 없고 앞에서 단죄받은 이에 대해 말했던 것과 같이[428] 그의 의지가 완고하고 군세게 죄에 머물러 있다면, 그의 벌은 끝나서는 안 된다.

제184장
앞서 언급된 것들은 다른 영적 실체에도 해당된다
Quod predicta conueniunt etiam aliis spiritualibus substantiis

그러나 인간은 천사와 더불어 지성적인 본성에 부합하고 앞에서 말한 바와 같이,[428] 인간에게서처럼 천사 안에서도 또한 죄가 있을 수 있다. 그렇기 때문에 영혼의 영광이나 벌에 대해 언급된 것은 무엇이든지, 또한 착한 천사의 영광과 악한 천사의 벌에 대한 것으로도 이해되어야만 한다. 그럼에도 인간과 천사는 오직 다음과 같은 점에서 차이가 난다. 앞에서 언급된 바와 같이,[430] 인간 영혼은 선에 대한 의지의 견고함이나 악

---

428 제174장, 제175장 참조.
429 제113장 참조.
430 제166장, 제174장 참조.

에 대한 〔의지의〕 완고함을, 〔영혼이〕 육체로부터 분리될 때 지니게 된다. 그러나 천사는 처음으로 심사숙고한 의지를 가지고 자기 목적에 앞서 신으로 정하든지 어떤 창조된 것으로 정하든지 간에, 이때로부터 복된 이인지 비참한 이인지가 규정되었다. 즉 인간의 영혼 안에서는 가변성이 의지의 자유로부터만이 아니라 육체의 가변성으로부터도 생겨날 수 있다. 그러나 천사 안에서는 〔가변성이란〕 오직 결정의 자유로부터만 〔생겨날 수 있다〕. 그러므로 천사는 첫 번째 선택으로부터 불변성이 귀결되지만, 〔인간〕 영혼은 오직 육체로부터 벗어날 때에만 불변성을 지니게 된다.

따라서 선한 이의 보상을 표현하기 위해 신경(信經)에서는 '영원한 생명'(Vitam eternam)이라고 언급된다. 그런데 영원함이란 단지 지속성 때문이 아니라 오히려 영원성의 향유 때문에 더 그런 것으로 이해되어야만 한다. 그러나 이것과 관련해 또한 단죄받은 이의 벌이나 세상의 최종적인 상태에 대해 언급된 많은 다른 것이 믿어져야만 하는 일이 벌어진다. 이 모든 것이 이해되게 하기 위해 교부들의 신경[431]에서는 '내세의 삶'(Vitam futuri seculi)이라고 제시되었다. 내세(來世)란 것은 이런 종류의 모든 것을 포함하기 때문이다.

---

431 니케아 신경을 말한다.

두 번째 논고(Secundus Tractatus)

제185장
그리스도의 인성에 대하여
De fide ad humanitatem Christi

처음에[432] 언급된 바와 같이, 그리스도교의 신앙은 무엇보다도 다음 두 가지에 관련되어 있다. 즉 삼위일체의 신성과 그리스도의 인성(人性)이 그것이다. 신성과 그 결과에 속하는 것들은 이미 다루었기 때문에 그리스도의 인성에 속하는 것들을 다루어야만 하는 일이 남아 있다. 그리고 사도(바오로)가 1티모 1,15에서 말한 것처럼 "그리스도 예수는 이 세상에 죄인들을 구원하러 오셨기"(Christus Ihesus uenit in hunc mundum peccatores saluos facere) 때문에, 인류가 어떻게 죄에 떨어졌는가를 먼저 다루어야 하는 것으로 보인다. 그럼으로써 그리스도의 인성을 통해 인간이 어떻게 죄로부터 해방되는가를 더욱 명료하게 인식하게 될 것이다.

---

432 제2장 참조.

제186장

인간의 최초 상태의 완전성

De perfectione hominis in prima sui constitutione

앞에서 언급된 바와 같이,[433] 인간은 신에 의해 자신의 〔창조된〕 조건에서 육체가 전적으로 영혼에 종속되도록 그렇게 정해졌다. 다시 영혼의 부분들 중에서는 하위의 힘이 이성에 저항 없이 종속되고, 인간의 이성 자체는 신에게 종속되도록 되어 있다. 그런데 육체가 절대적으로 영혼에 종속되었기 때문에, 육체 안에 있는 어떤 정념도 육체에 대한 영혼의 주권을 거스르는 일을 벌일 수 없도록 되어 있었다. 따라서 죽음도 질병도 인간 안에 자리를 차지할 수 없었다. 하위의 힘의 이성에 대한 종속으로 인해 인간 안에는 정신의 전폭적인 평정(omnimoda mentis tranquilitas)이 존재했다. 인간 이성이 어떠한 무질서한 정념으로부터도 혼란되지 않았기 때문이다. 그것은 인간의 의지가 신에 종속되었기 때문에 인간은 마치 궁극 목적처럼 신 안에 있는 모든 것에 관련되었고, 그의 정의와 결백이 그것으로 이루어졌다. ──

이 세 가지[434] 중에서 마지막의 것이 다른 것들의 원인이었다. 즉 만일 육체의 구성 요소가 고려된다면, 분해 또는 생명을 거스르는 어떤 정념이 육체 안에 자리를 차지할 수 없으리라는 사실은 육체의 본성으로부터 유래된 것이 아니었다. 육체는 상반된 요소들로 구성된 합성체이기 때문이다. 마찬가지로 감각적인 힘이 반항 없이 이성에 종속되리라는 사실도 영혼의 본성으로부터 나오지 않았다. 감각적인 힘은 본성적으로 감각에 따라 쾌락을 줄 수 있는 것들에 동요되고, 이것은 자주 올바른 이성과 상반되기 때문이다. ──

---

433 제2장 참조.

434 이 세 가지란 육체의 영혼에 대한 종속, 하위의 힘의 이성에 대한 종속, 인간 이성의 신에 대한 종속을 말한다.

따라서 이것은 상위의 힘, 즉 신의 힘으로부터 유래한 것이다. 신은 육체와 감각적 능력 같은 종류의 육체적 능력들을 능가하는 이성적 영혼을 육체에 결합했듯이, 마찬가지로 〔이성적 영혼이〕 육체의 조건을 넘어서 그것을 억제할 수 있도록 그리고 이성적 영혼에 부합하는 한에서 감각적 힘을 〔억제할 수 있도록〕 이성적 영혼에 능력을 부여했다. 이에 이성이 하위의 것을 자신 아래 견고하게 억제하기 위해서는 자신이 신 아래 견고하게 억제되어야만 했다. 〔이성은〕 신으로부터 앞서 말한 능력들을 본성의 조건을 넘어 소유하게 되었다.

따라서 인간은, 만일 그의 이성이 신으로부터 떨어지지 않는다면, 그의 육체도 영혼의 생명으로부터 떨어질 수 없고, 감각적인 힘도 이성의 올바름으로부터 〔떨어지지 않도록〕 그렇게 정해졌다. 그러므로 〔인간은〕 어떤 점에서 불사적이고 손상되지 않을 수(quodam modo immortalis et impassibilis) 있었다. 즉 인간이 죄를 짓지 않았더라면 죽지도 손상되지도 않을 수 있었던 것이다. 그럼에도 〔인간은〕 죄를 지을 수 있었는데, 그의 의지가 아직 궁극 목적의 획득을 통해 견고해지지 못했기 때문이다. 그리고 이런 사실 아래 인간은 죽을 수도 손상될 수도 있었다. ─

이 점에서 최초의 인간이 가지고 있던 손상되지 않음과 불사불멸성은, 부활 후 성인들이 가지게 될 그런 특성들과 다르다. 앞에서 언급된 바와 같이,[435] 성인들은 그들의 의지가 전적으로 신에게 굳세게 머물러 있기 때문에 결코 손상될 수도 죽을 수도 없을 것이다. 또한 다른 점에서도 차이가 났다. 부활 후 인간은 음식을 먹지도 성관계를 맺지도 않을 것이지만, 최초의 인간은 필연적으로 음식을 통해 생명을 유지하고, 인류가 한 인간으로부터 다수화되기 위해 출산의 과업을 수행하는 본분을 지니게 되었다. 그러므로 인간은 자신의 조건에서 두 가지 명령을 받았다. 첫째 명령에는 "낙원에 있는 모든 나무에서 나오는 것을 먹어라"[436]

---

435 제166장 참조.
436 "De omni ligno quod est in paradiso comede"; "너는 동산에 있는 모든 나무에서

라는 말이 속한다. 둘째 명령에는 "증가하고 다수화되어 땅을 채워라"[437]
라는 말이 속한다.

제187장

저 완전한 상태는 원천적 정의라고 불린다

Quod ille perfectus status nominatur originalis iustitia

병행문헌:『신학대전』제I부 제102문제 제2절;『명제집 주해』제2권 제29구분 제5문제 참조.

그런데 인간의 매우 질서 잡힌 이런 상태는 원천적 정의(originalis
iustitia)라고 불린다. 이를 통해 인간 자체는 자신의 상위자(신)에게 종속
되었고, 인간에게 모든 하위의 것이 종속되었다. 이는 그에 대해 "바다
의 물고기들과 하늘의 나는 것을 다스려라"[438]라고 언급된 것에 따른 것
이다. 또한 그의 부분들 중에서는 하위의 것이 저항 없이 상위의 것에
종속되었다. 이러한 상태는 개별적 인격체로서가 아니라 인간 본성의
최초 원리로서 최초의 인간에게 허용되었던 것이다. 따라서 〔이 상태는〕
그 자신(최초의 인간)을 통해 동시에 〔인간〕 본성과 함께 후손에게 전이
되어야만 했다. 그리고 각각의 것에는 자기 조건의 적합함에 따라 위치
가 합당하기 때문에, 그렇게 질서 있게 만들어진 인간은 가장 균형 잡히
고 유쾌한 장소에 배치되었다. 그(인간)로부터는 내적인 괴로움뿐만 아
니라 모든 외적인 괴로움의 번뇌 또한 제거되도록 〔배치되었던 것이다〕.

열매를 따 먹어도 된다"(『성경』, 창세 2,16).

437 "Crescite et multiplicamini, et replete terram"; "자식을 많이 낳고 번성하여 땅을
가득 채우고 지배하여라"(『성경』, 창세 1,28).

438 "Presit piscibus maris et uolatilibus celi"; "그래서 그가 바다의 물고기와 하늘의 새
와 집짐승과 온갖 들짐승과 땅을 기어다니는 온갖 것을 다스리게 하자"(『성경』,
창세 1,26).

제188장
선과 악을 아는 나무와 인간의 첫 번째 계명
De ligno scientie boni et mali, et primo hominis precepto

앞서 말한 인간의 상태는 인간의 의지가 신에게 종속되어 있다는 사실에 의존했기 때문에, 시초부터 신의 의지에 따라야만 하는 것에 익숙해지도록 신은 인간에게 어떤 계명들을 내렸다. 즉 죽음의 위협을 무릅쓰고 선과 악을 아는 나무로부터 나온 것은 먹지 말라고 금하면서, 낙원의 모든 다른 나무로부터 나온 것을 먹으라는 것이다. 이 나무로부터 나온 것을 먹는 것이 그 자체로 나쁘기 때문에 금지된 것이 아니라 인간이 적어도 이 얼마 안되는 것 안에서 어떤 것을, 그것이 오직 신으로부터 명령되었다는 이유만으로 지키도록 하기 위해 금지된 것이다. 그러므로 앞서 말한 나무로부터 나온 것을 먹는 것은 그것이 금지되었기 때문에 악을 저지른 것이 된다. 그러나 저 나무는 "선과 악을 아는"(scientie boni et mali) 것[439]이라고 불렸는데, 그것이 지식의 능력을 야기하기 때문이 아니라 따라오는 결과 때문에, 즉 인간이 그 [열매를] 먹는 것을 체험함으로써 순종의 선과 불순종의 악 사이에 무엇이 있는가를 배웠기 때문이다.

제189장
하와에 대한 악마의 유혹
De seductione diaboli ad euam

따라서 이미 죄를 범했던 악마는 자신이 떨어져 나온 완전한 행복에 도달할 수 있도록 그렇게 제정되었지만, 그럼에도 죄를 지을 수 있는 인

---

439 창세 2,17.

간을 보면서 그를 정의의 올바름으로부터 떼어 놓으려 시도했다. 악마는 지혜의 선이 덜 원기왕성하게 활동하는 여인을 유혹함으로써 더 취약한 부분으로부터 인간을 공격했다. 그리고 명령을 어기는 쪽으로 더 쉽게 기울어지게 하기 위해 거짓말을 해서 죽음의 공포를 배제했다. 또한 인간이 본성적으로 욕구하는 것을 약속했다. 즉 "너희들의 눈이 열리리라"(Aperientur oculi uestri)[440]라고 말하면서 무지의 피함을, "너희가 신들과 같이 되리라"(Eritis sicut dii)라고 말하면서 품위의 탁월함을, "선과 악을 아는"(Scientes bonum et malum)이라고 말할 때 지식의 완전함을 〔약속했다〕. 인간은 지성의 측면에서 본성적으로 무지를 피하고 지식을 욕구하기 때문이다. 그러나 인간은 본성적으로 자유로운 의지의 측면에서는 누구에게도 종속되지 않거나, 또는 가능한 한 적은 이들에게 종속되기 위해 고상함을 욕구한다.

제190장
여인의 충동 가능성은 무엇이었나
Quid fuit inductiuum mulieris

따라서 여인은 약속된 고상함과 동시에 지식의 완전성을 바랐다. 또한 여기에 먹도록 유인하는 과일의 아름다움과 달콤함이 다가왔다. 그래서 죽음의 공포를 경멸하면서 금지된 나무로부터 따먹음으로써 신의 명령을 범하고 말았다. 이에 그녀의 죄는 다양한 방식으로 발견된다. 첫째는 교만의(superbie) 죄인데, 이로부터 그녀는 탁월함을 무질서하게 욕구했다. 둘째는 호기심의(curiositatis) 죄인데, 이로부터 그녀는 자신에게 미리 정해진 한계를 넘어서 지식을 바랐다. 셋째는 탐식(貪食)의(gule)

---

440 "너희가 그것을 먹는 날, 너희 눈이 열려 하느님처럼 되어 선과 악을 알게 될 줄을 하느님께서 아시고 그렇게 말씀하신 것이다"(『성경』, 창세 3,5).

죄인데, 그녀는 음식의 달콤함으로 인해 먹도록 자극되었다. 넷째는 신에 대해 잘못된 평가를(falsam estimationem de Deo) 내렸는데, 신을 거슬러 말하는 악마의 말을 믿음으로써 그렇게 했다. 다섯째는 신의 명령을 어김으로써 불순종의(inobedientiam) [죄를 범했다].

제191장

어떻게 해서 죄가 남자에게 도달했는가

Quomodo peruenit peccatum ad uirum

병행문헌: 『신학대전』 제II부 제I권 제89문제 제3절 제2이론에 대한 해답; 제II부 제II권 제105문제 제2절 제3이론에 대한 해답; 제163문제 제1절, 제2절; 『명제집 주해』 제2권 제5구분 제1문제 제2절 제1이론에 대한 해답; 제22구분 제1문제 제1절, 제2절; 『악론』 제7문제 제7절 제12이론에 대한 해답; 제14문제 제2절 제5이론에 대한 해답; 제15문제 제2절 제7이론에 대한 해답; 『로마서 강해』 제5장 제5강; 『티모테오전서 주해』 제2장 제3강 참조.

여인의 설득으로 인해 죄가 남자에게까지 미쳤다. 그럼에도 사도[바오로]가 말하는 바와 같이,[441] [남자는] 여인처럼 신을 거슬러 말하는 악마의 말을 믿음으로써 "유혹되지는 않았다"(non est seductus). 그의 정신에는 "신이 거짓되게 어떤 것을 위협했다"라거나 "유용한 것을 활용할 수 없도록 금지했다"라는 [생각이] 떠오르지 않았기 때문이다. 그럼에도 부당한 탁월함과 지식을 욕구함으로써 악마의 약속에 유인되었다. 이로써 그의 의지는 정의의 올바름으로부터 떨어져 나갔고, 자기 아내의 방식대로 행동하기를 원하면서 금지된 나무의 열매를 먹음으로써 신의 명령을 어기고 그녀를 따랐다.

---

441 1티모 2,14 참조.

제192장

하위의 힘의 이성에 대한 반란
De rebellione uirium inferiorum rationi

앞서 말한 그렇게 질서 잡힌 상태의 전체적 통일성은, 언급된 바와 같이,[442] 인간 의지의 신에 대한 복종으로부터 야기되었다. 그렇기 때문에 결과적으로 인간 의지가 신에의 종속으로부터 뽑아내어진 이후, 하위의 힘의 이성에 대한, 그리고 육체의 영혼에 대한 완전한 종속은 없어졌다. 이에 인간은 하위의 감각적 욕구 안에서 정욕과 분노와 그 밖의 정념의 무질서한 충동을 느낀다. 이런 [하위의 힘은] 이성의 질서에 따라 [행동하는 것]이 아니라 오히려 그것에 저항하며, 대부분 이성을 어둡게 하고 마치 잡아끌고 가게 된다.[443] 그리고 이것이 성서에서 말하고 있는 이른바 육(肉)의 영(靈)에 대한 싸움(pugna carnis ad spiritum)이다.[444] 왜냐하면 감각적 욕구뿐만 아니라 다른 감각적 힘도 육체적 도구를 통해 작용하지만, 이성은 어떤 신체 기관 없이 작용하기 때문에 감각적 욕구에 속하는 것은 육의 탓으로 돌려지는 것이 마땅하다. 그러나 이성에 속하는 것은 영의 [것으로 돌려지기 때문에] 육체로부터 분리된 실체를 영적인 것이라 부르곤 한다.

---

442 제186장 참조.

443 마리에티 판을 비롯해 다른 판본에는 'perturbantes'로 되어 있는데, 이 경우에는 '혼란시키게 된다' 정도로 번역할 수 있다.

444 "육이 욕망하는 것은 성령을 거스르고, 성령에서 바라시는 것은 육을 거스릅니다. 이 둘은 서로 반대되기 때문에 여러분은 자기가 원하는 것을 할 수 없게 됩니다"(『성경』, 갈라 5,17).

제193장

죽음을 당할 수 있음과 그 필연성

De passibilitate et necessitate moriendi

병행문헌:『신학대전』제II부 제I권 제85문제 제5절; 제II부 제II권 제164문제 제1절;『명제집 주해』제3권 제16구분 제1문제 제1절; 제4권 서문; 제4구분 제2문제 제1절 제3소질문;『대이 교도대전』제IV권 제52장;『악론』제5문제 제4절;『로마서 강해』제5장 제3강;『히브리서 주 해』제9장 제5강 참조.

또한 육체에서는 소멸의 결함이 느껴지고, 이를 통해 인간은 죽음의 필연성을 초래한다는 결론이 나온다. 마치 영혼이 이미 생명을 육체에 내맡김으로써 영속적으로 보존할 수 없게 되어버린 것과 같다. 따라서 인간은 고난을 겪고 사멸적이게 되었는데, 단지 과거에 그랬던 것처럼 고난을 겪고 죽을 수 있는 것만이 아니라 고난을 겪어야 하고 죽어야만 하는 필연성을 가지게 된 것이다.

제194장

수반되는 다른 결함들

De aliis defectibus qui consequuntur

결론적으로 인간에게는 많은 다른 결함이 수반된다. 즉 하위의 욕구 안에서 정념의 무질서한 충동이 종종 나타나고, 동시에 이성 안에서는 인간의 의지가 신에게 종속되는 동안 신에 의해 조명되는 지혜의 빛이 결여된다. 그 결과로 인해 인간의 정념은 감각적 사물에 의해 지배되었 고, 이 사물 안에서 신으로부터 벗어나 여러 방식으로 죄를 지었다. 더 나아가 인간은 부정한 영에 지배되었다. 인간은 그런 종류의 사물을 획 득하는 데에 부정한 영이 도움을 제공하리라고 믿었다. 그래서 이렇게 인류에게 우상 숭배와 죄의 다양한 종류가 발생했다. 그리고 인간이 이것들 안에서 타락하면 할수록 더더욱 영적이고 신적인 선에 대한 지식과 바람으로부터 멀어졌다.

제195장
어떻게 이 결함들이 후손에게 전수되었는가
Quomodo isti defectus deriuati sunt ad posteros

앞서 말한 원천적 정의의 선은 이렇게 원조(元祖) 안에서 인류에게 신으로부터 주어졌으며, 그 원조를 통해 후손에게 전수되었다. 그러나 원인이 제거되면 결과도 제거되고 만다. 그렇기 때문에 최초의 인간이 앞서 말한 선을 자신의 고유한 죄를 통해 빼앗기고 난 뒤, 모든 후손도 결과적으로 그것을 빼앗기고 말았다. 그 밖에 대해서도 이와 같아 원조가 죄를 지은 후에 모든 이는 원천적 정의 없이 수반되는 결함을 지닌 채로 태어나게 되었다. ─

이것이 마치 신이 원조가 잘못한 것을 자손에게 벌주는 것과 같은 식으로 정의의 질서를 거스르는 것은 결코 아니다. 왜냐하면 이 벌은 단지 최초의 인간에게 신으로부터 초자연적으로 허용되었으며, 그를 통해 다른 이들에게 전수되어야만 했던 것들을 제거한 것에 지나지 않기 때문이다. 따라서 〔이런 것들은〕 다른 이들에게는 오직 원조를 통해 그들에게 전수되었다는 가정 아래에서만 마땅한 것이어야 할 것이다. 이는 마치 왕이 병사에게 그를 통해 상속인에게 넘겨질 봉토를 주었다면, 그리고 그 병사가 왕을 거슬러 죄를 지어 그 봉토가 마땅히 빼앗기게 된다면, 그 봉토는 나중에 후손에게 도달할 수 없게 되는 이치와 같다. 따라서 후손이 원조의 죄 때문에 빼앗긴 것은 정당하다.

제196장

원천적 정의의 결함이 후손에게서 죄악의 의미를 지니는가

Utrum defectus originalis iustitie habeat rationem culpe in posteris

병행문헌: 『신학대전』 제II부 제I권 제81문제 제1절; 『명제집 주해』 제2권 제30구분 제1문제 제2절; 제31구분 제1문제 제1절; 『대이교도대전』 제IV권 제50장, 제51장, 제52장; 『악론』 제4문제 제1절; 『로마서 강해』 제5장 제3강 참조.

그러나 더 절박한 문제가 남아 있다. 원천적 정의의 결함이 원조로부터 생겨난 이들에게서 죄악의 의미를 지닐 수 있는가? 앞에서 언급한 바와 같이,[445] 비난할 만하다고 불리는 악이 그 죄악을 저지른다고 생각되는 이의 권한에 속하듯이 그렇게 죄악의 의미에 속하는 것처럼 보인다. 왜냐하면 아무도 하는 것이나 하지 않는 것이 자신에게 달려 있지 않은 일에 대해 비난받지는 않기 때문이다. 그러나 원천적 정의를 가지고 태어나거나 그것 없이 태어나는 일은 태어나는 이의 권한에 속하지 않는다. 그러므로 그런 결함은 죄악의 의미를 지닐 수 없는 것처럼 보인다.

하지만 이런 문제는 인격과 본성을 구분한다면 쉽게 해결된다.[446] 즉 한 인격체에 여러 신체 기관이 속하는 것처럼 한 인간 본성에 여러 인격체가 속하며, 포르피리오스가 말한 바와 같이,[447] 인간 종을 분유함으로써 여러 인간은 마치 한 인간처럼 이해된다. 그러나 다양한 기관에 의해 다양한 죄가 저질러지는 것은 한 인간의 죄악에 속한다는 사실에 주의

---

445 제120장 참조.

446 제50장 각주 98 참조. 인간적 인격은 인간의 본질이나 본성의 한 인격이다. 이 본성은 모든 인간적 인격에서 공통적인 것이다((183)).

447 포르피리오스(Porphyrios), 『이사고게』(*Isagoge*) Boethio interpr. (*Arist. lat.* I, 6-7; ed. L. Minio-Paluello, Bruges-Paris 1966, p. 12, lin. 19). 사람들은 아마도 여기서 언급된 인간 본성의 단일성이 순수하게 사고적인 단일성인 것처럼 보인다는 사실에 주목해야 할 것이다. 계속되는 숙고는 인간 본성의 단일성과 동시에 생식을 통해 구성된 인간 종의 실제적인 단일성을 이해하게 해 준다. K. Rahner, *Schriften zur Theologie II*, Einsiedeln 1955, pp. 84ff. 참조((184)).

를 기울여야 한다. 개별적인 죄가 죄를 저지르는 신체 기관의 의지에 따라 자발적일 필요는 없고 오히려 한 인간에게서 근원적인 것, 즉 지성적 부분의 의지에 따라 자발적이라는 사실이 죄악의 근거로 요구된다. 의지가 명한 다음에 손이 때리지 않거나 발이 걷지 않을 수는 없기 때문이다. 따라서 이런 방식을 통해 원천적 정의의 결함은 본성의 죄(peccatum nature)인데 그것이 최초의 원천, 즉 원조의 무질서한 의지로부터 인간 본성에 전수되었다는 측면에서 그렇다. 그리고 그것은 본성과 관련해서, 즉 본성의 최초 원천의 의지를 통해 자발적인 것으로 간주된다. 더불어 그(최초 원리, 원조)로부터 인간 본성을 수용한 모든 이에게 마치 그것의 기관들처럼 그 (결함)이 전이된다. 그리고 이것 때문에 그것은 원죄 (originale peccatum)라고 불린다. (그것이) 원조의 기원을 통해 후손에게 파급되었기 때문이다. 그러므로 다른 죄, 즉 행위죄(peccata actualia)는 직접적으로 죄를 짓는 인격체에 연관되는 반면에, 이 죄(원죄)는 본성에 직접 연관된다. 왜냐하면 원조가 자기 죄를 통해 본성을 오염시켰고, 오염된 본성이 원조로부터 그 본성을 부여받은 자녀들의 인격을 오염시켰기 때문이다.

제197장
모든 죄가 후손에게 전이되는 것은 아니다
Quod non omnia peccata traducuntur in posteros

병행문헌: 『신학대전』 제II부 제I권 제81문제 제2절; 『명제집 주해』 제2권 제33구분 제1문제 제1절; 『대이교도대전』 제IV권 제52장; 『악론』 제4문제 제8절; 『로마서 강해』 제5장 제3강 참조.

그럼에도 원조나 다른 이들의 모든 죄가 후손에게 전이되어야만 하는 것은 아니다. 원조의 첫째 죄가 원조의 인격이 지닌 인간 본성 안에 초자연적으로 부여된 선물 전체를 폐기했고, 그래서 그것이 본성을 부패시키고 오염시켰다고 언급되었기 때문이다. 그러므로 이어지는 죄는 전체 본성[448]으로부터(a tota natura) 제거될 수 있는 그와 같은 종류의 무엇으로 있는 것이 아니라 인간으로부터 인격적인 어떤 선을 빼앗거나 감소시키는 것이다. 또 〔그것은〕 오직 이 인격체나 저 인격체에 속한다는 측면에서만 본성을 부패시킬 뿐이다. 그러나 인간은 인격적 측면에서가 아니라 본성적 측면에서 자신과 비슷한 이를 출산한다. 따라서 부모로부터 후손에게 인격을 손상하는 죄가 전이되는 것이 아니라 본성을 손상했던 첫째 죄(primum peccatum)가 전이되는 것이다.

제198장
아담의 공로가 후손에게 회복을 위한 도움을 주지 못한다
Quod meritum Ade non profuit posteris ad reparationem

그러나 비록 원조의 죄가 인간 본성 전체를 오염시켰을지라도, 그의 참회나 공로 중에 어떤 것이 전체 본성을 회복시켜 줄 수는 없었다. 아담의 참회나 공로 중에 다른 어떤 것은 개별적 인격의 행위였다는 사실이 분명하기 때문이다. 그런데 어떤 개인의 행위는 한 종의 전체 본성에 〔작용할〕 수 없다. 즉 전체 종에 〔작용할〕 수 있는 원인은 다의적 원인(cause eqiuoce)이지 일의적 원인이 아니다. 이를테면 태양은 인간 종 전체에서 생성의 원인이지만, 이 인간은 인간 종 전체의 원인일 수 없고 〔개별적〕 인간 생성의 원인일 뿐이다.[449] 그러므로 아담이나 어떤 순수한 인간의 개별적 공로가 전체 〔인간〕 본성을 갱신하기에 충분할 수는 없

---

448 여기서 인간 본성은 모든 자신의 내적인 원리와 그 능력 등을 포괄한다는 측면에서가 아니라 그 담지자들, 즉 모든 인간을 포괄한다는 측면에서 전체라고 불린다(〔185〕).

449 『신학대전』 제I부 제13문제 제5절 제1이론에 대한 해답 참조(〔186〕).

다. 그러나 최초 인간의 개별적 행동을 통해 전체 본성이 손상되었다는 사실은, 결백한 상태를 잃어버린 후에 〔그 상태가〕 그것(개별적 행동)을 통해 다른 이들에게 전수될 수 없었다는 측면에서 우유적으로 귀결된 것이다. 그리고 그가 참회를 통해 은총으로 되돌아갈지라도 신으로부터 앞서 말한 원천적 정의의 선물이 허용되었던 이전의 결백으로 되돌아갈 수는 없다. 동시에 앞서 말한 원천적 정의의 상태가 은총의 어떤 특별한 선물이었다는 사실이 명백하다. 하지만 은총은 공로로부터 획득되는 것이 아니라 신으로부터 무상으로 주어지는 것이다. 따라서 최초의 인간이 처음부터 원천적 정의를 공로로부터가 아니라 신의 선물로부터 소유했던 것처럼 그렇게 또한 죄를 지은 후에 참회하거나 어떤 다른 과업을 행함으로써 그것을 마땅히 받을 수는 더욱 없게 되었다.

제199장

그리스도를 통한 인간 본성의 회복

De reparatione humane nature per Christum

앞서 말한 방식으로 오염된 인간 본성은 신의 섭리를 통해 회복되어야만 했다. 즉 그것은 오직 그런 오염이 제거되었을 때만 완전한 지복에 도달할 수 있었다. 지복은 완전한 선이므로 어떠한 결함도 용인할 수 없고 더욱이 죄의 결함은 더더욱 용인할 수 없기 때문이다. 이것〔죄의 결함〕은 앞서 말한 바와 같이,[450] 지복에 이르는 길인 덕에 대립되는 것이다. 지복이야말로 인간의 궁극 목적이므로 인간은 지복 때문에 만들어졌다. 그렇기 때문에 〔죄의 결함이 용인된다면〕 신의 작업이 그렇게 고상한 피조물에게서 헛되게 된다는 사실이 귀결될 법한 일이다. 시편 작가는 이런 일이 부당하다고 생각해 다음과 같이 말했다. "도대체 당신이

---

450 제172장 참조.

인간의 자식들을 헛되이 만드셨단 말입니까?"[451] 따라서 인간 본성은 회복되어야만 했다.

그 밖에도 신의 선성은 피조물의 선에 대한 능력을 능가한다. 그러나 앞서 언급된 것들로부터[452] 인간의 조건은 이 사멸할 삶을 살고 있는 동안에 선에 부동적으로 견고하게 머물러 있지 못하는 것처럼 악에도 부동적으로 고집스럽게 머물지 못하도록 그렇게 되어 있다는 사실이 분명해진다. 따라서 죄의 오염으로부터 정화될 수 있음은 인간 본성의 조건에 속하는 것이다. 그러므로 신의 선성이 이런 능력을 전적으로 실현되지 못하도록 내버려두었다는 사실은 적절하지 못한 일이었다. 만일 그것[인간 본성]에 회복의 치료제가 배려되지 않았다고 가정했더라면, 그런 일이 벌어졌을 것이다.

제200장
오직 강생한[453] 신을 통해서만 본성이 회복되어야 했다
Quod per solum Deum incarnatum debuit natura reparari

병행문헌: 『신학대전』 제III부 제1문제 제1절, 제2절; 『명제집 주해』 제3권 제1구분 제1문제 제2절; 제4구분 제3문제 제1절 제3이론에 대한 해답; 제4권 제10구분 제1문제 제3이론에 대한 해답; 『대이교도대전』 제IV권 제40장, 제49장, 제53장, 제54장, 제55장; 『신앙의 근거』 제5장; 『시편 주해』 제45장 참조.

---

451 "Numquid enim uane constituisti filios hominum"; "당신께서 모든 사람을 얼마나 헛되이 창조하셨는지를"(『성경』, 시편 88(89),48).
452 제144장, 제145장, 제174장 참조.
453 라틴어 'incarnatio'의 번역어로 가톨릭에서는 과거에 '육화'(肉化)라는 단어도 사용했으나, 지금은 이를 피하고 무한한 신께서 예수 그리스도를 통해 유한한 인간 세계에 직접 내려오셨다는 의미에서 강생(降生)이란 단어를 사용하고 있다. 개신교에서는 성육신(成肉身)이란 단어를 주로 사용한다. 이 책에서는 '강생'이란 단어를 일차적으로 사용했으며, 육체를 취하는 점이 강조되어 강생이란 단어로 번역하기 어려울 때에만 예외적으로 '육화'라는 단어를 사용했다.

그러나 〔인간 본성은〕 결코 아담을 통해서나 다른 어떤 순수한 인간을 통해 회복될 수 없었다는 사실이 밝혀졌다.[454] 한편으로 어떤 개별 인간도 전체 본성을 능가할 수 없었기 때문이고, 다른 한편으로는 어떤 순수한 인간도 은총의 원인일 수 없었기 때문이다. 같은 이유로 천사를 통해서도 회복될 수 없었다. 천사도 결코 은총의 원인일 수 없을 뿐만 아니라 인간이 도달하도록 부름을 받은 완전한 궁극적 지복이라는 측면에서는 인간을 능가하지 못하기 때문이다. 이 점〔지복으로 불렸다는 점〕에서는 〔인간과 천사가〕 동일하다.[455] ──

따라서 오직 신을 통해 그러한 회복이 일어날 수 있었다는 사실만이 귀결된다. 그러나 만일 신이 인간을 오직 자신의 의지와 능력을 통해 회복시켰다고 가정하면, 죄에 대해서는 보속(補贖, satisfactio)이 요구된다는 신적 정의의 질서가 지켜지지 못할 것이다. 하지만 신에게는 공로를 쌓는 일이 속하지 않는 것처럼 보속을 하는 일도 속하지 않는다. 이런 일은 다른 이 밑에 있는 자들의 일이기 때문이다. 따라서 인간 본성 전체의 죄를 위해 보속하는 일은 결코 신에게 부합하지 않았고, 앞서 밝혀진 바와 같이[456] 순수한 인간이 이를 할 수도 없었다. 그러므로 회복시키며 보속할 수 있는 이가 하나요, 동일하게 존재하기 위해 신이 인간이 되는 것은 적합한 일이었다. 그리고 사도〔바오로〕는 1티모 1,15에서 신의 강생에 대해 이런 이유를 들었다. "예수 그리스도는 죄인들을 구원하시기 위해 이 세상에 오셨다"(Christus Ihesus uenit in hunc mundum peccatores saluos facere).

---

454 제198장 참조.
455 『명제집 주해』 제3권 제1구분 제1문제 제2절 참조(〔187〕).
456 제198장 참조.

제201장

신의 아들의 강생에 대한 다른 이유들

De aliis causis incarnationis Filii Dei

병행문헌: 제200장의 병행문헌 참조.

그럼에도 신이 강생한 데에는 다른 이유들이 있다. 즉 인간은 영적인 것으로부터 멀어졌고 자신 전체를 육체적인 사물에 제공했기 때문에, 그것으로부터 자기 자신의 힘만으로는 신에게 되돌아갈 수 없었다. 그렇기 때문에 인간을 만들었던 신의 지혜는 육체적 본성을 취함으로써 육체적인 것에 매몰되어 있는 인간을 방문했다. 이는 자기 육체의 신비를 통해 인간을 영적인 것으로 다시 부르기 위한 것이었다. ──

신이 인간이 된 것은 인간 본성의 존엄성을 증명하기 위해 인류에게 필수적인 것이었다. 이는 인간이 악마나 육체적인 사물에 종속되지 않도록 하기 위한 것이었다. ──

동시에 신이 인간이 되기를 원했다는 사실을 통해 인간에 대한 신의 사랑은 무한히 크다는 사실(無量性, immensitatem sui amoris)이 명백하게 밝혀졌다. 이로부터 인간은 더 이상 최초의 인간이 무시했던 죽음에 대한 두려움 때문이 아니라 애덕의 마음을 지니고 신의 지배를 받았다. ──

또한 이를 통해 창조된 지성이 창조되지 않은 영을 이해하면서 〔그 영과〕 합일하도록 하는 복된 합일의 어떤 모범(exemplum)이 인간에게 주어진다. 즉 〔도대체〕 어떻게 신이 인간 본성을 취함으로써 인간과 합일됨으로 인해, 창조된 지성이 신의 본질을 봄으로써 신과 합일될 수 있다는 것인지가 믿기지 않는 일로 남아 있지 않게 된다. ──

또한 이를 통해 어떤 측면에서 보면 신의 전체 과업의 보편성이 완성되게 된다. 인간이 강생의 과업을 통해 사물의 근원과 합일되고, 마지막으로 창조된 인간이 그 근원으로 되돌아감으로써 〔그 보편성이 완성된다〕.

제202장

신의 아들의 강생에 대한 포티누스의 오류
De errore Fotini circa incarnationem Filii Dei

그러나 신의 강생의 이 신비를 포티누스[457]는 자기가 할 수 있는 한에서 무효로 만들었다. 즉 그는 에비온파(Ebionem)[458]와 케린투스

---

[457] 『대이교도 대전』 제IV권 제4장, 제28장 참조. 파노니아 지방 시르미움의 주교였던 포티누스(Photinus)는 박식하고 연설에 능한 인물로서, 그의 스승 마르켈루스(Marcellus, 안키라의 주교로서 아리우스파를 격렬하게 반대했던 인물이며, 많은 신앙과 관련된 논쟁과 단죄 이후에 347년 최종적으로 이단으로 판명되어 그곳으로부터 추방되었다)의 사벨리안적인 양태설(이에 따르면 삼위일체의 세 '위격'은 단지 하나의 위격인 신의 세 가지 현현 방식이거나 작용 방식, 또는 역할일 뿐이다)을 역동적이고 에비온파적인 단원론으로 변형시켰다. 예수는 비록 그의 윤리적 완전성 때문에 신의 특별한 힘이 내주(內住)함을 통해 기적을 행하고 신의 아들로서 입양될 수 있도록 영원으로부터 미리 예정되어 있었지만, 그의 인격적 실존은 동정녀의 놀라운 잉태와 함께 시작되었다. 따라서 그리스도는 영원으로부터 제2의 신적인 위격이 아니라 단순한 인간으로서 특별한 신의 권능을 통해 신의 양자가 된 분이다. ─
포티누스는 동방의 교부들로부터 344년 안티오키아 교회회의에서, 서방의 교부들로부터는 345년과 347년 밀라노 교회회의에서 단죄되었다. 아울러 그는 351년 시르미움 교회회의에서 주교직을 박탈당한 후에 콘스탄티누스(Constantinus) 황제에 의해 추방되었으며, 376년 그의 고향 갈라티아에서 죽었다(그는 안키라에서 태어났다)(〔188〕). 아우구스티누스, 『이단론』(De haeresibus) 45 (PL 42, 34); 비길리우스(Vigilius Tapsensis), 『아리우스파를 반박하는 대화』(Contra Arianos dialogus) I, 4 (PL 42, 182) (CV, p. 217, n. 10) 참조.
양자설(養子說, Adoptianismus)은 그리스도가 순수한 인간으로 태어나 성장했다는 사실에 바탕을 두고 신의 일치를 보존하려 했다. 그리스도는 요르단강에서 세례를 받았을 때 또는 부활한 뒤에야 공로 때문에 성부에 의해 아들로 받아들여졌다. 양자설은 2세기 비잔티움의 테오도투스라는 무두장이에게서 유래하며, 뒤에 사모사타의 파울루스(260~70?)와 시르미움의 포티누스(4세기 중엽)가 물려받았으나 성과를 거두지 못했다.

[458] 에비온파는 1세기부터 4세기에 걸쳐 특히 요르단 동부에서 성행했던 유대계 그리스도교 이단이다. 이 파는 예루살렘의 유대 공동체에서 유래해 66/67년에 요르단 동부 펠라로 이동해 온 것으로 보인다. '에비온파'라는 명칭은 에비온

(Cerinthum)[459] 및 사모사타의 파울루스(Paulum Samosatenum)[460]를 따르면서, 주님이신 예수 그리스도가 순수하게 사람이었으며 동정녀 마리아 이전에는 존재하지 않았고, 오히려 복된 삶의 공로와 죽음의 인내를 통

(Ebion)을 창설자로 보는 교부들(테르툴리아누스, 에피파니우스)의 언급이나 '율법의 가난한 성찰'(오리게네스)이나 '그리스도'(에우세비우스)에서 유래했다고 보는 입장에도 불구하고 실제로는 진복팔단(眞福八端)의 에비온, 즉 '가난한 이들'과 관계가 깊다(마태 5 : 3, 루카 4 : 18, 7 : 22 참조). 에비온파에 관한 자료들은 산재해 있어 종합적으로 통일된 의견을 끌어내기란 쉽지 않지만, 다음의 주장을 했음은 명백하다. 예수의 신성과 동정녀 탄생을 부인하고 그를 모세가 예언한 구세주로 받아들였으나, '기름 부음을 받은 자'로서의 뽑힘은 예수가 계명을 완벽하게 지킴으로써 요한에게 세례를 받을 때 성령이 비둘기 모양으로 예수께 내림으로써 이루어졌다는 것이다. 또한 모세법을 강조해 계속적으로 지킬 것을 주장하고 바오로 사도의 이론과 서간을 부인했는데, 이는 바오로의 신 체험을 신들린 환상이라고 믿었고 그가 예루살렘의 야고보 사도가 의도했던 모세법의 완전한 준수를 반대했기 때문이다. 에비온파는 마태오의 복음서를 근거로 하는 '히브리 복음서'만을 사용했다. 이른바 '에비온 복음서'와 클레멘스(Clemens)의 문헌들은 에피파니우스 등 몇몇 학자들에 의해 에비온파의 것으로 간주된다. 이들은 구약의 희생 제도는 정결·금욕·절제 등으로 대치된다고 보았으며, 특히 성세수(聖洗水)에 의해 폐지된 것으로 보았다. 에비온파는 청빈한 공동 생활과 엄격한 금욕 생활을 했으며, 채식주의와 세례의 신비적 의식에서 절정에 달하는 목욕 재계를 행했다((189)). 아우구스티누스, 『이단론』 10 (PL 42, 27) (CV, p. 217, n. 11) 참조.

459 케린투스(Cerinthus)는 에비온파의 한 사람으로서 사도 교부 시대의 마지막 시기에 활동했던 박식한 유대계-그리스도인이었다. 그는 예수가 제1의 감추어진 신에 의해 창조된 것이 아니라 신 밑에 있는 데미우르고스에 의해 형태가 없는 질료로부터 형성되었다고 가르쳤다. 또한 예수는 단순한 인간이었고, 세례를 받을 때 그에게 위로부터 신의 힘이 내려왔다는 것이다. 그에 따르면, 수난 때에 그리스도는 예수로부터 다시 멀어졌다((190)). 아우구스티누스, 『이단론』 8 (PL 42, 27) (CV, p. 217, n. 12) 참조.

460 사모사타의 파울루스는 260년경 이후부터 안티오키아의 주교였으며, 다음과 같이 가르쳤다. '위로부터의 로고스'(신의 지혜 및 성령과 동일한 신의 힘)는 영감을 주는 원리로서 '아래로부터의 그리스도', 즉 동정녀와 성령으로부터 태어난 역사적 예수 안에 마치 성전 안에 사는 것처럼 살고 있다. 그는 268년 그에 반대해 열린 안티오키아 교회회의에서 주교직을 상실하고 파문되었다((191)). 아우구스티누스, 『이단론』 44 (PL 42, 34) (CV, p. 217, n. 13) 참조.

해 신의 영광을 얻었다라고 주장했다. 이는 마치 본성을 통해 신이라 불리는 것이 아니라 입양의 은총을 통해(per adoptionis gratiam) 신이라 불린 것과 같은 셈이다. 따라서 신과 인간의 합일이 이루어진 것이 아니라 인간이 은총을 통해 신화(神化)된(deificatus) 셈이다. 이것은 그리스도에게서만 유일하게 벌어진 일이 아니라 모든 성인에게서 공통적인 것이다. 비록 이 은총에 있어 몇몇 사람이 다른 이들보다 더 탁월한 것으로 간주될지라도 말이다.

그러나 이 오류는 성서의 전거들에 모순된다. 요한 1,1에서는 "한 처음에 말씀이 계셨다"[461]라고 말하고, 나중에 "말씀이 사람이 되셨다"[462] (1,14)라는 말을 덧붙인다. 그러므로 "태초에 신 옆에 계셨던" 말씀이 육신을 취하신 것이지, 전에 존재하지 않았던 인간이 입양의 은총을 통해 신화된 것이 아니다. 마찬가지로 주님은 요한 6,38에서 "나는 나의 뜻을 이루기 위해서가 아니라 나를 보내신 분의 뜻을 이루기 위해 하늘로부터 내려왔다"[463]라고 말씀하신다. 포티누스의 오류에 따르면, 그리스도가 내려왔다는 것은 부적합하고 오직 올라갔어야만 한다. 그럼에도 사도〔바오로〕는 에페 4,9에서 "그가 올라가셨다는 사실이 먼저 지상의 더 낮은 부분으로 내려오셨다는 것이 아니라면 무엇을 의미하겠습니까?"[464]라고 말한다. 이로부터 "그리스도 안에는 오직 하강이 선행했을 때에만 상승의 자리가 있다"라고 이해된다는 사실이 분명하게 제시된다.

---

461 "In principio erat Verbum".

462 "Verbum caro factum est".

463 "Descendi de celo non ut faciam uoluntatem meam, sed uoluntatem eius qui misit me"; "나는 내 뜻이 아니라 나를 보내신 분의 뜻을 실천하려고 하늘에서 내려왔기 때문이다"(『성경』).

464 "Quod autem ascendit, quid est nisi quia primo descendit in inferiores partes terre?"; "'그분께서 올라가셨다'는 것은 그분께서 아주 낮은 곳 땅으로 내려와 계셨다는 말이 아니고 무엇이겠습니까?"(『성경』)

제203장

강생에 대한 네스토리우스의 오류와 그것의 부인(否認)

Error Nestorii circa incarnationem et eius improbatio

병행문헌: 『신학대전』 제III부 제2문제 제6절; 『명제집 주해』 제3권 제6구분 제3문제 제2절; 『대이교도대전』 제IV권 제34장, 제37장, 제41장, 제49장; 『로마서 주해』 제1장 제2강; 『필립 비서 주해』 제2장 제2강 참조.

이것을 피하기를 원하면서 네스토리우스(Nestorius)[465]는 부분적으로는 포티누스의 오류로부터 벗어났다. 그는 오직 입양의 은총을 통해서만 그리스도를 신의 아들이라고 부를 수는 없었고, 오히려 성부와 더불

---

[465] 안티오키아 출신의 네스토리우스(Nestorius, 386?~451?)는 콘스탄티노플의 총대주교로서, 마리아를 '테오토코스'(theotokos, 하느님의 어머니)라고 부르는 것은 이단의 기미(아폴리나리스주의)를 띤 것이므로 사용을 금지해야 한다는 아나스타시우스(Anastasius)의 주장을 두둔했다. 당시 마리아론의 발달로 이 말은 정통 교리를 반영하는 것으로 여겨졌기 때문에, 그는 특히 알렉산드리아 학파와 키릴루스(Cyrillus)의 반발을 샀다. 또한 그는 그리스도도 다른 인간처럼 죄를 지을 수 있지만 유혹자를 거스른 싸움과 고통 안에서 자신을 지켰으며, 이를 통해 신적인 속성을 실제로 소유하는 보상을 받았다고 주장했다((192)). 네스토리우스의 교리가 실제로 무엇이었으며, 어느 정도 이단인가에 대해서는 여러 의견이 있다. 비록 그리스도의 단일성을 계속 주장했지만, 그가 마리아에게서 태어난 인간 그리스도 안에는 두 개의 다른 본성과 인격이 존재한다고 주장하고 '본질적 일치'라는 말 대신에 '의지의 일치'라는 그리스도 양자설의 용어를 사용했다는 점에서 정통 교회로부터 공격을 받았다. 네스토리우스파(派)는 431년 에페소 공의회에서 단죄를 받았으며, 이후 동부 시리아에서 강력한 세력을 구축하면서 교회를 설립했다. 489년에는 동로마 제국의 제논(Zenon) 황제에 의해 에데사에서 추방되어 페르시아로 이주함으로써 콘스탄티노플 교회 및 동로마 제국의 신앙으로부터 분리되었다. 사산 왕조의 박해와 터키 및 몽고의 침략을 겪으면서도 아라비아, 터키, 티베트, 인도를 거쳐 중국에까지 전파되었다. 특히 중국에서는 경교(景教)로 불렸다. 요하네스 다마스케누스(Johannes Damascenus), 『정통신앙론』(*De fide orthodoxa*) III, 3 (PG 94, 993); 테오도레투스(Theodore of Mopsuestia), 『강생에 대한 파편』(*Fragmentum De Incarnatione*) VII (PG 66, 976); 제2차 콘스탄티노플 공의회, can. 4. 5 (Denz., 216, 217) (CV, p. 218, n. 14) 참조.

어 영원하도록 하는 신의 본성을 통해 그렇게 부를 수 있었기 때문이다. 그러나 부분적으로는 포티누스와 일치했는데, 신의 아들은 신과 인간이 하나의 인격이 되는 것처럼 인간과 합일되는 것이 아니라 오직 '안에 거주함'[內住]을 통해서만 그렇게 된다고 말했기 때문이다. 그래서 저 인간이 포티누스에 따르면 오직 은총을 통해서만 신이라고 불린 것처럼 네스토리우스에 따라서도 그가 참으로 신이기 때문이 아니라 오직 은총을 통해 그 자신 안에 신의 아들이 거주하기 때문에 신의 아들이라고 불린다.

이 오류 또한 성서의 전거와 상충된다. 신과 인간의 이 일치를 사도[바오로]는 필리 2,6에서 다음과 같이 말하면서 자기비허(自己卑虛, exinanitio)라고 부르기 때문이다. "신의 형상 안에 있었던 이가 억지로 신과 동등하게 되려 하지 않고, 오히려 종의 형상을 취하면서 바로 자기 자신을 비우셨다."[466] 그러나 은총을 통해 이성적 피조물에 거주하는 것은 신의 자기비허가 아니다. 그렇지 않다면 성부와 성령도 은총을 통해 이성적 피조물에 거주하기 때문에, 그들도 자신을 비운 셈이 될 것이다. 즉 주님께서는 자신과 성부에 대해 요한 14,23에서 "우리가 그에게 가서 그의 곁에 집을 마련할 것이다"[467]라고 말씀하셨고, 사도[바오로]도 성령에 대해 1코린 3,16에서 "성령이 너희 안에 거주하신다"[468]라고 말했기 때문이다.

마찬가지로 만일 저 인간이 인격적으로 신이 아니라고 가정하면, 그

---

466 "Qui cum in forma Dei esset, non rapinam arbitratus est esse se equalem Deo, sed semetipsum exinaniuit formam serui accipiens"; "그분께서는 하느님의 모습을 지니셨지만 하느님과 같음을 당연한 것으로 여기지 않으시고[제7절] 오히려 당신 자신을 비우시어 종의 모습을 취하시고 사람들과 같이 되셨습니다"(『성경』).

467 "Ad eum ueniemus, et mansionem apud eum faciemus"; "(그러면 내 아버지께서 그를 사랑하시고,) 우리가 그에게 가서 그와 함께 살 것이다"(『성경』).

468 "Spiritus Dei habitat in uobis"; "(여러분이 하느님의 성전이고) 하느님의 영께서 여러분 안에 계시다는 사실을 여러분은 모릅니까?"(『성경』)

에게 신성이라는 단어를 사용하는 것도 부당할 것이다. 따라서 그는 매우 오만하게 "나와 성부는 하나다"(Ego et Pater unum sumus)[469]라거나 "아브라함이 태어나기 전에 내가 존재했다"(Antequam Abraham fieret ego sum)[470]라고 말한 셈이 될 것이다. '나'(ego)란 말하는 자의 인격을 드러내는 것이다. 〔여기서는〕 인간이 말한 자이므로, 따라서 신과 인간은 동일한 인격이다.

이런 오류들을 배제하기 위해 사도신경뿐만 아니라 교부들의 〔니케아〕 신경에서도 성자의 인격에 대해 언급한 후에, "〔성령으로〕 잉태되시고 태어나시고, 고난을 받으시고, 죽으시고 부활하셨다"(Qui conceptus est et natus, passus, mortuus et resurrexit)라는 말이 덧붙여졌다. 즉 인간에게 속한 것은 신의 아들에 대해 오직 신의 아들과 인간이 동일한 인격일 때에만 서술된다. 한 인격에게 적합한 것은 바로 그 사실로부터 다른 이에게 서술되지 않기 때문이다. 바오로에게 적합한 것은 바로 그 사실로부터 베드로에게 서술되지 않는 것과 마찬가지이다.

제204장
강생에 대한 아리우스의 오류와 그것의 부인
De errore Arrii circa incarnationem et improbatio eius

병행문헌: 『신학대전』 제III부 제5문제 제3절; 『명제집 주해』 제3권 제2구분 제1문제 제3절 제2소질문; 『대이교도대전』 제IV권 제32장; 『진리론』 제20문제 제1절; 『요한복음 주해』 제1장 제7강; 『로마서 주해』 제1장 제2강 참조.

그러므로 신과 인간의 합일을 고백하기 위해 어떤 이단자들은 반대되는 입장으로 이탈해 신과 인간의 인격뿐만 아니라 그 본성 또한 하

---

469 요한 10,30.
470 요한 8,58.

나라고 말했다. 이런 오류의 시초는 아리우스[471]로부터 있었다. 아리우스는 성서에서 그리스도에 대해 언급되는 것들, 그 중에서 그리스도가 성부보다 못하다는 사실이 제시된 것이 오직 본성을 취함에 따라[472] 신의 아들 자신과 관련될 수 있도록 하기 위해 "그리스도 안에는 신의 말씀 이외에 다른 영혼은 존재하지 않는다"라고 주장했다. 그는 〔신의 말씀이〕 그리스도의 육체에 영혼을 대신해 존재했다고 말했다. 그

---

471 뛰어난 재능의 소유자였던 알렉산드리아의 사제 아리우스(Arius, 250?~336)는 그리스도의 신성(神性)을 부인함으로써 후대에 많은 영향을 끼친 종속론(Subordinatianismus)적인 아리우스주의의 기반을 마련했다. 그에 의하면, 신 안에 있는 세 개의 위격(位格)은 모든 면에서 대등하고 영원한 것이 아니라 오직 성부만이 진정한 의미에서 신이라 불릴 수 있다. 성자는 성부의 실체로부터 발출된 것이 아니라 본질적으로 차이가 나고, 비슷하지도 않으며 종속되어 있다. 또한 성자는 모든 피조물과 같이 무에서 유로 창조되었을 뿐이며, 신으로 불려질 수는 있지만 그것은 단지 피조물과 신의 중계 역할을 하고 세상을 구원하도록 신에 의해 선택받았기 때문이 아니라 신의 은총과 선택에 의해 하느님의 양자(養子)가 되었기 때문이다. 신은 성자가 죄를 지을 수도 있었으나 짓지 않는 것을 보시자 그의 덕을 예견하고 선택했다. 즉 그는 '참된 신'이거나 성부의 지혜와 동일한 것이 아니라 덕을 갖춘 뛰어난 '제2급의 신'일 뿐이다. 이러한 반(反)삼위일체주의적 아리우스주의가 강생의 신비를 단지 수사학적인 문제로 돌림으로써 그리스도교의 근본 교리가 해체될 위험에 처하자, 교회는 325년 니케아 공의회를 소집해 아리우스주의를 단죄했다. 또한 니케아 신경을 발표해 삼위가 모두 성부로부터 났으며 각기 그 자체로서 완전한 신이라는 삼위일체설을 고백했다. 콘스탄티누스 황제는 그를 일리리엔으로 추방했으나 328년 다시 불러들였고, 336년에는 그의 복권을 명령했다. 아리우스는 황제가 명령한 복권이 콘스탄티노플에 전달되기 전에 사망했다. 381년 제1차 콘스탄티노플 공의회는 다시금 고개를 든 아리우스주의를 단죄하고 니케아 신경을 재확인했지만, 아리우스의 후계자들에 의해 북부 게르만 민족들에 전파되었던 아리우스주의는 게르만족의 로마 진입과 더불어 로마 제국 전역에 퍼졌다. 교회는 7세기에 이르러서야 아리우스주의를 몰아내고 정통 교리를 회복할 수 있었다. 『대이교도 대전』 제IV권 제32장 참조(〔193〕). 아타나시우스, 『아폴리나리스 반박』(Contra Apollinarium) I, 15; II, 3 (PG 26, 1121, 1136); 아우구스티누스, 『이단론』 49 (PL 42, 39); 니케아 공의회 (Denz., 54) (CV, p. 219, n. 18) 참조.

472 이것은 취득된 인간 본성과는 반대로 신적인 본성에 따른다는 것을 의미한다 (〔194〕).

래서 그(그리스도)가 "아버지는 나보다 위대하시다"[473]라고 말할 때나, "그가 기도하셨다"라든지 "슬퍼하셨다"라는 말을 읽게 될 때, 그렇게 신의 아들의 본성 자체와 연관되어야만 한다. 그러나 이것을 가정하면 신의 아들과 인간의 합일은 인격의 측면에서 뿐만 아니라 본성의 측면에서도 이루어졌다는 결론이 나온다. 육체와 영혼으로부터 인간 본성의 통일성이 이루어진다는 사실은 명백하기 때문이다.

"성자가 성부보다 못하다"라고 주장하는 측면에서 이런 입장의 잘못은, 앞에서[474] 우리가 성자와 성부가 동등하다는 사실을 밝혔을 때 분명해졌다. 그러나 "그리스도에게 신의 말씀이 영혼 대신에 존재했다"라고 말하는 측면에서, 이 오류의 잘못은 앞서 다루어진 것들로부터 밝혀져야만 한다. 즉 "영혼은 형상으로서 육체와 합일된다"라는 사실이 앞에서[475] 밝혀졌다. 그러나 앞에서 밝혀진 바와 같이,[476] 신이 육체의 형상이라는 것은 불가능하다. 가령 아리우스가 "이것은 최상의 신 성부에 대해 이해되어야만 한다"라고 말하지 않도록 하기 위해 동일한 것이 천사에 대해서도 제시될 수 있다. 즉 (천사는) 그 본성에 따라 육체로부터 분리되어 있기 때문에 형상의 방식으로 육체와 합일될 수 없다. 따라서 아리우스도 고백하는 바와 같이,[477] 그를 통해 천사가 만들어진 신의 아들은 더욱 육체의 형상일 수는 없다.

그 밖에도 아리우스가 거짓을 말한 것처럼[478] 신의 아들이 피조물이라

---

473 요한 14,28: "Pater maior me est".

474 제41~43장 참조.

475 제85장, 제90장 참조.

476 제17장 참조.

477 아타나시우스에 의해 보존된 Thalia의 파편, 『아리우스파 반박』(*Contra Arianos*) I, 5 (PG 26, 21); *Epistola ad Alexandrum*, in: 아타나시우스, *De Synodis* 17 (PG 26, 709) (CV, p. 220, n. 19) 참조.

478 아타나시우스에 의해 보존된 Thalia의 파편, 『아리우스파 반박』 I, 5 (PG 26, 21); 또한 같은 작품 안에 있는 다른 파편, in: 아타나시우스, *De Synodis* 15 (PG 26, 707)도 참조(CV, p. 221, n. 20).

고 가정한다고 할지라도, 그에 따르면 〔신의 아들은〕 지복의 측면에서 모든 창조된 영을 능가한다. 그러나 천사의 지복은 슬픔을 가질 수 없을 정도로 크다. 왜냐하면 만일 천사가 축원하던 것들 중에서 어떤 것이 결핍되어 있다면, 그것은 참되고 충만한 행복이 아닐 것이기 때문이다. 지복의 의미에는 욕구를 전적으로 쉬게 하는 궁극적이고 완전한 선이라는 뜻이 있다. 따라서 신의 아들은 더욱 그의 본성에 따라 슬픔을 느끼거나 두려워할 수 없다. 그러나 "예수는 두려워하고, 싫증을 느끼고 비탄에 잠기기 시작했다"[479]라고 말할 때, 그가 슬퍼했다는 사실을 읽을 수 있다. 또한 "내 영혼이 죽음에 이르기까지 슬프다"[480]라고 말하면서 예수 자신이 자기 슬픔을 고백한다. 그러나 슬픔은 육체가 아니라 어떤 파악하는 실체에 속하는 것이라는 것이 분명하다. 따라서 그리스도 안에는 말씀과 육체 이외에 슬픔을 겪을 수 있는 다른 실체가 존재했어야만 한다. 이것을 우리는 영혼이라 부른다.[481]

또한 그렇기 때문에 만일 그리스도가 우리를 죄로부터 정화하기 위해 우리의 것을 취했다면, 그것으로부터 우리의 죄가 시작되었고 죄의 주체인 영혼에 따라 정화되는 것이 필수적이었을 것이다. 따라서 〔그리스도는〕 영혼 없이 육체를 취하지 않고, 더 근원적으로는 영혼을 〔취했기 때문에〕 영혼을 지닌 육체를 취했다.

---

479 마르 14,33; 마태 26,37 참조.

480 "내 마음이 너무 괴로워 죽을 지경이다"(『성경』, 마르 14,34).

481 토마스가 교부들을 따르면서 말씀, 영혼과 육체를 세 가지 실체라고 부른다면, 사람들은 아마도 육체와 영혼의 두 개의 완전한 실체가 아니라 부분 실체나 내적인 원리들로서 단 하나의 인간적 실체를 구성한다는 사실에 주의해야 한다((195)).

제205장

강생에 대한 아폴리나리스의 오류와 그것의 부인

De errore Apollinaris circa incarnationem et improbatio eius

병행문헌: 『신학대전』 제III부 제5문제 제4절; 『명제집 주해』 제3권 제2구분 제1문제 제3절
제2소질문; 『대이교도대전』 제IV권 제33장; 『진리론』 제20문제 제1절; 『요한복음 주해』
제1장 제7강 참조.

아울러 그것으로부터 아폴리나리스(Apollinaris)[482]의 오류도 배제되는
데, 그는 우선 아리우스를 따라 그리스도 안에 신의 말씀 자체 이외에
다른 영혼이 존재할 수 없다고 주장했다. 그러나 그는 신의 아들을 피조
물이라고 부른다는 점에서 아리우스를 따르지 않았기 때문에, 육체에
귀속될 수도 없고 창조주에게 적합할 수도 없는 슬픔과 두려움이나 이
런 종류의 많은 것이 그리스도에 대해 언급되었다. 그래서 그는 결국 육
체로 하여금 느끼게 만들고, 그런 정념의 주체가 될 수 있는 어떤 영혼
을 그리스도 안에 상정할 수 밖에 없었다. 그럼에도 그 영혼은 이성과
지성을 결여하고 있었지만, 신의 말씀 자체가 인간 그리스도에게 지성
과 이성 대신에 있었다.

---

[482] 여기서는 360년경부터 라오디케이아의 주교였던 젊은 아폴리나리스를 말한다.
그는 아리우스에 반대해 아타나시우스의 견해를 충실히 따랐지만, 다음과 같은
그리스도론적인 오류로 인해 아폴리나리스주의의 창시자가 되었다. 그의 이론
의 핵심 내용은 그리스도의 인성이 파편화되어버렸다는 것이다. 로고스는 예수
에게서 인간 영혼의 정신적 부분(nous)의 위치를 차지한다. 그것은 신성을 직접
적으로 그리스도의 육체와 결합해 단 하나의 본성을 이루게 된다. 이 본성은 육체
와 영혼으로 합성된 것이 아니라 로고스의 신성과 인간 육체의 살로 이루어진 것
이다. 그의 이론은 여러 교회회의에서, 그리고 마침내 제5차 보편 공의회인 제2차
콘스탄티노플 공의회(553)에서 단죄되었다((196)). 아타나시우스, 『아폴리나리
스 반박』 I, 2 (PG 26, 1096); 아우구스티누스, 『이단론』 55 (PL 42, 40); 레오 대
(大)교황, 『설교』(Sermo) XXIV (In nativitate Domini, IV) 5 (PL 54, 207) (CV,
p. 221, n. 21) 참조.

그러나 이것이 오류라는 사실은 다양하게 밝혀진다. 우선 비이성적인 영혼이 〈…〉와 함께 육체의 형상을 가지고 있다는 사실은 본성의 개념을 거스르기 때문이다.[483] 그리스도의 강생 안에서 어떤 기형적이고 부자연스러운 일이 존재했다고 가정해서는 안 된다. 둘째로 이것은 인간 본성의 회복이라는 강생의 목적을 거슬렀기 때문이다. 〔인간 본성의 회복은〕 무엇보다도 죄를 짓는데 참여할 수 있는 지성적인 부분의 측면에서부터 회복되는 것으로 시작된다. 그러므로 〔그리스도가〕 인간의 지성적인 부분을 취하는 것은 무엇보다도 적합한 일이었다. ─

또한 그리스도가 경탄했다(ammiratus fuisse)는 사실을 〔성서에서〕 읽게 된다.[484] 경탄하는 일은 오직 이성적 영혼에 속하는 일이나,[485] 신에게는 전적으로 부합될 수 없다. 따라서 슬픔이 그리스도 안에 영혼의 감각적 부분을 상정하도록 강제하는 것과 같이, 경탄함도 그 안에 영혼의 지성적 부분을 상정하도록 강제한다.

제206장

본성에서의 합일을 가정하는 에우티케스의 오류

De errore Euticetis ponentis unionem in natura

병행문헌: 『신학대전』 제Ⅲ부 제2문제 제1절; 『명제집 주해』 제3권 제5구분 제1문제 제2절; 『대이교도대전』 제Ⅳ권 제35장, 제41장; 『강생한 말씀의 결합』 제1문제; 『진리론』 제20문제 제1절; 『요한복음 주해』 제1장 제7강; 『로마서 주해』 제1장 제2강; 『필립비서 주해』 제2장 제2강 참조.

---

483 원본이 손상되어 있기 때문에 완전한 번역이 불가능하다. 이를 보충한 다른 판본들은 "비이성적 영혼이 인간의 형상이라는 사실은, 인간이 육체의 형상을 소유하고 있기 때문에 〔인간〕 본성의 개념을 거스르기 때문이다"라고 번역하고 있다.

484 마태 8,1; 루카 7,9 참조.

485 『신학대전』 제Ⅱ부 제Ⅰ권 제32문제 제8절 참조(〔197〕).

에우티케스(Eutices)[486]는 어떤 측면에서 이를 〔앞선 이단자들의 오류를〕 따랐다. 즉 그는 강생 후에 신과 인간의 본성이 하나가 되었다고 생각했다. 그럼에도 그는 그리스도에게 영혼이나 지성이나 본성의 완전성에서 기대되는 것들 중에 어떤 것이 결핍되어 있다고는 생각하지 않았다.

그러나 이 견해의 오류도 명백하게 드러난다. 즉 신의 본성은 그 자체로 완전하고 뒤바뀔 수 없다. 그 자체로 완전한 본성은 다른 〔본성과〕 〔다음과 같은 경우들이 아니라면〕 하나의 본성으로 일치할 수 없기 때문이다. 예를 들어 음식이 먹은 자로 바뀌는 것처럼 그 본성이 다른 본성으로 바뀌거나, 나무가 불로 바뀌는 것처럼 다른 것이 그 본성으로 전환되거나, 요소들이 혼합된 물체로 바뀌는 것처럼 두 본성이 제3의 것으로 변형되는 경우에만 〔하나의 본성으로 결합된다〕. 그러나 이 모든 것은 신의 불변성을 제거한다. 즉 다른 것으로 전환되거나 다른 것이 그것으로 전환될 수 있는 것은 불변적일 수 없기 때문이다. 따라서 신의 본성은 그 자체로 완전하기 때문에, 동시에 다른 본성과 하나의 본성으로 일치하는 일

---

486 에우티케스(Eutyches, 375?~454)는 콘스탄티노플에서 태어나 이 도시 근교에 있는 수도원의 원장이 되었다. 그는 알렉산드리아의 키릴루스의 사상을 극단적으로 발전시켜 그리스도의 두 본성을 거부함으로써 그리스도 단성론(單性論, Monophysitismus)의 창시자가 되었다. 그는 그리스도의 인성이 우리들과 동질(同質)임을 부정했고, 또한 강생 이전에는 두 가지 본성이 있었으나 강생 후에는 신성과 인성의 구별이 없어졌다고 주장했다. 그에 따르면, 그리스도의 인성은 바다에 떨어진 한 방울의 꿀처럼 신성에 의해 흡수되었다. 처음에 동로마 제국의 황제 테오도시우스 2세(Theodosius II)의 궁정에 세력을 가지고 네스토리우스파에 강력히 반대했으나, 448년 콘스탄티노플 지방회의에서는 오히려 단성론적 이단으로 고발당하고 총대주교 플라비아누스(Plavianus)에게 파면당했다. 이에 대해 에페소 군도회의(449)에서는 거꾸로 그가 정통 신앙임이 선언되어 복직했으나, 칼케돈 공의회(451)에서 그 파의 총수인 디오스코로스(Dioskoros)가 파면·추방되고, 그 자신도 후에 추방당했다((198)). 레오 대(大)교황,『플라비아누스에게 보낸 편지』(Epist. XXVIII, Ad Flavianum) 6 (PL 54, 777); 보에티우스,『그리스도의 두 본성과 한 위격』c. 5-7 (PL 64, 1347-52); 요하네스 다마스케누스,『정통신앙론』III, 3 (PG 94, 993); 칼케돈 공의회 (Denz., 148) (CV, p. 223, n. 23) 참조.

은 결코 일어날 수 없다.

또한 만일 누군가 사물의 질서를 고찰한다면, 더 많은 완전성의 첨가는 본성의 종을 변화시킨다. 즉 존재하고 살아 있는 것은 단지 존재하기만 하는 것과는 다른 종에 속한다. 그러나 동물처럼 존재하고 살고 느끼는 것은 식물처럼 존재하고 살기만 하는 것과 다른 종에 속한다. 마찬가지로 인간처럼 존재하고, 살고, 느끼고 이해하는 것은 이성이 없는 동물처럼 존재하고 살고 느끼기만 하는 것과 다른 종에 속한다. 따라서 〔에우티케스에 의해〕 그리스도에게 속한 것으로 간주되는 저 하나의 본성이 이 모든 것을 넘어서 신적인 것을 소유했다면, 인간 본성이 이성이 없는 동물의 본성과 다른 것처럼 저 본성은 인간 본성과 다른 종에 속하리라는 결론이 나온다. 그러므로 그리스도는 인간과 동일한 종에 속하지 않게 된다. 이것이 거짓이라는 사실은 〔그리스도가〕 육신에 따라서는 인간으로부터 탄생하셨다는 사실로부터 밝혀진다. 이는 마태오가 자기 복음서의 첫 머리(1,1)에서 "다윗의 아들이요, 아브라함의 아들인 예수 그리스도의 탄생에 관한 책"(Liber generationis Ihesu Christi, Filii Dauid, Filii Abraham)이라고 말하면서 밝힌 바와 같다.

제207장
그리스도는 참된 육체가 아니라
환영적인 육체를 지녔다고 말하는 마니의 오류를 거슬러
Contra errorem Manichei dicentis Christum non habuisse
uerum corpus sed fantasticum

병행문헌:『신학대전』제Ⅲ부 제5문제 제1절;『명제집 주해』제3권 제2구분 제1문제 제3절 제1소질문, 제2소질문; 제4구분 제2문제 제1절; 제4권 제3구분 제3문제 제2소질문 제2이론에 대한 해답;『대이교도대전』제Ⅳ권 제29장, 제30장;『로마서 주해』제8장 제1강;『코린토후서 주해』제5장 제4강 참조.

포티누스가 그리스도에게서 신성을 제거함으로써 강생의 신비를 무효로 만든 것처럼 마니(Manichaeus)[487]는 인성을 제거함으로써 그렇게 했다. 즉 그는 모든 물질적인 피조물은 악마로부터 창조되었다고 생각했기 때문에, [그에게는] 선한 신의 성자가 악마의 피조물을 취했다는 사실이 적합하지 않았다. 그래서 [그는] 그리스도는 참된 육신을 지녔던 것이 아니라 환영적(幻影的) 육신만을 지녔던 것이라고 생각했다.[488] 따

---

487 페르시아인 마니(Mani, 215?~74, 그리스어: Manes, 라틴어: Manichaeus)는 그의 이름을 따라 마니교(Manichaeismus)라고 불리는 영지주의적 세계관을 선포했다. 마니교는 그 중요성과 확산 정도를 고려하면 일정 기간 동안 거의 세계 종교 수준이 되었다. 그의 전설적 생애에 따르면, 그는 신의 계시의 전달자라고 주장하면서 등장했다. 이 계시는 조로아스터와 다른 '예언자들'(모세, 예수)이 선포한 내용들을 완성하고 대체해야 하는 것이었다. 마니는 일정 기간 동안 포교에 성공을 거두다가 275년경에 페르시아에서 십자가형에 처해졌다고 한다. 마니에 따르면, 구원은 영지(gnosis)와 이에 상응하는 생활을 통한 자기 구원이다. 세계는 이원론적으로 신적인 빛의 세계와 악마적인 어둠의 세계로 설명되었다. 지구와 인간의 탄생과 함께 두 세계의 혼합이 일어났고, 이것은 다시 분리되어야만 한다. 천상의 에온인 그리스도는 이를 위해 거짓 육체를 지니고 세상에 왔지만(가현설 [假現說], Doketismus), 아직 진리를 충분히 선포하지 못했다. 이것을 마니 자신이 이제 이원론에 대한 지식과 이에 상응하는 윤리(무엇보다도 어둠의 세계에 속하는 것, 결혼, 육식, 토목 공사 등의 금지)의 선포를 통해 이루려 하는 것이다. 이 엄격한 윤리는 단지 소수의 '완전한 이들'에게만 가능하다. 그렇기 때문에 좋은 뜻을 지닌 '불완전한 이들'을 위해 단지 십계명의 준수만이 명령되었고, 그들에게는 죽은 후에 다시 육체를 지니는 것을 통해 단계적으로 명확해질 것이라는 약속이 주어졌다. 이러한 조로아스터교, 헬레니즘, 그리스도교적인 요소들의 혼합은 매우 빠르게 퍼져나갔고, 초기 바빌로니아를 중심지로 페르시아에 전파되었다. 3세기 중엽부터는 이집트, 북아프리카, 시리아 등으로도 퍼져나갔다. 마니교는 296년 디오클레티아누스(Diocletianus) 황제에 의해 금지되었다. 교회사의 다양한 시기에 마니교는 다시 그 형체를 드러냈으며, 잠재적인 형태로 오늘날까지 세상을 대하는 그리스도인들의 태도를 위협하고 있다((199)). 아우구스티누스, 『이단론』 46 (PL 42, 37) (CV, p. 224, n. 24) 참조.

488 토마스는 하나의 마니교적 오류가 다른 오류를 규정하고 있다는 점을 정확하게 보고 있다. 만일 육체가 악한 것이고 악한 원리로부터 유래하는 것이라면, 그리스도는 참된 육체를 결코 취해서는 안 된다. 이와는 반대로 마니교도들은, 토마스가 이 장에서 언급하고 있는 것과 같이, 물체적인 사물을 악한 원리에, 비물체적인

340

라서 그리스도에 대한 복음에서 인간 본성에 속한 것으로 이야기된 모든 것은 환영의 상태에 있는 것이지 진정으로 이루어졌던 것이 아니라고 주장했다. 이런 입장은 그리스도가 동정녀로부터 태어났고, 할례를 받았고, 굶주렸고, 음식을 먹었고, 인간 육신의 본성에 속하는 다른 것들을 견뎌냈다고 주장하는 성서와 명백히 모순된다. 그러므로 [마니의 입장이 사실이라면] 그리스도에 대해 이것을 이야기하는 복음서들의 문서는 거짓인 셈이 될 것이다.

또한 그리스도 스스로 자신에 대해 말하기를, "나는 진리를 증언하기 위해 태어났고, 그러기 위해 이 세상에 왔다".[489] 그러나 만일 그가 그렇지 않은 사실을 스스로 증명했다고 가정하면, 그는 진리의 증인이 아니라 오히려 거짓의 증인이었을 것이다. 무엇보다도 그가 진정한 육신이 없으면 당할 수 없을 고통을 겪으리라고, 즉 인간의 손에 넘겨지고, 크게 모욕당하고, 채찍질을 당하고 십자가에 못박히리라고 예언했을 때에 특히 [그럴 것]이다.[490] 그러므로 그리스도가 참된 육신을 가지지 않았고, 이런 종류의 것들을 진정으로가 아니라 환영으로만 견뎌냈다고 말하는 것은 그리스도에게 오류를 부과하는 것이다. ─

게다가 인간의 마음으로부터 참된 견해를 제거하는 것은 사기꾼의 일이다. 그러나 그리스도는 제자들의 마음으로부터 이런 견해를 제거했다. 즉 그가 부활 후에 유령이나 허깨비라고 생각하는 제자들에게 나타났을 때, 그는 그런 종류의 의심을 그들의 마음으로부터 몰아내기 위해 "만져 보아라, 내가 가지고 있는 것을 너희가 보는 것처럼 유령은 살과 뼈를 가지고 있지 못하기 때문이다"[491]라고 말했다. 그리고 다른 곳에서

사물을 선한 원리에 환원한 것이 아니라 물체적인 사물을 부분적으로는 선한 원리에, 부분적으로는 악한 원리에 귀속시켰다. 그들은 비물체적인 사물이란 전혀 받아들이지 않았던 것처럼 보인다([200]). 제111장 각주 268 참조.

489 요한 18,37: "In hoc natus sum et ad hoc ueni in mundum, ut testimonium perhibeam ueritati".

490 마태 16,21; 마르 9,30; 루카 9,22 참조.

는, 그가 호수 위를 걸었을 때 환영이라고 추정해 두려움에 사로잡혀 있던 제자들에게 주님은 "나다, 두려워하지 말라!"[492]라고 말씀하셨다. 따라서 만일 이 견해가 진실이라면, 필연적으로 그리스도가 사기꾼이었다고 말해야 한다. 그러나 그리스도는 스스로 자신에 대해 말한 바와 같이, 그리스도는 진리이시다.[493] 따라서 이 견해는 거짓이다.

제208장

발렌티누스를 거슬러,
그리스도는 하늘로부터 참된 육체를 소유하지 않았다

Quod Christus uerum corpus habuit non de celo, contra Valentinum

병행문헌: 『신학대전』제III부 제5문제 제1절; 『명제집 주해』제3권 제2구분 제1문제 제3절 제1소질문, 제2소질문; 제4구분 제2문제 제1절; 제4권 제3구분 제3문제 제2소질문 제2이론에 대한 해답; 『대이교도대전』제IV권 제29장, 제30장; 『로마서 주해』제8장 제1강; 『코린토후서 주해』제5장 제4강 참조.

발렌티누스(Valentinus)[494]는 비록 그리스도가 참된 육체를 가졌다고

---

491 "Palpate et uidete, quia spiritus carnem et ossa non habet sicut me uidetis habere"; "나를 만져 보아라. 유령은 살과 뼈가 없지만, 나는 너희도 보다시피 살과 뼈가 있다"(『성경』, 루카 24,39).

492 "Ego sum, nolite timere"; 마태 14,27; 마르 6,50; 요한 6,20 참조.

493 요한 14,6 참조.

494 헬레니즘 시대의 이집트 출신 영지주의자였던 발렌티누스는 로마에 체류하는 동안(136~65) 교회와 충돌을 빚어 키프로스로 피신했다. 특히 그는 자신의 영지주의 체계에서 에온들에 대한 이론, 즉 30개의 에온이 쌍으로 유출하고, 쌍으로 새로운 쌍들인 '시치기엔'(Syzigien)을 출생시킨다는 이론을 발전시켰다. 이레네우스(Iraeneus), 『이단 반박』(Adversus haereses) I, 7; 11 (PG 7, 513, 561); 테르툴리아누스, 『발렌티누스 반박』(Adversus Valentinianos) 27 (PL 2, 581); 에피파니우스, 『이단 반박』(Adversus haereses) I, 6. 2, haer. 31, 7 (PG 41, 487) & III, t. 2, haer. 77, 9 (PG, 42, 651); 아우구스티누스, 『이단론』 11 (PL 42, 27이하) 참조

고백했을지라도, 동정녀로부터 그 육신을 취한 것이 아니라 하늘에서 형성된 육체를 가지고 왔다고 말했다. 그 육신은 마치 물이 관(管)을 통과하듯이, 동정녀로부터 아무것도 수용하지 않은 채 그녀를 통과했다는 것이다.

이것 또한 성서의 진리에 모순된다. 즉 사도(바오로)는 로마 1,3에서 그리스도에 대해 "그분은 육신에 따르면 다윗의 씨앗으로부터 만들어진 분"[495]이라고 말한다. 그리고 갈라 4,4에서는 "신은 여인으로부터 태어난 자신의 아들 독생자를 보내셨다"[496]라고 말한다. 또한 마태 1,16에서는 "야곱은 마리아의 남편 요셉을 낳았고, 마리아로부터 예수가 나셨는데 이분이 그리스도라고 불린다"[497]라고 말한다. 그리고 나중에 "그의 어머니 마리아가 요셉과 약혼했을 때"[498]라는 말을 덧붙이면서 그녀를 그분의 어머니라고 부른다. 그러나 만일 그리스도가 동정녀로부터 육신을 취하지 않았다고 가정하면, 이것은 참이 되지 못할 것이다. 따라서 그가 천상에서 육체를 가지고 왔다는 것은 거짓이다. 사도(바오로)가 1코린 15,47에서 "하늘로부터 온 둘째 인간은 천상적이다"[499]라고 말하는 것은 그가 신성에 따라 하늘로부터 내려왔으나, 육체의 실체에 따라서는 그렇지 않은 것이라고 이해해야만 한다.

게다가 만일 그가 동정녀의 자궁으로부터 아무것도 넘겨받지 않았다고 가정하면, 왜 신의 아들이 천상으로부터 육체를 가지고 오면서 동정녀의 자궁에 들어갔는가에 대한 아무런 이유를 설명할 수 없다. 그러나

((201)). (CV, p. 226, n. 26).

495 "Qui factus est ei ex semine Dauid secundum carnem"; "그분께서는 육으로는 다윗의 후손으로 태어나셨고"(『성경』).

496 "Misit Deus Filium suum unigenitum factum ex muliere"; "(그러나 때가 차자) 하느님께서 당신의 아드님을 보내시어 여인에게서 태어나 율법 아래 놓이게 하셨습니다"(『성경』).

497 "Iacob genuit ioseph uirum marie, de qua natus est Ihesus qui uocatur Christus."

498 마태 1,18: "Cum esset desponsata mater eius Maria Ioseph".

499 "Secundus homo de celo celestis"; "둘째 인간은 하늘에서 왔습니다"(『성경』).

〔그리스도가〕어머니의 자궁으로부터 나오면서 취하지 않았던 육신을 그녀로부터 받은 것처럼 보이려 하는 중에, 오히려 어떤 조작이 있어 보일 것이다. 따라서 모든 거짓은 그리스도에게 낯설기 때문에, 그리스도는 동정녀의 자궁으로부터 나와 그렇게 그녀로부터 육신을 받았다라고 단순하게 믿어야만 한다.

제209장
강생에 대한 신앙의 가르침은 무엇인가
Que sit sententia fidei circa incarnationem

병행문헌: 『신학대전』 제III부 제2문제 제5절, 제6절; 『명제집 주해』 제3권 제2구분 제1문제 제3절 제3소질문; 제6구분 제3문제 제1절, 제2절; 『대이교도대전』 제IV권 제34장, 제37장, 제41장, 제49장; 『강생한 말씀의 결합』 제1문제; 『로마서 주해』 제1장 제2강; 『필립비서 주해』 제2장 제2강 참조.

우리는 앞서 다루어진 것들로부터 가톨릭 신앙의 진리에 따르면, 그리스도 안에 우리의 본성을 지닌 참된 육체와 참된 이성적 영혼은 동시에 이것과 함께 완전한 신성이 존재한다는 사실을 정리할 수 있다. 그러나 이 세 가지 실체[500]는 한 인격 안에서 일치하는 것이지, 한 본성 안에서 일치하는 것이 아니다.

이 진리의 설명을 위해 몇몇 사람들[501]은 어떤 그릇된 길로 나아갔다.

---

500 제204장 각주 481 참조(〔202〕).

501 페트루스 롬바르두스(Petrus Lombardus)는 자신의 『명제집』(III, d. 6, cc. 4-6)에서 그리스도 안에서 본성들의 결합이 어떻게 해석되어야 하는가에 대한 세 가지 방식을 언급한다. 이 방식에 대해 아벨라르두스(Abaelardus) 이후 모든 학파에서 격렬하게 토론했다(『명제집 주해』 제3권 제6구분과 제7구분 참조).

토마스가 제210장에서 언급하고 반박하는 첫 번째 해석은 성(聖) 빅토르의 후고(Hugo von St. Viktor)와 상스(Sens)의 대주교였고 후에 랭(Reims)의 대주교가 된 어떤 사람들은[502] 존재가 완성된 다음에[503] 어떤 것에 더해지는 모든 것은 우유적으로 그것에 첨가되는데, 이는 마치 인간에게 의복이 (첨가되는 것과) 같다는 사실을 고찰하면서 인성이 성자의 인격 안에서 우유적인 결합을 통해 신성과 결합되었다고 주장했다. 말하자면 취해진 본성은 신의 아들의 인격에 대해 의복이 인간에게 맺는 것과 같은 관계를 맺는다는 것이다. 이것을 확증하기 위해 그들은 사도(바오로)가 필리 2,7에서 그리스도에 대해 "그는 외형(소유태)상으로 마치 인간처럼 보였다"(habitu est inuentus ut homo)[504]라고 말한 것을 인용하곤 했다. ──

캄파니아의 윌리엄(William of Campania), 콘월의 요하네스(John of Cornwall), 『강생한 말씀에 대한 변론』(*Apologia de Verbo incarnato*)의 저자, 라이허스베르크의 게르호(Gerhoh of Reichersberg) 등이 주장했다.

토마스도 따르는(제211장) 두 번째 해석은 무엇보다도 로베르투스 풀레인(Robertus Pulleyn), 플롱의 로베르투스(Robertus of Melun), 릴의 알라누스(Alan de Lille), 오셰르의 윌리엄(William of Auxerre), 헤일즈의 알렉산더(Alexander of Hales), 보나벤투라(Bonaventura) 등이 주장했다. 첫 번째와 세 번째의 중간에 위치하는 이 해석에 대해 보나벤투라는 "오늘날 일반적으로 모든 학자는 이 중간 견해를 주장한다"라고 쓰고 있다(『명제집 주해』제3권 제6구분 제1문제 제3소질문 참조).

토마스가 이 장(제209장)에서 소개하고 반박하는 세 번째 해석인 '그리스도론적 영혼 부정설'(christologischer Nihilianismus)은 페트루스 아벨라르두스, *Epitome Theologiae christianae*의 저자, 길베르투스 포레타누스(Gilbert de la Porrée), 롤란트(Roland), 푸아티에의 페트루스(Petrus Porretanus), 볼로냐의 간둘푸스(Gandulphus of Bologna) 등이 주장했다. 이 세 번째 해석은 교황 알렉산데르 3세가 1177년 2월 18일 랭의 대주교 윌리엄에게 보낸 편지인 "그리스도와 함께"(Cum Christus)에 의해 단죄되었다. 스콜라 철학의 융성기 동안에 두 번째 해석이 일반적으로 수용된 반면에, 첫 번째 해석은 잘못된 것으로, 세 번째 해석은 이단적인 것으로 거부되었다((203)). 각 저자들의 자세한 서지 사항에 대해서는 독일어 번역본 각주 참조.

502 즉 '그리스도론적 영혼 부정설'의 대변자들을 말한다. 각주 501의 세 번째 해석 참조((204)).

503 즉 실체적 존재를 말한다((205)).

504 아벨라르두스와 그의 추종자들은 '하비투'(habitu)라는 라틴어 때문에 이 이단적인 견해에 유혹되었다. '하비투스'(habitus)는 행동의 외적인 것만이 아니라 무엇

또한 그들은 영혼과 육체의 합일로부터 '인격'(persona)[505]이라 불리는 이성적 본성의 어떤 개체가 만들어진다는 사실을 고찰했다. 따라서 만일 그리스도 안에 있는 영혼이 육체와 합일되었다면, 그러한 합일로부터 인격이 구성된다는 사실이 귀결되지 않으리라고는 생각할 수 없었다. 결국 그리스도 안에는 두 개의 인격, 즉 취득하는 인격(personam assumentem)과 취득되는 인격(personam assumptam)이 존재한다는 결론이 나오는 셈이다. 즉 옷을 입은 인간에게는 의복이 인격의 근거를 가지는 것이 아니기 때문에 두 개의 인격이 존재하지 않는다. 그러나 만일 옷이 인격이라고 가정하면, 옷을 입은 인간에게도 두 인격이 존재한다는 사실이 귀결될 것이다. 따라서 이것을 배제하기 위해 그들은[506] 영혼이 그리스도의 육체에 결코 합일되지 않았고, 오히려 신의 아들의 인격이 영혼과 육체를 분리해 취했다고 주장했다.

그러나 이 견해는 부적합한 하나를 피하기 위해 애쓰는 나머지, 더욱 부적합한 것으로 빠져 버린다. 〔이로부터 다음과 같은 사실들이 귀결될 것이기 때문이다.〕즉 필연적으로 그리스도는 참된 인간이 아니었다는 사실이 귀결된다. 인간은 영혼과 육체로부터 구성되었으므로 인간 본성의 진리는 영혼과 육체의 합일을 요구하기 때문이다. 또한 그리스도의 육신은 참된 육신이 아니었고, 그의 지체들 중의 어떤 것도 참된 것이 아니었다는 사실이 귀결된다. 왜냐하면 영혼이 제거되었다면, 마치 그림으로 그려진 것이나 돌로 만들어진 것처럼 오직 다의적인 의미에서만 눈이나 손이나 살과 뼈가 존재할 것이기 때문이다.[507] 또한 그리스도가

보다도 형태와 의복에 따른 외형을 의미한다. 그리스도는 인성을 마치 의복처럼 입음으로써 밖으로 한 인간처럼 자신을 드러냈다는 것이다(〔206〕).

505 라틴어 '페르소나'(persona)의 번역 방식에 대해서는 제50장 각주 97 참조. 여기서는 인간성과 직접 관련되는 그리스도론적인 맥락이기 때문에 편의상 '인격'으로 번역했다.

506 계속해서 각주 〔203〕에서 언급된 세 번째 해석에 대해 말하고 있다(〔207〕).

507 전체 육체의 형상으로서의 영혼은 또한 각 육체적인 부분과 기관의 형상이기도

참으로 죽은 것이 아니라는 사실도 귀결될 것이다. 즉 죽음은 생명의 상실이다. 그러나 신성의 생명은 죽음을 통해 상실될 수 없다는 점과 육체는 영혼이 결합되어 있지 않았더라면 살아 있을 수 없었을 것이 명백하기 때문이다. 또한 더 나아가 그리스도의 육체는 감각할 수 없었다는 사실도 귀결될 것인데, 자신과 결합된 영혼을 통해서가 아니라면 육체는 감각하지 못하기 때문이다.

게다가 이 견해는 네스토리우스의 오류로 다시 떨어지는데, 비록 그것을 벗어나려 의도했을지라도 말이다. 즉 네스토리우스는 신의 말씀이 인간 그리스도와 은총의 내주(內住)에 따라 합일되었고, 그래서 신의 말씀이 마치 자신의 성전 안에서처럼 이 인간 안에 존재했다고 주장함으로써 오류에 빠졌다. "말씀이 성전 안에서처럼 인간 안에 존재한다"거나 "인간 본성이 말씀에 나타나는 것이 마치 옷이 옷을 입은 자에게처럼 나타나는 것과 같다"라고 말하는 것은 주장된 바에 속하는 한에서 아무런 역할을 하지 않는다. 오직 이 견해가 그리스도는 참된 인간임을 믿을 수 없도록 하기 때문에 더 나쁜 것이 아니라면 말이다. 따라서 이 견해는 부당하게 단죄된 것이 아니다.[508]

게다가 옷을 입은 인간은 옷이나 의복의 인격이라고 말할 수 없고, 어떤 방식으로는 의복의 종에 속한다고 말할 수도 없다. 따라서 신의 아들이 인간 본성을 마치 옷처럼 취했다면, 그는 결코 인간 본성의 인격이라고 불릴 수 없을 것이다. 또한 신의 아들은 다른 인간과 동일한 종에 속한다고 말할 수도 없을 것이다. 그럼에도 그에 대해 사도(바오로)는 "인

하다. 그러므로 영혼이 제거되면 육체는 더 이상 참된 육체가 아니고, 눈은 더 이상 참된 눈이 아니다((208)).

508 제5차 보편 공의회인 제2차 콘스탄티노플 공의회(553)를 말한다. 토마스는 다른 곳에서(『강생한 말씀의 일치론』 제1장) 교황 알렉산데르 3세(1159~81)의 주도 아래 투르(Tours)의 지역 공의회에서 단죄된 것으로 보고한다(알렉산데르 3세, 『서간』(Epistola ad Willelmum archiep. Remensem, 18 Febr. 1177 (PL 200, 685)). 네스토리우스에 대해서는 제203장 각주 465 참조((209)+라틴어 원본 각주).

간과 유사하게 되셨다"(in similitudine hominum factus)[509]라고 말한다. 그러므로 이 견해를 전적으로 피해야 한다는 것은 명백하다.

제210장
그리스도 안에는 두 기체[510]가 존재하지 않는다
Quod in Christo non sunt duo supposita

병행문헌: 『신학대전』 제III부 제2문제 제3절, 제6절; 제4문제 제3절; 『명제집 주해』 제3권 제6구분 제1문제 제1절 제1소질문, 제2소질문; 제1문제 제2절; 제3문제 제2절; 제7구분 제1문제 제1절; 『대이교도대전』 제IV권 제34장, 제37장, 제38장, 제39장, 제41장, 제49장; 『강생한 말씀의 결합』 제1문제, 제2문제; 『신앙의 근거』 제6장; 『자유토론 문제집』 제IX권 제2문제 제1절; 『요한복음 주해』 제1장 제7강; 『로마서 주해』 제1장 제2강, 제3강; 『필립비서 주해』 제2장 제2강 참조.

다른 이들[511]은 앞서 말한 부적절함을 피하기를 원하면서 그리스도 안에 영혼은 육체와 합일되어 있고, 그런 합일로부터 어떤 인간이 형성되었다고 주장했다. 그들은 〔그 어떤 인간이〕 신의 아들에 의해 인격의 단일성으로 취해졌다고 말한다. 이 취득을 이유로 그들은 저 인간이 신의 아들이요, 신의 아들이 저 인간이라고 말한다. 그리고 그들은 앞서 말한 취득이 인격의 단일성에서 종결된다고 말하기 때문에, 그리스도 안에 신이요 인간인 단 하나의 인격이 〔있다고〕 고백한다. 그러나 그들이 영혼과 육체로 구성되었다고 말하는 이 인간은 인간 본성의 어떤 기체(基體, suppositum)나 자주체(ypostisis)이기 때문에, 그들은 그리스도 안에 두 기체와 두 자주체가 있다고 주장한다. 인간 본성을 지닌 그 하나는 창조되

---

509 필리 2,7 참조.

510 라틴어 '수포지톰'(suppositum)의 번역에 대해서는 제60장 각주 129 참조.

511 즉 페트루스 롬바르두스가 제시했던 세 가지 해석(제209장 각주 501 참조) 중에서 첫 번째 견해의 대변자들을 말한다(〔210〕). 페트루스 롬바르두스, 『명제집』(*Sententiae*) III, d. 6, c. 2; 토마스 아퀴나스, 『대이교도대전』 제IV권 제38장 참조.

고 시간적인 것이고, 신적 본성을 지닌 다른 하나는 창조되지 않았고 영원한 것이다.

하지만 이 입장은 비록 명목상으로 네스토리우스의 오류로부터 멀어져 있는 것처럼 보일지라도, 만일 누군가가 그것을 내적으로 깊이 음미해 보면, 네스토리우스와 동일한 〔입장〕에 빠지게 된다. 즉 인격(persona)은 이성적 본성을 지닌 개별적 실체(substantia indiuidua rationalis nature)와 다른 것이 결코 아니다. 그러나 인간 본성은 이성적 본성이다. 그러므로 그리스도 안에 인간 본성을 지닌 시간적이고 창조된 어떤 자주체나 기체가 상정된다는 그 사실로부터, 그리스도 안에 시간적이고 창조된 어떤 인격 또한 상정된다. 즉 이것(시간적 창조된 인격)이 기체나 자주체라는 명칭이 의미하는 바로 그것, 즉 개별적 실체이다. 따라서 그리스도 안에서 두 기체나 두 자주체를 상정하는 이들은, 만일 자신들이 말하는 것을 이해한다면, 필연적으로 두 인격을 상정해야만 한다.

마찬가지로 기체에 따라 구분되는 것은 무엇이든지 간에, 하나에 고유한 것은 다른 것에 적합할 수 없는 그런 식으로 관련되어 있다. 따라서 신의 아들과 인간의 아들의 기체가 동일하지 않다고 가정하면, 인간의 아들에게 속하는 것은 신의 아들에게 부여될 수 없고, 그 역도 마찬가지로 안 된다는 결론이 나온다. 그러므로 신이 십자가에 못박혔다거나 동정녀로부터 태어났다고 말할 수 없게 될 것이다. 이것은 네스토리우스의 불경(不敬)에 속하는 것이다.

그러나 만일 누군가가 이것에 대해 저 인간에 속하는 것은 신의 아들에게 부여될 뿐만 아니라 그 역도 가능한데, 이는 비록 그들은 서로 다른 기체일지라도 인격의 동일함 때문이라고 말하고자 한다면, 이는 전적으로 성립할 수 없는 것이다. 신의 아들의 영원한 기체는 그의 인격자체와 결코 다른 것이 아니라는 점이 명백하기 때문이다. 따라서 그의 인격을 근거로 신의 아들에 대해 언급되는 것은 무엇이든지 간에, 그의 기체를 근거로도 그에 대해 언급될 것이다. 그러나 인간에게 속하는 것은 그에 대해 기체를 근거로 언급되지 않는다. 왜냐하면 신의 아들은 인간의 아들과 기체의 측면에서 다르다고 상정되기 때문이다. 따라서 동정녀로부터 태어나고 죽는 것이나, 이와 비슷한 인간의 아들의 고유한 특성은 신의 아들에 대해 인격을 근거로 언급될 수 없다.

게다가 어떤 시간적 기체에 신의 명칭을 서술한다면, 이것은 최근의 새로운 것에 해당할 것이다. 그러나 최근에 새롭게 신이라고 불리는 모든 것은 신이 아니다. 다만 만들어진 신일 뿐이다. 만들어진 신이라는 것은 본성적으로 신인 것이 아니라 입양을 통해서만 (신인 것이다). 그러므로 저 인간은 참되고 본성적으로 신이 아니라 오직 입양을 통해서만 (신이라는) 사실이 귀결된다. 이것 또한 네스토리우스의 오류에 속한다.

제211장
그리스도 안에는 오직 한 기체와 한 인격이 존재한다
Quod in Christo est unum tantum suppositum et est una tantum persona

병행문헌: 『신학대전』 제III부 제2문제 제3절; 『명제집 주해』 제3권 제6구분 제1문제 제1절 제1소질문, 제2소질문; 제7구분 제1문제 제1절; 『대이교도대전』 제IV권 제38장, 제39장; 『강생한 말씀의 결합』 제2문제; 『그리스인들의 오류 논박』 제2장; 『신앙의 근거』 제6장; 『자유토론 문제집』 제IX권 제2문제 제1절; 『요한복음 주해』 제1장 제7강 참조.

이렇게 "그리스도 안에는 신과 인간의 한 인격(persona)이 존재할 뿐만 아니라 한 기체(suppositum)와 한 자주체(ypostasis)도 존재한다"라고 말해야만 한다. 그러나 본성은 하나가 아니라 둘이 (존재한다).

이것의 자명성을 위해 인격과 기체, 자주체라는 명칭이 일종의 완결체(integrum quoddam)를 지시한다는 점을 고찰해야만 한다.[512] 왜냐하면 손이나 살이나 부분들 중의 다른 어떤 무엇이든지 인격이나 자주체나 기체라고 말할 수는 없고, 단지 이 사람이라고 하는 이 전체가 (인

---

512 제50장 각주 98 참조((211)).

격이나 자주체나 기체이기 때문이다). 그러나 개체(indiuiduum)와 개별체(singulare) 같이 실체와 우유의 개체들에 공통적인 명칭은 전체와 부분에 적용될 수 있다. 왜냐하면 부분은 우유와 공통적인 어떤 것, 즉 비록 그 방식은 다를지라도[513] 그 자체로 실존하지 못하고 다른 것에 내재한다는 점을 가지고 있기 때문이다. 따라서 "소크라테스와 플라톤의 손은, 비록 자주체나 기체나 인격은 아닐지라도, 어떤 개체이거나 어떤 개별체이다"라고 말할 수 있다.

더 나아가 어떤 것들의 결합은, 그 자체로 고찰하자면, 때때로 완결된 어떤 것을 만들어 내지만, 다른 경우에는 다른 것의 첨가(가 필요하기) 때문에 완결된 어떤 것을 구성하지 않는다는 사실을 고찰해야만 한다. 예를 들어 돌에서 네 요소들의 혼합은 일종의 완결체를 만든다. 그러므로 돌에서 요소들로부터 구성된 것은 기체나 자주체라고 불릴 수 있고, 그것은 '이 돌'(hic lapis)이다. 그러나 그것은 이성적 본성의 자주체는 아니기 때문에 인격은 아니다. 동물에서 요소들의 합성은 완결된 어떤 것을 구성하지 못하고 부분, 즉 육체만을 구성한다. 왜냐하면 동물의 완성을 위해서는 다른 어떤 것, 즉 영혼의 부가됨이 필수적이기 때문이다. 그러므로 동물에서 요소들의 합성은 기체나 자주체를 구성하는 것이 아니라 다만 이 동물 전체가 자주체나 기체이다. 그럼에도 이것 때문에 요소들의 합성이 돌에서보다 동물에서 덜 효과적인 것은 결코 아니고 오히려 더욱 효과적이다. 그것이 더 고귀한 사물로 질서 지어져 있기 때문이다. ─

이렇게 영혼과 육체의 합일은 다른 인간에게서 자주체와 기체를 구성한다. 이 두 가지 이외에는 다른 아무것도 없기 때문이다. 그러나 주 예수 그리스도에게서는 영혼과 육체 이외에 신성이라는 제3의 실체[514]가 부가

---

513 우유는 실체 안에 부분으로서가 아니라 한 실체의 규정 요소로서 존재한다. 실체 자체는 양을 통해 연장을 지니고, 질을 통해 이러저러한 성질을 지니게 되는 것이다((212)).

된다. 그러므로 육체와 영혼으로부터 구성된 것은 별도의 기체나 자주체가 아니고 마찬가지로 인격도 아니다. 오히려 기체, 자주체나 인격은 세 실체들, 즉 육체, 영혼, 신성으로부터 이루어진 것이다. 그리고 이렇게 그리스도 안에는 오직 한 인격이 존재하는 것처럼 한 자주체와 한 기체가 존재한다.

그러나 영혼이 육체에 부가되고, 신성이 그 둘에 부가되는 것은 서로 다른 이유에서이다. 즉 영혼은 육체에 실존하는 그것의 형상처럼 부가된다. 그러므로 이 둘로부터 인간 본성이라고 불리는 하나의 본성이 구성된다. 그러나 신성은 영혼과 육체에 형상의 방식을 통해서나 부분의 방식을 통해 부가되지 않는다. 이것은 신적 완전성의 개념을 거스르는 것이다. 그러므로 신성과 영혼과 육체로부터는 한 본성이 구성되는 것이 아니라 신적 본성 자체가 자기 자체 안에 온전하고 순수하게 실존하면서, 어떤 파악할 수 없고 형언할 수 없는 방식으로 영혼과 육체로부터 구성된 인간 본성을 취한다. 이것은 그의 무한한 능력으로부터 발생한다. 즉 우리는 어떤 작용자가 더 큰 능력을 지닐수록 그만큼 더 많이 어떤 도구를 어떤 과업을 완성하기 위해 자신이 활용한다는 것을 보게 된다. 따라서 신의 능력이 자신의 무한성 때문에 무한하고 파악될 수 없는 것처럼 그렇게 그리스도의 인간 본성을, 마치 인간 구원을 얻기 위한 일종의 도구처럼 자신에게 합일시킨 방식은 우리가 형언할 수 없는 것이고, 피조물에 대한 신의 다른 모든 합일을 능가하는 것이다. ─

그리고 우리가 이미 말했던 것처럼 인격과 자주체 그리고 기체는 완결된 어떤 것을 지시한다. 그렇기 때문에 만일 마치 인간의 합성 안에서 영혼처럼 그리스도 안에 있는 신의 본성이 부분과 같고 완결된 어떤 것이 아니라고 가정하면, 그리스도의 한 인격은 오직 신의 본성의 부분으로부터만 자신을 유지하는 것이 아니라 일종의 세 가지로부터도 구성된 것이 될 것이다. 마치 인간 안에서 인격과 자주체 그리고 기체가 영혼과

514 제204장 각주 481 참조((213)).

육체로부터 구성되었듯이 말이다. 그러나 신의 본성은 일종의 형언할 수 없는 합일을 통해 인간 본성을 자신에게 취한 완결된 어떤 것이기 때문에, 인격은 신의 본성으로부터 자신을 유지하고, 자주체와 기체도 이와 유사하다. 하지만 영혼과 육체는 신적 인격의 위격성으로 이끌려진다. 그래서 신의 아들의 인격은 또한 인간의 아들의 인격이요 자주체이며 기체인 것이다.

이런 종류의 어떤 예가 피조물 안에서도 발견될 수 있다. 즉 주체 (subiectum)와 우유(accidens)는 그들로부터 제3의 어떤 것이 구성되는 그런 식으로 합일되지 않는다.[515] 그러므로 주체는 그런 합일에서 부분으로서 관련된 것이 아니라 오히려 인격과 자주체 그리고 기체인 일종의 완결체이다. 그러나 우유는 주체의 인격성에 이끌린다. 인간과 백색에 동일한 인격이 있듯이, 이와 유사하게 [인간과 백색에] 동일한 자주체가 있으며, 또한 동일한 기체가 있다. 따라서 일종의 유사성에 따라 신의 아들의 위격과 자주체 그리고 기체는 그리스도 안에 있는 인간 본성의 위격과 자주체 그리고 기체이다. 그리고 어떤 사람들은 이런 종류의 유사성 때문에 그리스도 안에 있는 인간 본성이 우유로 변질되었으며, 신의 아들에게 우유적으로 합일되었다고 감히 말했다.[516] [그러나] 이들은 유사성으로부터 진리를 식별해 내지 못한 것이다.

앞서 다루어진 것들로부터 그리스도 안에는 신의 아들의 인격인 영원한 위격 이외에 다른 인격이 존재하지 않고, 다른 자주체나 기체도 존재하지 않는다는 사실이 분명하다. 그러므로 그리스도를 가리키면서 '이 사람'(hic homo)이라고 말할 때, 그것은 영원한 기체(suppositum eternum)를 뜻하는 것이다. 그럼에도 이것 때문에 인간이라는 이 명칭이 그리스

---

515 기체와 우유는 하나의 본성을 지니고 그 자체로 하나인 제3의 것을 구성하지 않고 두 가지로 남아 있는데, 여기서 우유는 실체를 한정하게 된다((214)).
516 오셰르의 윌리엄(William of Auxerre), 『황금대전』(*Summa aurea*) III, tr. 1, q. 3 참조.

도와 다른 인간에 대해 다의적으로 사용되지는 않는다. 즉 다의성은 지칭의 다양성에 따라서가 아니라 의미의 다양성에 따라 주목하기 때문이다.[517] 베드로와 그리스도에게 부가되는 인간이라는 명칭은 동일한 것, 즉 인간 본성을 의미하지만 동일한 것을 지칭하지는 않는다. 즉 후자의 경우는 신의 아들의 영원한 기체를 지칭하고, 전자의 경우는 창조된 기체를 지칭하기 때문이다. 그러나 어떤 본성의 기체 각각에 대해서는 그 기체가 속하는 본성에 부합하는 것을 언급할 수 있고, 그리스도 안에서는 인간 본성과 신적 본성의 기체가 동일하다. 그렇기 때문에 두 본성의 이 기체에 대해 인간 본성을 의미하는 명칭을 통해 지칭되든지, 신적 본성이나 인격을 의미하는 명칭을 통해 지칭되든지 상관없이, 신적 본성에 속하는 것과 인간 본성에 속하는 것이 무차별적으로 언급될 수 있다. 예를 들어 우리가 "신의 아들은 영원하다" 그리고 "신의 아들은 동정녀에게서 탄생했다"라고 말한다면, 이와 유사하게 "이 인간은 신이고, 별들을 창조했다" 그리고 "그는 탄생하고, 죽고, 묻혔다"라고 말할 수 있다. 그러나 어떤 기체에 대해 서술되는 것은 그것에 대해 어떤 형상이나 본성에 따라 서술되는 것이다. 예를 들어 소크라테스는 흰 피부(백색성)에 따라 희고, 영혼에 따라 이성적이다. 하지만 앞에서[518] 그리스도 안에는 두 본성과 한 자주체가 존재한다고 언급되었다. 그러므로 만일 기체

---

517 한 단어가 다양한 것에 대해 서술한다고 해서, 즉 달리 말해 다양한 것을 지칭한다고 해서 다의적이 되는 것이 아니라 그 단어가 지칭하는 것이 다양한 의미를 지닐 때 다의적이 된다. 그래서 '인간'이란 단어가 베드로, 바오로 그리고 그리스도에게 서술될 때는 각각의 경우에 동일한 것, 즉 인간 본성을 의미하기 때문에 일의적이다. 비록 다른 것을 지칭할지라도, 심지어 그리스도의 경우에는 신적인 기체를 지칭할지라도 말이다. 이와는 반대로 만일 '인간'이란 단어가 베드로와 조각상에 대해 서술된다면, 이것은 더 이상 일의적이 아니다. 더 이상 그 단어는 다양한 것을 지칭하는 것이 아니라 지칭하면서 다양한 것을, 즉 전자에서는 인간 본성을, 후자에서는 한 인간의 죽은 모상을 의미하기 때문이다((215)). 의미의 다양성과 지칭의 다양성의 차이에 대해서는 박승찬, 1999b, 192~95쪽 참조.

518 제209~11장 참조.

와 관련해서는 그리스도에 대해 무차별적으로 인간적인 것과 신적인 것이 서술되어야만 한다. 그럼에도 무엇에 따라 그 둘이 언급되는가라는 것은 식별되어야 한다. 그것에 대해 신적인 것은 신적 본성에 따라 언급되지만, 인간적인 것은 인간 본성에 따라 언급되기 때문이다.

제212장

그리스도 안에서 하나 또는 다수라고 불리는 것들

De hiis que dicuntur in Christo unum uel multa

병행문헌:『신학대전』제Ⅲ부 제17문제 제2절; 제18문제 제1절; 제19문제 제1절; 제35문제 제2절, 제5절;『명제집 주해』제3권 제4구분 제1문제 제2절 제1소질문; 제6구분 제2문제 제2절; 제8구분 제4문제, 제5문제; 제14구분 제1문제 제1소질문; 제17구분 제1문제 제1소질문; 제18구분 제1문제;『대이교도대전』제Ⅳ권 제36장;『진리론』제20문제 제1절 제2이론에 대한 해답;『강생한 말씀의 결합』제1문제 제10, 16이론에 대한 해답; 제2문제 제16이론에 대한 해답; 제4문제, 제5문제;『자유토론 문제집』제Ⅰ권 제2문제 제1절; 제Ⅸ권 제2문제 제2절, 제3절;『마태오복음 주해』제26장;『요한복음 주해』제6장 제4강 참조.

따라서 그리스도 안에는 한 인격과 두 본성이 존재하기 때문에, 이러한 사실로부터[519] 무엇이 그리스도 안에서 하나라고 불려야 하고, 무엇이 다수라고 불려야 하는가를 고찰해야만 한다. 즉 우리는 본성의 다양성에 따라 다수화되는 것은 무엇이든지 간에, 그리스도 안에서 다수로 존재한다고 필연적으로 믿어야 한다. 그것들 중에서는 우선 산출과 출생을 통해 본성이 수용되기 때문에, 그리스도 안에 두 본성이 존재하는 것처럼 두 가지의 산출이나 출생이 존재함이 필연적이라는 사실을 고찰해야만 한다. 하나는 영원한 것으로, 이에 따라 그리스도는 성부로부터 신적인 본성을 받는다. 다른 하나는 시간적인 것으로, 이에 따라 그는 어

---

519 일부 판본에서는 "ex horum conuenientia"로 나와 있다. 이 경우에는 "그것들의 결합으로부터" 정도로 번역할 수 있다.

머니로부터 인간 본성을 받는다. ──

이와 유사하게 본성에 속하는 것으로서 신과 인간에게 공통적으로[520] 귀속되는 것들은 무엇이든지 간에, 그리스도 안에서 다수라고 말해야 한다. 그러나 지성과 의지 그리고 이들의 완전성들, 예를 들어 지식이나 지혜 그리고 애덕 또는 정의는 신에게 귀속된다. 이것들은 또한 인간 본성에 속하는 것으로서 인간에게도 귀속된다. 즉 의지와 지성은 영혼의 부분들이며, 이들의 완전성은 지혜와 정의 및 이런 종류의 것들이다. 그러므로 그리스도 안에서는 인간적이고 신적인 두 가지 지성을 상정함이 필연적이고 마찬가지로 두 가지 의지를, 또한 양편의 지식과 정의나 애덕을, 말하자면 창조된 것(creatam)과 창조되지 않은 것(increatam)을 [상정해야만 한다]. ──

그러나 기체와 자주체에 속하는 것은 그리스도 안에 오직 하나만 있다고 믿어야 한다. 그러므로 만일 한 존재는 한 기체에 속하는 것이라는 관점에서 이해된다면, 그리스도 안에는 오직 하나의 존재만 있다고 말해야 하는 것으로 여겨진다. 즉 분리된 개별적 부분들이 고유한 존재를 가지고 있지만, 그것들이 전체적으로 고찰됨에 따라서는 개별적인 것이 자신의 존재를 가지고 있는 것이 아니라 모든 것이 전체의 존재를 통해 존재한다는 사실이 명백하다. 따라서 만일 우리가 그리스도 자체를 두 본성을 지닌 일종의 온전한 기체로 고찰한다면, 오직 하나의 존재만이 그에게 속할 것이고, 마찬가지로 하나의 기체만이 존재할 것이다.

그러나 작용은 기체에 속하는 것이기 때문에,[521] 어떤 이들[522]에게는

---

520 일부 판본에서는 "conuenienter"로 나와 있다. 이 경우에는 "적합한 방식으로"라고 번역할 수 있다.

521 "능동과 수동은 기체에 속한다"라는 말은 행하고 겪는 것이 바로 인격이고 인간의 본성이 아니라는 것이다. 아울러 그의 내적인 원리나 능력, 부분들은 더더욱 아니라는 것이다. 행위하는 자는 바로 인간이다. 본성, 능력, 부분들은 인간이 그 안에서 그리고 그것을 통해 행위하는 것일 뿐이다. 영혼, 육체, 의지, 손이 아니라 바로 인간이 생각하고, 가고, 의지하고, 파악한다. 이런 인식은 신학적으로 매우 중요

마치 그리스도 안에 오직 한 기체가 존재하는 것처럼 오직 하나의 작용이 존재하는 것처럼 보였다. 하지만 그들은 올바르게 고찰하지 못했다. 왜냐하면 작용의 여러 원리가 존재할 때는 각각의 개체 안에 여러 작용이 발견되기 때문이다. 이는 마치 감각과 지성의 차이 때문에 인간 자체 안에 이해하는 작용이 다르고 감각하는 작용이 다른 것과 같다. 그리고 불 속에서도 열과 가벼움의 차이 때문에 가열하는 작용과 상승하는 작용이 다른 것과 같다. 그런데 본성은 작용에 대해 작용의 원리로서 관계를 맺는다. 따라서 그리스도 안에는 한 기체로 인해 하나의 작용만 있는 것이 아니라 두 본성으로 인해 두 개의 작용이 존재한다.[523] 거꾸로 삼위

하다. 유한한 피조물은 무한한 신에 대해 반항함으로써 그 자체로 마치 무한한 것 같은 죄를 위해(제183장), 또는 더욱이 파악할 수 없을 정도로 많은 죄를 위해, 그리고 파악할 수 없을 정도로 많은 이의 죄를 위해 보속을 행할 수 없다(제226장). 다른 한편으로 신은 누구에게도 종속될 수 없기 때문에 보속하는 것이 그에게 속하지 않는다(제200장). 그러므로 신이요 인간인 분(神-人)의 보속이 필요한데, 그의 행위와 겪음은 그의 신적인 본성의 힘으로 무한한 가치를 지니고, 그의 인간 본성의 힘으로 보속할 수 있다. 여기서 두 본성은 동시에 신인(神-人)의 단일한 인격에 속하는 것이다((216)).

522 안티오키아의 총대주교 마카리우스(Macarius), 알렉산드리아의 총대주교 키루스(Cyrus), 610년에서 638년까지 콘스탄티노플의 총대주교였던 세르기우스 1세(Sergius I)와 다른 이들이 이렇게 주장했다. 세르기우스는 단성론자들(제206장 각주 486 참조)을 다시 제국 교회와 합치시키기 위해 중재하는 통일안을 제시했다. 그리스도 안에는 물론 '두' 본성이 있지만, 오직 '단 하나의' 신-인적인 작용 방식이 존재한다. 나중에 이 단일활력론(단력설, Monenergismus)은 단일의지론(단의설, Monotheletismus)으로 전환되었다. 물론, 그리스도 안에는 두 본성이 있지만, 오직 단 하나의 신-인적 의지력이 존재한다는 것이다. 제2차 콘스탄티노플 교회회의(638/639)에서 단일의지론에 동의한 다음, 제6차 보편 공의회와 제3차 콘스탄티노플 공의회(680~81)에서 이미 죽은 세르기우스를 단죄했다((217)). 제3차 콘스탄티노플 공의회, 회의록 13과 특히 회의록 18 참조(Mansi, XI, 554f, 638f.; Denz., 291f.). 또한 레오 2세, 『서간』(Epist. IV, Ad episcopos Hispaniae; Epist. VI, Ad Ervigium regem Hispaniae) (PL 96, 414, 419); 요하네스 다마스케누스, 『정통신앙론』 III, 15 (PG 94, 1045) (CV, p. 236, n. 31)도 참조.

523 앞에서(이 장의 각주 521 참조) 말했던 것이 여기서 더 상세하게 언급되었다. 그

일체 안에서 한 본성으로 인해 세 위격이 행하는 하나의 작용이 존재하듯이 말이다. ──

그렇지만 그리스도 안에서 인성의 작용은 신적 작용의 능력으로부터 어떤 것을 분유한다. 즉 한 기체에 함께 나타나는 모든 것 중에서 더 근원적인 것에 나머지 것들은 도구적으로 기여한다. 마치 인간의 기타 다른 부분들이 지성의 도구이듯이 말이다. 따라서 주 예수 그리스도 안에서 인성은 마치 신성의 어떤 기관(organum)처럼 간주된다. 그러나 도구는 근원적인 작용자의 능력 안에서 작용함이 명백하다. 그러므로 도구의 작용 안에서는 도구의 능력만이 아니라 근원적인 작용자의 능력 또한 발견된다. 마치 제작자에 의해 지휘되는 한에서 도끼의 작용을 통해 상자가 만들어지듯이 말이다. 따라서 그리스도 안에서 인간 본성 자체의 작용은 인간의 능력을 넘어서는 어떤 힘을 신성으로부터 지니게 된다. 즉 그리스도가 나병 환자를 만졌다는 것은 인성의 행위였다. 그러나 그 접촉이 나병으로부터 치유되었다는 사실은 신성의 능력으로부터 발생했다. 그리고 이 방식을 통해 그의 모든 인간적인 행위와 수난은 신성의 능력을 통해 구원을 주는 것이었다. 그러므로 디오니시우스는 그리스도의 인간적 작용을 '테안드리카'(theandricam), 즉 '신-인간적'(deiuirilem)이라고 불렀다.[524] 왜냐하면 그것은 인성으로부터 발생했지만, 그럼에도 그 안에서 신성의 능력이 활발히 작용했기 때문이다.

또한 어떤 사람들에 의해 아들됨(성자성(聖子性), filiatio)에 대한 의심이 생기는데, 그것은 그리스도 안에는 기체의 단일성으로 인해 단 하나의 아들됨만이 존재하는가, 아니면 출생의 이중성으로 인해 두 개의 아

리스도가 행하거나 겪을 때 신-인이라는 하나의 인격이 그것을 하지만, 그의 두 본성 안에서 두 본성을 통해 그렇게 하는 것이다. 그렇기 때문에 그리스도 안에는 신적인 행위 방식과 인간적인 행위 방식, 즉 두 가지 행위 방식이 존재한다. 그러나 이 두 가지 방식은 하나의 인격에 속한다([218]).

524 디오니시우스 아레오파기타, 『가유스에게 보낸 편지』(*Epistola IV ad Gaium*), (PG 3, 1072 C; Dion. 619) 참조.

들됨이 존재하는가[525]라는 물음이다. 그러나 다수의 원인은 결과를 다수화하기 때문에 두 개가 존재하는 것처럼 보인다. 그런데 아들됨의 원인은 출생(natiuitas)이다.[526] 따라서 그리스도의 두 가지 출생이 존재하기 때문에, 결과적으로 또한 두 개의 아들됨이 존재하는 것처럼 보인다. 아들됨은 위격적 관계(relatio personalis), 즉 위격을 구성하는 관계라는 사실도 [이것을] 방해하지는 못한다. 왜냐하면 이것은 신적인 아들됨에 대해서는 참이지만,[527] 반면에 인간적인 아들됨은 위격을 구성하는 것이 아니라 다만 구성되어 있는 위격에 우유적으로 부가되는 것이기 때문이다. 마찬가지로 한 인간은 그가 동일한 출생을 통해 부모 양자로부터 태어나기 때문에 하나의 아들됨(子性)을 통해 아버지 및 어머니와 관계를 맺게 된다는 사실도 [이것을] 방해하지는 못한다. 그런데 관계의 동일한 원인이 존재하는 곳에서는 그 관계도 실재적으로 하나이다. 비록 관점은 다수화될지라도 말이다. 아무것도 어떤 것이 자기 안에 실재적으로 관계가 내재하지 않은 채로 다른 것에 대한 관점을 가지는 것을 막지 못한다. 마치 알 수 있는 것(scibile)이 자기 안에 관계가 실존하지 않은 채 지식과 관계를 맺듯이 말이다. 이와 같이 아무것도 단 하나의 실재적 관계(una tantum realis relatio)가 다수의 관점을 가지는 것을 막지 못한다.

---

525 이 질문은 스콜라 철학자들 사이에서 논란이 많았다. 예를 들어 대(大)알베르투스, 토마스와 보나벤투라는 '하나의' 실재적인 아들됨을 주장했고, 로베르투스 킬워드비와 둔스 스코투스는 '두 가지' 아들됨을 주장했다. 보나벤투라, 『명제집 주해』 III, d. 8, a. 2, q. 2 (Quaracchi, III, 194); 대알베르투스, 『명제집 주해』 III, d. 8, a. 2 (ed. A. Borgnet, 28, 165); 로베르투스 킬워드비, 『명제집 주해』(Comment. in Sent.) lib III (Cod. 131, fol. 109 r~v of Merton College, Oxford); 아벨라르두스, 『그렇다와 아니다』(Sic et non) 75 (PL 178, 1448) 참조((219)+CV, p. 237, n. 33, 34).

526 라틴어에서는 출생과 임신 사이를 항상 분명하게 구분하지 않는다(예를 들어 'parens', 'generare'). 이곳에서는 아마도 낳아짐이나 임신됨을 의미하는 것으로 이해하는 것이 옳을 것이다. 인간은 이미 어머니의 자궁에서부터 부모의 자녀이지, 출생이 비로소 자녀임과 아들임의 원인이 될 수는 없기 때문이다((220)).

527 제60장 참조.

왜냐하면 관계가 그것이 일종의 사물인지를 그 원인에 의존하듯이, 그렇게 그것이 하나인가 또는 다수인가도 (원인에 의존하기 때문이다). 그래서 그리스도가 동일하게 출생에 따라 성부와 어머니로부터 나온 것이 아니기 때문에, 그에게는 두 가지 출생으로 인해 두 개의 실재적인 아들됨이 존재하는 것처럼 보이는 것이다.

그러나 그리스도 안에 다수의 실재적인 아들됨이 있을 수 없기 때문에 (이런 주장에) 장애가 되는 다른 것이 존재한다. 즉 어떤 것으로부터 출생하는 모든 것이 아들이라 불릴 수는 없고, 오직 완성된 기체만이 아들이라 불린다는 것이다. 왜냐하면 어떤 인간의 손이 딸이라 불리거나 발이 아들이라 불리지 않고,[528] 베드로나 요한인 개별자 전체가 아들이라 불리기 때문이다. 따라서 고유한 의미로 아들됨의 주체는 기체 자체이다. 하지만 앞에서[529] 그리스도 안에는 창조되지 않은 기체 이외에 다른 것은 존재하지 않고, 그에게 시간으로부터 어떤 실재적인 관계가 부가될 수 없다는 사실이 밝혀졌다. 더불어 앞에서[530] 우리가 말했던 바와 같이, 신의 피조물에 대한 모든 관계는 오직 개념적으로만(secundum rationem tantum) 존재한다. 따라서 그것에 의해 영원한 성자의 기체가 동정녀 어머니와 관계를 맺는 아들됨은 실재적인 관계가 아니라 단지 개념상의 측면이어야만 한다. 이것 때문에 그리스도가 참으로 실재적으로 동정녀 어머니의 아들이 못 되도록 방해받지는 않는다. 흡사 (그는) 그녀로부터 실재적으로 태어난(quasi realiter ab ea natus)[531] 것과 같다. 마치 신 또한 피조물을 제어하는 실재적인 능력을 가진 분이기 때문에 참으로 그리고 실재적으로 피조물의 주인이지만, 그럼에도 주인의 관계

---

528 손에 해당하는 라틴어 '마누스'(manus)가 여성이고, 발에 해당하는 '페스'(pes)가 남성이기 때문에 각각 딸과 아들이라는 표현을 사용했다.

529 제210장, 제211장 참조.

530 제99장 참조.

531 어떤 판본에는 이 구절 대신에 "quia realiter ab ea natus est"가 삽입되어 있는데, 이 경우에는 "그가 그녀로부터 실재적으로 탄생했기 때문에"라고 번역할 수 있다.

는 오직 개념적으로만 신에게 부가되는 것과 같다. 그러나 만일 어떤 사람들이 생각했듯이 그리스도 안에 다수의 기체가 존재한다고 가정하면, 시간적인 아들됨은 창조된 기체에 종속되기 때문에 그리스도 안에 두 가지 아들됨을 상정하는 것을 아무것도 막지 못하게 될 것이다.

제213장
그리스도는 은총과 진리의 지혜에서 완전해야만 했다
Quod oportuit Christum esse perfectum in gratia et sapientia ueritatis

병행문헌: 『신학대전』 제III부 제7문제 제1절, 제9절; 『명제집 주해』 제3권 제13구분 제1문제 제1절; 제2문제 제1소질문; 제15구분 제1문제 제2절 제5이론에 대한 해답; 『진리론』 제29문제 제1절; 『요한복음 주해』 제1장 제8강; 제3장 제6강 참조.

이미 언급한 바와 같이,[532] 그리스도의 인성은 그의 신성과 마치 기관인 것처럼 관계를 맺는다. 그리고 기관의 성향과 성질은 특히 목적으로부터, 그리고 또한 도구를 사용하는 이와의 어울림으로부터 평가된다. 그렇기 때문에 이런 방식에 따라 우리가 신의 말씀에 의해 취해진 인간 본성의 질을 고찰하는 일은 적합하다. 신의 말씀이 인간 본성을 취한 목적은 인간 본성의 구원과 회복이다. 따라서 그리스도는 적절한 방식으로 인간 구원의 창시자일 수 있기 위해 인간 본성에 따라 그러해야만 했다. 그러나 인간 구원은 신을 향유하는 것으로 이루어지고, 그 향유를 통해 인간은 복되게 된다. 그러므로 그리스도는 인간 본성에 따라 완전히 신을 향유하는 자여야만 했다. 원리는 각각의 유(類)에서 완전한 것이어야 하기 때문이다.[533] 그러나 신을 향유하는 것은 두 가지 방식,

---

532 제212장 참조.

533 이것은 작용인과 범형인에서 유효하다. 각각의 것은 현실태인 한에서 작용한다 ([221]).

즉 '의지에 따라'(secundum uoluntatem) 그리고 '지성에 따라'(secundum intellectum) 이루어진다. 즉 '의지에 따라'라 함은 사랑을 통해 완전히 신에게 내재하는 것이며, '지성에 따라'라 함은 완전히 신을 인식하는 것이다. 그러나 의지가 신에게 사랑을 통해 완전히 내속함은 인간이 의화(義化)되게 하는 은총을 통해 이루어진다. 이에 따라 로마 3,24에서는 "그의 은총을 통해 무상으로 의화된"[534][이라고 말한다]. 사랑을 통해 신에게 내재함으로써 인간은 의롭기 때문이다. 하지만 신을 완전히 인식하는 것은 지혜의 빛을 통해 이루어지고, 지혜란 신의 진리를 인식함이다. 따라서 신의 강생한 말씀은 은총과 진리의 지혜에서 완전해야만 했다. 그러므로 요한 1,14에서도 "말씀이 사람이 되시어 우리 안에 사셨다. 그리고 우리는 그의 영광, 흡사 외아들이 성부로부터 받은 것 같은 영광을 보았고, 은총과 진리로 충만함도 보았다"[535]라고 말한다.

제214장
그리스도의 은총 충만
De plenitudine gratie Christi

병행문헌:『신학대전』제III부 제2문제 제10절; 제6문제 제6절; 제7문제 제1절, 제9절, 제10절, 제13절; 제8문제 제1절, 제4절; 제27문제 제5절 제1이론에 대한 해답;『명제집 주해』제3권 제2구분 제2문제 제2절 제1소질문, 제2소질문; 제13구분 제1문제 제1절; 제1문제 제2절 제1소질문, 제2소질문 제2이론에 대한 해답; 제2문제 제1절; 제2문제 제2절 제1소질문; 제3문제 제1절; 제2절 제3소질문; 제15구분 제1문제 제2절 제5이론에 대한 해답;『진리론』제29문제 제1절, 제2절, 제4절, 제5절;『자유토론 문제집』제IX권 제2문제 제1절 제3이론에 대한 해답;『요한복음 주해』제1장 제8강; 제3장 제6강;『코린토전서 주해』제11장 제1강; 제12장 제1강;『에페소서 주해』제1장 제8강;『콜로새서 주해』제1장 제5강 참조.

---

534 "Iusitificati gratis per gratiam eius".

535 "Verbum caro factum est et habitauit in nobis; et uidimus gloriam eius, gloriam quasi unigeniti a Patre, plenum gratie et ueritatis"; "말씀이 사람이 되시어 우리 가운데 사셨다. 우리는 그분의 영광을 보았다. 은총과 진리가 충만하신 아버지의 외아드님으로서 지니신 영광을 보았다"(『성경』).

그러나 우선 그리스도의 은총 충만에 대해 알아야만 한다. 그와 관련해 고찰되어야만 하는 것은 은총(일반적인 언어 사용에서는 은혜)이라는 명칭(nomen gratie)이 두 가지로부터 취해질 수 있다는 사실이다.[536] 첫째 방식은 "마음에 드는 것"(quod est gratum esse)에서 (취해진 것으로) 우리는 어떤 이가 다른 이의 마음에 들기 때문에, 전자는 후자의 은혜를 입는다(alicuius gratiam habere)고 말한다. 다른 방식은 "무상으로 주어진 것"(quod est gratis dari)에서 (취해진 것으로) 어떤 이가 다른 이에게 무상으로 어떤 은혜(aliquod beneficium)를 제공했을 때, 전자가 후자에게 은혜를 베풀었다(alicui gratiam facere)고 말한다. 은혜의 이 두 가지 수용 방식은 철저히 분리된 것이 아니다. 어떤 것이 다른 이에게 무상으로 주어지는 경우는, 그것을 받는 이가 제공자에게 '단적으로'(simpliciter)나 '어떤 측면에서'(secundum quid) 마음에 들기 때문이다. '단적으로'라 함은 수용자가 제공자의 마음에 들어 그를 어떤 의미에서 자신과 결합하는 경우이다. 즉 우리는 마음에 드는 이들을 가능한 한(pro posse), 우리 마음에 드는 정도와 방식에 따라 자기 쪽으로 끌어당긴다. 또 '어떤 측면에서'라 함은 수용자가 제공자에 의해 취해지는 것이 아니라 어떤 것을 수용자가 제공자로부터 받는 측면에서 그것을 수용하는 자가 제공자의 마음에 드는 경우이다. 따라서 (이 경우에) 은혜를 입은 모든 이는 무상으로 주어진 어떤 것을 가지고 있지만, 무상으로 주어진 어떤 것을 가지고 있는 모든 이가 제공자의 마음에 드는 것은 아니라는 사실이 분명하다. 이에 이중의 은총(duplex gratia)이 구별되곤 한다. 첫째는 단지 무상으로 주어진 것(que solum gratis est data)이고, 다른 것은 마음에 들도록 만드는 것(que etiam gratum facit)이다.[537]

무상으로 주어졌다라 함은 결코 마땅히 그래야 할 것이 아닌 것을 말한다. 그러나 마땅히 그래야 할 어떤 것(aliquid debitum)은 두 가지 방식

---

536 제143장 끝부분과 같은 장의 각주 331 참조.
537 즉 성화(聖化) 은총을 말한다((222)).

으로 실존한다. 하나의 방식은 '본성에 따른 것'(secundum naturam)이고, 다른 하나의 방식은 '작용에 따른 것'(secundum operationem)이다. '본성에 따라'라 함은 마땅히 그래야 할 것이 '그 사물의 본성적 질서가 요청하는 것'인 경우이다. 예를 들어 인간에게 마땅히 그래야 할 것은 이성이나 손이나 발을 가지고 있는 것이다. 또한 '작용에 따라'라 함은 〔사물에 마땅히 그래야 할 것이〕 보수가 일꾼에게 주어져야 하는 것과 같은 경우이다. 그러므로 본성의 질서를 능가하고 공로를 통해 얻을 수 없는 저 선물이 인간에게 신으로부터 무상으로 주어졌다. 또한 공로 때문에 신으로부터 주어진 것이라 해도 이따금 은총의 의미를 잃어버리지는 않는다. 즉 공로를 세우는 원리가 은총으로부터 왔기 때문에도 그렇고, 인간의 공로가 요구하는 것보다 훨씬 더 풍부하게 선사되었기 때문에도 그렇다. 이는 로마 6,23에서 "신의 은총은 영원한 생명"(Gratia Dei uita eterna)이라고 말하는 것과 같다. 이런 종류의 선물 중에서 몇몇은 인간 본성의 능력을 넘어설 뿐만 아니라 공로에 의해 보상받는 것도 아니다. 그럼에도 인간이 그것을 가지고 있다는 사실 그 자체로부터 그 인간이 신의 마음에 들게 되는 것도 아니다. 〔이런 종류에는〕 예언, 기적을 행함, 지식과 학문 등의 선물이 있다. 혹은 그러한 것들이 신으로부터 선사되도록 한다 해도 그렇다. 신에 의해 선사된 것과 이와 유사한 것을 통해, 인간은 오직 우연히 어떤 유사성을 통해서만 신과 결합되는 것이다. 예를 들어 어떤 것이 신의 선성을 분유하는 경우가 그런데, 이런 방식을 통해 모든 것은 신과 유사해진다.[538] 반면에 몇몇 〔선물은〕 인간을 신의 마음에 들게 하고 그를 신과 결합한다. 이런 종류의 선물은 무상으로 주어졌기 때문만이 아니라 인간을 신의 마음에 들게 만들기 때문에 은총이라고 불린다.

그러나 신과 인간의 결합은 이중적이다. 그 하나는 '애정을 통한'(per affectum) 것이다. 그리고 이것은 어떤 의미에서 애정으로 인해 인간을

---

538 제72장 이하, 제101장 참조.

하느님과 하나로 만드는 애덕을 통해(per caritatem) 있는 것이다. 이는 1코린 6,17에서 "신에게 전념하는 자는 하나의 영이다"[539]라는 말에 따른 것이다. 또한 이를 통해 요한 14,23에서와 같이, 신은 인간에게 내재한다. "어떤 이가 나를 사랑한다면, 그는 내 말을 잘 지킬 것이다. 그리고 나의 아버지도 그를 사랑할 것이고, 우리는 그를 찾아가 그 곁에 집을 마련할 것이다."[540] 아울러 1요한 4,16에서처럼 그 인간이 신 안에 있도록 만들 것이다. "사랑 안에 머무는 사람은 신 안에 머물며, 신도 그 사람 안에 머문다."[541] 따라서 무상의 선물을 받음으로써 저 사람은 신의 마음에 들게 되고 애덕의 사랑을 통해 신과 하나의 영이 되기까지 인도되어, 그는 신 안에 있고 신 역시 그 안에 있게 된다. 이에 사도[바오로]는 1코린 13,1-3에서 애덕이 없으면 다른 선물은 인간에게 소용이 없다고 말한다. 애덕이 없다면 [그 선물은 그를] 신의 마음에 들도록 만들 수 없기 때문이다. 그러나 이 은총은 모든 성인에게 공통적이다. 그러므로 인간 그리스도는 제자들을 위해 이 은총을 기도함으로써 간청하면서 요한 17,21에서 이렇게 말한다. 말하자면 사랑의 연결을 통해 "마치 우리가 하나이듯이"(sicut et nos unum sumus), 우리 안에서 "[이 사람들이] 하나가 되게 하소서"(Vt sint unum).

하지만 신과 인간의 또 다른 결합은 단지 애정이나 내재를 통해서만이 아니라 오히려 "자주체나 인격의 단일성을 통해서도"(per unitatem ypostasis siue persone) 있다. 즉 동일한 자주체나 인격이 신이요 인간인 것이다. 그리고 인간과 신의 이러한 결합은 예수 그리스도에게 고유한 것

---

539 "Qui adheret Deo unus spiritus est."

540 "Si quis diligit me, sermonem meum seruabit, et Pater meus diliget eum, et ad eum ueniemus, et mansionem apud eum faciemus."

541 "Qui manet in caritate, in Deo manet et Deus in eo"; [하느님께서 우리에게 베푸시는 사랑을 우리는 알게 되었고 또 믿게 되었습니다. 하느님은 사랑이십니다.] 사랑 안에 머무르는 사람은 하느님 안에 머무르고, 하느님께서도 그 사람 안에 머무르십니다"(『성경』).

이다. 그 결합에 대해서는 이미 여러 가지로 말했다.[542] 따라서 인격의 단일성 안에서 신과 합일된다는 이것은 인간 그리스도의 특수한 은총(gratia singularis)[543]이다. 즉 이 은총은 본성의 능력을 넘어서고, 이 선물보다 어떤 공로도 선행할 수 없기 때문에 무상으로 주어진 것이다. 그러나 이것은 또한 신에게 가장 마음에 들게 만들고, 그래서 그〔인간 그리스도〕에 대해 특별하게 언급된다. "이는 내 마음에 드는, 내 사랑하는 아들이다."[544] 마태 3,17과 17,5. ─

그럼에도 두 은총 사이에 다음과 같은 〔차이점이〕 있어 보인다. 인간이 신과 애정을 통해 합일되도록 만드는 은총은 습성적인 어떤 것으로 영혼 안에 실존한다. 사랑의 행위를 통해 이 결합이 존재하지만 완성된 행위는 습성으로부터 발생하므로, 결론적으로 사랑을 통해 영혼을 신과 결합하는 이 가장 완전한 행위를 위해 어떤 습성적 은총이 영혼에게 주입되기 때문이다. 그러나 인격적이고 자주체적인 존재는 어떤 습성을 통해서가 아니라 그 자주체와 위격이 속하는 본성 자체를 통해 존재한다. 따라서 신과 인간 본성의 합일은 인격의 단일성 안에서 어떤 습성적인 은총을 통해서가 아니라 한 인격 안에서 본성들의 결합 자체를 통해 이루어진다.

그러나 어떤 피조물이 신에게 더 많이 도달할수록 그만큼 더 많이 그의 선성에 참여하게 되고, 그의 영향으로부터 나온 더 풍부한 선물들로 가득 채워진다. 마치 불에 더 가까이 가는 이들이 불의 열을 더 많이 분유하게 되듯이 말이다. 하지만 어떤 피조물이 신과 인격의 단일성 안에서 결합하는 것보다 신에 더 가까이 있을 수 있게 하는 다른 방법이란 결코 존재하지도 생각될 수도 없다. 인격의 단일성 안에서 이루어진 신

---

542 제202~12장 참조.

543 '싱굴라리스'(singularis)는 '단독적인'으로 번역될 수 있으나, 그리스도에게만 속하는 특수한 경우를 말하므로 의미를 살려 '특수한'으로 번역했다.

544 "Hic est Filius meus dilectus in quo michi complacui."

과 인간 본성의 합일로 인해 결론적으로 그리스도의 영혼은 다른 〔영혼에〕 앞서 은총의 습성적 선물들로 충만했다. 그렇다면 그리스도 안에 있는 습성적인 은총은 합일을 위한 성향이 아니라 오히려 합일의 결과인 것이다. 이것은 앞서 언급했던 말들에서 복음사가가 사용했던 표현 방식에서도 명백하게 밝혀진다. 즉 그는 "우리는 성부로부터 나신 외아들과 같고 은총과 진리로 충만한 그를 보았다"[545]라고 말한다. 그러나 말씀이 강생한 한에서, 인간 그리스도가 성부로부터 나신 외아들이다. 따라서 말씀이 강생했다는 사실로부터 그가 은총과 진리로 충만하리라는 결과가 나왔다. —

그러나 어떤 완전성이나 선성으로 가득 채워진 것 안에서, 그것으로부터 다른 것으로 넘쳐흐르는 〔근원이 되는〕 것이 더욱 충만하다는 사실이 발견된다. 마치 다른 것을 조명할 수 있는 것이 더욱 충만하게 비추듯이 말이다. 따라서 인간 그리스도가 성부로부터 나신 외아들로서 은총의 최고 충만성을 소유했기 때문에, 결론적으로 또한 그로부터 다른 이들에게로 은총이 넘쳐흘렀다. 이렇게 해서 인간이 된 신의 아들이 인간들을 신이요 신의 아들들로 만들었다.[546] 갈라 4,4에 나오는 사도〔바오로〕의 말에 따르면, "신은 우리가 아들로의 입양을 받아들이도록 자기 아들을 보내셨고 여인에게서 태어나게 하셨다."[547]

그리스도로부터 다른 이들에게 은총과 진리가 전수되었기 때문에, 그에게는 교회의 머리라는 사실이 부합한다. 어떤 의미에서 머리로부터 그것과 본성에서 합치되는 다른 신체 기관들로 감각과 운동이 전수되기 때문이다. 그렇게 그리스도로부터 은총과 진리가 다른 인간들에게 전수된다. 그러므로 에페 1,22에서는 "그리고 〔신은〕 그를 그의 몸인 모든 교회의 머리로 삼으셨다"[548]라고 말한다. 또한 〔그리스도는〕 단지 인간의 머

---

545 요한 1,14: "Vidimus eum quasi unigenitum a Patre, plenum gratie et ueritatis."
546 제215장 시작 부분과 2베드 1,4 참조.
547 "Misit Deus Filium suum factum ex muliere, ut adoptionem Filiorum reciperemus."

리일 뿐만 아니라 비록 동일한 종에 따른 본성의 합치성이라는 측면에서는 아닐지라도, 탁월성과 영향이라는 측면에서 천사의 머리라고 말할 수도 있다. 그러므로 앞서 언급된 말들 이전에 사도는 신이 그를, 즉 그리스도를 "하늘에서 모든 권세와 세력과 권능과 주권 위에 자기 오른편에 앉혔다"라고 미리 언급했다.[549]

이렇게 앞서 다루어진 것들에 따라 그리스도 안에는 삼중의 은총이 부여되곤 했다. 첫째, 합일의 은총(gratia unionis)인데, 이에 따라 인간 본성은 어떤 공로도 선행하는 일 없이 신의 아들과 인격 안에서 합일되는 이 선물을 받았다. 둘째, 특수한 은총(gratia singularis)[550]으로, 그것을 통해 그리스도의 영혼은 다른 것들에 앞서 은총과 진리로 가득 채워졌다. 셋째, 머리의 은총(gratia capitis)으로, 이에 따라 그로부터 다른 이들에게로 은총이 넘쳐흐른다. 복음사가들은 이 세 가지를 적합한 순서에 따라 다룬다. 즉 합일의 은총이란 측면에서는 "말씀이 사람이 되셨다"(Verbum caro factum est)라고 말한다. 특수한 은총이란 측면에서는 "우리는 성부로부터 나신 외아들과 같고 은총과 진리로 충만한 그를 보았다"[551]라고 말한다. 머리의 은총이란 측면에서는 "그의 충만함으로부터 우리는 모든 것을 받았다"[552]라고 덧붙인다.

---

548 "Et ipsum dedit caput super omnem Ecclesiam, que est corpus eius."

549 에페 1,21 이하: "constituit illum …… ad dexteram suam in celestibus supra omnem principatum et postestatem et uirtutem et dominationem."

550 이것은 거동의 성격을 지닌 은총 또는 성화 은총이다. 이것은 지체 전체에 흘러 넘치는 머리의 은총과는 반대로, 개인으로서의 그리스도를 꾸미기 때문에 '특수한'(singularis)이라고 불린다. 『신학대전』 제III부 제7문제 서론; 제8문제 제5절 참조([223]).

551 요한 1,14 참조.

552 요한 1,16: "Et de plenitudine eius nos omnes accepimus."

제215장

그리스도 은총의 무한성

De infinitate gratie Christi

병행문헌:『신학대전』제III부 제7문제 제11절;『명제집 주해』제1권 제17구분 제2문제 제4절 제3이론에 대한 해답; 제44구분 제3문제 제2이론에 대한 해답;『진리론』제29문제 제3절; 『요한복음 주해』제3장 제6강 참조.

그리스도의 은총이 무한하다는 점은 그에게 고유한 것이다. 세례자 요한의 증언에 따르면, 요한 3,34에 언급된 바와 같이, 신은 인간 그리스도에게 성령을 한도 없이 주었기 때문이다. 하지만 에페 4,7에 따르면, 다른 이들에게는 성령을 한도에 맞게 주었다. "우리 각자에게는 그리스도가 선사하는 정도에 따라 은총이 주어졌다."[553] 그리고 사실 이것이 합일의 은총에 관련된다면, 언급된 것은 아무런 의심의 여지가 없다. 다른 성인들에게는 신이요 신의 아들이 됨이 어떤 선물의 영향으로부터 분유를 통해 주어졌기 때문이다. 이 선물은 창조되었기 때문에 다른 피조물이 그런 것처럼 유한하다는 것이 필연적이다. 그러나 그리스도에게는, 그가 분유를 통해서가 아니라 본성을 통해 신이요 신의 아들이라는 사실이 인간 본성에 따라 주어졌다. 그런데 본성적 신성은 무한하다. 따라서 그는 이 합일로부터 무한한 선물을 받았다. 그러므로 합일의 은총은 아무런 의심 없이 무한하다.

그러나 습성적 은총에 대해서는 그것이 무한한지 의심이 있을 수 있다. 즉 이런 종류의 은총 또한 창조된 선물이기 때문에, 그것도 유한한 본질을 가지고 있다고 고백해야만 한다. 그렇지만 그것은 세 가지 의미로 무한하다고 말할 수 있다. 첫째, 수용자의 측면에서(ex parte recipientis) 그렇다. 즉 각각의 창조된 본성의 수용력이 유한하다는 사실은 명백하다. 비록 그것이 인식하고 사랑하고 향유하면서 무한한 선을

---

[553] "Vnicuique data est gratia secundum mensuram donationis Christi."

수용할 수 있을지라도, 그것을 무한히 수용하지 못하기 때문이다.[554] 따라서 각각의 피조물에는 그 종과 본성에 따라 수용력의 한도가 결정된다. 그럼에도 이것은 신이 더 큰 수용력을 지닌 다른 피조물을 만들 수 없도록 신의 권능으로 미리 결정(豫定)된 것이 아니다. 그러나 (그런 것이 존재한다면) 그것은 더 이상 종에 따라 동일한 본성을 지니지는 않았을 것이다. 이는 마치 3에 1을 더한다면, 이미 수의 종이 다르게 되는 것과 같다. 따라서 어떤 이에게 그 종의 본성적 수용력만큼 신의 선성으로부터 주어지지 않았을 때는 그에게 어떤 한도에 따라 선사된 것처럼 보인다. 그러나 본성적 수용력 전체가 충족되었을 때에는 그에게 한도에 따라 선사된 것처럼 보이지 않는다. 비록 수용자의 편에서는 한도가 있을지라도, 전체를 줄 준비가 되어 있는 제공자의 편에서는 한도가 없기 때문이다. 이는 마치 어떤 이가 단지를 강에 가져갔을 때, 비록 그 자신은 단지의 제한된 양 때문에 한도를 가지고 담을지라도, 한도 없이 자기에게 준비된 물을 찾는 경우와 같다. 이렇게 그리스도의 습성적 은총은 사실 본질에 따라서는 유한하지만, 창조된 본성이 수용할 수 있는 그만큼 많이 주어졌기 때문에 무한하고 한도 없이 주어졌다고 말할 수 있다.

둘째, 수용된 그 선물의 측면에서도(ex parte ipsius doni recepti) (그리스도의 은총이 무한하다고 말할 수 있다). 즉 어떤 것이 본질에 따라 유한하지만, 그럼에도 어떤 종적인 형상의 의미에 따라서는 무한하다는 사실을 아무것도 막지 못한다는 점이 고찰되어야만 한다. 즉 본질에 따라 무한한 것은 존재의 전적인 충만함을 소유하고 있는 것이고, 사실 이것은 오직 존재 자체이신 신에게만 부합하는 것이다. 그러나 만일 주체 안에 실존하지 않는 어떤 종적인 형상, 예를 들어 백색성이나 열이 존재한다고 가정하면 그것은 사실 무한한 본질을 소유하지 않을 것이다. 그것의 본질은 유나 종에 관련해 제한되어 있기 때문이다. 그럼에도 그것은 그 종의 전적인 충만함을 소유했을 수도 있을 것이다. 그러므로 그 종에 속할

554 제106장 참조.

수 있는 것은 무엇이든지 소유하면서, 그것은 종의 개념에 따라 끝도 한도도 없이 있을 것이다. 그러나 백색성이나 열이 어떤 주체 안에 수용된다면, 그것은 필연적으로 항상 그 형상의 개념에 속하는 것은 무엇이든지 그 전체를 항상 소유하고 있는 것이 아니라 오히려 그것이 완전하게 소유될 수 있는 그런 식으로 완전하게 소유되었을 때만, 즉 소유하는 방식이 사물이 소유한 힘에 부합되었을 경우에만 그렇다(존재의 충만함을 소유하는 것이다). 이렇게 그리스도의 습성적 은총은 사실 본질에 따라서는 유한했다. 그럼에도 은총의 개념에 속할 수 있는 것은 무엇이든지 간에, 그 전체를 그리스도가 수용했기 때문에 (그 은총은) 끝도 한도도 없이 있었다고 말한다. 그러나 다른 이들은 전체를 수용하는 것이 아니라 어떤 사람은 이렇게, 다른 사람은 저렇게 수용한다. 그래서 1코린 12,4에서는 "즉 은총들의 구분들이 존재한다"[555]라고 말한다.

셋째, 원인의 측면에서(ex parte cause) (그리스도의 은총이 무한하다고 말할 수 있다). 즉 원인 안에는 어떤 의미에서 결과가 포함되어 있다. 그러므로 영향을 주기 위한 무한한 힘의 원인이 자신에게 주어진 이들에게는 누구든지, 한도 없이 그리고 어떤 의미에서는 무한하게 영향을 줄 수 있는 것이 있다. 예를 들어 누군가 물이 무한히 흘러나올 수 있는 샘을 가지고 있다고 가정하면, 한도 없이 그리고 무한하게 물을 가지고 있다고 말할 수 있을 것이다. 따라서 그리스도의 영혼은 무한하고 한도가 없는 은총을 가지고 있다. 왜냐하면 그 영혼은 자신과 합일된 말씀을 가지고 있고, 그 말씀은 피조물들 전체를 유출하기에 부족함이 없으며 무한한 원리이기 때문이다.

그리스도 영혼의 특수한 은총이 앞서 말한 방식으로 무한하다는 사실들로부터, 그가 교회의 머리라는 측면에서 또한 무한하다는 사실이 명백하게 수렴된다. 즉 그가 소유하고 있는 것으로부터, 흘려 보내준다. 그러므로 그가 한도 없이 성령의 선물을 받았기 때문에, 그는 머리의 은총

---

555 "diuisiones enim gratiarum sunt."

에 속하는 것을 한도 없이 흘려보낼 힘을 가지고 있다. 즉 그의 은총은 오직 몇몇 사람의 구원이 아니라 전 세계 인간의 구원을 충족하기 위한 것이다. 그래서 1요한 2,2에서는 "그분 자신이 우리 죄를 위한 속죄 제물인데, 단지 우리의 죄만이 아니라 전 세계의 죄를 위한 〔속죄 제물〕이 다"[556]라고 말한다. 그러나 만일 〔여러 세상이〕 존재한다고 가정하면, 여러 세상의 죄를 〔위한 속죄 제물이다〕라고 첨가할 수 있다.

제216장
그리스도의 지혜 충만
De plenitudine sapientie Christi

병행문헌: 『신학대전』 제III부 제7문제 제8절; 제9문제 제1절, 제2절, 제3절, 제4절; 제10문제 제1절, 제2절, 제4절; 제11문제 제1절, 제4절; 제12문제 제1절, 제2절; 제15문제 제8절; 『명제집 주해』 제3권 제4구분 제2문제 제2절 제4이론에 대한 해답; 제11구분 제2문제; 제14구분 제1문제 제1소질문, 제2소질문 제1이론에 대한 해답; 제5소질문; 제2문제 제1소질문, 제2소질문; 제3문제 제1, 2, 4, 5소질문; 제18구분 제3문제 제5이론에 대한 해답; 제21구분 제1문제 제3절 제2이론에 대한 해답; 『대이교도대전』 제IV구분 제48장; 『진리론』 제8문제 제4절; 제20문제 제1절, 제2절, 제3절, 제4절, 제5절, 제6절; 제29문제 제1절 제1이론에 대한 해답; 『요한복음 주해』 제4장 제1강, 제6강; 제6장 제2강; 『코린토전서 주해』 제15장 제2강; 『티모테오전서 주해』 제6장 제3강; 『히브리서 주해』 제5장 제2강 참조.

계속해서 그리스도의 지혜 충만에 대해 말해야 한다. 앞에서 말한 바와 같이,[557] 그리스도 안에는 두 가지 본성, 즉 신적 본성과 인간 본성이 있기 때문에 두 본성에 속하는 것은 무엇이든지 그리스도 안에서 반드시 이중으로 되어 있어야 한다는 사실을 우선적으로 고찰해야만 한다.

---

556 "Ipse est propitiatio pro peccatis nostris, et non solum pro nostris, sed etiam pro totius mundi."
557 제212장 참조.

그런데 지혜는 신적 본성뿐만 아니라 인간 본성에도 부합한다. 즉 욥
9,4에서 신에 대해 "그는 마음이 지혜롭고 힘이 강하다"[558]라고 말한다.
그러나 성서는 때때로 인간도 지혜롭다고 말한다. 예레 9,23에서 "지혜
로운 자는 자기의 지혜에 대해 자랑하지 않는다"[559]라고 말하듯이 세속
적인 지혜에 따른 것이든지, 아니면 마태 23,34에서 "보라, 내가 너희에
게 지혜로운 자와 학자들을 보낸다"[560]라고 말하듯이 신적인 지혜에 따
른 것이든지 말이다. 따라서 그리스도 안에는 두 가지 본성에 따라 두
가지 지혜가 존재한다는 사실을 믿어야만 한다. 그 두 가지 지혜란 그가
신인 한에서 그에게 적합한 창조되지 않은 지혜와 그가 인간인 한에서
그에게 적합한 창조된 지혜를 뜻한다. 그리고 그가 신이며 신의 말씀
인 한에서, 1코린 1,24에서 "그리스도는 신의 능력이요 신의 지혜이시
다"[561]라고 말하듯이, 그는 성부로부터 출생된 지혜(genita sapientia Patris)
이다. 이해하는 이 각각의 내적 말씀이란 그의 지혜를 잉태함 이외에 다
른 것이 아니다. 그리고 우리가 앞에서 신의 말씀이 완전하고 유일하
다[562]라고 말했기 때문에,[563] 그것은 성부의 지혜의 완전한 잉태라는 것
이 필연적이다. 즉 성부의 지혜 안에 출생되지 않는 방식으로 있는 것은
무엇이든지 간에, 그 전체가 말씀 안에 출생되고 잉태된 방식으로 포함
된다. 그러므로 콜로 2,3에서 "그분 안에", 즉 그리스도 안에 "신의 지혜
와 학문의 모든 보물이 감추어져 있다"[564]라고 말한다.

인간 (그리스도)에게는 두 가지 인식이 속한다. 하나의 인식은 신에게

---

558 "Sapiens corde est, et fortis robore"; "지혜가 충만하시고 능력이 넘치시는 분"
   (『성경』).

559 "Non glorietur sapiens in sapientia sua."

560 "Ecce ego mitto ad uos sapientes et scribas."

561 "Christum Dei uirtutem et Dei sapientiam."

562 다른 판본에 따라 'unitum'으로 읽으면 "그와 일치하기 (때문에)"라고 해석할 수
   있다.

563 제41~44장 참조.

564 "sunt omnes thesauri sapientie et scientie Dei absconditi."

합당한 것으로, 그가 본질을 통해 신을 바라보고 다른 것들을 신 안에서 바라보는 한에서 그렇다. 이는 마치 신 자신이 자기 자신을 이해하면서 모든 것을 이해하게 되는 것과 같다. 이런 직관을 통해 신 자신이 복될 뿐만 아니라 신을 완전하게 향유하는 모든 이성적 피조물이 복된 것이다. 따라서 우리가 그리스도는 인간 구원의 창시자라고 말했기 때문에, 그런 인식이 그가 창시자임에 어울리도록 그렇게 그리스도의 영혼에 부합한다고 말해야 한다. 원리는 부동적이어야 하며, 또한 능력에서 가장 뛰어나야만 한다.[565] 그러므로 인간의 지복과 영원한 구원을 구성하는 저 신에 대한 직관이 다른 이들에 앞서 부동적인 원리로서 그리스도에게 더욱 탁월하게 부합한다는 사실은 합당한 것이었다. 그러나 가동적(可動的)인 것의 부동적인 것에 대한 다음과 같은 차이가 발견된다. 즉 가동적인 것은 고유한 완전성을 그것이 가동적인 한에서 그 시작부터 소유하는 것이 아니라 시간의 연속을 통해 획득한다. 반면에 부동적인 것은 그런 종류의 것인 한에서 그로부터 존재를 시작하는 자신의 완전성을 항상 보존하고 있다. 따라서 인간 구원의 창시자(salutis auctor)인 그리스도는 자신의 강생이 시작되는 순간부터 신에 대한 충만한 직관을 소유하고 있었고, 다른 성인들이 도달했듯이 시간의 연속을 통해 그것에 도달하는 것은 아니라는 사실이 적합했다. 또한 신에게 더욱 가까이 결합된 저 영혼이 다른 피조물에 앞서 신에 대한 직관에 의해 복을 누리게 된다는 사실도 합당한 것이었다. 그런 직관에서 어떤 이들은 다른 이들보다 모든 사물의 원인인 신을 더욱 분명하게 바라본다는 측면에서 일종의 등급이 있다는 점이 주목된다. 그런데 어떤 원인이 더욱 충만하게 인식되는 그만큼 그 안에서 더욱 많은 원인의 결과가 통찰될 수 있다. 즉 원인은 오직 그 능력이 더 충만하게 인식되었을 때만 더욱 잘 인식된다. 그리고 그 능력의 인식은 결과의 인식 없이는 이루어질 수 없다. 왜냐하면 능력의 양은 결과에 따라 측정되고는 하기 때문이다. 따라서

---

565 제4장, 제21장, 제213장 각주 533 참조.

신의 본질을 바라보는 이들 중에서 어떤 이들은 덜 분명하게 바라보는 이들보다 신 자체 안에서 신의 행위 결과로 나타나는 더 많은 결과나 의미를 보게 된다. 이에 따라 앞에서 우리가 말한 바와 같이,[566] 하위의 천사는 상위의 천사에 의해 가르침을 받는다. 따라서 다른 피조물들 가운데 신에 대한 직관의 최고 완전성을 보존하고 있는 그리스도의 영혼은 신의 모든 행위 결과와 그 의미를 존재하거나 존재했거나 존재할 그 무엇이든지 간에, 신 자체 안에서 충만하게 들여다본다. 그래서 그 영혼은 인간뿐만 아니라 최상위의 천사를 조명하게 된다. 이에 사도[바오로]는 콜로 2,3에서 "그분 안에 신의 지혜와 학문의 모든 보물이 감추어져 있다"라고 말하고, 히브 4,13에서는 "그의 눈앞에는 모든 것이 발가벗겨져 있고 열려 있다"[567]라고 말한다.

그럼에도 그리스도의 영혼은 신성의 파악에 다다를 수가 없다. 왜냐하면 앞에서 언급된 바와 같이,[568] 인식 가능한 한에서만 인식되는 어떤 것은 인식함으로써 파악되기 때문이다. 각각의 것은 그것이 존재하고 참인 한에서 인식 가능한 것이다. 그러나 신적인 존재(esse diuinum)는 무한하고 또한 그의 진리도 그렇다[무한하다]. 따라서 신은 '무한하게'(infinite) 인식 가능한 것이다. 하지만 어떤 피조물도 무한하게 인식할 수는 없는데, 비록 그가 인식하는 것이 무한할지라도 말이다.[569] 따라서 어떤 피조물도 신을 바라봄으로써 파악할 수는 없다. 그런데 그리스도의 영혼은 피조물이고, 그리스도 안에 있는 단지 인간 본성에 속하는 것은 무엇이든지 창조된 것이다. 그렇지 않다면 그리스도 안에는 오로

---

566 제126장 참조.

567 "omnia nuda et aperta sunt oculis eius."

568 제106장 참조.

569 토마스는 여기서 인식되는 대상을 무한한 것(infinitum quod cognoscit)과 무한한 방식으로(infinite) 인식하는 것으로 구별하고 있다. 인간은 몇몇 무한한 대상을 인식할 수 있을지라도 그것의 모든 본질과 특성을 무한하게, 즉 아무런 제한 없이 인식할 수는 없다.

지 창조되지 않은 신적 본성과는 다른 인간 본성이라고는 존재하지 않게 될 것이다. 그러나 신의 말씀의 자주체나 인격은 창조되지 않은 것이고, 두 본성 안에서 단 하나인 것이다. 이런 이유로 우리는, 단적으로 말하자면, 그리스도를 피조물이라고 부르지 않는데, 〔그리스도라는〕 이 명칭은 자주체를 뜻하기 때문이다. 그럼에도 우리는 그리스도의 영혼이나 육체가 피조물이라고 말한다. 따라서 그리스도의 영혼이 신을 파악하는 것이 아니다. 다만 그리스도는 자신의 창조되지 않은 지혜를 통해 신을 파악한다. 이런 방식에 대해 주님은 마태 11,27에서 파악의 인식에 대해 말하면서 "성부 이외에는 아무도 성자를 알지 못하고, 성자 이외에는 그 누구도 성부를 결코 알지 못한다"[570]라고 말한다.

그러나 어떤 것의 본질을 파악함과 그것의 능력을 파악함은 동일한 의미를 지닌다는 사실에 주목해야만 한다. 그것이 무엇이든지 간에, 현실적으로 존재하는 한에서 작용할 수 있기 때문이다. 따라서 앞에서 말한 바와 같이,[571] 만일 그리스도의 영혼이 신성의 본질을 잘 파악할 수 없다면, 신적 능력을 파악하는 것도 불가능할 것이다. 그러나 만일 그가 신이 할 수 있는 것은 무엇이든지, 또한 어떤 근거로부터 이것들을 생산할 수 있는지를 인식한다고 가정하면, 그는 신의 능력을 파악하게 될 것이다. 따라서 그리스도의 영혼은 신이 만들 수 있는 것은 무엇이든지, 또 어떤 근거로부터 그것이 작용될 수 있는가를 인식하지 못한다. ―

하지만 그리스도는, 또한 인간인 한에서도, 성부에 의해 모든 피조물에 앞선 위치에 놓였기 때문에, 신에 의해 어떤 방식으로든 만들어지는 모든 것에 대해 신의 본질 자체를 직관함으로써 충만한 인식을 획득하는 것이 적합하다. 그리고 이에 따라 그리스도의 영혼은 전지(全知, omnisciens)하다고 말한다. 그 영혼이 존재하고 있고, 존재했고, 존재할 모든 것에 대한 충만한 인식을 가지고 있기 때문이다. 그러나 신을 보는

---

570 "Nemo nouit Filium nisi Pater, neque Patrem quis nouit nisi Filius."
571 제216장 참조.

다른 피조물 중에서 몇몇은 더 충만하게, 또 몇몇은 덜 충만하게 신 그 자체를 직관함을 통해 앞서 말한 결과들의 인식을 획득하게 된다.

창조된 지성이 신의 본질 그 자체를 직관함을 통해 사물을 인식하는 이런 방식의 사물 인식 이외에, 피조물이 사물을 인식하는 다른 인식 방식이 존재한다. 왜냐하면 천사는 사물을 말씀 안에서 인식하는 아침의 인식(cognitionem matutinam) 이외에, 고유한 본성 안에서 인식하는 저녁의 인식(cognitionem uespertinam)을 가지고 있기 때문이다.[572] 그러나 이런 인식은 그들의 본성에 따라 인간과 천사에게 서로 다른 방식으로 부합한다. 즉 디오니시우스가 말한 것처럼[573] 인간은 본성의 질서에 따라 사물의 가지적인 진리를 감각으로부터 수집한다. 그래서 가지상은 인간의 지성 안에서 능동 지성의 작용에 의해 표상상으로부터 추상된다. 반면에 천사는 신적인 빛의 주입을 통해 사물의 지식을 획득한다. 마치 신에 의해 사물이 존재로 나타나듯이, 그렇게 천사의 지성 안에 신에 의해 사물의 개념이나 유사성이 각인된다. 그러나 두 경우에 모두, 즉 인간에게 뿐만 아니라 천사에게도 본성에 따라 그들에게 부합하는 사물의 인식 위에, 신적인 신비에 대한 어떤 초자연적인 인식(supernaturalis

---

572 아우구스티누스(『창세기 문자적 해설』 IV, c. 22-32: PL 34, 311-317; 『신국론』 XI, 7: PL 411I, 322)는 창조의 6일을 일반적으로 지구 자전과 관련된 하루로 생각하지 않고 "여섯 종류로 표현된 천사의 인식 내용"으로 이해한다. 여기서 그는 아침이란 말로 영원한 말씀 안에 있는 사물의 범형적 존재를, 저녁이란 말로 그 자신의 고유한 본성 안에 있는 사물의 존재를 뜻하는 것으로 이해한다. 이에 따라 그는 '아침 빛에 의한 인식'으로 말씀 안에 있는 사물에 대한 인식을, '저녁 빛에 의한 인식'으로 그 자체로서의 사물의 인식을 뜻하는 것으로 이해한다. 그러나 아우구스티누스는 하나의 인식이 그의 성찰에 따라 전체 창조 행위에 앞서 그 아침에 이루어지므로 '아침의' 인식이라 부르고 다른 것을 전체 창조의 끝에, 즉 그 저녁에 이루어지므로 '저녁의' 인식이라 부른다. 토마스는 아우구스티누스의 이 이론에 의존하고 있다. 『신학대전』 제I부 제58문제 제6절 참조([224]).

573 디오니시우스, 『신명론』(De divinis nominibus) VII, 2 (PG 3, 868 B; Dion. 388) 참조. 또한 토마스 아퀴나스, 『디오니시우스의 '신명론' 주해』 제7강 (ed. p. Mandonnet, II, p. 374) (CV, p. 252, n. 44)도 참조.

cognitio)이 발견된다. 그것에 대해 천사는 자신에 의해 조명될 뿐만 아니라 인간 또한 그의 예언적 계시를 통해 가르침을 받는다.[574]

피조물에 제공된 어떤 완전성도 피조물들 중에서 가장 탁월한 그리스도의 영혼에 〔제공된 것임이〕 부정되어서는 안 되기 때문에, 이에 부합하게 신의 본질을 보고 그 안에서 모든 것을 보게 하는 인식 이외에 다른 삼중의 인식이 그에게 부여되어야만 한다. 첫째는 경험상의 (experimentalis) 인식인데, 다른 인간들처럼 어떤 것을 인간 본성에 부합하도록 감각을 통해 인식했을 경우에 그렇다. 또 다른 인식은 신에 의해 주입된(diuinitus infusa) 인식인데, 이것은 인간의 본성적 인식이 확장될 수 있는 그런 모든 것을 인식하기 위한 것이다. 즉 신의 말씀에 의해 취해진 인간 본성은 그것을 통해 인간의 전체 본성이 회복될 것이기 때문에, 어떤 것에도 완전성이 결핍되어서는 안 된다는 사실이 적합한 것이었다. 그러나 현실태로 환원되기 이전에 가능태로 실존하는 모든 것은 불완전하다. 하지만 인간의 지성은 본성적으로 인간이 이해할 수 있는 가지적인 것에 대해 가능태에 있다. 따라서 그리스도의 영혼은 이 모든 것에 대한 지식을 신으로부터 주입된 상(형상)을 통해(per species influxas) 받아들였다. 이 상에 의해 인간 지성의 가능태 전체는 현실태로 환원되었다. ―

그러나 그리스도는 인간 본성에 따라 단지 본성의 회복자(reparator naturae)일 뿐만 아니라 은총의 전파자(gratie propagator)이기도 하기 때문에, 그에게는 제3의 인식이 현존했다. 그는 이 인식을 통해 가장 충만하게 은총의 신비에 속할 수 있는 모든 것을 인식했다. 〔이 신비란〕 인간의 본성적 인식을 넘어서지만 지혜의 은사(donum sapientie)[575]를 통해서

---

574 제126장 참조.
575 지혜의 은사는 성령의 일곱 은사 가운데 하나이다: "지혜에는 우선적으로 신적인 것의 고찰이 속하고, 두 번째로는 인간의 행위를 신적인 근거에 부합하게 이끄는 것이 속한다"(『신학대전』 제II부 제II권 제45문제 제3절 제3이론에 대한 해답) (〔225〕).

나 예언의 영을 통해 인간에 의해 이해될 수 있는 것이다. 인간의 지성은 이런 종류의 인식되어야 할 것에 대해 가능태에 있다. 비록 더 높은 작용자에 의해 현실태로 환원되어야 할지라도 말이다. 즉 자연적으로 인식되어야 할 것은 능동 지성의 빛에 의해 현실태로 환원되지만, 이런 것의 인식은 신적인 빛을 통해 이루어진다.[576]

따라서 앞서 언급된 것들로부터 그리스도의 영혼은 피조물 중에서 신의 본질을 보고 그것 안에서 다른 것을 보게끔 하는 신의 직관이란 측면에서 인식의 최고 단계를 획득했다는 것이 분명해진다. 또한 은총의 신비를 인식하는 측면뿐만 아니라 본성적으로 알려질 수 있는 것의 인식의 측면에서도 유사하다. 그러므로 이 세 가지 중의 어떤 것에서도 그리스도는 자랄 수 없었다. 그러나 그가 감각적인 사물을 육체의 감각으로 체험하면서 시간의 연속을 통해 점점 더 인식하게 되었다는 사실은 명백하다. 따라서 오직 경험적인 인식이라는 측면에서만 그리스도는 자랄 수 있었다. 루카 2,52에 따르면, "소년은 지혜와 나이에서 자랐다". 비록 사람들이 이것도 다르게 이해할 수 있을지라도 말이다. 즉 그리스도의 지혜가 자람은 그것을 통해 그리스도 자신이 더 지혜로워지는 것이 아니라 다른 이들 안에 있는 지혜가 자라는 것을 말한다는 것이다. 말하자면 (다른 이들은) 그의 지혜를 통해 더욱 가르침을 받게 되었다는 것이다. 이것은 그가 소년의 나이에 완전한 지혜를 드러냈더라도 강생의 신비가 환영처럼 보이지 않게 하기 위해 다른 인간들과 일치함을 보여주도록 잘 고려되는 방식으로 이루어졌다.

---

576 제104장 참조.

제217장

그리스도 육체의 질료

De materia corporis Christi

병행문헌: 『신학대전』 제III부 제4문제 제6절; 제31문제 제1절; 『명제집 주해』 제3권 제2구분 제1문제 제2절 제2소질문, 제3소질문; 『이사야서 주해』 제11장 참조.

앞서 다루어진 것들에 따라 "그리스도의 육체가 어떤 식으로 형성되어야 했는가"가 분명하게 드러난다. 신은 과연 원조의 육체를 형성했던 것처럼 그리스도의 육체를 진흙으로부터, 또는 어떤 것이든 질료로부터 형성할 수 있었다. 그러나 이것은, 우리가 말한 바와 같이,[577] 성자가 그것을 위해 육신을 취했던 인간 회복에 합당하지 않았을 것이다. 즉 만일 원조의 죄 때문에 인류를 사로잡았던 악마를 이긴 자이자 죽음을 정복한 이가 다른 곳으로부터 육체를 취했더라면, 치유되었어야 할 원조로부터 유래한 인류의 본성이 이전의 영예를 회복하는데 충분하지 못했을 것이다. 그러나 신이 이룬 과업은 완전하고, 그는 자신이 회복시키기를 원하는 것을 완전으로 이끈다. 사도(바오로)가 로마 5,20에서 말하는 바에 따르면, 오히려 그는 빼앗겼던 것보다 더 많은 것을 더해 준다. "신의 은총은 그리스도를 통해 아담의 범죄보다 더욱 풍부해졌다."[578] 따라서 신의 아들이 아담에 의해 전파된 본성으로부터 육체를 취했다는 것은 더욱 합당한 것이었다.

게다가 강생의 신비는 인간에게 신앙을 통해 유용한 도움이 된다. 즉 만일 인간이 신의 아들이 인간처럼 보였던 그 분이라는 사실을 믿지 않

---

577 제200장 참조.

578 "gratia Dei per Christum amplius habundauit quam delictum Ade"; "율법이 들어와 범죄가 많아지게 했습니다. 그러나 죄가 많아진 그곳에 은총이 충만히 내렸습니다"(『성경』).

았더라면, 인간은 그를 구원의 창시자로 따르지 않았을 것이다. 이런 일은 유대인들에게 일어났는데, 그들에게는 불신〔앙〕 때문에 강생의 신비로 인해 구원이 따르기보다는 차라리 단죄가 따랐다. 그러므로 이 형언할 수 없는 신비를 더 쉽게 믿을 수 있도록 성자는 자신이 참 인간임을 보여 줄 수 있는 그런 식으로 모든 것을 마련했다. 만일 그가 자기 육체의 질료를 인간 본성으로부터가 아니라 다른 곳으로부터 취했다면, 그렇게 보이지 않았을 것이다. 따라서 그가 원조로부터 전파된 육체를 취했다는 것은 합당했다.

마찬가지로 인간이 된 성자는 은총의 치유를 부여해 줌으로써 뿐만 아니라 거부할 수 없는 모범을 제공함으로써 인류에게 구원을 가져다 주었다. 다른 인간의 가르침이나 삶은 인간 인식과 덕의 불완전함 때문에 의심에 처해질 수 있다. 그러나 성자가 가르친 것은 의심의 여지없이 참된 것으로 믿게 되듯이, 그가 행한 것은 의심의 여지없이 선한 것으로 믿게 된다. 그런데 우리는 우리가 바라는 영광의 모범과 그것을 마땅히 받게 해 주는 덕의 모범을 성자 안에서 수용해야만 했었다. 그러나 만일 그가 육체의 질료를 다른 인간들이 취했던 곳으로부터가 아니라 다른 곳으로부터 취했더라면, 두 가지 모범 모두가 덜 효과적인 것이 되었을 것이다. 만일 누군가에게 그리스도가 견뎌낸 것과 같이 고난을 견뎌내고, 그가 부활했던 것처럼 자신이 부활하리라는 소망을 가지라고 설득했다고 가정한다면, 그는 육체의 상이한 조건을 내세워 변명을 펼칠 수 있을 것이다. 따라서 그리스도의 모범이 더욱 효과적이기 위해서는 원조에 의해 전파된 본성과는 다른 곳으로부터 질료를 취하지 않는 것이 합당했다.

제218장

정액으로부터 이루어지지 않은 그리스도 육체의 형성
De formatione corporis Christi, que non est ex semine

병행문헌:『신학대전』제III부 제33문제 제1절, 제2절;『명제집 주해』제3권 제3구분 제5문제 제2절;『대이교도대전』제IV구분 제44장;『요한복음 주해』제1장 제9강; 제2장 제15강 참조.

그럼에도 다른 인간의 육체가 형성된 것과 같은 방식으로 그리스도의 육체가 인간 본성으로부터 형성된다는 것은 적합하지 않았다. 즉 (성자가) 인간 본성을 죄로부터 정화하기 위해 그것을 취했기 때문에, 아무런 죄의 전염이 일어나지 않는 방식으로 취했어야만 했다. 그러나 인간은, 원죄가 남성의 정액 안에 있는 능동적인 힘을 통해 발생된다는 사실 때문에 원죄를 범한다. 이 사실은 죄를 지은 아담 안에 미리 존재하고 있었던 종자적 근거에 따른다. 즉 최초의 인간이 본성을 전해 주는 것과 동시에 후손에게 원천적 정의를 전해 주었던 것과 마찬가지로, 남성 정액의 능동적인 힘을 통해 이루어지는 본성을 전달함으로써 또한 원죄도 전해 주었다. 따라서 그리스도의 육체는 남자의 정액 없이 형성되었어야만 했다.

마찬가지로 남성 정액의 능동적인 힘은 자연적으로 작용한다. 따라서 남성 정액으로부터 발생된 인간은 갑작스러운 것이 아니라 규정된 과정에 따라 완성되게 된다. 왜냐하면 모든 자연적인 것은 규정된 중간 단계를 거쳐 규정된 목적으로 나아가기 때문이다. 그러나 그리스도의 육체는 바로 수태의 순간에 완전한 것이 되고, 이성적 영혼에 의해 형상화되었어야만 했다.[579] 육체는 비록 마땅한 양에 따라서는 완전하지 못할지

---

579 그리스도의 육체에 영혼이 깃드는 것은, 토마스가 다른 인간 육체에 영혼이 깃드는 것을 생각하는 것처럼 단계적으로 이루어지는 것이 아니다(제92장 각주 218 참조)((226)).

라도, 이성적 영혼과 합일되어 있는 한에서 신의 말씀에 의해 취해질 수 있기 때문이다.[580] 그러므로 그리스도의 육체는 남성 정액의 힘을 통해 형성되어서는 안 되었다.

제219장
그리스도 육체 형성의 이유
De causa formationis corporis Christi

병행문헌: 『신학대전』 제III부 제32문제 제1절; 『명제집 주해』 제1권 제11구분 제1문제 제4이론에 대한 해답; 제3권 제1구분 제2문제 제2절 제6이론에 대한 해답; 제2구분 제2문제 제2절 제2소질문; 제4구분 제1문제 제1절 제1소질문, 제2소질문, 제3소질문; 『대이교도대전』 제IV권 제46장; 『마태오복음 주해』 제1장 참조.

그런데 인간 육체의 형성은 자연적으로 남성 정액으부터 이루어지기 때문에, 어떤 다른 방식으로 이루어지는 그리스도 육체의 형성은 초자연적인 것이었다. 그러나 앞에서 말한 바와 같이,[581] 오직 신만이 자연적 사물 안에서 초자연적으로 작용할 수 있는 본성의 제정자이다. 그래서 오직 신만이 저 육체를 인간 본성의 질료로부터 기적적인 방식으로 형성했다는 결론이 나온다. 그러나 피조물 안에서 (이루는) 신의 모든 작용은 세 위격에 공통적인 것이나, 그럼에도 일종의 적합함으로 인해 그리스도 육체의 형성은 성령에 귀속된다. 성령은 성부와 성자의 사랑이고, 이것을 통해 그분들은 서로를 사랑하고 우리를 사랑하기 때문이다. 사도(바오로)가 에페 2,4에서 말한 바와 같이, 신은 "우리를 사랑하신 그 큰

---

580 여기서는 본래적인 필연성이 아니라 적합성이 문제가 되는 것이다. 그리스도의 죽음 후에 신의 말씀은 영혼이 없는 육신과도 결합된 채로 남아 있었다(제229장 참조)((227)).

581 제136장 참조.

애덕 때문에"[582] 자기 아들을 강생되게 하셨다. 따라서 합당하게도 그의 육체의 형성은 성령에 귀속된다.

마찬가지로 성령은 모든 선물이 그 안에서 무상으로 선사되는 최초의 〔선물이기〕 때문에[583] 모든 은총의 창시자(omnium gratiarum a〔u〕ctor)[584]이다. 인간 본성이 신의 위격과의 합일 속에 받아들여졌다는 이 사실은 앞에서 언급한 것으로부터 분명해진 것처럼[585] 매우 풍부한 은총에 속하는 것이었다. 따라서 이런 종류의 은총을 증명하기 위해 그리스도 육체의 형성은 성령에 귀속되었다. 또한 이것은 인간의 말과 영(spiritus)[586]의 유사성에 따라서도 적합하다. 즉 마음속에 실존하고 있는 인간의 말은 성부 안에 실존한다는 측면에서 저 영원한 말씀과 유사성을 지닌다. 그런데 인간의 말이 자신에게 감각적으로 알려지기 위해 소리를 취하는 것과 같이, 신의 말씀도 인간에게 가시적으로 분명해지도록 육신을 취했다. 아울러 인간의 음성은 인간의 영을 통해 형성된다. 그래서 신의 말씀의 육신 또한 신의 말씀의 성령을 통해 형성되어야만 했다.

제220장
그리스도의 잉태와 출생에 대해 주장한 신경의 조항에 관한 설명
Expositio articuli in symbolo positi de conceptione et natiuitate Christi

그리스도의 육체가 남성의 정액으로부터 형성되었다고 말했던 에비

---

582 "propter nimiam caritatem suam qua dilexit nos".

583 『신학대전』 제I부 제38문제 제2절 참조(〔228〕).

584 레오니나 판에 나와 있는 'actor'가 앞에서는 'auctor'로 사용하고 있는 것으로 보아 의도적으로 사용된 것이 아니라 오타로 추정된다. 의도적으로 사용된 것이라면, "모든 은총의 실행자"로 번역할 수 있다.

585 제214장 참조.

586 라틴어 '스피리투스'(spiritus)는 '숨'과 '바람'뿐만 아니라 '영'도 의미한다(〔229〕).

온파와 케린투스의 오류[587]를 배제하기 위해 사도신경에서는 "성령으로 인해 잉태되신"(qui conceptus est de Spiritu Sancto)이라고 말한다. 그리고 그 대신에 교부들의 [니케아] 신경에서는 "또한 성령으로 인해 [……] 육신을 취하시어"(Et incarnatus est de Spiritu Sancto)라고 말하는데, 이는 [그리스도가] 마니교에 따라 환영적인 육체가 아니라[588] 참된 육신을 취했음을 믿게 하기 위함이다. 그런데 교부들의 신경에서는 "저희 인간을 위해"(Propter nos homines)라고 첨가했는데, 이는 그리스도 수난의 힘에 의해 악마들 또한 해방되었어야 하는 자들이라고 주장했던 오리게네스[589]의 오류를 배제하기 위한 것이다. 또한 같은 곳에서 그리스도 강생의 신비가 인간 구원을 위해 충분하다는 사실을 보여 주기 위해 "저희 구원을 위해"(Propter nostram salutem)라는 구절이 첨가되었는데, 이는 그리스도에 대한 신앙이 율법을 지키는 과업 없이는 인간 구원에 충분하지 못하다고 생각했던 나자렛파[590]의 이단에 맞서기 위한 것이다. 아울

---

587 제202장 각주 458, 459 참조.

588 제207장, 제111장 각주 268 참조.

589 그리스어권의 교회 저술가였던 오리게네스(Origenes, 184/85~254)는 알렉산드리아와 케사레아의 교리문답 학교의 수장으로, 또한 널리 여행한 저술가와 스승으로서 고대 교회의 가장 중요한 신학자가 되었다. 그의 '헥사플라'(Hexapla)(히브리어 원본과 그리스어 번역본들을 문헌 비평적으로 대조하기 위해 6행으로 수집한 것), 성서 주해서들, 호교론적·교의적·금욕주의적 작품들은 매우 중요한 의미를 지니고 있다. 그에게서 발견되는 오류들(창조의 영원성, 영혼 선재설, 아포카타스타시스Apokatastasis, 삼위일체에서의 종속설 등)은 신론과 그리스도론에서의 그의 중요한 기여를 손상하지 못한다. 토마스는 여기서 영원한 지옥 형벌은 없고 모든 이가 구원을 받으며, 죄인과 단죄받은 자와 악마를 모두 포함해 종말의 시기에는 모두 회복된다는 '아포카타스타시스' 이론에 대해 반박하고 있다. 『신학대전』 보충부 제99문제 제2절 참조((230)).

590 나자렛파는 기원후 70년 이전에 예루살렘으로부터 피신해 온 유대계 그리스도인들의 후손 일부를 지칭했다. 그들은 모세의 율법을 엄격히 지켰지만, 그 이외에는 에비온파와는 반대로(제202장 각주 458 참조) 정통적이었다. 에피파니우스(Epiphanius)와 히에로니무스(Hieronymus)에서 나타나는 부정확한 묘사의 영향으로 나중에 그들은 종종 에비온파와 혼동되었다((231)). 아우구스티누스, 『이단

러 포티누스의 오류[591]를 배제하기 위해 "하늘에서 내려오셨음을〔믿나이다〕"(Descendit de celis)라는 구절이 첨가되었다. 포티누스는 그리스도가 마리아로부터 기원을 삼는다고 말함으로써 그가 순전히 인간이라고 주장했다. 그리스도가 천상적 기원을 가지면서 육신을 취함으로써 땅으로 내려왔다라기보다는 오히려 땅에 시원을 두면서 선한 생활의 공로를 통해 천상으로 올라갔다고 주장했던 것이다. 또한 네스토리우스의 오류[592]를 배제하기 위해 "사람이 되셨음을〔믿나이다〕"(Et homo factus est)라는 구절이 첨가되었다. 네스토리우스의 입장에 따르면, 신경에서 언급하고 있는 저 성자는 인간이라고 말하기보다는 오히려 인간 안에 거주하는 이라고 말해야 한다는 것이다.

제221장
그리스도가 동정녀로부터 탄생하셨다는 것은 합당한 것이다
Quod conueniens fuit Christum nasci ex uirgine

병행문헌: 『신학대전』 제Ⅲ부 제28문제 제1절; 제31문제 제4절; 『명제집 주해』 제3권 제12구분 제3문제 제2절 제2소질문; 제4권 제30구분 제2문제 제3절; 『대이교도대전』 제Ⅳ권 제45장; 『이사야서 주해』 제7장; 『마태오복음 주해』 제1장; 『요한복음 주해』 제2장 제1강 참조.

인간 본성의 질료로부터 육신을 취하는 것이 성자에게 적합했고[593] 인간이 태어날 때 질료는 여자가 제공한다는 사실[594]이 밝혀졌기 때문에, 그리스도가 여자로부터 육신을 취했다는 것은 합당한 일이었다. 사도〔바오로〕가 갈라 4,4에서 말하는 바에 따르면, "신께서 여인에게서 태어

론』 9 (PL 42, 27; CCL 46, 294) 참조.
591 제202장 각주 457 참조.
592 제203장 각주 465 참조.
593 제217장 참조.
594 제85장 각주 181 참조(〔232〕).

나신 당신의 아들을 보내셨다".[595] 그런데 여성은 자신이 제공하는 질료가 인간의 육체로 형성되도록 하기 위해 남성과의 교합(交合)을 필요로 한다. 그러나 그리스도의 육체의 형성은, 앞에서 이미 말한 바와 같이,[596] 남성 정액의 힘을 통해 이루어져서는 안 되었다. 그래서 성자가 그녀로부터 육신을 취한 저 여자는 남성 정액의 혼합 없이 잉태했다. 그런데 육적인 것으로부터 분리되어 있으면 있을수록 어떤 이는 그만큼 더 영적인 선물로 충만하게 된다. 왜냐하면 인간은 영적인 것(spiritualia)을 통해 위로 이끌려지고, 육적인 것(carnalia)을 통해 아래로 이끌려지기 때문이다.[597] 그런데 그리스도의 육체의 형성은 성령을 통해 이루어져야 했기 때문에, 그녀로부터 그리스도가 육신을 취한 저 여자도 최고도로 영적인 선물로 채워져야만 했다. 이는 성령을 통해 영혼이 덕으로 풍요롭게 될 뿐만 아니라 자궁도 역시 신의 자식으로 풍요롭게 되도록 하기 위해서였다. 그래서 그녀의 정신이 죄로 더렵혀지지 않았을 뿐만 아니라 그녀의 육체도 모든 육적인 정욕의 타락으로부터 멀어져야만 했다. 그녀는 그리스도를 잉태하기 위해서만이 아니라 그 전과 그 후에도 남성과의 교합을 경험하지 않았다.

이것은 또한 그녀로부터 출생된 이에게도 적합했다. 성자는 우리가 부활의 상태를 성취하도록 하기 위해 육신을 취해 이 세상에 왔다. 그 부활의 상태에서는 "장가드는 일도 시집가는 일도 없이 인간은 하늘에 있는 천사와 같아질 것이다".[598] 그래서 성자는 또한 믿는 이들의 삶 안

---

595 "Misit Deus Filium suum factum ex muliere."

596 제218장 참조.

597 '육적인 것'(carnalia)은 토마스에게서 '성(性)적인'의 좁은 의미가 아니라 아주 일반적으로 '충동적인' 것을 뜻한다. 원죄를 지닌 인간에게서 충동의 자기 운동은 정신적인 영역에서 벗어나 그 목적에 도달하려 함으로써, 전체 인간적인 현실성을 실현하지는 못한다. 그래서 육적인 것은 인간을 인간 이하의 차원으로 끌어내리는 경향을 지닌다. 온전히 인간적 전체성에 속하도록 다시 회복되는 일은 오직 은총을 통해서만 가능하다((233)).

598 "neque nubent neque nubentur, sed erunt homines sicut angeli in celo"; "부활 때

에서 어느 정도 미래 영광의 표상이 반사되어 빛나도록 금욕과 완전무결함의 가르침을 도입했다. 그러므로 성자가 자신의 삶을 시작하면서 동정녀로부터 탄생함으로써 완전무결함을 위탁했던 일은 합당했다. 이에 사도신경에서는 "동정 마리아에게서 나시고"(Natus ex Maria Virgine)라고 말하고, 교부들의 [니케아] 신경에서는 "동정 마리아에게서 강생되시어"(Incarnatus ex Maria Virgine)라고 말한다. 이를 통해 발렌티누스와 다른 이들의 오류[599]가 배제된다. 이들은 그리스도의 육체가 환영적인 존재라거나[600] 다른 본성의 존재라고, 또 동정녀의 육체로부터 취해지거나 형성된 것이 아니라고 말했다.

제222장
복되신 동정녀가 그리스도의 어머니이다
Quod beata uirgo sit mater Christi

병행문헌: 『신학대전』 제III부 제35문제 제4절; 『명제집 주해』 제3권 제4구분 제2문제 제2절; 『대이교도대전』 제IV권 제34장, 제45장; 『마태오복음 주해』 제1장; 『갈라티아서 주해』 제4장 제2강 참조.

이것으로부터 또한 복되신 마리아를 신의 어머니라고 고백하기를 원하지 않았던 네스토리우스의 오류[601]가 배제된다. 두 신경은 모두 성자가 동정녀로부터 태어나고 강생했다고 말한다. 그런데 어떤 사람을 태어나게 하는 여인을 그 사람의 어머니(mater)라고 부른다. 그녀가 인간 잉태의 질료(materiam)를 제공하기 때문이다.[602] 그래서 성자의 잉태에

에는 장가드는 일도 시집가는 일도 없이 하늘에 있는 천사와 같아진다"(『성경』, 마태 22,30).

599 제208장 각주 494 참조.
600 제207장 각주 488 참조.
601 제203장 각주 465 참조.

질료를 제공하는 복되신 동정녀 마리아는 성자의 참된 어머니라고 불려야만 한다. 왜냐하면 '어머니'라는 의미에는 어떤 힘에 의해 그녀가 제공한 질료가 형상화되는지는 속하지 않기 때문이다. 따라서 성령에 의해 형상화되어야 하는 질료를 제공했던 이가, 남성 정액의 힘에 의해 형상화되어야 하는 질료를 제공하는 이보다 어머니로서 부족한 것은 아니다.

그러나 만일 어떤 이가 네스토리우스가 말했던 바와 같이, 복되신 동정녀로부터 취해진 것은 신성이 아니라 오직 육신뿐이기 때문에 그녀는 신의 어머니가 아니라고 말하기를 원한다면, 명백하게 그는 자기가 말하는 바를 이해하지 못하고 있는 것이다. 즉 어떤 여자가 어떤 이의 어머니라고 불리는 것은 그 어떤 이 안에 있는 모든 것이 그녀로부터 취해졌기 때문이 아니다. 즉 인간은 영혼과 육체로 구성되는데, 인간이란 육체에 따른 것이기보다 영혼에 따른 것이기 때문이다. 그런데 어떤 인간의 영혼도 어머니로부터 취해지지 않는다. 영혼은 진리에 부합하는 바와 같이 신에 의해 직접적으로 창조되거나, 몇몇 사람이 주장했던 바와 같이[603] 전이에 의해 존재하게 된다고 가정한다면, '어머니로부터'라기보다는 아버지로부터 취해졌을 것이다. 철학자들의 가르침에 따르면, 다른 동물들의 출생에서 수컷은 영혼을 주고 암컷은 육체를 주기 때문이다.[604] 따라서 각 사람의 육체가 어떤 여자로부터 취해지기 때문에 그녀가 그 사람들의 어머니라고 불리는 것과 마찬가지로, 만일 복되신 동정녀 마리아로부터 취해진 육체가 신의 육체라면, 그녀는 신의 어머니(mater Dei)라고 불려야만 한다. 만일 그 육체가 참된 신인 성자의 인격적 합일 안으로 취해졌다면, 그것은 신의 육체라고 말해야만 한다. 따라

---

602 제38장 각주 81 참조. 아마도 토마스는 여기서 단지 모성의 본질만을 보여 주려는 것이 아니라 '마테르'(mater, 어머니)와 '마테리아'(materia, 질료)라는 단어의 유사성도 언급하기를 원했을 것이다((234)).

603 아우구스티누스, 『창세기 문자적 해설』 제X장, 여러 곳 참조.

604 제38장 각주 81 참조((235)).

서 인간 본성이 성자에 의해 인격적 합일 안으로 취해졌다는 사실을 고백하는 이들에게는, 복되신 동정녀 마리아가 신의 어머니라고 말하는 것이 필연적이다. 그러나 네스토리우스는 신의 위격과 인간 예수, 그리스도의 인격이 하나라는 점을 부정했기 때문에, 이에 따라 그리고 결론적으로 동정녀 마리아가 신의 어머니라는 사실도 부정했다.

제223장
성령은 그리스도의 아버지가 아니다
Quod Spiritus Sanctus non sit pater Christi

병행문헌: 『신학대전』 제Ⅲ부 제32문제 제3절; 『명제집 주해』 제3권 제4구분 제1문제 제2절 제1소질문, 제2소질문; 『대이교도대전』 제Ⅳ권 제47장; 『마태오복음 주해』 제1장 참조.

성자가 성령에 의해 그리고 동정녀 마리아로부터 강생했고 또 잉태되었다고 언급될지라도, "성령이 인간 그리스도의 아버지이다"라고 말해서는 안 된다. 비록 복되신 동정녀 마리아가 그의 어머니라고 말할지라도 말이다. 첫째로, 복되신 동정녀 마리아에게서는 '어머니'라는 의미에 속하는 전체가 발견된다. 그녀는 그리스도에게 잉태되는 데 있어 형성되어야 할 질료를 제공해 주는데, 이는 〈어머니라는(matris)〉[605] 의미가 요구하는 것이다. 그러나 성령의 측면에서는 '아버지'라는 의미가 요청하는 전체가 발견되지 않는다. '아버지'라는 의미에는 자기 본성으로부터 자신과 공통 본성적인 아들(filium sibi connaturalem)을 산출하는 것이 속한다. 그래서 어떤 것을 자신의 실체로부터 만드는 것이 아니거나 그 것을 자기 본성과의 유사성 안에서 산출하지 않는 어떤 작용자가 존재했다고 가정하면, 그 작용자는 그것의 아버지라고 불릴 수 없을 것이다.

---

605 대부분의 사본에 빠져 있는 것을 레오니나 판의 편집자가 의미에 따라 첨가한 단어이다.

즉 우리는 아마도 비유적인 의미로가 아니라면, 인간을 그가 기술을 통해 만든 것들[606]의 아버지라고 부르지는 않는다. 성령은 신적 본성에 따라서는 그리스도와 공통 본성적이지만, 그리스도의 아버지가 아니라 오히려 그리스도로부터 발출된다. 그렇지만 〔성령은〕 인간 본성에 따라서는 그리스도와 공통 본성적이지 않다. 즉 앞에서 말한 바와 같이,[607] 그리스도 안에서 인간 본성과 신적 본성은 다르다. 앞에서 말한 바와 같이,[608] 신적 본성에 속하는 어떤 것도 결코 인간 본성으로 바뀌지 않는다. 그러므로 성령은 인간 그리스도의 아버지라고 말할 수 없다는 결론이 나온다.

마찬가지로 각 자녀에게서 자신에게 더 근원적인 것은 아버지로부터 온 것이지만, 이차적인 것은 어머니에게서 온 것이다. 즉 다른 동물들에게서 영혼은 아버지로부터 오지만, 육체는 어머니로부터 온다.[609] 그러나 비록 인간에게서는 이성적 영혼이 아버지로부터 온 것이 아니라 신에 의해 창조된 것이라고 할지라도, 아버지 정액의 힘이 형상을 위해 예비적으로 작용하는 것이다. 그러나 그리스도에게서 더 근원적인 것은 말씀의 위격(persona Verbi)이고, 이것은 결코 성령으로부터 온 것이 아니다. 그러므로 성령은 그리스도의 아버지라고 말할 수 없다는 결론이 나온다.

---

606 제43장 마지막 부분 참조.
607 제206장, 제209장, 제211장 참조.
608 제206장 참조.
609 제38장 각주 81, 제222장; 아리스토텔레스, 『동물발생론』 I, 2, 716a 5; II, 4, 738b 20; IV, 1, 765b 10 이하 참조.

제224장

그리스도 어머니의 성화(聖化)

De sanctificatione matris Christi

병행문헌:『신학대전』제III부 제27문제 제1절, 제2절, 제3절, 제4절, 제5절 제2이론에 대한 해답, 제6절;『명제집 주해』제3권 제3구분 제1문제 제1절 제2소질문, 제3소질문; 제2절, 제1소질문, 제2소질문, 제3소질문; 제13구분 제1문제 제2절 제1소질문; 제4권 제6구분 제1문제 제1절 제2소질문;『자유토론 문제집』제VI권 제5문제 제1절;『시편 주해』45편;『예레미아서 주해』제1장;『마태오복음 주해』제1장 참조.

앞서 말했던 것들로부터 분명한 것처럼 성령에 의해 잉태됨으로써 복되신 동정녀 마리아가 성자의 어머니가 되었기 때문에, 저만한 신비에 부합되는 가장 탁월한 순수성에 의해 정화되는 일이 합당했다. 따라서 그녀가 죽을죄뿐만 아니라 경미한 죄를 포함하는 모든 행위죄(actualis peccati)의 타락으로 인해 더럽혀지지 않았고, 이런 일은 그리스도 이후 어떤 성인에게도 일어날 수 없다는 사실을 믿어야만 한다. 왜냐하면 사도 요한은 1요한 1,8에서 "만일 우리가 죄가 없다고 말했다면, 우리는 자신을 속이는 것이며 진리가 우리 안에 없게 됩니다"[610]라고 말하기 때문이다. 그러나 복되신 동정녀인 신의 어머니에 대해서는 아가 4,7에서 언급되는 "나의 친구여, 당신은 매우 아름답고, 당신에게는 결점이 없습니다"[611]라는 말이 이해될 수 있다. 그녀는 단지 행위죄로부터 더럽혀지지 않았을 뿐만 아니라 원죄로부터도 특별한 특권에 의해 정화되었다. 과연 그녀는 두 성(性)의 교합에 의해 잉태되었기 때문에, 원죄를 지니고 잉태되었어야만 했다.[612] 동정녀가 신의 아들을 잉태하리라는 이 특

---

610 "Si dixerimus quia peccatum non habemus, nos ipsos seducimus, et ueritas in nobis non est."

611 "Tota pulchra es, amica mea, et macula non est in te."

612 1854년 12월 8일, 교황 피우스 9세(Pius IX)는 회칙 "Ineffabilis Deus"(형언할 수 없는 하느님)에서 마리아는 원죄의 어떤 오염도 없이 잉태되었음을 선포했다.

권은 그녀 혼자에게만 유보되었던 것이다. 그러나 원조의 범죄 이후에는 무절제한 욕망을 통해서만 이루어지는 성의 교합이 자손들에게 원죄를 전수했다.[613] —

동시에 만일 그녀가 원죄를 지니고 잉태되지 않았더라면 그리스도를 통해 구원받을 필요가 없었을 것이고, 그래서 그리스도는 보편적 인간의 구원자(uniuersalis hominum redemptor)도 아니었을 것이기 때문에, 이는 그리스도의 품위를 손상할 것[614]이다. 그러므로 그녀는 원죄를 지니고 잉태되었지만, 말한 바와 같이,[615] 어떤 특수한 방식으로 정화되었다

"우리는 '복되신 동정녀 마리아가 자기의 잉태 첫 순간에 전능하신 하느님의 특별 은총과 특권으로 말미암아 인류의 구세주 예수 그리스도의 예견된 공로에 비추어 원죄의 아무 흔적도 받지 않도록 보호되셨다'라는 가르침이 신에 의해 계시되었기에, 모든 신자가 단호하고 지속적으로 믿어야 한다고 설명하고 선포하며 규정하는 바이다"(NR 325 = Dz 1641). — 이 교의가 원죄로부터의 완전한 보호에 대해 가르치고 있는 반면, 토마스는(그의 스승 대알베르투스와 프란치스코회 동료 보나벤투라와 함께) 마리아가 우선 원죄를 지닌 채 잉태되었지만, 잉태되자마자 바로(『자유토론 문제집』 제VI권 제7문제 참조), 그러나 그가 태어나기 전에 그것으로부터 해방되었다(『신학대전』 제III부 제27문제 제1절 참조)라고 주장했다. 토마스에 따르면, 마리아의 원죄로부터의 해방은 결코 이성혼을 통한 태아의 활성화(아리스토텔레스와 스콜라 철학의 이론에 따르면 잉태 후 80일(여아에게서는 80일, 남아에게서는 40일))와 함께 이루어지지 않고, 오히려 이 영혼화 다음에 이루어진다. 그래서 마리아는 실제로 일정 기간 동안 자궁에서 원죄를 지니고 있었다. 토마스는 이에 대해 — 논리적으로 필연적이지는 않은 — 다음과 같은 이유를 밝힌다. "복되신 동정녀의 영혼이 결코 원죄와의 접촉을 통해 오염되지 않았다고 가정한다면, 이것은 그리스도의 존엄에 제한을 가하는 것이 될 것이다. 이 존엄에 따라 그는 모든 이를 포괄하는 구세주이시다." 신은 '모든' 인간을 구원하기 위해, 또한 그의 어머니도(!) 구원하기 위해 인간이 되셨다((236)).

613 '무절제한 욕망'(libido)이 원죄의 근거가 되는 것이 아니라 동반할 뿐이라는 사실을 토마스는 자신의 저서 『악론』(제4문제 제6절 제16이론에 대한 해답)에서 설명한다. 그 밖에도 성행위에서 문제가 되는 것은 기쁨의 '강도'가 아니라 — 이것은 토마스에 의해 전체적으로 긍정적으로 평가되었다 — 그것의 '정신을 흡수해 버리는 작용', 즉 인간의 전체성으로부터의 탈출이다((237)).

614 이 장의 각주 612의 끝부분 참조((238)).

615 바로 앞 구절 참조.

는 사실이 보존되어야 한다. 즉 어떤 이들은 자궁으로부터 나와 출산된 후에 원죄로부터 정화되는데, 세례에 의해 성화(聖化)된 이들이 그렇다. 그러나 어떤 이들은 어머니의 자궁 안에서도 또한 어떤 은총의 특권에 의해 정화되었다는 사실을 읽을 수 있다. 예레 1,5는 예레미아에 대해 "내가 자궁 안에 너를 형성하기 이전에, 너를 알고 있었다"[616]라고 말하거나 세례자 요한에 대해 천사가 "게다가 그의 어머니의 태중에서부터 성령에 의해 충만될 것이다"[617]라고 말한 바와 같다. 그리스도의 선구자와 예언자에게 보장되었던 것이 그의 어머니에게 부정되었다고 믿어서는 안 된다. 따라서 그녀는 자궁 안에서, 즉 자궁에서부터 출생하기 이전에 성화되었다고 믿어진다. ──

그러나 그런 성화는 영혼의 주입(infusionem anime)[618]에 앞서지 않았다. 만일 그랬다면 그녀는 결코 원죄에 종속되지 않았을 것이고 구원도 필요 없었을 것이기 때문이다. 즉 죄의 주체는 오직 이성적 본성[619]뿐이다. 유사하게 성화의 은총도 먼저 영혼 안에 뿌리내려 있고 오직 영혼을 통해서만 육체에 도달할 수 있다. 그러므로 영혼의 주입 이후에 그녀가 성화되었다고 믿어야만 한다.[620]

──────

616 "priusquam te formarem in utero, noui te."

617 루카 1,15: "Spritu Sancto replebitur adhuc ex utero matris sue."

618 이 장의 각주 612 참조. 스콜라 철학의 이론에 따르면, 한편으로 배아의 발전에서 이성혼이 생겨나고 주입되면 생장혼과 감각혼 같은 하위의 '혼들'은 이성혼에 자리를 만들어 주기 위해(제92장 각주 218 참조) 파괴되며, 다른 한편으로는 죄의 담지자는 이성혼이지, 생장혼이나 감각혼만이 깃든 육신일 수 없다. 그렇기 때문에 마리아의 원죄로부터의 해방은 이성혼이 깃들기 전에 이루어질 수 없다. 만일 그렇다면 전혀 원죄의 담지자가 아닌 육체만이 해방될 수 있었을 것이기 때문이다((239)).

619 다른 판본에는 'creatura rationalis', 즉 이성적 피조물이라고 나온다.

620 토마스는 정당하게 다음과 같은 주장을 펼친다. 죄의 담지자는 은총의 담지자와 같이 오직 이성을 지닌 피조물일 수밖에 없다. 따라서 마리아는 이성혼이 주입된 다음에 성화되었다. 그러나 이 '다음에'라는 것은 어떤 종류의 것일까? 확실히 본성의 차례가 존재하고 있다. 담지자는 본성에 따라 우유보다 선차적인 것이다. 따

그러나 그녀의 성화는 자궁 안에서 성화된 다른 이의 성화보다 더 탁월한 것이었다. 즉 자궁 안에서 성화된 다른 이는 사실 원죄로부터 정화되었지만, 나중에 경미하게까지 죄를 짓지 않으리라는 점이 보장되지는 않았기 때문이다. 그러나 복되신 동정녀 마리아는 은총의 저토록 충만함을 통해 성화되었고 계속해서 모든 죄로부터, 즉 죽을죄뿐만 아니라 경미한 죄로부터도 더럽혀지지 않고 보존되었다. ─

그리고 경미한 죄는 때때로 몰래 기어들어 오듯이, 즉 어떤 무질서한 정욕이나 이성에 앞서는 다른 정념의 충동이 발생함으로써 우연히 일어나고, 그런 이유로 이 첫 번째 충동들도 죄라고 불린다. 결과적으로 복되신 동정녀 마리아는 무질서한 정념의 충동을 느끼지 않는 까닭에, 결코 경미하게나마 죄를 짓지 않았다는 결론이 나온다. 이런 종류의 무질서한 충동은 이런 정념의 주체인 감각적 욕구가 이성에 종속되지 않아 때때로 이성의 질서를 벗어나는 어떤 것으로 움직여지거나 어떤 때는 이성을 거스르기까지 하기 때문에 일어난다. 이로써 죄의 충동이 이루어진다. 따라서 복되신 동정녀에게서는 그녀를 성화하는 은총의 힘을 통해 감각적 욕구가 이성에 종속되어 결코 거슬러 움직여지지 않았다. 그럼에도 이성에 의해 미리 통제되지 않은 어떤 갑작스러운 충동은 가질 수 있었다.[621]

라서 이성혼의 창조는 본성에 따라 은총의 주입에 선행한다. 본성의 차례는 토마스의 관심에 부합하게 되고, 교의에 의해 확정된 시간적인 동시와도 조화를 이룬다. 그럼에도 토마스는 이 차례를 시간적인 의미에서 이해했다. 이 장의 각주 612 참조(〔240〕).

621 토마스는 여기서 이 문제를 중세 당시에 많이 토론되었던 질문, 즉 "마리아가 원죄로부터 자유로움과 함께 '나쁜 욕망의 도화선'으로부터도 자유로운가"와 연결하고 있다(『신학대전』 제III부 제27문제 제3절 참조). 요약해 말하자면, "복되신 동정녀에게는 어머니의 자궁 안에서 성화된 다음에도 악한 욕망의 도화선은 남아 있었지만, 절제되지 못하고 이성에 앞서는 충동이 불타오르지 않기 위해 묶여 있었다. 성화의 은총이 이미 그쪽으로 작용했지만, 그것은 충분하지 못했다. 그렇지 않았다면 그녀에게 이 은총을 통해 이성이 앞서지 못하는 감각적인 충동이란 전

하지만 주님 예수 그리스도에게는 더 탁월한 어떤 것이 존재했다. 하위의 욕구는 그에게서 이성에 종속되어 이성의 질서, 즉 이성이 하위의 욕구에 대해 그것의 고유한 운동을 행하도록 질서를 부여하거나 허락하는 것이 아니라면 어떤 것으로도 움직여지지 않았기 때문이다. 그러나 하위의 힘이 전적으로 이성에 종속되었다는 사실은 원조 상태의 완전 무결함에 속했던 것처럼 보인다. 그리고 이 종속은 원조의 죄를 통해 자기 자신뿐만 아니라 원죄를 그로부터 넘겨받은 다른 이들에게서도 제거되고 말았다. 그리고 이들에게는 성사의 은총을 통해 원죄로부터 정화된 다음에도, 죄의 도화선(fomes peccati)이라 불리는 하위의 힘의 이성에 대한 반란이나 불순명은 남아 있게 되었다. 이것은 앞서 말한 것에 따라 그리스도 안에 결코 존재하지 않았다.

그러나 복되신 동정녀 마리아에게서는 이성에 의해 미리 질서가 부여되지 않은 어떤 충동도 지니지 못할 정도로 전적으로 하위의 힘이 이성에 종속되지 않았지만, 그럼에도 은총의 힘을 통해 결코 이성을 거슬러 움직여지지 못하도록 그렇게 견제되었다. 그렇기 때문에 복되신 동정녀에게서는 성화 후에 실체에 따라서는 죄의 도화선이 남아 있었지만, 묶여 있었다라고 말하고는 했다.[622]

허 없을 것이기 때문이다. …… 따라서 사람들은 신의 섭리가 악한 욕망으로부터 어떤 절제되지 못한 충동이 나오는 것을 허용하지 않음으로써, 이 묶여 있음을 보충했다고 말해야 한다"(『신학대전』 제III부 제27문제 제4절 제1이론에 대한 해답)((241)).

622 이 장의 각주 621 참조. 토마스는 단순한 묶음과 악한 욕망의 도화선을 완전히 제거하는 것을 구별하면서 대부분의 옛날 선배 신학자들과 함께 다음과 같이 가르친다. 어머니의 자궁 안에서 이루어진 첫 번째 성화에서 은총이 원죄를 제거하는 것과 함께 악한 욕망의 도화선도 "묶이게 되었다". 그래서 그것, 즉 감각적인 능력은 이성을 거스르는 어떠한 운동도 할 수 없게 되었다. 그녀가 자신의 신적인 아들을 잉태하게 되었을 때 이루어진 두 번째 성화에서, 악한 욕망의 도화선은 완전히 꺼져버렸다. 그래서 그 자체로 죄가 되지 않는 충동 내지는 어떠한 충동도 이성이 앞서서 실천적 판단을 내리기 전에는 단 한번도 마리아에게서 발생할 수 없었다. — 원죄 없는 잉태의 교의가 선포된 다음에 대부분의 새로운 신학자들은 악한

제225장

그리스도 어머니의 영속적 동정성
De perpetua uirginitate matris Christi

병행문헌:『신학대전』제III부 제27문제 제3절, 제4절 제1이론에 대한 해답, 제5절 제2이론에 대한 해답;『명제집 주해』제3권 제3구분 제1문제 제2절 제1소질문; 제4권 제30구분 제2문제 제3절;『예레미아서 주해』제1장;『마태오복음 주해』제1장;『요한복음 주해』제2장 제1강 참조.

　만일 그녀가 최초의 성화를 통해 그렇게 죄의 모든 충동으로부터 보호되었다면, 그녀로 인해 그리스도의 육체가 형성되게 하기 위해 천사의 말을 따라[623] 성령이 그녀에게 다가온 이후에[624] 그녀 안에서 은총은 더욱 자라났고, 죄의 도화선은 약해지거나 전적으로 제거되었다. 그래서 그녀가 성령의 성소(聖所)요 성자의 거처가 된 이후에, 그녀 안에 죄의 어떤 충동이 있었다는 사실뿐만 아니라 육적인 정욕의 즐거움을 맛보았다라고 믿는 것은 불경스러운 것이다. 따라서 헬비디우스의 오류 (Error Eluidii)[625]는 가증스러운 것이다. 그는 비록 그리스도가 동정녀로

욕망의 도화선이 원죄 없이 잉태되는 바로 그 순간에 이미 마리아에게서 완전히 꺼져버렸다고 추정한다(〔242〕).

623　루카 1,35 참조.

624　제224장의 각주 622 참조(〔243〕).

625　히에로니무스(Hieronimus),『헬비디우스 논박』(*Adversus Helvidium*) (PL 23, 185-206 〔193-216〕) 참조. 그의 논증들을 토마스가 여기서 완성하고 있다. 히에로니무스(347~420)가 보고한 것처럼(*De perpetua virginitate B. Mariae adversus Helvidium*; PL 23, 181ff.) 헬비디우스(Helvidius)는 4세기에 로마에서, 마리아는 성령에 의해 신의 아들을 잉태한 다음에 요셉과 나중에 혼인 관계를 맺어 아이들을 출산했다고 가르쳤다. 결혼 상태는 신 앞에서 독신보다 못하지 않다는 것이다. 헬비디우스는 여기서 예수가 '맏아들'이라고 불린 것과 '예수의 형제들'에 대한 언급, 자연적이고 신이 원하신 것이라는 결혼의 성격 등을 근거로 제시했다. ― 또한 이런 견해는 테르툴리아누스(Tertullianus, *De monog* 8; *De virg. vel.* 6 (PL 2, 939; 897))와 익명의 저술가(오리게네스, *In Luc. hom.* 7; *In Math.*

부터 잉태되어 나셨다는 사실을 인정할지라도, 그녀가 그 후에 요셉으로부터 다른 아들들을 낳았다고 말했다.[626]

마치 그녀가 해산한 후에 그가 그녀를 알았던 것인 양 마태 1,25에 나오는 "요셉은 그녀의 맏아들을 낳을 때까지 그녀를", 즉 마리아를 "알지 못했다"[627]라는 말도 그의 오류를 지지해 주지 않는다. 왜냐하면 이곳에서 "까지"(donec)는 제한된 시간을 지시하는 것이 아니라 비규정적 시간을 지시하기 때문이다. 즉 어떤 것이 의심을 받을 수 있는 바로 그 순간까지 일어났는가 혹은 일어나지 않았는가를 특별하게 주장하는 것이야말로 성서의 관례이다. 이는 마치 시편에서 "내가 네 원수들을 네 발의 발판으로 놓을 때까지, 내 오른편에 앉아 있어라"[628]라고 말하는 것과 같

X, 17; PG 13, 1818; 875ff. 참조), 에우노미우스파, 반(反)디코마리아누스파 (Antidikomarianiten), 보노수스(Bonosus)와 대부분의 개신교 학자들이 주장했다 ((244)).

626 토마스는 『신학대전』(제III부 제28문제 제3절)에서 네 가지 근거를 토대로 헬비디우스의 견해를 반박한다.

1. 그리스도는 영원한 성부의 외아들인 것처럼 그는 또한 상상할 수 있는 가장 완전한 인간의 아들로서 지상에서의 어머니의 외아들이어야만 했다.

2. 성령에게 마리아의 자궁은 '그의 성소'였다. 이것은 한 남자와의 관계를 통해 더럽혀져서는 안 되었다.

3. 신의 어머니가 그런 아들에 만족하지 못했고 다른 아이들을 위해 그렇게 기적적으로 보존된 동정성을 희생해야 했다면, 그녀는 매우 감사할 줄 모르는 셈이었을 것이다.

4. 요셉이 천사의 계시를 통해 자기 부인이 성령에 의해 신을 잉태했었다는 사실을 알았으면서도 자기 부인을 더럽혔다고 가정하면, 그는 매우 오만한 자가 되었을 것이다.

일반적으로 매우 절제된 표현을 사용하는 토마스는 다른 곳에서(『명제집 주해』 제4권 제30구분 제2문제 제3절) 매우 눈에 띌 정도로 헬비디우스를 비판한다. "출산 이후의 그녀의 동정성에 대해 바보(idiota)이며 사제인 헬비디우스라는 작자가 손해를 입히려고 시도했다. 그는 떠벌이는 일을 달변과 착각하면서 신의 어머니에 대한 모독을 시작했고, 그녀가 출산 후에 요셉을 알게 되었다라고 주장했다"((245)).

627 "non cognouit eam Ioseph, scilicet Mariam, donec peperit Filium suum primogenitum."

다. 그리스도가 신의 오른편에 앉아 있는가라는 것은 원수들이 그에게 종속되지 않는 것처럼 보이는 동안에만 의심될 수 있다. 왜냐하면 이것이 한 번 알려지고 난 후에는 그에 대해 의심할 수 있는 아무런 자리도 남아 있지 않게 될 것이기 때문이다. 이와 유사하게 성자의 해산 이전에 요셉이 마리아를 알았는가에 대해서도 의심이 있을 수 있다. 그래서 이 복음사가는, 마치 의심할 수 없는 것처럼 해산 이후에 〔요셉이〕 그녀를 알지 못했다는 사실을 〔언급하지 않고〕 남겨 놓음으로써 〔이 문제를〕 제거하려고 애썼다.

마치 그녀가 〔그리스도〕 다음에 다른 아들들을 낳았던 것처럼 그리스도가 그녀의 맏아들(primogenitus)이라고 불린다[629]는 사실 또한 그〔헬비디우스〕를 지지해 주지 않는다. 즉 성서에서는 그 이후에 아무도 뒤따르지 않을지라도, 그 이전에 아무도 낳지 않았다면 맏아들이라고 부르곤 한다. 마치 맏아들은 율법에 따라 주님께 성화되었고 사제들에게 봉헌되었던 자임[630]이 명백한 것과 같다.

그의 어머니가 다른 아들들도 가졌던 것처럼 복음서에서 어떤 이들이 그리스도의 형제였다[631]라고 말한다는 사실도 그를 지지해 주지 않는다. 성서에서는 동일한 친족 관계에 있는 모든 이를 형제라고 부르기 때문이다. 이는 아브라함이 롯을 그의 조카임에도 불구하고[632] 자기 형제라고 불렀던 것[633]과 마찬가지이다. 이에 따라 마리아의 조카들이나 다른 친척들, 그리고 그리스도의 아버지로 간주되었던 요셉의 친척들을 그리스도의 형제라고 부른 것이다.

---

628 시편 110(109),1: "Sede a dextris meis, donec ponam inimicos tuos scabellum pedum tuorum."
629 마태 1,25; 루카 2,7 참조.
630 민수 18,15-19 참조.
631 마태 13,55; 마르 3,32; 요한 2,12; 갈라 1,19 참조.
632 창세 11,27; 12,5; 14,12 참조.
633 창세 13,8 참조.

따라서 신경에서는 "동정녀 마리아에게서 나신 이"(Qui natus est de Virgine Maria)라고 말한다. 이 동정녀는 해산 이전과 해산 중과 해산 이후에도 동정녀로 계속 남아 있었기 때문에 절대적인 의미로 불리는 것이다. 해산 이전과 이후에 그녀의 동정성이 손상되지 않았다는 사실은 이미 충분히 언급했다.[634] 그러나 해산 중에도 그녀의 동정성은 침해되지 않았다. 닫힌 문들을 통해 그의 제자들에게 들어갔던 그리스도의 육체는 같은 권능을 통해 어머니의 닫힌 자궁으로부터 나올 수 있었기 때문이다. (그런데) 파괴된 것들을 완전무결한 본래 모습으로 되돌리기 위해 탄생된 이가, 탄생하면서 완전무결함을 폐지한다는 것은 합당하지 않았다.

제226장
그리스도에 의해 취해진 결함들
De defectibus assumptis a Christo

병행문헌: 『신학대전』제III부 제14문제 제1절, 제3절, 제4절; 제15문제 제3절; 『명제집 주해』제3권 제15구분 제1문제 제1절, 제2절, 제3절; 제21구분 제1문제 제2절; 제22구분 제2문제 제1절 제1소질문; 『대이교도대전』제IV권 제53장, 제55장; 『진리론』제20문제 제4절, 제11, 12이론에 대한 해답 참조.

인간 구원 때문에 인간 본성을 취하는 성자가 취해진 본성 안에서 은총과 지혜의 완전성을 통해 인간 구원의 목적을 보여 주었음은 합당했다. 이와 마찬가지로 신의 말씀에 의해 취해진 인간 본성 안에 인류의 해방을 위해 가장 어울리는 방식과 합치하는 어떤 조건이 실존한다는 사실 또한 합당했다. 그러나 가장 적합한 방식은 불의를 통해 멸망했던 인간이 정의를 통해 회복된다는 것이었다. ―

---

634 제221장, 제225장 참조.

정의의 질서는 죄를 지음으로써 어떤 벌의 채무자가 된 이가 그 벌의 해결을 통해 해방되기를 요청한다. 하지만 사랑이란 서로 사랑하는 두 사람으로부터 어떤 의미에서 하나를 만드는 합일의 힘(unitiua uirtus)이기 때문에, 우리가 친구를 통해 행하거나 겪는 것을 어떻게든 우리 자신이 행하거나 겪는 것처럼 여긴다. 그렇기 때문에 만일 누군가의 친구가 그를 위해 보속함으로써 해방되었다면, 이는 정의의 질서에 어긋나지 않는다. 원조의 범죄를 통해 인류 전체에게 파멸이 다가왔고, 어떤 인간이 받는 벌은 인류 전체를 해방하기 위해 충분할 수 없었다. 단 하나의 순수한 인간이 보속함으로써 모든 인간이 사면된다는 사실은 마땅하고 균형잡힌 보속이 아니었다. 이와 마찬가지로 또한 한 천사가 인류에 대한 사랑으로 인류를 위해 보속하는 일도 정의에 있어 충분한 것이 아니었다. 천사는 그의 보속이 무한히 많은 이와 무한히 많은 이의 죄를 위해 충분할 만큼 무한한 품위를 가지고 있지 못하기 때문이다. 오직 신만이 무한한 품위에 속해 있으며, 앞에서 이미 말한 바와 같이,[635] 인간을 위해 육신을 취해 충분하게 보속할 수 있었다. 따라서 신은 인간을 위해 보속하기 위해 인간이 죄를 지음으로써 겪어야만 했던 것을 인간을 위해 겪을 수 있을 인간 본성 같은 그러한 것을 취해야만 했다.

인간이 죄를 지음으로써 초래하게 되는 모든 벌이 보속하기에 적격인 것은 아니다. 인간의 죄는 그가 신으로부터 등을 돌려 변하기 쉬운 선으로 향하기 때문에 발생한다. 그러나 인간은 두 가지 측면에서 죄에 대해 벌을 받게 된다. 즉 그는 은총은 물론 신과 결합해 주는 다른 선물을 빼앗긴다. 또한 그것 때문에 신으로부터 등을 돌리게 된 것에서 마땅히 괴로움과 결핍을 겪게 된다. 따라서 보속의 질서는 죄인이 변하기 쉬운 선에서 겪게 되는 벌을 통해 신에게로 다시 불러들여지는 것을 요구한다. 그러나 다시 불러들임과 상반되는 것은 인간을 신으로부터 분리하는 벌이다. 따라서 아무도 은총을 빼앗기거나 신을 무시하거나 무질서한 영

---

635 제200장 참조.

혼을 가지는 것을 통해 신에게 보속하지 못한다. 비록 이것들이 죄의 벌일지라도 말이다. 오히려 자기 자신 안에서 어떤 고통을 느끼고 외적인 사물에서 손해를 겪음으로써〔보속하게 된다〕. ─

비록 은총의 결핍, 무지 및 이런 종류의 것들이 죄의 벌일지라도 그리스도는 인간을 신으로부터 분리하는 그런 결함들을 취해서는 안 되었다. 이것을 통해 그리스도는 보속하기에 덜 적합하게 되어버렸을 것이다. 더구나 그가 인간 구원의 창시자이기 위해서는, 이미 말한 바와 같이,[636] 은총과 지혜의 충만함을 소유하고 있는 것이 요청되었다.

그러나 인간은 죄 때문에 필연적으로 죽어야만 했고, 육체와 영혼에 따라 고난을 겪을 수 있는 그런 입장에 있게 되었다. 그렇기 때문에 그리스도는 이런 종류의 결함들을 수용하기를 원했는데, 이는 인간을 위해 죽음을 겪음으로써 인류를 구원하기 위한 것이었다.

그럼에도 이런 종류의 결함들이 그리스도와 우리에게 공통적인 것일지라도, 그 결함들은 다른 이유 때문에 그〔그리스도〕와 우리에게서 발견된다는 사실에 주목해야만 한다. 이미 말한 바와 같이,[637] 이런 종류의 결함들은 원죄에 대한 벌이다. 따라서 우리는 손상된 기원을 통해 원천적 죄악을 초래하기 때문에, 결과적으로 이 초래된 결함들을 지니고 있다고 말한다. 그러나 그리스도는 자신의 기원으로부터 아무런 죄의 흠을 초래하지 않았다. 그는 이 결함들을 그의 의지를 통해 수용했다. 따라서 그는 이 초래된 결함들을 가졌다고 말해서는 안 되고 오히려 취해진〔결함들을 가졌다고〕말해야만 한다. 즉 다른 것과 함께(cum alio) 필연적으로 이끌려지는(trahitur) 것이 초래된 것(contrahitur)이다. 그러나 그리스도는 인간 본성을 죄악 없이[638] 취했던 것처럼 그것을 이런 종류의 결함들 없이 취할 수 있었다. 그리고 이성의 질서는 죄악에 의해 더럽혀지지

636 제213~16장 참조.
637 제193장 참조.
638 다른 판본에는 'sine culpae foeditate', 즉 '죄의 추함 없이'라고 나온다.

않았던 이에 대해 벌에 의해 더럽혀지지 않을 것을 요청하는 것으로 보였다. 그래서 그런 종류의 결함들이 손상된 기원의 필연성 때문에도, 정의의 어떠한 필연성에 의해서도 그에게는 없었다는 사실이 분명해진다. 이에 그것들(그런 결함들)은 초래된 것이 아니라 의지에 의해 그 안으로 취해졌다는 결론이 나온다.

그러나 죄에 대한 벌로 인해 우리 육체는 앞서 언급된 결함들에 종속되어 있다. 즉 우리는 죄를 짓기 전에는 그것들에 의해 더럽혀지지 않았다. 그렇기 때문에 적합한 방식으로 그리스도는 이런 종류의 결함들을 자신의 육신 안에 취했다는 측면에서 죄의 유사성을 지니고 있다고 말한다. 사도(바오로)의 로마 8,3에 따르면, "신은 자기 아들을 죄의 육신과 유사함 속에 보냈다".[639] 그래서 그리스도 그 자체로 수난을 겪을 수 있는 성질(passibilitas)이나 수난(passio)은 사도에 의해 죄라고 불린다. 그렇기 때문에 "육신의 죄를 죄로 단죄했다"[640]라는 구절이나 로마 6,10의 "죄에 죽음으로써 그는 단 한 번 죽었다"[641]라는 구절을 덧붙였다. 그리고 더욱 놀라운 것은 이런 이유로 사도(바오로)가 갈라 3,13에서 "우리를 위해 저주받았다"[642]라고 말한 것이다. 이런 이유로 "그는 우리의 단순한 과거(uetustatem),[643] 즉 벌의 과거를 취했다. 이는 우리의 이중적인 과거, 즉 죄악의 과거와 벌의 과거를 없애기 위함이다"[644]라고 말한다.

더 나아가 육체에는 이중의 벌받을 결함(defectus penales)이 발견된다는 사실을 고찰해야만 한다. 어떤 것들은 모든 이에게 공통적인 것

---

639 "Deus misit Filium suum in similitudinem carnis peccati"; "당신의 친아드님을 죄 많은 육의 모습을 지닌 속죄 제물로 보내시어 〔그 육 안에서 죄를 처단하셨습니다〕"(『성경』).

640 "et de peccato dampnauit peccatum in carne."

641 "quod mortuus est peccato, mortuus est semel."

642 "factus pro nobis maledictum."

643 다른 판본에서는 'necessitatem', 즉 '필연성'이란 단어를 사용한다.

644 페트루스 롬바르두스, 『명제집』 III, d. 15, c. 1 참조.

(communes omnibus)으로 배고픔, 목마름, 노동 후의 피로, 아픔, 죽음과 이런 종류의 것들이다. 또 어떤 것들은 모든 이에게 공통적인 것이 아니라 몇몇 사람들에게는 고유한(proprii) 것으로 실명, 나병, 열, 지체의 절단과 이런 종류의 것들이다. 그러나 이런 결함들에는 다음과 같은 차이가 있다. 즉 우리에게 있는 공통적인 결함들은 다른 이, 즉 죄 때문에 이것들을 발생시킨 원조로부터 전수되었다. 하지만 고유한 결함들은 개별적 원인으로 인해 각각의 특정 인간이 선천적으로 타고난 것이다. ──

그리스도는 자기 자신으로부터는 결함의 아무런 원인도 가지고 있지 않았다. 은총과 지혜로 충만하고 신의 말씀과 합일되었던 영혼으로부터도 아니고, 최상으로 잘 조직되고 전능한 성령의 능력을 통해 견고해진 육체로부터도 아닌, 즉 그의 의지에 따라 우리 구원을 위해 마치 잘 예비된 것처럼(quasi dispensative)[645] 어떤 결함들을 수용했다. 따라서 다른 이로부터 다른 이에게 전이된 공통적 결함들은 수용했어야만 했고, 각각의 특정 인간의 고유한 원인들 때문에 선천적으로 타고난 고유한 결함들은 수용하지 않았다. 동시에 그는 근원적으로 인간 본성을 회복시키기 위해 왔기 때문에, 전체 본성에서 발견되는 저 결함들을 수용했어야만 했다.

앞서 말한 것에 따라 요하네스 다마스케누스(Johannes Damascenus)가 말한 바와 같이,[646] 그리스도는 우리의 비방할 수 없는, 즉 어떤 이에게서도 비방될 수 없는 결함들을 취했다는 사실이 분명해진다. 만일 그가 지식과 은총의 결함을 수용했거나 나병이나 실명이나 이런 종류의 어떤 것을 수용했더라면, 그의 품위에 손상을 입히는 것으로 보였을 것이고[647] 사람들에게 비방의 기회를 주었을 것이다. (그러나 이런 비방의 기회는) 전체 본성의 결함으로부터는 주어지지 않는다.

---

645 다른 판본에는 'quasi', 즉 '마치'라는 단어가 빠져 있다.
646 요하네스 다마스케누스, 『정통신앙론』 III, 20 (PG 94, 1081 A; E. M. Buytaert, p. 259) 참조.

제227장

왜 그리스도는 죽기를 원했는가

Quare Christus mori uoluit

병행문헌: 『신학대전』 제Ⅲ부 제47문제 제2절; 제50문제 제1절; 제52문제 제1절; 『명제집 주해』 제3권 제20구분 제3문제; 『대이교도대전』 제Ⅳ구분 제55장; 『자유토론 문제집』 제Ⅱ권 제1문제, 제2문제; 『신앙의 근거』 제7장; 『요한복음 주해』 제14장 제8강; 『로마서 주해』 제5장 제5강; 『필립비서 주해』 제2장 제2강 참조.

앞서 말한 것들에 따라[648] 명백하게 드러나듯이, 그리스도는 필연적으로가 아니라 어떤 목적 때문에, 즉 우리 구원 때문에 우리의 일부 결함들을 수용했다. 그러나 모든 가능태(potentia)와 습성(habitus)이나 재능(habilitas)은 마치 목적처럼 행위를 향해 질서 지어진다. 그러므로 고난을 겪을 수 있는 가능성은 현실적인 고난 없이 보속하거나 공로를 세우기 위해 충분하지 못한 것이다. 즉 어떤 이는 선하거나 악한 것을 행할 수 있기 때문이 아니라 그것을 행하기 때문에 선하거나 악하다고 불린다. 칭찬과 비난은 가능태가 아니라 현실태에 〔대해 가해져야〕 마땅한 것이다. 그러므로 그리스도 또한 우리를 구원하기 위해 우리의 고난을 겪을 수 있는 가능성만을 받아들인 것이 아니라 우리의 죄를 보속하기 위해 고난을 겪기를 원했다. ─

그는 원조의 죄로부터 우리가 마땅히 겪어야만 했던 일들을 우리를 위해 겪었다. 그것들 중에 중요한 것은 죽음인데, 다른 모든 인간적인 정념이 마치 궁극적인 것처럼 그것으로 질서 지어져 있다. "즉 죄의 대가는 죽음이다"[649]라고 사도〔바오로〕는 로마 6,23에서 말한다. 그래서 그리

---

647 육신의 결함이나 질병은 때때로 절제되지 못한 생활 방식의 결과(『신학대전』 제Ⅲ부 제14문제 제4절 참조)이거나 신에 의한 개인적 처벌이라고 해석될 수 있다(〔246〕).

648 제226장 참조.

649 "Stipendia enim peccati mors est."

스도도 우리의 죄를 위해 죽음을 겪기를 원하셨다. 이는 그 자신이 우리에게 마땅한 벌을 죄악 없이 수용함으로써 우리를 죽음이라는 처형 상태로부터 해방하기 위함이었다. 이는 마치 다른 이가 그를 대신해 벌을 견뎌냄으로써, 어떤 이가 받아야 할 벌로부터 해방되는 것과 같다.

또한 그는 그의 죽음이 단지 우리에게 보속의 치유가 될 뿐만 아니라 구원의 성사(salutis sacramentum)[650]가 되기 위해 죽기를 원했다. 즉 그의 죽음과 비슷하게 우리도 육신으로의 삶에서 죽고 영적인 삶으로 넘어가기 위한 것이었다. 1베드 3,18에 따르면, "그리스도는 단 한 번 우리의 죄 대신에 죽으셨다. 신에게 우리를 봉헌하기 위해, 정의로운 자가 불의한 자들을 위해 [죽으셨다]. 그는 육신적으로는 죽으셨지만, 영적으로는 다시 사셨다".[651]

아울러 그는 자신의 죽음이 우리에게 완전한 덕의 모범이 되기 위해 죽기를 원하셨다. 애덕의 측면에서(Quantum ad caritatem) [그의 죽음은 모범인데], "자기 친구를 위해 자기 영혼을 내놓는 이보다 더 큰 애덕을 가진 사람은 없다"[652]라고 요한 15,13에서 말하기 때문이다. 즉 각자가 친구를 위해 더 많은 것과 더 무거운 것을 겪는 것을 피하려 하지 않으면 않을수록 그만큼 더 사랑함을 보여 주는 것이다. 모든 인간적인 악 중에서 가장 무거운 것은 죽음이고, 이것을 통해 인간 생명이 없어진다. 그래서 한 인간이 친구를 위해 자신을 죽음에 내놓는 것보다 더 큰 애정의

---

650 성사는 은총의 표지이고 은총이 내리도록 작용한다. 이 두 가지 관계에서 그리스도의 죽음은 성사이다. E. H. Schillebeeckx, *Christus — Sakrament der Gottbegegnung*, Mainz 1960, pp. 29ff. 참조([247]).

651 "Christus semel pro peccatis nostris mortuus est, iustus pro iniustis, ut nos offerret Deo, mortificatos quidem carne, uiuificatos autem spiritu"; "사실 그리스도께서도 죄 때문에 단 한번 고난을 겪으셨습니다. 여러분을 하느님께 이끌어주시려고 의로우신 분께서 불의한 자들을 위해 고난을 겪으신 것입니다. 그러나 육으로는 살해되셨지만 영으로는 다시 생명을 받으셨습니다"(『성경』).

652 "maiorem caritatem nemo habet quam ut animam suam ponat quis pro amicis suis"; "친구들을 위해 목숨을 내놓는 것보다 더 큰 사랑은 없다"(『성경』).

표징은 존재할 수 없다. 또한 역경 때문에 정의로부터 물러나지 않는 용기의 측면에서는(Quantum ad fortitudinem), 어떤 이가 죽음의 두려움 앞에서도 덕으로부터 물러나지 않는 것이 가장 용기 있는 것처럼 보이기 때문에〔그리스도의 죽음은 모범이다〕. 그래서 사도〔바오로〕는 히브 2,14(-15)에서 그리스도의 수난에 대해 언급하면서, "그는 죽음을 통해 죽음의 제국을 소유했던 이를 멸망시켰고, 전 생애 동안 죽음의 공포로 인해 노예로 묶여 있던 이들을 해방하셨다"[653]라고 말한다. 즉 그는 진리를 위해 죽는 것을 거부하지 않음으로써 그 때문에 인간을 대부분 죄의 노예로 종속시켰던, 죽어야만 하는 공포를 배척했다. 또한 역경에서 슬픔이 인간을 삼켜버리는 것을 허락하지 않는 인내라는 측면에서도〔그리스도의 죽음은 모범이다〕.〔인내는〕 역경이 더 크면 클수록 그만큼 더 그 안에서 다시 빛난다. 그래서 만일 그가 악들 중에 최대의 것, 즉 죽음 안에서 정신의 혼란 없이 견뎌낼 수 있다면 완전한 인내의 모범이 제공된다. 그리스도에 대해 예언자〔이사야〕는 이사 53,7에서 다음과 같이 예언했다. "털 깎는 이 앞에 선 어린 양처럼 그는 침묵했고, 자기 입을 열지 않았다."[654] 또한 순종의 측면에서도 어떤 이가 더 어려운 것 안에서 순종하면 할수록 그만큼 더 그 순종은 칭송받을 만하다. 모든 것 중에서 가장 어려운 것은 죽음이다. 그래서 그리스도의 가장 완전한 순명을 권장하기 위해 사도〔바오로〕는 필리 2,8에서 "죽기까지 성부께 순명하셨다"[655]라고 말한다.

---

[653] "Vt per mortem destrueret eum qui habebat mortis imperium, et liberaret eos qui per totam uitam timore mortis obnoxii erant seruituti"; "그것은 죽음의 권능을 쥐고 있는 악마를 당신의 죽음으로 파멸시키시고, 죽음의 공포 때문에 한평생 종살이에 얽매여 있는 이들을 풀어주시려는 것이었습니다"(『성경』).

[654] "Tamquam agnus coram tondente se obmutescet, et non aperiet os suum."

[655] "factus est obediens Patri usque ad mortem"; "〔십자가〕 죽음에 이르기까지 순종하셨습니다"(『성경』).

제228장

십자가의 죽음

De morte crucis

병행문헌: 『신학대전』 제III부 제46문제 제4절; 『명제집 주해』 제3권 제20구분 제4문제 제2소질문 제1이론에 대한 해답; 『대이교도대전』 제IV구분 제55장 제17이론에 대한 해답; 『마태오복음 주해』 제27장; 『요한복음 주해』 제3장 제2강; 제12장 제5강 참조.

같은 원인들로부터 왜 그가 십자가의 죽음을 겪기를 원했는가라는 것이 명백해진다. 첫째로 이것〔십자가의 죽음〕이 보속의 치유라는 측면에서 (quantum ad remedium satisfactionis) 적합하기 때문이다. 즉 적절하게도 인간은 자신이 죄를 지었던 것을 통해 처벌받는다. "어떤 이가 그 안에서 죄를 지은 것, 바로 그것 때문에 고문받는다"[656]라고 지혜 11,17에서 말하듯이 말이다. 그런데 인간의 첫 번째 죄는 선과 악을 아는 과일나무의 열매를 계명을 거슬러 따먹음으로써 저질러졌다. 이를 대신해 그리스도는 자신을 나무에 달아매도록 허락했다. 이는 그에 대해 시편에서[657] 말한 바와 같이, 그가 훔치지 않았던 것의 죄값을 치르기 위한 것이다. 〔십자가의 죽음은〕 또한 성사의 측면에서도(quantum ad sacramentum) 적합하다. 그리스도는 육적인 삶에서 우리가 죽음으로써 우리의 영을 더 높은 곳으로 상승시켜야 한다는 사실을 자신의 죽음을 통해 보여 주기를 원했다. 그래서 그 자신이 요한 12,32에서 "내가 이 세상으로부터 높이 들리게 되면, 모든 것을 나 자신에게로 이끌 것이다"[658]라고 말했다. 〔십자가의 죽음은〕 또한 완전한 덕의 모범이란 측면에서도(quantum ad exemplum perfecte uirtutis) 적합하다. 즉 인간은 때때로 죽음의 가혹함 못

---

[656] "in quo enim peccat quis, per hoc et torquetur."

[657] 시편 69(68),5 참조.

[658] "Ego si exaltatus fuero a terra, omnia traham ad me ipsum"; "나는 땅에서 들어 올려지면 모든 사람을 나에게 이끌어 들일 것이다"(『성경』).

지 않게 치욕적인 종류의 죽음을 피하려 한다. 그래서 어떤 이가 덕의 선함 때문에 치욕적인 죽음을 겪는 것을 피하려 하지 않는 것은 덕의 완전성에 속하는 것처럼 보인다. 이에 사도[바오로]는 그리스도의 완전한 순종을 권고하려고 그리스도에 대해 "죽기까지 순명하셨다"라고 말했을 때, '십자가의 죽음'(mortem autem crucis)을 덧붙였다. 지혜 2,20에서 "가장 추악한 죽음에로 그를 단죄하자!"[659]라고 하듯이, 그런 죽음이 가장 추악한 것으로 간주되었기 때문이다.

제229장

그리스도의 죽음

De morte Christi

병행문헌: 『신학대전』제III부 제50문제 제4절; 『명제집 주해』제3권 제22구분 제1문제 제1절; 『자유토론 문제집』제II권 제1문제 제1절; 제III권 제2문제 제2절 참조.

　그리스도 안에는 세 실체,[660] 즉 육체와 영혼 그리고 말씀의 신성이 하나의 인격으로 일치하고 그것들 중에 둘, 즉 영혼과 육체는 하나의 본성 안에서 합일하기 때문에, 그리스도의 죽음 안에서 육체와 영혼의 합일은 분리된다. 그렇지 않았다면 육체는 참으로 죽었던 것이 아닐 것이다. 육체의 죽음은 자기로부터 영혼이 분리되는 것 이외에 다른 것이 아니기 때문이다. 그럼에도 그 둘 중의 어느 것도 인격의 합일이라는 측면에서는 신의 말씀으로부터 분리되지 않는다. 그런데 영혼과 육체의 합일로부터 인간성이 귀결된다. 그래서 죽음을 통해 그리스도의 육체로부터 분리된 영혼은 죽음의 사흘 동안에 인간이라고 불릴 수 없었다. 그러나

---

659 "Morte turpissima condempnemus eum."
660 제204장 각주 481 참조([248]).

인간 본성이 인격 안에서 신의 말씀과 합일되었기 때문에, 인간 그리스도에 대해 언급되는 것은 무엇이든지 적절하게 성자에게 서술될 수 있다고 앞에서[661] 말했다. 따라서 죽음 안에서 성자가 인격적으로 그리스도의 영혼뿐만 아니라 육체와 합일한 상태로 남아 있기 때문에, 그것들 각각에 대해 언급된 것은 무엇이든지 성자에 대해서도 서술될 수 있었다. 그러므로 신경에서는 성자에 대해 그 자신과 합일된 육체가 무덤 안에 누워 있기 때문에 "묻히셨다"라고 말하며, 영혼이 내려갔으므로 '고성소(지옥)에 내리시어'(descendit a infernos)라고 말한다.

또한 (한 단어의) 남성형은 인격을 지칭하지만, 중성형은 본성을 지칭한다는 사실도 주목해야만 한다. 이에 삼위일체에서 우리는 "성자는 성부와 (남성형으로) 다른 이(alius)다"라고 말하지, "(중성형으로) 다른 것(aliud)이다"라고 말하지는 않는다. 이에 따라 죽음의 사흘 동안에 그리스도 전부(totus)[662]가 무덤 안에, 전부가 지옥 안에, 전부가 천국 안에 있었다. 위격이 무덤 안에 누워 있는 육신과 지옥을 약탈하는 영혼과도 합일되어 있었고, 천국에서 통치하는 신적 본성 안에도 자립하고 있었기 때문이다. 그러나 전체(totum)가 무덤 안에 있었다거나 지옥 안에 있었다고 말할 수는 없다. 왜냐하면 전체 인간 본성이 아니라 부분만이 무덤 안이나 지옥 안에 있었기 때문이다.

---

661 제203장, 제211장 참조.
662 우리말의 단어에는 남성, 여성, 중성 등의 성별 구분이 없기 때문에 라틴어의 'totus'(남성)과 'totum'(중성)을 구분해 번역하기 어렵다. 그래서 편의상 위격을 나타내는 남성 'totus'는 '전부'로, 본성을 나타내는 중성 'totum'은 '전체'로 옮겼다.

제230장

그리스도의 죽음은 자발적인 것이었다

Quod mors Christi fuit uoluntaria

병행문헌:『신학대전』제III부 제47문제 제1절;『자유토론 문제집』제I권 제2문제 제2절;
『요한복음 주해』제2장 제3강; 제10장 제4강 참조.

그리스도의 죽음은 영혼이 육체로부터 분리된다는 죽음의 의미라는
측면에서 우리의 죽음과 일치했다. 그러나 어떤 측면에서는 그리스도의
죽음이 우리의 죽음과는 달랐다. 즉 우리는 마치 자연이나 우리에게 가
해진 어떤 폭력의 필연성에 의해 죽음에 종속된 것처럼 죽는다. 그러나
그리스도는 필연성에 의해서가 아니라 권능과 고유한 의지에 의해 죽었
다. 그래서 그리스도 자신이 요한 10,18에서 "나는 내 영혼을 내놓을 권
한도 있고, 그것을 다시 취할 권한도 가지고 있다"[663]라고 말했다. ─
   이런 차이의 이유는 자연적인 것이 우리 의지에 종속되지 않기 때문
이다. 그런데 영혼의 육체와의 결합은 자연적인 것이다. 그래서 영혼이
육체와 합일된 채 남아 있을지, 아니면 육체로부터 분리될지는 우리 의
지에 종속되지 않는다. 오히려 이는 어떤 작용자의 힘으로부터[664] 이루
어져야 한다. 그러나 인간 본성에 따라 그리스도 안에 있는 자연적인 것
은 무엇이든지 간에, 그 전체가 전체 자연을 종속시키는 신성의 힘 때문
에 그(그리스도)의 의지에 종속되었다. 따라서 그가 원하는 한 그의 영혼
이 육체와 합일된 채로 남아 있거나, 또한 그가 원할 때는 곧바로 그것
으로부터 분리되도록 하는 일은 그리스도의 권한 아래 있었다.
   그리스도의 십자가 곁에 있던 백부장(百夫長)은 그리스도가 소리치면

---

663 "Potestatem habeo ponendi animam meam et iterum sumendi eam"; "나는 목숨을
   내놓을 권한도 있고 그것을 다시 얻을 권한도 있다"(『성경』).

664 작용자는 외적인 원인이고, 반대로 영혼은 우리 생명의 형상적이고 내적인 원인
   이다((249)).

서 숨을 거두는 것을 보았을 때, 이런 신적 힘의 표징을 느꼈다. 이것을 통해 [그리스도가] 다른 이들처럼 자연의 결함으로 인해 죽는 것이 아니라는 점이 명백하게 드러났던 것이다. 즉 인간은 바로 죽음의 순간에 경련을 일으키면서 혀를 거의 움직일 수조차 없기 때문에 큰 소리와 함께 영을 떠나보낼 수는 없다. 그래서 그리스도가 소리치면서 숨을 거두었다는 사실은 그 안에 있는 신적인 힘을 명시했다. 이 때문에 백부장은 "이분이야말로 참으로 신의 아들이었구나!"[665]라고 말했던 것이다.

그렇지만 유대인들이 그리스도를 살해하지 않았다거나 그리스도 자신이 자살했다고 말해서는 안 된다. 어떤 이에게 죽음의 원인을 불러들이는 이는 그 어떤 이를 살해하는 자라고 말한다. 그럼에도 죽음은 오직 죽음의 원인이 생명을 보존하는 자연을 능가하는 경우에만 일어난다. 그러나 자연이 파괴하는 원인에 굴복할지 또는 그 자신이 원했을 때 저항할지는 그리스도의 권한 아래 있었다. 따라서 그리스도는 자신의 의지에 따라 죽으셨고, 그럼에도 유대인들이 그를 살해했던 것이다.

제231장

육체와 관련된 그리스도의 수난
De passione Christi quantum ad corpus

병행문헌: 『신학대전』 제Ⅲ부 제14문제 제4절; 제15문제 제10절; 제19문제 제3절, 제4절; 제48문제 제1절; 『명제집 주해』 제3권 제15구분 제1문제 제2절; 제2문제 제1절 제3소질문 제3이론에 대한 해답; 제18구분 제2문제 이하; 제6문제 제1소질문; 제22구분 제2문제 제1절 제1소질문; 『진리론』 제10문제 제11절 제3이론에 대한 해답; 제26문제 제10절 제14,15이론에 대한 해답; 제29문제 제6절, 제7절 참조.

---

665 "Vere Filius Dei erat iste"; "참으로 이분은 하느님의 아드님이셨다"(『성경』, 마태 27,54).

그리스도는 죽음뿐만 아니라 원조의 죄로부터 후손에게 이른 다른 것들도 겪기를 원했다. 이는 죄의 벌을 온전하게 수용함으로써 보속함을 통해 죄로부터 우리를 완전하게 해방하기 위함이었다. 이것들 중에 어떤 것들은 죽음에 선행하는 것이고, 다른 것들은 죽음에 따라오는 것이다. 죽음에 선행하는 것은 육체의 고난들, 즉 자연적인 것들로 예를 들어 배고픔, 목마름, 피로와 이런 종류의 다른 것들이거나, 또한 폭력적인 것들, 예를 들어 부상과 매질 비슷한 것들이다. 이 모든 것을 그리스도는 죄로부터 이루어진 것으로 겪기를 원했다. 만일 인간이 죄를 짓지 않았다고 가정하면, 배고픔이나 목마름이나 피로나 추위의 괴로움을 느끼지 못했을 것이며, 외부로부터의 폭력적인 고난도 당하지 않았을 것이다.

그럼에도 그리스도는 이 수난들을 다른 인간들이 겪는 것과는 다른 이유로 겪었다. 즉 다른 인간들에게는 이 수난들에 저항할 수 있는 어떤 것이 존재하지 않는다. 그러나 그리스도에게는 이 수난들에 맞설 만한 수단들, 즉 창조되지 않은 신적인 힘(uirtus diuina increata)뿐만 아니라 영혼의 지복(anime beatitudo)도 존재했다. 영혼의 지복은 매우 큰 힘이어서 아우구스티누스가 말한 바와 같이,[666] 그 지복이 자기 방식으로 육체에까지 넘쳐흐른다. 그래서 부활 후에 영혼이 신을 열린 눈으로 직관하고 풍부하게 향유함을 통해 영광스럽게 됨으로써, 영광스러운 영혼과 합일된 육체도 영광스럽고 손상될 수 없으며 불멸하게 되었다. ―

따라서 그리스도의 영혼이 신에 대한 완전한 직관을 향유했기 때문에, 이 직관의 힘을 지니고 있는 한에서 영광이 영혼으로부터 육체로 흘러넘침으로써 육체가 손상될 수 없고 불멸하게 되었다. 그러나 영광이 영혼으로부터 육체로 흘러넘침은 이루어지지 않았다. 다만 영혼은 신에 대한 직관을 향유하면서도 동시에 육체는 고통을 겪도록 예비되었다. 즉 앞서 말한 바와 같이,[667] 인간 본성에 따라 그리스도에게 자연적이

---

666 아우구스티누스, 『서간』(Epist.) 118, n. 14 (PL 33, 439; CSEL 34-2, 679) 참조.
667 제230장 참조.

었던 것은 그의 의지에 복종했다. 그래서 그〔그리스도〕는 다른 부분에 의해 방해됨이 없이 각각의 부분이 자기에게 고유한 것을 겪거나 행하도록 놓아두기 위해 상위의 부분으로부터 하위의 부분으로 자연적인 넘쳐흐름을 자기 임의로 방해할 수 있었다. 이는 다른 인간들에게서는 일어날 수 없는 일이다. 그로 인해 또한 수난 중에 그리스도가 가장 큰 육체의 고통을 견뎌냈던 것이다. 왜냐하면 육체적 고통이 이성의 더 높은 기쁨을 통해 어떤 측면에서도 완화되지 않았기 때문이다. 마치 반대로 육체의 고통이 이성의 즐거움을 방해하지 않았듯이 말이다.

이로부터 또한 그리스도만이 동시에 순례자(uiator)이면서 지복직관자(comprehensor)[668]였다는 사실이 분명해진다. 즉 그는 지복직관자에게 속하는 일인 신적 직관을 그렇게 향유했지만, 그럼에도 그의 육체는 수난에 종속된 채로 남아 있었는데, 이는 순례자에게 속한 일이다. 그리고 순례자의 특성은 애덕으로부터 행한 선을 통해 자신이나 타인을 위한 공로를 쌓는 것이다. 그로 인해 그리스도는 지복직관자였음에도 불구하고, 그가 행했거나 겪었던 것들을 통해 자신과 우리를 위해 공로를 쌓았던 것이다. 그 자신을 위해서는 그의 잉태되는 순간부터 가지고 있던 영혼의 영광이 아니라 수난을 겪으면서 도달하게 된 육체의 영광이라는 〔공로를 쌓았다〕. 또한 우리를 위해서는 그의 특수한 수난들과 행위들이 구원에 유익했을 것이다. 단지 모범의 방식을 통해서 뿐만 아니라 공로의 방식을 통해서도 유익했는데, 이는 마치 머리의 충만함으로부터(de plenitudine capitis) 지체들이 〔충만함을〕 받아들이는 것처럼 애덕과 은총의 충만 때문에 우리에게 은총을 마련해 주었다는 측면에서 그렇다.

정말로 수난을 겪는 자의 품위를 고려한다면 그의 어떠한 수난, 즉 아

---

668 '콤프레헨소르'(comprehensor)는 직역하면 '파악자' 정도의 의미이지만, 신을 직관함으로써 천상의 영복을 누리는 상태, 즉 지복직관의 상태에 있는 이를 뜻한다. '달관자'라는 단어도 가능하겠으나 의미에 따라 '지복직관자'라고 번역했다. 지복직관자는 이 세상에서 영원한 목표를 위해 순례 중에 있지만 동시에 신의 직관이라는 목표를 파악하고 있다(〔250〕).

무리 작은 것이었을지라도 인류를 치유하기에 충분한 것이었다. 어떤 수난이 더 품위 있는 인격체에게 가해지면 가해질수록 그 불의는 더욱 크게 보인다. 예를 들어 만일 누가 제후를 때린다면, 백성들 중에 어떤 이를 때리는 것보다 (더 큰 잘못을 저지르는 것이다). 따라서 그리스도는 무한한 고상함을 가지고 있었기 때문에 그의 어떤 수난도 무한한 가치를 지니고 있었고, 그래서 무한한 죄를 사면하는 데 충분했을 것이다. 그럼에도 인류의 구원은 임의의 것을 통해서가 아니라 앞에서 제시된 이유들 때문에 인류를 죄로부터 치유하기 위해 그가 겪기를 원했던 죽음을 통해 완결되었다. 어떤 구매에서든 간에, 가치의 양뿐만 아니라 구매를 위한 가격의 지정이 요구되기 때문이다.

제232장
그리스도 영혼의 수난 가능성
De passibilitate anime Christi

병행문헌: 『신학대전』 제III부 제15문제 제4절, 제5절, 제6절, 제7절, 제9절; 제18문제 제6절; 제46문제 제7절, 제8절; 『명제집 주해』 제3권 제13구분 제1문제 제2절 제1소질문 제2이론에 대한 해답; 제15구분 제2문제 제1절 제3소질문; 제2절, 제1소질문; 제17구분 제2문제 제2소질문, 제3소질문; 『진리론』 제10문제 제11절 제3이론에 대한 해답; 제26문제 제3절 제1이론에 대한 해답; 제26문제 제8절, 제9절, 제10절; 『자유토론 문제집』 제VII권 제2문제; 『마태오 복음 주해』 제26장; 『요한복음 주해』 제12장 제5강; 제13장 제4강 참조.

영혼은 육체의 형상이기 때문에, 육체가 고난을 겪을 때 영혼 또한 어떤 의미에서 고난을 겪는다는 결론이 나온다. 그래서 그리스도가 수난을 겪을 수 있는 육체를 가지고 있던 저 상태에서는 그의 영혼 또한 수난을 겪을 수 있었다. 그러나 영혼의 수난에는 두 가지가 있다는 점을 고찰해야만 한다. 첫째는 육체의 측면에서(ex parte corporis)이고, 다른 것은 대상의 측면에서(ex parte obiecti)인데, 이것은 각각의 능력들 중 어떤 하나에서 고찰될 수 있다. 영혼의 육체에 대한 관계는 마치 영혼의 부분이 육체의 부분과의 관계와 같기 때문이다.[669] 그런데 시각 능력은 사실 대상에 의해 고통을 겪는다. 마치 매우 강한 섬광에 의해 시각이 어두워질 때처럼 말이다. 또한 기관의 측면에서도 [고통을 겪는데], 마치 상처 입은 눈동자가 시각을 무기력하게 하는 것과 같다. ──

따라서 만일 그리스도의 영혼의 수난을 육체의 측면에서 고찰한다면, 그렇게 전체 영혼은 육체가 고통을 받을 때 수난을 겪게 된다. 왜냐하면 영혼은 그 본질에 따라 육체의 형상이지만, 영혼의 본질 안에 모든 능력이 뿌리박고 있기 때문이다. 그래서 육체가 고통을 받을 때, 영혼의 각 능력은 어떤 의미에서 고통을 겪게 된다는 결론이 나온다.

그러나 영혼의 고난이 대상의 측면에서 고찰된다면, 고유하게 취해진 고난(passio proprie sumpta)이 손해를 끼친다는 측면에서 영혼의 모든 능력이 고난을 겪는 것은 아니다. 각 능력의 대상이라는 측면으로부터 [나온] 어떤 것도 해로울 수는 없기 때문이다. 그리스도의 영혼이 신에 대한 완전한 직관을 향유했다고 이미 앞에서 말했다.[670] 따라서 영원한 사물을 관조하고 숙고하는 데에 매달려 있는 그리스도 영혼의 상위의 이성(superior ratio)은 자신에게 손해를 끼칠[671] 반대되고 상충되는 아무것도 가지고 있지 않았다. 그러나 물체적인 사물이 그 대상인 감각 능력은 육체의 손상으로부터 어떤 손해를 입을 수 있었다. 그래서 육체가 고난을 겪을 때 그리스도 안에는 감각 가능한 고통이 있었다. 육체의 상처가 감각에 의해 손해로 느껴지는 것처럼 그렇게 내적인 상상력도 그것[육체의 상처]을 유해한 것으로 지각한다. 그렇기 때문에 육체 안에서 고통이 느껴지지 않을 때조차 내적인 슬픔이 따라온다. 그리고 우리는 이 슬픔이라는 정념이 그리스도 안에 있었다고 말한다. 그러나 상상력뿐만

---

669 영혼의 부분이란 표현은 여기서 영혼의 능력으로 이해된다. 영혼이 모든 육체의 형상인 것처럼 (정신적인 능력이 아니라 유기적인) 능력은 마찬가지로 그 기관의 형상이다. 제209장 각주 507 참조([251]).

670 제216장, 제231장 참조.

671 직역하면 "그것으로부터 손해의 어떤 수난이 그 안에서 자리를 차지할"이 된다.

아니라 하위의 이성(inferior ratio) 또한 육체에 유해한 것을 지각한다. 따라서 잠정적인 사물에 연루되어 있는 하위의 이성의 포착으로부터 또한 슬픔이라는 정념이 그리스도 안에 자리를 잡을 수 있었다. 이것은 죽음과 육체의 다른 상처를 하위의 이성이 해롭고 자연적 욕구에 대립되는 것으로 파악하는 한에서 그러했다.

두 사람을 마치 하나로 만드는 사랑으로부터, 어떤 이가 상상력을 통해서나 하위의 이성을 통해 자신에게 해로운 것으로 파악된 것들로부터 뿐만 아니라 자신이 사랑하는 다른 이들에게 유해한 것으로 파악된 것들로부터도 슬픔을 겪게 되는 일이 생긴다. 그래서 그리스도는 애덕으로 사랑했던 다른 이들에게 죄와 벌의 위험이 임박함을 인식하고는 슬픔을 겪었다. 그는 자기 자신뿐만 아니라 다른 이들을 위해서도 괴로워했다. 그리고 비록 이웃에 대한 사랑이 어떤 의미에서, 즉 이웃이 신으로 말미암아 애덕으로 사랑받는 한에서 상위의 이성에 속할지라도, 그리스도 안에 있는 상위의 이성은 이웃의 결함에 대해 우리 안에서 가질 수 있는 것과 같이 슬픔을 가질 수 없었다. 왜냐하면 그리스도의 상위의 이성은 신에 대한 충만한 직관을 향유했기 때문에, 이런 방식으로 다른 이들의 결함에 속하는 것은 무엇이든지 신적인 지혜에 포함된 것이라는 사실에 따라 파악했다. 이 신적인 지혜에 따라 어떤 이가 죄를 짓도록 허용되는 것뿐만 아니라 죄 때문에 벌을 받는 것 또한 적합하게 질서 잡힌 것이 된다. 따라서 그리스도의 영혼도, 또한 신을 직관하는 다른 어떤 복된 이도 이웃의 결함들로 인해 슬픔을 겪을 수 없다. 그러나 지혜의 근거를 보는 데까지 다다르지 못한 순례자의 경우는 다르다. 즉 순례자는 어떤 이들이 단죄되었음에도 구원받게 되는 것이 신의 영예와 신앙의 고양에 속한다고 생각하는 중에는, 상위의 이성에 따라서도 다른 이들의 결함들에 대해 슬픔을 느낀다. 따라서 그(그리스도)는 동일한 것들에 대해 감각과 상상력, 하위의 이성에 따라서는 괴로워했으나, 상위(의 이성)에 따라서는 그것들을 신적인 지혜의 질서에 관련지음으로써 기뻐했다. 어떤 것을 다른 것과 관련시키는 것이 이성의 고유한 일이기 때문에 다음과 같이 말하곤 한다. 죽음은 자연적으로 미움받을 만한 것이기 때문에 그리스도의 이성은 죽음을, 실로 그것이 자연으로서 고찰되었다면, 피했을 것이다. 그렇지만 만일 그것이 이성으로서 고찰되었다면 그것을 겪기를 원했다.[672]

그리스도 안에 슬픔이 있었던 것처럼 그렇게 또한 슬픔으로부터 유래하는 다른 정념들, 예를 들어 두려움과 분노 같은 종류의 것들도 있었다. 그것의 현존이 슬픔을 주는 것들은, 그것이 미래의 악을 〔초래할 것이라고〕 평가되는 동안에는, 우리 안에 두려움을 일으킨다. 그리고 어떤 이가 상처를 주었기 때문에 우리가 마음 아파하는 동안, 우리는 그에 대해 분노한다. 그럼에도 이 정념들은 우리 안에서와는 다르게 그리스도 안에 존재했다. 흔히 우리 안에서는 이것들이 대부분 이성의 판단에 선행하고, 때때로 이성의 방식을 넘어선다. 그러나 그리스도 안에서는 〔이것들이〕 결코 이성의 판단을 선행하지도, 이성에 의해 평가된 방식을 넘어서지도 않았다. 오히려 단지 정념에 종속된 하위의 욕구는 그것이 발동되어야만 한다고 이성이 질서를 부여하는 한에서만 발동되었다. 따라서 그리스도의 영혼이 상위의 부분에 따라서는 간절히 바랐던 것을 하위의 부분에 따라서는 회피했던 일이 발생할 수 있었다. 그럼에도 그리스도 안에서는 욕구의 상충이나 영에 대한 육신의 반란 등이 없었다. 이런 일은 하위의 욕구가 이성의 판단과 방식을 초월하는 사실로 인해 우리 안에서 발생한다. 그러나 그리스도 안에서는 〔하위의 욕구가〕 이성의 판단에 따라 움직였는데, 이는 이성이 그리스도에게 어울리도록 하위의 힘 각각에 고유한 운동에 따라 움직여지도록 허용함으로써 이루어졌다.

이것들을 고찰함으로써 그리스도의 상위의 이성은 자기 대상과의 비교를 통해 전체를 향유하고 기뻐했다는 사실이 명백해졌다. 말하자면 이 측면으로부터는 슬픔의 원인이었을 어떤 것이 그것〔상위의 이성〕에 발생할 수 없었던 것이다. 그러나 또한 주체의 측면에서는, 앞에서 말

---

672 보나벤투라, 『명제집 주해』 III, d. 16, a. 2, q. 1 참조.

한 바와 같이,[673] 전체로서 수난을 겪었다. 저 향유가 수난을 감소시키지도 않았고, 수난이 향유를 방해하지도 않았다. 이미 앞에서 말한 바와 같이,[674] 한 능력으로부터 다른 능력으로 흘러넘치는 일이 일어나지 않았고, 각각의 능력은 자기에 고유한 것을 행하도록 허용되었기 때문이다.

제233장

그리스도의 기도

De oratione Christi

병행문헌:『신학대전』제III부 제21문제 제2절, 제4절;『명제집 주해』제3권 제17구분 제3문제 제3소질문, 제4소질문;『시편 주해』제21편;『요한복음 주해』제11장 제6강; 제12장 제5강;『히브리서 주해』제5장 제1강 참조.

기도는 바람을 드러내는 것(desiderii expositiua)이기 때문에, 수난이 임박했을 때 그리스도가 바친 기도의 이유를 욕구의 다양성으로부터 찾아낼 수 있다. 그리스도는 마태 26,39에서 "아버지, 만일 이루어질 수 있다면, 이 잔이 저로부터 비켜가게 해 주십시오. 그렇지만 제가 원하는 대로 하지 마시고 당신께서 원하는 대로 하십시오"[675]라고 말했다. "이 잔이 저로부터 비켜가게 해 주십시오"라고 말한 것 안에서, 그는 하위의 자연적 욕구를 표현했다. 이에 따르면, 각각의 사람은 자연적으로 죽음을 피하고 생명을 욕구한다. 그러나 "그럼에도 제가 원하는 대로 하지 마시고 당신께서 원하는 대로 하십시오"라고 말한 것 안에서, 그는 신적 지혜의 질서에 포함되는 것에 따라 모든 것을 고찰하는 상위의 이성의 충동

---

673 제232장 참조.

674 제231장 참조.

675 "Pater, si fieri potest, transeat a me calix iste: uerumtamen non sicut ego uolo, sed sicut tu"; "아버지, 하실 수만 있으시면 이 잔이 저를 비켜가게 해 주십시오. 그러나 제가 원하는 대로 하지 마시고 아버지께서 원하는 대로 하십시오"(『성경』).

을 표현한다. 또한 그것에 "만일 이루어질 수 있다면"이라고 말하는 것도 속한다. 이것은 신적 의지의 질서에 따라 진행되는 것만이 이루어질 수 있다는 점을 증명하는 것이다. 그가 수난의 잔을 마시지 않고는, 그 잔이 그로부터 비켜가지 않았을지라도, 그럼에도 신이 그의 기도를 들어주지 않았다고 말해서는 안 된다. 사도가 히브 5,7에서 〔신은〕 모든 것에서 〔그의 기도를〕 "그의 경외심 때문에 들어주셨습니다"[676]라고 말하기 때문이다. 즉 말한 바와 같이, 기도는 바람을 드러내는 것이기 때문에 우리는 단순하게 원하는 것을 단순하게 청한다. 그래서 "주님은 가난한 이들의 바람을 들으셨다"[677]라는 시편[678]의 말에 따라 의로운 이들의 바람은 신에게서 기도의 힘을 가지고 있다. 그런데 우리는 일에 있어 일치함이 오로지 그것에만 속하는 상위의 이성에 따라 욕구하는 것을 단순하게 원한다. 따라서 그리스도는 그 잔이 그로부터 비켜가는 것이 아니라 성부의 의지가 이루어지기를 단순하게 청했다. 그는 이것〔그 잔이 비켜가는 것〕을 단적으로 원했던 것이 아니라 말한 바와 같이,[679] 하위의 부분에 따라 원했기 때문이다.

---

676 "exauditus est pro sua reuerentia"; "하느님께서는 그 경외심 때문에 들어주셨습니다"(『성경』).

677 "Desiderium pauperum exaudiuit Dominus"; "주님, 당신께서는 가난한 이들의 소원을 들으시고"(『성경』).

678 시편 10(9),7 참조.

679 제232장 참조.

제234장

그리스도의 묻히심

De sepultura Christi

병행문헌: 『신학대전』 제III부 제51문제 제1절, 제3절; 제52문제 제4절; 제53문제 제1절 제1이론에 대한 해답; 『명제집 주해』 제3권 제21구분 제1문제 제2절; 『요한복음 주해』 제2장 제3강; 『코린토전서 주해』 제15장 제1강 참조.

계속해서 인간은 죽은 후에 죄 때문에 육체의 측면에서나 영혼의 측면에서 다른 결함들을 가진다. 육체의 측면에서는 육체가 그것으로부터 취해진 땅으로 되돌아간다는 것이다. 그런데 이 결함은 우리에게서 두 가지 방식으로, 즉 위치에 따라서(secundum positionem)와 분해에 따라서 (secundum resolutionem) 고찰된다. 위치에 따르는 것은 죽은 육체가 땅 아래 묻힘으로써 [생기는 결함을 말한다]. 분해에 따르는 것은 육체가 그 것으로부터 조립된 요소들로 분해됨으로써 [생기는 결함을 말한다]. 그리스도는 이 결함들 중에서 첫째 것을 겪기를, 즉 그의 육체가 땅 아래 놓이는 것을 겪기를 원했다. 다른 결함은, 즉 그의 육체가 흙으로 분해되는 일은 당하지 않았다. 그에 대해 시편 15,10은 "당신은 당신의 성인들이 소멸을 보도록 내버려두지 않으실 것입니다"[680]라고 말한다. 즉 그는 육체의 부패(corporis putrefactionem)를 당하지 않았다. 이러한 까닭은 그리스도의 육체가 질료를 인간 본성으로부터 취했지만, 그 형상화는 인간적인 힘이 아니라 성령의 힘에 의한 것이기 때문이다. 그래서 그는 질료의 실체 때문에 죽은 육체에 지정된 것으로 고수된 땅 아래 위치를 겪기 원했다. 왜냐하면 육체에는 앞서서 규정하는 요소들의 본성[681]에 따라 자리가 주어지기 때문이다. 그러나 그는 성령을 통해 만들어진 육체

---

680 "Non dabis sanctum tuum uidere corruptionem"; "당신께 충실한 이는 구렁을 아니 보게 하십니다"(『성경』).

681 다른 판본들에는 "앞서 다스리는 요소들의 질료에 따라"라고 되어 있다.

의 분해를 겪기는 원하지 않았다. 그는 이런 측면에서 다른 사람들과 차이가 났다.

제235장
그리스도의 지옥으로 내려감
De descensu Christi ad inferos

병행문헌: 『신학대전』제Ⅲ부 제52문제 제1절, 제5절, 제6절; 『명제집 주해』제3권 제22구분 제2문제 제1절 제1소질문, 제2소질문; 제2절 제1소질문; 『사도신경 주해』제5장; 『에페소서 주해』제4장 제3강 참조.

영혼의 측면에서는 죄 때문에 인간이 죽은 후에 장소적으로만이 아니라 벌로써도 지옥으로 내려가는 일이 뒤따른다. 하지만 그리스도의 육체는 장소에 따라 땅 아래 있었지만 분해의 결함이 동반함에 따라서는 아니듯이, 그리스도의 영혼도 장소에 따라서는 지옥으로 내려갔지만 거기서 벌을 받기 위한 것이 아니라 오히려 다른 이들을 풀어주기 위한 것이었다. 인간은 원조의 죄 때문에 그곳으로 붙잡혀 가게 되었고, 그들을 위해 그리스도는 죽음을 겪음으로써 이미 보속했던 것이다. 그래서 죽은 후에 그는 겪어야 할 아무것도 남아 있지 않았고, 어떤 벌도 받지 않고 산 이들과 죽은 이들의 해방자임을 보여 주기 위해 장소적으로만 지옥으로 내려간 것이다. 이 때문에 "죽은 자들 가운데 그만이 자유로웠다"[682]라고 말했다. 왜냐하면 그의 영혼은 벌 때문에 지옥에 있었던 것이 아니며, 그의 육체 또한 부패의 무덤 안에 누워 있었던 것이 아니기 때문이다.[683] ―

---

682 "solus inter mortuos fuit liber"; "저는 죽은 이들 사이에 버려져"(『성경』, 시편 88(87),6). ― 토마스는 이곳에서 본래 히브리어 성서의 의미와는 다른 방식으로 이 구절을 해석하고 있다. 이런 해석의 선구적 형태에 대해서는 페트루스 롬바르두스, 『명제집』 III, d. 21, c. 1; 아우구스티누스, 『시편 상해』(*Enarrationes in Psalmos*) 87, 6 (PL 37,1111; CCL 39, 1210) 참조.

비록 지옥으로 내려간 그리스도가 원조의 죄 때문에 거기에 잡혀 있던 이들을 해방했을지라도, 〔자신의〕 고유한 죄 때문에 같은 벌이 판결된 이들은 남겨 놓았다. 일부는 해방하고 일부는 버려두었기 때문에, "그는 지옥을 깨물었지만 삼켜버리지는 않았다"(momordisse infernum, non absorbuisse)[684]라고 말한다. 따라서 그리스도의 이 결함들을 〔사도〕 신경에서는 "본시오 빌라도의 통치 아래 고난을 받으시고, 십자가에 못박혀 돌아가시고 묻히셨으며 저승에 가시어"(Passus sub Pontio Pilato, crucifixus, mortuus et sepultus, descendit ad inferos)라고 말할 때 다룬다.

제236장
부활과 그리스도 부활의 시간
De resurrectione et tempore resurrectionis Christi

병행문헌:『신학대전』제III부 제51문제 제4절; 제53문제 제2절, 제3절;『명제집 주해』제3권 제21구분 제2문제 제2절; 제4권 제43구분 제3문제 제1소질문 제1, 3이론에 대한 해답;『사도 신경 주해』제5장;『마태오복음 주해』제12장, 제27장;『요한복음 주해』제2장 제3강;『코린 토전서 주해』제15장 제1강, 제3강;『콜로새서 주해』제1장, 제5장 참조.

그리스도를 통해 인류가 원조의 죄로부터 유래했던 악들로부터 해방되었기 때문에, 그리스도가 악들로부터 우리를 해방하기 위해 그것들을 견뎌낸 것처럼 그 자신을 통해 이루어진 인류 회복의 만물(primitie)[685]

---

683 라틴어 '인페리'(inferi) 또는 '인페르누스'(infernus)는 단죄받은 이들의 지옥뿐만 아니라 넓은 의미의 지하 세계를 뜻할 수도 있다. 토마스는 지구 내부에 있는 지하 세계를 생각하고 있었다.『명제집 주해』제3권 제22구분 제2문제 제1절 제2소질 문;『신학대전』제III부 제52문제 제2절 참조(〔253〕).

684 대(大)그레고리우스,『복음서 주해』II, hom. 22, n. 6 (PL 76,1177 C) 참조.

685 주로 복수형으로 사용되는 'primitiae'는 계절 최초의 수확물, 즉 첫 열매를 뜻한 다. 이것을 신에게 바치는 관습에 따라 바쳤을 때, '만물을 바친다'라는 표현을『성

또한 그분 안에서 나타나야만 했다. 이것은 다음의 두 가지 방식으로 그리스도가 우리에게 구원의 표징으로 제시되도록 하기 위한 것이다. [첫째,] 우리는 그의 수난으로부터 우리에게 죄를 통해 일어난 일이 무엇이며, 죄로부터 자유로워지기 위해 우리가 겪어야 하는 것이 무엇인가를 고찰하게 된다. [둘째,] 우리는 그의 드높임을 통해 우리가 그를 통해 무엇을 소망하도록 우리에게 제시되었는가를 고찰하게 된다. ―

[그리스도는] 원조의 죄로부터 생겨난 죽음을 극복한 후에 최초로 불사불멸한 삶을 누리도록 부활했다. 이것은 아담이 죄를 지음으로써 처음으로 사멸하는 삶이 나타난 것처럼 그리스도가 죄를 위해 보속한 후에 그리스도 안에서 처음으로 불사불멸한 삶이 나타나기 위한 것이었다. 그리스도 이전에도 그에 의해서나 예언자들에 의해 소생된 다른 이들이 삶으로 되돌아왔지만, 다시 죽어야만 했다. 그러나 "죽은 이들로부터 부활한 그리스도는 더 이상 죽지 않을 것이다".[686] 그러므로 그가 최초로 죽어야만 하는 필연성을 벗어났기 때문에 죽은 이들의 으뜸이요, "잠든 이들의 만물"[687]이라고 불린다. 즉 그는 죽음의 멍에를 벗어버린 후에 죽음의 잠으로부터 최초로 부활했다.

그러나 그의 부활은 늦추어지지도, 죽은 후에 즉시 일어나지도 말았어야만 했다. 만일 그가 죽은 후에 즉시 삶으로 되돌아왔더라면, 죽음의 진리는 확인되지 않은 채 있었을 것이다. 하지만 만일 부활이 오랫동안 늦추어졌더라면, 죽음을 극복한 표징이 그에게 나타나지 않았을 것이며, 그를 통해 죽음으로부터 해방되리라는 소망도 인간에게 주어지지 않았을 것이다. 따라서 부활을 3일까지 미루었는데, 이 시간은 죽음의 진리를 확인하기에 매우 충분한 것처럼 보였고, 해방의 소망을 빼앗을

경』에서 사용하고 있기 때문에 이 표현을 따랐다.

686 "Christus resurgens ex mortuis iam non moritur"; "우리는 그리스도께서 죽은 이들 가운데에서 되살아나시어 다시는 돌아가시지 않으리라는 것을 압니다"(『성경』, 로마 6,9).

687 1코린 15,20: "primitie dormientium".

만큼 지나치게 오래된 것도 아니었다. 왜냐하면 만일 〔부활이〕 더 이상 지연되었더라면, 믿는 이들의 희망은 의심을 받았을 것이기 때문이다. 그래서 어떤 이들은 사흘째에 마치 이미 희망을 상실한 것처럼 "우리는 그분이야말로 이스라엘을 구원하시리라고 기대했습니다"[688]라고 말했 던 것이다.

그럼에도 그리스도는 사흘 전체 동안 죽은 채로 머물러 있지 않았다. 그렇지만 사람들은 부분을 전체를 위해 사용하곤 하는 표현 방식에 따 라 그가 사흘 낮과 사흘 밤을 땅의 심장 안에 있었다고 말한다. 자연적 인 하루는 낮과 밤으로 구성되어 있기 때문에, 그리스도가 죽어 있었던 것으로 계산된 낮의 부분이나 밤의 부분이 속한 그날 전체 동안 그가 죽 어 있었다고 말하는 것이다. 성서의 관례에 따르면, 밤은 이어지는 낮과 함께 계산하게 된다. 히브리인들은 저녁 때부터 나타나기 시작하는 달 의 경과에 따라 시간을 관찰하기 때문이다. 그런데 그리스도는 여섯째 날의 마지막 부분에 무덤 안에 있었다. 만일 이것을 앞서 있는 밤과 함 께 계산한다면, 인위적인 낮과 밤이 마치 자연적인 하루처럼 될 것이다. 그는 여섯째 날에 이어지는 밤과 안식일 낮 전체를 무덤에 있었는데, 그 렇게 이틀이 되는 셈이다. 또한 주님의 날에 앞서 있는 이어지는 밤에 무덤에 죽은 채로 누워 있었다. 그레고리우스에 따르면 그는 바로 이 밤 의 한밤중에 부활했거나,[689] 다른 이들에 따르면 새벽에 부활했다.[690] 그 래서 만일 밤 전체 또는 그 밤의 부분과 이어지는 주님의 날을 함께 계산 한다면, 세 번째 자연적인 하루가 될 것이다.

그리스도가 사흘째에 부활하기를 원했다는 것은 신비와 무관한 것이 아니다. 이를 통해 삼위일체 전체의 힘으로 그가 부활했다는 것을 분명

---

688 "Nos sperabamus quod ipse redempturus esset Israel"; "우리는 그분이야말로 이스 라엘을 해방하실 분이라고 기대했습니다"(『성경』, 루카 24,21).

689 대(大)그레고리우스, 『복음서 주해』 II, hom. 21, n. 7 (PL 76,1173 C) 참조.

690 아우구스티누스, 『삼위일체론』 IV, c. 7 (PL 42, 894; CCL 50, 174) 참조.

히 하기 위한 것이다. 그래서 때때로 성부가 그를 부활시켰다고 말하기도 하고, 때로는 그리스도가 자기 자신의 힘으로 부활했다고 말하기도 한다. 이것은 상반된 것이 아닌데, 성부와 성자와 성령의 신적인 힘은 동일하기 때문이다. 이는 또한 생명의 회복이 세속의 첫째 날에 자연 법칙에 따라 이루어지지 않았고, 둘째 날에 모세의 법에 따라 이루어진 것도 아니고, 은총의 시간인 셋째 날에 이루어졌다는 것을 분명하게 하기 위한 것이다. 그리스도가 하루 낮 전체와 이틀 밤 전체를 무덤에 누워 있었다는 것도 의미를 지니고 있다. 왜냐하면 그리스도는 벌이라는 자신이 수용한 하나의 과거〔의 빛〕과 죄악과 벌이라는 우리의 두 가지 과거〔의 빛〕을 소멸시켰고, 후자는 이틀 밤을 통해 표현되었기 때문이다.[691]

제237장
부활한 그리스도의 특성
De qualitate Christi resurgentis

그리스도는 인류에게 아담이 죄를 지음으로써 잃어버렸던 것만이 아니라 아담이 공로를 통해 도달할 수 있었을 것도 회복시켰다. 공로를 위한 그리스도의 효력은 범죄 이전의 인간의 효력보다 훨씬 더 컸기 때문이다. 과연 아담은 죄를 짓지 않았더라면 죽지 않을 수 있었던 능력을 잃어버린 채, 범죄함으로써 죽어야만 하는 필연성을 걸머졌다. 그러나 그리스도는 죽어야만 하는 필연성을 배제했을 뿐만 아니라 죽지 않을 필연성도 획득했다. 그래서 그리스도의 육체는 부활 후에 고통을 당할 수 없고 불사불멸한 것이 되었다. 첫 인간의 〔육체와〕 같이 죽지 않을 수 있는 것이 아니라 전적으로 죽을 수 없는 것인데, 이는 미래에 우리가

---

691 『정규 간편주해』(Glossa ordinaria) Rom 6,6 (PL 114, 488 B); 페트루스 롬바르두스, 『간편주해』 같은 곳 (PL 191, 1405 A-B) 참조.

우리 자신에 대해 기대하는 것이다. 그리고 그리스도의 영혼은 죽음 전에 육체의 고난에 따라 고난을 겪을 수 있었다. 또한 육체가 고난을 당할 수 없게 되었으므로 결과적으로 영혼도 고난을 당할 수 없게 되었다. 그리고 인간 구원의 신비가 이미 완성되었고, 바로 이로 인해 〔신을〕 향유하는 영광이 〔영혼의〕 하위 부분이나 육체 자체로 넘쳐흐르는 일이 없도록 계획적으로 영혼의 상위 부분에 포함되었다. 그러나 각자 자신에게 고유했던 것은 무엇이든지 행하거나 겪도록 허용되었던 것이다. 결과적으로 영혼의 상위 부분으로부터 영광이 넘쳐흐름으로써 육체와 영혼의 하위 부분이 전체적으로 영광스럽게 되었고, 하위의 힘 역시 그렇게 되었다. 그로 인해 그리스도가 수난 전에는, 영혼의 향유 때문에는 지복직관자였고 육체의 고난을 겪을 수 있는 성질 때문에는 순례자였지만, 이제 부활 후에는 더 이상 순례자가 아니라 단지 지복직관자였을 뿐이다.

제238장
어떻게 그리스도의 부활이 적합한 논증들을 통해 증명될 수 있는가
Quomodo conuenientibus argumentis Christi resurrectio demonstratur

병행문헌:『신학대전』제III부 제54문제 제2절, 제4절; 제55문제 제1절, 제5절, 제6절;『명제집 주해』제3권 제21구분 제2문제 제3절, 제4절;『요한복음 주해』제20장 제6강;『코린토전서 주해』제15장 제1강 참조.

앞서 언급된 바와 같이,[692] 그리스도는 그의 부활이 우리에게 희망의 논증으로 존재하도록, 또한 우리도 부활하리라고 희망하도록 하기 위해 부활을 미리 차지했기 때문에, 부활의 희망을 위한 기초를 다지도록 그

---

692 제236장 참조.

의 부활뿐만 아니라 부활한 이의 특성도 적합한 표징에 의해 명백해져야 했다. 그러나 그는 자신의 부활을 인성이나 수난처럼 모든 이에게 무차별적으로 명백히 한 것이 아니라 신에 의해 미리 정해진 증인들,[693] 즉 인간 구원을 돌보도록 선발된 제자들에게만 그렇게 했던 것이다. 앞서 언급된 바와 같이,[694] 부활의 상태는 지복직관자의 영광에 속한 것이고, 그 인식은 모든 이에게 부합하는 것이 아니라 자신을 마땅히 그렇게 되게 한 이들에게만 (부합한 것이기) 때문이다. 그리스도는 그들에게 부활의 진리도, 부활한 이의 영광도 명백히 했다.

그런데 그는 부활의 진리를 본성의 측면(quantum ad naturam)과 기체의 측면(quantum ad suppositum) 모두에서 죽었던 바로 그이가 부활했다는 사실을 밝힘으로써 명백히 했다. 본성의 측면에서 그러함은, 그리스도 자신을 제자들에게 만져 보고 바라보도록 내줌으로써 자신이 인간의 참된 육체를 가지고 있음을 증명해 보였기 때문이다. 그는 제자들에게 루카 24,39에서 이렇게 말했다. "만져 보고 바라보아라. 유령은, 너희가 내가 가진 것을 보듯이, 살과 뼈를 가지고 있지 않으니 말이다."[695] 또한 그는 자신의 제자들과 먹고 마시면서, 그리고 그들과 여러 차례 이야기하고 함께 걸으면서 인간 본성에 적합한 행위들을 실행함으로써 (부활의 진리를) 명백히 했다. 이런 행위들은 살아 있는 이의 행위들이다. 비록 저 식사는 필수적인 것은 아니었을지라도 말이다. 부활한 이의 불멸하는 육체는 더 이상 음식을 필요로 하지 않는다. 왜냐하면 그에게는 음식을 통해 회복되어야만 하는 아무런 손실도 일어나지 않기 때문이다. 그러므로 그리스도에 의해 섭취된 음식은 그의 육체의 양식으로 멈추어 있지 않고, 앞서 있던 질료로 분해되었다. 그럼에도 그가 먹고 마셨다는

---

693 사도 10,41 참조.

694 제237장 참조.

695 "Palpate et uidete, quia spiritus carnem et ossa non habet, sicut me uidetis habere"; "내 손과 내 발을 보아라. 바로 나다. 나를 만져 보아라. 유령은 살과 뼈가 없지만, 나는 너희도 보다시피 살과 뼈가 있다"(『성경』).

바로 이 사실로부터 그가 참된 인간임이 증명되었다.

한편, 기체의 측면에서는 그리스도가 죽었던 자와 동일한 자라는 사실을 자기 육체에 있는 죽음의 증거들, 즉 상처의 자국들을 그들에게 똑똑히 가리켜 보여줌으로써 밝혔다. 그래서 그는 사도 토마스에게 요한 20,27에서 다음과 같이 말한다. "네 손가락을 여기에 넣어 보고, 네 손을 내 옆구리에 들이밀어 보아라."[696] "그리고 못의 위치를 확인해 보아라".[697] 루카 24,39에서는 제자들에게 다음과 같이 말한다. "내 손과 내 발을 보아라, 바로 나이기 때문이다."[698] 비록 그의 신체에 상처의 자국들이 남아 있게 된 것이 그것들을 통해 부활의 진리를 증명하기 위해 계획적으로 이루어진 것일지라도, 부활한 이의 불멸하는 신체에는 모든 완전무결함이 주어진다. 또한 비록 순교자에게서 덕을 증언하기 위한 장식으로서 앞서 있었던 상처들의 어떤 증거들이 나타날 것이라고 말할 수 있을지라도 말이다. 아울러 그는 자신이 기체에 따라 동일한 이라는 사실을 말하는 방식으로부터, 또는 사람들이 알아보게 되는 다른 익숙한 행위로부터 밝힌다. 그래서 제자들은 루카복음에서 말하듯이,[699] 빵을 뗄 때 그를 알아보았다. 그는 또한 제자들에게 자신이 갈릴래아에서 나타날 것이라고 예고했는데, 그곳은 그가 제자들과 평소에 함께 지내던 곳이었다.[700]

그는 부활한 이의 영광을, 요한 20,19에서 닫힌 문을 통해 그들에게 들어왔을 때와 루카 24,31에서는 그들 눈앞에서 사라졌을 때 명백히 드러냈다. 그가 원할 때 영광을 받지 못한 눈에 나타나고, 그가 원하지 않

---

696 "Infer digitum tuum huc et mitte manum tuam in latus meum"; "네 손가락을 여기 대보고 내 손을 보아라. 네 손을 뻗어 내 옆구리에 넣어 보아라"(『성경』).

697 Dominica in Albis, antiphona ad Communionem 참조.

698 "Videte manus meas et pedes meos, quia ego ipse sum"; "내 손과 내 발을 보아라. 바로 나다"(『성경』).

699 루카 24,30-31. 35 참조.

700 마태 28,16 이하 참조.

을 때 나타나지 않을 권한을 가지고 있다는 사실은 부활한 자의 육체의 영광에 속하는 것이다. 그럼에도 부활에 대한 믿음은 어려움을 가지고 있기 때문에, 부활의 진리뿐만 아니라 부활한 자의 육체의 영광도 다양한 증거를 통해 증명했던 것이다. 만일 영광된 육체의 이례적인 조건을 전적으로 드러냈었더라면, 부활의 신앙에 대해 선입견을 가져왔을 것이다. 왜냐하면 영광의 무한한 크기는 동일한 본성을 지니고 있다는 견해를 배제해 버렸을 것이기 때문이다. 그는 이 모든 것을 단지 가시적인 표징뿐만 아니라 지성적인 증거물을 통해 명백히 했다. 바로 그가 제자들이 성서를 이해하도록 그들의 감각을 열어 주었을 때, 그리고 예언서들을 통해 자신이 부활해야만 했다는 것을 밝혔을 때 그렇게 한 것이다.

제239장
주님 부활의 능력
De uirtute resurrectionis Dominice

병행문헌: 『신학대전』 제III부 제49문제 제1절; 제53문제 제3절; 제56문제 제1절, 제2절; 제69문제 제1절 제2, 3이론에 대한 해답; 보충부 제76문제 제1절; 『명제집 주해』 제3권 제21구분 제2문제 제2절 제1이론에 대한 해답; 제4권 제43구분 제2문제 제1소질문; 제3문제 제1소질문 제3이론에 대한 해답; 『대이교도대전』 제IV권 제79장; 『진리론』 제27문제 제3절 제7이론에 대한 해답; 제29문제 제4절 제1이론에 대한 해답; 『사도신경 주해』 제4장; 『욥기 주해』 제19장 제2강; 『마태오복음 주해』 제27장; 『코린토전서 주해』 제15장 제2강, 제3강; 『콜로새서 주해』 제1장, 제5장; 『테살로니카전서 주해』 제4장 제2강 참조.

그리스도가 자신의 죽음을 통해 우리의 죽음을 파괴한 것처럼 그의 부활을 통해 우리의 삶을 회복시켰다. 하지만 인간에게는 두 가지의 죽음과 두 가지의 삶이 있다. 즉 한 죽음은 영혼으로부터의 분리를 통한 육체의 죽음(mors corporis)이고, 다른 죽음은 신으로부터의 분리를 통한 영혼의 죽음(mors anime)이다. 따라서 두 번째 죽음이 그 안에 아무런 자리를 차지할 수 없었던 그리스도는 그가 감당하는 첫 번째 죽음, 즉 육체적인 죽음을 통해 우리 안에 있는 두 죽음, 즉 육체적인 죽음과 영적인 죽음을 모두 파괴했다. 또한 이와 유사하게 그 반대를 통해 두 가지 삶이 인식된다. 한 삶은 자연의 삶(uita nature)이라고 불리는 것으로 영혼으로부터 유래하는 육체의 삶((uita) corporis)이고, 다른 삶은 정의의 삶(uita iustitie) 또는 은총의 삶(uita gratie)이라고 불리는 것으로 신으로부터 유래하는 영혼의 삶((uita) anime)이다. 이것은 그러한 것들을 통해 신이 우리 안에 거주하는 신앙을 통한 것이다. 이에 하바 2,4에서는 "나의 의인은 신앙으로 인해 산다"[701]라고 말한다. 이에 따라 부활 또한 두 가지이다. 하나는 그로 인해 영혼이 다시 육체와 결합되는 육체적인 부활((resurrectio) corporalis)이고, 다른 하나는 그로 인해 (영혼이) 다시 신과 결합되는 영적인 부활((resurrectio) spiritualis)이다. 사실 두 번째 부활은 그리스도 안에서 자리를 차지할 수 없었다. 왜냐하면 그의 영혼은 결코 죄를 통해 신으로부터 분리되지 않았기 때문이다. 따라서 그의 육체적인 부활을 통해 그는 우리에게 두 가지 부활, 즉 육체적이고 영적인 부활의 원인이다.

그럼에도 아우구스티누스가 요한복음에 대해 말한 것처럼[702] 신의 말씀은 영혼을 다시 살리지만, 강생한 말씀은 육체를 다시 살린다는 사실을 고찰해야만 한다. 즉 영혼을 살게 하는 것은 오직 신에게만 속한다. 그럼에도 신의 말씀에 의해 취해진 육신은 그의 신성의 도구이다. 그러나 도구는 주요 원인의 힘 안에서 작용하기 때문에 우리의 두 가지 부활, 즉 영적인 부활과 육체적인 부활은 원인에 관련되듯이 그리스도의 육체적인 부활과 관련된다. ─

그리스도의 육신에서 일어난 모든 것은 신성과 결합된 힘에 의해 우리의 구원에 도움이 되는 것이다. 그래서 사도(바오로)는 그리스도의 부

---

701 "Iustus autem meus ex fide uiuit."
702 아우구스티누스, 『요한복음 주해』(In Iohannis evangelum tract.) 19, n. 15 (PL 35, 1552-1553; CCL 36, 198).

활이 우리의 영적인 부활의 원인이라는 사실을 밝히면서 로마 4,25에서 "우리 죄 때문에 넘겨지셨고, 우리의 의롭게 됨(義化) 때문에 부활하셨다"[703]라고 말한다. 그러나 그리스도의 부활이 우리의 육체적인 부활의 원인이라는 사실을 1코린 15,12에서 다음과 같이 밝힌다. "그리스도가 부활하셨다면, 어떻게 어떤 이들은 죽은 이들이 부활하지 않는다고 말할 수 있습니까?"[704] ──

사도는 결과에 대한 원인의 일치성과 유사성을 지시하기 위해 훌륭하게도 죄의 용서는 그리스도의 죽음으로, 우리의 의롭게 됨은 그의 부활로 귀속시킨다. 용서를 받았을 때 죄가 벗어지는 것처럼 그리스도는 죽음으로써 죄와 유사성을 지니고 있던 고난을 겪을 수 있는 생명을 벗어놓았다. 어떤 이가 의롭게 되었을 때, 새로운 생명을 얻게 된다. 이렇게 그리스도는 다시 살아남으로써 영광의 새로움을 성취했다. 그렇게 그리스도의 죽음은 우리 죄의 용서를 위한 원인인데, 도구적으로 능동적인 (effectiua) 원인일 뿐만 아니라 성사적으로 범형적인(exemplaris) 원인이며 공로가 되는(meritoria) 원인이기도 하다. 그러나 사실 그리스도의 부활은 우리의 부활에서 도구적으로 능동적인 원인이고[705] 성사적으로 범형적인 원인이지만, 공로가 되는 원인인 것은 아니다. 그 이유는 한편으로 그리스도가 더 이상 공로를 쌓는 것이 부합하는 순례자의 상태에 있지 않기 때문이고, 다른 한편으로는 사도(바오로)가 필리 2,8-11에서 분명하게 하듯이 부활의 찬란함이 수난의 보상이기 때문이다.

따라서 그리스도가 '죽은 이들로부터 부활한 이의 맏아들'[706]이라고 불릴 수 있다는 사실이 명백하다. 앞서 말한 것들에 따라[707] 그가 처음으로 부활했기 때문에 시간의 질서에 따른 것(ordine temporis)에서만이

---

703 "traditus est propter peccata nostra, et ressurrexit propter iustificationem nostram."
704 "Si Christus resurrexit, quomodo quidam dicunt quod mortui non resurgent?"
705 『신학대전』 제III부 제56문제 제1절 참조.
706 사도 26,23; 콜로 1,18: "primogenitus resurgentium ex mortuis".
707 제236장 참조.

아니라 그의 부활이 다른 이들의 부활의 원인이기 때문에 원인의 질서 (ordine cause)에서도 그렇고, 또한 모든 이에 앞서 더욱 영광스럽게 부활했기 때문에 품위의 질서에서도(in ordine dignitatis) 그렇다. 그러므로 그리스도의 부활에 대한 이 믿음을 신경에서는 "죽은 이들로부터 사흘만에 부활하시고"(Tertia die resurrexit a mortuis)라고 말함으로써 내포하고 있다.

제240장
낮춤의 두 가지 공로, 즉 부활과 승천
De duplici premio humiliationis scilicet resurrectione et ascensione

병행문헌: 『신학대전』 제III부 제19문제 제3절; 제49문제 제6절; 제54문제 제2절; 제57문제 제1절, 제2절, 제3절; 제58문제 제2절, 제3절; 제59문제 제3절; 『명제집 주해』 제3권 제18구분 제4문제 제3소질문; 제22구분 제3문제 제1절, 제3절 제2소질문; 『진리론』 제26문제 제6절 제4반대이론에 대한 해답; 『사도신경 주해』 제6장; 『히브리서 주해』 제1장 제2강, 제6강; 제8장 제1강; 제10장 제1강 참조.

사도(바오로)에 따르면, 그리스도의 높임(exaltatio Christi)은 그의 낮춤에 대한 보상이었기 때문에 그의 두 가지 낮춤에는 두 가지 높임이 상응하는 것이 적합했다. 첫째, 그가 취했던 고난을 겪을 수 있는 육신에서 겪은 죽음의 고난에 따라 자신을 낮추었다. 둘째, 장소의 측면에서 육체가 무덤에 놓이고 영혼이 지옥으로 내려감으로써 자신을 낮추었다. 따라서 첫 번째 낮춤에는 그가 죽음으로부터 불사불멸의 삶으로 되돌아오게 된 부활의 영광이 상응한다. 두 번째 낮춤에는 승천의 높임이 상응한다. 그래서 사도(바오로)는 에페 4,10에서 "내려간 바로 그 이가 모든 하늘 위로 올라간 분이다"[708]라고 말한다. ─

---

[708] "Qui descendit, ipse est et qui ascendit super omnes celos."

그러나 신의 아들에 대해서는 그가 잉태되고, 태어나고, 수난을 겪고, 죽고 묻혔으며 부활했지만, 신적 본성에 따라서가 아니라 인간 본성에 따라 그러했다고 말하는 것처럼 신의 아들에 대해 또한 그는 하늘에 올랐는데, 사실 신적 본성에 따라서가 아니라 인간 본성에 따라 그렇게 된 것이라고 말한다. 왜냐하면 신적 본성에 따라서는 그가 항상 어디에든 실존하면서 결코 하늘로부터 떠나지 않았기 때문이다. 그래서 그 자신이 요한 3,13에서 "하늘로부터 내려온 이, 즉 하늘에 있는 인간의 아들이 아니면 아무도 하늘로 오르지 못한다"라고 말한다. 이를 통해 그가 땅의 본성을 취하는 한에서 하늘로부터 내려왔다고 언급되지만, 그럼에도 그는 항상 하늘에 머물러 있다는 사실이 이해될 수 있다. ──

이것으로부터 오직 그리스도만이 자신의 고유한 힘으로 하늘에 올랐다는 사실을 주목해야만 한다. 저 장소는 그의 원천이라는 의미에서 하늘로부터 내려왔던 이에게 마땅한 것이었다. 그러나 다른 이들은 자기 자신을 통해 오를 수 있는 것이 아니라 그리스도의 지체(肢體)가 된 이후에 그의 힘을 통해 그렇게 될 수 있는 것이다.

하늘에 오르는 것이 인간 본성에 따라 신의 아들에게 적합한 것처럼 신적 본성에 따라 그에게 적합한 다른 것, 즉 성부의 오른편에 앉았다는 사실이 부가된다. 즉 거기서 육체적인 오른쪽이나 앉음을 생각해서는 안 된다. 오른쪽은 동물의 더 강한 부분이기 때문에 이것을 통해 성자가 성부와 함께 앉아 있고, 신적 본성에 따라 성부보다 조금도 열등하지 않으며, 전적으로 그와 동등한 상태에 있다는 사실이 이해되어야 한다. ──

그럼에도 이 사실 자체 역시 신의 아들에게 인간 본성에 따라 전가될 수 있다. 그럼으로써 우리는 신적 본성에 따라 성자가 본질의 동일성에 의해 성부 안에 있으며, 그와 함께 하나의 왕좌, 즉 동일한 권능을 차지하고 있다는 사실을 이해하게 된다. 그러나 왕에게는 왕국의 권한 중 어떤 것을 공유하는 어떤 이가 곁에 앉아 있기 때문에, 왕국에서 가장 강력한 저 분은 왕이 자기 오른편에 앉히는 분인 것으로 여겨진다. 그렇기 때문에 신의 아들은 당연히 인간 본성에 따라서도 성부의 오른편에 앉아 있다고 말한다. 마치 그가 모든 피조물을 넘어서 천상 왕국의 품위로 올림을 받은 듯이 말이다. 이에 사도(바오로)는 히브 1,13에서 "그가 도대체 천사들 중에 누군가에게 '내 오른편에 앉아라'라고 말했던 적이 있는가?"[709]라고 말한다. 따라서 우리는 신경에서 "하늘에 올라, 성부 오른편에 앉으시며"(Ascendit in celum, sedet ad dexteram Dei Patris)라고 말하면서 그리스도의 이 승천을 고백한다.

제241장
그리스도는 인간 본성에 따라 심판할 것이다
Quod Christus secundum naturam humanam iudicabit

병행문헌: 『신학대전』 제III부 제58문제 제1절; 제59문제 제2절, 제3절; 보충부 제90문제 제1절, 제2절; 『명제집 주해』 제4권 제47구분 제1문제 제2절 제2소질문 제4이론에 대한 해답; 제48구분 제1문제 제1절; 『대이교도대전』 제IV권 제96장; 『자유토론 문제집』 제10권 제1문제 제2절; 『사도신경 주해』 제7장; 『마태오복음 주해』 제25장; 『요한복음 주해』 제5장 제4강, 제5강 참조.

언급된 것들로부터[710] 우리는 그리스도의 수난과 죽음, 부활이나 승천의 영광을 통해 죄와 죽음으로부터 해방되고 의로움과 불사불멸의 영광을 습득하게 되었는데, 이것(불사불멸의 영광)은 실제로 (습득하고), 저것(의로움의 영광)은 희망으로 (습득하게) 되었다는 사실이 명확하게 집약된다. 우리가 앞서 말했던 이것, 즉 수난, 죽음, 부활 그리고 승천은 그리스도 안에서 인간 본성에 따라 완성되었다. 결론적으로 그리스도는 인간 본성 안에서 자신이 겪거나 행했던 것들에 따라 우리를 영적인 악뿐만 아니라 육체적인 악으로부터도 해방했고, 영적이고도 영원한 선으

---

709 "Ad quem autem dixit aliquando angelorum: Sede a dextris meis?"
710 제226장 이하, 제231장, 제239장 참조.

로 전진시켰다고 말해야만 한다. 아울러 어떤 이들을 위해 어떤 선을 획득한 이가 동일한 것을 그들에게 분배하는 것은 합당한 일이다. 그러나 선을 많은 이에게 분배하는 일은, 각각의 사람이 자신의 등급에 따라 받기 위해 심판을 필요로 한다. 따라서 적절하게도 그리스도는 인간 구원의 신비를 충족했던 인간 본성에 따라 그가 구원했던 사람들 위에 심판관으로 (활동하도록) 신에 의해 세워졌다. 그래서 요한 5,27에서는 "그가 그에게", 즉 성부가 성자에게 "심판할 권세를 주었다. 이는 그가 인간의 아들이기 때문이다"[711]라고 말한다. 이것은 또한 다른 이유를 가지고 있을지라도 말이다. 즉 심판받아야 할 이들이 심판관을 보는 것은 적합한 일이다. 그러나 그들에게 심판의 권한을 지니고 있는 신을 그 본성에 따라 보는 일은 심판을 통해 이루어지는 보상이다. 따라서 심판관인 신은 그 고유한 본성에 따라서가 아니라 취해진 본성에 따라 심판받아야 하는 인간들에게, 즉 선한 인간들뿐만 아니라 악한 인간들에게도 보여야만 한다. 만일 악한 이들이 신을 신성의 본성에 따라 본다면, 그것을 받기에 부당하게 되어버린 자들이 보상을 이미 획득한 셈이 될 것이다. ―

또한 이것은 그리스도의 낮춤에 상응하는 높임의 적절한 보상인데, 그리스도는 재판관인 인간에게 부당하게 재판을 받는 것에 이르기까지 낮추기를 원했다. 이런 낮춤을 표현하기 위해 신경에서는 분명하게 그가 폰티우스 필라투스(Pontius Pilatus) 아래에서 고난을 받았다고 고백한다. 따라서 그가 인간 본성에 따라 산 인간과 죽은 인간 모두의 심판관으로 신에 의해 세워졌다는 것은 그에게 높임의 보상으로 마땅한 것이었다. 이에 따라 욥기 36,17에서는 "너의 소송은 마치 불경한 자들의 재판처럼 판결되었다. 너는 소송과 재판을 받으리라"[712]라고 말한다.

그리고 심판하는 권한이 마치 부활의 영광처럼 그리스도의 높임에 속

---

711 "Potestatem dedit ei, scilicet pater Filio, iudicium facere, quia Filius hominis est."
712 "Causa tua quasi impii iudicata est: causam iudiciumque recipies."

하기 때문에, 그리스도는 공로에 속했던 낮춤에서가 아니라 보상에 속하는 영광스러운 형상으로 심판정에 나타날 것이다. 이에 복음서에서는 "그들은 인간의 아들이 구름 속에서 매우 큰 권세와 위엄을 가지고 오는 것을 보게 될 것이다"[713]라고 말한다. 그의 찬란함을 보는 것은 그를 사랑했던 선택된 이들에게는 정말 기쁨이 될 것이다. 이들에게 이사 33,17은 "그들은 아름답게 차려입은 왕을 볼 것이다"[714]라고 약속한다. 그러나 (그것은) 불경한 이들에게는 혼란과 비탄이 될 것이다. 심판하는 이의 영광과 권세는 단죄를 두려워하는 이들에게서 슬픔과 공포를 유도할 것이기 때문이다. 이에 이사 26,11에서는 "질투하는 백성들은 바라보고 혼란에 빠지게 될 것이고, 불이 너의 적들을 삼킬 것이다"[715]라고 말한다. 아울러 그가 영광스러운 형상으로 자신을 드러낼지라도, 그에게 수난의 표징들이 결함을 지닌 채로가 아니라 아름다움과 영광을 지니고 나타날 것이다. 이것들을 바라보면서 그리스도의 수난을 통해 자신들이 해방되었다는 것을 인정하는 선택된 이들은 기쁨을 얻게 될 것이고, 그러한 은사를 저주했던 죄인들은 슬픔을 얻게 될 것이다. 이에 묵시 1,7에서는 "그를 찔렀던 이들도 그를 보게 될 것이고, 그에 대해 지상의 모든 부족이 통곡하게 될 것이다"[716]라고 말한다.

---

713 루카 21,27: "uidebunt Filium hominis uenientem in nube cum potestate magna et maiestate."

714 "Regem in decore suo uidebunt."

715 "Videant et confundantur zelantes populi, et ignis hostes tuos deuoret."

716 "Videbunt in quem confixerunt, et plangent se super eum omnes tribus terre." 요한 19,37 참조.

제242장

성부는 심판의 시간을 알고 있는 자기 아들에게
모든 심판을 맡겼다

Quod Pater omne iudicium dedit Filio suo qui horam scit iudicii

병행문헌:『신학대전』제III부 제10문제 제2절 제1이론에 대한 해답; 제59문제 제5절; 보충부
제88문제 제1절, 제3절;『명제집 주해』제4권 제43구분 제3문제 제2소질문; 제47구분 제1문제
제1절 제1소질문;『대이교도대전』제IV권 제96장;『권능론』제5문제 제6절;『자유토론 문제집』
제10권 제1문제 제2절;『마태오복음 주해』제24장, 제25장 참조.

요한 5,22에서 말하는 바와 같이, "성부는 모든 심판을 성자에게 맡
겼고"[717] 이제 인간의 삶은 신의 의로운 심판에 의해 관리되며, 창세
18,35에서 아브라함이 말했던 것과 같이, "그는 모든 육신을 심판하는
분이다".[718] 그렇기 때문에 그것에 의해 이 세상에 있는 인간이 다스려
지는 이 심판도 그리스도의 심판하는 권세에 속한다는 사실이 의심되
어서는 안 된다. 시편에서 다음과 같이 말하는 성부의 말씀은 그를 향
해 제기된다. "너의 적들을 네 발판으로 놓을 때까지, 내 오른편에 앉아
있어라",[719] 즉 그리스도는 신으로부터 심판할 수 있는 권한을 받았다는
측면에서 인간 본성에 따라 신의 오른편에 앉아 있는 것이다. 또한 그
는 심판권을 모든 적이 그의 발 앞에 종속되는 것이 명백하게 드러나기
이전인 지금도 행사하고 있다. 이에 그 자신이 부활한 후에 즉시 마태
28,18에서 "하늘과 땅의 모든 권한이 나에게 주어졌다"[720]라고 말했다.

그러나 신의 다른 심판도 존재하는데, 이것에 의해 각자는 자기 죽음
의 끝에서 자신이 공로를 쌓은 정도에 따라 영혼의 측면에서 보상을 받

---

[717] "Pater omne iudicium dedit Filio".

[718] "est qui iudicat omnem carnem."

[719] 시편 110(109),1: "Sede a dextris meis, donec ponam inimicos tuos scabellum
pedum tuorum."

[720] "Data est michi omnis potestas in celo et in terra."

게 된다. 풀려난 의인들은 바오로가 바랐던 것과 같이 그리스도와 함께 머물게 되고, 죽은 죄인들은 지옥에 묻히게 된다. 이런 판별이 신의 심판 없이 일어난다든가, 이 심판이 그리스도의 심판할 수 있는 권한에 속하지 않는다고 생각해서는 안 된다. 왜냐하면 무엇보다도 그리스도 자신이 자기 제자들에게 요한 14,3에서 "내가 떠나서 너희에게 자리를 마련하면, 다시 와서 내가 있는 곳에 너희도 있도록 너희들을 데려갈 것이다"[721]라고 말하기 때문이다. '데려감'(tolli)이란 우리가 그리스도와 함께 있을 수 있기 위해[722] '풀려남'(dissolui)과 다른 것이 아니다. 2코린 5,6에 따르면, "우리가 육체 안에 머물러 있는 동안에는 주님에게서 떠나 순례하고 있기"[723]때문이다.

그러나 인간의 보상은 영혼의 선만이 아니라 부활 후 영혼에 의해 다시 수용되어야 할 육체의 선으로도 구성되어 있으며, 모든 보상은 심판을 요구하기 때문에 인간이 영혼 안에서 뿐만 아니라 육체 안에서 완수한 것에 따라 그들에게 보상되도록 하는 다른 심판도 있어야만 한다. 그리고 이 심판 또한 그리스도에게 적합한 것이 된다. 이는 마치 우리를 위해 죽었던 그리스도 자신이 영광 안에서 부활하고 하늘로 올라간 것처럼 그 자신이 또한 자기 힘으로 우리의 비천한 육체를 자신의 찬란한 육체와 같은 모양이 되게 하여 부활하게 만들며, (또) 그들을 자신과 함께 하늘로 옮기기 위한 것이다. 그리스도는 그 하늘로, 미카[724]를 통해 예언된 바와 같이, 먼저 올라가서 우리에 앞서 길을 개척한다. 그러나 모

---

721 "Si abiero et preparauero uobis locum, iterum ueniam, et tollam uos ad me ipsum, ut ubi sum ego, et uos sitis"; "내가 가서 너희를 위해 자리를 마련하면, 다시 와서 너희들을 데려다가 내가 있는 곳에 너희도 같이 있게 하겠다"(『성경』).

722 필리 1,23 참조.

723 "quandiu sumus in corpore peregrinamur a Domino"; "우리가 이 몸 안에 사는 동안에는 주님에게서 떠나 살고 있음을 알면서도"(『성경』).

724 "길을 뚫는 이가 앞장서 올라가면 …… 그들의 임금이 앞장서 가고"(『성경』, 미카 2,13).

든 인간의 부활은, 앞에서 우리가 말한 바와 같이,[725] 동시에 그리고 이 세상의 종말에 이루어질 것이다. 그래서 이 심판은 공통적이고 최종적인 심판이 될 것이고, 이것을 행하기 위해 그리스도가 영광을 지니고 다시 오실 것을 믿는다.

시편 36(35),7에서 "신의 심판은 엄청난 심연"[726]이라고 언급되고, 사도(바오로)는 로마 11,33에서 "그의 심판은 파악 불가능하다"[727]라고 말하고 있기 때문에, 앞서 다루어진 심판들 각각의 안에는 심오하고 인간의 인식에 의해 파악될 수 없는 어떤 것이 존재하고 있다. 즉 그것에 의해 인간의 현재 삶이 관리되는 신의 첫 번째 심판 안에서, 사실 심판의 시간은 모든 이에게 명백하지만 보상의 이유는 감추어져 있다. 무엇보다도 이 세상에서는 대개 선한 이들에게 나쁜 일들이, 악한 이들에게는 좋은 일들이 일어나기 때문이다. 그러나 신의 다른 두 가지 심판에서는 보상의 이유는 분명해지겠지만, 그 시간은 숨겨진 채로 남아 있다. 한편, 인간은 "인간은 자기의 끝을 모른다"[728]라는 코헬 9,12에 따라 자기 죽음의 시간을 알지 못하고, 또한 아무도 이 세상의 종말을 미리 알 수 없다. 우리는 미래 사태의 원인을 파악하지 못한다면 미래를 미리 알지 못한다. 그러나 세계 종말의 원인은 신의 의지이고, 이것은 우리에게 알려져 있지 않다. 그래서 어떤 피조물도 세상의 종말을 미리 알 수 없고, 오직 신만이 알 수 있을 뿐이다. 이에 대해 마태 24,36은 "그날과 그 시간은 아무도 모른다. 하늘의 천사도 모르고 오로지 성부만이 아신다"[729]라

---

725 제162장 참조.

726 "Iudicia Dei abyssus multa"; "당신의 공정은 깊은 바다 속 같아"(『성경』).

727 "incomprehensibilia sunt iudicia eius"; "그분의 판단은 얼마나 헤아리기 어렵고 (그분의 길은 얼마나 알아내기 어렵습니까?)"(『성경』)

728 "Nescit homo finem suum"; "사실 인간은 자기의 때를 모른다"(『성경』).

729 "De die illa et hora nemo scit, neque angeli celorum, nisi solus Pater"; "그러나 그 날과 그 시간은 아무도 모른다. 하늘의 천사도 아들도 모르고 오로지 아버지만 아신다"(『성경』).

고 말한다.

그러나 마르 13,32에서는[730] "아들도 모르고"(neque Filius)라는 구절을 읽을 수 있기 때문에, 어떤 사람들은 이것으로부터 오류에 빠질 재료를 얻게 되었다. 즉 그들은 성부가 알고 있는 것을 성자는 알지 못하기 때문에 성자는 성부보다 열등하다고 말한다.[731] 그러나 성자가 이것을 취해진 인간 본성에 따라서는 알지 못하지만, 신적 본성에 따라서는 그렇지 않다고 말함으로써 이런 오류를 피할 수 있을 것이다. 신적 본성에 따르면, 성자는 성부와 하나의 지혜를 가지고 있거나, 더 정확히 말해 성자는 성부의 마음 안에 잉태된 지혜 자체이다. 하지만 성자가 취해진 본성에 따라서는 심판의 날을 알지 못했으리라는 이 사실 또한 부적절한 것처럼 보인다. 앞에서 말한 바와 같이,[732] 복음사가가 증언하기를[733] 그의 영혼은 모든 은총과 진리로 충만해 있기 때문이다. 또한 그리스도가 인간의 아들이기 때문에 심판할 수 있는 권한을 받았을 때, 인간 본성에 따라 자기 심판의 시간은 알지 못하리라고 가정하는 것도 근거가 없어 보인다. 왜냐하면 성자가 다가올 시간을 결정하는 판단이 그에게서 빠져 있다고 가정하면, 성부는 그에게 모든 심판을 부여하지 않은 셈이 되기 때문이다.[734] 그러므로 이것은 성서에서 관습적으로 사용되는 표현

---

730 현대의 성서에는 마태 24,36에도 "아들도 모르고"라는 구절이 삽입되어 있다. 토마스는 마태오복음에 이것이 빠져 있는 것으로 생각하고 있다.

731 아리우스파들(아리우스와 에우노미우스 등)이 이렇게 생각한다(제204장 각주 471 참조)(〔255〕). 아타나시우스, 『아리우스파 반박』 III, 26 (PG 26, 380); 힐라리우스(Hilarius), 『삼위일체론』(*De Trinitate*) IX, 2 (PL 10, 282); 암브로시우스, 『신앙론』(*De fide*) V, 16 (PL 16, 688); 히에로니무스, 『마태오복음 주해』(*In Evangelium Matthaei*) IV, 24, 36 (PL 26, 181) (CV, p. 300, n. 90) 참조.

732 제213~16장 참조.

733 요한 1,14 참조.

734 사고 과정의 이해를 위해 덧붙이면, 동일한 라틴어 '유디키움'(iudicium)은 (법적인 의미에서든지 또는 논리적인 의미에서든지 간에) 판단을 의미할 뿐만 아니라 재판도 의미한다(〔256〕).

방식에 따라 이해해야 한다. 예를 들면 신이 어떤 것의 앎을 제공했을 때, "신이 저 사물을 알게 되었다"라고 말한다. 마치 신이 창세 22,12에서 아브라함에게 "네가 주님을 경외하는 줄을 내가 이제 알았다"[735]라고 말하듯이 말이다. 즉 영원으로부터 모든 것을 알고 있는 신이 그 순간에 알기 시작한 것이 아니라 저 행동(아브라함의 행위)을 통해 그의 신심을 드러내 보였기 때문인 것이다. 따라서 이런 식으로 성자 또한 심판의 날을 알지 못한다고 말하는 것이다. 그가 그의 앎을 제자들에게 주지 않고, 그들에게 사도 1,7에서 "성부가 그의 권한으로 정하신 시간이나 순간은 너희가 알 바 아니다"[736]라고 대답했기 때문이다. 하지만 성부는 적어도 영원한 출생을 통해 성자에게 이 일에 대한 앎을 주었기 때문에, 이런 방식으로 알지 못하지는 않는다. 그러나 어떤 이는 이것을 입양된 아들[737]에 대한 것으로 이해되어야 한다고 말함으로써 간단하게 해결한다.[738]

따라서 주님은 미래 심판의 시간이 감추어져 있기를 원했다. 이는 인간이 우연히 심판의 시간에 준비되지 않은 채로 있지 않게끔, 즉 신중히 깨어 있도록 하기 위함이었다. 그렇기 때문에 그는 또한 각자의 죽는 시간도 알려지지 않기를 원했다. 즉 각각의 인간은 죽음을 통해 여기에서 떠나가는 그런 식으로, 그렇게 심판의 때에 나타나게 될 것이다. 그래서 주님은 마태 24,42에서 "깨어 있어라, 너희의 주님이 어느 시간에 올지 너희는 모르기 때문이다"[739]라고 말했다.

---

735 "Nunc congnoui quod timeas Dominum"; "네가 하느님을 경외하는 줄을 내가 이제 알았다"(『성경』).

736 "Non est uestrum nosse tempora uel momenta, que pater posuit in sua potestate"; "그때와 시기는 아버지께서 당신의 권한으로 정하셨으니 너희가 알 바 아니다"(『성경』).

737 이것은 신이 은총을 통해 아들의 위치로 받아들인 단순한 인간이다((257)).

738 라바누스(Hrabanus), 『마태오복음 주해』(*Super Matth.*) XXIV, 36 (PL 107, 1078 C); 『정규 간편주해』, Matth. 24, 36 (PL 114, 162 D) 참조.

739 "Vigilate, quia nescitis qua hora dominus uester uenturus sit"; "그러니 깨어 있어라. 너희의 주인이 어느 날에 올지 너희가 모르기 때문이다"(『성경』).

제243장

모든 이가 심판받을 것인가, 혹은 아닌가

Vtrum omnes iudicabuntur, an non

병행문헌:『신학대전』제II부 제I권 제81문제 제3절 제1이론에 대한 해답; 보충부 제89문제
제5절, 제6절, 제7절;『명제집 주해』제4권 제43구분 제1문제 제2소질문 제1이론에 대한 해답;
『시편 주해』제1편;『마태오복음 주해』제25장;『코린토전서 주해』제5장 제3강;『코린토
후서 주해』제5장 제2강;『히브리서 주해』제10장 제3강 참조.

이렇게 앞서 언급된 것들에 따라[740] 그리스도가 산 이들과 죽은 이들
에 대해 심판할 권한을 가지고 있다는 것은 분명하다. 즉 그는 현재 세상
에 살고 있는 이들에 대해서 뿐만 아니라 죽음으로써 이 세상으로부터
떠나간 이들에 대해서도 심판을 수행한다. 그러나 최후심판에서는 '산
이들'(uiuos)과 '죽은 이들'(mortuos)을 동시에 심판할 것이다. 혹은 [이
표현에서] 산 이들을 통해 은총의 삶을 살고 있는 의로운 이들이 생각되
며, 죽은 이들을 통해서는 은총으로부터 떨어져 나간 죄인들이 생각된
다. 혹은 산 이들을 통해서는 주님이 오실 때에 살아 있음이 확인되는
이들이 생각되고, 죽은 이들을 통해서는 이전에 없어진 이들이 생각된
다. 그러나 이것은, 어떤 이들이 생각했던 것처럼 육체의 죽음을 전혀 경
험하지 않고 그렇게 살아서 어떤 이들은 심판받게 될 것이라고 이해되
어서는 안 된다. 즉 사도[바오로]는 1코린 15,51에서 "우리 모두 부활할
것입니다"[741]라고 말하며, 다른 문헌에서는 "우리 모두 잠들 것입니다"
(omnes quidem dormiemus), 즉 "죽을 것입니다"(moriemur)라고 나온다.[742]
혹은 히에로니무스(Ieronymus)가 미네르비우스에게 육신의 부활에 대

---

740 제241장 이하 참조.

741 "omnes quidem resurgemus." 토마스가 이 구절을 읽는 방식은 현재의 성서 번역
    인 "우리 모두 죽지 않고 다 변화할 것입니다"와는 상당한 차이를 보이고 있다.

742 아우구스티누스,『서간』(Epist.) 205, c. 2 (PL 33, 947; CSEL 57, 334) 참조.

해 보낸 편지에서 말하는 것처럼 어떤 책들에서는 "우리 모두가 잠들지는 않을 것입니다"[743]라고 나온다. 이것은 앞서 언급된 주장의 견고함을 없애는 것이 아니다. 왜냐하면 조금 앞에서 사도(바오로)는 "아담 안에서 모든 이가 죽는 것과 같이, 그리스도 안에서 모든 이가 살아날 것입니다"[744]라고 미리 말했기 때문이다. 이에 "우리 모두가 죽지는 않을 것입니다"라고 말한 것은, 로마 5,12에서 말했듯이, 원조의 죄를 통해 모든 이에게 전해진 육체의 죽음과 관련될 수는 없다. 오히려 죄의 잠으로부터 (일어나는) 것으로 해석되어야 할 것이다. 이에 대해 에페 5,14에서는 "잠자는 이여 일어나라, 죽은 이들로부터 일어나라, 그리스도께서 너를 비추시리라"[745]라고 말한다. 그러므로 주님이 오실 때에 있는 이들은 이전에 없어진 이들로부터 구별되는데, 이는 그 자신들이 결코 죽지 않았기 때문이 아니라 오히려 아우구스티누스가 말하는 것처럼 "공중에서 그리스도를 맞이하기 위해 구름 속으로"[746] 들려 올라가는 그 황홀경 안에서 죽었다가 즉시 부활하기 때문이다.

그럼에도 심판에서는 세 가지가 동시에 일어나는 것처럼 보인다는 사실에 주목해야 한다. 첫째로 어떤 이가 심판관 앞에 출두되고, 둘째로 그의 공로가 심의되며, 셋째로 판결을 받는다. 따라서 첫째 것과 관련해서

---

743 히에로니무스, 『서간』(*Epist.*) 119, n. 2 (PL 22, 967; CSEL 55-56, 447) 참조.

744 "Sicut in Adam omnes moriuntur, ita et omnes in Christo uiuificabuntur"; "아담 안에서 모든 사람이 죽는 것과 같이, 그리스도 안에서 모든 사람이 살아날 것입니다"(『성경』, 1코린 15,22).

745 "Surge qui dormis, surge a mortuis, et illuminabit tibi Christus"; "잠자는 사람아 깨어나라. 죽은 이들 가운데에서 일어나라. 그리스도께서 너를 비추어 주시리라"(『성경』).

746 "in nubibus obuiam Christo in aera". 비교: 1테살 4,16-17: "그러면 먼저 그리스도 안에서 죽은 이들이 다시 살아나고, 그 다음으로 그때까지 남아 있게 될 우리 산 이들이 그들과 함께 구름 속으로 들려 올라가 공중에서 주님을 맞이할 것입니다"(『성경』). 아우구스티누스, 『신국론』 XX, 20 참조. 더 상세한 논의를 발견할 수 있는 아우구스티누스, 『서간』 193, c. 4 (PL 33, 873; CSEL 57, 173)도 참조.

는, 첫 인간부터 마지막 인간까지 선하거나 악하거나 모든 이가 그리스도의 심판에 종속된다. 2코린 5,10에서 말한 바와 같이, "우리 모두 그리스도의 심판대 앞에 나서야"[747] 하기 때문이다. 이러한 일반성으로부터는, 성서 주해(Glosa)[748]가 같은 곳에서 말하는 바와 같이, 세례를 받지 못하고 죽었든지 세례를 받고 죽었든지 간에, 어린 아이들도 제외되지 않는다.

그러나 두 번째 것, 즉 공로의 심의와 관련해서는(ad discussionem meritorum), 모든 이가 심판받아야 하는 것은 아니다. 즉 선한 이들도 악한 이들도 모두 심판받는 것은 아니다. 이를테면 선한 것이 악한 것과 섞여 있는 경우에만 심판의 심의 과정이 필수적이다. 반면에 악의 혼합이 없이 선만이 있거나 선의 혼합이 없이 악만 있는 곳에서는 심의가 필요하지 않다. 선한 이들 중에 어떤 이들은 오로지 신과 신에 속하는 것에 전념함으로써 일시적인 선을 전적으로 경멸한다. 죄는 변할 수 없는 선을 경멸하면서 변하기 쉬운 선에 집착함으로써 저질러지기 때문에, 이 사람들 안에는 선과 악의 뚜렷한 혼합은 결코 존재하지 않는 것처럼 보인다. 그러나 그들이 죄 없이 사는 것은 아니다. 그들의 인격은 1요한 1,8에서 "만일 우리가 죄를 짓지 않는다고 말한다면, 우리는 자신을 속이는 것입니다"[749]라고 말하기 때문이다. 오히려 그들에게는 가벼운 죄가 발견되지만, 이 죄는 애덕의 열렬함으로 인해 어떤 의미에서 소멸되기 때문에 아무 죄도 없는 것처럼 보인다. 그래서 이들은 심판에서 공로의 심의를 통해 판결받지 않을 것이다. 그러나 지상의 삶을 살아가고 세속적인 사물을 지향하면서 그것을 비록 신을 거슬러 사용하지 않지만,

---

747 "omnes nos oportet astare ante tribunal Christi"; "우리 모두 그리스도의 심판대 앞에 나서야 합니다"(『성경』).

748 페트루스 롬바르두스, 『간편주해』(PL 192, 40 B) 참조.

749 "Si dixerimus quia peccatum non habemus, ipsos seducimus"; "만일 우리가 죄 없다고 말한다면, 우리는 자신을 속이는 것이고 우리 안에 진리가 없는 것입니다"(『성경』).

해야만 하는 것 이상으로 그것에 집착하는 사람들은 신앙과 애덕의 선에 뚜렷한 정도로 혼합된 악한 어떤 것을 가지고 있다. 그들에게서 무엇이 더 가치 있는지는 쉽게 드러날 수 없을 정도이다. 그래서 그런 이들은 공로의 심의라는 측면에서도 또한 심판받을 것이다. ─

이와 비슷하게 악한 이들의 측면에서도 "신에게로 나아가는 사람들은 믿어야 합니다"[750]라는 히브 11,6의 말씀에 따라 신에게로 나아가는 원리는 신앙이라는 사실을 주의해야만 한다. 그러므로 신앙을 가지지 않은 이들은 악과 혼합됨으로써 그들의 단죄를 의심스럽게 만들 어떤 선도 그 안에서 발견되지 않는 (자들이다). 따라서 그들은 공로의 심의 없이 단죄될 것이다.[751] 그러나 신앙을 가지고 있지만 애덕이나 선한 행위를 가지지 못한 이들은 신과 결합해 줄 무엇인가는 가지고 있는 셈이다. 그래서 그 안에서 선과 악 중에 어떤 것이 더 중요한지를 명백하게 드러나게 하기 위해 공로의 심의는 필수적이다. 이런 이들은 공로의 심의와 더불어 단죄될 것이다. 이는 마치 지상의 왕이 죄를 지은 시민은 심문과 더불어 단죄하지만, 적에 대해서는 어떤 심문도 없이 단죄하는 것과 마찬가지이다.

그러나 세 번째 것, 즉 판결의 선포와 관련해서는(ad sententie prolationem) 모든 이가 심판받을 것이다. 모든 이는 그리스도의 판결로부터 영광이나 벌을 받게 될 것이기 때문이다. 그래서 2코린 5,10에서 "그래서 선한 것들이든 악한 것들이든 그가 행한 것에 따라 각자 육체의 고유한 것들을 받게 됩니다"[752]라고 말하는 것이다.

---

750 "Accedentem ad Deum oportet credere"; "하느님께 나아가는 사람은 (그분께서 계시다는 것과 그분께서 당신을 찾는 이들에게 상을 주신다는 것을) 믿어야 합니다"(『성경』).
751 어떤 구체적인 사람들이 이 집단에 속하는지는 결정될 수 없다. 왜냐하면 신에 의해 작용된 내적 행위로서의 신앙의 실제는 가시적인 교회 공동체 안에서 명시적으로 신앙을 고백하는 것을 훨씬 넘어서는 것이기 때문이다. 카를 라너(Karl Rahner)의 익명의 그리스도인 이론 등 참조((258)).

제244장

심판의 절차와 장소

De modo iudicii et loco

병행문헌:『신학대전』보충부 제88문제 제2절, 제4절;『자유토론 문제집』제10권 제1문제 제2절;『마태오복음 주해』제19장;『코린토전서 주해』제6장 제1강 참조.

그러나 심판 때의 심의가 인간적인 재판에서 일어나는 것과 같이, 심판관이 정보를 얻기 위해 필수적이라고 여겨서는 안 된다. 히브 4,13에서 말한 바와 같이, 모든 것이 "그분 눈에는 벌거숭이로 드러나"[753] 있기 때문이다. 앞서 언급된 심의는 오히려 각자가 자기 자신과 다른 이들에 대해 그들이 어떤 방식으로 벌과 영광에 합당한지를 알게 하기 위해 필수적이다. 그래서 선한 이들은 모든 것에서 신의 정의에 대해 기뻐할 것이고, 악한 이들은 자기 자신에 대해 분노할 것이다. ──

공로를 이런 방식으로 심의하는 것이 구두 심문의 방식으로 이루어질 것으로 여겨서는 안 된다. 각자가 생각했던 것, 말했던 것, 행위했던 것 중에서 선한 것들이나 악한 것들을 자세히 설명하기 위해서는 엄청난 시간이 요구될 것이기 때문이다. 그래서 락탄티우스(Lactantius)[754]는,

---

752 "Vt referat unusquisque propria corporis que gessit, siue bona siue mala"; "그래서 저마다 좋은 것이든 나쁜 것이든, 이 몸으로 한 일에 따라 갚음을 받게 됩니다"(『성경』).

753 "nuda et aperta oculis eius"; "그분 눈에는 모든 것이 벌거숭이로 드러나 있습니다"(『성경』).

754 3~4세기의 교회 저술가인 락탄티우스는 그리스도교에 대한 비판에 대항해 호교적인 작품을 저술했다. 그는 이교도들을 위해 성서로부터 출발하지 않고 철학적 증명 방식을 사용해야만 했다. 그는 교양 있는 사람들을 위해 교양 있고 아름다운 라틴어를 사용하기 원했기 때문에 '그리스도교의 키케로'가 되었다. 그는 304년에서 313년 사이에 저술한 주저『신적인 가르침』(*Divinae Institutiones*) 제7권에서 '천년왕국'에 대한 가르침을 주장했다. ── 따라서 락탄티우스는 토마스가 잘못

앞서 언급된 방식으로 한 사람의 심판을 완료하기 위해 여러 날이 요구될 것이므로 시간이 충분해 보이지 않음에도 불구하고, 심판의 날이 1,000년동안 지속되리라고 추정했을 정도로 기만되어 있었다. 그러므로 각자에게 그들이 행했고, 그것에 대해 상이나 벌을 받아야만 하는 모든 것이 선인지 악인지 즉시 나타나는 일이 신적인 힘에 의해 이루어진다. 이 일은 자기 자신에 대해서만이 아니라 다른 이들에 대해서도 이루어진다. 그러므로 악이 아무런 중요성도 지니지 못한 것처럼 보일 정도로 선이 워낙 탁월한 곳이나 그 반대의 경우에는, 인간적 가치 평가에 따라서는 선과 악 사이에 아무런 경쟁도 없는 것처럼 보일 것이다. 이런 까닭으로 그들은 심의 없이 상이나 벌을 받는다고 말한다.

그러나 저 심판에서 모든 이가 그리스도 옆에 서 있을지라도, 선한 이들은 단지 공로의 원인이라는 측면에서만 악한 이들과 차이가 나는 것이 아니라 장소적으로도 그들로부터 갈라 놓아질 것이다. 왜냐하면 지상의 것을 좋아하면서 그리스도로부터 멀어졌던 악한 이들은 지상에 남아 있게 될 것이나, 그리스도에게 전념했던 선한 이들은 그리스도와 합치하기 위해 공중으로 들어 올려져 그리스도를 향해 나아갈 것이기 때문이다. (그 합치는) 그들이 그리스도의 찬란한 영광과 같은 모양을 이루는 것뿐만 아니라 장소적으로도 그와 연합함으로써 이루어진다. 이는 "육신이 있는 곳에는 어디든지 또한 독수리들이 모여든다"[755]라고 말

추정하고 있는 것처럼 심판의 날이 1,000년 동안 계속되리라가 아니라 심판의 날 다음에 복된 이들은 그리스도와 함께 세상의 종말 이전까지 1,000년 동안 지상을 다스릴 것이라고 가르쳤다(『신적인 가르침』 7, 14/24; PL 6, 782 A-784 A & 808 A-811 B). ― 토마스의 착각은 락탄티우스가 1,000년의 시간 간격을 하루와 비교했다는 사실에 의해 더 쉽게 야기되었다. ― 천년왕국설은 그리스도교의 고대와 중세 시기에 널리 퍼졌던 이론으로 오늘날에도 여러 분파들(침례교, 재림교, 모르몬교, 여호와의 증인)이 믿고 있다. ― 온건한 천년왕국설은 아직도 가톨릭 신학자들 사이에서 논의 중에 있다(Denz., 2296)((259)).

755 "Vbicumque fuerit corpus, congregabuntur et aquile"; "주검이 있는 곳에 독수리들이 모여든다"(『성경』).

하는 마태 24,28에 따른 것이다. 여기서 독수리는 성인을 뜻한다. 히에로니무스에 따르면, 분명하게 '육신의' 자리에 주검을 뜻하는 히브리어 '이오아톤'(ioathon)이 사용되는데,[756] 이는 그리스도의 수난을 기념하기 위한 것이다. 그 수난을 통해 그리스도는 심판할 수 있는 권한을 얻었고, 그의 수난과 합치된 인간은 그의 영광스러운 공동체로 취해진다. 이는 사도(바오로)가 2티모 2,12에서 "우리가 함께 수난을 당하면 함께 다스릴 것입니다"[757]라고 말하는 바와 같다. ──

이에 사람들은 그리스도가 주의 수난의 장소 부근으로 심판을 위해 내려올 것이라고 믿었다. 이는 "나는 모든 민족을 모을 것이고 그들과 함께 요사팟 골짜기에서 판결할 것이다"[758]라는 요엘 4(3),2[759]에 따른 것이다. 요사팟 골짜기는 올리브산 아래 위치해 있고, 그곳으로부터 그리스도가 승천했다.[760] 또한 "사람의 아들의 표징이 하늘에 나타날 것이다"[761]라는 마태 24,30에 따라 주님이 심판하러 오시면서 십자가의 표징과 다른 수난의 증거가 증명될 것이다. 이는 그들이 못박았던 자를 바라보는 불경한 이들은 고통을 느끼며 몹시 괴로워하고, 구원된 이들은 구세주의 영광을 기뻐하도록 하기 위한 것이다. 그리고 그리스도가 성부의 가장 나은 선으로 들어 올려졌다는 측면에서 인간 본성에 따라 신의

---

756 히에로니무스, 『마태오복음 주해』 24, 28 (PL 26, 179 C; CCL 229) 참조.

757 "Si compatimur et conregnabimus"; "우리가 견디어 내면 그분과 함께 다스릴 것이며"(『성경』).

758 "Congregabo omnes gentes, et disceptabo cum eis in ualle Iosaphat."

759 토마스는 제3장이라고 기록하고 있으나, 실제는 요엘 4,2에 해당된다. "모든 민족을 모아 요사팟 골짜기로 끌고 내려가서 (나의 백성, 나의 소유 이스라엘에 한 일을 두고 그들을 거기에서) 심판하리라"(『성경』).

760 토마스는 이 장소를 구체적인 예루살렘의 한 장소와 연결하지만, 현대 성서학에 따르면 이 장소는 실재가 아니라 묵시론적인 장소로 주님께서 심판을 수행하실 곳이다.

761 "Apparebit signum Filii hominis in celo"; "그때 하늘에 사람의 아들의 표징이 나타날 것이다. (그러면 세상 모든 민족이 가슴을 치면서 '사람의 아들이' 큰 권능과 영광을 떨치며 '하늘의 구름을 타고 오는 것을' 볼 것이다)"(『성경』).

오른편에 앉아 있다고 말하는 것처럼 의로운 이들도 그리스도의 곁에 가장 영예스러운 자리를 차지한다는 의미에서 심판 때에 그의 오른편에 위치한다고 말한다.

제245장
성인들은 심판할 것이다
Quod sancti iudicabunt

병행문헌:『신학대전』보충부 제89문제 제1절;『시편 주해』제49장;『코린토전서 주해』제6장 제1강 참조.

저 심판에서는 그리스도뿐만 아니라 다른 이들도 심판할 것이다. 이들 중에 어떤 이들은 마태 12,41에서 "심판 때에 니네베 사람들이 다시 살아나 이 세대를 단죄할 것이다"[762]라고 말하는 것에 따라 단지 선한 이들이 덜 선한 이들에 대해, 악한 이들이 더 악한 이들에 대한 비교의 방식으로만 심판할 것이다. 또한 어떤 이들은 판결의 승인을 통해 심판할 것인데, 그렇게 모든 의로운 이들은 "성인들은 국가들을 심판할 것이다"[763]라는 지혜 3,8에 따라 심판할 것이다. 또한 어떤 이들은 "그들의 손에는 쌍날의 칼이 〔있으리라〕"[764]라는 시편 149,6에 따라 그리스도로부터 심판할 수 있는 권한을 받은 자들처럼 심판할 것이다. 그런데 이 최후의 심판을 할 수 있는 권한을 주님은 마태 19,28에서 다음과 같이 말하면서 제자들에게 확약하셨다. "사람의 아들이 존엄한 자기 옥좌에 앉을 새로운 시대가 오면, 나를 따랐던 너희도 열두 옥좌에 앉아 이스라엘의 12지

---

762 "Niniuite surgent in iudicio, et condempnabunt generationem istam"; "심판 때에 니네베 사람들이 이 세대와 함께 다시 살아나 이 세대를 단죄할 것이다"(『성경』).

763 "Iudicabunt sancti nationes"; "그들은 민족들을 통치하고 백성들을 지배할 것이며"(『성경』).

764 "Gladii ancipites in manibus eorum".

파를 심판할 것이다."[765]

그러나 이스라엘의 12지파에 속하는 유대인들만이 사도들을 통해 심판받을 것이라고 추정해서는 안 된다. 오히려 이스라엘의 12지파는 성조(聖祖)들의 신앙 안으로 받아들여진 모든 믿는 이를 의미하는 것으로 이해된다. 왜냐하면 믿지 않는 이들은 심판을 받는 것이 아니라 이미 심판을 받았기 때문이다.[766] 또한 이와 유사하게 그때 있었던 12사도들만이 그리스도와 함께 심판할 것도 아니다. 왜냐하면 유다스(Iudas)는 결코 심판하지 않을 것이고, 다른 이들보다 더 많이 노력한 바오로(Paulus)는 결코 심판할 수 있는 품위를 결여하지 않았기 때문이다. 특히 바오로 자신이 "당신들은 우리가 천사들을 심판할 것을 모릅니까?"[767]라고 말하기 때문이다. 그러나 이 영예는 모든 것을 버리고 그리스도를 따랐던 저들에게 고유하게 속한다. "보십시오, 저희는 모든 것을 버리고 당신을 따랐습니다. 우리에게는 어떤 일이 있겠습니까?"[768]라고 묻는 베드로에게 그리스도는 이 영예를 약속했다. 그래서 욥 36,6에서는 "그는 가난한 이들에게 판결을 내리신다"[769]라고 말한다. ──

그리고 이것은 이치에 맞다. 앞서 말한 바와 같이,[770] 심의 과정은 지상

---

765 "Vos qui secuti estis me, in regeneratione cum sederit Filius hominis in sede maiestatis sue, sedebitis et uos super sedes duodecim iudicantes duodecim tribus Israel"; "내가 진실로 너희에게 말한다. 사람의 아들이 영광스러운 자기 옥좌에 앉게 되는 새 세상이 오면, 나를 따른 너희도 열두 옥좌에 앉아 이스라엘의 12지파를 심판할 것이다"(『성경』).

766 "아들을 믿는 사람은 심판을 받지 않는다. 그러나 믿지 않는 자는 이미 심판을 받았다"(『성경』, 요한 3,18).

767 "Nescitis quoniam Angelos iudicabimus?"; "우리가 천사들을 심판하리라는 것을 모릅니까?"(『성경』, 1코린 6,3)

768 "Ecce nos reliquimus omnia, et secuti sumus te: quid ergo erit nobis?"; "보시다시피 저희는 모든 것을 버리고 스승님을 따랐습니다. 그러니 저희는 무엇을 받겠습니까?"(『성경』, 마태 19,27)

769 "Iudicium pauperibus tribuet"; "가련한 이들의 권리는 보장하십니다"(『성경』).

770 제243장 참조.

의 사물을 잘 사용하거나 잘못 사용한 사람의 행동에 대해 있게 될 것이기 때문이다. 그러나 심판의 올바름을 위해서는 심판관의 영혼이 심판받아야 하는 것으로부터 자유로워야 한다는 점이 요구된다. 따라서 어떤 이가 지상적인 일로부터 자기 영혼을 전적으로 떼어 놓았다는 사실을 통해 심판할 수 있는 영예를 마땅히 받을 만하게 된다. 또한 신적 계명의 선포도 이런 영예를 위한 공로가 된다. 그래서 마태 25,31[771]은 그리스도가 심판하러 천사들과 함께 올 것이라고 말한다. 여기서 천사들은 아우구스티누스가 『고백성사론』(De penitentia)이란 책에서 말하는 것처럼 설교자들(predicatores)을 뜻한다.[772] 삶의 계명을 선포했던 이들이 신적인 계명의 준수에 대해 인간의 행위를 판별하는 것은 합당한 일이다. 앞서 언급된 이들은 각 개인에게 자기 자신뿐만 아니라 다른 이들의 구원받는 이유와 단죄되는 이유를 드러내는 데에 함께 협력한다는 측면에서 심판하는 것이다. 이는 상위의 천사가 하위의 천사나 인간을 조명한다고 말하는 것과 같은 방식으로 이루어진다. 따라서 그리스도 안에 있는 이런 심판할 수 있는 권한을 우리는 사도신경에서 "그리로부터 산이와 죽은 이를 심판하러 오시리라 [믿나이다]"(Inde uenturus est iudicare uiuos et mortuos)라고 말함으로써 고백하고 있다.

제246장
신앙 조항의 구별
De distinctione articulorum fidei

병행문헌: 『신학대전』 제II부 제I권 제1문제 제8절; 『명제집 주해』 제3권 제25구분 제1문제 제2절 참조.

---

771 "사람의 아들이 영광에 싸여 모든 천사와 함께 오면, 자기의 영광스러운 옥좌에 앉을 것이다"(『성경』).

772 아우구스티누스, 『설교』(Sermo) 351, n. 8 (PL 39, 1544) 참조.

그리스도교 신앙의 진리에 속하는 이런 것들이 고찰된 다음에, 앞서 언급된 모든 것은 몇몇 조항으로 환원된다는 사실을 알아야만 한다.[773] 몇몇 사람들에 따르면 12조항으로 환원되고, 다른 사람들에 따르면 14조항으로 환원된다. 신앙은 이성에 의해 파악될 수 없는 것에 대한 것이기 때문에, 이성에 의해 파악될 수 없는 새로운 어떤 것이 일어나는 곳에서는 새로운 〔신앙〕 조항이 존재해야만 한다. 따라서 신성의 단일성에 속하는 한 조항이 존재한다. 신이 하나라는 사실은 이성에 의해 증명될지라도, 그가 각별하게 흠숭받기 위해 이렇게 모든 것을 직접적으로 감독한다는 사실은 신앙에 종속된다. 그런데 세 위격에 대해서는 세 조항이 규정된다. 신의 세 가지 결과에 대해, 즉 본성에 속하는 창조의 〔결과〕, 은총에 속하는 의화(iustificationis)의 〔결과〕, 영광에 속하는 보상의 (remunerationis) 〔결과〕에 대해서는 세 가지 다른 조항이 상정된다. 그리고 이렇게 신성에 대해 전체적으로는 7조항이 규정된다. ──

그리스도의 인성에 대해서는 다른 일곱 가지 조항이 다음과 같이 상정된다. 첫째는 강생과 잉태에 대한 것이고, 둘째는 동정녀의 닫힌 자궁으로부터 출생됨으로 인해 특별한 어려움을 가지고 있는 탄생에 대한 것이고, 셋째는 수난과 죽음과 장례에 대한 것이고, 넷째는 지옥으로 내려감에 대한 것이고, 다섯째는 부활에 대한 것이고, 여섯째는 승천에 대한 것이고, 일곱째는 심판하러 오심에 대한 것이다. 이렇게 전체적으로는 14조항이 존재한다.

그러나 성부는 성자나 그 두 분을 연결해 주는 사랑, 즉 성령을 믿지 않고는 믿어질 수 없다는 이유로 해서, 다른 이들은 〔상당히〕 합리적으로 세 위격에 대한 신앙을 한 조항 아래 요약한다. 하지만 부활에 대한 조항은 보상에 대한 조항으로부터 구별된다. 이렇게 신에 대해서는 두 가지 조항이 존재하는데, 하나는 단일성에 대한 것이고, 다른 하나는 삼위

---

773 다음과 같은 분류는 니케아-콘스탄티노플 신경이 아니라 사도신경과 관련된 것이다(〔260〕).

일체에 대한 것이다. 〔신의〕 결과에 대해서는 네 가지 조항이 존재하는데, 첫째는 창조에 대한 것이고, 둘째는 의화에 대한 것이고, 셋째는 공통적인 부활에 대한 것이고, 넷째는 보상에 대한 것이다. 이와 유사하게 그리스도의 인성에 대한 신앙과 관련해 그들은 잉태와 탄생을 하나의 조항 아래 포함한다. 수난과 죽음도 그렇게 한다. 따라서 전체적으로 이런 계산법에 따르면 12조항이 있게 된다.

그리고 이것들로 신앙에 대해서는 충분하다.

제II권

소 망 에   대 하 여

제1장

그리스도교 삶의 완전성을 위해 소망이라는 덕은 필수적이라는 사실이 밝혀진다

In quo ostenditur quod ad perfectionem christiane
uite necessaria est uirtus spei

    사도들의 제후의 가르침에 따라 우리는 신앙에 대한 이유뿐만 아니라 우리 안에 있는 소망에 대한 이유도 전하도록 권고를 받았기 때문에,[1] 그리스도교 신앙의 가르침을 간략하게 언급한 앞선 부분들 다음에 소망에 속하는 것들에 대해서도 내가 그대에게 간결히 설명하는 것이 남아 있다.

    인간은 본성적으로 진리를 아는 것을 바라기 때문에, 인간의 욕구는 어떤 인식에서 쉴 수 있다는 사실을 주목해야만 한다. 진리를 인식함으로써 그의 바람은 쉬게 된다. 그러나 인간의 바람은 신앙의 인식 안에서 쉬지 못한다. 신앙은 불완전한 인식이기 때문이다. 즉 인간은 보이지 않는 것들을 믿는다. 그래서 사도(바오로)는 히브 11,1[2]에서 그것(신앙)을 "보이지 않는 논증"[3]이라고 부른다. 따라서 신앙을 가진 다음에도 다른 것을 향한 영혼의 움직임은 여전히 남아 있다. 즉 그가 믿는 진리를 알고자 하는 것이나, 그것을 통해 그런 종류의 진리로 인도될 수 있는 것들에 도달하기 위한 (움직임은 남아 있다).

    신앙의 여러 학설 가운데 하나는 신이 인간사(人間事)에 대해 섭리를

---

1 "여러분이 지닌 희망에 관해 누가 물어도 대답할 수 있도록 언제나 준비해 두십시오"(『성경』, 1베드 3,15).
2 "믿음은 우리가 바라는 것들의 보증이며, 보이지 않는 실체들의 확증입니다"(『성경』).
3 "argumentum non apparentum"이 다른 판본에는 "argumentum non apparentium"으로 나와 있는데, 이 경우에는 "보이지 않는 것들에 대한 논증"이라고 번역할 수 있다. 이 해석이 성서 원문의 의미에는 더 가까워 보인다.

지닌다고 믿어진다는 사실이라고 우리가 말했기 때문에,[4] 이것으로부터 믿는 이의 영혼 안에 소망의 충동이 생겨난다. 이는 곧 믿는 이가 신앙으로부터 철저하게 교육받은 이로서, 본성적으로 바라는 선을 그의 도움을 통해 따르려는 것이다. 그래서 앞서 우리가 이미 말한 바와 같이,[5] 그리스도교의 삶의 완전성을 위해 신앙 다음에는 소망이 필수적이다.

제2장

인간에게는 적절하게 신으로부터
소망하는 것을 얻게 해 주는 기도가 지시되었다.
그리고 신과 인간에 대한 기도의 다양성에 대하여

Quod hominibus conuenienter indicitur oratio per quam optineant

que a Deo sperant et de diuersitate orationis ad Deum et ad hominem

병행문헌: 『신학대전』 제II부 제II권 제83문제 제2절; 『명제집 주해』 제4권 제15구분 제4문제 제1절 제3소질문 제1, 2, 3이론에 대한 해답; 『대이교도대전』 제3권 제95장, 제96장; 『마태오복음 주해』 제6장 참조.

신적인 섭리의 질서에 따라 각자에게는 자기 본성에 부합하면서 목적에 도달하는 방식이 부가되기 때문에, 인간에게도 또한 인간 조건의 내용에 따라 신으로부터 소망하는 것을 얻을 수 있는 적절한 방도가 허용되었다. 인간 조건은 다른 이로부터, 특히 윗사람을 통해 자신이 획득하기를 소망하는 것을 얻기 위해 간청하는 것이다. 따라서 인간에게는 신으로부터 얻기를 소망하는 것을 획득하게 해 주는 기도가 지시되었다.

어떤 것을 인간으로부터 얻기 위한 기도와 신으로부터 얻기 위한 기도는 서로 다른 방식으로 필수적이다. 기도를 인간에게 바칠 때에는 우

---

4 제I권 제129장, 제143장 참조.
5 이 권(卷)의 제1장 참조.

선 기도하는 이의 바람과 필요를 표현하기 위한 것이고, 두 번째로 간청 받는 이의 마음이 허용 쪽으로 기울어지도록 하기 위한 것이다. 그러나 이것은 신에게 바쳐지는 기도에서는 〔목적이 될〕 여지가 없다. 즉 우리는 기도하면서 우리가 필요로 하는 것이나 바람을 모든 것의 인식자인 신에게 명시해 주려 하지는 않는다. 그래서 시편 저자들은 그에게 "주님, 당신 앞에 저의 모든 욕구가 〔있습니다〕"[6]라고 말하며, 복음(마태 6,32)에서는 "너희 아버지께서는 너희가 이것들을 필요로 하는 것을 아신다"[7]라고 말한다. 또한 신의 의지는 결코 인간의 말에 의해 이전에 원하지 않았던 것을 원하도록 굽혀지지 않는다. 민수 23,19에서는 "신은 인간처럼 변화되지 않는다"[8]라고 말하고, 1사무 15,29에서는 "후회로 인해 굽히지 않으십니다"[9]라고 말한다.

하지만 신으로부터 〔무엇을〕 획득하기 위한 기도는 기도하는 자 자신 때문에 인간에게 필요하다. 즉 그 자신이 자기의 결함을 고찰하고 기도함으로써 얻기를 소망하는 것을 열렬하고 경건하게 바라도록 자기 마음을 기울이기 위한 것이다. 이것을 통해 그는 받기에 합당한 자가 된다.

그러나 신에게 바치는 기도와 인간에게 바치는 기도 사이의 또 다른 차이점도 고찰해야만 한다. 왜냐하면 인간에게 바치는 기도에는 간청하는 이 자신에게 기회를 열어 주는 친밀성이 미리 요구된다. 그러나 신에게 드리는 기도는 우리 정신이 신에게 상승되고 영적이고 진심으로 그를 경배하면서 어떤 영적인 애정으로 신과 대화하는 중에 우리를 신

---

6 "Domine, ante te omne desiderium meum"; "주님, 당신 앞에 저의 소원 펼쳐져 있고"(『성경』, 시편 38(37),10).

7 "Scit Pater uester quia hiis indigetis"; "하늘의 너희 아버지께서는 이 모든 것이 너희에게 필요함을 아신다"(『성경』).

8 "Non est Deus ut homo ut mutetur"; "하느님은 사람이 아니시어 거짓말하지 않으시고, 인간이 아니시어 생각을 바꾸지 않으신다"(『성경』).

9 "nec penitudine flectitur"; "그분은 사람이 아니시기에 뜻을 바꾸지 않으십니다"(『성경』).

과 친숙하게 만든다. 그리고 이렇게 친밀한 애정은 기도하는 이 자신에게 다시 더욱 신뢰하며 기도하도록 기회를 마련해 준다. 그래서 시편 17 (16),6에서는, 말하자면 더욱 신뢰하는 모습으로 기도하면서, "신이여, 당신이 제 말을 들어주셨기에 제가 당신께 부르짖습니다"[10]라고 말한다. 마치 첫 번째 기도를 통해 친밀성 속에 수용되고, 두 번째로 더욱 신뢰하며 외치듯이 말이다. 이 때문에 신적인 기도에서는 집요함이나 간청의 반복이 귀찮은 것이 아니라 오히려 신에게 받아들여지는 것으로 간주된다. 루카 18,1에서는 "즉 항상 기도하고 결코 낙심하지 말아야 한다"[11]라고 말한다. 또한 주님은 마태 7,7에서 "청하여라, 너희는 받을 것이다. 찾아라, 너희가 발견할 것이다. 두드려라, 너희에게 열릴 것이다"[12]라고 말하면서 간청하도록 초대한다. 그러나 인간에게 바치는 기도에서는 간청의 집요함은 귀찮은 일이 된다.

제3장
소망의 완성을 위해 우리에게 그리스도에 의해 기도하는 형식이 전수되는 것이 적절했다
Quod conueniens fuit ad consummationem spei ut
nobis forma orandi traderetur a Christo

우리의 구원을 위해 신앙 다음에 소망도 요구되기 때문에, 우리의 구

---

10 "Ego clamaui quoniam exaudisti me, Deus"; "하느님, 당신께서 제게 응답해 주셨기에 제가 당신께 부르짖습니다"(『성경』).

11 "Oportet enim semper orare et numquam deficere"; "예수님께서는 낙심하지 말고 끊임없이 기도해야 한다는 뜻으로 (제자들에게 비유를 말씀하셨다)"(『성경』).

12 "Petite et accipietis, querite et inuenietis, pulsate et aperietur uobis"; "청하여라, 너희에게 주실 것이다. 찾아라, 너희가 얻을 것이다. 문을 두드려라, 너희에게 열릴 것이다"(『성경』).

원자는 마치 천상의 성사들을 마련함으로써 우리에게 신앙의 실행자 (actor)[13]이며 완성자(consummator)가 된 것처럼 기도하는 형식을 전수해 줌으로써 또한 우리를 살아 있는 소망으로 이끈다. 이 기도 형식을 통해 우리가 신 자신에 의해 무엇을 그로부터 간청해야 하는가를 배우게 됨으로써 우리의 소망은 신에게 최고도로 올라가게 된다. 즉 신은 청원을 들어줄 의향이 없었더라면 간청하도록 이끌지 않았을 것이다. 아무도 그로부터 바라지 않는 어떤 이에게 청하지 않을 것이며, 그 자신은 자신이 소망하는 것들을 청할 뿐이다. 이렇게 신은 자신에게 어떤 것을 청하도록 우리를 가르침으로써 신에게 소망을 두도록 권고하고, 청해져야만 하는 것들을 보여 줌으로써 우리가 그로부터 무엇을 소망해야만 하는가를 보여 준다.

따라서 우리는 이렇게 주님의 기도 안에 내포된 것을 따라감으로써, 그리스도인의 소망에 속할 수 있는 것은 무엇이든지 드러낼 것이다. 즉 우리가 어떤 것에, 그리고 어떤 이유 때문에 소망을 두어야만 하는지, 그로부터 무엇을 소망해야만 하는가를 [밝힐 것이다]. 우리의 소망은 신에게 있어야 하며, 또한 그에게 기도해야만 한다. 이에 대해 시편 62(61),9에서는 "모든 백성이여, 그분께", 즉 신께, 말하자면 기도함으로써 "소망을 두어라, 그분 앞에 너희 마음을 쏟아 놓아라"[14]라고 말한다.

---

13 다른 판본에는 'auctor', 즉 '창시자'로 나와 있는데, 문맥상으로는 이 단어가 더 적합해 보인다.

14 "Sperate in eo, omnis congregatio populi, effundite coram illo corda uestra"; "백성아, 늘 그분을 신뢰하여라, 그분 앞에 너희 마음 쏟아 놓아라"(『성경』).

제4장

우리가 소망하는 것을 기도하면서
신에게 간청해야만 하는 이유

Causa quare que speramus debemus ab ipso Deo orando petere

병행문헌: 『신학대전』 제II부 제II권 제83문제 제9절; 『명제집 주해』 제3권 제34구분 제1문제
제6절; 『주님의 기도에 대한 주해』; 『마태오복음 주해』 제6장 참조.

인간이 신에게 소망을 두어야만 하는 이유는 무엇보다도 결과가 원인
에 속하는 것처럼 우리도 신에게 속하기 때문이다. 그런데 아무것도 헛
되이 작용하지 않고 어떤 특정한 목적 때문에 작용한다.[15] 따라서 각각의
작용자에는 결과가 목적에 도달할 수 있게 해 주는 것이 결과에 없지 않
도록 그렇게 결과를 산출하는 일이 속한다. 그래서 자연적인 작용자에
의해 발생하는 것 안에는 본성이 필연적인 측면에서 결여되는 일이 발
견되지 않는다. 오히려 그것은 각각 발생된 것에 의해 자신의 존재를 유
지하고, 목적에 도달하게 해 주는 작용을 완성하는 데 필수적인 것을 부
가해 준다. 만일 이것을 제공하기에 불충분한 작용자의 결함을 통해 이
것이 우연히 방해받지 않는다면 말이다. ─

그러나 지성을 통한 작용자는 자신의 결과에 의도된 목적을 위해 필
수적인 것을 제공하기만 하는 것이 아니라 행위가 완성된 다음에 그 행
위의 목적인 결과의 사용에 대해서도 결정한다. 대장장이가 칼을 생산
할 뿐만 아니라 그 칼의 자름을 결정하듯이 말이다. 마치 제작된 것이
제작자에 의해 만들어지듯이, 인간은 신에 의해 만들어졌다. 그래서 이
사 64,8은 "그리고 이제 주님, 당신은 우리를 빚으신 분, 그러나 우리는
진흙입니다"[16]라고 말한다. 따라서 마치 진흙으로 만든 그릇이, 만일 지

---

15   제I권 제96장 각주 233, 제100장 각주 244 참조([261]).

16   "Et nunc Domine fictor noster es tu, nos uero lutum"; "저희는 진흙, 당신은 저희

각을 가지고 있다고 가정하면, 옹기장이에 대해 소망할 수 있을 것처럼 인간 또한 신에 의해 잘 통치되도록 신에 대해 신뢰심을 가져야만 한다. 이에 예레 18,6은 "옹기장이 손에 있는 진흙처럼"[17]이라고 말한다.

그러나 인간이 신에 대해 가지고 있는 이 신뢰는 가장 확실한 것이어야만 한다. 즉 작용자는 오직 자신의 어떤 결함 때문에만 자기 작품을 올바르게 관리하지 못한다고 말했다.[18] 하지만 신에게는 어떠한 결함도 일어날 수 없다. 히브 4,13에서 말한 것처럼 "그의 눈에는 모든 것이 벌거숭이로 드러나 있기"[19] 때문에 무지의 [결함도 없고], 이사 59,1에서 말한 것처럼 "그의 손이 짧아서 구원할 수 없는 것은 아니니"[20] 때문에 무능의 [결함도 없으며], 애가 3,25에서 말하는 것처럼 "그를 소망하는 영혼에게 주님은 좋은 분"[21]이기 때문에 또한 좋은 의지의 [결함도 없다]. 따라서 로마 5,5[22]에서 말한 것처럼 어떤 이가 신에 대해 신뢰하도록 하는 소망은 소망하는 이를 혼란에 빠뜨리지 않는다.

더 나아가 비록 섭리가 모든 피조물을 관리하는 측면에서 마음을 쓴다 할지라도, 특별한 의미로 이성적인 피조물에 대해 관심을 가진다. 이성적인 피조물은 신의 모상이라는 존엄성으로 각인되어 있고, 신을 인식하고 사랑하는 데 이를 수 있으며, 선과 악을 분별하면서 자신의 행위에 대한 주권을 가지고 있다. 그래서 다른 피조물에 적합하듯이, 자기 본성의 조건에 따라 존재하는 것을 유지하기 위해서 뿐만 아니라 악

를 빚으신 분, 저희는 모두 당신 손의 작품입니다"(『성경』).

17 "Sicut lutum in manu figuli".

18 제I권 제112장 참조.

19 "omnia nuda et aperta sunt oculis eius"; "그분 눈에는 모든 것이 벌거숭이로 드러나 있습니다"(『성경』).

20 "non est abbreuiata manus eius ut salutare non possit"; "보라, 주님의 손이 짧아 구해 내지 못하시는 것도 아니고"(『성경』).

21 "bonus Dominus anime speranti in illum"; "당신을 바라는 이에게, 당신을 찾는 영혼에게 주님은 좋으신 분"(『성경』).

22 "그리고 희망은 우리를 부끄럽게 하지 않습니다"(『성경』).

을 피하고 선을 행함으로써 신으로부터 어떤 것을 마땅히 받기 위해서라도 신에 대해 신뢰를 가지는 것이 그들에게 부합한다. 이에 시편 36 (35),7에서는 "주님, 당신은 사람과 짐승을 구원하실 것입니다"[23]라고 말한다. 이는 비이성적인 피조물과 함께 인간에게도 삶의 방책에 속하는 것을 수여한다는 측면에서 그러하다. 그러나 그 다음에 마치 그로부터 어떤 특별한 염려를 통해 보호받는 것처럼 "인간의 아들들은 당신 날개의 보호 안에서 소망할 것입니다"[24]라고 첨가한다.

더 나아가 어떠한 완전성이 보태진다면, 또한 어떤 것을 행하거나 획득하는 능력도 첨가된다는 사실에 주목해야만 한다. 예를 들어 태양에 의해 조명된 공기는 시각의 매개체가 될 수 있는 능력을 가지고 있고, 불에 의해 가열된 물은 끓을 수 있는 능력을 가지고 있으며, 만일 그것들이 지각을 가지고 있었더라면 이것을 소망할 수 있었을 것이다. 그러나 인간에게는 자기 본성 위에 은총의 완전성이 부가되어 있다. 2베드 1,4에서 말하는 바와 같이, 이 완전성을 통해 "우리는 신적 본성의 참여자가 되었다".[25] 이 때문에 우리는 요한 1,12의 "그들에게 신의 자녀가 되는 권한을 주셨다"[26]라는 말씀에 따라 신의 자녀로 다시 태어났다. 그리고 로마 8,17의 "자녀이면 상속자입니다"[27]라는 말에 따르면, 자녀가 된 이들은 합당하게 상속 재산을 소망할 수 있다. 따라서 이러한 영적인 재생에 따라 인간에게는 신에 대해 어떤 더 높은 소망을 가지는 일, 즉 영원한 상속 재산을 획득하는 소망을 가지는 것이 부합한다. 이는 1베드

---

23 "Homines et iumenta saluabis, Domine"; "당신께서는 사람과 짐승을 도와주십니다"(『성경』).

24 "Filii autem hominum in tegmine alarum tuarum sperabunt"; "신들과 사람들이 당신 날개의 그늘에 피신합니다"(『성경』, 시편: 36(35),8).

25 "efficimur diuine consortes nature"; "하느님의 본성에 참여하게 하셨습니다"(『성경』).

26 "Dedit eis potestatem filios Dei fieri"; "(당신의 이름을 믿는 모든 이에게) 하느님의 자녀가 되는 권한을 주셨다"(『성경』).

27 "Si filii, et heredetes."

1,3-4에서 "시들지 않을 상속 재산에 대한 생생한 소망을 지니도록 우리를 다시 살리셨습니다"[28]라는 말 등에 따른 것이다. 로마 8,15[29]의 말처럼 우리가 받아들인 영적인 입양을 통해 우리는 "아빠, 아버지"(Abba, Pater)하고 외친다. 따라서 주님은 우리가 이런 소망으로부터 기도해야만 한다는 것을 보여 주기 위해 "아버지"(Pater)[30]라고 말하면서 아버지를 부르는 것으로 자신의 기도를 시작하셨다. 이와 유사하게 또한 "아버지"라고 말함으로써 자기가 소망하는 것을 순수하게 기도하고 얻으려는 인간의 애정이 마련된다. 그리고 자녀들은 부모와 닮은 이들로 존재해야만 한다. 그래서 신을 아버지라고 고백하는 이는 신과 닮지 않게 되는 것은 피하고 우리를 신과 비슷하게 만드는 것에 열중함으로써, 신과 닮은 이로 존재하도록 애써야만 한다. 이에 예레 3,19에서 "네가 나를 아버지라고 부르고 내 뒤를 따르던 길에서 멈추지 않으리라"[31]라고 말한다. 니사의 그레고리우스(Gregorius Nissenus)가 말하는 것처럼 "그러므로 만일 당신이 세상의 그 일들에 눈길을 향하거나, 인간적인 영광이나 고통을 줄 수 있는 욕구의 더러움들을 찾아다닌다면, 어떻게 타락한 삶을 사는 그대가 파멸될 수 없는 것의 창시자를 아버지라 부르겠습니까?"[32]

---

28 "Regenerauit nos in spem uiuam in hereditatem immarcessibilem"; "(하느님께서는 당신의 크신 자비로 우리를 새로 태어나게 하시어, 죽은 이들 가운데에서 다시 살아나신 예수 그리스도의 부활로) 우리에게 생생한 희망을 주셨으며, 또한 썩지 않고 더러워지지 않고 시들지 않는 상속 재산을 얻게 하셨습니다"(『성경』).

29 "이 성령의 힘으로 우리가 '아빠! 아버지' 하고 외치는 것입니다"(『성경』).

30 마태 6,9 참조.

31 "Patrem uocabis me et post me ingredi non cessabis"; "나는 너희가 나를 '저의 아버지'라 하고 따르던 길에서 돌아서지 않을 것이라고 생각했다"(『성경』).

32 니사의 그레고리우스, 『주님의 기도』(De oratione dominca) II (PG 44, 1141 D-1144 A); 루카 11,2에 대한 『4복음 연속주해』도 참조.

제5장

우리가 기도함으로써 청하는 그 신은 기도하는 이에 의해 '우리 아버지'라고 불려야지, '나의 아버지'라고 불려서는 안 된다

Quod Deus a quo orando sperata petimus,

debet uocari ab orante pater noster et non meus

병행문헌: 이 권의 제4장 참조.

자신을 신의 자녀라고 인식하는 이는 다른 것들 중에 무엇보다도 애덕에서 신을 본받아야 한다. 이는 에페 5,1-2에서 "가장 사랑스런 자녀처럼 신을 본받는 사람이 되십시오, 그리고 사랑 안에서 거닐으십시오. 마치 ……"[33]라는 말씀에 따른 것이다. 신의 사랑은 개인적인 것이 아니라 모든 이에게 공통적인 것이다. 지혜 11,25의 말에 따라 "즉 그는 존재하는 모든 것을 사랑"[34]하며, 신명 33,3의 "그는 민족들을 사랑하셨다"[35]라는 말처럼 특별히 인간을 〔사랑하신다〕. 따라서 키프리아누스(Cyprianus)가 말한 것처럼 "기도는 우리에게 공적인 것이고 공통적인 것이다. 우리는 기도할 때 한 사람만을 위해 기도하는 것이 아니라 전체 백성과 하나이기 때문에 전체 백성을 위해 기도한다."[36] 위(僞)요하네스 크리소스토무스(Johannes Crisostomus)가 말한 것처럼 "자신을 위해 기도하는 것은 필연성이 강요하는 것이지만, 다른 이를 위해 기도하는 것은

---

33 "Estote imitatores Dei sicut filii carissimi, et ambulate in dilectione sicut"; "그러므로 사랑받는 자녀답게 하느님을 본받는 사람이 되십시오. 그리스도께서 우리를 사랑하시고 또 우리를 위해 당신 자신을 하느님께 바치는 향기로운 예물과 제물로 내놓으신 것처럼 여러분도 사랑 안에서 살아가십시오"(『성경』).

34 "Diligit enim omnia que sunt"; "모든 것이 당신 것이기에 당신께서는 모두 소중히 여기십니다"(『성경』).

35 "Dilexit populos"; "정녕 민족들을 사랑하시는 분"(『성경』).

36 키프리아누스, 『주님의 기도』(De dominca oratione) 8 (PL 4, 524 A; CSEL III-1, 271) 참조.

형제애라는 애덕이 권고하는 것이다".[37] 그렇기에 우리는 '나의 아버지'라고 말하지 않고 '우리 아버지'라고 말한다.

이와 유사하게 비록 우리의 소망이 주로 신의 도움에 달려 있더라도, 우리가 청하는 것을 더 쉽게 얻기 위해 서로 도울 수 있다는 사실을 주목해야만 한다. 이에 2코린 1,10-11에서는 "그분은 우리를 구출할 것입니다. 당신들은 우리를 위해 기도함으로써 도울 것입니다. 이는 많은 사람이 여러 은총을 통해 우리 안에 선사된 것들을 봄으로써 우리 때문에 신께 감사를 드리게 하기 위한 것입니다"[38]라고 말한다. 야고 5,16에서도 "당신들이 구원받도록 서로를 위해 기도하십시오"[39]라고 말한다. 즉 암브로시우스(Ambrosius)가 "많은 작은 것이 한 마음으로 모이면 큰 것을 이룬다. 그리고 많은 이의 탄원이 성취되지 않는 것은 불가능하다"[40]라고 말하는 것처럼 마태 18,19에서는 "만일 너희 가운데 두 사람이 땅 위에서 한마음이 된다면, 그들이 청하는 것은 무엇이든지 모든 일을 하늘에 계신 내 아버지께서 이루어 주실 것이다"[40]라고 말한다. 따라서 우리는 기도를 단독으로 바치는 것이 아니라 마치 한마음으로 일치됨으로

---

37 위(僞)요하네스 크리소스토무스(Ps.-Chrysostomus), 『마태오복음 미완성 주해』 (*Op. imperf. In Matth.*) hom. 14 (PG 56, 711); 『4복음 연속주해』, 같은 곳; 『신학 대전』 제II부 제II권 제83문제 제7절 참조.

38 "Eripiet nos, adiuuantibus uobis in oratione pro nobis, ut ex multarum personis facierum eius que in nobis est donationis per multos gratie agantur Deo pro nobis"; "이렇게 우리는 하느님께서 또다시 구해 주시리라고 희망합니다. 여러분도 기도로 우리를 도와주십시오. 그리하면 많은 이의 기도 덕분에 우리에게 내린 은사를 보고, 많은 사람이 우리 때문에 감사를 드리게 될 것입니다"(『성경』).

39 "Orate pro inuicem ut saluemini"; "그러므로 서로 죄를 고백하고 서로 남을 위해 기도하십시오. 그러면 여러분의 병이 낫게 될 것입니다"(『성경』).

40 위(僞)암브로시우스(Ps.-Ambrosius), 『바오로 서간 주해』(*Comm. In epistolam Pauli*) super Rom 15, 31 (PL 17, 177 D 〔186 D~187 A〕) 참조. 실제로는 Ambrosiaster (CSEL 81, 474-475); 『신학대전』 제II부 제II권 제83문제 제7절 제3이론에 대한 해답; 『간편주해』(*Glossa*, 즉 페트루스 롬바르두스의 *Maior Glossatura*) (PL 191, 1526 D) 참조.

인해 '우리 아버지'라고 말하는 것과 같다.

또한 우리의 소망은 그리스도를 통해 신에게 향한다는 사실도 주목
해야만 한다. 이에 대해 로마 5,1-2는 "믿음으로 의롭게 된 우리는 우리
주 예수 그리스도를 통해 신에게로 향한 평화를 누립니다. 이분을 통해
우리는 우리가 서 있는 이 은총 안에 도달함을 신앙을 통해 가지게 되었
고, 신의 아들의 영광을 소망하면서 영광스러워집니다"[42]라고 말한다. 신
의 자연적 외아들인 이분을 통해 우리는 입양된 자녀들이 되었다. 갈라
4,4의 말처럼 "우리가 자녀로서의 입양을 받아들이도록 하기 위해 신은
자신의 아들을 보내셨기"[43] 때문이다. 따라서 우리는 외아들의 특권이
감해지지 않게 하는 그런 어조로 신을 아버지라고 고백해야만 한다. 이
에 아우구스티누스는 "당신의 것이라 어떤 것을 특별하게 주장하려 하
지 마십시오. 그분은 오직 그리스도에게만 특별하게 아버지이시고, 우
리 모두에게는 공통적으로 아버지이십니다. 그분은 그리스도만을 낳으
셨고, 우리는 창조하셨기 때문입니다"[44]라고 말한다. 따라서 '우리 아버
지'라고 말하는 것이다.

---

41 "Si duo ex uobis consenserint super terram, de omni re quacumque petierint fiet
illis a Patre meo qui in celis est"; "너희 가운데 두 사람이 이 땅에서 마음을 모아
무엇이든 청하면, 하늘에 계신 내 아버지께서 이루어 주실 것이다"(『성경』).

42 "Iustificati ex fide pacem habeamus ad Deum per Dominum nostrum Iesum
Christum, per quem accessum habemus per fidem in gratiam istam, in qua stamus,
et gloriamur in spe glorie filiorum Dei"; "그러므로 믿음으로 의롭게 된 우리는 우
리 주 예수 그리스도를 통해 하느님과 더불어 평화를 누립니다. 믿음 덕분에 우리
는 그리스도를 통해 우리가 서 있는 이 은총 속으로 들어올 수 있게 되었습니다. 그
리고 하느님의 영광에 참여하리라는 희망을 자랑으로 여깁니다"(『성경』).

43 "Misit Deus Filium suum ut adoptionem filorum reciperemus"; "(그러나 때가 차
차) 하느님께서 당신의 아드님을 보내시어 (여인에게서 태어나 율법 아래 놓이게
하셨습니다. 율법 아래 있는 이들을 속량하시어) 우리가 하느님의 자녀가 되는 자
격을 얻게 하시려는 것이었습니다"(『성경』).

44 위(僞)아우구스티누스, 『설교』(Sermo) 84 (PL 35, 1908) 참조. 실제로는 암브로
시우스, 『성사론』(De sacramentis) V, c. 4 (PL 16, 451 A 〔470 B〕; CSEL 73, 66) 참조.

제6장

우리가 기도하는 성부가
소망하는 것을 허용할 수 있는 권한을 가지셨다는 것이
"당신이 하늘에 계시다"라고 말하는 곳에서 제시된다

Vbi ostenditur Dei Patris nostri, quem oramus,

potestas ad sperata concedendum, per hoc quod dicitur, qui es in celis

병행문헌: 이 권의 제4장 참조.

소망의 결함은, 그로부터 도움이 소망되어야만 하는 것으로 있을 이의 무능력 때문에 발생하곤 한다. 즉 소망이 그에게 달려 있는 이가 권능을 가지고 있지 않다면 도와주려는 의지를 가지고 있는 것만으로는 그 소망을 신뢰할 수 있기에 충분하지 못하다. 그런데 도와주려는 신적의지의 민첩함을 우리는 신을 아버지라고 고백함으로써 충분히 표현한다. 그러나 그의 권능의 탁월함에 대해 회의가 일어나지 않도록 "하늘에계신 분"이라는 말을 덧붙인다. 즉 '하늘에 계심'은 하늘에 의해 포함된것 같이 말하는 것이 아니라 그 힘에 의해 포괄하는 것과 같이 말한다. 이는 집회 24,6의 "하늘의 궁창을 나 홀로 돌아다녔다"[45]라는 말에 따른 것이다. 더구나 그의 능력은 하늘의 전체 크기를 넘어서는 것이다. 이는 시편 8,2의 "신이여, 하늘 위에 당신의 엄위(嚴威)가 들어 높여졌습니다"[46]라는 말에 따른 것이다. 따라서 소망의 신뢰를 굳건하게 하기 위해우리는 하늘을 유지하고 초월하는 신의 힘을 고백한다.

또한 이를 통해 기도의 어떤 장애가 배제된다. 즉 인간의 일을 천체

---

45 "Gyrum celi circuiui sola"; "나 홀로 하늘의 궁창을 돌아다니고 심연의 바닥을 거닐었다"(『성경』, 집회 26,5).

46 "Eleuata est magnificentia tua super celos, Deus"; "하늘 위에 당신의 엄위를 세우셨습니다"(『성경』).

의 운명적 필연성에 종속시키는 어떤 사람들이 있다.[47] 이에 대해 예레 10,2에서는 "이민족들이 두려워하는 하늘의 표징들에 무서워하지 말라"[48]라고 말한다. 그러나 이 오류에 따르면, 기도의 열매가 없어진다. 왜냐하면 만일 우리의 삶이 천체의 필연성에 종속된다면, 이에 관련해 어떤 것도 변경될 수 없기 때문이다. 따라서 우리는 선한 어떤 것을 성취하거나 악으로부터 해방해 달라고 기도하면서 헛되이 간청하는 셈이 될 것이다. 따라서 이것이 기도하는 이의 신뢰에 방해가 되지 않도록 우리는 "하늘에 계신 분"이라고 말하는데, 그는 하늘을 움직이게 하는 자이며 조정하는 자이다. 그리고 이렇게 우리가 신으로부터 소망하는 도움은 천체의 힘을 통해 방해받을 수 없다.

또한 기도가 신에게서 효과를 드러내기 위해서는 인간이 신에게 기대하기에 합당한 것을 청해야만 한다. 즉 야고 4,3은 몇몇 사람에게 "여러분은 청하지만, 악하게 청하기 때문에 얻지 못합니다"[49]라고 말한다. 그러나 천상의 지혜가 아니라 지상의 지혜가 제안하는 것은 악하게 청해진다. 따라서 크리소스토무스가 말하는 바와 같이, "우리가 '하늘에 계신 분'이라고 말할 때, 신을 그곳에 가두어 두는 것이 아니라 기도하는 이의 마음을 땅으로부터 끌어내 더 높은 곳에 이르게 하는 것이다".[50]

기도에 방해가 되거나 기도하는 이가 신에 대해 가지고 있는 신뢰에 방해가 되는 또 다른 것이 있다. 만일 어떤 이가 인간의 삶이 신의 섭리로부터 떨어져 있다고 생각한다면, [기도와 신뢰를 방해하게 된다]. 욥 22,14에서 경건하지 못한 사람이 "구름이 그의 숨는 곳이고, 그는 우리

---

47 제I권 제138장 각주 321 참조. 또한 『대이교대전』 제III권 제85장도 참조.

48 "A signis celi nolite metuere que gentes timent"; "(이민족들의 길을 배우지 말고) 하늘의 표징에 두려워 떨지 마라"(『성경』).

49 "Petitis et non accipitis eo quod male petatis"; "여러분은 청하여도 얻지 못합니다. 여러분의 욕정을 채우는 데에 쓰려고 청하기 때문입니다"(『성경』).

50 요하네스 크리소스토무스, 『마태오복음에 대한 설교』(*In Matthaeum.*) hom. 19 (PG 57, 278); 마태 6.9에 대한 『4복음 연속주해』도 참조.

의 일들을 관찰하지 않으며, 하늘의 축 주위만을 계속 돌아다닐 뿐이다"[51]라고 말하거나, 에제 9,9에서 "주님은 땅을 버리셨고, 주님은 보지 않으신다"[52]라고 말하는 것과 같은 경우이다.

그러나 사도 바오로는 아테네인들에게 다음과 같이 설교하면서 그 반대를 제시했다. "그분은 우리 각자에게서 멀리 계시지 않습니다. 우리는 그분 안에서 살고 움직이며 존재합니다."[53] 즉 바로 그분을 통해 우리의 존재가 유지되고, 삶이 통치되고, 운동이 이끌어지기 때문이다. 이는 지혜 14,3의 "그러나 아버지, 당신이 모든 것을 섭리에 따라 통치하십니다"[54]라는 말씀에 따른 것이다. 그의 섭리에서는 가장 작은 동물조차 제외되지 않을 정도이다. 이는 마태 10,29 이하에서 "참새 두 마리가 동전두 닢에 팔리지 않느냐? 그것들 가운데 한 마리도 너희 아버지 없이는땅 위에 떨어지지 않는다"[55]라고 말하는 것과 같다. ──

그럼에도 인간은 매우 탁월한 방식으로 신의 돌봄을 누린다. 마치 사도 바오로가 이들의 비교로써 "신은 소에 대해서는 돌보지 않으신다"[56]라고 말하듯이 말이다. 신이 소를 전혀 돌보지 않는다는 뜻이 아니라 그것을 인간처럼 돌보지 않기 때문이다. 신은 선이나 악에 대해 인간을 벌

---

51 "Nubes latibulum eius, nec nostra considerat, et circa cardines celi perambulat"; "구름이 그분을 덮어서 보지 못하시는 채 하늘가를 돌아다니실 뿐이라네"(『성경』).

52 "Dereliquit Dominus terram, Domnius non uidet"; "그러면서 저들은 '주님께서는 이 땅을 버리셨다. 주님께서는 우리를 보고 계시지 않는다'라고 말한다"(『성경』).

53 "Non longe est ab unoquoque nostrum, in ipso enim uiuimus, mouemur et sumus"; "사실 그분께서는 우리 각자에게서 멀리 떨어져 계시지 않습니다. …… 우리는 그분 안에서 살고 움직이며 존재합니다"(『성경』, 사도 17,27 이하).

54 "Tu autem, Pater, gubernas omnia prouidentia"; "그러나 아버지, 그것을 조종하는 것은 당신의 섭리입니다"(『성경』).

55 "Nonne duo passeres asse ueneunt dipondio? Et unus ex illis non cadet super terram sine Patre uestro?"; "참새 두 마리가 한 닢에 팔리지 않느냐? 그러나 그 가운데 한 마리도 너희 아버지의 허락 없이는 땅에 떨어지지 않는다"(『성경』).

56 "Non est cura Deo de bobus"; "하느님께서 소에 마음을 쓰시는 것입니까?"(『성경』, 1코린 9,9)

하시거나 보상하시고 영원으로 〔향하도록〕 미리 정하셨다. 그래서 앞서 언급된 말들 다음에 주님은 "그러나 너희 머리의 머리카락까지 모두 세어져 있다"[57]라는 말을 덧붙였다. 마찬가지로 인간에게 속한 전체는 부활 때에 회복되어야 한다. 이로써 모든 의구심은 우리에게서 배제되어야 한다. 그래서 같은 곳에서 "그러므로 두려워하지 마라, 너희는 수많은 참새보다 더 훌륭하다"[58]라고 덧붙인다. 이 때문에 앞에서 말한 바와 같이,[59] 시편 36(35),8에서는 "인간의 아들들은 당신 날개의 보호 안에서 소망할 것입니다"[60]라고 말한다. ─

그리고 비록 특별한 돌봄 때문에 신은 모든 인간에게 가깝다고 언급될지라도, 신앙과 사랑으로 신에게 가까워지려고 노력하는 선한 이들에게 특별히 매우 가깝다고 말해야 한다. 이는 야고 4,8의 "신에게 가까이 가십시오, 그러면 그분이 여러분에게 가까이 오실 것입니다"[61]라는 말에 따른 것이다. 이에 시편 145(144),18에서는 "주님께서는 당신을 진실하게 부르는 모든 이에게 가까이 계시다"[62]라고 말한다. ─

그는 그들에게 가까이 가실 뿐만 아니라 은총을 통해 그들 안에 살고 계신다. 이는 예레 14,9의 "주님, 당신은 저희 안에 계십니다"[63]라는 말씀에 따른 것이다. 따라서 성인들의 소망을 증가시키기 위해 "하늘에 계신 분"이라고 말하고, 이는 아우구스티누스가 해석하는 것처럼 "성인

---

57 "Vestri autem et capilli capitis omnes numerati sunt"; "그분께서는 너희의 머리카락까지 다 세어 두셨다"(『성경』, 마태 10,30).

58 "Nolite ergo timere, multis passeribus meliores estis uos"; "그러니 두려워하지 마라. 너희는 수많은 참새보다 더 귀하다"(『성경』, 마태 10,31).

59 이 권의 제4장 참조.

60 "Filii autem hominum in tegmine alarum tuarum sperabunt."

61 "Appropinquate Deo et appropinquabit uobis"; "하느님께 가까이 가십시오, 그러면 하느님께서 여러분에게 가까이 오실 것입니다"(『성경』).

62 "Prope est Dominus omnibus inuocantibus eum in ueritate"; "주님께서는 당신을 부르는 모든 이에게, 당신을 진실하게 부르는 모든 이에게 가까이 계시다"(『성경』).

63 "Tu in nobis es Domine"; "주님, 당신께서는 저희 한가운데에 계십니다"(『성경』).

들 안에 계시다"(라는 것을 뜻한다). 그 자신이 말하는 것처럼 "육체적으로 하늘과 땅 사이처럼 영적으로는 의로운 이와 죄인 사이에 차이가 있는 것으로 보인다. 이런 사태를 표시하기 위해 우리는 기도할 때에 그곳으로부터 하늘이 올라오는 동쪽으로 몸을 돌린다".[64] 이로부터 또한 성인들에게서도 소망과 신뢰가 기도하면서 증가한다. 단지 신과의 가까움 때문만이 아니라 그들이 신으로부터 받은 품위 때문에도 그러하다. 신은 그리스도를 통해 그들을 하늘로 올라오게 했다. 이는 이사 51,16에서 "당신은 하늘을 심고, 땅의 기초를 놓습니다"[65]라는 말씀에 따른 것이다. 그들을 하늘로 올라오게 했던 분이 그들에게 천상적 선을 거절하지는 않으실 것이다.

제7장

신으로부터 소망해야만 하는 것은 어떤 것인가 그리고 소망의 의미에 대하여

Qualia sunt que sunt a Deo speranda, et de ratione spei

병행문헌: 『신학대전』 제II부 제I권 제25문제 제1절; 제40문제 제1절; 제II부 제II권 제17문제 제4절; 제25문제 제1절 제3이론에 대한 해답; 『명제집 주해』 제3권 제26구분 제1문제 제3절; 제2문제 제3절 제2소질문; 『덕론』 제4문제 제1절 참조.

그것들로부터 인간이 신에 대한 소망을 받아들여야 하는 것에 대해

---

64 아우구스티누스, 『주님의 산상설교에 대하여』(De semone Domini in monte) II, 5 (PL 34, 1273; CCL 35, 107); 마태 6,9에 대한 『4복음 연속주해』 참조. 토마스는 『주님의 기도에 대한 주해』(Vivès, XXVII, 185)에서 "성인들은 시편 18,2의 '하늘은 신의 영광을 보여 준다'라는 말씀에 따라 하늘이라 불린다"라고 설명한다(CV, p. 323, n. 11). 옛 사람들의 표상에 따르면, 지구가 세계의 중간에 위치해 있고 하늘의 창공이 천체들과 함께 동쪽에서 서쪽으로 돌아가고 있다((262)).

65 "Vt plantes celos, fundes terram"; "나는 하늘을 심고 땅의 기초를 놓으며"(『성경』).

앞서 다룬 다음에, 우리가 신으로부터 소망해야 하는 것이 어떤 것인지를 고찰해야 한다. 여기서 우선(첫째) 소망은 바람을 전제한다는 사실을 주목해야 한다. 그래서 어떤 것이 소망되어야만 한다는 사실에는 우선 그것이 추구되어야만 하는 것임이 요구된다. 추구되지 않는 것은 소망된다고 하지 않고 두려워한다거나 멸시된다고 말한다.

둘째, 소망되는 것은 성취되는 것이 가능하다고 평가되어야만 한다. 소망은 이것을 바람에 부가한다. 즉 인간은 자신이 획득할 수 있다고 평가하지 않는 것도 추구할 수 있지만, 그런 것에 대한 소망은 있을 수 없다.

셋째, 소망되어야 하는 것은 벅찬 어떤 것이라는 점이 요구된다. 왜냐하면 하찮은 것은 소망되기보다는 멸시되기 때문이다. 또는 만일 우리가 마치 즉석에서 그것을 소유하는 것처럼 추구한다면, 마치 미래의 것처럼 그것을 소망하는 것이 아니라 현재의 것처럼 소유하는 것으로 보이기 때문이다.

더 나아가 어떤 이는 얻게 되기를 소망하는 벅찬 것 중에서 일부는 다른 이를 통해 획득하기를 소망하지만, 일부는 자기 스스로 획득하기를 소망한다는 사실에도 주목해야만 한다. 그것들 사이에는 다음과 같은 점이 다르다고 여겨진다. 즉 인간이 스스로 성취하기를 소망하는 것을 획득하기 위해서는 고유한 힘을 사용해 노력하고,[66] 다른 이로부터 성취되기를 소망하는 것을 얻기 위해서는 청원을 하게 된다는 점이다. 그리고 만일 인간에게서 그것을 얻기를 소망한다면 단순히 청원이라고 부르지만, 만일 신으로부터 그것을 획득하기를 소망한다면 기도라고 부른다. 기도란 요하네스 다마스케누스(Johannes Damascenus)가 말한 것처럼 "신에게 합당한 것을 청원하는 것"(petitio decentium a Deo)이다.[67]

그러나 소망의 덕에는 어떤 이가 자기 자신에 대해 가지는 소망도, 또한 다른 사람에 대해 가지는 소망도 속하지 않고 오직 신에 대해 가지는

---

66 직역하면 "고유한 힘의 노력을 사용하고"이나 표현이 어색해 의역했다.
67 요하네스 다마스케누스, 『정통신앙론』 III, 24 (PG 94, 1089 C) 참조.

것만이 속한다. 그래서 예레 17,5에서는 "인간을 신뢰하고, 육신을 자기 팔로[힘으로] 삼는 자는 저주를 받으리라"[68]라고 말하고, 그 다음에 "주님을 신뢰하는 이는 복되고, 주님이 그의 신뢰가 될 것이다"[69]라고 덧붙인다. 이렇게 해서 주님이 자신의 기도로써 청해야만 한다고 가르쳤던 것은 인간에게 추구되어야만 하는 것이고, 가능한 것이면서도 벅찬 것이어서 인간의 힘으로가 아니라 신의 도움으로 도달할 수 있는 것이라는 사실이 명백해진다.

제8장
첫 번째 청원: 우리 안에서 시작된 신의 인식이 완성되기를 추구하라고 우리가 배우며, 이것은 가능한 일이다
De prima petitione, in qua docemur desiderare quod cognitio Dei que est in nobis inchoata, perficiatur, et quod hoc sit possibile

따라서 애덕으로부터 나오는 바람의 질서를 고찰해야만 한다. 이는 이것에 따라 신으로부터 소망되고 청원되는 것의 질서가 이해될 수 있게 하기 위한 것이다. 애덕의 이 질서는 곧 신이 모든 것 위에 사랑받아야 한다는 점을 지닌다. 따라서 애덕은 우리 바람의 첫 번째로 신에게 속하는 것으로 움직이게 한다. 그러나 바람은 미래의 선에 대한 것이지만, 신에게는 그 자체로 고찰되는 한에서 아무것도 미래에 부가되는 것이 없고, 영원히 같은 방식으로 관계를 맺는다. 그렇기 때문에 우리의 바람은, 마치 그 자체로 고찰했을 때 신이 가지고 있지 않았던 어떤 선

---

68 "Maledictus homo qui confidit in homine, et ponit carnem brachium suum"; "사람에게 의지하는 자와 스러질 몸을 제 힘인양 여기는 자는 저주를 받으리라"(『성경』).

69 "Benedictus homo qui confidit in Domino, et erit Dominus fiducia eius"; "그러나 주님을 신뢰하고 그의 신뢰를 주님께 두는 이는 복되다"(『성경』, 예레 17,7).

을 획득하는 것과 같은 방식으로, 신에게 속하는 것으로 이끌릴 수는 없다. 그러나 우리 사랑은, 그것이 이미 실존하고 있음을 우리가 사랑하는 바로 그 대상에게로 이끌린다. 그렇지만 신에 대해 추구될 수 있는 것은 그 자체로 위대한 분이 모든 이의 생각과 존경 안에서 찬양받는다는 사실이다. 이것은 불가능한 것으로 간주되어서는 안 된다. 즉 인간은 신의 위대함을 인식하도록 만들어졌기 때문에, 만일 인간이 그것을 파악하는 데 도달할 수 없다고 가정하면, 그는 헛되이 창조된 것처럼 보일 것이다. 이것에 반대해 시편 89(88),48은 "도대체 당신은 인간의 자녀들을 헛되이 창조하셨다는 말입니까?"[70]라고 말한다. 또한 모든 이가 본성적으로 신적인 것에 대해 무엇을 인식하기를 바라는 추구의 본성도 소용없는 셈이다. 그래서 신의 인식을 전적으로 빼앗긴 이는 아무도 없다. 이는 욥 36,25의 "모든 사람이 그를 봅니다"[71]라는 말에 따른 것이다.

그럼에도 이것은 매우 어려워서 모든 인간적 능력을 넘어선다. 이에 대해 욥 36,26은 "보십시오, 우리의 지식을 능가하는 위대한 신을"[72]이라고 말한다. 신의 위대함과 선성에 대한 인식은 인간에게 오직 신적인 계시의 은총을 통해서만 도달할 수 있다. 이에 대해 마태 11,27은 "아버지 외에는 아무도 아들을 알지 못한다. 아들과 그가 계시하기를 원하는 사람 외에는 아무도 아버지를 알지 못한다"[73]라고 말한다. 그래서 아우구스티누스는 요한복음을 주해하면서 "알고 있는 자 자신이 자신을 드

---

70 "Numquid uane constituisti filios hominum?"; "기억하소서, 제 인생이 얼마나 덧 없는지를, 당신께서 모든 사람을 얼마나 헛되이 창조하셨는지를"(『성경』).

71 "Omnes homines uident eum"; "모든 사람이 그것을 보아 왔고, (인간이면 그것을 멀리서도 볼 수 있답니다)"(『성경』).

72 "Ecce Deus magnus, uincens scientiam nostram"; "보십시오, 하느님께서는 우리 가 깨달을 수 없이 위대하시고"(『성경』).

73 "Nemo nouit Filium nisi Pater, neque Patrem quis nouit nisi Filius, et cui uoluerit Filius reuelare"; "아버지 외에는 아무도 아들을 알지 못한다. 또 아들 외에는, 그리 고 그가 아버지를 드러내 보여 주려는 사람 외에는 아무도 아버지를 알지 못한다" (『성경』).

러내지 않는다면, 아무도 신을 인식하지 못한다"[74]라고 말한다. 과연 신은 인간에게 이성의 빛을 비추고 가시적인 피조물을 창조함을 통해, 또한 어떤 식으로든지 자연적인 인식을 통해 자신을 인식하도록 제시했다. 이 가시적인 피조물 안에서는 그의 선성과 지혜의 흔적이 어떤 방식으로든 다시 빛난다. 이에 대해 로마 1,19는 "신에 대해 알 수 있는 것"(Quod notum est Dei), 즉 자연적 이성을 통해 신에 대해 인식될 수 있는 것이 "그들에게 명백해졌습니다"(manifestum est illis),[75] 즉 이방인들에게 [명백해졌다]라고 말한다. "왜냐하면 신께서 〔그것을〕 그들에게 계시하셨기 때문입니다."[76] 즉 이성의 빛을 통해, 그리고 그가 창조한 피조물을 통해 〔계시했다고 말한다〕. 이에 "즉 그의 보이지 않는 것들을 세상의 창조물로부터 만들어진 것들을 통해 알아보고 통찰하게 되었기 때문입니다"[77]라고 덧붙인다. 그럼에도 이 인식은 불완전한데, 그것은 피조물 자체가 인간에 의해 완전하게 통찰될 수 없고, 또한 원인의 힘이 결과를 무한하게 능가하므로 피조물이 신을 완전히 재현하지 못하고 있기 때문이다. 이에 욥 11,7은 "혹시 당신이 신의 흔적을 파악하고, 전능하신 분을 완전하게 알아냈단 말입니까?"[78]라고 말하고, 욥 36,25에서는 "모든 사람이 그를 봅니다"라고 말한 다음에 "각자가 멀리서도 봅니다"[79]라고

---

74 아우구스티누스, 『요한복음 주해』 58, n. 3 (PL 35, 1793; CCL 36, 473): "nec eum quisque cognoscit, si non se indicet ipse qui nouit."

75 "하느님에 관해 알 수 있는 것이 이미 그들에게 명백히 드러나 있기 때문입니다. 사실 하느님께서 그것을 그들에게 명백히 드러내 주셨습니다"(『성경』).

76 "Deus enim illis reuelauit."

77 "Inuisibilia enim ipsius a creatura mundi per ea que facta sunt, intellecta conspiciuntur"; "세상이 창조된 때부터 하느님의 보이지 않는 본성, 곧 그분의 영원한 힘과 신성을 조물을 통해 알아보고 깨달을 수 있게 되었습니다"(『성경』, 로마 1,20).

78 "Forsitan uestigia Dei comprehendes et omnipotentem usque ad perfectum reperies?"; "자네가 하느님의 신비를 찾아내고 전능하신 분의 한계까지도 찾아냈단 말인가?"(『성경』)

79 "Omnes homines uident eum …… Vnusquisque intuetur procul": 더 정확하게 일

덧붙인다.

인식의 이런 불완전함 때문에 진리로부터 떨어져 나간 인간은 다양한 방식으로 신에 대한 인식에서 다음과 같은 정도로 오류에 빠지게 되었다. 사도(바오로)가 로마 1,21 이하에서 말하는 바와 같이, 어떤 이들은 "그들의 생각에서 힘을 잃었고, 그들의 어리석은 마음이 어두워졌습니다. 그들은 불멸하시는 신의 영광을 소멸 가능한 인간과 날짐승과 네발짐승과 길짐승의 유사한 모습으로 바꾸어 버렸습니다".[80] 따라서 신은 이런 오류로부터 인간을 되돌리기 위해 구약 안에서 더욱 분명하게 자신의 앎을 인간에게 부여했다. 구약을 통해 인간은 유일한 신을 경배하도록 다시 불리움을 받았다. 이에 대해 신명 6,4는 "이스라엘아, 들어라. 주님이신 너의 신은 유일한 신이시다"[81]라고 말한다. 그러나 신에 대한 이런 인식은 비유적 언어의 모호함에 의해 둘러싸여 있고, 유대라는 한 민족의 경계 아래 갇혀 있었다. 이에 대해 시편 76(75),2는 "신이 유다에 알려지셨네, 이스라엘에 그 이름은 위대하시네"[82](라고 노래한다). ―

그러므로 신에 대한 참된 인식이 전체 인류에 도달하도록 하기 위해 성부는 자기 진리의 말씀인 외아들을 세상에 보내셨다. 이는 그를 통해 전체 세상이 신의 이름에 대한 참된 인식에 도달하게 하기 위함이었다.

치하는 내용은 욥 36,25에 나온다. "모든 사람이 그것을 보아 왔고, 인간이면 그것을 멀리서도 볼 수 있답니다"(『성경』).

80 "euanuerunt in cogitationibus suis, et obscuratum est insipiens cor eorum, et mutauerunt gloriam incorruptibilis Dei in similitudinem corruptibilis hominis, et uolucrum et quadrupedum et serpentum"; "하느님을 알면서도 그분을 하느님으로 찬양하거나 그분께 감사를 드리기는커녕, 오히려 생각이 허망하게 되고 우둔한 마음이 어두워졌기 때문입니다. 그들은 지혜롭다고 자처했지만 바보가 되었습니다. 그리고 불멸하시는 하느님의 영광을 썩어 없어질 인간과 날짐승과 네발짐승과 길짐승 같은 형상으로 바꾸어 버렸습니다"(『성경』).

81 "Audi Israel: Dominus Deus tuus Deus unus est"; "이스라엘아, 들어라! 주 우리 하느님은 한 분이신 주님이시다"(『성경』).

82 "Notus in Iudea Deus, in Israel magnum nomen eius"; "하느님께서 유다에 널리 알려지셨네. 이스라엘에 그 이름 위대하시네"(『성경』).

478

주님 자신이 이것을 자기 제자들 안에서 하기 시작했다. 이에 대해 요한 17,6은 "저는 당신의 이름을 당신이 세상으로부터 나에게 주신 사람들에게 드러냈습니다"[83]라고 말한다. 그의 의도는 이들만이 신의 인식을 가지는 것에서 끝나지 않고, 이들을 통해 〔그 인식은〕 세상 전체에 퍼져 나가야 했다. 그래서 "당신이 나를 보내셨다는 것을 세상이 믿도록 하기 위해"[84]라는 말을 덧붙인다. 물론, 그는 사도들과 그의 후계자들을 통해 이것을 계속해서 실행한다. 그들을 통해 인간이 신을 알 수 있도록 인도되고, 결국 신의 이름은 전체 세상을 통해 거룩하고 영광된 것으로 간주될 것이다. 마치 말라 1,11에서 "해 뜨는 곳에서 해 지는 곳까지 내 이름은 민족들 가운데에서 위대하다"[85]라고 말하듯이 말이다. ──

따라서 시작된 것이 완성에 도달할 수 있기 위해 우리는 "당신의 이름이 거룩히 빛나시며"(Sanctificetur nomen tuum)라고 말하면서 청한다. 아우구스티누스가 말하는 것처럼 "이것은 마치 신의 이름이 거룩하지 않아 이렇게 청하는 것이 아니라 오히려 모든 이에게 그 이름이 거룩한 것이 되게 하기 위한 것이다. 즉 신은 어떤 것도 더 거룩한 것으로 평가될 수 없을 만큼 그렇게 널리 알려지시리라".[86]

신의 거룩함을 인간에게 명백히 해 주는 다른 증거들 중에서 가장 분명한 표징은 신이 안에 거주함(內住)으로부터 거룩해진 인간의 거룩함이다. 즉 니사의 그레고리우스가 "믿는 이들 안에서 순수한 삶을 보면서, 그런 삶으로 불러낸 이름을 찬양하지 않는 이보다 더 짐승 같은 이

---

83 "Manifestaui nomen tuum hominibus quos dedisti mihi de mundo"; "아버지께서 세상에서 뽑으시어 저에게 주신 이 사람들에게 저는 아버지의 이름을 드러냈습니다"(『성경』).

84 "Vt mundus credat qui tu me misisti"; "그리하여 아버지께서 저를 보내셨다는 것을 세상이 믿게 하십시오"(『성경』, 요한 17,21).

85 "Ab ortu solis usque ad occasum magnum est nomen meum in gentibus"; "그러나 해 뜨는 곳에서 해 지는 곳까지, 내 이름은 민족들 가운데에서 드높다"(『성경』).

86 아우구스티누스, 『주님의 산상설교에 대하여』 II, 5 (PL 34, 1277; CCL 35, 109); 마태 6,9에 대한 『4복음 연속주해』 참조.

제II권 소망에 대하여 479

가 누구이겠습니까?"[87]라고 말하는 것과 같다. 이에 대해 사도[바오로]는 1코린 14,24에서 "만일 모든 이가 예언하는데 믿지 않는 이나 어리석은 자가 들어온다면, 그는 모든 이에 의해 유죄로 판결을 받을 것입니다"라고 한 뒤에, "그러면 그는 얼굴을 떨어뜨리고 '참으로 신께서 여러분 가운데 계십니다'라고 선언하면서 신을 경배할 것입니다"[88]라고 덧붙인다. 크리소스토무스가 말하는 바와 같이, [그리스도가] "당신 이름이 거룩히 빛나시며"라고 말하는 것에서 "그는 기도하는 이들에게 [신이] 우리의 삶을 통해 찬양받도록 청하라고 명하는 것이다. 마치 그가 '우리를 통해 우주가 당신을 찬양하도록 그렇게 살아갑시다!'"라고 말하는 것처럼 말이다.[89] ―

그러나 우리가 신을 통해 거룩해지는 한에서, 신은 우리를 통해 다른 이들의 정신 안에서도 거룩해진다. 그래서 키프리아누스가 말하는 바와 같이, "당신의 이름이 거룩히 빛나시며"라고 말하면서 "우리는 그의 이름이 우리 안에서 거룩해지기를 바라는 것이다. 즉 신 자신이 '내가 거룩하니, 너희도 거룩한 사람이 되어라'"[90]라고 말했기 때문에, 세례 안에서 거룩해진 우리는 우리가 시작했던 것 안에 계속해서 머물기를 청하는 것이다. 또한 매일 같이 죄를 짓는 우리가 우리의 잘못을 꾸준한 성

---

87 니사의 그레고리우스, 『주님의 기도』 II (PG 44, 1153 C-1155 A); 루카 11,2에 대한 『4복음 연속주해』 참조.

88 "Si omnes prophetent, intret autem quis infidelis uel ydiota, conuincitur ab omnibus. …… Et ita cadens in faciem adorabit Deum, pronuntians quod uere Deus in uobis sit"; "그러나 모두 예언하는데 믿지 않는 이나 초심자가 들어온다면, 그는 모든 이에게 질책을 받고 그 모든 이에게 심판을 받게 됩니다. (또 그 마음속에 숨겨진 것들이 드러납니다.) 그러면 그는 얼굴을 바닥에 대고 엎드려 하느님께 절하면서 '참으로 하느님께서 여러분 가운데에 계십니다'라고 선언할 것입니다"(『성경』).

89 요하네스 크리소스토무스, 『마태오복음에 대한 설교』 hom. 19 (PG 57, 279); 마태 6,9에 대한 『4복음 연속주해』 참조.

90 키프리아누스, 『주님의 기도』 12 (PL 4, 526 C-527 A; CSEL III-1, 274-275); "내가 거룩하니 너희도 거룩한 사람이 되어야 한다"(『성경』, 레위 11,44).

화로 정화하기 위해 매일 같이 거룩해지기를 기원하는 것이다. 따라서 이 청원은 첫째 위치에 놓이는데, 그 이유는 크리소스토무스가 말하는 바와 같이, "신의 영광을 구하는 것에 앞서서는 아무것도 [두지 않고], 오히려 모든 것을 그에 대한 찬양 다음으로 미루는 것이 신에게 기원하는 이의 기도로서 어울리는 것"[91]이기 때문이다.

제9장

두 번째 청원: 신이여 우리를 영광에 참여케 하소서

Secunda petitio, ut participes glorie nos faciat

병행문헌: 『신학대전』제I부 제12문제 제1절, 제2절; 제II부 제I권 제2문제 제4절, 제5절, 제8절; 제3문제 제3절, 제8절; 제5문제 제1절, 제4절; 『명제집 주해』제1권 제8구분 제3문제 제2절; 제3권 제14구분 제1문제 제3소질문; 제4권 제49구분 제1문제 제1절 제1, 4소질문; 제2문제 제1절; 『대이교도대전』제III권 제31-33장, 제49장, 제51장, 제54장, 제57장, 제62장; 제IV권 제7장; 『진리론』제8문제 제1절; 제10문제 제11절; 『자유토론 문제집』제7권 제1문제; 제10권 제8문제; 『제후통치론』제1권 제8장; 『디오니시우스의 '신명론' 주해』제1장 제2강; 제10장 제5강; 제14장 제2강; 『코린토전서 주해』제13장 제4강 참조.

신의 영광에 대한 바람과 청원 다음에 인간은 신적인 영광에 참여하게 되기를 욕구하고 요청한다는 결론이 나온다. 따라서 두 번째 청원은 "당신의 나라가 오시며"(Adueniat regnum tuum)가 된다. 앞서 다루어진 청원에서와 같이, 이것에 대해서도 첫째로 신의 나라가 합당하게 추구된다는 사실을 고찰해야만 한다. 둘째로 인간이 그것을 획득하는 데에 이를 수 있다는 사실을 [고찰해야만 한다]. 셋째로 그것에는 자신의 힘에 의해서가 아니라 오직 신적인 은총의 도움으로 다다를 수 있다는 사실을 고찰해야만 한다. 마지막으로 신의 나라가 오기를 어떻게 청해야 하는가가 고찰되어야만 할 것이다.

---

91 요하네스 크리소스토무스, 『마태오복음에 대한 설교』hom. 19 (PG 57, 279) 참조.

첫째에 대해서는, 각각의 사물에 고유한 선(proprium bonum)은 본성적으로 욕구될 만하다는 사실이 고찰되어야 한다. 그래서 사람들은 선을 적절하게 "모든 것이 욕구하는 것"(quod omnia appetunt)이라고 정의한다.[92] 각 사물의 고유한 선은 그것에 의해 그 사물이 완성되는 것이다. 즉 우리는 각 사물이 고유한 완전성에 다다른 한에서 좋은 것〔선한 것〕이라고 부른다. 그러나 〔그 사물이〕 고유한 완전성을 결여하고 있는 그만큼 선성도 결핍되어 있는 것이다. 그래서 각각의 사물이 자기의 완전성을 욕구한다는 결론이 나온다. 아울러 인간 역시 본성적으로 완성되기를 욕구한다. 인간적인 완전성의 등급이 다양하기 때문에, 그것은 주로 그리고 근원적으로 그의 궁극적인 완전성을 소망하는 자신의 욕구에 본성적으로 들어오게 된다. 그러나 이 선은 인간의 본성적 바람이 그것 안에서 쉬게 된다는 증거로 인해 인식된다. 즉 인간의 본성적 바람은 오직 어떤 완전성으로 이루어진 〔자기의〕 고유한 선만을 지향하기 때문에, 추구되어야만 할 어떤 것이 남아 있는 동안에는 아직 인간은 자기의 궁극적인 완전성에 도달하지 못했다는 결론이 나온다.

그런데 아직 추구되어야만 하는 어떤 것은 두 가지 방식으로 남아 있다. 한 가지 방식은 추구되는 것이 다른 것 때문에 얻고 싶어질 때이다. 그래서 그것을 열망하면서 바람은 아직 쉬지 못하고 다른 것으로 옮아가야만 한다. 다른 방식은 인간이 추구하는 것을 획득하는 데에 충분하지 못한 때이다. 마치 소량의 식사가 자연의 유지에 충분하지 못한 것과 같다. 그래서 자연적인 욕구는 충족되지 않는다. 따라서 인간이 우선적이고 근본적으로 추구하는 저 선은 그렇게 다른 것 때문에 얻고 싶어져서는 안 되며, 인간에게 충분한 것이어야만 한다. 그런데 이 선은 그것이 인간의 근본적 선인 한에서 공통적으로 행복(felicitas)이라 불린다. 즉 어떤 이들에게 그것이 좋다고 믿음으로써 우리는 그 어떤 이들이 행복하다고 말한다. 그것이 어떤 탁월성을 표현한다는 측면에서는 지복

---

92   아리스토텔레스, 『니코마코스 윤리학』 I, 1, 1094a 3 참조.

(beatitudo)이라고도 불린다. 또한 욕구를 쉽게 한다는 측면에서 평화라고도 불릴 수 있다. 왜냐하면 욕구의 휴식은 내적인 평화처럼 보이기 때문이다. 이에 시편 147,14에서는 "평화를 당신의 경계로 삼았던 분"[93]이라고 말한다.

따라서 육체적인 선 안에 인간의 행복이나 지복이 존재할 수 없다는 사실은 분명하다. 첫째 이유는, 육체적인 선은 자신 때문에 얻으려 하는 것이 아니라 본성적으로 다른 것 때문에 바래지기 때문이다. 즉 그것은 자기 육체를 이유로 인간에게 부합하는 것이다. 그러나 인간의 육체는 마치 목적처럼 영혼에 질서 지어져 있다. 한편으로 이는 육체가 움직이는 영혼의 도구이기 때문이다. 그런데 모든 도구는 그것을 사용하는 기술 때문에 존재한다. 다른 한편으로 이는 육체가 영혼과 마치 질료가 형상과 맺는 것과 같은 관계를 지니기 때문이다. 그런데 현실태가 가능태의 목적인 것처럼 형상은 질료의 목적이다. 이로부터 인간의 궁극적인 행복은 부에서도, 명예에서도, 건강에서도, 아름다움에서도, 어떤 이런 종류의 사물 안에서도 이루어지는 것이 아니라는 결론이 나온다.

둘째 이유는, 육체적인 선이 인간에게 충분해지는 것은 불가능하기 때문인데, 이것은 다양한 방식으로 드러난다. 한 가지 방식은 이렇다. 즉 인간 안에는 두 가지 욕구하는 힘(duplex uis appetitiua), 즉 지성적인 것과 감각적인 것이 있으므로 결과적으로 바람(desiderium)도 두 가지이다. 지성적인 욕구의 바람은 근본적으로 가지적인 선으로 향하는데, 육체적인 선은 이것에 다다르지 못한다. 다른 방식으로, 사물의 질서에서 최하의 것인 육체적인 선은 모아진 선성이 아니라 분산된 선성만을 받아들인다. 그래서 이것은 선성의 이런 의미, 예를 들어 즐거움 같은 것을 (의미로) 가지며, 저것은 다른 것(선성의 저런 의미)을, 예를 들어 육체의 좋은 건강을 가지는 것 등과 같다. 또 다른 것에 대해서도 마찬가지이다. 그러므로 이것들 중 어떤 것에서도 본성적으로 보편적인 선을 지향하는

---

93 "Qui posuit fines tuos pacem"; "네 강토에 평화를 가져다주시고"(『성경』).

인간적인 욕구가 충족됨을 발견할 수는 없다. 그것들 중 많은 것 안에서도, 그것들이 얼마나 다수화되든지 간에, 충족됨을 발견할 수 없다. 그것들은 보편적인 선의 무한성을 결여하고 있기 때문이다. 이에 코헬 5,9는 "탐욕스러운 자는 돈으로 충족되지 못한다"[94]라고 말한다.

셋째 이유는, 인간은 지성을 통해 장소나 시간에 의해 한정되지 않는 보편적인 선을 파악하므로, 인간적인 욕구는 지성의 파악에 부합하는 방식으로 시간에 의해 한정되지 않는 선을 욕구한다는 결론이 나온다. 영구적인 안정성을 추구하는 것이 인간에게는 자연스러운 일인데, 이런 안정성은 소멸과 다양한 변동에 종속되어 있는 육체적인 사물에서는 발견할 수 없다. 이에 육체적인 선에서는 인간적인 욕구가 추구하는 충만함을 발견하지 못한다는 결론이 나온다. 그래서 그 선 안에는 인간의 궁극적 행복이 존재할 수 없다. ─

그러나 감각적인 힘은 육체적인 기관을 통해 작용하는 육체적인 작용을 가지고 있고 육체적인 것에 대해 작용하기 때문에 감각적인 부분의 작용 안에, 예를 들어 육신의 어떠한 쾌락 안에 인간의 궁극적 행복이 이루어지지 못한다는 결론이 나온다. ─

또한 인간이 사변적인 지성을 통해 육체적인 것을 인식하고 실천적인 지성을 통해 육체적인 사물을 관리함으로써, 인간 지성도 육체적인 것에 대해 어떤 작용을 가지고 있다.[95] 그래서 육체적인 사물을 지향하는 사변적 지성이나 실천적 지성의 작용 자체 안에는 인간의 궁극적 행복이나 완전성이 놓여 있을 수 없다는 결론이 나온다.

이와 유사하게 그것에 의해 지성적 영혼이 자기 자신에 대해 반성하는 인간의 지성 작용 안에도 〔궁극적 행복이〕 있을 수 없는데, 이는 다음과 같은 두 가지 이유에서 그러하다. 첫째, 영혼은 자기 자신을 고찰함으

---

94 "Auarus non impletur pecunia"; "돈을 사랑하는 자는 돈으로 만족하지 못하고, 큰 재물을 사랑하는 자는 수확으로 만족하지 못하니, 이 또한 허무이다"(『성경』).
95 제I권 제100장 각주 244 참조(〔263〕).

로써 복되지 않기 때문이다. 만일 그렇지 않다면 지복을 얻기 위해 영혼이 작용해야만 하지 않을 것이다. 따라서 영혼이 자신을 지향하는 것만으로는 지복을 얻지 못한다. ─

둘째, 앞에서 말한 바와 같이,[96] 행복은 인간의 궁극적인 완전성이기 때문이다. 그러나 영혼의 완전성은 자기의 고유한 작용으로 구성되어 있기 때문에, 자기의 궁극적인 완전성은 자기의 가장 좋은 작용에 따라 추구된다는 결론이 나온다. 작용은 대상에 따라 종류가 결정되기 때문에, 가장 좋은 작용이란 가장 좋은 대상에 따른 것이다. 그러나 영혼의 작용이 끌릴 수 있는 최상의 것은 영혼에 속하는 것이 아니다. 즉 영혼은 자신보다 더 좋은 어떤 것이 존재한다는 사실을 이해한다. 그래서 인간의 궁극적인 지복이 자신을 지향하는 작용으로 구성되는 것은 불가능한 일이다. 같은 이유로 인간 영혼의 작용이 지향할 수 있는 어떤 것이 그것들보다 더 나은 한에서는, 다른 상위의 실체를 지향하는 작용으로도 구성되지 않는다. 그러나 인간의 작용은 어떠한 선이든지 지향한다. 인간은 지성을 통해 보편적인 선을 파악하므로, 인간이 욕구하는 것은 보편적인 선이기 때문이다. 그래서 선이 어떠한 정도에 이를 때까지 확장되는지에 관계 없이, 어떤 방식으로든 인간 지성의 작용과 결론적으로 의지의 작용도〔그 정도에 이를 때까지〕펼쳐지게 된다.

그러나 최고선은 자신의 본성을 통해 선하고 모든 선성의 원리인 신에게서 발견된다. 그래서 인간의 궁극적인 완전성과 그의 최종적인 선은 신에게 매달리는 것이라는 결론이 나온다. 이에 대해 시편 73(72),28은 "신에게 머물러 있음이 저에게는 좋습니다"[97]라고 말한다. ─

어떤 이가 여타의 사물의 분유에 대해 통찰한다면, 이것은 명백하게 드러난다. 즉 모든 개별적인 인간은 자신들이 종의 본질 자체를 분유함을 통해 참으로 인간이라고 불릴 수 있게 된다.[98] 그러나 그들 가운데 누

---

96   제I권 제9장 참조.
97   "Michi adherere Deo bonum est."

구도 다른 인간과의 유사성을 분유함으로써 인간이라고 불리는 것이 아니라 오히려 종의 본질을 분유함으로써만 그렇게 되는 것이다. 이 〔종의 본질을〕 분유하도록 한 사람이 다른 사람을, 즉 아버지가 아들을 출생의 길에 의해 이끌기도 한다. 그러나 지복이나 행복은 완전한 선 이외에 다른 것이 아니다. 따라서 모든 지복에 참여하는 이들은 그 자신이 본질적인 선성인 신의 지복을 분유함을 통해서만 복되어야 한다. 비록 한 사람이 다른 이들을 통해 지복을 지향하고 그것에 도달하는 데 도움을 받을지라도 말이다. 이에 아우구스티누스 또한 『참된 종교』(De vera religione)라는 책에서 "우리는 결코 천사들을 봄으로써 복된 것이 아니라 오히려 진리를 봄으로써 복된데, 이 진리에 의해 우리는 그들을 사랑하고 그들과 함께 기뻐하는 것이다"라고 말했다.[99]

그러나 인간 정신은 두 가지 방식으로 신에 이르게 된다.[100] 하나의 방식은 '그 자신을 통해서'(per se)이고, 다른 방식은 '다른 것을 통해서'(per aliud)이다. '그 자신을 통해서'란 신이 자기 자신 안에서 관찰되고, 자기 자신 때문에 사랑받을 때이다. 그러나 '다른 것을 통해서'란 마치 인간 정신이 신의 피조물로부터 신에게로 상승하게 되는 경우이다. 이에 대해 로마 1,20은 "신의 보이지 않는 것들을 만들어진 것들을 통해 이해하고 통찰하게 되었습니다"[101]라고 말한다.

하지만 완전한 지복이, 어떤 이가 다른 것을 통해 신을 지향하는 일 안에서 이루어진다는 것은 불가능하다. 첫째, 지복이란 모든 인간 행위의 목적을 뜻하므로, 참되고 완전한 지복은 목적의 의미를 지니지 않고 오

---

98 직역하면 "이 서술의 진리성을 수용하게 된다"이지만, 뜻이 불분명해져 의역했다.

99 아우구스티누스, 『참된 종교』(De vera religione) 55(국역본: 아우구스띠누스, 성염 옮김, 『참된 종교』, 분도출판사, 1989) 참조.

100 제I권 제104장 이하, 제164장 참조.

101 "Inuisibilia Dei per ea que facta sunt intellecta conspiciuntur"; "세상이 창조된 때부터 하느님의 보이지 않는 본성, 곧 그분의 영원한 힘과 신성을 조물을 통해 알아보고 깨달을 수 있게 되었습니다"(『성경』).

히려 목적으로의 변화를 의미하는 것으로는 구성될 수 없기 때문이다. 그러나 신이 다른 것을 통해 인식되고 사랑받는 것은, 하나로부터 다른 것으로 나아가는 한에서 일종의 인간 정신의 운동을 통해 이루어진다. 그러므로 이 안에는 참되고 완전한 지복이 존재하지 않는다.

둘째, 만일 인간 정신이 신에게 매달리는 것으로 인간의 지복이 구성된다면, 완전한 지복은 신에게 완전히 매달리는 것을 요구한다는 결론이 나온다. 〔인간〕 정신이 어떤 피조물을 통해 신에게 완전히 매달리는 것은 인식을 통해서(per cognitionem)나 사랑을 통해서(per amorem)나 불가능하다. 어떤 창조된 형상이든지 간에, 신의 본질을 재현하는 데에는 무한하게 부족하기 때문이다. 그러므로 마치 피조물 가운데 낮은 위계의 형상을 통해 더 높은 위계의 사물이 인식되는 일이, 예를 들어 육체를 통해 영적인 실체가 인식되거나 요소적인 물체를 통해 천체가 인식되는 일이 불가능한 것처럼 창조된 어떤 형상을 통해 신의 본질을 인식하는 일은 더더욱 불가능한 일이다. 그러나 우리는 하위의 물체를 고찰함을 통해 상위의 물체의 본성을 부정적으로, 예를 들어 그것이 무겁지도 가볍지도 않다는 점을 받아들이고, 또한 물체의 고찰을 통해 천사에 대한 부정적인 인식을, 예를 들어 그것이 비물질적이고 비물체적이라는 인식을 얻게 된다. 이와 같이 우리는 피조물을 통해 신에 대해 그가 무엇인가(quid sit)가 아니라 오히려 그가 무엇이 아닌가(quid non est)를 아는 것이다.[102] 또한 어떠한 피조물의 선성이든지 간에, 무한한 선성인 신

---

102 토마스는 여기서 신플라톤주의와 그것에 의해 영향을 받게 된 경향들과 같이, 단지 부정적인 신 인식만을 강조하려는 것이 아니다. 우리는 항상 하느님의 인식과 관련된 모든 부정은 토마스에게서 절대적 부정이 아니라 언제나 제한된 부정이라는 사실을 주목해야 한다. 모든 부정은 하나의 긍정을 전제하고 있기 때문에, 한편으로는 항상 어디로부터 그 부정이 취해졌는가를 주목해야만 한다. 다른 한편으로 각각의 부정은 계속해서 연속되는 부정과 연결되어 있다. 이 연속되는 부정은 보다 많은 내용이 하느님에 대해 (타당한) 근거를 바탕으로 부정될수록 우리는 하느님을 점점 더 완전하게 알 수 있게 되기 때문에 인식 방법의 한 종류일 수 있다. 그러나 우리는 이 인식 방법을 통해 하느님을 단지 수렴적으로 도달할 수 있

적인 선성과 비교해서는 매우 작은 어떤 것이다. 그래서 신으로부터 이루어진 사물 안에 있는 선성은 신의 은혜이고, 정신을 신의 완전한 사랑에까지 들어 올리지 못한다. 따라서 참되고 완전한 지복은 정신이 다른 것을 통해 신에게 매달리는 것으로 구성될 수 없다.

셋째, 바른 질서에 따라 덜 알려진 것은 더 많이 알려진 것을 통해 인식되고, 이와 유사하게 덜 좋은 것은 더 좋은 것을 통해 사랑받기 때문이다. 그러므로 신은 제1진리이고 최고의 선성이기 때문에, 그 자체로 최고도로 인식 가능한 것(summe cognoscibilis)이고 사랑받을 만한 (amabilis) 것이다. 만일 어떤 이의 정신이 피조물을 통해 신에 대한 인식과 사랑으로 이끌어져야만 한다면, 이것은 그의 불완전성 때문에 일어나는 일이다. 따라서 그는 아직도 모든 불완전함을 배제하는 완전한 지복을 성취하지 못한 것이다. ──

그러므로 완전한 지복이란 정신이 인식하고 사랑하면서 그 자체로 신에게 매달리는 데 있다는 결론이 나온다. 그리고 종속된 이들을 배열하고 지배하는 것은 왕에게 속하기 때문에, 그것에 따라 다른 것들이 결정되는 그것이 인간에게서 지배한다고 말한다. 이에 사도(바오로)는 로마 6,12에서 "당신들의 죽을 육체 안에서 죄가 지배하지 않도록 하시오"[103] 라고 충고한다. 그러므로 완전한 지복에는 신 자신이 그 자체로 인식되고 사랑받으며, 그것을 통해 정신이 다른 것으로 이끌어지는 것이 요구되기 때문에, 신이야말로 참되고 완전하게 복된 이들 안에서 지배한다. 이에 이사 49,10은 "그들을 가엾이 여기시는 분께서 그들을 지배하시고, 샘터로 그들을 인도해 주실 것이다"[104]라고 말한다. 즉 그들은 그분

을 뿐이지 결코 완벽하게 파악할 수 없다는 사실을 잊어서는 안 된다((265)). 이 내용에 대한 토마스 이론의 실제 적용에 대해서는 박승찬, 2000a과 그곳에 제시된 참고문헌 참조.

103 "Non regnet peccatum in uestro mortali corpore"; "그러므로 죄가 여러분의 죽을 몸을 지배해 여러분이 그 욕망에 순종하는 일이 없도록 하십시오"(『성경』).

104 "Miserator eorum reget eos et ad fontes aquarum potabit eos"; "그들은 배고프지도

을 통해 어떤 종류의 것이든지 가장 뛰어난 선을 가지고 기운을 회복하게 되기 때문이다.

또한 마치 외적인 시각이 돌의 형상을 통해 돌을 보는 것과 같이, 지성은 자신이 알았던 모든 것을 어떤 인식상(aliquam speciem)이나 형상을 통해 이해하기 때문에, 지성이 마치 신적인 본질을 재현하는 어떤 창조된 인식상이나 형상을 통해 신을 본질적으로 보는 것은 불가능하다. 즉 우리는 낮은 위계에 속하는 사물의 인식상을 통해 높은 위계의 사물이 그 본질적인 측면에서 재현될 수 없다는 사실을 보게 된다. 따라서 영적 실체가 물체적 사물의 질서를 넘어서는 것보다 훨씬 더 많이 신은 피조물의 전체 질서를 능가하기 때문에, 어떤 물체적인 인식상을 통해 신을 그 본질에 따라 본다는 것은 불가능하다.

이것은 만일 어떤 이가 어떤 사물을 그 본질을 통해 보는 것이 무엇인지를 고찰한다면, 명백하게 드러난다. 즉 인간에게 본질적으로 적합한 것들 중에 어떤 것을 파악하지 못한 사람은 인간의 본질을 보지 못한다. 마치 이성적임을 알지 못하고 동물이라는 점만을 알고 있는 이는 인간의 본질을 알지 못하듯이 말이다. 그러나 신에 대해 언급되는 것은 무엇이든지 본질적으로 그에게 부합한다. 어떤 하나의 창조된 인식상이 신에 대해 언급되는 모든 것과 관련해 신을 재현하는 일은 불가능하다. 왜냐하면 창조된 지성 안에서 신의 본질인 생명과 지혜와 정의와 다른 모든 이런 종류의 것을 파악하도록 해 주는 인식상은 [각각] 다른 것이기 때문이다. 따라서 창조된 지성이 그 안에서 신의 본질을 통해 신을 볼 수 있을 정도로 신적 본질을 재현하는, 단 하나의 어떤 인식상에 의해 형상화되는 것은 불가능하다. 그러나 만일 [신적인 본질이] 많은 것을 통해 [재현된다면], 신의 본질과 동일한 단일성(unitas)이 결여된다. 따라서 창조된 지성이 어떤 하나의 창조된 인식상에 의해서나, 또한 여러 인

않고 목마르지도 않으며, 열풍도 태양도 그들을 해치지 못하리니, 그들을 가엾이 여기시는 분께서 그들을 이끄시며 샘터로 그들을 인도해 주시기 때문이다"(『성경』).

식상에 의해 신을 그 자체로 자기 본질을 통해 보도록 높여질 수 있다는 것은 불가능하다. 그러므로 신이 자기 본질을 통해 창조된 지성에게 보여지기 위해서는 신적 본질 자체가 다른 인식상을 통해서가 아니라 자기 자신을 통해 보여지고, 이것이 창조된 지성과 신의 어떤 일치를 통해 이루어져야만 한다는 결론이 나온다. 이에 디오니시우스(Dionysius)도 『신명론』(神名論) 제I장에서 "우리가 가장 복된 목적을 신의 출현에 의해 도달했을"[105] 때, 우리는 신에 대한 어떤 초지성적인 인식을 통해 충만해질 것이라고 말한다.

그러나 지성이 어떤 유사상(類似像)의 매개도 없이 신적 본질과 합일될 수 있다는 것은 신적 본질에만 유일하다. 신적 본질 자체가 그의 존재이고, 이것은 어떤 다른 형상에도 부합되지 않기 때문이다. 따라서 만일 그 자체로 실존하는 어떤 형상이 지성을 형상화하는 것일 수 없다면, 예를 들어 천사의 실체가 다른 지성에 의해 인식되어야만 한다면, 이것은 지성을 형상화하는 그의 어떤 유사상을 통해 이루어져야만 한다. 〔그러나〕 이것은 자기 존재인 신적인 본질에서는 요구되지 않는다. 그러므로 이렇게 신에 대한 직관 자체를 통해 복된 정신(mens beata)은 이해하면서 신과 하나가 된다. 그러나 이해하는 이와 이해된 것은 어떤 의미에서 하나여야만 한다. 이에 성인들 안에서 신이 다스릴 때, 성인들 또한 신과 함께 공동으로 다스릴 것이다. 따라서 그들 자신의 입장에서 묵시 5,10은 "당신은 우리를 우리 신에게 나라요 사제들로 만드셨으니, 우리가 땅 위에서 다스릴 것입니다"[106]라고 말한다.

또한 그것에 의해 신이 성인들 안에서 다스리고, 성인들이 신과 함께 다스리는 이 나라는 하늘나라(regnum celorum)이다. 이에 대해 마태 3,2는 "회개하여라, 하늘나라가 가까이 왔다"[107]라고 말한다. 이것은 신

---

105 "beatissimum consequemur finem Dei apparitione"; 디오니시우스 아레오파기타, 『신명론』 I, 4 (PG 3, 592 BC) 참조.

106 "Penitentiam agite, appropinquauit enim regnum celorum." 마태 4,17 참조.

에게 하늘에 있음을 귀속시키는 것과 같은 표현 방식인데, 이는 신이 물체적인 하늘에 포함되어 있기 때문이 아니다. 오히려 이것을 통해 마치 하늘이 다른 물체보다 더 탁월한 것처럼 모든 피조물 위에 있는 신의 탁월성을 지시하기 위한 것이다. 이에 대해 시편 113(112),4는 "주님은 모든 민족 위에 높으시고, 그의 영광은 하늘 위에 〔높으시다〕"[108]라고 말한다. 따라서 또한 성인들의 지복(beatitudo sanctorum)도 하늘나라라고 불린다. 이는 그들의 보상이 물체적인 하늘에 있기 때문이 아니라 하늘을 넘어서는 본성에 대한 명상에 있기 때문이다. 이에 천사에 대해 마태 18,10은 "하늘에서 그들의 천사들이 하늘에 계신 내 아버지의 얼굴을 늘 보고 있다"[109]라고 말한다. 아울러 아우구스티누스는 마태 5,12의 "너희가 하늘에서 받을 상이 크다"[110]라는 말씀을 해설하면서 『주님의 산상설교에 대하여』라는 책에서 "나는 여기서 하늘이 가시적인 세상의 더 높은 부분을 말한다고 생각하지 않는다. 즉 우리의 상은 소용돌이치는 사물에 자리 잡아야 하는 것이 아니라 '하늘에서'(in celis)는 영구적인 정의가 살고 있는 영적인 궁창(穹蒼)을 말한다고 생각한다".[111]

신을 구성하는 이 최종적인 선은 또한 영원한 생명(uita eterna)이라고 불리는데, 이는 생명을 부여하는 영혼의 행위가 생명이라고 불리는 것과 같은 표현 방식에 따른 것이다. 그래서 영혼의 행위의 종류의 수가 많은 만큼 〔생명의〕 방식들도 구별된다. 영혼의 행위의 종류 중에서 최상의 것은 지성 작용이고, 철학자〔아리스토텔레스〕에 따르면 "지성의 행위

---

107 "Fecisti nos Deo nostro regnum et sacerdotes, et regnabimus super terram"; "주님께서는 그들이 우리 하느님을 위해 한 나라를 이루고 사제들이 되게 하셨으니 그들이 땅을 다스릴 것입니다"(『성경』).

108 "Excelsus super omnes gentes Dominus, et super celos gloria eius."

109 "Angeli eorum in celis semper uident faciem Patris mei qui in celis est."

110 "Merces uestra copiosa est in celis."

111 아우구스티누스, 『주님의 산상설교에 대하여』 I, 5(PL 34, 1236-1237; CCL 35, 15) 참조.

는 생명이다"(Actio intellectus est uita).[112] 행위는 대상으로부터 종(種)과 이름을 받기 때문에, 신적인 영원성을 직관하는 것은 영원한 생명이라고 명명된다. 이에 대해 1요한 17,3은 "당신이 참된 신임을 인식하는 이것이야말로 영원한 생명입니다"라고 말한다.[113]

이 최종적인 선은 '파악'(comprehensio)이라고도 불린다. 이에 대해 필리 3,12는 "그러나 내가 어떤 방식으로든 붙잡을 수 있다면, 나는 따라갑니다"[114]라고 말한다. 물론, 이것은 파악이 끝맺음(conclusionem)을 포함한다는 것과 같은 표현 방식에 따라 말하는 것이 아니다. 다른 것에 의해 내포되는 것은 전체가, 그리고 전적으로 그것에 의해 포함되기 때문이다. 그러나 창조된 지성은 신의 본질을 전적으로, 즉 직관될 수 있는 한 신을 직관함으로써, 신을 직관하는 완결되고 완전한 방식에 도달할 정도로 직관할 수는 없다. 즉 신은 무한한 자기 진리의 찬란함에 따라 직관될 수 있다. 그래서 신은 무한하게 직관될 수(infinite uisibilis) 있고, 이것은 이해하는 데서 한정된 능력을 지닌 창조된 지성에는 적합할 수 없다. 따라서 오직 자기 지성의 무한한 능력을 통해 자신을 무한하게 이해하는 신만이 자신을 전적으로 이해함으로써 자기 자신을 파악한다. 그러나 성인들에게는 파악이라는 명칭이 어떤 긴장을 내포하는 것과 같이, 파악이 약속되었다. 즉 어떤 사람이 다른 사람을 뒤쫓을 때, 손으로 그를 잡을 수 있게 되었다면 "그를 붙잡는다"(eum comprehendere)라고 말한다. 따라서 2코린 5,6-7은 "우리가 육체 안에 머물러 있는 동안에

---

112 아리스토텔레스, 『형이상학』 XII, 8, 1072b 26-27; 『영혼론』 II, 4, 415b 13 참조.

113 "Hec est uita eterna ut cognoscant te uerum Deum"; "영원한 생명이란 홀로 참 하느님이신 아버지를 알고 아버지께서 보내신 예수 그리스도를 아는 것입니다"(『성경』). 레오니나 판에는 'Io. XVII, 3'으로 표기되어 있으나, 이는 정확한 위치가 아니라 수정했다.

114 "Sequor autem si quo modo comprehendam"; "(나는 이미 그것을 얻은 것도 아니고 목적지에 다다른 것도 아닙니다.) 그것을 차지하려고 달려갈 따름입니다"(『성경』). 레오니나 판에는 'Cor. IX'으로 표기되어 있으나, 각주의 설명과 다른 판본에 따라 더 정확한 위치로 수정했다.

는 주님으로부터 떠나 타향살이를 하고 있습니다. 우리는 보이는 것이 아니라 믿음으로써 거닐고 있기 때문입니다"[115]라고 말한다. 우리는 이렇게 그를 마치 떨어져 있는 것처럼 지향하고 있다. 그러나 우리가 그를 본질을 통해 직관하게 될 때, 그를 우리 자신 안에 현존하는 채로 붙잡게 될 것이다. 이에 아가 3,4에서는 그녀의 영혼이 사랑하는 이를 찾는 신부가 마침내 그를 발견하고서 "나 그이를 붙잡고 놓지 않았네"[116]라고 말한다.

앞서 언급된 최종적인 선은 영구적이고 충만한 기쁨을 가지고 있다.[117] 그래서 주님은 요한 16,24에서 "청하여라, 받을 것이다. 그리하여 너희 기쁨이 충만해질 것이다"[118]라고 말한다. 그러나 충만한 기쁨은 어떤 피조물에 대해서가 아니라 그 안에 선성이 전적으로 충만해 있는 신에 대해서만 존재할 수 있다. 그렇기에 주님은 충실한 종에 대해 "와서 네 주인과 함께 기쁨을 나누어라",[119] 즉 네 주님에 대해 기뻐하라고 말씀하신다. 이에 대해 욥 22,26은 "그러면 전능하신 분에 대한 기쁨으로 넘쳐흐를 것이네"[120]라고 말한다. 그리고 신은 무엇보다도 자기 자신에 대해 기뻐하기 때문에, 충실한 종에게 자기 주님의 기쁨으로 들어가라고 말한다. 이는 그의 주님이 기뻐하는 그러한 기쁨으로 들어감으로써 이루어진다. 이에 대해 다른 곳에서, 즉 루카 22,29 이하에서 주님은 제자들에게 "내 아버지께서 나에게 나라를 주신 것처럼 나도 너희에게 나라를 준

---

115 "quandiu sumus in corpore, peregrinamur a Domino, per fidem enim ambulamus et non per speciem"; "그러므로 우리가 이 몸 안에 사는 동안에는 주님에게서 떠나 살고 있음을 알면서도, 우리는 언제나 확신에 차 있습니다. 보이는 것이 아니라 믿음으로 살아가기 때문입니다"(『성경』).

116 "Tenui eum nec dimmittam."

117 제I권 제165장 참조.

118 "Petite et accipietis ut gaudium uestrum sit plenum."

119 마태 25,21.

120 "Tunc super Ominipotentem deliciis afflues"; "그러면 전능하신 분께서 자네의 기쁨이 되시고 (자네는 하느님께 얼굴을 들게 될 것일세)"(『성경』).

다. 이는 너희가 내 나라에서 내 식탁 위에서 먹고 마시게 하기 위한 것이다"[121]라고 말한다. 이것은 저 최종적인 선〔의 상태〕에서 이미 불사불멸하게 된 성인들이 육체적인 음식을 이용한다는 것이 아니며, 여기서 식탁이란 신이 자기 자신에 대해 가지고 있고 성인들이 신에 대해 가지고 있는 기쁨의 휴식을 의미한다.

또한 기쁨의 충만함은 그것에 대해 기뻐하는 사물에 따라서만이 아니라 기뻐하는 이의 성향에 따라서도 주목되어야 한다. 즉 그는 그것에 대해 기뻐하는 사물을 현존하는 것으로 가지고 있고, 기뻐하는 이의 정념 전체가 사랑을 통해 기쁨의 원인으로 집중되어 있어야만 한다. 창조된 정신이 신적인 본질을 직관함으로써 현존하는 방식으로 붙잡는다는 것은 이미 분명해졌다.[122] 또한 신에 대한 직관 자체가 신에 대한 사랑을 향해 전적으로 정념을 불붙인다. 즉 만일 무엇이든지 간에 그것이 아름답고 좋다는 점에서 사랑받을 만한 것이라면, 디오니시우스가 『신명론』 제IV장[123]에서 말하는 것에 따라 아름다움과 선함의 본질 자체인 신을 사랑 없이 직관하는 것은 불가능하다. 따라서 그에 대한 완전한 직관에는 완전한 사랑이 따라온다. 이에 대(大)그레고리우스 교황(Gregorius)은 『에제키엘서에 대한 설교』에서 "여기서 타오르기 시작한 사랑의 불은 사랑하는 분 자체를 직관하게 될 때, 그에 대한 사랑에서 더욱 강하게 불타오를 것이다"[124]라고 말한다. 현존하는 것으로 가지고 있는 것에 대한 기쁨은, 그것을 사랑하면 할수록 더욱 커지게 된다. 그래서 저 기쁨

---

121 "Ego dispono uobis sicut disposuit michi Pater meus regnum, ut edatis et bibatis super mensam meam in regno meo"; "내 아버지께서 나에게 나라를 주신 것처럼 나도 너희에게 나라를 준다. 그리하여 너희는 내 나라에서 내 식탁에 앉아 먹고 마실 것이며, (옥좌에 앉아 이스라엘의 12지파를 심판할 것이다)"(『성경』).

122 이 권의 제9장 참조.

123 디오니시우스 아레오파기타, 『신명론』 IV, 10(PG 3, 708 A); 또한 13/14(PG 3, 712) 참조.

124 대(大)그레고리우스, 『에제키엘서에 대한 설교』 II, hom. 2(PL 76, 954 A; CCL 142, 231) 참조.

은 그것에 대해 기쁨을 느끼는 사물의 측면에서만 아니라 기뻐하는 이의 측면에서도 충만하며, 이 기쁨은 인간의 지복을 완성하는 것이라는 결론이 나온다. 그렇기에 아우구스티누스는 또한 『고백록』 제X권에서 지복은 "진리에 대한 기쁨"(gaudium de ueritate)[125]이라고 말한다.

더 나아가 신은 선성의 본질 그 자체이기 때문에, 결론적으로 그 자신이 모든 선의 선(bonum omnis boni)이다. 그래서 사람들은 그를 직관할 때, 모든 선을 직관하게 된다. 이에 대해 주님은 탈출 33,19에서 모세에게 "내가 너에게 모든 선을 보여 준다"[126]라고 말한다. 결론적으로 그를 소유할 때, 모든 선을 소유하게 된다. 이에 대해 지혜 7,11은 "그것〔지혜〕과 함께 동시에 모든 선이 나에게로 왔다"[127]라고 말한다. 이렇게 저 최종적인 선의 상태에서 신을 직관하면서 사람들은 모든 선의 완전한 충만함을 소유하게 될 것이다. 그래서 주님은 충실한 종에게 마태 24,47에서 "그는 자기의 모든 선 위에 그를 놓이게 할 것이다"[128]라고 약속하신다.

그러나 악은 선에 반대되기 때문에, 모든 선이 현존하는 경우에는 악이 보편적으로 배제되는 것이 필연적이다. 즉 2코린 6,14의 말씀처럼 "정의는 불법에 관여하지" 않고, "빛은 어둠과 사귀지" 않는다.[129] 따라서 최종적인 선에는 모든 선을 가지고 있는 완전한 충만함만이 현존하는 것이 아니라 어떤 악에 의해서도 더럽혀지지 않음으로써 충만한 휴식과 안전이 현존한다. 이에 잠언 1,33은 "내 말을 듣는 이는 공포 없이

---

125 아우구스티누스, 『고백록』 X, 23(PL 32, 793; CSEL 33, 252) 참조.

126 "Ego ostendam tibi omne bonum"; "나는 나의 모든 선을 네 앞으로 지나가게 하고"(『성경』).

127 "Venerunt michi omnia bono pariter cum illa"; "지혜와 함께 좋은 것이 다 나에게 왔다"(『성경』).

128 "super omnia bona sua constituet eum"; "주인은 자기의 모든 재산을 그에게 맡길 것이다"(『성경』).

129 "의로움과 불법이 어떻게 짝을 이룰 수 있겠습니까? 빛이 어떻게 어둠과 사귈 수 있겠습니까?"(『성경』).

쉬게 되고, 악의 공포가 제거된 채 충만함을 만끽하리라"라고 말한다.[130]

더 나아가 이로부터 모든 방식의 평화가 존재할 것이라는 사실이 귀결된다. 즉 인간의 평화는 오직 아직 소유하지 못한 것을 소유하려고 욕구하는 경우에 내적 욕구들의 혼란을 통해, 또는 겪고 있거나 겪을까봐 두려운 어떤 악의 괴로움을 통해서만 방해받는다. 그러나 저 곳에서는 모든 선의 충만함 때문에 욕구의 혼란은 멈출 것이고, 모든 악이 존재하지 않음으로써 모든 외적인 괴로움도 멈출 것이다. 그래서 저 곳에는 평화의 완전한 평온이 존재한다는 결론이 나온다. 이에 이사 32,18은 "나의 백성은 평화의 아름다움 안에 자리 잡게 되리라"[131]라고 말하며, 이것을 통해 평화의 완전함이 지시된다. 평화의 원인을 밝히기 위해 "그리고 신뢰의 천막 안에", 즉 악의 공포가 제거된 곳에서, 그리고 모든 선의 넘쳐흐름이 속하는 "풍부한 휴식 안에"라는 말을 덧붙인다.

이 최종적인 선의 완전함은 영구히 지속될 것이다. 즉 그것은 영원하고 불멸하는 것이기 때문에, 인간이 즐기는 선이 결핍됨으로써 결핍될 수 없을 것이다. 그렇기에 이사 33,20은 "네 눈은 풍요로운 도시 예루살렘과 결코 옮겨질 수 없는 천막을 보게 될 것이다"[132]라고 말하고, 잠시 후에 "그곳에서는 오직 신이신 우리 주님만이 엄위하시기 때문이다"[133]라고 이유를 덧붙인다. 즉 이 상태의 전체적인 완전성은 신적인 영원성

---

130 "Qui me audiet, absque terrore requiescit et habundantia perfruetur, terrore malorum sublato"; "그러나 내 말을 듣는 이는 편안히 살고 불행해질 걱정 없이 평온히 지내리라"(『성경』).

131 "Sedebit populus meus in pulcritudine pacis"; "그러면 나의 백성은 평화로운 거처에, 안전한 거주지와 걱정 없는 안식처에 살게 되리라"(『성경』).

132 "Oculi tui uidebunt Ierusalem ciuitatem opulentam, tabernaculum quod nequaquam transferri poterit"; "너는 시온을 바라보아라, 우리 축제의 도시를. 네 눈은 예루살렘을 보리라, 안전한 거처, 거두어지지 않는 천막, (말뚝이 다시는 뽑히지 않고 줄이 하나도 끊기지 않는 천막을 보리라)"(『성경』).

133 "quia solummodo ibi magnificus Dominus Deus noster"; "거기에서 주님께서는 우리에게 엄위하신 분이 되시리라"(『성경』, 이사 33,21).

의 향유로 구성된다. ─

이와 유사하게 저 상태는 그곳에 실존하고 있는 것의 소멸을 통해서도 결핍이 있을 수 없다. 〔그곳에 있는 것은〕 천사처럼 본성적으로 불사불멸하는 것이거나 인간처럼 불사불멸한 것으로 변환되었기 때문이다. 1코린 15,53의 말씀처럼 "즉 이 소멸하는 것은 불사불멸하는 것을 입어야만 합니다".[134] 그래서 또한 묵시 3,12는 "승리하는 사람은 내 신의 성전의 기둥으로 만들 것이고, 더 이상 밖으로 나가는 일이 없을 것이다"[135]라고 말한다. ─

또한 이 상태는 인간의 의지가 싫증을 내면서 등을 돌림으로써 결핍될 수도 없다. 선의 본질인 신을 더 많이 보면 볼수록 그만큼 더 많이 사랑하게 되는 것은 필연적이기 때문이다. 그래서 신에 대한 향유는 더욱 욕구될 것이다. 이에 대해 집회 24,29(21)는 "나를 먹는 이들은 더욱 배고프고, 나를 마시는 이들은 더욱 목마르리라"[136]라고 말한다. 이 때문에 신을 직관하는 천사에 대해서도 1베드 1,12는 "천사들도 그를 바라보기를 바라고 있습니다"[137]라고 말한다.

이와 유사하게 저 상태는 어떤 적의 공격을 통해서도 결핍될 수 없다. 그곳에서는 모든 악의 괴로움이 멈출 것이기 때문이다. 이에 대해 이사 35,9는 "그곳에는 사자도 없을 것이고", 즉 공격하는 악마도 없을 것이고 "악한 짐승도", 즉 악한 인간도 "그곳으로 올라가지 못하고, 그곳에서 발견되지도 못할 것이다"[138]라고 말한다. 주님도 요한 10,28에서 자

---

134 "Oportet enim corruptibile hoc induere incorruptionem"; "이 썩는 몸은 썩지 않는 것을 입고, 이 죽는 몸은 죽지 않는 것을 입어야 합니다"(『성경』).

135 "Qui uicerit faciam illum columpnam in templo Dei mei et foras non egredietur amplius."

136 "Quid edunt me adhuc esurient et qui bibunt me adhuc sitient"; 레오니나 판과 다른 번역본들에도 '집회 24,29'로 표기되어 있지만, 우리말 성서에는 '24,21'에 이 표현이 나온다.

137 "In quem desiderant angeli prospicere."

138 "non ascendet per eam nec inuenietur ibi"; "거기에는 사자도 없고 맹수도 들어서

기 양들에 대해 "그들은 영원토록 멸망하지 않을 것이고", 또한 "아무도 그들을 자기 손에서 빼앗아 가지 못할 것이다"[139]라고 말씀하신다. ─

저 상태는 어떤 이가 신에 의해 거기로부터 배제됨으로써 끝나지도 않을 것이다. 즉 어떤 이도 저 상태로부터 모든 악의 괴로움이 존재하지 않을 그곳에 결코 있을 수 없는 죄 때문에 배척되지 않을 것이다. 그래서 이사 60,21은 "너의 백성은 모두 의인이다"[140]라고 말한다. 또한 마치 이 세상에서 신이 때때로 의인들로부터도 위안과 그의 다른 은총을 빼앗음으로써 그들이 그것들을 더욱 열렬하게 추구하고 자신의 결함을 다시 인식하도록 했던 것처럼 더 좋은 선으로 전진시키는 것 때문에 〔저 상태가 끝나지도 않을 것이다〕. 저 상태는 개선이나 진보의 상태가 아니라 최종적인 완성의 상태이기 때문이다. 따라서 주님은 요한 6,37에서 "나에게 오는 사람을 나는 밖으로 내쫓지 않을 것이다"[141]라고 말씀하신다.

그러므로 저 상태는 앞서 언급되었던 모든 선의 영속성을 가지게 될 것이다. 이에 대해 시편 5,12는 "그들은 영원토록 환호할 것이고, 당신은 그들 안에서 사실 것입니다"[142]라고 말한다. 따라서 앞서 언급된 나라는, 예를 들어 모든 선의 변할 수 없는 충만함을 지니고 있는 완전한 지복(beatitudo perfecta)이다. 그리고 지복은 본성적으로 모든 이에 의해 욕구되기 때문에, 신의 나라는 모든 이에 의해 합당하게 욕구된다는 결론이 나온다.

지 못하리라"(『성경』).

139 "non peribunt in eternum ⋯⋯ non rapiet eas quisquam de manu sua."

140 "Populus tuus omnes iusti."

141 "Eum qui uenit ad me non eiciam foras"; "(아버지께서 나에게 주시는 사람은 모두 나에게 올 것이고,) 나에게 오는 사람을 나는 물리치지 않을 것이다"(『성경』).

142 "In eternum exultabunt et habitatis in eis"; "그러나 당신께 피신하는 이들은 모두 즐거워하며 영원토록 환호하리이다. 당신 이름 사랑하는 이들을 당신께서 감싸주시니 그들은 당신 안에서 기뻐하리이다"(『성경』).

제10장

그 나라를 차지하는 것은 가능하다

Quod regnum optineri est possibile

병행문헌: 『신학대전』 제I부 제12문제 제1절, 제4절 제3이론에 대한 해답; 제II부 제I권 제3문제 제8절; 제5문제 제1절; 『명제집 주해』 제4권 제49구분 제2문제 제1절; 『대이교도대전』 제III권 제51장, 제54장, 제57장; 『진리론』 제8문제 제1절; 『자유토론 문제집』 제10권 제8문제; 『마태오복음 주해』 제5장; 『요한복음 주해』 제1장 제11강 참조.

더 나아가 인간은 저 나라에 도달할 수 있다는 사실을 고찰해야만 한다. 그렇지 않다면 그 나라는 헛되이 소망되고 청해지는 셈이 될 것이다.

이것이 인간에게 가능하다는 것은 첫째, 신의 약속으로부터 드러난다. 즉 주님은 루카 12,32에서 "너희들 작은 양 떼야, 두려워하지 마라. 내 아버지께서는 그 나라를 너희에게 기꺼이 주기로 하셨기 때문이다"[143]라고 말한다. 그러나 신의 마음에 드는 일은 자신이 결정한 모든 것을 실현할 정도로 효과가 있다. 이에 대해 이사 46,10은 "내 계획은 성사되고, 나는 내 뜻을 모두 이룬다"[144]라고 말한다. 이는 로마 9,19에서 "사실 누가 그분의 뜻을 거역할 수 있겠습니까?"[145]라고 말하는 바와 같다.

둘째, 이것이 가능하다는 것이 명백한 예를 통해 밝혀진다. 즉 ⋯⋯ 것은 훨씬 더 어렵다.[146]

---

143 "Nolite timere pusillus grex, quia complacuit Patri meo dare uobis regnum."
144 "Consilium meum stabit, et omnis uoluntas mea fiet."
145 "Voluntati enim eius quis resisteret?"
146 『신학요강』은 여기까지 서술되어 미완성으로 남았다.

토마스 아퀴나스의 종합적인 사고를 엿볼 수 있는 입문서

이 책의 저자인 토마스 아퀴나스(Thomas Aquinas, 1224/25~74)야말로 중세 1,000년을 대표할 수 있는 철학자이며 신학자이다. 그는 서구 사상의 두 가지 뿌리인 그리스 철학과 그리스도교를 성공적으로 종합해 냄으로써 서구 사상의 형성에 지대한 영향을 끼친 사상가로 인정받고 있다.

그는 전통적인 그리스도교 사상으로 자리잡은 플라톤-아우구스티누스주의의 핵심적인 가르침을 수용하면서도 이를 새롭게 등장한 아리스토텔레스의 개념과 학문 방법론을 통해 표현하기 위해 노력했다. 그는 이 종합 작업을 단순히 상이한 의견들을 나열하거나 절충하는 방식이 아니라 근원에까지 파고들어가 비교하고 필요할 경우에는 변형시키는 작업을 통해 이루어 냈다.

그의 작품을 당시의 다른 저작들과 비교해 볼 때, 그가 지녔던 명석한 사고와 엄청나게 많은 분량을 아주 경제적으로 기술하는 뛰어난 구성 능력은 타의 추종을 불허할 정도이다. 그렇기 때문에 그의 철학적·신학적 사상은 시공을 초월한다는 의미에서 '영원의 철학'이라 불리기까지 했다.

그는 49년이라는 길지 않은 생애 동안에 서양 사상사 전체를 고려해도 유례를 찾아볼 수 없을 정도의 많은 저술을 남겼다. 저술에 사용된 단어가 무려 800만 단어를 넘는데, 이것은 일반적인 현대 서적으로 환산할 경우에 300~400권에 해당하는 엄청난 양이다.

토마스가 당대의 어떤 철학자보다도 아리스토텔레스 사상을 심도 있게 파악하고 있었다는 사실은 만년에 저술한 여러 권의 아리스토텔레스 주해서에 잘 나타나 있다. 그는 여러 권의 성서 주해와 다양한 정기토론 문제집(진리론, 권능론)도 저술했는데, 이 책들에서는 개별적인 주제에 대해 감탄을 자아낼 만한 치밀함을 보여 주고 있다. 그렇지만 그의 가장 큰 강점은 다양한 주제를 연속적이고도 체계적으로 구성하는 능력에 있었다. 따라서 후대의 학자들은 그의 작품을 개별적인 부분들이 정교하면서도 하나의 커다란 조화를 이루는 '고딕 건축'과 비교하기도 했다.

이러한 특성이 가장 잘 나타나는 것은 그의 불후의 주저(主著)인 『신학대전』(Summa Theologiae)과 『대(對)이교도대전』(Summa contra Gentiles)이다. 이 책들은 마치 한 권의 책처럼 오해되고 있지만 『신학대전』의 경우에 영역본이 60여 권에 달하는, 당시 신학과 철학의 백과사전적 성격을 지닌 대작이다. 『대이교도대전』도 외국에서 일반적으로 다섯 권 정도의 분량으로 출판되고 있고, 그의 초기 작품인 『명제집 주해』 역시 번역된다면 열 권 정도에 달하는 분량이다.

이 모든 책이 번역·소개되었을 경우에야 토마스의 진면목을 어느 정도 느낄 수 있겠지만, 이러한 작업은 서구에서도 수십 년에 걸쳐 이루어진 엄청난 과업이다.

앞에서 언급한 세 권의 대작에는 미치지 못하지만, 토마스의 체계적이고 종합적인 사고를 엿볼 수 있는 한 권의 책이 있으니, 그것이 바로 『신학요강』(Compendium Theologiae)이다.

나는 토마스 아퀴나스에 대한 논문으로 박사 학위를 취득한 후에 다년 간의 연구를 통해 그의 사상을 연구하는 데 몰두해 왔다. 수년 간의 교육을 통해 체험한 바에 따르면, 토마스에 대한 개론서가 여러 권 번역·소개되었지만 실제로 그의 작품을 우리말로 읽을 수 있는 기회는 극히 제한되었다. 그의 주저인 『신학대전』이 한 원로 연구자를 통해 번역되고 있지만, 전체 분량의 8분의 1정도만 진행된 상황이다.

그의 또 다른 주저인 『대이교도대전』도 국내 토마스 전문가들의 공동 작업을 통해 분도출판사의 '중세철학총서'로 출간되고 있지만, 완간까지는 아직도 수년을 기다려야 하는 어려운 작업이다.

이런 상황에서는 토마스 사상의 가장 큰 장점인 체계적이고 종합적인 사상의 전모를 체험하기란 무척 어렵다. 토마스의 사상 전체를 포괄하려는 필요성은 국내에서 번역된 바 있는 『성 토마스 아퀴나스의 신학대전 요약』(M. 달 사쏘·R. 꼬지 편, 이재룡 옮김, 가톨릭대학교출판부, 1997)에서도 잘 나타난다. 이 책은 토마스가 『신학대전』에서 다룬 다양한 주제를 간략하게 소개하고 있는데도 그 분량이 647쪽에 달할 정도이다. 이 책은 저자의 많은 노력이 들어간 것임에도 토마스의 뛰어난 독창성과 그 주제를 다루는 세밀한 기술을 직접 느낄 수는 없다. 다만 독자가 관심 있는 주제를 찾는데 도움이 될 수 있는 보조 자료의 역할을 할 수 있을 뿐이다.

그렇기 때문에 『신학요강』이 우리말로 번역·소개된다면, 토마스의 핵심 사상을 직접 그의 글을 통해 파악하는 데 큰 도움이 될 것이라는 희망을 갖게 되었다. 본격적으로 이 책의 내용을 검토하기에 앞서 토마스의 생애와 사상을 간략하게나마 살펴보기로 하자.

토마스 아퀴나스의 생애

토마스의 생애에는 소크라테스가 의연한 죽음을 통해 항상 사람들의 기억에 남아 있게 되는 것과 같은 뚜렷한 사건도 없었고, 아우구스티누스의 결정적인 회개에 견줄 만한 극적인 사건도 없었다. 그의 생애는 극히 단순했는데, 대부분의 시간을 여러 학교와 대학에서 보냈다. 그럼에도 우리는 그의 삶 속에서 신에 대한 사랑으로 자신을 전적으로 헌신했던 이성적인 학자의 귀감을 발견할 수 있다.

토마스는 이탈리아 남부의 아퀴노(Aquino)라는 마을 근처에서 1225년
경에 귀족의 아들로 태어났다. 그의 부모는 그를 3세 때 근처의 한 베네
딕도회 수도원에 봉헌해 초등 교육을 받게 했다. 지적으로 조숙했던 토
마스는 이미 14세에 인근 나폴리 대학에 입학했다. 이 대학에서는 많은
대학에서 금지되어 있던 아리스토텔레스가 이미 정식 교과목으로 채택
되어 있었기 때문에, 토마스는 자신의 학문에 결정적인 영향을 끼치게
될 이 철학자를 다른 학생들보다 먼저 접할 기회를 가졌다. 그렇지만 토
마스에게는 나폴리에서 더욱 중요한 만남이 기다리고 있었다. 당시 그
곳에는 새로운 탁발 수도회인 도미니코회가 활동하고 있었는데, 토마스
는 그들의 청빈한 생활과 성서에 대한 해박한 지식, 복음을 선포하기 위
한 열정 등에 깊은 감명을 받고 그 수도회에 입회하기를 원했다. 토마스
가 도미니코회 총장의 뜻을 따라 당시 신학의 중심지인 파리 대학으로
길을 떠나자, 그가 교회의 고위 성직자가 되기를 원했던 가족은 도중에
그를 납치해 아름다운 여인을 들여보내 유혹하거나 위협하는 등 여러
가지 수단으로 마음을 돌리려 시도하면서 이후 약 1년간 감금하기도 했
다. 그러나 토마스는 이런 어려움을 잘 극복하고 자신의 결정을 확고하
게 밝힘으로써, 가족의 동의를 얻어 마침내 도미니코회에 정식으로 입
회했다.

드디어 그는 1245년 가을에 파리에 도착했고, 이곳에서 대(大)알베르
투스(Albertus Magnus)라는 위대한 스승을 만나게 되었다. 알베르투스는
당시 '보편 박사'라고 지칭될 만큼 박학했으며, 특히 아리스토텔레스 철
학을 그리스도교 세계로 받아들이는 데 결정적인 공헌을 했다. 토마스
는 이 훌륭한 스승 밑에서 공부하면서 그로부터 매우 개방적인 정신을
물려받았다.

토마스의 뛰어난 재능을 높이 평가했던 알베르투스는 몸집이 크고 말
수가 적어 붙여진 그의 별명인 '벙어리 황소'라는 말을 빌어 이렇게 말
했다고 한다. "우리는 이 사람을 벙어리 황소라고 불렀지만, 그가 앞으

로 가르치게 될 때, 그 울음소리는 전 세계에 울려 퍼질 것이다." 이러한 그의 영감에 찬 예언은 바로 실현되었다.

토마스는 그 후 파리 대학에서 규정보다 젊은 나이로 강의를 시작했고, 1257년에는 사상적인 차이에도 불구하고 꾸준한 우정 관계를 유지했던 프란치스코회의 보나벤투라(Bonaventura, 1217?~1274)와 함께 교수단에 받아들여졌다. 당시 전 유럽의 청년 학생들이 모여든 파리 대학에서 그의 명성은 삽시간에 퍼져나갔다.

1259년 토마스는 파리를 떠나 이탈리아로 돌아가 9년 동안 교황청 소속의 여러 학원과 수도원에서 강의했다. 그는 1269년부터 1272년까지 다시 파리 대학에서 강의했다. 이 시기에 그의 학문 활동은 절정에 달했는데, 특히 아리스토텔레스의 정통 주석자임을 자처하던 라틴 아베로에스주의자들과 논쟁을 벌여 그리스도교의 진리를 옹호했다. 그 후 이탈리아에 머물면서 수도회 학교들과 나폴리 대학에서 강의했다. 토마스는 교황의 초청으로 리옹 공의회에 가던 도중, 포사노바의 한 수도원에서 1274년 3월 영면했다.

그는 1323년에 성인(聖人)으로 선포되었으며, 1879년에는 그의 사상이 교황 레오 13세의 회칙 '영원하신 아버지'(Aeterni Patris)에 의해 가톨릭교회의 공식 학설로 인정되었다.

이와 같이 토마스는 14세에 대학에 입학한 이후 49세의 나이로 세상을 떠날 때까지 오직 학문 활동에만 전념했다. 그의 재능이 워낙 뛰어났기 때문에, 그는 대학이나 교회에서 어려움이 있을 때마다 항상 초빙을 받았다. 이런 떠돌이 생활이 학자인 그에게는 적합하지 않았지만, 그는 어떠한 조건 아래에서도 연구와 저술에 정진한 나머지 짧은 생애에도 불구하고 놀랄 만큼 많은 저작을 남길 수 있었다.

이러한 열정 뒤에는 토마스가 믿었던 신에 대한 사랑이 자리 잡고 있었다. 그는 끊임없이 "모든 인간이 진정한 행복을 얻기 위해서는 바로 신을 추구해야 한다"라고 주장하면서 전 생애를 통해 이를 실천하며 살았다. 토마스는 가끔 모든 것을 잊고 깊은 사색에 빠지기도 했으며, 생애

말기에 이르러서는 신비적 체험이 강해져 성자적 황홀경에서 삶을 영위했다고 전해진다. 결국 1273년 12월 미사를 봉헌하던 도중에 신비한 체험을 한 후, 토마스는 일체의 저술 활동을 그만두었다. 그의 동료가 여러 차례 저술을 계속하도록 권했으나, 토마스는 결국 "내게 계시된 모습에 비하면 내가 쓴 것은 모두가 지푸라기처럼 보인단 말이네"라는 대답을 남겼다고 한다. 이런 신비 체험은 토마스가 일생동안 지니고 있었던 신에 대한 사랑이 집약적으로 드러난 사건이었다. 실제로 그는 알고 있는 모든 것이 자신의 탐구와 노력의 결실이라기보다는 신의 선물이라고 솔직하게 고백했다.

그렇지만 그는 이러한 신에 대한 열정 때문에 인간 이성의 중요성과 가치를 결코 경시하지 않았다. 그는 당시 대학의 인문학부에서 배운 철저한 논리학 지식과 광범위한 독서를 바탕으로 엄청나게 많은 정보를 경제적으로 기술하는 뛰어난 구성 능력과 명석한 사고를 지니고 있었다. 아울러 그는 자신의 방대한 작품에서 거의 개인적인 기분을 드러내지 않았다. 그는 항상 사태의 뒤편에 머물러 있었고, 밝히고자 노력하는 것도 사태 자체였다.

토마스가 자신의 작품에서 이루고자 했던 평생의 과제란 바로 엄격한 사실성과 객관성이었다. 토마스는 이 과제가 위협을 받는다고 생각할 때에는 아리스토텔레스의 경고에 따라 강하게 사실성과 객관성을 강조했다. "학설들을 받아들이거나 거부할 때, 그 의견을 말하고 있는 사람에 대한 애호나 거부감에 따를 것이 아니라 진리의 확실성에 따라 판단해야 한다." 그는 학문적인 토론에서도 "아무도 양쪽 편의 의견들을 듣지 않고는 판단을 내려서는 안 되는" 공정한 재판정에 선 것처럼 처신했다. 그렇기 때문에 그는 "반론을 제거하는 것은 진리를 발견하는 것과 마찬가지"라는 아리스토텔레스의 의견에 동조하면서 학문적으로 토론을 벌이는 상대에게도 자신이 항상 그랬던 것처럼 그 의견을 명백하게 밝히도록 요구했다.

이런 사실성과 객관성에 바탕을 둔 그의 체계적이고도 포괄적인 사상은 그 유례를 찾아보기 힘들 정도로 시공을 초월한 가치를 지녔다는 의미에서 '영원의 철학'이라고 불리기까지 했다.

또한 그의 겸손은 논쟁과 학문적인 토론 과정에서도 확연히 드러났는데, 토마스는 그런 자리에서 항상 평온과 객관적 태도를 유지했다. 자신과 의견이 다른 사람에 대해서도 일방적으로 비난하는 것이 아니라 그들의 의견 중에서 올바른 것과 그른 것을 가려내어 그것을 토론을 통해 수정해 주려고 노력했다. 이런 자세는 심지어 그와 다른 의견을 가졌던 토론자들로부터도 찬탄과 칭송을 받았다.

겸손하고 개방적인 토마스의 자세는 현대인들에게도 대화를 위한 훌륭한 지침을 제시해 준다. 우리도 이런 자세로 계속 노력해 갈 때, 토마스가 영원한 지혜라고 불릴 수 있는 계시된 진리와 전수된 여러 철학 사상을 훌륭하게 종합했듯이, 전통과 현대의 다양한 사상과 문화 속에 담겨 있는 보화들을 조화시킬 수 있는 새로운 사상을 만들어 낼 수 있을 것이다.

토마스 아퀴나스 사상의 특징

토마스는 새롭게 발견된 아리스토텔레스 철학과 전통적인 그리스도교를 성공적으로 종합해 내는 데 가장 탁월한 능력을 발휘했다. 앞에서 말한 바와 같이, 아리스토텔레스는 자연학 분야뿐만 아니라 철학과 신학을 포함한 모든 학문 분야를 근본적으로 변화시켰다. 토마스는 전통적인 그리스도교 사상으로 자리 잡은 플라톤-아우구스티누스주의의 핵심적인 가르침을 수용하면서도 이를 새롭게 등장한 아리스토텔레스의 개념과 학문 방법론을 통해 표현하기 위해 노력했다.

토마스의 뛰어남은 동시대 다른 학자들의 아리스토텔레스 철학에 대한 태도와 비교해 보면 더욱 뚜렷이 드러난다. 13세기에는 대략 다음과 같은 세 가지 경향을 발견할 수 있다.

(1) 보수적 아우구스티누스주의

그리스도교의 아우구스티누스 전통에 따라 교육을 받았던 학자들이 갑작스럽게 이성적 사고의 완성된 형태로 드러난 아리스토텔레스 사상과 직면했을 때 보인 반응은 비판적인 망설임이었다. 13세기 초의 대표적 학자 오베르뉴의 윌리엄(Guillaume d'Auvergne, 1180?~1249)은 세계가 영원하다는 아리스토텔레스의 학설이나 신이 세계를 영원히 필연적으로 창조한다는 아비첸나의 학설이 세계를 무(無)로부터 자유롭게 창조했다는 그리스도교의 전통적인 가르침을 위협한다는 이유로 반대했다. 이런 위협에 공감했던 프란치스코회 중심의 학자들은 정통적인 그리스도교의 가르침이 들어 있다고 믿는 아우구스티누스의 학설에 더욱 의존하게 되었다. 이런 경향의 대표자인 프란치스코회 수사 보나벤투라는 아리스토텔레스를 자연과학자로서는 존경했지만 형이상학자로서는 플라톤과 플로티노스를 더 존경했고, 특히 그리스도교 학자인 아우구스티누스를 가장 존경했다. 보나벤투라는 아리스토텔레스가 신의 정신 안에 있는 이데아를 알지 못하고 이를 부인했던 점을 비판하면서, 신앙의 안내를 받지 못한 그를 참된 형이상학자로 인정하지 않았다.

(2) 극단적 아리스토텔레스주의

이와는 정반대로 브라방의 시제(Sigerus de Brabant, 1235?~84?)로 대표되는 라틴 아베로에스주의는 신학에서 독립적인 순수 아리스토텔레스를 주장했다. 이에 속하는 학자들은 신앙과의 일치 여부와 관계없이 아리스토텔레스의 의견을 '재인용'하는 데에 만족했다. 또한 이들은 세계의 영원성과 인간 지성의 단일성 등을 철학적으로 타당한 의견이라고 주장하는 한편, 철학과 신학의 관계에 대해 모호한 입장을 취함으로써 학문에서의 상반된 진리를 인정하는 이중진리설을 주장한 것으로 의심받았다. 이런 입장이 파리 대학의 인문학부를 중심으로 퍼져나가면서 서방 세계는 아리스토텔레스 사상 도입 이후에 최대의 위기를 맞게 되었다. 이에 대처하기 위해 교회 지도자들은 두 차례(1270/1277)에 걸쳐 여러 명제들을 단죄했으나, 이는 위기를 해결하기 위한 현명하거나 적절한 대처 방안이 되지는 못했다.

(3) 온건한 아리스토텔레스주의

심정적인 거부감과 무비판적 수용의 태도를 넘어 오류로부터 진리를 가려내고, 새롭게 발견한 보물들을 그리스도교 사상의 핵심에 결합하고 수용하려는 움직임도 나타났다. 이 과정에서 교황권의 지도 아래, 특히 도미니코회 소속 학자들이 주도적인 역할을 했다.

토마스의 스승이자 매우 박식하고 개방적인 사상가였던 대(大)알베르투스는 아리스토텔레스 사상과 아랍 해석가들의 참된 가치를 깨달았다. 그는 이들의 문헌들을 아직 파리 대학에서 공적으로 강의하지 못한 시기에 이미 가르치기 시작했고, 자신의 연구와 주해를 통해 이 새로운 철학을 다른 이들에게 이해시키기 위해 노력했다.

토마스는 스승을 넘어 이 철학을 그리스도교 전통과 종합하려 했다. 그는 이 종합 작업을 단순히 상이한 의견들을 나열하거나 절충하는 방식이 아니라 근원에까지 파고들어가 비교하고, 필요한 경우에는 변형시키는 작업을 통해 이루어 냈다. 그는 그리스도교 교리를 새롭게 도입된 철학들과 조화시키고 혼합함으로써 그 교리의 핵심을 변화시키려는 작업은 하지 않았다. 오히려 그는 그리스도교의 믿음과 아리스토텔레스주의나 다른 철학 사상이 충돌할 때마다 그 철학적 입장들을 수정하고, 그리스도교의 가르침에 따라 교정하려 했다.

토마스가 아리스토텔레스의 핵심적인 사상을 심도 있게 파악하고 있었다는 사실은 만년에 저술한 여러 권의 아리스토텔레스 주해서에 잘 나타나 있다. 그렇지만 그의 사상적 독창성과 신학을 위한 변형의 성과는 다양한 신학 저작들, 특히 『신학대전』과 『대이교도 대전』, 『신학요강』 등에 매우 잘 나타나 있다.

『신학요강』의 저술 시기 및 주요 내용

본래 "그의 동료들 중 가장 탁월한 레기날두스 형제를 위한 신학요강" (Compendium theologiae ad fratrem Reginaldum)[1]이라는 긴 제목을 지녔던 『신학요강』은 논란의 여지없이 토마스의 실제 작품이다.[2] 그는 이 책을 다른 두 단편과 함께 라이날두스(Raynaldus) 또는 피페르노의 레기날두스(Reginaldus von Piperno, 1230~90?)라고 불리는 같은 수도회 소속 수사에게 헌정했다. 그는 1259년부터 토마스의 동료였고, 토마스가 세상을 떠난 후에는 나폴리 대학에서 그의 교수직을 승계했다. 믿음, 소망, 사랑의 3부로 구성될 계획이던 이 책은 제2부 제10장에서 갑자기 중단되고 말았다. 전체 246장으로 구성되어 있는 제1부('신앙론')는 '성사'(聖事)만을 제외하고는 가톨릭의 가르침 전체를 간결하게 요약하고 있다.

몇몇 연구자들에 따르면, 이 책은 그의 마지막 나폴리 체류 시기(1272~74)에 저술되었고, 그의 죽음(1274년 3월 7일) 때문에 미완성인 채로 남았다고 한다.[3] 13세기 말의 볼로냐 수사본(Bologna, Bibl. Archiginnasio A. 209)은 다음과 같은 말로 중단하고 있다. "토마스 아퀴나스 수사는 여기까지 집필하다가 불행히도 죽음 때문에 미완으로 남겨 놓을 수밖에 없었다." 이런 명시적인 선언에도 많은 학자는 『신학요강』의 집필 시기를 조금 앞당겨 잡고 있다. 오동 로탱(Odon Lottin)은 『신학요강』의 제202장이 『신학대전』 제II부 제1권 제81문제와 『악론』 제4문제 제1절 이전에 집필된 것이라고 주장하고 있고, 마리-도미니크 셔뉘(Marie-Dominique Chenu)는 그것을 『대이교도대전』과 동시대의 것으로 간주

---

1 다음과 같은 다른 제목도 전수되었다. "Brevis compilatio theologiae ad fratrem Raynaldum de Piperno", "De fide et spe ad fratrem Raynaldum", "De fide, spe et caritate ad fratrem Raynaldum".

2 제임스 와이스헤이플(James Weisheipl)에 따르면, 현존하는 수사본들로 44개의 완본, 38개(제1부만), 3개(제2부만), 13개의 단편이 남아 있다.

3 저술 시기에 대해서는 James Weisheipl, p. 574의 요약을 참조했다.

하고 있다. 이 두 가지 가설은 모두 그 속에 담겨 있는 내용의 관점에 입각하고 있다. 한편, 요하네스 페리에(Johannes Perrier)와 몇몇 학자들은 이 작품을 둘로 나누어 제1부 '신앙론'은 이른 시기에(1259~65), 그리고 미완으로 남은 제2부 '소망론'은 말년에(1272~73) 쓴 것이라고 주장한다. 그리고 페르난트 판 스텐베르겐(Fernand van Steenberghen)은 '신앙론'을 『권능론』(1265~67)과 동시대의 작품으로 간주하고 있다. 다른 연구자들은 내용적인 유사성 때문에 토마스가 1259년에서 1263년/64년 사이에 저술했던 『대이교도대전』과 시간상 근접한 것으로 추정하고, 로저 귄돈(Roger Guindon)은 오히려 그보다 더 앞선 것으로 본다.

만일 세상을 떠나기 직전에 저술했다는 추정이 맞을 경우에, 이 책은 그의 학문적 능력이 최고도에 도달했고 『대이교도대전』과 『신학대전』의 대부분을 이미 저술했을 때 집필한 셈이다. 비록 이 추정이 맞지 않고 좀더 이른 시기에 저술되었다 하더라도, 이 작품은 뛰어난 완성도와 특별한 가치를 지닌 독창성을 가지고 있다. 영어본 번역자는 서문에서 이 책보다 더 중요하다고 말할 수 있을 토마스의 저작들은 오직 『신학대전』과 『대이교도대전』, 그리고 『명제집 주해』 정도일 뿐이라면서 그 중요성을 강조한다.

문학적인 모범으로서는, 다른 형태이고 훨씬 짧은 『(라우렌티우스에게 보내는) 믿음, 소망, 사랑의 길잡이』(*Enchiridion ad Laurentium sive de fide, spe et caritate*)⁴라는 아우구스티누스의 작품을 들 수 있다. 토마스는 "당신이 항상 눈앞에 둘 수 있는 그리스도교에 대한 짧게 요약된 가르침"을 제공하고자 했는데, 그는 그 내용을 신적인 3덕(믿음, 소망, 사랑)에 따라 구분했다.

토마스는 첫 번째 부분에서 믿음(신앙의 내용)에 대해 사도신경[1]과 니체아-콘스탄티노플 신경[2]에 의존해 다룬다. 두 번째 부분에서 그

---

4 요제프 바벨(Joseph Barbel)이 주해한 라틴어-독일어 대역본(Düsseldorf, 1960) 참조.

는 주의 기도에 의존해 소망에 대한 가르침을 설명하려 했지만, 그 설명은 제10장에서 중단되었다. 사랑에 대해 다루었어야 할 세 번째 부분은 전혀 기술되지 못했다. 아마도 토마스는 『사랑의 두 계명과 십계명에 대하여』(*De duobus praeceptis caritatis et decem legis praeceptis*)라는 단편에서처럼 먼저 신과 이웃에 대한 사랑을 다룬 다음에 십계명을 해석하려고 생각했을 것이다.

이 책 안에서의 '차례' 구분은 『신학대전』처럼 그렇게 철저하고 치밀하게 이루어지거나 강조되지 않았지만, 그 구분은 훌륭하다. 누군가 그것에 주의를 기울이고 세심하게 살펴보면서 『신학대전』이나 『대이교도대전』과 비교해 본다면, 중요한 장점들을 발견할 수 있을 것이다. 토마스는 이 책에서 다양한 기술 방식을 사용하고 있다. 우리는 효과적인 도입부, 일련의 짧게 요약된 증명들, 철저한 해설들, 간략한 요약 등을 발견할 수 있다. 어려움과 반박들은 충분한 여유를 두고 상세히 기술되었으며, 독자의 마음을 사로잡는 형태로 제시되었다. 반대 의견을 가진 자는 종종 제일 먼저 언급되었다. 어떤 연구들은 질문 제시, 반대 의견(3개 정도), 질문의 해결, 반대 의견에 대한 답변과 같은 스콜라적인 토론의 형태로 구성되어 있다(제51/52장, 제85장, 제91장, 제98장, 제99장, 제132/133장 등). 이런 형태는 대학의 교육 과정에서 유래했을 것이고, 토마스나 다른 저자들이 대학에서의 사용을 위해 쓴 작품에서 나타나는 것이다. 그리고 그리스도의 강생(성육신)에 대한 토론은 그 구상에서 이미 고대 교회의 그리스도론에 대한 논쟁을 반영하고 있다. 그 신비에 대한 올바른 견해는 오류나 이단과의 논쟁에서 성장하기 때문이다.

특별히 주목할 만한 것은 존재의 등급에 대한 통찰이다. 제52장에서는 존재자를 그 산출의 다양한 방식에 따라 비교하고, 제75장에서는 존재 방식에 따라, 제80장에서는 인식 단계라는 측면에서, 제109장에서는 선함과의 관계에서, 제111~13장에서는 악에 빠지기 쉬움이란 측면에서 비교·고찰한다.

요약해서 말하자면, 이 책은 토마스의 방대한 작품인 『신학대전』과

『대이교도대전』에서 다루었던 내용들 중에서 핵심 내용을 간략하게 압축한 것이다. 유일신의 실존, 삼위일체, 창조, 영혼들, 그리스도론, 최후 심판 등의 내용이 『신학대전』과 유사한 방식으로 제시되어 있다. 그렇지만 요점들을 놀랄 정도로 명확하고 간결하게 다루는 『신학요강』의 방식은 토마스의 사상을 밝혀내는 데에 어떤 대작들보다 더욱 분명하게 우리를 이끌어 줄 수 있다. 다른 작품들과 달리, 우리는 큰 어려움 없이 토마스의 연역적 논증 과정에서의 논리적 치밀함을 따라갈 수 있고, 어떻게 그가 한 진리로부터 다른 진리를 추론하는가를 볼 수 있기 때문이다. 만일 이 부분들을 『대이교도대전』이나 『신학대전』 같은 부분에 대한 묘사와 비교해 본다면, 토마스가 강조하고 있는 문제들이 좀더 분명하게 드러날 것으로 기대된다.

『신학요강』의 구조

토마스는 제2장, 제185장, 제246장 등에서 명시적으로 자기 책의 구조를 밝히고 있기에, 그의 지시에 따르면서 그 구조가 그의 전체 계획과 어떻게 동화되는가를 살펴볼 수 있다.

『신학요강』을 살펴보면, 이 책은 신경(信經, Symbolo fidei)의 설명에 기초를 둔 비교적 단순한 구조를 지니고 있음을 알 수 있다. 이 구조의 단순성은 토마스가 자신의 비서이자 친구인 레기날두스를 위해 썼던 작품의 목적과 잘 부합한다. 그는 레기날두스가 개인적으로 구원에 이르고자 했던 길을 도우려 했던 것이다. 불행하게도 미완성이자 (『신학대전』과 『대이교도대전』보다) 상대적으로 작은 이 책은 구원을 위한 그리스도교 교리의 본질을 내포하고 있는 것으로 추정되고 있다. 이런 목적으로 저술된 책의 구조는 단순해야 했는데, 토마스는 실제로도 그렇게 저술했다. 토마스는 전체적인 틀로서 세 가지 신앙의 덕들, 즉 믿음, 소망, 사랑의 질서를 선택했다. 이러한 기본적인 틀에 그리스도교의 정체성을 다루는 텍스트들인 신경과 주님의 기도, 사랑의 계명들을 이에 부합하게 배치하려 했다.

살펴본 바와 같이, '신앙론'은 신경에 기초하고 있다. 토마스는 신앙의 조항들을 움직일 수 없는 어떤 것으로 취급하지 않고 정교하게 설명함으로써, 전체적인 차원에서 고찰하는 반성 과정을 도입하려는 의도를 지니고 있었음을 보여 준다. 이런 방식으로 토마스는 단지 공부하는 이들(studiosi)만이 아니라 다른 일에 종사하느라 바쁜 이들(occupati)에게도 적합한 책을 저술하려고 노력했다. 바쁜 이들은 신의 신비에 대한 더욱 단순하고 종합적인 설명을 필요로 한다. 토마스가 이렇게 신앙 조항들을 개념화하는 것은 진리를 찾는 과정에서 신앙과 이성 사이의 조화를 표현하기 위한 것이다. 이것은 성서에서 우리에게 계시된 진리에 대한 그의 매우 길고 훈련된 명상의 열매이다. 『신학요강』의 전체 구조에서 나타나는 가장 중요하고 기초적인 원리는 "이것이야말로 영원한 생명입니다. 즉 그것은 참된 신, 당신을 알고, 당신이 보내신 예수 그리스도를 아는 것입니다"(요한 17,3)라는 요한복음의 한 구절에서 취해졌다. 이 구절은 단순히 주된 구분의 기초일 뿐만 아니라 책 전체의 정신을 표현해 주기도 한다. 이 책은 궁극 목적, 즉 영원한 생명과 신 안에서의 행복을 향해 정향된 인간 생활을 위한 신학적 전망을 제공하기 위한 것이다.

'신앙론'에 대한 보다 상세한 분석은 아래에서 나타나는 다음과 같은 구조를 확증해 준다.[5]

---

5 아래의 구조 분석은 Michat Mrozek, "The Structure of Compendium Theologiae of St. Thomas Aquinas", *Dissertatio ad Licentium in Sacra Theologia assequendam*, Roma, 2004를 참조했다. 그러나 정리된 내용 중에서 번호와 구조 분석의 통일성이 미흡해 내가 이를 토대로 재구성했다.

서론(제1~2장)

I. 신의 삼위일체(제3~184장)

1. 신의 단일성(제3~35장)

    1) 신의 속성들(제3~23장)

    2) 신의 명칭들(제24~27장)

    3) 신의 지성과 의지(제28~34장)

    4) 요약(제35장)

2. 삼위일체(제36~67장)

    1) 입문(제36장)

    2) 신의 말씀(제37~44장)

    3) 신의 사랑(제45~49장)

    4) 삼위일체의 신비 전반(제50~67장)

신의 삼위일체에 의해 이루어진 결과들(제68~184장)

3. 창조(제68~99장)

    1) 창조: 존재의 근원으로서의 신(제68~70장)

    2) 우주의 다양성(제71~74장)

    3) 천사들(제75~78장)

    4) 인간(제78~94장)

    5) 창조주와 그의 불편성과 관련된 창조(제95~99장)

4. 모든 사물의 통치(제100~47장)

    1) 신의 선성: 우주의 범형인이요 목적인(제100~08장)

    2) 신과 피조물에 관련된 선과 악(제109~22장)

    3) 모든 피조물에 대한 통치(제123~42장)

        i) 제2원인들의 중요성과 위계(제123~29장)

        ii) 신적인 섭리의 보편성(제130~42장)

    4) 이성적 피조물에 대한 특별한 통치(제143~46장)

5. 육신의 부활(제148~62장)

    1) 최후의 질서(제148~50장)

2) 육신의 부활(제151~62장)

6. 영원한 생명과 최후의 일들(제163~84장)

1) 신에 대한 직관과 우주의 최종적인 완성(제163~71장)

2) 영원한 보상이나 단죄(제172~84장)

II. 그리스도의 인성(제185~245장)

── 서론(제185장)

1. 인류의 범죄(제186~98장)

1) 원초적 정의의 상태(제186~87장)

2) 원죄(제188~94장)

3) 원죄의 전수(제195~98장)

그리스도의 인성을 통해 인간들은 어떻게 죄로부터 해방되는가
(제199~245장)

2. 강생의 신비(제199~216장)

1) 강생의 적합성(제199~201장)

2) 이단과 정통적인 입장(제202~12장)

3) 은총과 지혜로 가득찬 그리스도(제213~16장)

3. 그리스도의 잉태와 탄생(제217~20장)

── 마리아론(제221~25장)

4. 그리스도에 의해 받아들여진 결함들(제226~35장)

1) 수난, 죽음과 장례(제226~34장)

2) 지옥으로 내려감(제235장)

5. 부활과 승천, 그리고 최후심판

1) 부활(제236~39장)

2) 승천(제240장)

3) 그리스도가 심판하러 오심(제241~45장)

결론── 신경의 두 가지 구분들(제246장)

이 기본적인 구조는 토마스의 텍스트에서 쉽게 발견할 수 있다. 모든

주요 구분은 신경의 해당 조항과 직접적인 연관을 맺고 있다. 그 이하의 상세 구분은 텍스트들을 분석한 것을 요약한 것이다.

그럼에도 어떤 이는 이 구조에 대해 동의하는 데 어려움을 겪을 수도 있다. 가장 큰 어려움은 신에 의해 이루어진 결과들에 대한 부분이다. 앞선 분석에서 우리는 '신앙론'의 끝부분에 토마스에 의해 제시된 신경의 개념적 구분 의도에 따라 텍스트들을 분할했다. 이런 지시가 없다면 토마스가 이 부분을 어떻게 작성했는가를 발견하기 어려울 것이다. 아마도 토마스는 결과들의 구분을 잘 알려진 것으로 간주했고, 더 이상 명확하게 설명할 필요를 못 느꼈을 것이다. 특히 이런 종류의 구분은 기초적인 중세의 교과서였던 페트루스 롬바르두스의 『명제집』으로부터 토마스 시대에 잘 알려져 있었기 때문이다.

그럼에도 특별히 어려운 것은 처음 두 결과의 구분이다. 신경의 구분에서 토마스는 두 번째 결과에 대해 "은총에 속하는 의화(iustificationis)"(제246장)라고 말했다. 실제로 그는 신에 의해 이루어진 두 번째 결과에 대해 "이것은 신의 두 번째 결과, 즉 사물의 통치, 특별히 이성적 피조물의 통치이다. 신은 이 피조물에 은총을 주고 죄를 용서해 준다"(제147장)라고 말한다. 의화와 신의 통치 사이에는 매우 깊은 관련이 있지만, 이것들은 동의어는 아니다. 토마스는 의화를 신적인 섭리의 넓은 전망에서 고찰한다.

토마스는 자신의 친구인 레기날두스가 신앙의 진리가 지닌 지성적 풍부함과 아름다움을 명상하는 것을 돕기 위해 『신학요강』을 저술했지만, 더불어 이 책은 개인적으로 삶의 가장 중요하고 근본적인 질문들을 신앙의 빛에 의해 주어진 답변들과 함께 탐구할 수 있는 가능성을 제공하고 있다. 이 길을 통해 우리는 토마스와의 대화로 들어갈 수 있다. 그는 우리와 함께 자신의 개인적인 명상과 진리 탐구의 결실을 함께 나누고자 한다. 이는 진리 안에서, 그리고 소망을 지니고 사랑으로 이끄는 명상 안에서 신에게로 우리를 이끌기 위함이다. "그러므로 첫째, 그것을 통해 당신이 진리를 인식할 수 있는 믿음이 필수적이다. 둘째, 그것을 통해 당신의 의도가 올바른 목적으로 집약될 수 있는 소망도 필수적이다. 셋째, 그것을 통해 당신의 정념이 전적으로 질서를 유지하게 될 사랑이 필수적이다"(제1장).

『신학요강』에 나타나는 철학적 설명의 의의

현대의 독자들은 이런 설명을 보면서, 또한 직접 이 작품을 읽으며 신앙 고백을 해석하면서 철학적 설명이 왜 이렇게 많은 분량을 차지하는가라고 물을 수도 있다. 토마스는 『신학요강』에서 이 질문에 대한 직접적인 답변을 제시하지는 않는다. 오히려 다른 작품들에서 발견되는 방법론적인 성찰에서 이에 대한 답변을 제시한다. 무엇보다도 우선 『신학대전』을 시작하는 제I부 제1문제(이 문제는 10개의 절로 이루어져 있다)에서 토마스는 이 문제를 상세히 다루고 있다. 『신학요강』을 이해하기 위한 출발점으로 우선 이곳에 나오는 핵심 주장을 정리해 보자.

토마스는 『신학대전』을 시작하면서 '거룩한 가르침'(신학)이 학문인가라고 묻고 있다. 겉으로만 볼 때, 신학은 신앙에 의존하고 있기 때문에 그 원리의 확실한 통찰을 결여하고 있으므로 비학문적이라고 생각할 수 있다. 그러나 토마스는 신학과 철학을 구분하면서도 양자 사이의 밀접한 관련성 또한 강조한다. 인간이 신앙에 의해 비추어진 이성을 가지고 계시된 내용을 방법론적으로 반성하기 시작하면 학문으로서의 신학이 시작된다는 것이다. 신학은 유비적인 의미에서 학문이지만, 결코 비본래적인 의미로 학문인 것은 아니라는 것이 그의 논지이다.

거룩한 가르침(신학)은 학문이다. 그런데 학문에는 두 가지 종류가 있다는 것을 알아야 한다. 어떤 학문(첫째 부류의 학문)은 지성의 자연적 빛으로 알게 된 여러 원리에서 출발하는데, 예컨대 산술학과 기하학 등과 같은 학문의 경우이다. 그리고 어떤 학문(다른 부류의 학문)은 더 상위의 학문의 빛으로 알게 된 여러 원리에서 출발하는데, 예컨대 광학은 기하학에 의해 명백하게 된 여러 원리에서 출발하며, 음악에 대한 학문은 산술학에 의해 알려진 여러 원리에서 출발하는 것과 같은 경우이다. 거룩한 가르침은 후자의 형태의 학문이다. 그것은 기실 거룩한 가르침이 하느님과 복된 자들에 관한 더 높은 학문의 빛으로 알게 된 여러 원리에서 출발하기 때문이다. 따라서 마치 음악에 대한 학문이 산술학에서 주어진 여러 원리를 믿는 것과 같이, 거룩한 학문은 하느님으로부터 계시된 여러 원리를 믿는 것이다(『신학대전』 제I부 제1문제 제2절).

이렇게 이성과 신앙, 즉 철학과 신학의 영역은 토마스에 의해 서로의 한계가 분명하게 정해졌다. 그는 신으로부터의 은총의 빛과 인간 본성의 이성의 빛을 구분해 양자가 각각 자기의 분야와 그 한계 중에서 각기의 권한을 갖도록 했다. 이 관계를 도표로 요약해 보면 다음과 같다.

	철학(과 기타 인문과학)의 영역	신학의 영역
원리의 근거	이성의 (자연적) 빛에 의존하므로 인간의 이성으로써 알게 된 원리를 사용. (물론, 신의 자연적인 협력을 따르지만) 인간의 추리의 성과로서 결론을 내린다.	은총의 빛에 의존한다. 신학자는 그의 이성을 확실히 사용하기는 하지만, 그 원리를 권위나 신앙에 의해 받아들인다.
고유한 탐구 대상	신의 존재와 그 세계 창조 및 세계 내의 모든 법칙과 사실은 철학의 대상으로서 이성의 빛에 의해 충분히 탐구할 수 있다.	그리스도교적 신앙이 안고 있는 본래의 신비, 즉 삼위일체설, 강생, 부활, 최후심판 같은 초자연적 진리는 철학적 탐구 영역에 속할 수 없는 문제이므로 은총의 빛에 의해서만 계시될 것으로 본다.
고찰 방식의 차이	철학자는 피조물로부터 신으로 올라가는 방식으로 논증해야 한다.	신학자는 우선 신이 그 자신을 계시해 보여 준 신의 관념에서 시작하므로, 신학에서의 자연적인 방법은 신으로부터 피조물로 진행하는 것이다.

그는 철학과 신학의 고유한 영역을 구분해 각각의 중요성을 강조하면서도, 이것을 단순히 옆으로 배열된 연관성 없는 학문으로 취급하는 것이 아니라 신학 내에서 완성하는 방향으로 이끌고자 했다. 그렇다면 신학이라는 학문 안에서 철학의 인간적 사고 노력은 어떤 역할을 할 수 있는가?

그의 방향성은 다음의 명제로 요약할 수 있을 것이다. "신이 주는 은총은 피조물이 지니고 있는 본성을 말살하는 것이 아니라 완성하는 것이다"(Gratia non tollit naturam, sed perficit). 따라서 신이 우리에게 선사하는 신앙의 빛은 (신이 우리 안에 심어 놓으신) 자연적 이성의 빛을 파괴하지 않는다. 분명히 인간 정신의 자연적 빛만으로는 신앙 덕분에 지시되는 것을 밝게 드러내기에는 역부족이다.

그렇지만 신이 신앙을 통해 알려 주는 것이 본성을 통해 우리 안에 설정되어 있는 것과 모순된다는 것은 불가능하다. 실상 이 경우에는 반드시 어느 하나가 거짓일 것인데, 그렇다면 그것들이 둘 다 신으로부터 오는 것이기 때문에 신이 거짓의 주인인 셈이 될 것이다. 이것은 불가능하다. 오히려 불완전한 실재들 속에서 완전한 실재의 어떤 모방을 추적할 수 있기 때문에, 자연적 이성을 통해 알려지는 것들 속에는 신앙을 통해 전해지는 것들의 유사성이 있다.

한편, 거룩한 가르침(신학)이 신앙의 빛에 근거하고 있는 것처럼 철학은 이성의 자연적 빛에 근거하고 있다. 그러므로 토마스에 따르면, 철학에 고유한 것이 신앙에 속하는 것에 모순된다는 것은 불가능하다. 둘이 상충될 때, 그것은 모순이 아니라 신앙에 고유한 것을 특징짓는 충만함에 대한 철학으로부터의 결핍이다. 철학에 속하는 것은 어쨌든 신앙의 실재의 유사성과 신앙 조항에 대한 몇몇 전제를 포함하고 있다. 마찬가지로 자연은 은총의 한 전제가 된다. 그리고 만일 철학자의 주장 속에서 신앙에 위배되는 것이 있게 되면, 이것은 철학이 아니라 이성이 완전성을 결여한 데에서 오는 철학의 남용이다. 따라서 철학의 원리 자체로부터 출발해 그런 오류의 거짓됨을, 혹은 그 절대적 불가능성을 드러냄으로써, 혹은 그 논거의 비필연성을 드러냄으로써 입증할 수 있다. 실상 신앙에 속하는 것은 그 증명적 방법을 통해 입증될 수 없다. 비슷하게, 그것에 모순되는 논증 가운데에는 그 거짓됨을 증명적 방법으로 입증할 수 없는 것도 있다. 그렇지만 그것들을 정식화하는 것이 필연성을 결하고 있다는 것을 지적할 수는 있다.

결론적으로 계시된 진리와 이성의 진리는 두 개의 다른 진리가 아니다. 그리고 그리스도교의 계시와 철학적 진리는 상호 경쟁적이지도 않으며 보완적일 뿐이다. 그 둘 가운데 어느 하나가 강화된다고 해서 다른 것이 약화되기는커녕, 그 발전의 도움을 통해 더욱 충만해진다.

그렇다면 우리는 구체적으로 어떤 방식을 통해 철학을 신학에서 활용할 수 있는가? 토마스에 따르면, 다음과 같은 세 가지 방식으로 철학을 활용할 수 있다.

첫째, 신앙의 전제를 구성하고 신앙 안에서 알 필요가 있는 진리의 증명에 철학을 사용할 수 있다. 자연적 논증을 통해 신에 대해, 예컨대 '신이 실존한다' 또는 '신은 한 분이다' 등과 같이, 철학에서 입증되고 신앙에 의해 전제되고 있는 신이나 피조물에 관련된 진리가 입증될 수 있다.

둘째, 우리는 철학을 신앙에 속하는 것의 관념을 어떤 유사성을 통해 더욱 명료하게 만드는 데 사용할 수 있다. 예를 들면 아우구스티누스는 『삼위일체론』에서 그러한 신비를 명료화하기 위해 철학적 가르침으로부터 추출된 많은 유사성을 활용하고 있다.

셋째, 우리는 철학을 신앙에 반대되는 논거를 거슬러, 혹은 그것의 거짓됨을 드러내던가 아니면 주장하는 것이 필연적이 아님을 지적함으로써 신앙을 옹호하기 위해 활용할 수 있다(『보에티우스의 '삼위일체론' 주해』 2, 3).

우선 토론은 〔그 학문이〕 '존재하고 있는가'(an sit)에 대한 의심을 제거하기 위해 이루어져야 한다. 이런 토론에서 신학은 토론을 벌이고 있는 이들이 인정하는 한 최대로 권위를 이용해야 한다. 예를 들어 유대인과 토론한다면 구약성서를 논증에 도입해야 하고, 구약성서를 거부하는 마니교도와 토론한다면 오직 신약성서의 권위만을 이용해야 한다. 그리스인처럼 구약과 신약을 받아들이지만 우리의 거룩한 이들[교부들]의 권위를 받아들이지 않는 갈린 [형제]들과는 구약과 신약의 권위와 그들이 받아들이는 교부들의 권위를 바탕으로 토론해야 한다. 만일 어떠한 권위도 받아들이지 않는다면, 그들을 설복하기 위해 자연적 이성에서 피난처를 찾아야 한다.

토론의 다른 형태는 학교에서 이루어지는 교수의 토론인데, 이것은 오류를 제거하기 위해서가 아니라 청중들을 가르쳐 의도하고 있는 진리의 인식으로 이끌기 위한 것이다. 그것(토론)은 진리의 뿌리를 탐색할 수 있고, 이야기된 것이 무엇 때문에 진리인지를 알 수 있게 하는 이성(근거)에 의지해야만 한다. 만일 교수가 순전히 권위에 의거해서만 토론을 결정하게 될 때는, 청중이 주장된 바가 사실이라는 확신을 얻게 된다고 할 지라도 아무런 지식이나 이해를 얻지 못하고 빈손으로 떠나게 될 것이다.[6]

철학의 독립적 성격과 그 유용성에 대해 잘 알고 있었던 토마스는 자신의 신학에서 이성이 지닌 가능성을 사용하지만, 삼위일체론과 창조론, 그리스도론 등에서는 이성에 명확한 한계를 설정한다. 그에 따르면, 철학적 진리는 인간 구원의 필요성 관점에서 볼 때에 부분적이고도 불완전한 진리만을 드러내기 때문에, 전체적이고 궁극적인 진리인 그리스도교의 계시에 의해 보완되고 완성되어야 한다. 아리스토텔레스를 매우 자주 인용함에도, 토마스에게서는 그 내용이 자주 변형된 형태로 나타난다. 이러한 변형은 신학적인 관심에서 이루어진 수정에 그치는 것이 아니라 사상의 핵심부에까지 다다른다. 예를 들어 사물의 본질적인 규정, 그 특수한 작용과 가지성에 대한 아리스토텔레스의 원칙, 즉 그 내적

---

6 『자유토론 문제집』 제IV권 제9문제 제3절; 『대이교도대전』 제I권 제2장 참조.

인 형상이 수동적인 요소가 된다. 이 형상은 신의 창조적인 작용으로서 모든 유한자에게서 나타나는 존재와의 관계성에서 그 의미를 지니는 것이다. 토마스는 이러한 자세를 견지하면서 계시된 진리와 이성의 진리가 이분화되어 상호 배타적인 것으로 이해될 때 등장하는, 이성적 이해를 간과하는 신앙주의와 궁극적 진리를 거부하는 독단적 이성주의 모두를 극복하기 위한 초석을 놓았다.

토마스는 신앙과 이성의 조화가 필요하다는 사실을 주장한 것만이 아니라 이를『신학대전』이나『신학요강』같은 훌륭한 결과물이나 학문 활동의 자세 속에서 확실히 실천하기 위해 노력했다. 그는『신학요강』과 다른 신학적인 작품들에서 권위를 이용한 증명을 종종 묵시적으로 전제하고 있다. 동시에 계시된 진리의 '어떻게'와 '왜'를 탐구하기 위해서라도 그렇다. 기초를 이루는 신앙 내용을 요약된 형태로 통찰할 수 있게 하는 데서『신학요강』의 중요성이 명백히 드러난다.

참고문헌

참고문헌에 제시된 국외 문헌의 경우, 『신학요강』과 직접 관련되거나 그것에서 직접 인용된 문헌만으로 제한했다. 대신에 국내 문헌은 『신학요강』에서 다루어진 것과 직·간접으로 관련되는 것들을 포괄하려고 노력했다.

1. 토마스 아퀴나스의 저작들(약어표)

『신학대전』 *Summa Theologiae*(신학대전)

『대이교대전』 *Summa contra gentiles*(대이교도대전, 반이교도대전, 철학대전)

『보에티우스의 '삼위일체론' 주해』 *Super librum Boethii de Trinitate expositio*

『존재자와 본질』 *De ente et essentia*(존재자와 본질에 대하여, 유와 본질에 대하여)

『윤리학 주해』 *In Aristotelis libros Ethicorum expositio*(아리스토텔레스의 '니코마코스 윤리학' 주해)

『형이상학 주해』 *In Aristotelis libros Metaphysicorum expositio*(아리스토텔레스의 '형이상학' 주해)

『자연학 주해』 *In Aristotelis libros Physicorum expositio*(아리스토텔레스의 '자연학' 주해)

『권능론』 *Quaestiones disputate de potentia*(권능론 혹은 신의 능력에 대한 〔정기〕토론 문제)

『자연의 원리들』 *De principiis naturae ad fratrem sylvestrum*(자연의 원리들)

『영혼에 대한 토론 문제』 *Quaestions Disputate de Anima*(영혼에 대한 토론 문제)

『자유토론 문제집』 *Quaestiones Quodlibetales*(자유토론 문제집)

『명제집 주해』 *Scriptum super libros Sententiarum*(페트루스 롬바르두스의 '명제집' 주해)

『진리론』*Quaestiones disputate de veritate*(진리론)

『4복음 연속주해』*Glossa continua super Evangilica vel Cantena aurea*(복음에 대한 연속주해 또는 황금 사슬)

• 토마스 아퀴나스 저작들의 국내 번역서

토마스 아퀴나스, 신창석 옮김, 『대이교도대전』I, 분도출판사, 2015.

_____, 박승찬 옮김, 『대이교도대전』II, 분도출판사, 2015.

_____, 김율 옮김, 『대이교도대전』III-1, 분도출판사, 2019.

_____, 김율 옮김, 『신앙의 근거들』, 철학과현실사, 2005.

_____, 정의채 옮김, 『신학대전』1~6, 10~12, 바오로딸, 1985~2003.

_____, 윤종국 옮김, 『신학대전』7, 바오로딸, 2010.

_____, 강윤희 옮김, 『신학대전』8, 바오로딸, 2020.

_____, 김춘오 옮김, 『신학대전』9, 바오로딸, 2010.

_____, 김율 옮김, 『신학대전』13, 바오로딸, 2008.

_____, 이상섭 옮김, 『신학대전』14, 바오로딸, 2009.

_____, 김정국 옮김, 『신학대전』15, 바오로딸, 2010.

_____, 이상섭 옮김, 『신학대전』17, 바오로딸, 2019.

_____, 이재룡 옮김, 『신학대전』18, 바오로딸, 2019.

_____, 김정국 옮김, 『신학대전』19, 바오로딸, 2020.

_____, 이재룡 옮김, 『신학대전』20, 바오로딸, 2020.

_____, 채이병 옮김, 『신학대전』21, 바오로딸, 2020.

_____, 이재룡 옮김, 『신학대전』22, 한국성토마스연구소, 2020.

_____, 이재룡 옮김, 『신학대전』23, 한국성토마스연구소, 2020.

_____, 채이병 옮김, 『신학대전』24, 한국성토마스연구소, 2020.

_____, 윤주현 옮김, 『신학대전』27, 바오로딸, 2021.

_____, 이진남 옮김, 『신학대전』28, 바오로딸, 2020.

_____, 이경상 옮김, 『신학대전』29, 바오로딸, 2021.

_____, 손은실·박형국 옮김, 『신학대전(자연과 은총에 관한 주요 문제들)』, 두란노아카데미, 2011.

_____, 손은실 옮김, 『사도신경 강해설교』, 새물결플러스, 2015.

_____, 이재룡·이경재 옮김, 『영혼에 관한 토론문제』, 나남, 2013.

_____, 김율 옮김, 『자연의 원리들』, 철학과현실사, 2005; 이재룡 옮김, 「자연의 원리들」, 『가톨릭 신학과 사상』, 제17호, 신앙과사상학회, 1996, 219~37쪽.

_____, 정의채 옮김, 『존재자와 본질에 대하여: 有와 本質에 대하여』, 바오로딸, 2004/서광사, 1995; 박승찬 옮김, 『존재자와 본질』, 도서출판 길, 2021.

_____, 이재경 옮김, 『지성단일성』, 분도출판사, 2007.

_____, 이명곤 옮김, 『토마스 아퀴나스 명언집』, 누멘, 2010.

_____, 이명곤 옮김, 『진리론』(부분 번역), 책세상, 2012.

2. 국외 문헌

Bataillon, L. J., "Les sermons attribués à saint Thomas: questions d'authenticité", in: *Miscellanea Mediaevalia* 19, 1988, pp. 325~41.

Biffi, I., "I ≪misteri≫ di Cristo nel ≪Compendium Theologiae≫ di S. Tommaso", in: *Divinitas* 18, 1974, pp. 287~302.

Chenu, Marie-Dominique, *Das Werk des hl. Thomas von Aquin*, Übers. Verz. u. Erg. d. Arbeitshinweise von Otto M. Pesch. Vom Verf. durchges. u. verb. dt. Ausg., 2.Auf. Graz/ Wien/Köln: Styria, 1960/²1982.

Dondaine, H.-F., "Préface", In: *Sancti Thomae de Aquino Opera omnia iussu Leonis XIII P. M. edita* 42, Roma: Cura et studio fratum praedicatorum, 1979, pp. 5~41.

Glorieux, P., "La christologie du Compendium Theologiae", in: *Sciences Ecclésiastiques* 13, 1961, pp. 7~34.

Guindon, R., "A propos de la chronologie du "Compendium theologiae" de saint Thomas d'Aquin", in: *Revue de l'Université d'Ottava* 26, 1956, pp. 193*~214*.

Lafont, G., "Simbolo degli Apostoli e metodo teologico: il ≪Compendium theologiae≫ di San Tommaso", in: *La Scuola Cattolica* 102, 1974, pp. 557~68.

_____, *Structure et méthode dans la "Somme Théologique" de saint Thomas d'Aquin*, Paris: Cerf, 1996.

Michał Mrozek, *The Structure of Compendium Theologiae of St. Thomas Aquinas*, Dissertatio ad Licentium in Sacra Theologia assequendam, Roma, 2004.

Motte, A. R., "Un chapitre inauthentique dans le Compendium Theologiae de S. Thomas", in: *Revue Thomiste* 45, 1939, pp. 749~53.

Torrell, J.-P., *Saint Thomas Aquinas v. I The Person and His Work*, Washington D.C.: The Catholic University of America Press, 1996.

_____, *Saint Thomas Aquinas, v. II Spiritual Master*, Washington D.C.: The Catholic University of America Press, 2003.

Weisheipl, J., *Thomas D'Aquino His Life, Thought, and Work*, New York: Doubleday, 1974 (국역본: 제임스 와이스헤이플, 이재룡 옮김, 『토마스 아퀴나스 수사』, 성바오로출판사, 1998).

• 토마스 아퀴나스 관련 국내 문헌

가톨릭생명윤리연구소 엮음, 『(토마스 아퀴나스와 가톨릭의) 생명 이해』, 가톨릭대학교
　　출판부, 2007.

강상진, 「토마스 아퀴나스의 실천이성과 자연법」, 『법철학연구』 제17권 제1호, 한국법철
　　학회, 2014, 85~108쪽.

강윤희, 「토마스 아퀴나스의 문화철학 이해」, 『누리와 말씀』 제35호, 인천가톨릭대학교
　　복음화연구소, 2014, 273~307쪽.

＿＿＿＿, 「토마스 아퀴나스의 예술론에 따른 미(美)의 개념」, 『누리와 말씀』 제42호, 인천
　　가톨릭대학교 복음화연구소, 2018, 31~62쪽.

그라시아, 조지, 이재룡·이재경 옮김, 『스콜라철학에서의 개체화』, 가톨릭출판사, 2003.

김규영, 「토마스 아퀴나스에 있어서의 영원과 시간 개념」, 『시간론』(증보판), 서강대학교
　　출판부, 1987, 374~401쪽.

김동환, 「토마스 아퀴나스의 '고난 받을 수 없는 하나님'에 대한 현대 신학적 성찰」, 『한국
　　개혁신학』 제48권, 한국개혁신학회, 2016, 175~99쪽.

김민석, 「아퀴나스의 정의론: 정의의 목적으로서 공공선(common good)」, 『신학사상』
　　제186호, 한신대학교 신학사상연구소, 2019, 323~53쪽.

김병곤, 「Thomas Aquinas의 중세 자연법 사상: Aristotle 철학의 스콜라적 변용」, 『한국정
　　치학회』 제29집 제1호, 1995.

김상용, 「즐거움과 도덕 생활: 토마스 아퀴나스의 『신학대전』을 중심으로」, 『신학전망』
　　제212호, 광주가톨릭대학교 신학연구소, 2021, 32~76쪽.

김선영, 「아퀴나스의 인격체 동일성 문제와 부분적 동일성 해석: 영혼개념을 중심으로」,
　　『가톨릭철학』 제29호, 한국가톨릭철학회, 2017, 117~50쪽.

김영철, 「서양 중세사상에서의 죄와 회복의 문제: 아우구스티누스와 토마스 아퀴나스를
　　중심으로」, 『교정담론』 제14권 제2호, 아시아교정포럼, 2020, 29~52쪽.

김　율, 「성 토마스의 후기 저작에 나타난 의지와 지성의 작용적 통일성과 의지의 자유」,
　　『가톨릭철학』 제7호, 한국가톨릭철학회, 2005, 206~31쪽.

＿＿＿＿, 「중세 후기 주의주의의 원천 (I): 구알테루스 브루겐시스의 의지이론」, 『철학사
　　상』 제21호, 서울대학교 철학사상연구소, 2005, 149~82쪽.

＿＿＿＿, 「토마스 아퀴나스 자유결단 이론의 의미와 한계」, 『철학연구』 제96집, 대한철학
　　회, 2005, 135~62쪽.

＿＿＿＿, 「정념에 대한 책임: 성 토마스 아퀴나스의 이론을 중심으로」, 『가톨릭철학』 제8호,
　　한국가톨릭철학회, 2006, 82~115쪽.

＿＿＿＿, 「합리적 자발성의 신적 근원: 토마스 아퀴나스의 '의지의 신적 시동(始動)' 개념
　　에 대한 심리학적 반성」, 『철학』 제90집, 2007, 49~74쪽.

＿＿＿＿, 「'자제력 없음'에 관한 토마스 아퀴나스의 이론: 중세 스콜라철학에 의한 『니코
　　마코스윤리학』 수용의 한 단면」, 『철학』 제92집, 한국철학회, 2007, 83~111쪽.

_____, 「토마스 아퀴나스의 존재 개념과 형이상학 탐구의 구조」, 『신학과 철학』 제13호, 서강대학교 신학연구소, 2008, 1~15쪽.

_____, 「의지는 대상에 의해 왜 필연적으로 움직여지지 않는가: 토마스 아퀴나스의 『악론』 제6문」, 『중세철학』 제14호, 한국중세철학회, 2008, 139~210쪽.

_____, 「악의 존재론적 의미에 대한 토마스 아퀴나스의 이론」, 『신학과 철학』 제20호, 서강대학교 신학연구소, 2012, 141~78쪽.

_____, 「토마스 아퀴나스의 이슬람 기회원인론 비판과 섭리이론: 『대이교도대전』 제3권을 중심으로」, 『철학사상』 제65호, 서울대학교 철학사상연구소, 2017, 3~34쪽.

_____, 「토마스 아퀴나스의 경제 정의 사상: 가격이론과 대부이론을 중심으로」, 『인문논총』 제77권 제2호, 서울대학교 인문학연구원, 2020, 357~85쪽.

김이균, 「'세상의 영원성'에 관한 토마스 아퀴나스의 사상」, 『중세철학』 제13호, 한국중세철학회, 2007, 157~95쪽.

김정희, 「토마스 아퀴나스의 '카리타스'(caritas)에 대한 그리스도교적 성찰」, 『가톨릭철학』 제4호, 한국가톨릭철학회, 2002, 86~122쪽.

_____, 「토마스 아퀴나스의 종교 개념에 대한 그리스도적 성찰」, 『중세철학』 제8호, 한국중세철학회, 2003, 69~108쪽.

_____, 「성 토마스 지성주의에 대한 의혹의 과제」, 『영원을 향한 철학: 존재와 사유, 인간과 자유』(장욱 교수 퇴임기념 논문집), 동과서, 2004, 139~72쪽.

김혜경, 「단테의 『신곡』을 통해서 본 아퀴나스 신학의 대중화와 한국 신학이 나가야 할 방향 모색」, 『신학전망』 제187호, 광주가톨릭대학교 신학연구소, 2014, 212~43쪽.

달 사쏘, G. · 꼬지, R. 편, 이재룡 · 이동익 · 조규만 옮김, 『성 토마스 아퀴나스의 신학대전 요약』, 가톨릭대학교출판부, 1997.

드 프리스, J., 신창석 옮김, 『스콜라철학의 기본 개념』, 분도출판사, 1997.

라삼, 요셉, 이명곤 옮김, 『토마스 아퀴나스: 존재의 형이상학』, 누멘, 2009.

러셀, F. H., 김균진 옮김, 「토마스 아퀴나스의 전쟁론」, 지동식 외 편, 『서양중세사상사론』, 한국신학연구소, 1981, 401~35쪽.

레닉, T. M. · 힐, R., 『안락의자용 토마스 아퀴나스』, 한국성토마스연구소, 2020.

레오 13세, 이재룡 옮김, 「영원하신 아버지(1879)」, 『가톨릭 신학과 사상』 제11호, 신앙과 사상학회, 1994, 248~70쪽.

마리땡, J., 박영도 옮김, 『철학의 근본이해: 아리스토텔레스 · 토마스 아퀴나스의 철학』, 서광사, 1985.

_____, 한용희 옮김, 『인간과 국가』, 가톨릭출판사, 1978.

몬딘, 바티스타, 허재윤 옮김, 『인간: 철학적 인간학 입문』, 서광사, 1996.

_____, 강윤희 · 이재룡 옮김, 『토마스 아퀴나스의 철학 체계: 오늘날의 토마스 읽기』, 가톨릭출판사, 2012.

문성준, 「토마스 아퀴나스의 신명론: 우리는 어떻게 신에 대해서 말할 수 있고 말해야만 하는가?」,『기독교 철학』14, 한국기독교철학회, 2012, 89~117쪽.

문시영,「'덕'의 윤리에서 본 토마스 아퀴나스: A. MacIntyre의 관점을 중심으로」,『철학』 제64집, 한국철학회, 2000.

박경숙,「'대이교도대전'에 나타난 행복에 관하여: '대이교도대전' III권, 물음 25~63장 을 중심으로」,『중세철학』제9호, 한국중세철학회, 2003, 11~39쪽.

박승찬,「유비개념 발전에 관한 역사적 고찰: 토마스 아퀴나스 유비이론 입문」,『가톨릭 신학과 사상』제26호, 신앙과사상학회, 1998, 139~65쪽.

_____,「토마스 아퀴나스의『신학대전』에 나타난 신앙과 이성: 제1부 제1문제 신학과 철학의 관계를 중심으로」,『가톨릭 신학과 사상』제30호, 가톨릭대학교출판부, 1999, 154~87쪽.

_____,「유비개념의 신학적 적용: 토마스 아퀴나스『신학대전』I부 제13문제를 중심으 로」,『가톨릭 신학과 사상』제28호, 가톨릭대학교출판부, 1999, 181~208쪽.

_____,「토마스 아퀴나스의 유비개념에 대한 재조명」,『신학과 철학』창간호, 서강대학 교 신학연구소, 1999, 177~219쪽.

_____,「하느님 명칭의 올바른 사용: '하느님의 이름을 함부로 부르지 마라'에 관한 철학 적 성찰」,『가톨릭 신학과 사상』제32호, 신앙과사상학회, 2000, 27~54쪽.

_____,「영원하신 아버지」, 한국가톨릭대사전편찬위원회 편,『한국가톨릭대사전』제9권, 한국교회사연구소, 2000, 6289~91쪽.

_____,「아리스토텔레스 철학의 수용과 스콜라철학의 발전: 13세기 중세대학 설립기를 중심으로」,『가톨릭철학』제3호, 한국가톨릭철학회, 2001, 119~57쪽.

_____,「스콜라학」, 한국가톨릭대사전편찬위원회 편,『한국가톨릭대사전』제8권, 한국 교회사연구소, 2001, 5239~50쪽.

_____,「유비」, 한국가톨릭대사전편찬위원회 편,『한국가톨릭대사전』제9권, 한국교회 사연구소, 2002, 6789~90쪽.

_____,「토마스 아퀴나스의 여성관: '우연히 생산된 결핍존재' 또는 '남성의 가장 가까운 벗'」,『성평등연구』제6집, 가톨릭대학교 성평등연구소, 2002, 161~97쪽.

_____,「'신의 모상'으로 창조된 여성의 진정한 가치: 토마스 아퀴나스의 여성이해에 대 한 비판적 성찰」,『가톨릭철학』제7호, 한국가톨릭철학회, 2005, 148~90쪽.

_____,「유비개념의 다양한 분류에 대한 비판적 성찰: 토마스 아퀴나스에 대한 카예타누 스의 해석을 중심으로」,『중세철학』제11호, 한국중세철학회, 2005, 115~70쪽.

_____,「인격 개념의 근원에 대한 탐구: 그리스도교 신학과 보에티우스의 정의를 중심으 로」,『인간연구』제13호, 가톨릭대학교 인간학연구소, 2007, 83~119쪽.

_____,「토마스 아퀴나스에 의한 가능태 이론의 변형: 신학적 관심을 통한 아리스토텔레 스 철학의 비판적 수용」,『중세철학』제14호, 한국중세철학회, 2008, 65~105쪽.

_____,「토마스 아퀴나스의 작품에 나타난 '의미된 대상'과 '의미의 양태'의 구분: 그 기원에 대한 개념사적 고찰」,『철학사상』제33호, 서울대학교 철학사상연구소, 2009,

37~80쪽.

_____, 「인격에 대해 영혼-육체 통일성이 지니는 의미: 토마스 아퀴나스의 작품들을 중심으로」, 『철학사상』 제35호, 서울대학교 철학사상연구소, 2010, 61~102쪽.

_____, 「형이상학의 대상에 대한 논쟁-철학적 신론 vs 보편적 존재론: 스콜라철학 융성기를 중심으로」, 『중세철학』 제16호, 한국중세철학회, 2010, 107~69쪽.

_____, 『서양 중세의 아리스토텔레스 수용사: 토마스 아퀴나스를 중심으로』, 누멘, 2010.

_____, 「생명의 원리에서 인격의 중심에로: 서양철학적 관점에서 본 영혼론」, 『가톨릭 신학과 사상』 제67호, 신앙과사상학회, 2011, 59~157쪽.

_____, 「'의미된 대상과 의미 양태의 구분'과 '유비' 개념의 관계: 토마스 아퀴나스의 작품을 중심으로」, 『철학사상』 제41호, 서울대학교 철학사상연구소, 2011, 255~306쪽.

_____, 「영혼의 불멸성과 육체의 부활이 인격에 대해 지니는 의미: 토마스 아퀴나스의 작품들을 중심으로」, 『철학사상』 제43호, 서울대학교 철학사상연구소, 2012, 99~151쪽.

_____, 『고전신학 강좌: 토마스 아퀴나스』, 새길, 2012.

_____, 「그리스도교 사상의 흐름 속에 나타난 신앙과 이성의 조화: 『신앙과 이성』과 『신앙의 빛』을 중심으로」, 『신학전망』 제183호, 광주가톨릭대학교 신학연구소, 2013, 79~133쪽.

_____, 「인격을 이루는 원리로서의 몸: 토마스 아퀴나스의 사상을 중심으로」, 『가톨릭 신학과 사상』 제73호, 신앙과사상학회, 2014, 197~248쪽.

_____, 「그 자체로 악인 고통 안에서 선이 발견될 수 있는가?: 변신론에 대한 비판적 성찰」, 『가톨릭철학』 제23호, 한국가톨릭철학회, 2014, 5~49쪽.

_____, 토마스 아퀴나스의 주요 저작들에 나타난 저술 방식 비교: 『대이교도대전』 제II권의 인간 이해를 중심으로」, 『중세철학』 제21호, 한국중세철학회, 2015, 71~120쪽.

_____, 「중세 시대의 신 존재 증명의 전제와 유효성」, 『가톨릭철학』 제32호, 한국가톨릭철학회, 2019, 101~38쪽.

_____, 「중세 시대의 '세계의 영원성' 논쟁」, 『가톨릭철학』 제33호, 한국가톨릭철학회, 2019, 5~64쪽.

_____, 『알수록 재미있는 그리스도교 이야기』, 가톨릭출판사, 2021.

박영도, 『토마스 아퀴나스 선집: 하느님과 인간과 자연』, 이문출판사, 1994.

_____, 「토마스 아퀴나스의 사회사상 연구」, 『현대와 종교』 제19집, 현대종교문제연구소, 1996, 21~50쪽.

박우석, 「아퀴나스에서 물질적 단일자에 대한 인식의 문제: 예비적 고찰」, 『가톨릭철학』 제14호, 한국가톨릭철학회, 2010, 137~56쪽.

박은구, 「성 토마스 아퀴나스의 정치사상(1)」, 『숭실사학』 제28집, 숭실사학회, 2012, 393~430쪽.

_____, 「성 토마스 아퀴나스의 정치사상(2)」, 『숭실사학』 제31집, 숭실사학회, 2013, 415~52쪽.

_____, 「성 토마스 아퀴나스의 경제사상(1)」, 『숭실사학』 제32집, 숭실사학회, 2014, 311~ 56쪽.

_____, 「성 토마스 아퀴나스의 경제사상(2)」, 『숭실사학』 제35집, 숭실사학회, 2015, 349~ 80쪽.

박종대, 「토마스 아퀴나스의 법론에 관한 연구: 자연법론을 중심으로」, 『중세철학』 제5호, 한국중세철학회, 1999, 55~79쪽.

박주영, 『악이란 무엇인가?: 토마스 아퀴나스의 철학에서 악의 문제에 대한 연구』, 누멘, 2012.

_____, 「토마스 아퀴나스의 『악론』(De Malo) 연구」, 『중세철학』 제23호, 한국중세철학회, 2017, 207~52쪽.

박준석, 「토마스 아퀴나스의 이중 효과 논증」, 『법사학연구』 제45호, 한국법사학회, 2012, 101~23쪽.

방 스텐베르겐, F., 이재룡 옮김, 『토마스 아퀴나스와 급진적 아리스토텔레스주의』, 성바오로출판사, 2000.

배런, 로버트, 안소근 옮김, 『토마스 아퀴나스가 가르치는 세계관과 영성』, 누멘, 2011.

보에티우스, 정의채 옮김, 『철학의 위안』, 성바오로출판사, 1993.

변갑선, 「토마스 아퀴나스의 악에 관한 신학」, 『가톨릭대학신학부 논문집』 3, 1977.

_____, 「토마스 아퀴나스의 죄관」, 『가톨릭대학신학부 논문집』 4, 1978, 91~120쪽.

본소, 잭, 이태하 옮김, 『이성과 신앙: 신학에 있어서 철학의 역할』, 철학과현실사, 1999.

브라운, M., 임기석 옮김, 「육신의 부활에 관한 토마스의 견해」, 『신학전망』 제108호, 광주가톨릭대학교 신학연구소, 1995, 120~60쪽.

서광선, 「토마스 아퀴나스의 우주론적 증명 연구」, 『철학』 제16집, 한국철학회, 1981, 89~ 104쪽.

서병창, 「토마스 아퀴나스의 존재와 원인성에 관한 연구」, 연세대학교 박사학위논문, 1996.

_____, 「신의 섭리와 제2원인자에 대한 고찰」, 『중세철학』 제2호, 한국중세철학회, 1996, 87~144쪽.

_____, 「토마스 아퀴나스의 존재 개념에 관한 연구」, 『철학연구』, 대한철학회, 1996, 59~ 84쪽.

_____, 「존재의 실현으로서의 선」, 『중세철학』 제4호, 한국중세철학회, 1998, 69~94쪽.

_____, 「신앙에 대한 이성의 역할」, 『중세철학』 제7호, 한국중세철학회, 2001, 179~213쪽.

_____, 『신 안에서 자립적인 인간: 토마스 아퀴나스의 신·인간·세계』, 동과서, 2002.

_____, 「토마스 아퀴나스 관계개념 연구」, 『철학』 제70집, 한국철학회, 2002, 75~102쪽.

_____, 「도덕적 행위에서 이성과 욕구의 문제: 아리스토텔레스, 아우구스티누스, 토마스 아퀴나스의 윤리 사상의 비교 고찰」, 『가톨릭철학』 제4호, 한국가톨릭철학회, 2002, 189~214쪽.

_____, 「인간의 감정과 도덕 능력」, 『가톨릭철학』 제6호, 한국가톨릭철학회, 2004, 17~
51쪽.

_____, 「카리타스에 의한 에로스와 아가페의 종합」, 『중세철학』 제10호, 한국중세철학회,
2004, 119~58쪽.

_____, 「에로스와 아가페의 종합에 의한 한국 사회의 도덕성·종교성 정립에 관한 고찰:
토마스 아퀴나스 사랑 개념을 중심으로」, 『가톨릭철학』 제6호, 한국가톨릭철학회, 2006,
260~91쪽.

_____, 「세계의 영원성과 이중진리설: 보에티우스와 토마스 아퀴나스를 중심으로」, 『가
톨릭철학』 제20호, 한국가톨릭철학회, 2013, 115~48쪽.

_____, 「토마스 아퀴나스에서 양심과 실천적 지혜의 관계」, 『현상학과 현대철학』 제57집,
한국현상학회, 2013, 85~115쪽.

_____, 「존재자가 어떻게 하나이면서 여럿인가?: 플라톤과 아리스토텔레스, 토마스 아
퀴나스 존재자 개념 비교를 통해서」, 『건지인문학』 9, 전북대학교 인문학연구소, 2013,
115~49쪽.

_____, 「토마스 아퀴나스의 악의 문제」, 『중세철학』 제19호, 한국중세철학회, 2013, 35~
73쪽.

_____, 「감성과 이성의 정치적 관계: 토마스 아퀴나스를 중심으로」, 『가톨릭철학』 제24호,
한국가톨릭철학회, 2015, 73~106쪽.

_____, 「신앙에 대한 이성의 역할: 토마스 아퀴나스를 중심으로」, 『가톨릭철학』 제27호,
한국가톨릭철학회, 2016, 141~74쪽.

_____, 『토마스 아퀴나스의 윤리학』, 누멘, 2016.

_____, 「토마스 아퀴나스 자연법에서 신에 대한 지식의 추구가 제1계명일 수 있는가?」,
『가톨릭철학』 제35호, 한국가톨릭철학회, 2021, 107~39쪽.

_____, 「토마스 아퀴나스 양심 개념에 따른 실정법의 제한」, 『인격주의 생명윤리』 제11권
제2호, 가톨릭생명윤리연구소, 2021, 135~68쪽.

서한석, 「성 토마스 아퀴나스의 『신학대전』에 나타난 '전인(全人)으로서의 부활관'과 교
회의 종말론적 가르침에 대한 신학적 고찰」, 『신학전망』 제196호, 광주가톨릭대학교
신학연구소, 2017, 2~37쪽.

_____, 「성 토마스 아퀴나스의 '신앙의 대상과 조항들'과 애버리 덜레스의 '교의의 점진
적이고 역동적인 전개'에 대한 이해」, 『가톨릭신학』 제30호, 한국가톨릭신학학회, 2017,
121~62쪽.

셰뉘, M. D., 이재룡 옮김, 「신학대전입문」, 달 사쏘, G.·꼬지, R. 편, 『성 토마스 아퀴나스
의 신학대전 요약』, 가톨릭대학교출판부, 1997, 591~615쪽.

소광희, 「본질과 현존」, 소광희 외, 『철학의 제문제』, 지학사, 1984, 217~22쪽.

손은실, 「토마스 아퀴나스의 아리스토텔레스 주석: '니코마코스 윤리학' 주석을 중심으로」,
『서양고전학연구』 제28호, 한국서양고전학회, 2007, 173~96쪽.

_____, 「무슬림의 그리스도교 비판에 대한 토마스 아퀴나스의 변증:『신앙의 근거들』을 중심으로」,『종교와 문화』제23호, 서울대학교 종교문제연구소, 2012, 81~107쪽.

_____, 「서양 중세교회의 장애인 인식: 토마스 아퀴나스, 성 루이 9세, 여성 신비가들을 중심으로」,『한국교회사학회지』제35호, 한국교회사학회, 2013, 105~31쪽.

_____, 「토마스 아퀴나스의 여성관:『요한복음 주석』에 나타난 '페미니즘'」,『중세철학』제20호, 한국중세철학회, 2014, 67~99쪽.

_____, 「토마스 아퀴나스의 정의론: 사적 소유권의 한계와 빈민의 권리를 중심으로」,『한국교회사학회지』제42호, 한국교회사학회, 2015, 7~36쪽.

_____, 「인간은 과연 현세에서 행복할 수 있는가: 철학자들의 '번민'(angustia)과 토마스 아퀴나스의 답변」,『장신논단』제48집, 장로회신학대학교 기독교사상과문화연구원, 2016, 37~57쪽.

_____, 「토마스 아퀴나스의 사랑론」,『중세철학』제24호, 한국중세철학회, 2018, 75~106쪽.

_____, 「그리스도교의 우정관: 토마스 아퀴나스를 중심으로」,『서양중세연구』제48호, 한국서양중세사학회, 2021, 131~65쪽.

손호현, 「동성애와 신학적 인권: 토마스 아퀴나스의 성(性)의 신학을 중심으로」,『신학사상』제177집, 한신대학교 신학사상연구소, 2017, 139~67쪽.

스칸드롤리오, 토마스, 한영만 옮김,『자연법: 성 토마스 아퀴나스의 자연법 이론』, 가톨릭대학교출판부, 2019.

신창석,「신학대전의 형성과 구조」,『현대가톨릭사상』9, 대구가톨릭대학교 가톨릭사상연구소, 1993, 3~40쪽.

_____, 「신학대전의 형성과 구조(II)」,『현대가톨릭사상』11, 대구가톨릭대학교 가톨릭사상연구소, 1994, 41~73쪽.

_____, 「토마스 아퀴나스에 있어서 인간행위론의 철학적 근거: "인간의 본성"」,『형이상학』2, 한국종교문화연구재단, 1994/96.

_____, 「토마스 아퀴나스에 있어서 학문론의 철학적 근거: 추상과 분리」,『중세철학』창간호, 한국중세철학회, 1995, 199~203쪽.

_____, 「토마스 아퀴나스의 〈철학대전〉 제1권 92~102장에 대한 연구번역」,『현대가톨릭사상』12, 대구가톨릭대학교 가톨릭사상연구소, 1995, 173~201쪽.

_____, 「토마스 아퀴나스의 신앙과 이성」,『가톨릭철학』제2호, 한국가톨릭철학회, 2000, 47~75쪽.

_____, 「영혼과 육체의 상호작용에 대한 형이상학적 근거」,『철학논총』제27집, 새한철학회, 2002, 152~72쪽.

_____, 「'철학대전' 서문에 대한 연구 번역」,『중세철학』제9호, 한국중세철학회, 2003, 191~220쪽.

_____, 「인간이란 누구인가?」,『신·세계·인간』(『서양중세사상사론』, 한국신학연구소),

분도출판사, 2004, 109~36쪽.

＿＿＿, 「자유의 아이러니: 토마스 아퀴나스를 중심으로」, 『영원을 향한 철학: 존재와 사유, 인간과 자유』(장욱 교수 퇴임기념 논문집), 동아서, 2004, 215~34쪽.

＿＿＿, 「분노의 철학적 근거: 토마스 아퀴나스의 분노 분석 중심으로」, 『가톨릭철학』 제31호, 한국가톨릭철학회, 2018, 265~88쪽.

신치재, 「토마스 아퀴나스의 자연법과 정의 사상」, 『중앙법학』 제16권 제3호, 중앙법학회, 2014, 413~48쪽.

심상태, 『인간: 신학적 인간학 입문』, 서광사, 1989.

아리스토텔레스, 김재홍 옮김, 『변증론』, 까치, 1998/도서출판 길, 2008.

＿＿＿, 유원기 역주, 『영혼에 관하여』, 궁리, 2001.

＿＿＿, 김진성 역주, 『범주론·명제론』, 이제이북스, 2005.

＿＿＿, 이창우·김재홍·강상진 옮김, 『니코마코스 윤리학』, 이제이북스, 2006/도서출판 길, 2011.

아우구스티누스/아우구스띠누스, 최민순 옮김, 『고백록』, 성바오로출판사, 1986.

＿＿＿, 성염 역주, 『그리스도교 교양』, 분도출판사, 1989.

＿＿＿, 성염 역주, 『참된 종교』, 분도출판사, 1989.

아우구스티누스/어거스틴, 선한용 옮김, 『성 어거스틴의 고백록』, 대한기독교서회, 1981.

아우구스티누스, 성염 옮김, 『신국론』(제1~10권, 제11~18권, 제19~22권), 분도출판사, 2004.

안소근, 「토마스 아퀴나스의 『욥기의 자구적 주해』에 관하여」, 『복음과 문화』 제20호, 대전가톨릭대학교출판부, 2016, 212~38쪽.

양명수, 『토마스 아퀴나스의 『신학대전』 읽기』, 세창미디어, 2014.

양혜정, 「토마스 아퀴나스의 철학적 논의에 나타난 창조된 존재(esse creatum)와 창조되지 않은 존재(esse increatum)의 완전성과 두 존재의 관계: 『권능론』에 나타난 아리스토텔레스 가능태-현실태의 의미 적용을 중심으로」, 가톨릭대학교 박사학위논문, 2009.

＿＿＿, 「창조와 존재: 창조된 존재와 창조되지 않은 존재의 관계 고찰 ─ 『권능론』 제3문제 제1절과 제3절 본문들을 중심으로」, 『중세철학』 제15호, 한국중세철학회, 2009, 127~60쪽.

＿＿＿, 「토마스 아퀴나스의 현실태 해석과 응용-현실태와 존재」, 『가톨릭철학』 제15호, 한국가톨릭철학회, 2010, 67~96쪽.

엄가윤, 「토마스 아퀴나스의 자제력 없음(incontinentia)과 의지의 약함(infirmitas)」, 『중세철학』 제25호, 한국중세철학회, 2019, 187~224쪽.

엘더스, 레오, 박승찬 옮김, 『토마스 아퀴나스의 형이상학』, 가톨릭출판사, 2003.

오도넬, R., 이재룡 옮김, 『쉽게 쓴 토마스 아퀴나스의 철학』, 가톨릭대학교출판부, 1999.

오미어러, 토마스, 이재룡 옮김, 『신학자 토마스 아퀴나스』, 가톨릭출판사, 2002.

오웬스, J., 이재룡 옮김, 「성 토마스와 형이상학의 미래」, 『가톨릭 신학과 사상』 제29호, 신앙과사상학회, 1999, 155~96쪽.

오트, H., 김광식 옮김, 「신 증명의 문제(토마스, 칸트, 바르트)」, 『신학해제』, 한국신학연구소, 1978, 91~95, 102~09쪽.

와이스헤이플, J., 이재룡 옮김, 『토마스 아퀴나스 수사』, 성바오로출판사, 1998.

요한 바오로 2세, 성염 옮김, 『인간의 구원자』, 한국천주교중앙협의회, 1979.

_____, 「아퀴나스: 인간 존엄성의 수호자」, 『한국천주교중앙협의회 회보』 65, 한국천주교중앙협의회, 1991.

_____, 정승현 옮김, 『진리의 광채』, 한국천주교중앙협의회, 1994.

_____, 이재룡 옮김, 『신앙과 이성』(부록: 레오 13세, 「영원하신 아버지(1879)」), 한국천주교중앙협의회, 1999.

위펠, 존, 이재룡 옮김, 「성 토마스의 형이상학」, 『가톨릭 신학과 사상』 제49호, 신앙과사상학회, 2004, 153~207쪽.

유경동, 「어거스틴과 아퀴나스의 기억이론」, 『장신논단』 제47집, 장로회신학대학교 기독교사상과문화연구원, 2015, 201~23쪽.

유대칠, 「토마스 아퀴나스는 주지주의자인가?」, 『중세철학』 제10호, 한국중세철학회, 2004, 63~93쪽.

유지황, 「토마스 아퀴나스의 자연법 사상에 대한 역사적 재해석: 마틴 루터와 일부 개신교 신학자들을 중심으로」, 『신앙과 학문』 제20권 제2호, 기독교학문연구회, 2015, 121~48쪽.

_____, 「우정의 정치학: 토마스 아퀴나스와 자끄 데리다의 우정 이해 비교 분석」, 『철학탐구』 제42집, 중앙대학교 중앙철학연구소, 2017, 1~36쪽.

유창형, 「토마스 아퀴나스의 그리스도 부활론에 대한 개혁파적 평가」, 『개혁논총』 제46권, 개혁신학회, 2018, 149~94쪽.

이경재, 『토마스 아퀴나스 형이상학의 실존(esse) 원리』, 연세대학교 박사학위논문, 2000.

_____, 「형이상학: 아리스토텔레스 vs. 토마스 아퀴나스」, 『중세철학』 제6호, 한국중세철학회, 2000, 71~99쪽.

_____, 「왜 도덕적이어야 하는가?: 토마스 아퀴나스 인간학을 바탕으로」, 『신학과 철학』 제4호, 서강대학교 신학연구소, 2002, 189~209쪽.

_____, 「자유, 그 진정한 의미와 한계: 토마스 아퀴나스의 자유의지 개념을 중심으로」, 『중세철학』 제8호, 한국중세철학회, 2003, 109~38쪽.

_____, 「토마스 아퀴나스 인간학의 논리적 출발점에 대한 정당화: 지성 단일성 논쟁에 대한 그의 해결책을 중심으로」, 『가톨릭철학』 제5호, 한국가톨릭철학회, 2003, 231~51쪽.

_____, 「토마스 아퀴나스의 인간 인격에 대한 철학적 정당화」, 『영원을 향한 철학: 존재와 사유, 인간과 자유』(장욱 교수 퇴임기념 논문집), 동과서, 2004, 287~316쪽.

_____, 「'신에 관한 인간의 앎' 문제에 대한 토마스 아퀴나스의 접근법: 그 출발을 위한

점검」,『기독교 철학』1, 한국기독교철학회, 2005, 151~80쪽.

_____, 「토마스 아퀴나스 〈존재와 본질에 관하여〉 제4장의 본질-존재함(esse) 구별 논증의 출발점에 대한 해석의 문제」,『철학탐구』11, 중앙대학교 중앙철학연구소, 2005, 113~40쪽.

_____, 「이중진리론과 전제의 차이: 라틴 아베로에스주의자와 토마스 아퀴나스의 대립」,『대동철학』제61집, 대동철학회, 2012, 147~68쪽.

_____, 「토마스 아퀴나스 형이상학의 원리에 비추어 본 악의 원인물음」,『중세철학』제19호, 한국중세철학회, 2013, 75~104쪽.

이나가키 료오스케(稲垣良典), 박영도 옮김,『신앙과 이성』, 서광사, 1980.

_____, 정종표·정종휴 옮김,『현대 가톨리시즘의 사상』, 박영사, 1980.

_____, 정종표·정종휴 옮김,『토마스 아퀴나스』, 새남, 1995.

_____, 「성 토마스 아퀴나스의 신학과 철학의 만남」,『가톨릭 신학과 사상』제22호, 신앙과 사상학회, 1997, 293~304쪽.

_____, 김산춘 옮김,『천사론』, 성바오로출판사, 1999.

이명곤, 「인간의 영혼이란 무엇인가?: 토마스 아퀴나스의 그 본질과 속성들을 중심으로」,『중세철학』제3호, 한국중세철학회, 1998, 137~65쪽.

_____, 「토마스에 있어서 존재의 순수성과 가치의 문제」,『중세철학』제9호, 한국중세철학회, 2003, 77~106쪽.

_____, 「토미즘에 있어서 감성교육은 필요한 것인가?: 토마스 아퀴나스 감성론의 현대적 의의에 대한 조명」,『동서철학연구』제65권, 한국동서철학회, 2012, 53~75쪽.

_____, 「영혼과 육체의 결합, 그리고 감각지각과 지적 인식 사이의 동일성에 대한 아우구스티누스와 토마스 아퀴나스의 사유 비교」,『철학연구』제124집, 대한철학회, 2012, 243~71쪽.

_____, 『토마스 아퀴나스 읽기』, 세창미디어, 2013.

_____, 「토마스 아퀴나스의 양심과 도덕적 의식에 대한 고찰」,『인간연구』제25호, 가톨릭대학교 인간학연구소, 2013, 99~144쪽.

_____, 「토마스 아퀴나스의 사유에서 '존재의 깊이'와 세계 내의 '신의 현존'」,『인문학연구』제19집, 제주대학교 인문과학연구소, 2015, 121~53쪽.

_____, 「토마스 아퀴나스의『신학대전』에서 '신학적인 것'과 '철학적인 것'의 구분과 통일성에 관한 고찰」,『동서인문』제8호, 경북대학교 인문학술원, 2017, 5~41쪽.

_____, 「토마스 아퀴나스의 '지성주의(주지주의)'가 내포하는 3가지 의미」,『철학연구』제148집, 대한철학회, 2018, 239~67쪽.

이문호, 「아리스토텔레스의 행복과 토마스의 지복」,『중세철학』제2호, 한국중세철학회, 1996, 3~29쪽.

이상섭, 「보편학으로서의 '형이상학'과 '지성의 존재': 아리스토텔레스 형이상학의 대상 규정을 둘러싼 논쟁의 한 사례」,『중세철학』제9호, 한국중세철학회, 2003, 107~41쪽.

_____, 「토마스 아퀴나스의 개념과 실재」, 『동서철학연구』 제27권, 한국동서철학회, 2003, 187~212쪽.

_____, 「토마스 아퀴나스의 Species Intelligibilis 개념과 그것의 13세기 철학에서의 위치: 신학대전 I, 85, 2를 중심으로」, 『가톨릭철학』 제5호, 한국가톨릭철학회, 2003, 252~81쪽.

_____, 「'개념'은 우유적 속성인가?: 토마스 아퀴나스의 개념의 존재론적 위상에 대한 연구」, 『영원을 향한 철학: 존재와 사유, 인간과 자유』(장욱 교수 퇴임기념 논문집), 동과서, 2004, 317~38쪽.

_____, 「중세 스콜라철학의 지향성, 지향의 대상 및 지향적 존재에 대한 연구」, 『철학과 현상학 연구』 제26호, 한국현상학회, 2005, 159~206쪽.

_____, 「토마스 아퀴나스와 표상주의 논쟁」, 『철학연구』 제68집, 대한철학회, 2005, 227~48쪽.

_____, 「신 존재 증명의 타당성에 관한 하나의 고찰」, 『중세철학』 제14호, 한국중세철학회, 2008, 107~37쪽.

_____, 「자기인식과 대상인식: 토마스 아퀴나스의 경우를 중심으로」, 『범한철학』 제53집, 범한철학회, 2009, 79~105쪽.

_____, 「페트루스 요한네스 올리비의 토마스 아퀴나스 비판의 타당성에 대한 검토: "경험적 자기인식"과 "습성적 자기의식"의 비교를 중심으로」, 『헤겔연구』 제28호, 한국헤겔학회, 2010, 499~524쪽.

_____, 「도미니코회 내의 아베로에스 행복론의 비판과 수용: 토마스 아퀴나스의 아베로에스 비판과 이에 대한 디트리히의 재비판을 중심으로」, 『서양고전학연구』 제45권, 한국서양고전학회, 2011, 311~37쪽.

_____, 「토마스 아퀴나스의 비판이론」, 『가톨릭철학』 제21호, 한국가톨릭철학회, 2013, 133~65쪽.

_____, 「토마스 아퀴나스에게서 자기인식과 개별성」, 『중세철학』 제19호, 한국중세철학회, 2013, 105~46쪽.

_____, 「자기실현에서 자기규정으로: 토마스 아퀴나스와 페트루스 요한네스 올리비의 자유론 비교」, 『철학』 제118집, 한국철학회, 2014, 27~58쪽.

_____, 「토마스 아퀴나스에게서 개별선, 공동선, 최고선의 관계와 형이상학적 근거」, 『철학연구』 제130집, 대한철학회, 2014, 219~46쪽.

_____, 「선한 사람(homo bonus), 복된 사람(homo beatus): 토마스 아퀴나스의 이상적 인간에 대한 연구 ── 덕의 연결(connexio virtutum)이론을 중심으로」, 『철학논집』 제38집, 서강대학교 철학연구소, 2014, 67~102쪽.

_____, 「법은 인간적 행위의 외적원리일 뿐인가?: 토마스 아퀴나스의 법(lex) 이론에 대한 하나의 고찰」, 『중세철학』 제22호, 한국중세철학회, 2016, 227~56쪽.

_____, 「두 스콜라 철학자의 『요한복음서』 서문 주해: "In principio erat verbum"에 대한

토마스 아퀴나스와 마이스터 에크하르트의 주해 요약 및 번역」, 『중세철학』 제23호, 한국중세철학회, 2017, 253~311쪽.

_____, 「의지의 자유선택에 있어서 이성의 역할: 토마스 아퀴나스에게서 의지와 이성의 관계에 대한 하나의 고찰」, 『철학연구』 제145집, 대한철학회, 2018, 325~50쪽.

이상일, 「토마스 아퀴나스의 자연법 이론에 관한 아리스토텔레스의 영향에 관한 연구」, 『동서철학연구』 제64권, 한국동서철학회, 2011, 277~301쪽.

_____, 「성 토마스 아퀴나스의 '양심'에 관한 연구」, 『동서철학연구』 제74권, 한국동서철학회, 2014, 311~38쪽.

_____, 「토마스 아퀴나스의 용기의 주요한 행위로서 '인내'에 관한 연구」, 『철학논총』 제84집, 새한철학회, 2016, 315~36쪽.

_____, 「정념의 도덕적 속성에 관한 연구: 토마스 아퀴나스의 '정념'을 중심으로」, 『철학논총』 제86집, 새한철학회, 2016, 259~81쪽.

_____, 「토마스 아퀴나스의 도덕 철학의 아리스토텔레스적 성격에 관한 연구」, 『철학논총』 제88집, 새한철학회, 2017, 367~92쪽.

_____, 「토마스 아퀴나스의 도덕적 기질과 정념의 세 단계적 성격에 관한 연구」, 『철학논총』 제90집, 새한철학회, 2017, 313~38쪽.

_____, 「토마스 아퀴나스의 '행복'의 아리스토텔레스적인 성격에 관한 연구」, 『동서철학연구』 제86권, 한국동서철학회, 2017, 319~50쪽.

_____, 「아리스토텔레스주의자로서 토마스 아퀴나스는 신의 친구가 될 수 있는가?」, 『철학논총』 제92집, 새한철학회, 2018, 143~71쪽.

_____, 「토마스 아퀴나스의 '즐거움'에 관한 연구」, 『철학논총』 제94집, 새한철학회, 2018, 279~306쪽.

_____, 「토마스 아퀴나스의 '자제력 없음'에 관한 연구」, 『범한철학』 제98집, 범한철학회, 2020, 91~124쪽.

_____, 「아리스토텔레스의 '목적 구절'에 관한 토마스 아퀴나스의 변형에 관한 연구」, 『철학논총』 제105집, 새한철학회, 2021, 245~74쪽.

이성호, 「하나님의 공의로운 사역으로서의 공로(meritum): 아퀴나스의 공로 교리에 대한 연구」, 『개혁신학』 제35권, 개혁신학회, 2015, 239~68쪽.

이양호, 「토마스 아퀴나스의 인식론」, 『현대와 신학』 14, 연세대학교 연합신학대학원 유니온학술자료원, 1991.

이재경, 「토마스 아퀴나스 심신이론 다시 읽기」, 『철학』 제68집, 한국철학회, 2001, 157~84쪽.

_____, 『토마스 아퀴나스와 13세기 심리철학』, 대구가톨릭대학교출판부, 2002.

_____, 「아리스토텔레스 넘어서기: 토마스 아퀴나스의 영혼개념에 대하여」, 『가톨릭철학』 제4호, 한국가톨릭철학회, 2002, 251~69쪽.

_____, 「토마스 아퀴나스와 심신이원론의 문제」, 『철학연구』 제59집, 대한철학회, 2002,

5~24쪽.

_____,「토마스 아퀴나스는 심신이원론자인가?」,『신학과 철학』제5호, 서강대학교 신학
연구소, 2003, 179~95쪽.

_____,「시제 브라방과 이중진리론: '지성적 영혼에 관하여' 제7장」,『중세철학』제9호,
한국중세철학회, 2003, 221~45쪽.

_____,「토마스 아퀴나스와 실재론의 안팎」,『인간연구』제8호, 가톨릭대학교 인간학연
구소, 2005, 221~41쪽.

_____,「르네상스철학자 폼포나치의 아리스토텔레스 읽기: 토마스 아퀴나스에 대한 비
판을 중심으로」,『철학』제88집, 한국철학회, 2006, 67~92쪽.

_____,「인간의 죽음, 뇌사 그리고 토마스 아퀴나스」,『철학논총』제50집, 새한철학회, 2007,
315~31쪽.

_____,「토마스 아퀴나스와 조명이론」,『인문과학』제87집, 연세대학교 인문학연구원,
2008, 149~73쪽.

_____,「부활, 분리된 영혼 그리고 동일성 문제: 토마스 아퀴나스의 경우」,『철학연구』제98집,
철학연구회, 2012, 73~100쪽.

_____,「마이모니데스의 부정과 아퀴나스의 유비: 쟁점과 해석」,『철학논집』제41집, 서
강대학교 철학연구소, 2015, 77~108쪽.

이재룡,「현대 신-토미즘 부흥운동」,『가톨릭 신학과 사상』제12호, 신앙과사상학회, 1994,
176~220쪽.

_____,「명저탐방: 성 토마스 아퀴나스의 '신학대전'」,『철학과 현실』제24호, 철학과현
실사, 1995, 305~16쪽.

_____,「자유의 토대와 한계」,『사목』제198권, 한국천주교중앙협의회, 1995, 5~20쪽.

_____,「토마스 아퀴나스의 '신학대전'」, 정기철 편,『철학과 신학』제1집, 호남신학대학
해석학연구소, 도서출판 한들, 1997, 231~88쪽.

_____,「토마스 아퀴나스의 '존재' 관념」,『가톨릭 신학과 사상』제19호, 신앙과사상학회,
1997, 99~127쪽.

_____,「토마스 아퀴나스의 추상이론」,『가톨릭철학』창간호, 한국가톨릭철학회, 1999,
134~68쪽.

_____,「신-토미즘(Neo-Thomism)」,『중세철학』제5호, 한국중세철학회, 1999, 115~
61쪽.

_____,「신-스콜라철학」, 한국가톨릭대사전편찬위원회 편,『한국가톨릭대사전』제7권,
한국교회사연구소, 1999.

_____,「인간의 자유와 책임」,『인간연구』창간호, 가톨릭대학교 인간학연구소, 2000,
11~43쪽.

_____,「회칙 '신앙과 이성'의 역사적 의미」,『가톨릭철학』제2호, 한국가톨릭철학회,
2000, 9~41쪽.

_____, 「토마스 아퀴나스의 개체화 원리」, 『가톨릭 신학과 사상』 제45호, 신앙과사상학회, 2003, 102~40쪽.

_____, 「토마스 아퀴나스의 신 존재 증명에 관한 소고」, 『가톨릭 신학과 사상』 제47호, 신앙과사상학회, 2004, 7~43쪽.

이 정, 「믿는다는 것은 동의를 가지고 사유하는 것인가?: 'credere est cum assensione cogitare'에 대한 토마스의 해석」, 『철학연구』 제159집, 대한철학회, 2021, 197~233쪽.

_____, 「신학적 덕으로서의 신앙에 대한 정의」, 『누리와 말씀』 제49호, 인천가톨릭대학교 복음화연구소, 2021, 273~310쪽.

이정은, 「토마스 아퀴나스의 관점으로 본 '약자들'의 분노, 자기애, 그리고 정의」, 『한국기독교신학논총』 제104집, 한국기독교학회, 2017, 205~40쪽.

이정일, 「토마스 아퀴나스, 칸트, 그리고 헤겔에 있어서 양심에 대한 이해」, 『중세철학』 제8호, 한국중세철학회, 2003, 139~82쪽.

이정희, 「그리스도교의 믿음의 본성과 대상: 토마스 아퀴나스의 사상을 중심으로」, 『대구사학』 제120집, 대구사학회, 2015, 305~44쪽.

이진남, 「토마스 아퀴나스와 하이데거: 카푸토의 토마스 복권에 대한 비판적 평가」, 『중세철학』 제6호, 한국중세철학회, 2000, 101~24쪽.

_____, 「아퀴나스 자연법 이론의 세 요소」, 『중세철학』 제10호, 한국중세철학회, 2004, 93~117쪽.

_____, 「아퀴나스는 신명론자인가?」, 『중세철학』 제11호, 한국중세철학회, 2005, 171~95쪽.

_____, 「자의성으로부터의 신명론 변론」, 『철학연구』 제30권, 고려대학교 철학연구소, 2005, 141~59쪽.

_____, 「아퀴나스에 있어서 법으로부터의 예외」, 『철학연구』 제31권, 고려대학교 철학연구소, 2006, 131~58쪽.

_____, 「토마스주의 유신론적 자연법 윤리에 대한 변호」, 『가톨릭철학』 제8호, 한국가톨릭철학회, 2006, 228~59쪽.

_____, 「자연법과 생명윤리: 토마스주의 자연법윤리의 체계와 원리를 중심으로」, 『범한철학』 제57집, 범한철학회, 2010, 163~88쪽.

_____, 「법과 공동선: 아퀴나스의 법 개념을 중심으로」, 『가톨릭철학』 제28호, 한국가톨릭철학회, 2017, 97~112쪽.

임경헌, 「토마스 아퀴나스의 자연법: 신데레시스, 아리스토텔레스, 그리고 몇 가지 문제들」, 『중세철학』 제23호, 한국중세철학회, 2017, 5~45쪽.

_____, 「자연법의 제일 원리들: 몇 가지 주요 특징들에 대한 탐구」, 『가톨릭철학』 제30호, 한국가톨릭철학회, 2018, 109~53쪽.

_____, 「토마스 아퀴나스에서 양심과 아리스토텔레스적 실천이성의 관계」, 『중세철학』 제24호, 한국중세철학회, 2018, 41~74쪽.

_____, 「토마스 아퀴나스 사상에서 지성과 의지의 관계: 최초의 운동에 관한 아리스토텔레스의 힌트」, 『철학사상』 제73호, 서울대학교 철학사상연구소, 2019, 33~67쪽.

_____, 「삶의 고통: 그리스도교적 관점에 대한 철학적 분석」, 『인간연구』 제41호, 가톨릭대학교 인간학연구소, 2020, 185~223쪽.

_____, 「토마스 아퀴나스 덕론에서 양지(synderesis)의 역할과 의미」, 『가톨릭철학』 제35호, 한국가톨릭철학회, 2020, 5~38쪽.

_____, 「토마스 아퀴나스의 현명(prudentia) 개념: 자연법의 일차적 원리들 및 도덕적 덕의 목적들에 대한 앎을 중심으로」, 『중세철학』 제26호, 한국중세철학회, 2020, 59~104쪽.

_____, 「자연법 개념의 두 의미: 토마스 아퀴나스의 자연법론을 중심으로」, 『가톨릭철학』 제37호, 한국가톨릭철학회, 2021, 199~236쪽.

임기석, 「성 토마스 아퀴나스의 법과 정의」, 『신학전망』 제37호, 광주가톨릭대학교 신학연구소, 1977.

임호수, 「토마스 아퀴나스의 합리사상의 시대성에 대해」, 『충남대학 인문사회과학논문집』 8, 1969.

잠보니, G., 이재룡 옮김, 『철학여정: 자의식에서 신의 실존에 이르기까지』, 가톨릭대학교출판부, 1994.

_____, 이재룡 옮김, 『토마스 아퀴나스의 인식론』, 가톨릭대학교출판부, 1996.

장건익, 「토마스 아퀴나스의 De Ente et Essentia 4장에 나타난 본질-존재 구별 논증의 성격과 의미」, 『가톨릭철학』 제7호, 한국가톨릭철학회, 2005, 386~419쪽.

_____, 「토마스 아퀴나스의 신에 대한 앎」, 『가톨릭철학』 제9호, 한국가톨릭철학회, 2007, 279~305쪽.

장욱, 「서구 기독교의 신학적 인간학」, 정신문화연구원, 1985, 273~373쪽.

_____, 「토마스 아퀴나스에게 있어서 존재와 진리」, 『인문과학』 제58권, 연세대학교 인문학연구원, 1987, 101~39쪽.

_____, 「토마스 아퀴나스의 사회, 정치사상에 대한 신학적·철학적 전제」, 『사회철학대계』 제1권, 민음사, 1993, 118~203쪽.

_____, 「한국에서 철학함에 있어서 중세철학이 가지는 의미」, 『철학』 제39집, 한국철학회, 1993, 63~107쪽.

_____, 「The Thomistic Thesis of Man's Desire for God and for Happiness」, 『인문과학』 제64권, 연세대학교 인문학연구원, 1993, 129~76쪽.

_____, 「생명의 철학적-신학적 의미: 토마스 아퀴나스 철학과 기독교 신학의 관점에서」, 성심여자대학교 개교 30주년 학술심포지움, 1994, 15~48쪽.

_____, 「희랍의 본질 형이상학과 토마스 아퀴나스의 존재의 형이상학」, 『중세철학』 제2호, 한국중세철학회, 1996, 31~86쪽.

_____, 「존재와 근거의 물음」, 『해석학연구』 4, 1997, 21~44쪽.

_____, 「신플라톤주의와 창조설」, 『중세철학』 제3호, 한국중세철학회, 1998, 69~136쪽.

_____, 「왜 토마스 아퀴나스인가?: 형이상학과 신론」, 『중세철학』 제5호, 한국중세철학회, 1999.

_____, 「성 토마스에 있어서 인간 존엄성의 궁극적 근거」, 『가톨릭철학』 제2호, 한국가톨릭철학회, 2000, 175~225쪽.

_____, 「왜 토마스 아퀴나스인가?: 형이상학적 인간학」, 『중세철학』 제6호, 한국중세철학회, 2000, 3~70쪽.

_____, 『중세철학의 정신』, 동과서, 2002.

_____, 「왜 토마스 아퀴나스인가?: 윤리학」, 『중세철학』 제7호, 한국중세철학회, 2002, 95~177쪽.

_____, 『그리스도교 사상과 철학』, 동과서, 2003.

_____, 『토마스 아퀴나스의 철학: 존재와 진리』, 동과서, 2003.

_____, 「성 토마스 아퀴나스 정치철학의 근본 원리들」, 『가톨릭철학』 제5호, 한국가톨릭철학회, 2003, 7~54쪽.

_____, 「왜 토마스 아퀴나스인가?: 인식론」, 『중세철학』 제8호, 한국중세철학회, 2003, 3~68쪽.

_____, 「인간과 사랑: 토미스트 관점에서」, 『영원을 향한 철학: 존재와 사유, 인간과 자유』 (장욱 교수 퇴임기념 논문집), 동과서, 2004, 21~48쪽.

_____, 「토마스 아퀴나스의 폭력에 대한 이해」, 『가톨릭철학』 제6호, 한국가톨릭철학회, 2004, 221~67쪽.

전경연, 「토마스 아퀴나스의 신앙론」, 『기독교사상』 제5권 제2호, 대한기독교서회, 1961.

정원래, 「13세기 토마스 아퀴나스의 『이교도 대전』에서 드러난 이교도에 대한 이해 및 라이문두스 룰루스 등의 선교 전략을 통한 현재의 다문화에 대한 접근」, 『개혁논총』 제27권, 개혁신학회, 2013, 123~60쪽.

_____, 「토마스 아퀴나스의 성경 이해」, 『성경과 신학』 73, 한국복음주의신학회, 2015, 37~71쪽.

정원래·김주한, 「토마스 아퀴나스의 『학업 방법에 대하여』의 소개, 번역 및 평가」, 『신학지남』 제337호, 신학지남사, 2018, 101~24쪽.

정의채, 『형이상학』, 성바오로출판사, 1975.

_____, 『존재의 근거문제』, 성바오로출판사, 1981.

_____, 「토마스 아퀴나스의 생명관」, 『생명연구』 제1집, 서강대학교 생명문화연구소, 1993.

_____, 『존 듀이의 윤리학설과 토마스 아퀴나스의 윤리학설의 비판적 연구』, 가톨릭대학교출판부, 1995.

_____, 「The Philosophy of Life in the Oriental Philosophies and in the Theory of Thomas Aquinas」, 『가톨릭철학』 제8호, 한국가톨릭철학회, 2006, 421~54쪽.

정현석, 「토마스 아퀴나스의 인식론과 인간」, 『중세철학』 제4호, 한국중세철학회, 1999, 95~151쪽.

_____, 「플라톤 넘어서기: 토마스 아퀴나스의 '플라톤주의자' 아우구스티누스 수용」, 『철학논집』 제27집, 서강대학교 철학연구소, 2011, 141~77쪽.

_____, 「13세기 보편적 질료-형상론의 문제: 보나벤투라 vs. 토마스 아퀴나스」, 『철학사상』 제44호, 서울대학교 철학사상연구소, 2012, 145~96쪽.

_____, 「죽은 몸과 되살아난 몸의 수적 동일성 문제를 통한 1277년 단죄의 재조명」, 『가톨릭철학』 제27호, 한국가톨릭철학회, 2016, 5~79쪽.

_____, 「중세 천사론의 탈(脫)플라톤주의적 성격: 토마스 아퀴나스의 이존실체론(離存實體論)과 중세인의 옷을 입은 아리스토텔레스」, 『중세철학』 제22호, 한국중세철학회, 2016, 185~226쪽.

_____, 「토마스 아퀴나스의 영혼-원동자 이론 비판의 이중적 성격: 신학대전 1부 76문 1항의 'principium intellectivum' 개념 재검토」, 『지중해지역연구』 22, 부산외국어대학교 지중해지역원, 2020, 157~79쪽.

_____, 「말없는 황소, 토마스 아퀴나스: 토마스 아퀴나스의 지성-육체의 이원론은 무엇을 말해주는가?」, 『가톨릭철학』 제35호, 한국가톨릭철학회, 2021, 107~39쪽.

조동원, 「토마스 아퀴나스의 순종적 가능태 개념: 해당 텍스트와 전(前)역사를 중심으로」, 『가톨릭철학』 제37호, 한국가톨릭철학회, 2021, 169~98쪽.

_____, 「육화의 이유에 대한 12~13세기의 논쟁: 신학대전 제3부 1문 3항의 본문과 주석을 중심으로」, 『인간연구』 제44호, 가톨릭대학교 인간학연구소, 2021, 77~123쪽.

조성애, 「토마스 아퀴나스의 존재와 본질에 관한 고찰」, 『외대철학』 2, 한국외국어대학교 철학과, 1993.

조욱연, 「Thomas Aquinas의 철학사상」, 『가톨릭교육연구』 2, 효성여자대학교 가톨릭교육연구소, 1987.

진교훈, 「스콜라철학(토마스 아퀴나스)의 인간관」, 『철학적 인간학 연구 (I)』, 경문사, 1982, 99~116쪽.

질송, E., 김규영 옮김, 『철학과 신』, 성바오로출판사, 1966.

_____, 강영계 옮김, 『중세철학입문』, 서광사, 1983.

_____, 박영도 옮김, 『존재와 사유』, 이문출판사, 1985.

_____, 정은해 옮김, 『존재란 무엇인가』, 서광사, 1992.

_____, 이재룡 옮김, 『토미스트 실재론과 인식비판』, 서광사, 1994.

채이병, 「토마스 아퀴나스의 평화개념」, 『신학과 철학』 제4호, 서강대학교 신학연구소, 2002, 167~87쪽.

_____, 「정의로운 전쟁은 어떻게 가능한가?: 성 토마스 아퀴나스의 이론을 중심으로」, 『중세철학』 제9호, 한국중세철학회, 2003, 41~75쪽.

_____, 「사려에 대한 토마스 아퀴나스 이론의 문제점」, 『영원을 향한 철학: 존재와 사유,

인간과 자유』(장욱 교수 퇴임기념 논문집), 동과서, 2004, 361~70쪽.

_____, 「성 토마스 아퀴나스의 인과율에 대한 이론」, 『중세철학』 제10호, 한국중세철학회, 2004, 33~71쪽.

체스터튼, G. K., 박갑성 옮김, 『성 토마스 아퀴나스』, 홍성사, 1984.

최은순, 「토마스 아퀴나스의 존재론에 비추어 본 교육의 목적」, 『교육철학연구』 제35권 제1호, 한국교육철학학회, 2013, 119~40쪽.

_____, 「교육학적 관점에서 본 토마스 아퀴나스의 존재론」, 『도덕교육연구』 제25권 제1호, 한국도덕교육학회, 2013, 165~88쪽.

_____, 「아퀴나스의 존재론과 교육론」, 『도덕교육연구』 제25권 제2호, 한국도덕교육학회, 2013, 37~56쪽.

침머만, 알버트, 김율 옮김, 『토마스 읽기』, 성바오로출판사, 2004.

카푸토, D., 정은해 옮김, 『마르틴 하이데거와 토마스 아퀴나스: 형이상학의 극복에 관한 시론』, 시간과공간사, 1993.

케니, A., 강영계·김익현 옮김, 『성 토마스 아퀴나스』, 서광사, 1984.

_____, 이재룡 옮김, 『아퀴나스 심리철학』, 가톨릭대학교출판부, 1999.

_____, 서병창 옮김, 『토마스 아퀴나스』, 시공사, 2000.

코레트, E., 안명옥 옮김, 『인간이란 무엇인가』, 성바오로출판사, 1994.

_____, 김진태 옮김, 『전통 형이상학의 현대적 이해: 형이상학 개요』, 가톨릭대학교출판부, 2000.

코플스톤, F. C., 강성위 옮김, 『토마스 아퀴나스』, 성바오로출판사, 1993.

크랜스톤, 정의채 옮김, 「토마스 아퀴나스: 정치철학자」, 지동식 외 편, 『서양중세사상사론』, 한국신학연구소, 1981, 368~74쪽.

크로프츠, R., 이장식 옮김, 「토마스 아퀴나스의 정치이론에 있어서의 공익론」, 지동식 외 편, 『서양중세사상사론』, 한국신학연구소, 1981, 385~400쪽.

패럴, 월터, 조규홍·안소근 옮김, 『(성 토마스 아퀴나스의) 신학대전 해설서』, 수원가톨릭대학교출판부, 2019~21.

페지스, A. C., 이재룡 옮김, 「토마스 아퀴나스와 후설의 지향성 이론」, 『가톨릭 신학과 사상』 제25호, 신앙과사상학회, 1998, 190~218쪽.

피퍼, J., 허재윤 옮김, 『철학이란 무엇인가』(『철학이란 무엇인가: 그리스도교적 철학의 입장』/『존재의 진리: 최성기 중세의 인간학 연구』 합본), 이문출판사, 1990.

_____, 신창석 옮김, 『토마스 아퀴나스: 그는 누구인가』, 분도출판사, 1995.

_____, 강성위 옮김, 『정의에 관하여』, 서광사, 1995.

하젠휘틀, G., 심상태 옮김, 「토마스 아퀴나스의 신 개념」, 『하느님: 과학시대를 위한 신론 입문』, 바오로딸, 1983, 275~99쪽.

한병수, 「신구약의 중세적 통일성: 토마스 아퀴나스 견해에 대한 연구」, 『교회와 문화』 제33권, 한국성경신학회, 2014, 187~215쪽.

_____, 「중세의 예정론: 토마스 아퀴나스 사상을 중심으로」, 『한국조직신학논총』제53집, 한국조직신학회, 2018, 165～97쪽.

한승수, 「토마스 아퀴나스와 매매에 있어 하자의 고지 의무」, 『법사학연구』제55호, 한국 법사학회, 2018, 179～220쪽.

한정현, 「토마스 아퀴나스의 부정철학과 부정신학」, 『신·세계·인간』(정달용 신부 교수 퇴임기념 논총), 분도출판사, 2004, 311～48쪽.

해링, B., 소병욱 옮김, 『자유와 충실』(I～III), 바오로딸, 1996.

홍종율, 「토마스 아퀴나스의 군주론」, 『가톨릭사회과학연구』7, 한국가톨릭사회과학연구 회, 1990.

힉, 존, 황필호 옮김, 「아퀴나스의 유추론」, 『종교철학개론』, 종로서적, 1992, 119～22쪽.

찾아보기

1. 인명 및 전거 찾아보기
2. 사항 찾아보기
3. 성서 찾아보기

아래의 '찾아보기'에서 제시된 인용 장소는 『신학요강』의 장(章)을 뜻한다. 예를 들어 126의 경우, 『신학요강』 제I권, 제126장을 의미하고, II,9의 경우에는 제II권, 제9장을 의미한다. 209n 등의 경우에는 본문이 아니라 제209장에 해당하는 각주에서 언급된 것을 뜻한다.

인명 및 전거 찾아보기

이름 저서, 주제 / 인용 부분	『신학요강』 내 인용 장소
간둘푸스, 볼로냐의(Gandulphus of Bologna)	209n
게르호, 라이허스베르크의(Gerhoh of Reichersberg)	209n
귄터, 안톤(Günter, Anton)	90n
그레고리우스, 니사의(Gregorius Nyssenus)	
『주님의 기도』(*De oratione dominica*, PG 44)	
II (1141 D-1144 A)	II,4n
II (1153 C-1155 A)	II,8n
선한 모범	II,8
세상을 초월할 필요	II,4

그레고리우스, 대(大)(Gregorius Magnus)	126; 153n; 180; 235; 236; II,9
『대화』(*Dialogi*)	180n
『복음서 주해』(*In Evangelia*) (PL 76)	
II, hom. 21, n. 7 (1173 C)	236n
II, hom. 22, n. 6 (1177 C)	235n
II, hom. 34, n. 7 (1249 D)	126n
『에제키엘서에 대한 설교』(*In Ezechielem*) (PL 76; CCL 142)	
II, hom. 2 (954 A; 231)	II,9n
『욥기의 도덕』(*Moralia in Iob*) XIV, c. 56 (PL 75-76, 1077 D)	153n
그리스도의 부활	236
지옥불	180
천사	126
길베르투스 포레타누스(Gilbertus Porretanus): Gilbert de la Porré	
『보에티우스의 '삼위일체론' 주해』(*In Boethii De Trinitate*) I, 5, n. 43	67; 67n
신의 고유성들	67
길베르투스, 푸아티에의 ⇒ 길베르투스 포레타누스	
나자렛파(Nazarei) 나자렛파의 이단	220
네스토리우스(Nestorius)	203*; 209; 210; 220; 222
강생에 대한 오류	203; 209; 210
신의 어머니에 대한 오류	222
단일지성론자	95n
단테(Dante)	85n
대(大)그레고리우스 ⇒ 그레고리우스, 대(大)	
둔스 스코투스 ⇒ 스코투스, 둔스	
디오니시우스 아레오파기타, 위(僞)(Dionysius Areopagita, Ps.-)	126; 212; 216; II,9
『가유스에게 보낸 편지』(*Epistola IV ad Gaium*) (PG 3, 1072 C; Dion. 619)	212n
『신명론』(*De divinis nominibus*) (PG 3; Dionysiaca)	
I, 4 (592 B-C; 28-29)	II,9n
IV, 10 (708 A; 230)	II,9n
VII, 2 (868 B; 388)	216n
『천계위계론』(*De caelesti hierarchia*) (PG 3; Dionysiaca)	
IX, 1 (257 B; 893)	126n
VII, 3 (209 C; 858)	126n

VIII, 1 (237 D; 873) 126n

    감각으로부터 유래한 인식 216

    복된 지식 II,9

    신-인간적인 행위 212

    지식의 취득 126

    천사 126n

디오스코로스(Dioskoros) 206n

디오클레티아누스(Diocletianus) 황제 207n

라너, 카를(Rahner, Karl) 196n; 243n

라바누스(Hrabanus)

    『마태오복음 주해』(*Super Matth.*) XXIV, 36

        XXIV, 36 (PL 107, 1078 C) 242n; 243n

락탄티우스(Lactantius) 244

    『신적인 가르침』(*Divinae Institutiones*)

        7, 14/24; PL 6, 782 A-784 A & 808 A-811 B 244n

레기날두스(Reginaldus) 1

레오 2세(Leo II)

    『서간』(*Epist.* IV, Ad episcopos Hispaniae; *Epist.* VI, Ad 212n
    Ervigium regem Hispaniae) (PL 96, 414, 419)

레오 3세(Leo III), 교황 49n

레오, 대(大)교황(Leo magnus)

    『설교』(*Sermo*) XXIV (*In nativitate Domini*, IV), 5 (PL 54, 207) 205n

    『플라비아누스에게 보낸 편지』(*Epist.* XXVIII, Ad Flavianum), 206n
    6 (PL 54, 777)

로베르투스 킬워드비(Robertus Kilwardby) 85n

    『명제집 주해』(*Comment. in Sent.*), lib III 212n

로베르투스 풀레인(Robertus Pulleyn) 209n

로베르투스, 믈룅의(Robertus of Melun) 209n

로저 베이컨(Roger Bacon) 27n

롤란트(Roland) 209n

롬바르두스 ⇒ 페트루스 롬바르두스

롯(Roth) 225

마니(Mani; Manichaeus) 207*; 220

마니교도 90n; 95n;
                        111n; 220;

마니케우스 ⇒ 마니

마르켈루스(Marcellus) 202n

마르티누스 4세(Martinus IV), 교황　　　　　　　85n

마카리우스(Macarius)　　　　　　　　　　　212n

마크로비우스(Macrobius)　　　　　　　　　　94n

모세(Moses)　　　　　　　　　　　　　　　II,9

미네르비우스(Minervius)　　　　　　　　　　243

미카엘 스코투스(Michael Scotus)　　　　　　85n

바로(Varro)　　　　　　　　　　　　　　　94n

바오로 사도(Paulus Apostolus)　　　　　　　245; II,6

반(反)디코마리아누스파(Antidikomarianiten)　　225n

발렌티누스(Valentinus)

　　　　그리스도 육체에 대한 오류　　　　　　208*; 221

범신론자(Pantheist)　　　　　　　　　　　　95n

베네딕투스 8세(Benedictus VIII), 교황　　　　49n

베드로 사도(Petrus Apostolus)　　　　　　　245

보나벤투라(Bonaventura)　　　　　　　　　84n; 85n;
　　　　　　　　　　　　　　　　　　　　209n; 224n

　　　『명제집 주해』(*Super Sent.*) (Quaracchi, III)

　　　　　　II, d. 41, a. 1, q. 1, fund. 1　　　116n

　　　　　　III, d. 16, a. 2, q. 1　　　　　　232n

　　　　　　III, d. 8, a. 2, q. 2 (194)　　　　212n

보노수스(Bonosus)　　　　　　　　　　　　225n

보에티우스(Boethius; Boetius)　　　　　　　13n

　　　『그리스도의 두 본성과 한 위격』(*De duabus naturis et una persona Christi*)

　　　　　　c. 3 (PL 64, 1343)　　　　　　　50n

　　　　　　c. 5-7 (PL 64, 1347-52)　　　　206n

　　　『철학의 위안』(*Consolatio Philosophiae*)

　　　　　　IV, 산문 6　　　　　　　　　　138

　　　　　　V, 산문 6　　　　　　　　　　8

　　　영원성의 정의　　　　　　　　　　　8

　　　운명　　　　　　　　　　　　　　　138

비길리우스(Vigilius Tapsensis)

　　　『아리우스파를 반박하는 대화』(*Contra Arianos dialogus*)　　202n
　　　I, 4 (PL 42, 182)

사르트르, 장-폴(Sartres, Jean-Paul)　　　　　76n

세례자 요한(Iohannes Baptista)　　　　　　215; 224

세르기우스 1세(Sergius I)　　　　　　　　　212n

셉티무스 세베루스(Septimus Severus)　　　　86n

소크라테스(Socrates)	85(例); 86(例) 154(例); 211(例)
소크라테스 이전의 철학자들	94n
스코투스, 둔스(Scotus, Duns)	212n
스테파누스 텅피에(Stephanus Tempier)	85n
스토아 학파(Stoici)	138n
시몬, 발의(Simon du Val)	85n
시제, 브라방의(Siger de Brabant)	85n
시제루스 ⇒ 시제, 브라방의	
신플라톤주의자(Neoplatonici)	8n; 90n; 102n; II,9n
아나스타시우스(Anastasius)	203n
아낙사고라스(Anaxagoras)	17; 71n
아담(Adam)	198; 217; 218; 236; 237
아랍 철학자들	102n
아레오파기타 ⇒ 디오니시우스 아레오파기타	
아리스토텔레스(Aristoteles)	3n; 8n; 11n; 13n; 27n; 43; 52; 80n; 85; 86n; 93n; 99; 116; 117n; 161
『니코마코스 윤리학』(Ethica Nicomachea)	
I, 1, 1094a 2 이하	115n
I, 1, 1094a 3	II,9n
II, 6, 1106a 15	172n
VIII, 2, 1155b 28 이하; 1155b 33 이하	1n
『동물발생론』(De generatione animalium)	
I, 18, 725a 11	161n
I, 2, 716a 5	223n
II, 4, 738b 20	223n
IV, 1, 765b 10 이하	223n
『명제론』(De interpretatione)	
I, 1, 16a 3; II, 14, 24b 1-2	37n
『범주론』(Categoriae)	
V, 3b 33-4a 9	92n
XI, 14a 23-25	116n

『변증론』(*Topica*)

        VI, 6, 145a 3 이하   177n

『영혼론』(*De anima*)

        I, 5, 411b 5   90n

        II, 1, 412a 27-412b 1   85n

        II, 2, 413b 16 이하   90n

        II, 24, 424a 18   52n

        II, 4, 415b 13   II,9n

        III, 1〔7〕, 429a 16-18   85n

        III, 1〔7〕, 429a 19   17n

        III, 4〔10〕, 430a 15-16   85n

        III, 4〔10〕, 430a 3 이하   84n

        III, 7〔13〕, 431b 29   43n

『자연학』(*Physica*)

        II, 2, 194b 13   43n

        II, 4, 194b 13   170n

        II, 8, 198b 10-199b 33   100n

        III, 1, 201a 10-15   74n

『천체론』(*De caelo*)

        I, 2, 269a 12-269b 17; I, 3, 270a 12-35   9n

        III, 3, 302a 15-18   95n

『형이상학』(*Metaphysica*)

        I, 3 & 8, 984b 15-22 & 989b 15   17n

        I, 5, 986a 22-986b 2   116n

        V, 14, 1019b 21-23   99n

        XII, 8, 1072b 26-27   II,9n

  4요소들   9n

  가능성과 가능태   99

  가지상   43n

  덕(德)   172

  상반된 선과 악   116

  지성의 행위는 생명   II,9

  표상상과 지성의 관계   85

아리우스(Arius; Arrius)   204*; 205; 242n

아베로에스(Averroes)   27n; 83n; 85n;
                                          108n; 154n

『영혼론 주해』(*In De anima*)(ed. Crawford)

      III, comm. 5 (lin. 376-394)   85n

      III, comm. 18 (VI, 169v); comm. 19 (VI, 170r) 86n

    『형이상학 주해』(*In Metaph.*) (ed. Venetiis)

      VII, comm. 21; comm. 34 (VIII, 80v; 87r)   154n

    형상   154

    가능 지성의 단일성   85

    능동 지성의 단일성   86

아베로에스주의자(Averroisten)   85n

아벨라르두스, 페트루스(Petrus Abaelardus)   209n

    『그렇다와 아니다』(*Sic et non*), 75 (PL 178, 1448)   212n

아벰파케(Avem pace)   108n

아브라함(Abraham)   225; 242

아비첸나(Avicenna)   27n; 43n; 70n;
                    83n; 85n

    『영혼론』(*De anima*)

      V, 5 (25rb)   86n

    『형이상학』(*Metaphysica*) (ed. Venetiis 1508)

      IX, 3 (104rb)   86n

      IX, 4 (104va)   102n

      IX, 7 (106vb)   179n

      V, 5 (89va)   154n

    다수성   86; 102; 179

아우구스티누스(Augustinus)   1; 52; 83n; 85n;
                    94n; 138; 161n;
                    202n; 205n;
                    216n; 231; 239;
                    243; 245; II,5;
                    II,8; II,9

    『(라우렌티우스에게 보내는) 믿음, 소망, 사랑의 길잡이』 1n
    (*Enchir.*) cap. 3 (PL 40, 232; CCL 46, 49)

    『고백록』(*Confessiones*)

      VII, 16   165n

      X, 23   II,9n

    『그리스도교 교양』(*De doctrina christiana*) I, 35   1n

    『삼위일체론』(*De Trinitate*) IV, c. 7 (PL 42, 894; CCL 50, 174) 236n

    『서간』(*Epistolae*; PL 33; CSEL 34-2, 57)

      118 (Ad Dioscorum) n. 14 (439; 34-2, 679)   231n

193, c. 4 (873; 57, 173)	243n
205, c. 2 (947; 57, 334)	243n

『설교』(*Sermo*)

351, n. 8 (PL 39, 1544)	245n

『시편 상해』(*Enarrationes in Psalmos*; PL 36; CCL 38-39)

87, 6 (1111; 1210)	235n

『신국론』 (*De civitate Dei*)

V, 1	138n
V, 2	138n
V, 9	138n
VII, 6	94n
XII, 13	154n
XX, 20	243n
XXI, 10	180n
XXII, 20	161n

『요한복음 주해』(*In Iohannis evangelum tract.*) (PL 35; CCL 36)

19, n. 15 (1552-1553; 198)	239n
58, n. 3 (1793; 473)	II,8n

『이단론』(*De haeresibus*) (PL 42; CCL 46)

11 (PL 42, 27)	208n
44 (PL 42, 34)	202n
45 (PL 42, 34)	202n
46 (PL 42, 37)	207n
49 (PL 42, 39)	204n
8 & 10 (PL 42, 27)	202n
9 (27; 294)	220n

『주님의 산상설교에 대하여』(*De sermone Domini in monte*; PL 34; CCL 35)

I, 5 (1236-1237; 15)	II,9n
II, 5 (1276; 107)	II,6n
II, 5 (1277; 107-108)	II,6n
II, 5 (1277; 109)	II,8n

『참된 종교』(*De vera religione*) 55 II,9n

『창세기 문자적 해설』(*Super Genesim ad litteram*) (PL 34; CSEL 28-1)

10 passim	222n
VII, 2 (356-357; 201-202)	94n
XII, 6 (458; 388)	52n

보편적인 기도	II,5

부활 239

상상의 봄 52

성인들 II,6

신에 대한 지식 II,8

신학적인 덕들 1

운명 138

주님의 기도 II,8

지복 II,9

하늘나라 II,9

『설교』 84 (PL 35, 1908) II,5n

아우구스티누스주의자(Augustini) 85n

아타나시우스(Athanasius) 204n; 205n; 242n

　　　『아리우스파 반박』(*Contra Arianos*) 204n

　　　　　I, 5 (PG 26, 21)

　　　　　III, 26 (PG 26, 380) 242n

　　　『아폴리나리스 반박』(*Contra Apollinarium*)

　　　　　I, 15; II, 3 (PG 26I, 1121, 1136) 204n

　　　　　I, 2 (PG 26, 1096) 205n

아테네인들(Atheneans) II,6

아폴리나리스(Apollinaris) 90n; 203n; 205*

안티포나(Antiphona)

　　　성 요한 사도 축일(12월 27일), 응답송

　　　ad Communionem, Dom. In Albis 238n

알 가잘리(Al-Ghazali) 27n; 179n

알 파라비(Al-Farabi) 86n

알라누스, 릴의(Alan de Lille; Alanus ab insulis) 209n

알렉산데르 3세(Alexander III), 교황

　　　『서간』(*Epistola ad Willelmum*) (PL 200, 685) 209n

알렉산더, 헤일즈의(Alexander of Hales) 27n; 84n; 209n

알렉산드로스, 아프로디시아스의(Alexander Aphrodisiensis; of Aphrodisias) 86n; 108n

알베르투스, 대(大)(Albertus Magnus) 224n

　　　『명제집주해』 III, d. 8, a. 2 (ed. A. Borgnet, 28, 165) 212n

　　　『부활론』(*De resurrectione*) 180n
　　　tr. II, a. 5 (Ed. Colon, XXVI, p. 295)

암브로시우스(Ambrosius) 242n; II,5n

　　　『성사론』(*De sacramentis*) V, c. 4 (PL 16, 451 A 〔470 B〕; II,5n
　　　CSEL 73, 66)

『신앙론』(*De fide*) V, 16 (PL 16, 688)　　242n

암브로시우스, 위(僞)(Ps.-Ambrosius)

　　『바오로 서간 주해』(*Comm. In epit. Pauli*) super Rom.15, 31　　II,5n

어거스틴 ⇒ 아우구스티누스

에비온(Ebion)파 강생에 대한 오류　　202; 220

에우노미우스(Eunomius)　　225n; 242n

에우세비우스(Eusebius)　　202n

에우티케스(Eutyches/Eutices)　　206*

　　　강생에 대한 오류　　206

　　　그리스도 본성의 합일에 대한 오류　　206

에우티키우스(Euthycius)　　153n

에피쿠로스 학파(Epicurici)　　138n

에피파니우스(Epiphanius)

　　　『이단 반박』(*Adversus haereses*)　　202n; 220n

　　　　　I, 6, 2, haer. 31, 7 (PG 41, 487) & III, t. 2,　　208n
　　　　　haer. 77, 9 (PG, 42, 651)

엘비디우스 ⇒ 헬비디우스

엠페도클레스(Empedocles) 인간의 부활　　154n

영지주의자(Gnosticist)　　90n

예레미아(Ieremia)　　224

예로니모 ⇒ 히에로니무스

오리게네스(Origenes)　　202n; 220

　　　『원리론』(*Peri archon*), II, 10 (PG 11, 236)　　179n

　　　악마의 구원에 대한 오류　　202n; 220

오컴, 윌리엄(Ockham, William)　　90n

요셉, 성(Ioseph, S.)　　225

요한 복음사가(Iohannes evangelista)　　40; 242

요하네스 다마스케누스(Iohannes Damascenus)　　204n; 226; II,7

　　　『정통신앙론』(*De fide orthodoxa*), Burgundione interpr. (PG 94, E. M. Buytaert)

　　　　　I, 9 (837 A; 49)　　35n

　　　　　III, 15 (PG 94, 1045)　　212n

　　　　　III, 20 (1081 A; 259)　　226n

　　　　　III, 24 (1089 C; 267)　　II,7n

　　　　　III, 3 (PG 94, 993)　　203n; 206n

　　　그리스도에 의해 수용된 결함들　　226

　　　기도의 정의　　II,7

요하네스 크리소스토무스(Iohannes Chrysostomus)　　　　　　　II,6; II,8
　　『마태오복음에 대한 설교』(*In Matth.*, Burgundione interpr.) (PG 57)
　　　　　　hom. 19 (278)　　　　　　　　　　　　　　　II,6n
　　　　　　hom. 19 (279)　　　　　　　　　　　　　　　II,8n
　　　　기도 중에 이루어지는 영혼의 상승　　　　　　　　　II,6
　　　　주님의 기도에 대한 설교　　　　　　　　　　　　　II,8
요하네스 크리소스토무스, 위(僞)　　　　　　　　　　　　　　II,5
　　　『마태오복음 미완성 주해』(*Opus imperf. In Matth.*)　　II,5n
　　　hom. 14 (PG 56, 711)
요하네스, 콘월의(John of Cornwall, Iohannes cornubiensis)　　209n
위(僞)디오니시우스 ⇒ 디오니시우스 아레오파기타
윌리엄 오컴 ⇒ 오컴
윌리엄, 오셰르의(William of Auxerre/Guillelmus Altissiodorensis)　209n
　　　『황금대전』(*Summa aurea*) III, tr. 1, q. 3　　　　　　211n
윌리엄, 캄파니아의(William of Campania)　　　　　　　　　208n
유다스(Iudas Iscariotes)　　　　　　　　　　　　　　　　245
율리아누스, 톨레도의(Julian of Toledo)　　　　　　　　　　180n
이레네우스(Iraeneus)
　　　『이단반박』(*Adversus haereses*) I, 7; 11 (PG 7, 513, 561)　208n
이븐 루시드 ⇒ 아베로에스
이시도루스, 세비야의(Isidorus of Sevilla)
　　　『어원학』(*Etymol.*) VII, 1; PL 82, 259 D/260 C　　　35n
『정규 간편주해』(*Glossa ordinaria*)
　　　　Matth. 24, 36 (PL 114, 162 D)　　　　　　　　　242n
　　　　Rom. 6,6　　(PL 114, 488 B)　　　　　　　　　236n
제논(Zenon), 동로마 황제　　　　　　　　　　　　　　　203n
칸트, 이마누엘(Kant, Immanuel)　　　　　　　　　　　　83n
케린투스(Cerinthus)　　　　　　　　　　　　　　　　　202; 220
콘스탄티누스(Constantinus), 황제　　　　　　　　　　　　202n; 204n
크리소스토무스 ⇒ 요하네스 크리소스토무스
클레멘스(Clemens)　　　　　　　　　　　　　　　　　　202n
키루스(Cyrus)　　　　　　　　　　　　　　　　　　　　212n
키릴루스(Cyrillus), 알렉산드리아의　　　　　　　　　　　203n; 206n
키케로, 마르쿠스 툴리우스(Cicero, Marcus Tullius)　　　　　138n
키프리아누스(Cyprianus)　　　　　　　　　　　　　　　II,5; II,8
　　　『주님의 기도』(*De dominca oratione*) (PL 4; CSEL 3-1)
　　　　　12 (526 C-527 A; 274-275)　　　　　　　　　II,8n

8 (524 A; 271)   II,5n

공적인 기도   II,5n

주님의 기도에 대한 설교   II,8

킬워드비 ⇒ 로베르투스 킬워드비

텅피에 ⇒ 스테파누스 텅피에

테르툴리아누스(Tertullianus)   50n; 202n

　　『발렌티누스 반박』(*Adversus Valentinianos*) 27 (PL 2, 581)   208n

　　기타 서적　　*De monog.* 8; *De virg.* vel. 6 (PL 2, 939; 897) 225n

테미스티우스(Themistius)   108n

테오도레투스(Theodore of Mopsuestia)

　　『강생에 대한 파편』(*Fragmentum De Incarnatione*) VII   203n
　　(PG 66, 976)

테오도리쿠스(Theodoricus)   8n

테오도시우스 2세(Theodosius II), 동로마 황제   206n

테오필락투스(Theopylactus)

　　『마르코복음 주해』(*In Evangelium Marci*) cap. IX, vers.   179n
　　42-49 (PG 123, 593)

톨레도의 율리아누스(Julian of Toledo)

　　Prognosticon　II, 17 (PL 96, 482)   180n

툴리우스 ⇒ 키케로

파울루스, 사모사타의(Paulus Samosatenus)   202

페트루스 롬바르두스(Petrus Lombardus)   70n

　　『간편주해』(*Glossa*) (PL 191-192)

　　　　II Cor. 5,10 (40 B)   243n

　　　　Rom. 15,31 (1526 D)   II,5n

　　　　Rom. 6,6 (1405 A-B)   236n

　　『명제집』(*Sententiae*, ed. Grottaferrata, 1971)

　　　　III, d. 15, c. 1 (611)   226n

　　　　III, d. 21, c. 1 (647)   235n

　　　　III, d. 6, c. 2 (574)   210n

　　　　III, d. 6, cc. 4-6 (578-582)   209n

페트루스 아벨라르두스 ⇒ 아벨라르두스, 페트루스

페트루스, 푸아티에의(Petrus v. Poitiers)   209n

포레타누스 ⇒ 길베르투스 포레타누스

포르피리오스(Porphyrios)   196

　　『이사고게』(*Isagoge*) Boethio interpr. (*Arist. Lat.*) I, 6-7 196n

　　인간의 통일성   196

포시도니우스 스토이쿠스(Possidonius Stoicus)   138n

포티누스(Photinus) 강생에 대한 오류   202*; 203; 207; 220

프리드리히 2세(Friedrich II), 서로마 황제   85n

플라비아누스(Plavianus)   206n

플라톤(Platon)   8n; 43n; 83n; 85(例); 86(例); 90n; 99n; 154(例); 211(例)

플라톤주의자 인식에 대한 견해   83

피우스 9세(Pius IX), 교황   224n

피타고라스(Pythagoras) 유로서의 선과 악   116

필라투스, 폰티우스(Pilatus, Pontius)   241

하인리히 2세(Heinrich II), 서로마 황제   49n

헬비디우스(Helvidius/Eluidius) 마리아의 동정성에 대한 오류   225

후고, 성 빅토르의(Hugo von St. Viktor)   209n

히에로니무스(Hieronimus)   220n; 243; 244

　『마태오복음 주해』(*In Matth.*) (PL 26; CCL 17)

　　　24, 28 (179 C 〔186 C〕; 229)   244n

　　　24, 36 (PL 26, 181)   242n

　『서간』(*Epistolae*) 119, n. 2 (PL 22, 967; CSEL 55-56, 447)   243n

　『헬비디우스 논박』(*Adversus Helvidium*)   225n
　(PL 23, 185-206 〔193-216〕)

히폴리투스(Hyppolitus)

　『모든 이단에 대한 논박』(*Philosophumena*; Pseudo-Origenes,   154n
　Contra haeresis) I, 3 (PG 16, 3028)

힐라리우스(Hilarius)

　『삼위일체론』(*De Trinitate*) IX, 2 (PL 10, 282)   242n

사항 찾아보기

아래의 찾아보기는 주요 주제어와 세부 주제어로 구성되어 있으며, 각 내용이 포함되는 장(章)의 번호가 달려 있다.

가능성(potentia)

　어딘가를 향할 가능성(potentia ad ubi) 74

　존재하지 않을 가능성 74

가능 지성(intellectus possibilis)

　가능 지성 안으로의 지성적 형상의 수용 81

　가능 지성과 능동 지성의 관계 83; 87; 88

　가능 지성의 기능 81; 83; 86

　가능 지성의 다수성에 대한 반론들 85

　가능 지성의 다수성에 대한 반론들의 해결 85

　가능 지성의 단일성에 대한 아베로에스주의자들의 견해 85

　가능 지성의 의미 81

　가능 지성이 분리되어 존재하는 것의 불가능함 85

　가지상에 의해 완성된 가능 지성 83

　영혼의 본질 안에 내재하는 가능 지성 87

　인간의 수에 의해 다수화된 가능 지성 85

　지성적 대상에 대해 가능적인 가능 지성 82

　형상으로서 인간에게 결합된 가능 지성 87

가능태(potentia)

　가능 상태의 존재라는 의미에서의 원리인 질료 69

　가능태에 의해 제한된 현실태 18

　가능태와 현실태의 관계 31; 69; 70; 71; 88

　가능태의 수용 능력 19

　동일한 것이 가능 상태에 있으면서 현실화된 상태에 있는 것은 불가능 88

　두 가지 방식으로 현실태로 환원된 가능태 104

　상위의 작용자에 의해 현실화된 가능태 104

　신 안에 존재할 수 없는 가능태 9; II,8

　자연적 가능태 104

가지상(species intelligibilis)

　가능 지성 안에 능동적인 개념으로서의 가지상 85

　가능 지성 안에 수용된 가지상 81

　가지상에 의해 완성된 가능 지성 83

　감각상 안에 있는 가능적 개념으로서의 가지상 85; 88

　감각상으로부터 추상된 가지상 88

　지성 작용과 가지상 79

　표상상으로부터 추상된 가지상 85

가현설(Doketismus) 207n

감각에 의한 개별적인 것들의 인식 132

감각 능력들(facultates sensitivae)
　감각 능력들의 특수한 형상 82
　이해를 위해 필요한 감각 능력들 82; 128
감각상(species sensibilis)
　감각상과 지성의 관계 88
　감각상으로부터 유래한 가지상 88
강생(incarnatio; 성육신, 육화, 사람이 되심)
(참조: 그리스도)
　강생에 대한 네스토리우스의 오류 203;
　　209; 210
　강생에 대한 믿음을 통한 구원 217
　강생에 대한 신앙의 가르침 204; 209
　강생에 대한 아리우스의 오류 204
　강생에 대한 아폴리나리스의 오류 205
　강생에 대한 에비온파의 오류 202; 220
　강생에 대한 에우티케스의 오류 206
　강생에 대한 오류들의 반박 202~07
　강생에 대한 포티누스의 오류 202; 220
　강생을 통해 회복된 인간 200
　강생의 목적 200; 205; 213
　우유적 결합으로 잘못 설명된 강생
　　209; 211
　인간을 위한 강생의 필요성 200
　지복직관의 이상으로서의 강생 201
개별자(individuum)
　감각에 의한 개별적인 것의 인식 132
개체화의 원리(principia individuationis) 60
갱신, 쇄신(renovatio)
　인간과 물질적 본성의 갱신 171
　특정 피조물에 제한된 쇄신 170
거룩함(sanctitas)
　거룩함의 개념 47
　성령의 거룩함 47
건축가(artifex, 제작자)
　건축가와 집의 존재의 예 43; 69; 117; 130
결과(effectus)

신에 의해 만들어진 결과물 68
우연적인 결과 139
원죄의 결과 191
자신의 결과에 대한 신의 관계 맺음 135
결정의 자유(libertas arbitrii) 76
　결정의 자유를 위해 요구되는 판단 76
　결정의 자유의 대상 174
　순명을 위해 필수적인 결정의 자유 143
　지성적 실체 안에 있는 결정의 자유 76
결정주의(determinismus)
　결정주의의 오류 223
　기도를 방해하는 결정주의 II,6
결핍, 결여(privatio)
　결핍으로서의 악 114
　결핍의 주체 117
　벌에 의한 선의 결핍 121
　불완전성의 원인인 결핍 20
결함(defectus) 12
　그리스도에 의해 수용된 결함 226; 231;
　　234
　자발적인 행위 안에 있는 결함 113
　피조물의 작용 안에 있는 결함 112
　피조물의 행위 안에 있는 결함 119
경미한 죄(peccatum veniale)
　경미한 죄에 대한 연옥에서의 벌 182
　경미한 죄의 본성 175; 182
　내세에서 용서될 경미한 죄 175
　애덕에 의해 보상된 경미한 죄 182
계시(revelatio)
　계시를 통한 신에 대한 인식 II,8 이하
고상함(noblitas)
　영광스럽게 된 육체의 고상함 168
고유성(proprietas) 176
　단죄받은 자의 육체가 지닌 고유성 176
　신적 위격의 고유성 59
고통(dolor)

영혼과 육체로부터 생겨나는 고통 177;
178
지옥 안에서 영혼과 육체로부터 생겨나
는 고통 176; 178
공로(meritum)
공로를 능가하는 선물 214
그리스도 육체의 공로 231; 237; 239
인간의 공로에 의해 회복될 수 없는 본성
198
관계(relatio) 21
가능 지성과 능동 지성의 관계 83; 87; 88
가능태와 현실태의 관계 31; 69; 88
말씀과 성부의 관계 39
불완전성과 완전성의 관계 21; 68
선성에 대한 신과 피조물의 관계 109
신과 피조물의 관계 99; 130
실제적인 관계 67
육체와 영혼의 관계 85; 168; II,9
이성적인 관계(r. rationis)
이해하는 자와 이해되는 대상의 관계
45; II,9
지성과 감각상의 관계 85; 88; 128
하위의 피조물과 상위의 피조물의 관계
124
교회(ecclesia) 147
거룩하고 보편된 교회 147
교회의 머리로서의 그리스도 206
신앙인의 모임인 교회 147
구별(distinctio)
부정과 결핍의 구별 18; 59
질료적 구별 73n
형상적 구별(d. formalis) 52; 60; 73n
구원(redemptio, salus) 224
강생에 대한 신앙을 통한 구원 217
구원을 위해 충분한 그리스도의 은총 215
구원을 위해 필수적인 지식 1

구원의 목표 226
구원의 보편성 224
구원의 본성 212
그리스도는 구원의 표징 236
그리스도에 의한 동정녀의 구원 224
그리스도의 죽음을 통한 구원 227; 228;
231; 239
권능 천사(Potestatum) 126
권품 천사(Principatius) 126
그리스도(Christus)(참조: 그리스도의 인성,
성자, 신의 말씀) 1
교사로서의 그리스도 1; 2; II,8
교회의 머리인 그리스도 214
그리스도 부활의 특성들 237
그리스도 수난의 무한한 가치 231
그리스도 안에 있는 이중의 지혜 216
그리스도 안에 있는 다수성 212
그리스도 안에 있는 두 본성 211; 212; 216
그리스도 안에 있는 두 의지 212
그리스도 안에 있는 두 지성 212
그리스도 안에 있는 은총과 지혜의 완전성
213
그리스도 안에 있는 은총의 무한성 215
그리스도 안에 있는 지식의 종류 216
그리스도 안에 있는 하나의 존재 212
그리스도 안에 있는 한 기체 210~12
그리스도 안에서 합일된 세 실체 212
그리스도 안에서의 경험상의 인식 216
그리스도 안에서의 머리의 은총 214; 215
그리스도 안에서의 본성들의 구별 206;
211
그리스도 안에서의 습성적 은총 214
그리스도 안에서의 지혜의 충만 216
그리스도 안에서의 합일의 은총 214
그리스도 영혼의 수난 가능성 232
그리스도 죽음의 원인과 부활 239

그리스도 죽음의 이유들 227
그리스도 죽음의 자발적인 성격 230
그리스도 행위의 두 종류 212
그리스도가 알고 있는 심판의 시간 242
그리스도를 통한 소망 II,5
그리스도에 의한 인간 본성의 회복 199;
　227; 231
그리스도에 의해 가르쳐진 구원 1
그리스도에 의해 복구된 인간의 두 가지
　생명 239
그리스도에 의해 수용된 결함들 226;
　231; 234
그리스도에 의해 알려진 신비 216
그리스도에 의해 제공된 인류 구원을 위
　한 보속 226; 228; 267
그리스도의 3중 은총 214
그리스도의 공적 231; 237; 239
그리스도의 기도 233
그리스도의 낮춤 240
그리스도의 낮춤에 대한 보상 240
그리스도의 높임 240~41
그리스도의 단일성 212
그리스도의 덕(德) 227
그리스도의 두 출생 212
그리스도의 묻히심 234
그리스도의 부활 239
그리스도의 성자성에 대한 논쟁 212
그리스도의 수난 231~33
그리스도의 순명 227
그리스도의 슬픔 232
그리스도의 승천 240
그리스도의 신성 209
그리스도의 신-인간적인 행위 212
그리스도의 애덕 227
그리스도의 어머니 222
그리스도의 용기 227

그리스도의 은총 충만 214
그리스도의 인내 227
그리스도의 주입된 인식 216
그리스도의 죽음 227~30
그리스도의 죽음에 의한 죄의 용서 239
그리스도의 지복직관 216; 231
그리스도의 특수한 은총 214; 215
그리스도의 한 위격 210~12
동정녀에 의해 탄생한 그리스도 221
부활한 이들의 맏아들인 그리스도 239
사흘 동안 죽은 그리스도 229; 236
성령은 그리스도의 아버지가 아니다 223
성부 오른편에 앉은 그리스도 240; 242
순례자로서의 그리스도 231; 237
심판관인 그리스도 241
지복직관자로서의 그리스도 231; 237
지옥으로 내려간 그리스도 235
천사들의 머리인 그리스도 214
한 위격 안에 두 본성의 결합 211; 214
그리스도의 부활(resurrectio Christi)
그리스도 부활의 원인 239
그리스도 부활의 이유들 236
그리스도 부활의 증명 238
그리스도의 부활에 속하는 인간 부활 239
그리스도의 부활에 의해 회복된 인간 생
　명 239
그리스도의 부활은 수난의 보상 239
그리스도의 수난(passio Christi)
영혼을 통한 그리스도의 수난 232
육체를 통한 그리스도의 수난 231
그리스도의 신성(divinitas Christi) 211
그리스도의 육체(corpus Christi)
그리스도 육체에 대한 마니교도들의 오류
　207; 220
그리스도 육체에 대한 포티누스의 오류
　220

그리스도 육체와 관련된 수난 231
그리스도 육체의 실재성 225
그리스도 육체의 질료 217
그리스도 육체의 형성 218
그리스도 육체의 형성 원인 218; 221
그리스도의 육체에 대한 발렌티누스의
　오류 208; 222
무덤 안에서의 불멸성 234
부활 후의 손상받지 않음과 불사불멸성
　237
그리스도의 인성(humanitas Christi)
그리스도 인성의 수난당할 수 있음
　226; 234
그리스도 인성의 탁월성 213
그리스도의 인성 안에 있는 인식의 종류
　들 216
그리스도의 인성에 대한 믿음 2; 185
신의 도구인 그리스도의 인성 212; 213
그리스도의 죽음(mors Christi)
그리스도 죽음의 이유들 227
그리스도 죽음의 인과 관계 239
사흘 동안 계속된 그리스도의 죽음
　229; 236
십자가 상에서의 그리스도의 죽음 228
자발적인 그리스도의 죽음 230
근원의 명칭(nomen originum) 59
기도(oratio)
그리스도의 기도 233
기도가 효력이 있기 위한 조건 II,6
기도에 대한 키프리아누스의 견해 II,5
기도와 섭리 II,6
기도와 소망 II,2; II,4
기도의 필연성 II,2; II,4
기도의 힘 II,5
기도하며 집요하게 간청함 II,2
신을 알기 위한 기도 II,8

신의 나라가 오기를 비는 기도 II,9
요하네스 다마스케누스에 의해 정의된
　기도 II,7
주님의 기도 II,3
기쁨(delectatio)
적절한 선의 파악에서 오는 기쁨 165
최종 목적의 획득에 따르는 기쁨 107
기적(miraculum)
기적은 신앙의 증거 126; 136
기적의 의미 136
신에 의해서만 이루어진 기적 136
자연에 반하는 기적 136
천사를 통해 이루어진 기적 126
기체(suppositum)
그리스도 안에 있는 한 기체의 의미
　210~12
기체의 의미 210
영원한 기체 211
작용은 기체들에 속한다 212
기형(monstrum)
기형의 원인 119
낮춤(humiliatio)
그리스도의 낮춤 240
내쉼(spiratio)
공통적인 내쉼(spiratio communis) 57; 65
성부와 성자의 고유성으로서의 내쉼
　57; 65
능동 지성(intellectus agens) 80
능품 천사(Virtutes) 126
다수성(pluralitas)
다수성의 원인 72; 102
다수의 신들은 불가능함 15
다수화(multiplicatio)
개체들의 다수화 52
다양성(diversitas)
다양성의 원인(causa diversitatis) 71; 102

등급과 질서의 다양성 73

형상들의 다양성 73

다의성(aequivocatio) 15; 27; 209

다의성은 지칭의 다양성이 아니라 의미
의 다양성 때문에 생김 211

다의적 생성(generatio aequivoca) 43

단성론(Monophysitismus) 206n

단일성(unitas)

신의 단일성 15

실체적 형상의 단일성 90

영혼의 단일성 90; 92

단일의지론(Monotheletismus) 212n

단일활력론(Monenergismus) 212n

단죄의 벌(poena damni) 174

대립되는 것 118; 118n

대상(obiectum)

소망의 대상들 II,7

덕(virtus)

그리스도의 덕 227

덕에 대한 아리스토텔레스의 견해 172

덕에 의해 성취된 행복 172; 199

덕에 의해 얻어진 영원한 생명 173

덕을 실천할 기회들 173

'데우스'는 '테오스'로부터 유래함 35

동정녀 마리아(Virgo Maria)

그리스도에 의해 구원된 동정녀 마리아
224

그리스도의 어머니, 동정녀 마리아 222

동정녀 마리아에게 있는 영적 선물들의
충만함 221; 224

동정녀 마리아와 원죄 224

동정녀 마리아의 순수성 224

동정녀 마리아의 은총 224; 225

동정녀 마리아의 평생 동정성 221; 225

성자에게 합치된 동정녀 마리아 224

신의 어머니, 동정녀 마리아 222

정욕으로부터 자유로운 동정녀 마리아
221; 224

죄로부터 자유로운 동정녀 마리아 221;
224

동정성(Virginitas)

그리스도 어머니의 동정성 221; 225

되돌아감(reditio)

창조된 인간의 근원으로 되돌아감 201

등급(gradus)

등급에 따른 다양성 73

지복직관의 완전성에 따른 등급 106;
126; 216

지성적 존재자들 사이의 등급 77

지성적 행위의 등급 78

마니교(Manichaeism) 220

그리스도의 육체에 대한 마니교의 오류 207; 220

마리아(참조: 동정녀 마리아)

만드신 분(factor)

만드신 분인 신 96

많음과 적음(magis et minus) 92; 92n

말함(fari)**에서 파생된 운명**(fatum) 138

매개체, 중간(medium) 82

명칭의 부과(impositio nominis) 27

모성(maternitas)

모성의 본질 222

목적(finis)

강생의 목적 1; 200; 213

궁극 목적으로서의 영원한 생명 149; 172

궁극 목적을 위한 자연적 욕구 104

목적 성취의 최종적 완성 151

목적 안에 있는 선의 원천 109

물체적 본성의 목적 148

운동의 목적 171

작용에 의해 성취된 목적 112

지성적 피조물들의 목적 104; 107

창조의 목적 100; 101; 109; 124

피조물의 외부에 있는 궁극 목적 109
피조물의 행위와 운동의 목적 103
현세 생활의 선과 악의 목적 173
무오류성(infallibilitas)
신의 무오류적인 예지 140
무한성(infinitas)
결핍에 의한 무한성 18
그리스도 은총의 무한성 215
부정적인 무한성 18
신의 무한성 103
신의 힘의 무한성 19; 70
신적 본질의 무한성 72
양적 무한성 18
이성적 본성의 무한성 103
죄의 무한성 183
무한소급의 불가 79; 99
묻히심(sepultura) 234
그리스도의 묻히심 234
물질적 선(bonum materiale) II,9
행복을 줄 수 없는 물질적 선 II,9
물체(corpus, 육체)
물체는 움직여지지 않으면 움직일 수 없음 17
신은 물체 안에 있는 형상이나 힘이 아님 17
신은 물체가 아님 16
물체성(corporeitas)
물체성의 의미 154
민첩성(agilitas)
영광스럽게 된 육체의 민첩성 168
반론들(obiectiones) 51
가능 지성의 다수성에 대한 반론들 85
삼위일체에 대한 반론들 51
신의 특수한 섭리에 대한 반론들 132
인간 영혼의 단일성에 대한 반론들 91
발출(processio) 49

성령의 고유성인 발출 58
성령의 발출 49; 147
벌(poena)
긍정적인 벌 177; 180; 226
단죄의 벌 174; 226
벌의 등급 121
벌의 악함 121
벌의 정도 122
부활에 앞서는 벌 178
연옥에서의 벌 181
영원한 벌 177; 183
영원한 벌의 이유 183
원죄에 대한 벌 192
의지에 상반되는 다양한 벌 121
죄악을 질서 있게 하는 벌 122; 173
죄악의 치료제인 벌 121; 173
지옥에서의 영적·육체적 벌들 179
행위 결과에 따른 벌 172; II,6
변화(mutatio)
무지에서 지식으로의 변화 94
변화의 본성 99
악덕에서 덕으로의 변화 94
보상(praemium)
새 세계로 미루어진 보상 173
행위 결과에 따른 보상 172; II,6
보편자(universalis)
지성에 의해 파악된 보편자들 79; 169; 170; 171
본성, 자연(Natura)
그리스도 안에 있는 두 본성 211; 212; 216
그리스도에 의해 회복된 본성 199
물질적 본성의 쇄신 169
본성에 따라 성부와 동일한 성자 43
본성을 유지하려는 신의 섭리 142
본성을 통한 신의 인식 II,8
본성의 작용 154

본성의 죄 196
악은 본성이 아님 115
이성적 본성의 열등함 103
인간 본성의 존엄성 201
작용에서 잘못을 저지르는 자연 119
죄에 의해 손상된 본성 197
행위의 원리로서의 본성 111

본질(essentia)
본질 안에서의 신의 직관 II,9
본질에 따른 신의 무한성 18
본질에 의한 모든 사물 안에 있는 신의 존재 135
본질을 통한 신의 직관 164
신 안에서는 존재와 본질이 구분되지 않음 11; 68
정의에 의해 표현된 본질 154
피조물 안에 있는 존재와 본질의 구별 11; 68

부정한 영(spiritus immundus)
부정한 영의 인간에 대한 지배 194

부활(resurrectio) 154
그리스도에 의해 선취된 부활 236; 238
모든 지체의 부활 157
부활 때에 일어나는 결함들의 보정 159; 160
부활 때에 일어나는 결함들의 사라짐 158
부활 때에 일어나는 지체들과 양의 온전함 157; 159
부활 때의 제한들 159
부활 후에 육체의 영혼에 대한 순종 167
부활 후에 일어나는 음식과 음료의 이용이나 성관계의 중지 156; 187
부활 후의 불사성 155; 187
부활에 대한 반론들의 해결 161
부활에 대한 아우구스티누스의 견해 239
부활에 앞선 벌 178

부활에 앞선 지복 178
부활의 기적적 본성 154
새 생명을 향한 부활 155
신앙 조항으로서의 부활 162
인간 안에 있는 이주의 부활

분유(participatio)
분유를 통해 존재하는 것은 본질을 통해 존재하는 것으로 환원됨 123
분유의 등급 148
선의 분유를 통한 모든 본성의 완성 115
신의 선성을 분유한 피조물 109
신의 선성을 분유함 214
신적 빛의 분유를 통한 지복의 성취 106
존재의 등급과 분유의 정도 124
지성적 영혼은 상위의 지성적 실체를 분유함 88
출생된 것의 불완전한 분유 101
현실태의 분유를 통한 선성의 분유 115

불멸성(incorruptibilitas)
단죄된 이들이 지닌 육체의 불멸성 176
부활한 육체의 불멸성 154
부활한 인간의 불멸성 79; 81
비물질적인 것들의 불멸성 74
실체들의 불멸성 83
요소들의 불멸성 170
인간 영혼의 불멸성 84; 170
지성의 불멸성 168
천체의 불멸성 4; 74; 84

불변성(incommutabilitas)
불변적인 신 74

불사불멸성(immortalitas)
그리스도를 통해 회복된 불사불멸성 236
부활 후의 불사성 155; 187
최초 인간의 불사성 186

불완전성(imperfectio)
신의 무한성 안에 존재하지 않는 불완전

성 20; II,8

양 안에 있는 무한성의 불완전함 20

완전성과 불완전성의 관계 21; 68

자연적 본성의 불완전함 II,8

불행, 비참(miseria)

궁극적 불행의 본성 174

단죄의 벌에 따른 불행 174

행복에 반대되는 불행 172; 173

비례 관계(proportio)

작용자와 수용자 사이의 비례 관계 86

비물질적 실체들(substantiae immateriales)

비물질적 실체들과 우주의 완전성 74

비물질적 실체들의 지성적 본성 74

비물질적 실체들의 탁월성 74

창조에 의해 생성된 비물질적 실체들 95

비출산성(낳아지지 않음)(innascibilitas)

성부의 고유성으로서의 비출산성 57; 65

사랑(amor, dilectio, caritas)(참조: 애덕)

그리스도의 인간에 대한 사랑 227

사랑으로서의 성령 46

사랑을 통한 신과의 합일 214; II,9

사랑의 원인으로서의 선성 165

사랑의 필수성 1

사랑의 행위 46

신에 대한 사랑 II,8

신에 대한 직관 안에 있는 사랑 165; II,9

이성적 피조물들에 대한 신의 사랑 143; 201

사멸성(mortalitas)

사멸성의 정복 155

산출(generatio)

그리스도 안에 있는 두 가지의 산출 212

능동적 산출(g. activa) 64

수동적 산출(g. passiva) 64

신 안에서의 산출 40

삼위일체(Trinitas) 2

계시에 의해서만 알려진 삼위일체 36

삼위일체 안에서 모순으로 보이는 것 51; 52

삼위일체에 대한 믿음 2

삼위일체와 신적 본질의 단일성 50

상(species, 종)

가지상 30; 83

가지상의 비물질적 실존 43; 52

감각상 79

종들의 종으로서의 지성 103

지성 안에 상은 비물질적으로 실존함 79

상반성(contrarietas)

상반되는 것들은 서로를 좇아낸다 144

상반성을 통한 소멸 84

상반된 선과 악 116

생명(vita)

그리스도에 의해 회복된 생명 239

새 생명을 향한 부활 155

영원한 생명 150; 173; 184

인간 안에 있는 두 가지의 생명 239

현세의 선과 악 173

생성(generatio)

다의적인 생성 43

생성의 과정 92

생성의 궁극 목적 171

생성의 목적으로서의 형성 101

요소들 사이의 생성 18

일의적 생성 46

자연적 생성의 목적 107

천체에 결여된 생성 4

생식(generatio)

부활 후에 멈추는 생식 156

서술(praedicatio)

그리스도에 대한 서술 211; 229

신에 대한 서술 27

선(좋음, 착함)(bonum)

모든 지성적 존재자에 의해 욕구되는 선 77

보편적 선인 신 166

사랑받을 만한 것으로서의 선 45

선에 근거한 악 117

선으로서의 존재 116

선의 의미 114; II,9

선의 정의 II,9

선의 파악에서 오는 기쁨 165

악에 의해 오염된 선 117

의지의 대상으로서의 선 112

종차로서의 선 116

지복직관에 의해 견고해진 선 166; 174

지성적 본성의 선 174

특수한 선에 남아 있는 결여 166

선과 악을 아는 나무 188

선성(bonitas)(참조: 완전성)

가능적인 선성 115

본질적 선성 109; 123

분유된 선성 109; 123

사랑의 원인으로서의 선성 165

신은 선성의 본질 II,9

악의 주체로서의 선성 118

행위 안의 선성 115

섬세함(subtilitas)

영광스럽게 된 육체의 섬세함 168

섭리(참조: 신의 섭리)

성령(Spiritus)

사랑으로서의 성령 46

생명을 주시는 성령 147

성령에 대한 경배 48

성령에 속하는 그리스도 육체의 형성 219

성령에게 고유한 신의 선성 147

성령은 그리스도의 아버지가 아님 223

성령의 거룩함 47

성령의 고유성 65

성령의 발출 49; 56; 147

은총의 부여자인 성령 219

성부(Pater)

말씀과 성부의 관계 39

성부와 동일한 성자 41; 45

성부의 고유성들 57; 65

성사들(sacramenta)

성사들에 의해 완성된 신앙 II,3

성인들(sancti)

심판에서 하는 성인들의 역할 245

성인들의 통공(communio Sanctorum) 147

성자(Filius)(참조: 그리스도, 신의 말씀)

구원의 창시자인 성자 216

성부와 동일한 성자 41; 45

성자에 의한 창조 96

성자에게 맡겨진 모든 심판 242

성자의 고유성들 58; 65

성자의 말씀 41

신의 아들인 성자

성질(참조: 질, 성질)

성향(dispositio) 105; 131; 138; 139; 143; 152; 168; 213; 214

인간 육체에 원초적으로 관련된 성향 152; 186

세계(mundus)

세계의 영원성에 대한 논쟁 104

신에 의해 통치되는 세계 123; 130

실제 세계 이전의 가능 세계 99

세라핌(Seraphim) 126

소망(spes) 1

그리스도를 통한 소망 II,5

기도와 소망 II,2; II,4

소망의 대상들 II,7

소망의 덕 II,8

소망의 본성 II,7

소망의 필수성 1; II,1; II,4

영원한 상속을 위한 소망 II,4

인간에 대한 신의 특별한 보호에 대한
소망 II,6

주의 기도를 통해 품게 된 소망 II,3

소멸(corruptio)

우유적인 소멸 84

천체 안에 존재하지 않는 소멸 4

소멸성(corruptibilitas)

합성된 존재들의 소멸성 84

손상될 수 없음(impassibilitas)

영광스럽게 된 육체의 손상될 수 없음 168

수호 천사(angelus custos) 126

순명(oboedientia)

그리스도의 순명 227

슬픔(tristitia)

그리스도의 슬픔 232

습성(소유)태로서의 지성 83

습성태(habitus) 116

습성의 지속성 174

윤리적 습성태 116

승천(ascensio)

그리스도의 승천 240

시간(tempus)

시간 안에서의 창조 99

시간과 접촉하는 영원성 133

시간에 따라 성부와 동일한 성자 43

신에 의해 만들어진 시간 98

운동의 측정을 통한 시간 98

운동에 의해 야기된 시간 150

신 안에 있는 관계들

신 안에 있는 관계들은 우유적이 아님 54

신 안에 있는 관계들을 통한 위격적 차
이 55

신 안에 있는 관계들의 수 60

신 안에 있는 관계들의 이름 59

신 안의 자립적인 관계들 55

신 안에서의 구별

관계들을 통한 신 안에서의 구별 51; 52;
55

신 안에 있는 특징적 행위와 고유성들
사이의 구별 65

신 존재의 필연성 6

신 행위의 자발성 96

신경(Symbolum Fidei) 35; 40; 42; 49;
147; 162; 184; 203; 220; 221; 222;
229; 235; 239; 240; 246

신과의 유사성

신과의 유사성의 획득 106

피조물에 의해 분유된 신과의 유사성 74;
76; 124

신과의 합일

사랑을 통한 신과의 합일 214; II,9

신과의 합일을 통한 지복 II,9

신념(참조: 신앙)

신앙, 믿음(fides)(참조: 신앙 조항)

강생에 대한 믿음 217

그리스도의 인성에 대한 믿음 2; 185

삼위일체에 대한 믿음 2

신앙 안에서 선취된 지복직관 2

신앙의 내용 2

신앙의 본성 2; II,10

신앙의 필수성 1; 2

신의 존재에 대한 믿음 3

신앙 조항(articulus fidei)

강생에 대한 신앙 조항 203; 209

그리스도의 수태와 탄생에 대한 신앙 조
항 220

부활에 대한 신앙 조항 162

성자와 성부의 동일 실체성에 대한 신앙
조항 42

신앙 조항에 나타난 구원을 위해 필수적
인 지식 1

신앙 조항의 수 246
신의 완전성에 대한 신앙 조항 35
신의 통치의 결과에 대한 신앙 조항 147
영원한 보상에 대한 신앙 조항 184
신에 대한 신뢰 II,4
신에 대한 정의는 불가능함 26
신에 대한 직관(참조: 지복직관과 지복 등)
　본질을 통한 신의 직관 164; II,9
　신에 대한 직관 안에 근거한 지복 107
　신에 대한 직관 안에 있는 완전성과 행복
　　165
　신에 대한 직관 안에서 슬픔은 불가능함
　　165
　신에 대한 직관 안에서 이루어지는 인간
　　완성 149
　신에 대한 직관에 대한 사랑 165; II,9
　신에 대한 직관을 위한 자연적 욕구 104
신에 의한 의존 130
신은 의지적임 32
신의 권능
　권능에 의한 모든 사물 안의 신의 존재
　　135
　신의 권능에 의해 야기된 부활 154; 157
　우리 청원을 승낙하는 신의 권능 II,6
신의 나라(regnum Dei)
　신의 나라를 얻을 수 있는 가능성 II,9;
　　II,10
　신의 나라에 대한 열망 II,9; II,10
　은총을 통해 얻어진 신의 나라 II,9
신의 단순성(simplicitas Dei) 9
신의 말씀(Verbum Dei)(참조: 그리스도, 신
의 아들)
　빛으로부터 나신 빛인 신의 말씀 43
　성자로서의 신의 말씀 41
　신으로부터 나신 신의 말씀 43
　신의 말씀과 인간의 말의 유사성 219

신의 말씀에 의해 가르쳐진 구원 1; 2;
　II,8
신의 말씀을 통한 창조 96
신의 말씀의 발출 45; 56
신의 말씀의 본성적 생성 43
신의 말씀의 파견 II,8
신의 말씀의 필연성 37
신의 말씀이 강생한 이유 1; 200; 201; 213
잉태라고 불리는 신의 말씀 38
신의 명칭(nomen Dei) 25; 27; 35
신의 모상(imago Dei) 75; 221
신의 무량성(immensitas Dei) 18; 238
신의 본질(essentia Dei)
　관계적 고유성과 동일한 신의 본질 66
　모든 지식의 원리인 신의 본질 105
　무한하게 인식 가능한 신의 본질 106;
　　216; II,9
　신 자신에 의해서만 파악되는 본질 106;
　　165; II,9
　신과 동일한 신의 본질 10
　신의 본질을 직관하는 궁극 목적 105; 108
　신의 본질의 단순성 50
　신의 본질의 단일성 50
　신의 의지와 동일한 신의 본질 33; 37
　신의 이해 안에서 종으로서의 신의 본질
　　30
　신의 존재와 동일한 신의 본질 11
　신의 지성과 동일한 신의 본질 31; 33
　신적 지성의 직접적 대상인 신의 본질 30
　자신에 의해 개체화되는 신의 본질 15
　종을 통해 알려질 수 없는 신의 본질 105;
　　II,9
　지복직관 안에서 지성과 결합된 신의 본
　　질 105; 164; II,9
　창조된 지성에 의해 알려질 수 있는 신
　　의 본질 105

신의 부동성(immobilitas Dei) 4; II,8

신의 사랑(amor in Deo)

  강생 안에 나타난 인간에 대한 신의 사랑
  201

  성령으로서의 신의 사랑 46

  신 자신에 대한 신의 사랑 45

  신의 사랑의 보편성 II,5

  신의 실체적인 사랑 48

  이성적 피조물에 대한 신의 사랑 143

신의 선성(bonitas Dei)

  궁극 목적으로서의 신의 선성 101; 109;
  124

  성령에게 고유한 신의 선성 147

  신의 본질적인 선성 109; 123

  신의 선성과 악의 허용 142

  신의 선성의 전달 73; 102; 124

  신적 선성의 풍부함 73

  인간을 회복시키는 신의 선성 199

  피조물 안에 재현된 신의 선성 72; 102

  피조물의 신적 선성에 대한 유사 102; 103

  피조물이 하는 행위의 목적으로서의 신의
  선성 103

신의 섭리(providentia Dei)

  사물의 우연성과 부합하는 신의 섭리 140

  상과 벌을 주는 신의 섭리 172

  신의 섭리를 통한 계획 안에 있는 본성의
  회복 199

  신의 섭리와 악 141

  신의 섭리와 악의 허용 142

  신의 섭리의 보편성 123

  신의 섭리의 완전성 130

  신의 섭리의 의미 123

  신의 특수한 섭리 131; 132

  신의 특수한 섭리에 대한 반론들 132

  신의 특수한 섭리에 대한 반론들의 해결
  133

은총에 의한 신의 섭리(인간에 대하여)
  143

  이성적 존재자에 대한 신의 특별한 섭리
  143; II,4

  인간사에 대한 신의 섭리 II,1

  중간 원인에 의해 수행되는 신의 섭리
  125; 127; 131

신의 신비(mysterium Dei)

  그리스도에 의해 알려진 신의 신비 216

  신의 신비에 대한 초자연적 인식 216

신의 어머니(참조: 동정녀 마리아)

신의 영광(gloria Dei)

  신의 영광을 위한 기도 II,8

신의 완전성(perfectio Dei) 33; 174; 216;
  II,4

  피조물에 의해 모방된 신의 완전성 72;
  102

신의 의지(voluntas Dei) 33; 34; 98; 113; 140;
  174; 188; 242

  신의 의지 행위와 동일한 의지 34

  신의 지성과 동일한 신의 의지 33

신의 인식(지성 작용)(intelligentia Dei)

  능동적인 신의 인식 29; 133

  신의 인식의 증명 28

  신의 인식의 직접적 대상 30

  신적 본질과 동일한 신의 지성 작용 31;
  33; 34

  신적 본질을 통한 신의 인식 30; 133

  추론적이지 않은 신의 지성 작용 29

신의 정의(iustitia Dei)

  신의 정의에 의해 요구되는 죄에 대한
  보속 200; 226

  신의 정의와 영원한 벌 182

신의 존재, 실존(Esse Dei)

  모든 사물 안에 있는 신의 존재 135

  신존재증명 3

신존재의 필연성 6

신의 본질과 동일한 신의 존재 11

신의 영구한 존재 7

신의 존재에 대한 믿음 3

이성에 의해 인식 가능한 신의 존재 3

신의 지성(intellectus Dei)

신의 의지와 동일한 신의 지성 33

신적 지성의 완전성 133

신의 행위의 불변성 97

신의 현존(praesentia Dei)

모든 사물 안에 있는 신의 현존 131; 135

제2원인들의 행위 안에 있는 신의 현존
130

지복직관 안에 있는 신의 현존 II,9

신의 힘(potentia Dei) 19; 26

신의 무한한 힘 19; 70; 96

신적 고유성들(proprietates in Deo) 57~67

신 안에 있는 특징적 행위와 고유성들
사이의 구별 65

신적 고유성들에 대한 자주체의 의존
61

신적 고유성들의 의미 59

신적 본질들과 동일한 신적 고유성들 71

외적으로 확정되지 않은 신적 고유성들
67

위격적 고유성들의 수 60

위격적 행위들과 신적 고유성들 63

신적 위격(참조: 삼위일체)

신적 위격들(personae divinae)

신적 위격들 사이에서의 관계들의 본성
53

신적 위격들 사이의 구별 53

신적 위격들에 부가된 고유성들의 수 58

신적 위격들의 수 55

신적 위격들의 특징들 59

신적 지혜(sapientia Dei)

신적 지혜에 의해 계획된 인간의 회복
200

악을 선으로 질서 지어줄 수 있는 신의
지혜 142

창조 안에 반영된 신적 지혜 102

신학적 덕(virtus theologica)

신학적 덕에 대한 아우구스티누스의 견해
1

신학적 덕을 실천하는 과정에서의 완전성
1

신학적 덕의 필연성 1

실제적인 관계(relatio realis) 53

실존(existentia)

실존의 원인(causa existendi) 68; 69

실체들(substantiae)

그리스도 안에 합일된 실체들 209; 211;
229

단순 실체들의 불변성 111

비물질적 실체들 74; 75

실체들의 선성 109

합성 실체들의 가변성 111

심판(iudicium)

개인적인 심판 242

성자에게 맡겨진 심판 242

심판 과정의 세 단계 243

심판에서 하는 성인들의 역할 245

심판의 보편성 243~44

심판의 시간에 대한 인간의 무지 242;
243

심판의 장소 244

심판의 절차 244

인류 전체에 대한 심판 242; 243

최후심판 242; 243

현세 생활 동안 이루어지는 그리스도에
의한 심판 242

심판관(iudex)

심판관인 그리스도 241; 243

십자가(crux)

　십자가 상에서의 그리스도의 죽음 228

싸움(pugna)

　육의 영에 대한 싸움(p. carnis ad spiritum)
　192

아들임(子性, filiatio) 58

　그리스도 안에 있는 성자성 212

　신의 아들의 고유성인 성자성 58

아버지임(父性, paternitas)

　성부의 고유성으로서의 '아버지임' 57; 65

　아버지임(부성)의 본질 223

악(malum)(참조: 죄) 117

　벌의 악 121

　본질적 악의 불가능성 117

　선에 근거한 악 117; 141

　선의 타락으로서의 악 117

　신의 선성과 악의 허용 142

　신의 섭리와 악 141

　악 안에 있는 완고함 184

　악으로서의 비-존재 116

　악은 본성이 아님 115

　악은 제1원리가 아님 117

　악의 두 가지 종류 119

　악의 원인 141

　악의 의미 114; 119

　악의 주체(기체) 118; 141

　종차로서의 악 116

　죄의 악 121

　천상으로부터 추방된 악 II,9

　항구하게 악을 고집함 174

　행위들의 악 120

악마(diabolus)

　악마에 의해 유혹된 하와 189

　악마의 거짓 약속 189

안에 거주함(內住, inhabitatio) 203; II,8

애덕(caritas)(참조: 사랑)

　그리스도의 애덕 227

　애덕에 의해 보상된 경미한 죄 182

　애덕을 통한 신과의 합일 214; II,9

　애덕의 질서 II,8

　연옥 속에 있는 영혼의 애덕 182

양(quantitas)

　양 안에 있는 무한성의 불완전성 20

양심의 가책(remorsus conscientiae) 175

양자설(Adoptianismus) 202n

양태(modus)

　이해 작용의 양태(m. intelligendi) 62;
　63; 64; 65; 75; 82; 126

연속성(succesio)

　신 안에는 존재하지 않는 연속성 8; 29;
　133; 216

영광스럽게 된 육체

　영광스럽게 된 육체의 성질들 168

영광의 빛(gloriae lumen) 105

영구함(sempiternitas)

　신의 영구한 존재 7

영원성(aeternitas)

　보에티우스에 의해 정의된 영원성 8

　산출하는 행위의 영원성 98

　시간과 접촉하는 영원성 133

　신의 영원성 5

　영원성 안에서의 인간의 완성 150

　전이된 질료의 영원성 99

영원한 생명(vita aeterna)

　덕의 실천에 의해 획득되는 영원한 생명
　172; 182; 184

　신을 구성하는 최종적 선인 영원한 생명
　II,9

　신의 은총은 영원한 생명 214

　신의 직관을 통한 영원한 생명 163

　영원한 생명 안에서의 인간의 완성 150;

171; 172; 181

영원한 생명의 향유 163; 184

영혼(anima)

감각적 영혼과 이성적 영혼의 동일성 93;
154

감각적 영혼의 능력들 52

궁극적이고 완성된 형상인 영혼 92

그리스도 영혼의 수난당할 수 있음 232

분리된 영적 실체와 구별되는 영혼 85

생장적 영혼의 능력들 52

생장적 영혼의 작용 52

신의 실체로부터 유래하지 않은 영혼 94

영혼과 육체의 합일 85; 209

영혼과 육체적 불 180

영혼에 대한 육체의 순종 167

영혼에 의한 동일한 육체를 취함 153

영혼의 단일성 90; 92

영혼의 단일성을 반대하는 이론들에 대
한 답변 92

영혼의 본질 안에 있는 가능 지성과 능
동 지성 87

영혼의 본질에 기반한 능력들 91

영혼의 불멸성 84; 170

영혼의 생존 152

영혼의 육체에 대한 원천적 탁월성 186

영혼의 주입(infusio animae) 224

영혼의 창조 222; 223

육체로부터의 분리 152

육체의 형상으로서의 영혼 85; 168; II,9

이성적 영혼은 질료와 형상의 합성체가
아님 93

이성적 영혼의 능력들 92

이성적 영혼의 산출 93; 96

이성적 영혼의 탁월성 92

인간의 형상으로서의 영혼 85; 151

질료와 형상으로 합성되지 않은 영혼

85; 94

천체에 의해 직접적으로 조정되지 않는
영혼 128

행복을 위해 필수적으로 요구되는 육체
와의 합일 151

예견된 것(provisa) 137

예기치 않게 일어나는 일들(fortuita) 137

예수(참조: 그리스도)

완결된 어떤 것(aliquod integrum)

인격, 기체, 자주체는 완결된 어떤 것 211

완전성(perfectio)(참조: 선성)

다양한 존재자들의 완전성 112

모든 존재자가 추구하는 완전성 112

분유에 의한 완전성 68

신 안에 있는 탁월한 완전성 20

신 안에서 합일된 완전성 21

신에 대한 직관의 완전성 165

신으로부터 피조물에게 내려온 완전성
들 27

신의 완전성 20

신의 인식의 완전성 133; 140

영원한 생명 안에 있는 완전한 부동성
150

완전성과 불완전성의 관계 21; 68; 92

완전성의 결여로서의 악 114

우주의 완전성 74

유한한 존재자 안에 있는 완전성 72; 73

인간의 최초 상태의 완전성 186

제1완전성 151

최종적인 완전성 151

형상으로부터 유래된 완전성 20

요소(elementum)

가장 능동적인 요소인 불 19; 43

네 가지 요소 9; 80n; 170; 211

요소들은 유사한 부분들로 이루어진 물
체들의 질료 92

요소들의 등급 18
요소의 불멸성 170
요소의 생성 18
요소의 쇄신 170
육체가 죽은 뒤 요소들로 분해됨 234
창조에 의해 생산된 요소들 95
천체에 의해 움직여지는 요소 3; 3n; 9
혼합된 물체보다 앞서는 요소 9; 95
용기(fortitudo)
그리스도의 용기 227
용어(terminus)
유비적 27
우발적인 것(casualia) 137; 138
우연성(contingentia)
개별자들 중의 많은 것은 우연적임 132
경미한 죄의 우연성 224
신에 의해 알려진 미래의 우연한 것들 133; 134; 140
신의 섭리와 상응되는 우연성 140
어떤 결과들의 우연성 139
우연적인 산출 102
우유(accidens)
무한한 완전성과 호환 불가능 23
신 안에 부재함 10; 23; 48; 54; 66; 94
우유와 주체의 합성 23
우유와 주체의 합일 211
우유적 형상과 실체적 형상의 구별 87; 90; 154
'우유적으로'와 '그 자체로'의 구별 10; 117
우유적인 것은 영구적일 수 없음 151
운동(motio)
가능 상태에 있는 것의 현실화된 운동 74
내적인 운동 45
운동에 의해 야기된 시간 150

운동을 위해 요구되는 주체 99
운동의 기원 4
운동의 목적 171
운동의 영원성에 대한 질문 98
운동의 정의 16
운동의 정지 149; 171
자연적 운동 107
장소적 운동의 목적 107
운명(fatum)
천체의 운명적 필연성 138; II,6
운명에 대한 아우구스티누스의 견해 138
운명에 대한 오류들 138
운명의 본성 138; 139
움직임(motus) 3
신에 의한 인간 의지의 움직임 129
움직임으로부터 증명된 신의 존재 3
지성적 움직임 107
원리(principium)
개체화의 원리로서의 질료 60; 133; 154
영혼은 육체의 원리 168
인식의 제1원리 43; 166
제1원리인 신 4; 69; 102; 133; II,9
행위의 원리인 형상 117
원인(causa)
다의적 원인과 일의적 원인의 구별 198
보편적 원인(c. universalis) 69; 126
사물 안에 있는 다수성의 원인 72; 102
사물 안에 있는 다양성의 원인 71; 102
제1원인으로서의 신 68
특수한 원인(c. particularis) 69
원죄(peccatum originale)
그리스도 안에 존재하지 않는 원죄 218
동정녀와 원죄 224
원죄의 본성 196
원죄의 용서 224
원죄의 의지성 196

원죄의 자발성 196
원죄의 전이 197; 218; 224
원천적 정의(iustitia originalis)
　원천적 정의를 무상으로 얻음 198
　원천적 정의의 결핍으로서의 죄 196
　원천적 정의의 상태 187
　원천적 정의의 전수 187; 195
　원천적 정의의 전체성 224
　은총의 선물인 원천적 정의 198
　인류에 부여된 원천적 정의 187; 195
위격, 인격(persona, 페르소나)
　그리스도 안에 있는 하나의 위격 210~
　　12
　위격(인격)의 의미 50; 210
위격적인 구별(distinctio personalis) 55
위계(hierarchia)
　목적들의 위계 148
　천사들 사이의 위계 125; 126
유(genus) 12
　신은 유가 아니다 13
　신은 유에 속하지 않는다 12
　유는 질료로부터 취해진 어떤 것 92
　유의 분류 92
유비(analogia) 27; 27n
육신(carnis)
　참된 육신(c. vera) 207
　환영적인 육신(c. phantastica) 207
육체(corpus, 신체, 물체)
　부활된 자의 불사불멸성 168
　영광스럽게 된 육체의 성질들 168
　영혼과의 재결합 151
　영혼에 순종하는 육체 167
　영혼에 원초적으로 종속되어 있는 육체
　　186
　영혼에 종속된 육체 II,9
　영혼으로부터의 분리 152

영혼은 동일한 육체를 다시 취함 153
육체와 영혼의 합일 85; 209
육체의 구성 16
육체의 형상으로서의 영혼 II,9
인간 육체에 관련된 원초적 성향 152;
　186
인간 육체에 의한 초자연적 성향의 상실
　152
환영적인 육체(c. phantasticum) 207
윤리적 습관 116
은총(gratia)
　그리스도 안에 있는 머리의 은총(g.
　　capitis) 214; 215
　그리스도 안에 있는 삼중의 은총 214
　그리스도 은총의 무한성 215
　그리스도로부터 인간에게 전해진 은총
　　214
　그리스도의 습성적 은총 214; 215
　그리스도의 완전한 은총 213
　그리스도의 은총 충만 214
　그리스도의 특수한 은총 214; 215
　동정녀의 은총 224; 225
　무상으로 주어지는 은총 143; 198; 214
　습성적 은총(g. habitualis) 214
　은총에 의한 신의 섭리(인간에 대하여)
　　143
　은총에 의해 도움을 받은 지성적 피조물
　　들의 행위 143
　은총에 의해 신에게 합치된 의지 213
　은총을 통한 신의 인식 II,8
　은총을 통한 죄의 용서 144~46
　은총을 통해 신에게 입양된 인간 II,4
　은총의 두 가지 의미 143; 214
　은총의 두 가지 종류 214
　은총의 빛(lumen g-ae) 143
　은총의 선물인 원천적 정의 198

은총의 원인 200
은총의 제공자인 성령 219
은총이라는 명칭의 어원들 143; 214
죄와 상응할 수 없는 은총 144
초자연적인 은총 143
합일의 은총 214

의지(voluntas)
그리스도 안에 있는 두 의지 212
신에 의해 움직여진 의지 129
욕구적 감각에 의해 영향을 받은 의지
128
은총에 의해 영향을 받은 의지 143
의지 작용의 과정 46; 52; 129
의지 행위 129
의지 행위의 결함 113; 119
의지에 상반되는 다양한 벌 122
의지의 대상 113
자유 의지 76; 143; 174
정념보다 월등한 의지 128
죄에 의해 약화된 의지 194
지복직관 안에서 가동성의 정지 149
행위의 원리로서의 의지 113

의화(iustificatio)
그리스도의 부활에 속하는 의화 239

이성(ratio)
그리스도 안에서의 이성에 따른 하위 욕
구의 통제 224
이성에 대한 다른 능력들의 원천적인 종
속 186
이성에 반대하는 열등한 능력들의 반란
192; 224
이성적인 관계(r. rationis) 53

이해 작용(intelligentia)
이해 작용은 신체적 기관 없이 이루어짐
79; 87
이해 작용은 인간 종의 고유한 작용 87

이해, 이해함(intelligere)
이해를 위해 필요한 감각 능력들 81
이해의 과정 46; 52; 79
이해의 다양한 방법들 80
인간에게 적합한 이해 79
천사들의 이해 126; 129

이해된 지향(intentio intellecta) 52

이해 작용의 양태(modus intelligendi) 62~
65; 75; 82; 126
이해 작용의 양태와 실재에 따른 구별
65
천사들의 이해 작용의 양태 126

인간, 사람(homo)(참조: 인류)
강생을 통해 회복된 인간 1; 200
그리스도에 의해 회복된 두 가지의 생명
239
부활한 인간의 쇄신 169
부활한 인간의 작용 163
부활한 인간의 전체성 156
은총을 통해 신에게 입양된 인간 II,4
인간 안에 있는 영혼의 단일성 90; 92
인간을 위한 모든 창조 148
인간의 궁극 목적 149; II,8
인간의 두 가지 욕구 II,9
인간의 본성적 빛 129; 154
인간의 완성 149
제한된 선에 의해 만족될 수 없는 인간
II,9
죽음에 예속된 인간 152
천사에 의해 다스려지는 인간 125
최초 인간의 원시 상태 186
최초의 인간(참조: 아담) 186; 187; 198;
201; 218

인간의 능력(facultas hominis)
능력들의 반란 189
신체적 상태에 의해 영향을 받은 인간의

능력 128

영혼의 본질 안에 뿌리박고 있는 인간의
능력 89; 232

인간의 능력 안에 있는 다양한 지식 22

인간이 지닌 지성적 본성의 열등성 79;
82

하위 능력들의 근원적 종속 185

인내(patientia)

그리스도의 인내 227

인류(genus humanum)(참조: 인간)

원천적 정의를 빼앗긴 인류 194

인류를 위해 규정된 원천적 정의 187;
195

인류의 통일성 196

인식(scientia, 지식)

계시를 통한 신에 대한 인식 II,8

그리스도 안에 있는 인식의 종류 216

그리스도의 경험적인 인식 216

그리스도의 주입된 지식 216

동시적인 신의 인식 29

본성을 통한 신에 대한 인식 II,8

상을 통한 인식 105

선과 악을 아는 나무 188

신에 의한 상세 내용에 대한 인식 133

신에 의한 우연적 미래에 대한 인식 140

신에 의한 우연적 사물에 대한 인식 133;
134

신의 신비에 대한 인식 216

신의 인식의 동시성 133

신의 인식의 완전성 133; 140

심판의 시간에 대해 알고 있는 그리스도
의 인식 242

아침의 인식과 저녁의 인식 216

은총에 의해 고양된 인식 143

인간 인식의 한계 131; 133; II,8

인식에 대한 방해물 128

지성적 인식의 과정 38; 75; 128

피조물에 의한 신적 본질에 대한 인식 105

인식, 지성 작용(intelligentia)(참조: 이해)

상을 통한 인식 30

지성 작용에서 천사가 인간보다 탁월함
129

질료로부터 자유로움은 지성성의 원인
28

추론적인 지성 작용 29

인식상(species〔cogniti〕) 79

인식자(cognitor)

인식자와 알려진 대상의 관계 45; II,9

일의성(univocatio) 15; 27

일의적 생성(generatio univoca) 45

일치(unitas)

신 안에 있는 완전성들의 일치 21

신적 본질의 일치 50

잉태(conceptio)

그리스도의 잉태 221; 224

지성의 잉태 38

자기 비허(exinatio) 203

자발성(spontaneitas) 96

자연적 욕구(desiderium naturale)

신을 알고자 하는 자연적 욕구 104; II,8

실존을 위한 자연적 욕구 11

육체와 재결합하고자 하는 영혼의 자연
적 욕구 151

자연적 욕구의 정지 104; II,9

지복직관을 향유하기 위한 자연적 욕구
106

행복에 대한 자연적 욕구 II,9

자유로운 행동의 책임 143

자주체, 휘포스타시스(hypostasis)

자주체의 의미 55; 210

휘포스타시스의 의미 50

작용(actio, actus)

작용은 기체에 속한다 212

작용은 존재를 따른다 103

작용자(agens)

모든 작용자는 자신과 유사하게 작용한다(Omne a. agit sibi simile) 72; 101

보편적 작용자(a. universale) 98

보편적 작용자인 신 98

제1작용자(primum agens)인 신 96; 101; 103

특수한 작용자(a. particulare) 98

잘못(peccatum)

악한 행위 안에 있는 잘못 119; 196

의지적 행위의 잘못 120

장소(locus)

장소 안에 현존함 74

장소적 운동의 목적으로서의 장소 107

전달(communicatio)

신에 의한 존재의 전달 68; 130

피조물에 대한 신적 선성의 나누어줌(전달) 73; 102; 124

전수(derivatio)

원조가 지은 죄의 결과의 전수 195

전이(traductio)

원죄의 전이 197; 218; 224

원천적 정의의 전이 187; 195

정념(affectus)

무질서한 정념으로부터 자유로웠던 최초의 인간 186

원죄에 의해 풀려난 정념 192

정념의 영향 128; 174

정신적 실체(substantia intellectualis)

지복은 정신적 실체에 대한 고찰에 있다는 이론 108n

정액(semen)

남성 정액의 능동적인 힘 218

정욕(concupiscentia)

원죄로부터 유래된 정욕 192

정욕으로부터 자유로운 마리아 221; 224

정욕의 본성 224

정의(定義)(definitio)

본질은 정의가 뜻하는 것 10; 11

정화의 벌(purgatoria poena)

정화하는 벌의 영원하지 않음 181

정화하는 벌의 존재 181

제1동자(최초로 움직이는 자, primum movens)

가능태가 없는 현실태인 제1동자 18

제1동자는 물체 안에 있는 형상이나 힘이 아님 17

제1동자는 지성적임 28

제1동자의 부동성 4

제1동자인 신 3; 15; 18; 28; 29; 32

제1원리(primum principium)

악은 제1원리가 아님 117

제1원리에 대한 본성적 이해 43

지성의 제1원리 166

제1원인(causa prima)

제1원인으로서의 신 69

제1원인을 알기 위한 자연적 욕구 104

제2원인의 제1원인에 대한 종속 130

제1존재자(primum ens)

제1존재자인 신 7

제1질료(prima materia) 74n

제1철학(philosophia prima) 22

제1현실태(actus primus) 31

제2원인(causa secunda) 130; 136

제2현실태(actus secundus) 31

존재(Esse)

그리스도 안에 있는 한 존재 212

신 안에서 본질과 구별되지 않는 실존 11; 68

신에 의해 지속적으로 제공되는 존재 130

신에 의해 피조물 안에 생성된 존재 68

영구한 존재 74
욕구의 대상으로서의 실존 11
존재 자체인 신 68
존재와 '하나'의 동일성 71
존재의 원인 130
존재의 원인인 신 135
존재하지 않을 가능성 74
피조물 안에서 본질과 구별되는 실존
  11; 68
한시적 존재 74
존재 자체(ipsum esse)
존재 자체인 신 11; 12; 13; 15; 68; 215
종(species, 상)
신은 종이 아니다 14
정의의 대상인 종 26
종 안에서의 다양성 77; 92
종에 따라 성부와 동일한 성자 43
종차에 의해 구성된 종 13
종속론(subordinationismus) 204n
종차(specifica differentia)
종차로서의 선과 악 116
종차에 의한 종의 다양성 77
종차에 의해 구성된 종 14
종차의 기원 92
형상으로부터 취해진 종차 92
좌품 천사(Throni) 126
죄(peccatum)(참조: 잘못, 죽을죄, 원죄, 경
미한 죄 등)
그리스도의 죽음에 의해 용서받은 죄 239
마리아의 죄로부터의 자유 221; 224
본성의 죄 196
신에 의해서만 용서될 수 있는 죄 146
원천적 정의의 결핍인 죄 196
은총과 상응할 수 없는 죄 144
은총을 통해 용서받은 죄 144~46
죄 안에 있는 장애 174; 184

죄는 용서될 수 없는 것이 아님 145
죄를 저지른 최초의 인간의 능력 186; 188
죄의 도화선(fomes peccati) 224
죄의 무한성 183
죄의 본성 144; 175; 196
죄의 악 121
죄의 지성과 의지에 대한 결과 194
죄인 의지적 행위 안의 결함 120
지복이 용인할 수 없는 죄 199
첫 번째 죄에 대한 분석 190
첫 번째 죄의 결과들 192
첫 여인의 죄 190
최초 인간의 죄 191
행위죄(p. actualium) 196
죄악(culpa) 120
죄에 대한 보속(satisfactio peccatorum)
강생을 통해 제공된 죄에 대한 보속 200;
  226
신의 정의에 의해 요구되는 죄에 대한
  보속 200; 226
죄에 대한 대속 226~28
죄에 대한 보속을 제공할 수 없는 인간의
  무능력 198; 200
죄의 용서(remissio peccatorum)
오직 신에 의해서만 이루어지는 죄의 용
  서 146
은총을 통한 죄의 용서 144~47
주님의 기도(oratio dominica)
아우구스티누스의 주님의 기도에 대한
  설교 II,8
요하네스 크리소스토무스의 주님의 기
  도에 대한 설교 II,8
주님의 기도를 통해 품게 된 소망 II,3
주님의 기도에서 '우리 아버지'라고 말
  하는 이유 II,5
주님의 기도의 두 번째 청원 II,9

주님의 기도의 첫 번째 청원 II,8

키프리아누스의 주님의 기도에 대한 설
교 II,8

주품 천사(Dominationes) 126

죽을죄(peccatum mortalium)

내세에서 용서될 수 없는 죽을죄 175

속죄되지 않은 죽을죄에 대한 연옥에서
의 형벌 181

죽을죄의 본성 175

죽음(mors)

그리스도의 죽음 227~30

인간 안에 있는 두 가지의 죽음 239

자연적인 죽음과 본성을 거스르는 죽음
152

죽음을 통한 육체의 소멸 154n

최초의 인간에 의해 들어온 죽음 193; 237

최초의 인간의 죽음으로부터 자유로움
186

지복(beatitudo) (참조: 지복직관, 신의 직관)

궁극 목적이 지복이라 불림 106

덕에 의해 얻어진 지복 172; 199

본질적으로 지성적 행위 안에 있음 106

부활에 앞선 지복 178

신과의 합일을 통한 지복 II,9

신의 지복 106

영혼으로부터 육체로 전수되는 지복 168;
177; 231

죄와 상치되는 지복 199

지복 안에서의 인간의 완성 149

지복에 대한 아우구스티누스의 견해
II,9

지복을 위한 자연적 욕구 104

지복직관 안에서만 발견되는 지복 107;
II,9

지성과 의지의 지복 173

지복직관(visio beatifica) (참조: 지복, 신의 직관)

그리스도 안에 있는 지복직관 216; 231

신앙 안에 선취된 지복직관 2

영원한 지복직관 II,9

인간의 궁극 목적인 지복직관 163

지복직관 안에서의 기쁨의 충만 II,9

지복직관 안에서의 선의 견고함 166; 174

지복직관 안에서의 신과의 일치 II,9

지복직관 안에서의 악의 사라짐 II,9

지복직관 안에서의 지성과 의지의 불변성
149

지복직관에 대한 자연적 욕구의 향유 106

지복직관의 완전성에 따른 등급 106; 126;
216

지복직관의 이상으로서의 강생 201

지성(intellectus) (참조: 능동 지성과 수동 지성)

가능태로부터 현실태로 환원된 지성 80;
129

감각보다 월등한 지성 78

감각상과 지성의 관계 88

그리스도 안에 있는 이중적 지성 212

습성(소유)태로서의 지성 83

신체 기관에 독립적인 지성 52; 78; 127

실체로서의 지성 84

영광의 빛에 의해 완성된 지성 105

인간 지성의 본성 18; 78; 129

인간이 지닌 지성적 본성의 열등성 79; 82

종들의 종으로서의 지성 103

죄에 의해 어두워진 지성 194

지복은 지성의 행위에서 본질적임 107

지복직관 안에서 불변하는 지성 149

지복직관 안에서 신적 본질과 결합된 지
성 105; 164; II,9

지성 자신을 판단하는 이유 75

지성에 의해 파악된 우주 78

지성의 다양한 종류들 80; 129

지성의 본성적 능력 104; 216

지성의 불멸성 84
지성의 완성 가능성 79; 129
지성의 잉태 38; 52
지성의 형상으로서의 진리 105
창조된 지성에 의해 알려질 수 있는 신
　적인 본질 105
천체에 의해 간접적으로 영향받은 지성
　128
천체에 의해 간접적으로 통제되지 않는
　지성 127; 129
표상상과 지성의 관계 85; 128
현실화된 지성(I. In actu) 75
지성적 분해(resolutio per intellectum)
지성적 분해에 의해 제거된 신의 고유성
　들 61
지성적 분해의 두 가지 종류 62
지성적 실체들(substantiae intellectuales)
(참조: 천사와 영혼)
지성적 실체 사이의 질서와 등급 77
지성적 실체 안에 있는 결단의 자유 76
지성적 실체에 의한 통치 125
지성적 실체의 탁월성 77; 127
질료로부터 자유로운 지성적 실체들 75
지성적 유사성 52
지성적 작용
지성적 작용의 질서와 순서 78
지식(scientia, 인식)
계시된 지식의 제시 II,8
다양한 힘들의 지식 22
완전한 지식에 대한 본성적인 열망 104
지옥(infernum)
그리스도의 지옥으로 내려감 235
지옥 안에 있는 크나큰 고통들 175
지옥 안의 고통들 174; 177; 178
지옥에서의 영적·육체적 벌들 179
지옥불(ignis〔in inferno〕) 177

영혼과 육체적인 지옥불 180
지옥불에 대한 대(大)그레고리우스의
　견해 180
지옥불의 작용 177; 180
지참금(dos) 168
지향(intentio)
이해된 지향(i. intellecta) 52
지혜(sapientia)
그리스도 안에 있는 두 가지의 지혜 216
그리스도 안에 있는 완전한 지혜 213
그리스도 안에서의 지혜 충만 216
진리(veritas)
구원을 위해 필수적인 진리 1
제1진리인 신 129
진리의 획득을 위한 성향 105
질, 성질(qualitas)
그리스도 인성의 성질 212
부활한 그리스도의 특성들 237
영광스럽게 된 육체의 성질들 168
질료(materia, 물질)
가능 상태의 존재라는 의미에서의 원리
　인 질료 69
개체화의 원리로서의 질료 154
그리스도 육체의 질료 217
물질 안에 있는 영원성의 불완전성 20
비물질적 실체는 형상과 질료로 합성되
　어 있지 않음 74
생성과 소멸의 주체인 질료 84
신에 의해 무로부터 창조된 질료 69; 99
제1질료 74n
제1질료의 수용 능력 19
질료 안에 있는 수적인 동일성 154
질료는 다양성의 원인이 아님 71; 102
질료에 의해 제한된 형상 18
질료와 형상의 결합 52
질료와 향상의 합성체 74

질료의 영원성에 대한 논쟁 99

질료의 영원성을 위한 논증에 대한 답변 99

형상 때문에 존재를 가지는 질료 71

질서(ordo)

벌에 의해 회복된 질서 121; 173

지성적 존재자들 사이의 질서 77

지성적 행위 안에 있는 질서 78

질서에 따른 다양성 73

천사들 사이의 질서 126

차이(참조: 종차)

찬란함(claritas)

영광스럽게 된 육체의 찬란함 168

창조(creatio)

무로부터의 창조 69; 95

성자를 통한 창조 96

시간 안에서의 창조 99

영혼의 창조 222; 223

오직 신에게만 가능한 창조 70

인간을 위한 창조 148

직접적인 창조 95; 102

창조 안에 있는 목적성 100

창조 행위 안에 있는 신의 자유 96

창조를 위해 요구되는 힘 70

창조의 목적 72; 101; 109

창조의 본성 70; 99

창조함은 신에게만 속함 93

창조주(creator)

창조주로서의 신 69

창조주에 대한 믿음 70; 95

창조주에 대한 피조물의 종속성 99

천사(angelus)

소식 전달자인 천사 125

천사들 안에 있는 등급 126

천체(corpus caeleste)

움직이는 하위의 물체들 안에서의 천체

의 기능 4; 127

지성에 대한 천체의 간접적인 영향 128

창조에 의해 생성된 천체 95

천체 안에 있는 운동의 멈춤 171

천체 안에 존재하지 않은 생성 4

천체 운동의 목적 171

천체에 의한 하위의 물체들의 통제 127; 129

천체에서 일어나는 장소의 변화 74

천체의 불멸성 4; 74; 84

천체의 불변성 111

천체의 영구한 존재 170

천체의 출산에 대한 영향 43

천체의 회전 운동 80; 171

철학(philosophia)

제1철학(p. prima) 22

철학 안에 있는 신에 대한 지식 36

철학자(참조: 아리스토텔레스)

철학자들

철학자들의 신에 대한 결함 있는 지식 36

청원(petitio)

청원을 승낙하는 신의 권능 II,6

주님의 기도에 나오는 두 번째 청원 II,9

주님의 기도에 나오는 첫 번째 청원 II,8

최고선(summum bonum)

최고선인 신 47

최초의 인간(참조: 아담)

신에게 원천적으로 종속된 최초의 인간 186

최초의 인간에 의해 들어온 죽음과 고통 193; 237

최초의 인간에게 부여된 명령들 186

최초의 인간의 능력들 사이의 조화 186

최초의 인간의 범죄 가능성 186; 188

최초의 인간의 불사불멸성과 고통받지 않음 186

최초의 인간의 죄 191

출산(generatio, 생성, 산출)

동물 안에서의 출산 52

천체에 의해 영향을 받은 출산 43

케루빔(Cherubim) 126

태양(sol)

태양에 의해 영향을 받는 출산 43

통치(gubernatio)

상위의 피조물에 의한 통치 124

신에 의한 세계의 통치 123; 130

특징적 행위(notio)

특징적 행위와 고유성들 65

파악(comprehensio)

파악으로서의 지복직관 165; II,9

피조물에게 불가능한 신의 파악 216

페르소나(참조: 위격, 인격)

포상(praemium)

선행에 대한 포상 143

표상상(phantasma)

표상상과 지성의 관계 85; 128

표상상으로부터 유래한 가지상 85

표시된 사물(res significata) 27

피조물(creatura)

상위의 피조물에 의해 다스려지는 하위
의 피조물 124

신의 선성과 비슷해진 피조물 102; 103

어떤 피조물에 제한된 쇄신 170

지성적 피조물의 목적 104; 107

창조주에 대해 종속된 피조물 99

피조물 안에서 발견되지 않는 행복 108;
II,9

피조물과 신의 관계 99; 130

피조물에게 불가능한 신의 파악 106; 165

피조물의 궁극 목적 101; 109; 124

피조물의 분유된 선성 109

피조물의 선성의 불안정성 109

피조물의 행위 안에 있는 결함 가능성 105

하늘나라(regnum caeli)

하늘나라에 대한 아우구스티누스의 견해
II,9

하늘나라에 있는 완전한 평화 II,9

하늘나라에 존재하지 않는 악 II,9

하와(Eva)

악마에 의해 유혹된 하와 189

하와의 죄 190

학문(scientia, 인식, 지식)

학문들의 다수성 22

합일(unio)

그리스도 안에서의 위격과 본성의 합일
211; 214

합일의 은총(gratia unionis) 214

항구성(sempiternitas)

항구적인 신 74

행복(felicitas)(참조: 지복, 지복직관)

덕에 의해 얻어진 행복 172; 199

불행과 반대되는 행복 172; 173

신을 직관하는 행복 165

영혼과 육체의 재결합 안에 있는 행복 151

피조물 안에서 발견되지 않는 행복 108;
II,9

행복을 위한 자연적 욕구 II,9

행위(actio)

사랑의 행위 46

의지적 행위(a. voluntaria) 120

행위의 도덕성 116

행위 결과(opus)

행위 결과에 따른 보상과 벌 172; II,6

현실태(actus) 31

가능태를 현실태로 환원하는 두 가지 방
법 104

가능태에 의해 제한된 현실태 18

가능태와 현실태의 관계 31; 68; 88

궁극적인 현실태(ultimus actus) 11
다른 작용자에 의한 가능태의 현실태로의
　　전화 83
본성적으로 가능태보다 앞서는 현실태
　　69; 75
순수 현실태(actus purus)인 신 9～12;
　　23; 28; 31; 74; 80
완전성과 선인 현실태 115
제1현실태 31; 85n
제1현실태로서의 신 69
제1현실태와 제2현실태의 구별 31n; 85n
제2현실태 31; 85n
현실화된 지성은 현실적으로 이해된 것
　　83
현실화된 가지적인 것(intelligibile in actu) 75
현존(praesentia)
장소적인 현존 74
현존에 의한 모든 사물 안에 있는 신의
　　존재 135
형상(forma)
가지적 형상 78; 81
궁극적이고 완성된 형상으로서의 영혼
　　92
비물질적 실체는 질료와 형상으로 합성
　　되지 않음 74
생성의 목적으로서의 형상 101

실체적 형상과 우유적 형상의 차이 90
실체적 형상에 의해 제공된 완전성들 98
실체적 형상의 단일성 85; 90; 154
실체적 형상의 본성 90
실체적 형상의 주체 154
우유적 형상의 본성 90
자립적 형상 52
질료에 의해 제한된 형상 18
질료와 형상의 합성 52
형상에 대한 아베로에스의 견해 154
형상으로부터 수용된 질료의 존재 72; 74
형상으로부터 유래된 완전성 20
형상의 능동적인 힘 19
형상의 다수성 16; 70
형상의 다양성 73
형상적 구별(distinctio formalis) 52; 60
회복, 다시 부름(reparatio)
강생의 목적으로서의 회복 1
그리스도에 의한 생명의 회복 239
인간 본성의 회복 199
휘포스타시스(참조: 자주체)
힘(potentia, **능력, 권능**)
능동적 힘 19
수동적 힘, 수동 능력 19
신의 힘 19; 70
창조를 위해 요구되는 힘 70

성서 찾아보기

창세기(Genesis)

1,16	187
1,18	186
1,26	75n; 187n
1,28	186n
2,16	186n
2,17	188
3,5	189
13,8	225
18,35	242
22,12	242

탈출기(Exodus)

33,19	II,9

민수기(Numeri)

12,6	167
23,19	II,2

신명기(Deuteronomium)

6,4	II,8
33,3	II,5

열왕기 상권(I Regum)

15,29	II,2

욥기(Iob)

9,4	216
11,7	II,8
22,14	II,6
22,26	II,9
33,15	167
36,6	245
36,17	241
36,25	II,8
36,26	II,8

시편(Psalmi)

5,12	II,9
8,2	II,6
9,17	233
15,10	234
16,6	II,2
35,7	242
35,7	II,4
35,8	II,4
35,8	II,6
35,10	105
37,10	II,2
61,9	II,3
68,5	228
71,18	136
72,28	II,9
75,2	II,8

87,6	235	13,8	176
88,48	199	26,11	241
88,48	II,8	32,18	II,9
109,1	225	33,17	241
109,1	242	33,20	II,9
112,4	II,9	33,21	II,9
144,18	II,6	35,9	II,9
147,3	II,9	40,26	170
148,6	143	41,23	134
149,6	245	46,10	II,10
		49,10	II,9

잠언(Proverbia)

1,33	II,9	51,16	II,6
		53,7	227
		59,1	II,4

코헬렛(Ecclesiastes, 전도서)

5,9	II,9	60,21	II,9
9,12	242	64,8	II,4
11,3	174	65,17	169
		66,14	165
		66,24	175

아가(Cantica)

3,4	II,9	**예레미야서(Ieremias)**	
4,7	224	1,5	224
		3,19	II,4

지혜서(Sapientia)

		9,23	216
2,20	228	10,2	II,6
3,8	245	14,9	II,6
7,11	II,9	17,5	II,7
11,17	228	17,7	II,7
11,25	II,5	18,6	II,4
14,3	II,6		

애가(Threni)

집회서(Ecclesiasticus)		3,25	II,4
24,8	II,6		
24,29	II,9	**에제키엘서(Ezechiel)**	
		9,9	II,6

이사야서(Isaias)

요엘서(Ioel)

3,2	244

미카서(Michaeas)

2,13	242

하바쿡서(Habacuc)

2,4	239

즈카르야서(Zacharias)

14,9	24

말라키서(Malachias)

1,11	II,8

마태오복음서(Matthaeus)

1,1	206
1,16	208
1,18	208
1,25	225
3,17	214
4,17	II,9
5,12	II,9
6,9	II,4
6,10	II,9
6,32	II,2
7,7	II,2
8,1	205n
10,29	II,6
10,30	II,6
10,31	II,6
11,27	216; II,8
12,41	245
12,47	225
14,27	207n
16,21	207n

17,5	214
18,10	II,9
18,19	II,5
19,27	245
19,28	245
22,30	221
23,34	216
24,28	244
24,30	244
24,36	242
24,47	II,9
25,21	II,9
25,31	245
26,37	204n
26,39	233
27,54	230
28,18	242

마르코복음서(Marcus)

3,32	225
6,50	207n
9,30	207n
13,32	242
14,33	204n
14,34	204n

루카복음서(Lucas)

1,15	224
2,52	216
7,9	205
9,22	207n
12,32	II,10
16,22	178
18,1	II,2
21,27	241
22,29-30	II,9

24,21	236	20,19	238
24,30-31	238	20,27	238
24,39	207; 238		

요한복음서(Iohannes)

사도행전(Actus Apostolorum)

		1,7	242
1,1	202	17,27-28	II,6
1,2	202		
1,12	II,4	**로마 신자들에게 보낸 서간(Ad Romanos)**	
1,14	202	1,3	208
1,14	213	1,19	II,8
1,14	214	1,20	II,8; II,9
1,16	214	1,21	II,8
3,13	240	1,23	II,8
3,34	215	3,24	213
5,22	242	4,25	239
5,27	241	5,1-2	II,5
6,20	207n	5,5	II,4
6,37	II,9	5,12	243
6,38	202	5,20	217
8,58	203	6,9	236
10,18	230	6,10	226
10,28	II,9	6,12	II,9
10,30	203	6,23	214; 227
12,32	228	8,3	226
14,3	242	8,15	II,4
14,4	2	8,17	II,4
14,6	207	9,19	II,10
14,23	203; 214	9,28	1
14,28	204n	10,8	1
15,13	227	11,33	242
16,24	II,2; II,9	13,1	156
17,3	2; 163; II,9	13,10	1
17,6	II,8		
17,21	214; II,8	**코린토 신자들에게 보낸 첫째 서간**	
18,37	207n	**(I ad Corinthios)**	
19,37	241	1,24	215; 216

3,16	203
6,3	245
6,17	214
7,31	171
9,9	II,6
9,24-27	172n
12,4	215
13,1-3	214
13,13	1
14,24	II,8
14,25	II,8
15,12	239
15,20	236
15,22	243
15,42-44	168
15,47	208
15,51	243
15,53	II,9

코린토 신자들에게 보낸 둘째 서간
(II ad Corinthios)

1,10-11	II,5
5,1	178
5,6	242; II,9
5,7	II,9
5,8	178
5,10	243
6,14	II,9

갈라티아 신자들에게 보낸 서간(Ad Galatas)

3,13	226
4,4	208; 214; 221; II,5
5,17	192

에페소 신자들에게 보낸 서간(Ad Ephesios)

1,20-21	214

1,22	214
2,4	219
4,7	215
4,9	202
4,10	240
5,1-2	II,5
5,14	243

필리피 신자들에게 보낸 서간(Ad Philippenses)

2,6	203
2,7	209
2,8	227
2,8-11	239
3,12	164; II,9

콜로새 신자들에게 보낸 서간(Ad Colosenses)

1,18	239
2,3	216

테살로니카 신자들에게 보낸 첫째 서간
(I ad Thessalonicenses)

4,16-17	243

티모테오에게 보낸 첫째 서간(I ad Timotheum)

1,15	185; 200
2,4	172n
2,14	191n

티모테오에게 보낸 둘째 서간(II ad Timotheum)

2,12	244
2,18	162

히브리인들에게 보낸 서간(Ad Hebraeos)

1,13	240
2,14	227
4,13	216; 244; II,4

5,7	233
10,38	239
11,1	2; II,1
11,6	243

야고보 서간(Epist. Iacobi)

4,3	II,6
4,8	II,6
5,16	II,5

베드로의 첫째 서간(I Epist. Petri)

1,3-4	II,4
1,4	178n
1,12	II,9
3,15	II,1

3,18	227

베드로의 둘째 서간(II Epist. Petri)

1,4	214n; II,4

요한의 첫째 서간(I Epist. Iohannis)

1,8	224
2,2	215
4,16	214

요한 묵시록(Apocalypsis)

1,7	241
3,12	166
5,10	II,9
21,1	169